Dieser Band versammelt zum ersten Mal das bis 2002 geschaffene Polt-Werk, darunter zahlreiche Erstveröffentlichungen: unverwechselbare Geschichten, Stücke, Monologe und Dialoge von grandioser, subversiver Komik, vergleichbar allein mit der Kunst eines Karl Valentin. Die Handhabung des umfangreichen Opus wird durch eine thematische Gliederung erleichtert, zudem leistet ein Register mit Titelvarianten bei der gezielten Suche komfortable Hilfe.

»Zum ersten Mal gibt es eine verbindliche Grundlage für eine Polt-Philologie ... Grantig-maulender Sound, böse Hintersinnigkeit ... Alles täuschend wie im richtigen Leben, ebenso gnadenlos wie wahrhaftig ...«
Frankfurter Allgemeine Zeitung

»Polts Texte machen süchtig. Ich möchte weiterlesen, weitersehen, weiterhören. Aber warum betrachten wir so lustvoll diese schmerzenden Peinlichkeiten? Woher kommt das unendliche Vergnügen an der gefährlichen Dämlichkeit gewisser Zeitgenossen, die zum Untergang des Abendlandes Wesentliches beizutragen haben?«
Loriot

Gerhard Polt, geboren 1942 in München, aufgewachsen im Wallfahrtsort Altötting, brilliert seit 1975 als Sänger, Schauspieler, Poet und Philosoph auf deutschen und internationalen Bühnen. Zahlreiche Auszeichnungen, darunter der Bayerische Staatspreis für Literatur 2001 (Jean-Paul-Preis). Gerhard Polt lebt und schreibt in Schliersee, München und Terracina.

Hanns Christian Müller, 1949 in München geboren, arbeitet als freier Regisseur, Autor, Komponist, Musiker, Darsteller, Filmcutter und Produzent und wurde u. a. mit dem Bundesfilmpreis und dem Adolf-Grimme-Preis ausgezeichnet.

Unsere Adresse im Internet: www.fischerverlage.de

GERHARD POLT

CIRCUS MAXIMUS

DAS GESAMMELTE WERK

Geschichten, Stücke, Monologe und Dialoge
Teilweise in Zusammenarbeit mit Hanns Christian Müller

Fischer Taschenbuch Verlag

Gesammelt und eingerichtet
von Tini Polt

Redaktion: Patrick Niemeyer

Frontispiz: frühes Porträt des Autors

3. Auflage: März 2006

Veröffentlicht im Fischer Taschenbuch Verlag,
einem Unternehmen der S. Fischer Verlag GmbH,
Frankfurt am Main, September 2004

Lizenzausgabe mit freundlicher Genehmigung
des Verlags Kein & Aber, Zürich

Gesamtherstellung: Ebner & Spiegel, Ulm
Printed in Germany
ISBN-13: 978-3-596-16033-4
ISBN-10: 3-596-16033-2

Inhaltsverzeichnis

Danksagung

Meine sehr verehrten Damen und Herren, gerade der heutige Anlaß ist es, der mich dazu veranlaßt, mir darüber klarzuwerden, daß ich mich bedanken will – weil ich es bin, der Ihnen Dank schuldig ist, und Ihre Erwartungen mir gegenüber, ob mein Dank endlich in die von Ihnen erwartete Dankbarkeit mündet, ihren Ausdruck finden soll.

Gar kein Zweifel – als der, der das immense Vertrauen entgegengenommen hat – zu Bedingungen, die man gemeinhin als märchenhaft bezeichnet, bei einem Disagio von nur drei Prozent –, darf ich hiermit für meine Person erklären: Jawoll, ich übernehme für das in mich gesetzte Vertrauen die volle Verantwortung und werde der mir dadurch entstandenen Schuld Ihnen gegenüber mit der gebotenen Dankbarkeit entgegentreten, und zwar ebenfalls mit der Würde, die eine solche verlangt.

Lassen Sie es mich so aussprechen: Meine Schuld Ihrem Vertrauen gegenüber hat sich keineswegs verringert, sondern meine Dankbarkeit hat das notwendige Schuldbewußtsein vergrößert.

Gerade aber meine Dankbarkeit ist die Würde, die Ihnen den längst schuldigen Dank gebühren läßt, denn schließlich sind drei Prozent Disagio eine Vertrauensinvestition, die alleine schon zeigt, mit welcher Dankesschuld da zu rechnen ist. Meine Dankbarkeit wird dadurch schon derartig von der Verantwortung geprägt, die meine gesamte Würde in Anspruch nehmen wird.

Bitte, und das möchte ich gerade jetzt zum Ausdruck bringen, bitte, überlassen Sie mein Vertrauen Ihrer Verantwortung. Sollte dies aber mit Ihrer Würde nicht vereinbar sein, so bedenken Sie – Ihnen bleibt ja auf alle Fälle meine Dankbarkeit, wobei Sie gar kein Schuldbewußtsein haben, und der Dank Ihnen gegenüber ist und bleibt eine Vertrauenssache, die meiner Würde keinen Abbruch verleiht.

Ich werde bei allem, was da noch auf uns zukommt, die drei Prozent Disagio immer im Auge behalten, und daß ich Ihnen auch in Zukunft zu Dank verpflichtet bin und die Dankesschuld in meiner ureigensten Verantwortung liegt – daran wird sich auch in Zukunft nichts ändern. Bitte erwarten Sie von mir jede Menge Dankbarkeit, nur keine Würde.

Es grüßt Sie dreiprozentig Ihr Gerhard Polt

Rede zur Verleihung des Jean-Paul-Preises am 24. Oktober 2001

GRUNDWERTE
UND
HISTORISCHE DIMENSION

Freiheit

Herr Fasnacht im Smoking.

Irgendwie ist es schon fast traurig, daß solche Ideen ausgestorben sind. So Ideen wie das Christentum oder – ja sicher, auch der Kommunismus! Aber mei! Als Idee waren sie ja nicht schlecht – daß es den Armen besser gehen soll, und wenn nicht, daß sie dann in den Himmel kommen und die Reichen in die Hölle. – Ist ja verständlich, daß sie früher so Ideen hatten, es ist ihnen ja auch beschissen genug gegangen, und sie haben halt die Hoffnung gehabt, daß sie die Welt verändern können. Ihr Pech war nur, daß sie in der falschen Zeit gelebt haben.

Heute weiß man aber – Gleichmacherei und Sozialschwärmerei, das ist passé. Der einzige Gedanke von früher, der wirklich Bestand hat, das ist die Freiheit!

Nur die Freiheit ist der Garant für einen gewissen Wohlstand. Der Freiheitsraum, das ist der Raum zwischen Angebot und Nachfrage!

Schaun Sie, Rom, Griechenland waren hochwertige Kulturen, von denen kommt ja die Idee der Freiheit – allerdings, ohne niedrige Lohnkosten wäre das alles nicht möglich gewesen. Ohne Sklaven gäb's heute keine Pyramiden.

Nur in der Freiheit behauptet sich der Mensch! Genau wie das Tier! Nur in der Freiheit, da gibt's eine Entwicklung.

Wenn Sie ein Tier einsperren in einen Stall, dann wird's fett, und wenn's fett ist, dann wird's geschlachtet!

Nichts gegen einen Stallhasen, aber Deutschland wird immer mehr so ein ... Was will er denn, der Deutsche? Er will raus aus Deutschland! Auf die Kanaris oder an die Costa del Sol, sich dort eine Eigentumswohnung kaufen und würdig – unter Deutschen – ein Leben zu Ende führen.

Aber um sich das leisten zu können, brauchen wir billige Arbeitskräfte! Der Deutsche selbst ist zu teuer geworden, welcher Deutsche kann sich denn heute noch einen Deutschen leisten? Das kann er sich nicht mehr leisten! Wenn er aber im Schwimmingpool pflantschen will wie weiland der Römer, dann sage ich: Herein mit den Hottentotten, rein mit den Albanern, rein mit den Rumänen, das heißt, die vielleicht grad nicht, die faulen Schweine – aber Tschuwaschen, Chinesen ...

Ein russischer Professor, der für DM 1,80 die Stunde meinem Kind

Lateinnachhilfe gibt, meinen Garten umgräbt und als Chauffeur für mich nüchtern bleibt – ja, was wollen Sie denn noch mehr?!

Die Römer haben Kriege führen müssen, damit sie genügend Sklaven bekommen, und wir, wir kriegen s' so – einfach umsonst!

Aber wir Deutschen müssen höllisch aufpassen, daß wir die Freiheit nicht verspielen. Alles wird reglementiert! Der Deutsche kugelt in den Schulen umanander, bis er dreißig Jahre alt ist, dann arbeitet er, wenn er Zeit hat, bis er fünfundvierzig ist, dann kriegt er schon seinen Herzinfarkt – so geht's nicht!

Die Asiaten sind da viel freier. Da darf ein Kind schon mit sieben Jahren arbeiten, und zwar vierzehn Stunden, und wenn's will, ohne Urlaub. Das verschafft den Asiaten Vorsprünge, die sind nicht aufzuholen.

Democracy

Ladies and Gentlemen!

It is me a pleasure today to be here in Africa in your nice country of Tjurangrati. My dear Tjuranggrattlers: Before I start my speech now, please let me give you the kindest regards of our Ministerpresident Edmund Stoiber, of our Wirtschaftsminister, Verkehrminister Wiesheu, and – last, not least – of the emperor, Professor Dr. Dr. Franz Beckenbauer from Warstein Brewery.

Ladies and Gentlemen! The Hanns-Seidel-Stiftung in Wildbath Kreuth kindly asked me to teach you, to instruct you the most important form of government today: Democracy! Democracy . . . democracy, Ladies and Gentlemen – and this might especially interest you here in Africa –, democracy: What is it? Democracy, Ladies and Gentlemen, has a very old tradition in Bavaria. The roots go back . . . far, far back to a man called Plato. – Plato was an old Greek from Greece . . . The next one was an old Roman from Rome: Cicero. – Cicero, Ladies and Gentleman, we correctly pronounce Cicero (Zizero), not Kikaroh (Kikarow). – But, Ladies and Gentlemen, pay attention now, because the most important of all – the third one – was our political genius from Bavaria: Dr. Mueller! Or, as we call him in Bavaria: »Ochsensepp«. – Ochsensepp from Bavaria, Ladies and Gentlemen, himself gave the idea of democracy a new power – a new vitality – by giving simple answers to very simple questions. A typical Ochsensepp-question – for an example – was the question: What do democrats actually want? Ya, what want the democrats?? The democrats, Ladies and Gentlemen, always want to have a majority, a solid majority – in Bavaria: absolute majority! Now, it is to us: How can we get such a majority? To have absolute majority, Ladies and Gentlemen, it is necessary to have your own press, your own newspaper – as we have in Bavaria, for instance, the Miesbacher Mercur – to tell the majority what the majority wants to know. Or, you need to have the radio-station of your own – as we have the Bayerischen Rundfunk – to tell the majority what the majority wants to hear. This is the best way to avoid unnecessary minorities.

Ladies and Gentlemen, the old Greeks and the old Romans in the old times, they sacrificed gold, silver, jewellery, wine, beer – and other drinks – to have a harmony with their gods in heaven. – To create a harmony among their people, the Bavarian politician presents a Freibeer to the folks . . . Ladies and Gentlemen, the idea of Freibeer in Bavaria is deeply religious: The more you drink, the more the ghost of democracy becomes visible. Ladies and Gentlemen, the Bavarian Verkehrsminister Dr. Wiesheu himself got the Bavarian Verdienstorden when he achieved one point 99 pro mille. Only a Verkehrsminister who can drink so much can be admired as a sovereign. A Verkehrsminister in Bavaria needs to have a good liver and a very good constitution – we say: a Bayerische Verfassung.

Ladies and Gentlemen, at the end of my speech, please, believe us: We in Bavaria, we do not see black for your future here in Africa, and we wish you by heart a happy democracy.

Bye-bye and – victory . . .

Toleranz

Das weiß ich auch. Jeder redet heute von Toleranz – das kennt man schon. »Toleranz, Toleranz, Toleranz, da muß man tolerant sein« – aber mal einen Standpunkt haben, mal einen Standpunkt haben in einer Sache –, »Toleranz, Toleranz« ... Ich kann's nicht mehr hören. Das Wort »Toleranz« ist kein deutsches Wort, das ist ein Fremdwort. Und »tolerieren« – »etwas tolerieren« –, das bedeutet nämlich so viel wie »etwas aushalten«. So schaut's aus. Also, wenn früher mal einer gefoltert worden ist, dann war der tolerant. – Ja, ich mein ...

Toleranz ist auch sehr individuell. Der eine sagt: »Das mach ich.« Der andere sagt: »Das pack ich nicht.« – Das geht bis zu den inneren Organen. Der eine frißt eine Schweinshaxe mit zwei Knödeln und frißt dann noch einen Apfelstrudel, weil sein Magen toleriert es. Und der andere sauft einen Gesundheitstee, und es wird ihm schlecht. Schon beim Magen fängt's an. – Oder der eine sagt: »Ich kann die Ausländer nicht mehr sehen, das Gschwerl.« Dann sage ich: »Das ist seine Meinung.« Aber ich tolerier das, was er sagt.

Wissen Sie, ich meine, ich will das gar nicht so abstrakt ... Ich mein das gar nicht abstrakt. Ich mein, ich kann gerne mal ins Konkrete – gehen wir doch mal ins Konkrete. Ja, werden wir doch mal konkret. Ich wohne hier seit dreißig Jahren, und da drüben wohnt diese Familie Böhm. Ja, die Familie Böhm – vier Kinder –, mehr brauch ich nicht hinzuzufügen ... Was? – Ja, der Papst zahlt's ja nicht. Dieser Böhm karnickelt vor sich hin ... und wälzt seine Probleme auf die Allgemeinheit ab – so schaut's aus. Nein, bleiben wir konkret – ganz konkret! Wann war denn das, ich hab mir dieses Fußballspiel angeschaut, leider – Deutschland gegen –, leider hab ich mir's angeschaut – gegen Portugal. Ich hab mir ein paar Erdnüsse hin und ein bißchen Bier, hab mir gedacht, schaust dir's trotzdem an. Und – furchtbar, brauchen wir gar nicht weiter reden, auf alle Fälle im Strafraum ... ich denke, um Gottes willen jetzt – auf einmal – zack! – ist das Bild weg. Ich denke, was ist denn jetzt los. Ich switche, switche – nichts zu machen, auf einmal ist der Karl Moik drin. Und geht nicht mehr raus. Verstehen Sie mich nicht falsch, ich habe nichts gegen diesen Moik, aber im Strafraum hat der nichts zu suchen. Und so ist das die ganze Zeit ... immer, wenn was Interessantes war –

im Strafraum oder Ding – zack! –, war wieder der Moick drin. Auf alle Fälle ... jetzt sag ich Ihnen – nein, jetzt sag ich Ihnen den Hintergrund. Der Hintergrund: Hat sich dieser Böhmkrüppel – der Kleine – ist der jüngste, der jüngste der Satansbraten –, man sagt ja immer, man sagt immer: Kinder sind unschuldig – der nicht. Dem müßte man prophylaktisch schon mal links und rechts eine hineinschlagen. Haben Sie dieses Watschengesicht von dem schon mal gesehen? Dieses infame Gesicht von dem Kerl? Da rutscht einem die Hand sowieso schon aus. – Hat sich dieser Kerl vor mein Haus hingestellt, hat über den Garten reingeschaut in mein Wohnzimmer, hat gesehen, daß ich dieses Fußballspiel anschaue, und hat, immer wenn eine Torsituation war, mit einer starken Fernbedienung von draußen mir in mein Wohnzimmer hereingemoikt. – Wenn ich ihn erwischt hätte, ich hätte ihm sofort ... links und rechts hätte ich ihm eine hineingehauen. Und dann immer »Toleranz, Toleranz« – ich bin tolerant, ja, ich bin tolerant. Ich grüße den Böhm, obwohl er mein Nachbar ist. – Bleiben wir im Konkreten, es geht schon noch weiter, jetzt warten Sie mal. Welche Prüfungen man als Mensch – heute ... Das war dann ... Ich hab mir eine Sendung angeschaut – jetzt warten Sie mal, das war eine interessante Sendung –, die hat geheißen: Junge Polinnen zu Toleranz gezwungen – also, ich hab mir's nur aus wissenschaftlichen Gründen angeschaut. Halt eine Dokumentation, weil sonst tät's mich nicht interessieren. Und hab gleich mir ein bißchen Leberkäse hin und ein bißchen Bier – aber das Rouleau hab ich schon runter. Und ich sitze da, schau mir das an – und das ist also schon, also, was da – wie diese Frauen ... auf alle Fälle auf einmal läutet's an der Tür – und zwar Sturm – ringringring! –, ja, was mach ich, ich schrei meiner Frau, sag: »Mach auf!«, weil ich kann ja nicht weg. Aber meine Frau – da gehts dann schlafen, nicht wahr, statt daß sie sich mal so was anschaut. Da könnte sie auch mal was lernen. Nein, auf alle Fälle, mir bleibt nichts anderes übrig, ich stürze zur Türe, mach die Türe auf – und wer? –, niemand da. Kein Schwanz, niemand da. Ich hätte es mir denken können. Aber jetzt warten Sie – vor mir liegt ein Päcklein, ein Paket, brennt lichterloh. Ich bin natürlich erschrocken – was tun? Ich wollte es mit dem Fuß wegstoßen, aber da könnte man was anderes anzünden – also, in meiner Geistesgegenwart bin ich dann halt sofort drauf und hab's dann so mit den Füßen gelöscht. Ich hab natürlich mir schon gedacht, woher der Wind pfeift – und wen ich da im Visier habe. Aber auf alle Fälle, ich habe mir gedacht, schaust dir trotzdem die Sendung fertig an, es hilft ja nichts. Geh ich wieder ins Wohnzimmer hinein und setz mich hin. Auf einmal denke ich – entschuldigen Sie den Ausdruck –, was stinkt denn da so? Hier stinkt es nach Hundescheiße. Schau ich: Ist der ganze Teppichboden voller Scheiße. Haben diese Saukrüppel vom Böhm einen Schuhkarton genommen, voll mit Hundescheiße gefüllt, mit Zeitungspapier umwickelt, habens einen Spiritus draufgeschüttet oder einen Beschleuniger, haben das Paket abgefackelt – und ich bin dann da so drauf – und über den Knöchel voller Scheiße. Wenn ich den Böhmkrüppel erwischt hätte, ich hätte ihn mit dem Kopf in die Scheiße reingetaucht, bis daß er erstickt. Und den Kadaver hätte ich dem Böhm rübergeschmissen. Dann kann er ihn recyceln. – Und dann kommt meine Frau: »Toleranz, da müssen wir tolerant sein, Toleranz.« Sag ich: »Hör auf – jetzt schauen wir mal auf dem Toleranzkonto nach bei der Familie Böhm, ob die noch im grünen Bereich sind«, sag ich. Tolerant, wer ist denn immer tolerant? Nur ein Depp ist immer tolerant. Sie werden mir doch Recht geben, wer ist denn immer tolerant? Kein Mensch. Selbst im eigenen Familienbereich kann's doch mal passieren, daß man seiner Alten eine aufstreicht, daß sie einen Purzelbaum schlägt. Bitte? Ja freilich ist das normal. Aber das sagen Sie mal heute jemand. – Ich sag häufig zu meiner Frau, ich sag's ihr immer wieder, ich sag: »Entschuldigung«, sag ich, »die Tatsache, daß du so selten eine fangst, da brauchst du dich bei mir nicht zu bedanken – bedanke dich bei meiner Toleranz«, sag ich. »Weil ich ertrage dich bisweilen, obwohl ich gar keinen Grund dafür habe«, sag ich. – Wissen Sie, Toleranz, das ist für mich kein abstrakter Begriff – Toleranz, das muß man praktizieren. Auf Wiederschaun.

Bad Hausen

Liebe Kurgäste, liebe Freunde aus nah und fern, es freut mich, Sie alle hier in unserer schönen neuen Mehrzweckhalle in Bad Hausen begrüßen zu dürfen. Ein herzliches Grüßgott auch unserem Pfarrer Seybold, der auch heute unter uns dabei ist, wenn amal wieder ein Heimatabend bei uns stattfindet. Bevor aber wir dann die Treuenadeln für dreißigjähriges Urlaubmachen in Bad Hausen verteilen mit anschließender Tombola – lassen Sie mich uns Ihnen, die erst neu zu uns gekommen sind, amal vorstellen.

Bad Hausen liegt auf einer Höhe von 763 Höhenmetern über dem Meer, umrankt von Bergen wie dem Biegelstein, dem Bürstling und der Führerspitze, welche mit 1722 Metern beachtlich in den Himmel ragt.

Gegründet wurde Bad Hausen im Jahre 1009 von Heinrich dem Flötzer, ein Neffe von Heinrich VI. Heinrich der Flötzer, so erzählt die Geschichte, trennte sich von seiner Gemahlin Algunda, indem er diese aus dem Hause trieb und diese sich dann auf eigenen Wunsch – oder Verlangen – hin, sich eine Zelle, oder ein Haus – Haus – Hausen errichtet hat, in der Hoffnung, fürderhin mehr alleine zu sein. Algunda wurde kurz nach ihrem Einzug in das Haus erschlagen und sehr bald danach heiliggesprochen, um dem bereits internationalen Reliquienhandel Aufschwung zu geben. Der Unterkiefer der heiligen Algunda befindet sich in Privatbesitz – ein Konsortium in New York ist der Eigentümer.

Aber Gott sei Dank ist unser Ort ebenfalls Bewahrer eine Reliquie der heiligen Algunda. Das gesamte Schlüsselbein von ihr ist in unserer Pfarrkirche und zieht Wallfahrer aus aller Herren Länder an. Ansonsten war es in Hausen das Mittelalter über und während der Renaissance ruhig. Hausen war jahrhundertelang eine beliebte Viehweide.

Auch das 18. Jahrhundert war ebenfalls ein stilles Jahrhundert, nur noch zweimal trat die Cholera auf, was wiederum der Reliquie der heiligen Algunda zu noch mehr Popularität verhalf.

Schließlich kam dann nach einer langen Odyssee der Kunstmaler Nepomuk Pröpstl zu uns nach Hausen, wo er dann in Öl den historischen Saustall malte. Der Saustall selbst wurde vor zwei Jahren abgerissen, und an seiner Statt entstand das schöne Feuerwehrhaus, was einen jeden, der sich für Architektur interessiert, zu Diskussionen einlädt.

Das Ölbild von Nepomuk Pröpstl kann im Heimatmuseum besichtigt werden, und zwar jeden Donnerstag von fünfzehn bis sechzehn

Uhr, und jeder Gast, der über eine gültige Kurkarte verfügt, erhält fünf Prozent Ermäßigung auf den vollen Eintrittspreis.

Ja, liebe Gäste, sonst wäre noch anzumerken, auch über Bad Hausen brauten sich von 1936 bis 45 diese dunklen Wolken zusammen, aber Gott sei Dank hat sie der Wind dann doch bald wieder weggeblasen.

Weltberühmte Leute haben unserem Ort die Ehre erwiesen. Zum Beispiel Hermann Göring weilte hier gerne zur Jagd und hat persönlich mehrmals zum Halali geblasen. Zu dem angeblichen Skandal, daß man ihm erst vor drei Wochen die Ehrenbürgerschaft aberkannte, möchte ich jetzt keine Stellung nehmen, aber ich bin sicher, Sie zeigen dafür Verständnis.

Auch andere illustre Gäste kann Bad Hausen aufweisen. Der aus Presse, Funk und Fernsehen bekannte Konsul Weyer oder der Schlagersänger Gus Backus gaben sich bei uns ein Stelldichein. Schalck-Golodkowski schätzt die Bad Hausener Gastronomie, aber vor allem, meine Damen und Herren, kein Geringerer als unser allseits verehrter Franz Josef Strauß hat hier seine Zelte aufgeschlagen, wenngleich auch nur für einen Nachmittag, aber es bleibt unvergessen, wie er in der Gaststätte Zum Wiesenschmatzer eine ausgiebige Brotzeit zu sich genommen hat. Der Anlaß seines Aufenthaltes war eine defekte Benzinpumpe seines Motorrads, mit dem er unterwegs war – er wartete fieberhaft auf eine Ersatzbenzinpumpe, die extra mit dem Hubschrauber aus München eingeflogen wurde.

Noch heute weist ein Hinweisschild auf die inzwischen historische Begebenheit hin, daß unser Ministerpräsident in Bad Hausen bei bester Stimmung einen Wurstsalat, einen Obatztn sowie mehrere Glas Bier zu sich genommen hat.

Erst vor kurzem hat der Gemeinderat von Bad Hausen beschlossen, und zwar einstimmig, daß gegenüber unserem Rathaus eine Skulptur aufgestellt wird, die ein lokaler Künstler modelliert, und zwar eine Benzinpumpe aus Bronze, circa zwei Meter hoch. Ja, liebe Gäste, Sie merken, ich bin bei dem, was ich Ihnen da erzähle, ein bisserl gerührt. Aber man darf doch stolz sein auf eine Heimat, wo ma sagt, Herrgott, so a Hoamatl, is des schee.

Aber jetzt noch ein paar *facts* und *informations* über Bad Hausen. Bad Hausen liegt wie gesagt 763 Meter über dem Meeresspiegel, und es hat derzeit 682 Einwohner und verfügt über eine Bettenkapazität von 8421 Betten. Es wird daran gedacht, die Bettenkapazität noch in diesem Jahrtausend um circa vierzig Prozent zu erhöhen, so daß wir mit ungefähr

12 000 Betten ins nächste Jahrtausend hineingehen. Bei einer Bettenauslastung von, sagen wir, neunzig Prozent wären das ungefähr 12 800 Übernachtungen pro Höhenmeter – damit lägen wir um sechsundzwanzig Prozent unter dem Kilimandscharo. Selbst Orte wir St. Moritz oder St. Anton kommen da in Bedrängnis, wenn wir von 682 Einwohnern ausgehen.

Aber zum Schluß noch: Was erwartet den Gast in Bad Hausen – der Phantasie sind keine Grenzen gesetzt natürlich – *mountain climbing* – *mountain biking* – *river rafting* – aber wer will kann auch *hiking* und *bird watching* machen – *mushroom searching* – *freebenching* – *freshair snapping, original candlelight brotzeiting, Schmei sniffing* oder, wenn's beliebt, auch nur amal *unforced time passing* und *televisioning*.

Bad Hausen empfiehlt sich besonders auch für Senioren, weil es besonders ruhig ist bei uns, die ruhigsten 763 Meter Mitteleuropas, weil durch unsere Entwicklung unser Ort besonders kinder- und jugendfrei ist. Also, herzlich willkommen in Bad Hausen. Heartly welcome to Bath Housen.

Historische Dimension

Meine sehr verehrten Damen und Herren, gestatten Sie mir, daß ich, dem Anlaß entsprechend, noch ein paar Anmerkungen machen möchte. Obwohl mein sehr verehrter Herr Vorredner bereits Substantielles von sich gegeben hat, so möchte ich dem heutigen Abend und dem Anlaß, der uns ja heute zusammengeführt hat, doch noch ein paar Punkte vielleicht noch hinzufügen, meine sehr verehrten Damen und Herren. Allerdings in der mir gebotenen Kürze, denn ich weiß, meine sehr verehrten Damen und Herren, das Buffet wird demnächst eröffnet werden, und ich weiß auch, meine sehr verehrten Damen und Herren, daß mit kurzen Anmerkungen wir den Dingen vielleicht gerechter werden können, als wir es mit langatmigen und sonstigen Erzählungen . . . vermöchten. Meine sehr verehrten Damen und Herren, als Pharao Cheops seine Pyramide in Giseh errichtet hat, da war es kein anderer als sein Nachfolger Chephren, oder wie es unterägyptisch auch heißt: Chafran, der eine zweite Pyramide gebaut hatte – und da hätten wir schon den dualistischen Gedanken. Pyramide zu Pyramide, aber obwohl der Satz da lautet: ein Terzium non datur, kommt der dritte hinzu, und es ist Men-Chaophre oder Men-Hahare, oder in Oberägypten auch Megreh genannt, nicht wahr, die Griechen sagen einfach Mykerinos, und er baut die dritte Pyramide, meine sehr verehrten Damen und Herren. Und das gibt doch zu denken. Und das läßt uns doch dazu reflektieren – diese drei Pyramiden, das ist kein Zufall, meine sehr verehrten Damen und Herren. Aber wir wollen uns jetzt nicht in Giseh aufhalten, meine sehr verehrten Damen und Herren, sondern unser Blick geht schon hinüber ins Zweistromland, wir sind am Euphrat, am Tigris, und schon spüren wir, nicht wahr, Nebukadnezar, ein Nabuchodonosor, der berühmte Menetekel ufarsin, kann man es deutlicher sagen, meine sehr verehrten Damen und Herren, nicht wahr – und das Ganze mit den Türmen von Babylon und so, aber das schenken wir uns jetzt. Wir gehen nun rüber nach Latium, wobei ich jetzt ausgelassen habe die schöngeistigen Griechen mit allem, nicht wahr? Schliemann hat sie ja so bunt beschrieben, Sokrates und so weiter . . . Nein, wir sind in Latium. Latium, das blutgetränkte Land, die Erde von Latium, gehen wir mal hinein ins 5. Jahrhundert vor Christi, oder das 4., das spielt jetzt gar keine Rolle, nicht wahr – meine sehr verehrten Damen und Herren, das 4. Jahrhundert war ein Bonbon unter den Jahrhunderten in Latium, und da kommen sie, nicht wahr, die bedeutenden Leute – nicht *underdogs* –, wie sie genannt wurden: die Gracchen, Gracchus der Jüngere – jünger als Gracchus der Ältere –, nicht wahr, total vergracht, und haben versucht, das Ihrige zu leisten. Sie wußten, sie sind ja Zeitgenossen, meine sehr verehrten Damen und Herren. Und wir gehen weiter, das Mittelalter, eine Renaissance fließt an uns vorüber. Große Namen. Ein Tiepolo, nicht wahr, der in Würzburg gemalt hat und sich gewehrt hat, in Friedrichshafen auch nur ein Bild zu malen, meine sehr verehrten Damen und Herren. Aber, meine sehr verehrten Damen und Herren – die großen Namen! Sie spüren doch selber: Es schmeckt nach Abendland! Sie spüren doch selbst, wie der Hauch der Geschichte hier ein bißchen hereinweht . . . Meine sehr verehrten Damen und Herren, ein Metternich, der ließ nicht einfach so alles aus der Reihe tanzen – ich weiß nicht –, aber die großen Namen, die Leonardo da Vincis, die Michelangelos, die stehen doch nicht einfach vor sich. Und sie sind's: die Heroen unserer europäischen . . . unserer Epoche, meine sehr verehrten Damen und Herren. Und da sind wir eben schon, ein Napoleon, ein Gaius Julius Caesar – und, meine sehr verehrten Damen und Herren, und das veranlaßt mich, den heutigen Abend noch einmal . . . Und lassen Sie es uns gebührend erwähnen: Er sitzt heute unter uns! Und wir sind gekommen, unser Haupt zu verneigen – vor ihm und seinem Gesamtwerk –, und wir sagen: Vielen Dank, Alfons Pröbstl, dem Mitbegründer der Bayerischen Landesboden-Kreditanstalt und sämtlicher Filialen! Ich danke Ihnen.

Jubiläum

A: Und, weißt schon?
B: Was is?
A: Heut is a Jubiläum.
B: Was für a Jubiläum.
A: Ja, weißt denn du das nicht, schaust du denn nicht fern?
B: Freilich schau ich fern.
A: Ja, dann mußt du doch wissen, daß heute a Jubiläum ist.
B: Was für a Jubiläum?
A: Ja, der Holocaust. Es ist jetzt fuffzig Jahre her, wo mir die Juden vergast haben.
B: Ah geh – ist des schon wieder so lang her?!

Pförtnerloge

Heinz Heubl sitzt in seiner Pförtnerloge. Ein Auto passiert, Heubl grüßt, macht eine wärmende Handbewegung, schaut nach dem Wetter.

Es soll no kälter werdn. I hab ja koa Heizung herin, obwohl ich's scho lang beantragt hab. Aber es dauert noch, hat's gheißn. Frühestens nächsten Sommer soll's soweit sein. Wissen Sie, der Mensch is ja klimaabhängig. Des hams seinerzeit 1943 auch gemerkt. Winter 42/43, Rußland. Die deutschen Truppen waren ja scho kurz vor Moskau, wie dieser Kälteeinbruch kam. *Demonstriert mit Streichholzschachtel und Zündhölzern die strategische Lage* Der Aufmarschplan war ja perfekt. Da die deutsche Linie, Moskau in etwa hier, aber der Russe war ja viel wärmer gekleidet, und in puncto Winter macht ihm natürlich keiner was vor. Jetz schaun S' her: Die deutsche Flanke etwa hier. Der Russe versucht eine Zangenbewegung, und um dieser Zange zu entgehen, san die Deutschen natürlich wieder zurück, gell, obwohl's saukalt war. Scho no kälter wie da herin. Während der berühmte Korse, schaun Sie, ich darf verdeutlichen: Des is also Moskau. Da is der Franzose nei, und dann war's genauso kalt. Der Franzose is ja kleidungsmäßig auch sehr leichtsinnig. Dann hams des Moskau anzündt, aber so a Stadt brennt aa net ewig, und wie dann des Feuer ausgangen ist, hams sich natürlich wieder zurückgezogen, weil, in Frankreich is's ja bedeutend wärmer.

In Griechenland ham sie natürlich sehr viele Schlachten geschlagen. Weil's ja bei dene gar keine Winter in unserem Sinne jetz gibt. Selbst wenn s' im Winter an Krieg gführt ham, war des natürlich viel einfacher, weil's net so kalt war. Schaun Sie, dieses Marathon. *Beginnt Streichholzschachtelformation aufzubauen.* De Perser san aufmarschiert, etwa so, es warn natürlich viel mehrer. Und de Griechen, de san aufn Berg nauf, und dann sans in dieser neuen Formation, des hat Phalanx gheißen, sans neibrochn, de Perser san ausanandgspritzt, na hams es seitlich aufgrollt. – Sie, des hat fei schlecht ausgschaut für de Perser. Obwohl, der Läufer von de Griechen, der wo den Sieg verkündet hat, der is ja dann aa gstorbn, an am Herzinfarkt. Wahrscheinlich, weil's so heiß war. In Griechenland kann's manchmal bluatig heiß sein. Grad im Sommer.

Wissen Sie, der Dreißigjährige Krieg, da wurde dreißig Jahre lang durchgekämpft, Sommer wie Winter. Des liegt meiner Meinung nach nur daran, daß keiner nachgebn hat. Und es hat ja auch keiner nachgeben können, weil hätte er nachgegeben, hätte er den Krieg verloren. Aber, wissen Sie, dieser ganze Dreißigjährige Krieg war militärstrategisch betrachtet eine einzige Schlamperei. Da hat sich oft koa Mensch mehr auskennt, wer grad gwonnen hat oder verlorn. Auch finanziell war's miserabel organisiert. Da sind ständig Gelder ausgeblieben. Sie müssen wissen, Soldat, des kimmt von Sold, net, also Geld. Am Schluß ham dann viele Truppenteile nur noch gegen Vorauskasse gekämpft, also bar, weil an Scheck hat eahna damals koana angenommen.

Ein Mann geht vorbei. Ah, grüß Sie Gott, Herr Süß. – Sie, des war fei der Kammersänger Reiner Süß. Der war im Krieg bei der Panzerabwehr. A Wunder, daß er's überlebt hat, zur Zeit singt er grad an Wotan. Ich hab mir vorigen Herbst a Autogramm von ihm gebn lassn, des hab i jetzt grad die Tag für vierzig Mark verkauft. Jetz schaug i, daß ich wieder oans kriag, oder vielleicht krieg i sogar zwoa. Des wärn dann achtzig Mark.

Streicht ein Mettwurstbrot. Schaun Sie, was im Laufe der Geschichte Fehler gemacht wurden. Diese Ardennenoffensive war jetzt zum Beispiel scho wieder im Herbst. Jetz schaun S' her, stelln S' Eahna vor, des wäre Westeuropa – *legt das Wurstbrot zurecht* – und das da die Gegend von Malmedy – *zeichnet M auf dem Streichwurstbelag.* Der Alliierte möchte ja reinkommen. Jetz san de ganzen Panzerverbände im Nordwesten massiert wordn, also hier – *zeichnet* – ungefähr. Warn ja nur noch taktische Restbestände. Schaun Sie, da war der Frontverlauf – *zeichnet* –, etwa zwei Tage is in nordwestlicher Richtung ein gewisser Druck verbreitet worden – *zeichnet* –, aber dann is der Ami bös worn und hat mit seiner Luftwaffe alles beharkt. *Zerstochert das Wurstbrot.* Erst gab's eine einfache Frontbegradigung – *streicht alten Frontverlauf glatt, zieht neue Linie* –, aber dann schwappte das überlegene alliierte Potential durch. *Streicht das Mettwurstbrot wieder glatt.* Aus, Sense. Der Russe auf der anderen Seite, und das war dann praktisch die Teilung Deutschlands. *Schneidet das Brot in der Mitte durch.*

Schaun Sie, ein anderes Kapitel: Rom. Da wurden ständig Schlachten geschlagen. Der einzige, der wo keine Auseinandersetzung angestrebt hat, des war dieser Kaiser Augustus. Weil, der hat ganz genau gewußt, feldherrnmäßig is er eine Niete. Weil sonst hams ja große Kriegsherrn hervorgebracht. Noch ein Sonderfall war natürlich die berühmte Schlappe von Cannae, des hat dieser Paullus versiebt. Also net der General von Stalingrad, den schreibt ma mit einem l, sondern der Konsul. So a Römer halt. Bis gschaut ham, warens überflügelt. Dann hams alle in'n Sumpf neimüssn, weil da der Elefant net neikimmt. Der Elefant, des war praktisch der Panzer der Antike. Aber der Hannibal hat dann de Vorteile von seim Sieg net genutzt, weil er is dann ins Winterlager gangen. Sie müssen wissen, diese Neger, de mögen den Winter net, obwohl er in Italien sehr mild is. Drum hams gwartet bis zum nächsten Frühjahr, und des war dann praktisch zu spät. Am Caesar waar des net passiert, weil, der gilt ja als der Erfinder des Blitzkrieges.

Was sagn jetz Sie nachert zum Wunder von Kunersdorf? Auch »Le miracle de Brandenbourg« genannt. Hier zwanzigfache Übermacht, Preußen am Boden, die Infantrie total erledigt, Kavallerie: a paar müde Häupter, sonst nur noch Kadaver, Artillerie keine Spur mehr. – Da der Russe, da der Österreicher, man hat den Preußen praktisch fest im Griff, und keiner greift zu. Nebel war aa koana. Jetz frag ich Sie, warum? Des Kunersdorf, wenn nausgangen waar, wia's hätt nausgehen müssen, wer weiß, wie's dann heut ausschaun dad in der Bundesrepublik.

Es gibt natürlich eine Menge Schlachten, wo's geländemäßig und von der militärischen Potenz her scho von vornherein abzusehn war, wie's nausgeht. De hätten gar net erst kämpfen brauchen. Ich bin ja eh gegen an Krieg, mich interessiern nur die Schlachten. Scharmützel interessiern mich höchstens am Rande, und auch so Massaker san vom militärischen Standpunkt her uninteressant. Aber leider gibt's grad von vielen berühmten Schlachten keine exakten Aufmarschpläne, zum Beispiel de katalaunischen Felder, hochinteressant, aber da weiß ma praktisch nur, wie's nausgangen is. Also zuungunsten der Hunnen.

Wer nicht wagt, gewinnt nicht. I woaß net, wer des amal gsagt hat, aber des gilt fei oft bei so Schlachten. Schaun Sie, eine Handvoll Spanier hat praktisch ganz Südamerika aufgrollt. Die Schlacht bei Cuzco oder so. *Leert Streichholzschachtel.* Da hat's gewimmelt voller Inkatruppen, und dieser Fernandez Cortez, a schneidiger Mensch, der is da nei mit a paar Musketen, wie durch an Butterberg. Also, nach europäischem Strategieverständnis ham diese Inkas total versagt. Wahrscheinlich hams halt zu wenig Erfahrung ghabt beim Kriegführn. Einfach neihaun ohne ein Konzept, des hilft doch nix. Die Quittung hams dann auch prompt bekommen.

Schaun S' her, ich hab mir die Mühe gemacht und hab diese ganzen Schlachten amal zusammengstellt, alphabetisch und nach Jahreszeiten, und da läßt sich eindeutig beweisen, daß die meisten Winterschlachten verloren worden sind, während im Sommer hams fast immer gwonnen. Jetz schaun S' her – *zieht Schlachtpläne aus seiner Aktentasche* –, die Schlacht von Ampfing, global gesehen eher unbedeutend, aber hochinteressant, Schlacht von Aktium, so a Seeschlacht, Akroinon, da ham de Byzantiner gwonnen, auch Sommer, Bautzen, Bosporus, da ham mir glei vier Schlachten, Cannae, Cotrone, da ham jetz de Araber gwonnen, Dünkirchen, E – Erster Weltkrieg, des is natürlich a Haufn Zeug, dann F – Fehrbellin, Friedberg, Teutoburger Wald – öha, wie kimmt denn der ins F nei, der ghört doch untert T. *Sortiert Teutoburger Wald in T ein.* A Ordnung muß sein, weil sonst kennt ma sich nimmer aus. Aber wissen S', eine Schlacht im klassischen Sinne, des gibt's ja heutzutag gar nimmer, heut gibt's ja nur noch mehr so Massaker in der ganzen Welt, und de sammel ich net. *Schließt die Mappe.*

Vom Kriege

Gaststube. Wirt Buzifal erzählt seinem Gast.

BUZIFAL Ja, wie is jetz des, kriagn wir jetzt noch ein Bier? *Zur Theke* Ein Bier! Net, das läßt sich doch nicht bestreiten, daß im Krieg Fehler gemacht wurden, net. Das kann mir keiner sagen, daß da keine Fehler gemacht wurden. Beim Nachschub is es scho losgangen, da waren ja diese ganzen Nachschub... äh ...verstopfungen, net. Waren Sie West- oder Ostfront?

GAST Ich war an der Westfront.

BUZIFAL Haha, an der Westfront, ja, mein Gott, na, haha, ja da haben Sie überhaupt nichts erlebt, da können Sie eigentlich ja gar nicht mitreden, net. Jetzt passen Sie mal auf, jetzt schauen Sie her. Ich war hier, jetzt passen Sie auf, der Dnjepr da, ich hier, und der Russe in etwa da, net. Jetzt hat man sich natürlich gefragt, wie hinüber, net. Kriegen Sie ein Schweinsbraten?

GAST Ja, geben Sie mir bitte einen Schweinsbraten!

BUZIFAL *zur Theke* Ein Schwein! *Zum Gast* Der Russe drängt und drängt, net wahr, also die Stalinorgeln haben ja nur so gepfiffen, net wahr. Da ist gestorben worden rings um einen herum. Kriegen Sie noch einen Kartoffelsalat?

GAST Ja, geben Sie mir noch einen Kartoffelsalat.

BUZIFAL *zur Theke* Ein Kartoffel extra für den Herrn. *Zum Gast* Nein, es war ja grauenhaft, man macht sich ja gar keine Vorstellungen, wie da die Menschen praktisch in den Gräben gelegen sind und eingegangen sind. Kriegen Sie ein Nachspeiserl?

GAST Ja, wo ist denn bitte die Herrentoilette?

BUZIFAL Ja, äh, Eisparfait hätten wir da oder ein Topfenstrudel, grad die Türe links. Ein Kamerad von mir, net, wir liegen im Schützengraben, wir schafkopfen, wir karteln quasi, auf einmal, huit!, ein Pfeifer, hat es ihm einmal den Kopf runtergerissen. Der sitzt ohne Kopf da, net. Ja, schade um den Mann, er hat ein ausgezeichnetes Blatt ghabt, er hätt das Spiel glatt gewonnen.

1705

Sehr verehrter Herr Ministerpräsident –

ich darf Sie sowie Sie, Exzellenz Landesbischof Waller, aufs allerherzlichste begrüßen – selbstverständlich auch unseren Landrat Dr. Batz, Herrn Oberstleutnant Freiherr von Epp und auch unseren Pfarrer Monsignore Dobler, unseren Bürgermeister Hans Steindl, Ihnen allen ein herzliches Grüß Gott im Namen der Gebirgsschützen, die heute hier angetreten sind.

Kameraden!

Am heutigen Patronatstag, der unter der Schirmherrschaft unseres verehrten Ministerpräsidenten Dr. Edmund Stoiber steht, haben wir bayrischen Gebirgsschützen uns heute hier versammelt, um der Opfer zu gedenken, die bereit waren, unter Einsatz ihres Lebens unsere geliebte Heimat zu verteidigen. Wir gedenken der Gefallenen von 1705. Heldenmütig haben die Oberlandler versucht, die österreichischen Panduren, welche in Horden unser Land im Würgegriff hielten, hinauszuschmeißen, aber leider, durch den Verrat, wie so oft in der Geschichte von einem Weiberts, wurde die Sache abgeschmettert, und so kam es zur Mordweihnacht von Sendling.

Auch heute stehen wir wieder vor schwierigen Aufgaben, die sehr schwierig sind, weil nicht nur der äußere Feind uns bedroht, sondern der innere Feind, der wo aber auch von außen kommt, aber bereits schon bei uns herin ist. Es ist zwar nur eine Minderheit, aber die ist es, welche die Mehrheit terrorisieren will, und deshalb erkennt man sehr schnell, daß diese Minderheit der innere Feind ist. Überall sitzt er drin, wie zum Beispiel im Fernsehen, wo man der Mehrheit unserer Bürger faule Fleischreste zeigt, mit Würmern und Trichinen, und das tut man, damit uns der Appetit vergeht und mia Kerndl fressen und unsere Landwirte kein Fleisch mehr verkaufen. Diese Kerndlfresser sind nur ein Beispiel, wie eine Minderheit uns schikaniert und man zum Psychiater gehen muß, damit einem beim Anblick von einem Schnitzel nicht schlecht wird. Und genau dieselben sind es auch, welche die Biergärten schließen wollen, weil es ihnen nicht paßt, daß die Mehrheit am Bier eine Freud hat, obwohl man in diesem Land sich aus Tradition zum Bier bekennt und es weit über tausend Jahre aus kultureller Verantwortung trinkt.

Jeder bei uns weiß, daß das Bier mit unserem Glauben aufs engste verbunden ist, weil, wie wir von den Klöstern her wissen, die katholische Religion das Bier nicht nur empfiehlt, sondern sogar selbst braut.

Immer mehr so Einzelgänger, Individuen und Singles, manche haben die Frechheit, sich als Künstler zu bezeichnen, wollen unser Land verschandeln, ja sie schrecken nicht zurück, selbst unseren Glauben zu verhunzen. Die heilige Muttergottes wird in Wolfratshausen im Minirock auf eine Brücke hingestellt, so daß die einzige Antwort auf solch ein Schandwerk ist, daß man es in den Fluß schmeißt.

Dieselbe Bagage ist es auch, die sich immer mehr in den Straßenverkehr mischt und überall Geschwindigkeit dreißig fordert, aber das glangt ihnen nicht, dann wollen sie lauter Verkehrsinseln und Stolperschwellen errichten, um alles zu verhindern. Daß es aber auch bei uns viele Menschen gibt, denen es pressiert, ist ihnen gleich.

Der Schaden, wo diese Minderheit anrichtet, geht in die Milliarden.

Sie sind gegen alles – jeden Tunnel, und wenn er noch so vernünftig ist, feinden sie an. Will man eine Zugtrasse errichten, sind sie schon dagegen, vom Atom will ich gar nicht reden, weil wenn es nach ihnen geht, sollen wir wieder in Höhlen wohnen. Tschernobyl ist aber nicht in Bayern, und Kitzbühel ist in Tirol, das weiß ein jeder, aber man will uns für blöd verkaufen. Heute schaut es so aus, daß alles möglich ist. Diese Preußen behaupten, daß sie Münchner sind, und die Neger geben sich zunehmend als Deutsche aus, immer mehr drücken in unser Land hinein und behaupten frech, sie wären mir.

Kameraden – wir Gebirgsschützen sind aufgerufen, diese Zustände genau zu beobachten. Große Namen verbinden sich mit unserer Tradition, wie Graf Arco, der dem Spiel dieser Schlawiner, die unser Land an die Bolschewisten ausliefern wollten, ein Ende gemacht hat.

Auch ziehen wir den Hut vor Persönlichkeiten und sagen Reschpekt, wenn sich einer heute noch traut, sich öffentlich hinzustellen, obwohl er dadurch beruflich große Nachteile riskiert und Verfolgungen bis hin zu Ehrabschneidung, wenn er sagt, jawohl, ich sympathisiere mit der CSU.

Wir in Bayern sind doch eine Demokratie, wo kein Mensch gezwungen wird, eine Minderheit zu werden, jeder hat das Recht, sich zur Mehrheit zu bekennen und sich anständig zu benehmen, und wenn er das tut, dann braucht er kein schlechtes Gewissen zu haben, wenn er in aller Ruhe einen Schweinsbraten ißt und einige Bier dazu trinkt, dann waren auch die Opfer von 1705 nicht umsonst.

Ich danke Ihnen!

ÄUSSERES UND EUROPA

Anläßlich der Grenzen

Liebe Mitbürgerinnen und liebe Mitbürger, liebe Landsleute!

Jetzt heißt es den Kopf klar behalten in dieser historischen Stunde. Wir alle sind gefordert, unseren gemeinsamen patriotischen Empfindungen und Gefühlen Mäßigung aufzuerlegen. Der Gedanke an die lange Trennung, die unsere gemeinsame Geschichte gemeinhin als Gemeinheit empfindet, bewegt uns zutiefst.

Wir gedenken heute des 13. Mai 1779. Der Vertrag von Tetschen hat unser bayerisches Vaterland in zwei Teile geteilt. Wir hier im Westen unseres weiß-blauen Vaterlandes denken an unsere Brüder und Schwestern jenseits des Inns, dieses unseres Schicksalsflusses, die im Innviertel, von uns seit mehr als zweihundert Jahre getrennt, dem Einfluß Österreichs hilflos ausgeliefert sind.

Länger schon als zweihundert Jahre gilt sie jetzt, die Grenze, die über Generationen hin Tausenden und Abertausenden von Zöllnern und Zollbeamten Brot und Zuversicht gegeben hat.

Und hier stehen wir nun, hoffend, daß auch im nächsten Jahrtausend die alte Frage weiterhin frohgemut erschallen wird, die Frage von wahrhaft abendländischer Dimension, welche dort an der Grenze die Herzen von uns so tief bewegt. Die Frage nämlich: »Haben Sie etwas zu verzollen?«

Diese Frage ist die Grundvoraussetzung für die Absicherung der Existenz Tausender Familien diesseits wie auch jenseits der Grenze. Liebe Landsleute, wir merken auf – wer Zöllner will, der braucht auch Grenzen.

Ja, liebe Mitbürgerinnen und Mitbürger, ich schäme mich heute an diesem Tage meiner Rührung nicht, und ich weiß, daß nicht ich alleine es bin, der hier bewegt ist, aber als stolzer Bürger zu wissen, daß wir mit dem Landkreis Tölz, auch mit dem Landkreis Rosenheim, eine gemeinsame Landkreisgrenze haben, stimmt uns mit Genugtuung, Begeisterung, um nicht zu sagen: Enthusiasmus.

Aus heutiger historischer Sicht würde ich heute durchaus sagen – einmal mit dem Fahrrad oder auch mit dem Auto hinüber in den anderen Landkreis fahren? –, ich würde sagen: Ja, warum nicht?

Oder gar ständige Besuche der Biergärten und Wirtshäuser im anderen Landkreis?

Ich sage hierzu entschieden: Jawohl. Das ist eine Kollaboration, die ich gelten lasse, aber eine Abschaffung der real existierenden Landkreisgrenze Miesbach – nicht mit uns – niemals – Finger weg von unserer Landkreisgrenze!

Liebe Mitbürgerinnen und liebe Mitbürger, liebe Landsleute – eine Grenze, was ist denn das? Eine Grenze, liebe Landsleute, ist ein fließender Übergang – ein Übergang, langsam vom einen ins andere –, der Übergang bleibt im Ungefähren. Eine Grenze also ist das Gegenteil von einer Front. Also die Grenze zwischen Orient und Okzident ist in Tscheljabinsk im Ural links neben dem Salatbeet.

Prinz Eugen hat es nicht einmal verhindern können, daß das Wiener Schnitzel, welches eine osmanische Erfindung ist, die Grenzn des Orients überschritten hat, das Wiener Schnitzel findet seine Grenzn erst seit der Erfindung der Friteuse.

Liebe Landsleute, vergessen wir nicht, wo Werte sind, da sind auch Grenzen; also, es lebe hoch der niedrige Grenzwert bei Cäsium und Dezibel. Es lebe hoch die Grenzn des Machbaren, die Grenzn des Zumutbaren, es lebe hoch die Grenzn der Begrenztheit, der Toleranz, die Grenze lebe hoch.

Ja, liebe Mitbürgerinnen und Mitbürger, liebe Landsleute – wo kein Horizont ist, da braucht man doch Grenzen. Ich danke Ihnen.

Alles über den Russen

Mit schwerwiegender Stimme Mein Gott, wissen Sie, ich war drüben, sicherlich, und ich muß sagen, ich habe mir gedacht, na ja, dann schaust du dir die Sache halt noch einmal an, nicht wahr? Auf den alten Spuren, nicht wahr? Privat, individuell – darum habe ich auch diese Pauschalreise gemacht und muß sagen, es sind Impressionen, nicht wahr, die man da kriegt, das ist natürlich ... äh ... schon ... äh, daß man sagen muß ... äh ... Aha, nicht wahr? Wissen Sie, weil ... »der Russe«, sagen wir mal, nicht? Der Russe, man hat ihn ja damals zu dieser Zeit, man hat ihn ja praktisch privat, in dem Sinne, gar nicht kennengelernt! Man hat ihn ja damals mehr erschossen, nicht wahr? Und drum hab ich mir gedacht, na ja, schaust ihn dir noch amal an, nicht wahr? Denn, wie gesagt, der Russe ist ja meines Erachtens ... ähm, ja ... wie soll man ihn im Grunde beschreiben? Er ist, äh ... eigentlich ... durchaus, daß man sagen könnte ... also in dem Sinn ... irgendwie ... ja doch, daß man meint ... ja – warum nicht? Net wahr? Er ist auch ... äh ... irgendwie ... ein, ein ... sagen wir mal ... verstehen Sie? Nein? Der Russe ist, sagen wir mal ... ähm ... ja ... schon vom Ding her gesehen, nicht war, er ist genauso maskulin vorhanden, nicht wahr, also männlich, nicht wahr, weiblich is er genauso da wie sächlich aufzutreffen, nicht wahr? Also auch farblich, er is durchaus, keineswegs, daß man sagt, jetzt ... äh ... net? Also er ist farblich ... äh – rot, net wahr, fuchsert, net wahr; er ist blond, semmelbond, schwarz, grau, gräulich, net wahr, hellgelb, wie Sie wollen, net wahr? Also in diesem Sinn macht der Russe gar keine Sperenzchen, der Russe ist, äh ... ja, sagen wir mal ... Wie soll ich Ihnen denn das jetzt amal wirklich nahebringen? Folgendes Beispiel: Sagen wir mal, wenn es in Rußland kühl ist, verstehen Sie, es zieht, nein? Feuchtigkeit, net? Kälte, net? Brr, nein? Ja, was macht er da, der Russe? Net, was tut er da? Net wahr, da greift der Russe zu einem Jakkerl, zu einem Pullover, zu Hut, Schal, sogar Mantel, das ist alles im Bereich des Möglichen. Oder auch das Gegenteil: Sagen wir mal Hitze, Schwüle, man schwitzt, net? Da kann man dann durchaus erleben, daß der Russe dann shirtmäßig unterwegs ist, nicht wahr? Schaun Sie, ein Beispiel, nicht, im Zentrum dieser Riesenstadt dieses Riesenreiches, net wahr? Ich steh in etwa hier, ganz in der Nähe, wo er mumifiziert worden ist, approximativ circa vier bis fünf Meter vis-à-vis steht plötzlich, in dieser Stadt, neben mir ein Russe! Das muß man sich amal vorstellen, nein?

In der Hand ein etwa wurstbrotartiges Gebilde haltend. Die Sache macht mich natürlich neugierig, und ich sehe, wie dieser Russe dieses wurstbrotartige Gebilde langsam, bedächtig zum Munde führt, einen Moment innehält, um dann plötzlich, wie von der Tarantel gestochen, hineinzubeißen. Und ich hatte durchaus den Eindruck, es hat dem Mann geschmeckt. Sehen Sie, das sind die Sachen, da legt man die Ohrwaschl an, nicht wahr? Aufgrund solcher Erfahrungen bin ich heute bereit zu sagen, der Russe, wenn er grinst, i würd sogar sagen, wenn er lacht, nein, wenn er – hihi – *er klatscht in die Hände* – kann man durchaus davon ausgehen, daß er eine Gaudi hat. Jetzt passen Sie mal auf, jetzt werd ich Ihnen mal was erzählen, nicht wahr – folgende Situation: Nicht wahr, auf diesem riesigen Boulevard dieser Riesenstadt, nicht wahr, ein Riesenboulevard, der Russe ameist vor sich hin, nicht wahr, er schwappt hin und her, nicht wahr, in diesem Gewoge sehe ich plötzlich einen Russen weiblicher Herkunft, einen kleinen Russen mit sich führend, so a ganz a kleiner Russe noch, nein – *seine Stimme wird immer zärtlicher* – a Pelzmütze hat er aufghabt, net, so a ganz a kleiner Russe, nein, so a gewindelter Russe noch, nein, und beugt sich herab, um diesem kleinen Russen etwas mitzuteilen. Ich muß natürlich hinzufügen, ich selber bin des Russischen ja kaum mehr mächtig, außer »rucki werch«, also »Hände hoch«, bin ich mir nicht mehr . . . ist mir nicht mehr viel geblieben, nicht wahr. Und ich höre, wie dieser Russe zu dem kleinen Russen sagt: »Kuckuck, dada da dada«, irgend so was, nicht wahr – da, also, da hätten Sie den kleinen Russen erleben sollen, nicht wahr, der war begeistert, der war außer sich vor Begeisterung, der hat gelacht, der hat sich gefreut, der kleine Kerl – *immer begeisterter und mit kindlichem Klang* – der war enthusiasmiert, nicht wahr, der . . . also der . . . das kleine Gsicht is auseinandergegangen, der Diezl is ihm aus dem Mund gefallen, net wahr, der hat gelacht, nicht wahr, und seitdem frag ich mich – *Stimme wird argwöhnisch* – was lacht der Russe so? Und drum sag ich Ihnen mal das eine: Wenn der Russe in dieser Formation zu uns hierherkommt, wissen Sie, was dann los ist? Ja, wissen Sie, was dann los ist? Dann ist er da!

Care Gino

RICHARD Jetzt is wieder ein Jahr vergangen, jetzt muß ich ihm aber wirklich einen Brief schreiben. Aber natürlich nur ein paar Zeilen, weil, des muß jetzt wirklich passiern, net, weil, wenn des so weitergeht . . .

KRIMHILD Geh, was macht denn des für an Eindruck! Du muß doch jetzt amal was Ordentliches schreibm, des geht doch net so weiter!

RICHARD Ah ja, ich schreib ihm ja, aber das sag ich dir, nur das Wesentliche, weil, irgendwas anderes kommt ja gar net in Frage, gell.

KRIMHILD Schreib ihm doch auf italienisch, du hast es doch unten auch bewiesen.

RICHARD Jaja, ja, auf italienisch, ja freilich, also nachert, fangma amal an. Gell, ah – Care . . .

KRIMHILD Der heißt doch net Kare, der heißt doch Gino, hast des vergessen?!

RICHARD Ja, hä, naa, des is aso, woaßt, Care, des heißt praktisch Lieber.

KRIMHILD Ach, Lieber, des heißt doch amore!

RICHARD Ah ja, hähä, naa, es is aso, na ja, also ich glaub, ich schreib doch lieber auf deutsch, net, weil, also, des verstehn die auch. Kannst dich erinnern, wie mir gsagt ham: Schweinsbraten, wie s' da glacht ham? Hahaha . . .

KRIMHILD Genau, und Beckenbauer, des hams aa kennt. Aber es waar scho fesch, so auf italienisch . . .

RICHARD Jaja, gell, also jetzt schaun mir halt amal, ah – fangma halt amal an. *Schreibt* Ah – Lieber Gino. Lieber Gino – es ist inzwischen sehr viel passiert. – Also, ich schreib nur das Wesentliche, gell? – Lieber Gino, es ist inzwischen sehr viel passiert. – Weil, des würd ja sonst zu weit führen, net, wenn ich ihm jetzad da alles, net – also, es ist inzwischen, inzwischen ist – viel – Zeit – vergangen, net, des is wahr, des kann ma sagn – ah, sozusagen, ein Jahr – ist im Fluge vorbei – im – Flu–ge – vorbei. – Inzwischen – net, also – inzwischen hat sich – wieder einiges – getan, net – äh, und ich nehme an – ich neh–me an, daß sich, äh, bei euch – auch einiges getan hat. Ja, daß sich bei euch auch einiges getan – hat, wie – es – halt so – ist im – Leben, wie es halt so ist im Leben, net, im – Le–ben. – Ja, was schreib i denn jetzt no – ah, ah ja! Ah – draußen, äh – regnet es gerade . . .

KRIMHILD Ah geh, des is doch a Schmarrn, es hat doch grad zum Regnen aufghört! Kannst 'n doch net anlügn!

RICHARD Ah ja, ah – draußen hat es gerade – auf–gehört – mit – dem – Regen. Draußen hat es aufgehört mit dem Regen – dem Re–gen, ah – wir haben, äh – viele – Erlebnisse – ge–habt, – Erlebnisse – geee–habt, aa–ber weem – schreiibe ich das. – Äh, was Persönliches, net, äh, vielleicht, ja! Ah – wie geht – es – dii–rr – wie geht es dir, ähm – und insbesondere – ah, euch anderen sonst – und insbesondere euch ande–ren sonst! Ah – ah ja! Ah, mir . . .

KRIMHILD Was heißt denn da: mir . . .? Bin ich vielleicht nicht da?!

RICHARD Ah, uns – geht es – meist – ah, zumeistens – gut, uns geht es zumeistens gut, ah – schreibt – uns doch – auch, schreibtunsdoch-auch – was – bei euch – ah, bei euch passiert is. – Net, des dad mi jetzt intressiern, ah, was – inzwischen – bei euch – passiert ist. Net, weil – ah – wir, wir – schrei–ben euch dann auch wieder, wir schreiben euch dann auch wieder, was bei – uns – alles – so passiert. Ah, jetzt mag i nimma. Was schreibm mir jetzt, ah, dir – uns – inzwischen – und so weiter – is alles da – jetzt muß ich – leider schlie–ßen – i hab ja gar koa Zeit mehr – weil ich – äh, äh – keine Zeit – mehr ha–be – denn morgen – wird's auch wie–der – ein turr–buu–len–ter – Tag.

KRIMHILD Geh, morgen is ja Wochenend, kannst nix anders . . .

RICHARD Na ja, is ja Wurscht, Wochenende, na ja, da, des wissen die gar net. Also gut! – Viele Grüße – euer – äh, Richard. Ja, sehr gut, äh, Richard, jetzt schreib i's vielleicht noch italienisch hin, äh, Ricardo, äh – schreibt ma jetz Ricardo mit k oder mit ck, na ja, is ja Wurscht, sie wissen ja von wem s' den Brief ham, net wahr, Hautpsache is, daß sie wissen, was los is da herunten bei uns.

Da, schreib aa no was hin, wennst magst . . . daß's nach was ausschaut. *Reicht Krimhild den Kugelschreiber. Diese nimmt ihn und unterschreibt rasch.*

Mr. Anybody

INTERVIEWERIN Mr. Anybody, Sie sind nun schon zum siebten Male in der Bundesrepublik Deutschland. Was bewegt Sie denn, immer wieder nach Deutschland zu kommen? Ist es das Klima, Mr. Anybody, oder . . .

MR. ANYBODY Well as you see, isch war in America, in the States at home, in Kentucky, von – wie sagt man – my profession, mein Beruf, hab isch gearbeitet als Osterhase und auch schon als Pinguin by in Disneyland und als – wie sagt man – car-seller – *lacht* –, isch haben Auto verkauft, verkauft – *lacht* – ja, and jetzt isch komme nach Deutschland, weil . . .

INTERVIEWERIN Und wie gefällt Ihnen Deutschland?

MR. ANYBODY Deutschland sehr clean, alles sehr clean, die Straßen clean, die houses, die Häuser, und die Gehirne clean, the friends, alle Bekannten, alles clean, sehr sauber, U-Bahn sauber, ah, wie sagt man, auch die Toiletten, das ist sehr sauber.

INTERVIEWERIN Ja, das freut uns sehr, daß Sie das sagen, Mr. Anybody. Und haben Sie sonst noch irgendwie einen Grund, daß Sie noch länger in Deutschland verweilen wollen und auch künstlerisch hier tätig sind?

MR. ANYBODY Ah ja, isch möschte sagen, daß . . . the coke is at least as good as, so gut wie in America. Wir haben das Popcorn, ist sehr gut, und in eine Toilette in Autobahn Leipheim eine Spruch von eine sehr intelligente deutsche author – wie sagt man – Schriftsteller: Spießig ist riesig. That's it.

Concentration-Camp-Song

Mr. Anybody singt.

Gesprochen:
I've been around the world – isch habe viel gesehen
von die Welt – but the best place I've ever seen
was the place where I've met Gretschen last year –
aber die beste Platz, die isch immer geseihn, war die
Platz, wo isch geseihn Gretschen . . . bei eine Ausflug
zu Dauchau Konzentrationslager in die letzte Jahr.

Gesungen:
Well, isch traf meine Gretschen
she's a beautiful Mädschen –
inside the concentration-camp.
Well, I hold her and I kissed her,
now I'm gonna miss her
and I dream of the green oaks 'round the concentration camp.

Refrain:
Concentration camp,
place of history,
place of destination
for Gretschen and me . . .

Gesprochen:
I've seen all die Plätze in de beautiful Germany,
the Zillertal in Heidelberg – oh, beautiful
the Jedermann in Salzburg, ah, beautiful
University in Würzburg – interesting,
Newswanstein, Hofbräuhaus, an' Reeperbahn, oh, marvellous,
but on my way to Dachau Konzentrationslager suddenly
I looked at her – isch sehen zwai wundervolle blaue Augen
von aine beautiful girl.

Gesungen:
Well, I've met my Gretschen,
she's my destination –
inside the concentration camp.
I fühle glucklisch when I saw
hinter die Mauer flowers grow,
wonderful flowers of die concentration camp.

Refrain . . .

Gesprochen:
In die Schatten von eine alte romantische Baracke
aßen wir ein Hamburger und Wurstel mit Kraut.
Da hat sie misch in maine Augen geschaut.
Isch sagte: Baby, let deine sorrows disappear,
I love this romantische atmosphere.

Gesungen:
I came over from Kentucky,
an' now I am so lucky
disch getroffen in die concentration camp.
Baby, komm in main arm,
I will halten dir warm
even outside von die wundervolle concentration camp.

Refrain . . .

Gesprochen:
After the Wurstel sagte isch zu Gretschen:
Willst du maine Frau werden? – Gretschen, I wanna
marry you! – She agreed. An then isch nahm sie
mit zu maine sweet home in Kentucky,
an' since that time – und sait diese Zait
fahren wir zu unsere
gemütliche Platz in Dachau Konzentrationslager und
denken an unsere erste Begegnung im shadow
von die wundervolle Eiche.

Gesungen:
We spend the all-year-vacation
on the place of our destination:
in the beautiful concentration camp.
'cause I've met my Gretschen,
maine wundervoll Mädchen
inside the walls of the concentration camp.

Refrain . . .

Jodler . . .

Die souveräne Persönlichkeit

Mir Deutsche sind eh immer, mir sind doch schließlich *souverän:* Mir brauchen uns ja net alles gfalln lassen. Mir ham doch auch Wertmaßstäbe hervorgebracht, die sich sehn lassen können. Zum Beispiel Begriffe wie »Spion« an der Haustür, im Französischen »le vasistas!«, »il Leitmotiv« heißt auf italiensich, ich glaub, »das Leitmotiv«. Das Wort Stempel hat sich in ganz Südosteuropa durchgesetzt, Stempel, zu Schlagbaum sagt der Russe »Schlagbaum«, und unser deutsches Wort Sandwich heißt auf russisch »Butterbrot«. Oder nehmen S' den Humor. Daß er sich europaweit durchsetzt, ist gar keine Frage. Aber es hängt davon ab, ob diese Franzosen diese Raketen mit dem Satelliten endlich rausbringen. Aber wenn es funktioniert, könnens in Europa auch endlich über uns lachen, weil der deutsche Humor dann in allen Sprachen synchronisiert wird. Schaun Sie, ich spreche heute noch weder Französisch noch Englisch, und ich denke auch nicht im Traum daran, einmal Spanisch zu lernen. Und ich besitze eine Dreizimmereigentumswohung mit Bad/WC, alles tiptop, direkt an der Costa Brava. Übrigens, die Costa Brava ist in Katalanien, also Gothalanien, des war amal deutsch. Andalusien kommt von Vandalusien, da ham wir auch schon vandalisiert. Man spricht immer von dem Verlust unserer Ostgebiete. Aber von den Südgebieten, die mir aufgeben ham müssen, redet man nicht. Die Lombardei, also Langobardei, war immer deutsch. Südtirol, denken S' an Südtirol, und das Elsaß, durch und durch deutsch. Und wenn jetzt dann die Grenze fällt, wem gehört's denn dann wieder? Also dann. Nur in der EG, in einer Gemeinschaft muß man geben und nehmen. Schaun Sie, zum Beispiel die Schlacht von Verdun, die ham mir verlorn, mir Deutsche, aber knapp. Und Stalingrad genauso, und die Schlacht von Trafalgar, wo die Engländer gegen die Spanier gekämpft ham, da ham die Engländer gewonnen. Jetz wenn wir aber Europäer sind, ham mir doch auch an Anteil am Sieg von Trafalgar und durchaus auch a Berechtigung, daß mir so a Nelson-Säule aufstellen. Die Welt wird transparent, schaun Sie, ein besitzender Türke, also der's zu was gebracht hat, dem steht doch heute die Welt offen. Nur ein anderer, ein Krattler, also ein türkischer Underdog, was hilft's dem, wenn er a bißl Deutsch kann? Selbst wenn er's fließend könnte, er bleibt so lange a Türke, bis er halt a Geld hat. Weil der Roland, mein Cousin – kennen Sie an Roland? Mein Gott, der Roland hat immer so gern Geld ausgebn, wie der des ausgebn hat, des war direkt unnachahmlich. Des war einfach schön, dem zuzuschaugn, wie er's ausgibt. Aber irgendwann hams ihn halt dann entmündigt, auf Betreiben von einer Bank, und dann is, glaub ich, noch was dazugekommen, und dann hams ihm die bürgerlichen Ehrenrechte gezwickt. Jetzt braucht er nimmer wählen und hat auch keine Pflichten mehr. Sie müßten an Roland jetzt sehen, wie er dasitzt, braungebrannt, mit einer Virginia, spuit er Musik auf der Zither, trinkt ein Bier nach dem andern, singt und juchzt, und des alles ohne bürgerliche Ehrenrechte. Also, der Roland ist direkt souverän. Der Roland bekennt sich übrigens voll zum Analphabetismus. Überhaupt: 700 Wörter Gesamtwortschatz sind heute keine Utopie mehr. Erst kürzlich fragt mich mein Sohn, was »es törnt mich an« auf englisch heißt. Dann hab ich gsagt: »It turns me on«, weil der Engländer statt an on sagt.

Weil des wär halt schön, wenn wir noch viel mehr so Englischwörter übernehmen würden ins Deutsche. Weil dann könnt a Ausländer, wenn er Deutsch lernt, sich in der ganzen Welt verständlich machen. Dann wär er souverän. Aber mit der Bildung und überhaupt . . . was unsereins an abendländischem Ballast mit rumschleppen muß, an Dings, an Goethe, der andere, der Schiller, und der ganz andere, der . . . äh . . . na . . . solche Leute jedenfalls, was ma da in der Schule jahrelang, was einem die da vorgesetzt ham, die ham sich leicht getan, die ham's hingschrieben und mir solltn's auswendig lernen. Und des is des Gute an der heutigen Zeit. Wir produzieren mehr wie je zuvor, bei de Bücher, Fernsehn, Zeitschriften, aber wir hinterlassen nichts, jedenfalls nichts Erwähnenswertes. Unsere Kinder sollen's amal leichter haben, wenn s' Geschichte lernen, der Karl der Große, okay, der muß sein, aber den . . . ah . . . den Honecker oder an Kohl, den brauchens amal nimmer lernen. Des is ja alles a Zeitproblem. Wenn heut einer kei Zeit ghabt hat, daß er a Persönlichkeit wird, dann kann er ja an Kurs machen, bei einem Persönlichkeitsdesigner. Und jeder Visagist macht ihm des entsprechende Gsicht dazu, was er braucht. Und dann hat er a Image, und dann braucht er a Persönlichkeit gar nimmer werden, weil dann is er souverän.

Das Dritte-Welt-Essen

GAST 1 Fräulein!

BEDIENUNG *von ferne* Sofort

GAST 1 Wissen Sie, unter uns gesagt – *kaut und redet auf Gast 2 ein* –, ich kämpfe um jedes Gramm. Ich war jetzt grad wieder im Urlaub da drunten, obwohl es is ja, wenn man die Sache live erlebt, verstehen Sie, also ich meine, wenn man's unmittelbar sieht, nicht so obszön wie im Fernsehen. Diese armen Schweine im Fernsehen, ich kann's nicht mehr mit anschauen, aber natürlich, so lebt man da, ma gwöhnt sich dran. Zum Wohl. Ja, wo ist denn da die Bedienung? *Ruft* Fräulein, Fräulein!

BEDIENUNG *von ferne* Ich komm gleich.

GAST 1 Ja hoffentlich. Ich kämpfe, sag ich Ihnen. Ich hab also den ganzen Urlaub hindurch, ich hab am Tag nur viermal gegessen, immer so Kleinigkeiten. *Schmatzt.* Zum Wohl. Ja, was ist denn da? Was trinken wir? Einen Sekt? Es ist wirklich . . . aber diese Leute da unten, verstehen Sie, da hams nix, aber sie wollen auch nix. Da haben sie diese Kühe, nicht wahr, aber die essen die nicht. Da wimmelt's von Kühen, nicht wahr. Die hätten das beste Rindfleisch, ich mein, stellen Sie sich vor, bei uns der Zustand, man würde eine Sau heilig erklären. Da macht doch kein Mensch mit. Ja, eine heilige Sau mit Knödel, hahaha. *Die Bedienung kommt.* Da kriegn mir amal was. Danke. Sehr gut, also . . .

BEDIENUNG Ja?

GAST 1 Hmhm, bringen S' uns doch bitte erst mal eine Flasche Sekt, ein Champagner.

BEDIENUNG Ja. Derselbe wie da?

GAST 1 Dieselbe Flasche. Und dann: Haben Sie Scampi? Dann bringen Sie einmal Scampi.

GAST 2 Das möchte ich auch.

BEDIENUNG Also zweimal Scampi.

GAST 2 Aber bitte ohne Knoblauch.

BEDIENUNG Zweimal Scampi, einmal ohne Knoblauch.

GAST 1 Und dann bringen Sie . . . ham Sie, Fräulein, ham Sie Schlachtplatte, Fräulein?

BEDIENUNG Ja.

GAST 1 Dann bringen S' mir danach eine Schlachtplatte, und dann schauma weiter, gell? Ich kämpfe um jedes Gramm, wissen Sie, ich kämpfe. Zum Wohl!

GAST 2 Prost!

Eine Spendenaktion

Schalterraum einer Bank. Fräulein Keim, Bankbeamtin, und Herr Sadowski in einem Kundenberatungsséparée hinter dem Schalter. Am Schalter wartet Herr Dr. Matschel.

KEIM Ja, es tut mir leid, Herr Sadowski, aber Ihr Kreditvolumen ist jetzt leider wirklich restlos ausgeschöpft. Ich bin aa noch amal alle Umschuldungsvarianten mit der Zentrale durchgegangen. Ich weiß, es is a schwierige Situation für Sie, aber das Äußerste, was ich Ihnen anbieten kann, is ein weiteres dreimonatiges Stillhalteabkommen. Dafür würde sich auch unser Doktor Fröschlein noch einmal stark machen. Aber wenn dann keine Zahlungseingänge verbucht werden, dann kann es auch der Doktor Fröschlein vorm Vorstand nicht mehr vertreten.

SADOWSKI Ja, aber dann kann i ja praktisch zammpackn, oder soll i vielleicht nach Australien auswandern?

KEIM Tja, des sind amal die Fakten, Herr Sadowski, mir sind einfach die Hände gebunden.

MATSCHEL Ah, Fräulein Dings . . .

KEIM Ich hab's sofort, Herr Doktor Matschel. Herr Sadowski, ich hoff, Sie nehmen mir das nicht persönlich. Also, sollte sich von Ihrer Seite etwas ändern, lassen Sie's mich wissen. Einstweilen ist das alles, was ich für Sie tun kann.

SADOWSKI Ja aber . . .

KEIM Wenn S' mich entschuldigen, äh, hier ist noch was für die Kleine. *Gibt ein Plastiksparschwein und ein Fähnchen.*

SADOWSKI Wie sagt ma denn?
Die Kleine sagt nichts.

SADOWSKI Dankschön.

KEIM So, Herr Doktor Matschel, entschuldigen Sie, also, was kann ich für Sie tun?

SADOWSKI Ja, aber von irgendwas muß ich ja die nächsten Wochen leben!

KEIM Wiederschaun, Herr Sadowski. – Also, Herr Doktor Matschel, was hamma denn?

MATSCHEL Ja, ich plane 'n Kurzurlaub in die Schweiz, und da wollt ich mich halt a bisserl pekuniär ausrüsten.

KEIM Ja, hehe, Schweizer Franken, nehm ich an.

MATSCHEL Polnische Zloty nehmen die net, hahaha, also gebn S' mir amal für zehntausend Mark Schweizer Franken, achttausend in bar, und dann gebn S' mir für fünftausend Mark Schilling und für dreitausend Mark Lire.

Fräulein Keim notiert.

Ja, i hab bloß acht Tag Zeit, aber a bisserl a Luftveränderung muß aa mal sein.

KEIM Da ham S' recht, grad jetzt um die Jahreszeit.

HATTENHOFINGER *kommt* Ah, Fräulein Keim, ich hab da für sechzigtausend Mark Krügerrand, wo soll ich 'n die jetzt . . .?

KEIM Des san die vom Doktor Matschel. *Zu Matschel* Ihre Krügerrand hättn mir jetzt da.

MATSCHEL Ah ja, die Krügerrand tun S' derweil owi ins Depot, i kimm dann glei nach.

KEIM Ham S' es ghört, Fräulein Hattenhofinger? Gehn S' derweil ins Depot.

Fräulein Hattenhofinger geht. Ein Kunde hinter Matschel mischt sich ein.

KUNDE Sagen Sie, Krügerrand, äh, Gold, rentiert sich das überhaupt?

MATSCHEL Mei, Gold is Gold, die einen glauben an Dollar, die andern ans Gold; ich persönlich tendier zu beidem. *Zum Hund, den er im Arm hat* Gell, Hexi, mir glaubn an beides? Ja, brav. Derf i? *Er nimmt ein Bonbon aus einer Bonbonniere am Schalter.*

KEIM Ja, freilich, soviel Sie wollen, nehmen S' ruhig, Herr Doktor.

MATSCHEL Sie is a Süße, unser Hexi, sie is a ganza Süße, gell, Hexi, samma eine ganz eine Süße.

SADOWSKI *der im Eingang stehengeblieben ist, kommt zurück* Sie, Fräulein Keim, ich hab ma des noch amal überlegt, jetzt bin ich seit siebzehn Jahren Kunde bei derer Bank, und oamal wennst was brauchst, na wird ma so abgspeist.

KEIM Herr Sadowski, Ihre persönlichen Umstände habe ich nicht zu verantworten. Ihr finanzieller Spielraum bei uns is amal restlos ausgereizt. Es tut mir leid, des ich des jetzt hier vor den Herrschaften so in aller Öffentlichkeit sagen muß, aber Sie wollen's ja offenbar nicht anders.

SADOWSKI Ja, aber, da kann i mi ja aufhängn.

KEIM Herr Sadowski, ich wünsche Ihnen alles Gute, aber, wie gsagt . . .

SADOWSKI Kimm, Robert, gehma.

KEIM Wiederschaugn, Herr Sadowski.

MATSCHEL *sieht ihm nach* Soll er doch ins Leihhaus geh, is doch koa Schand mehr heutzutag, was glauben Sie, wer da heutzutag alles im Leihhaus rumkugelt, is doch nix Ehrenrühriges, ins Leihhaus gehen, oder?

KUNDE *hinter ihm* Nö!

KEIM *wartet, bis Sadowski zur Tür raus ist* Herr Doktor Matschel, um ins Leihhaus zu gehen, muaß ma was zum Verleihen ham.

MATSCHEL Aber Kinder halten!

KUNDE Ja, Kinder ham die alle.

MATSCHEL Hexi, pfui, pfui! Ja, Hexi, so, jaa, jaa, braav . . . *Er läßt den Hund wieder laufen.*

KEIM Hier, wenn S' bitte unterschreiben. Ihr Geld bekommen S' dann an der Kasse. War sonst noch irgendwas?

MATSCHEL Ja, mir sehn uns dann unten im Depot.

KEIM Ja, hahaha, äh, ich mach derweil gschwind den Herrn da.

Matschel geht zur Kasse.

KASSENFRÄULEIN Wenn S' bittschön mitzählen. Wie wolln S' es denn?

MATSCHEL Wie's daherkommt.

Matschel studiert, während er Geld zählen läßt, die Spendenvordruckformulare, die an der Kasse ausliegen.

MATSCHEL Ah ja, da fallt mir noch ein, Fräulein Keim, Afghanistan, da war doch erst kürzlich dieser Aufruf, so a Spendenaktion oder so.

KEIM Ja, da muß ich ma gucken.

MATSCHEL Da muß a Formular aufliegen, schaun S' doch amal.

KEIM *blättert* Hmhmhm, Äthiopien, meinen Sie.

MATSCHEL Naa, naa, Afghanistan, Afghanistan, Fräulein Keim.

KEIM Oder hier, Sahelzone, da können Sie spenden, da könnten Sie . . .

MATSCHEL Naa, Afghanistan! Fuchzig Mark sans ma wert, diese armen Schweine, aber Afghanistan!

KEIM Aktion Misereor, meinen . . .

MATSCHEL Naa, Afghanistan. I hab ja gsagt, net . . .

KEIM Brot für die Welt . . .

MATSCHEL Des is ma vui zu pauschal, was hoaßt da Brot für die Welt, i hab gsagt, Afghanistan, i hab gsagt, i geb zwanzig Mark für Afghanistan, und dann is der Fall für mich amal wieder erledigt, net?

KEIM Caritas hätten wir hier, dann SOS-Kinderdorf . . .

MATSCHEL Naa, Afghanistan!

FRÖSCHLEIN *Filialleiter, kommt und ruft* Fräulein Keim, bitte alle Unterlagen zum Südfleischverwertungsdepot Schwaben! – Ah, Tach, Herr Doktor Matschel. Tach.

MATSCHEL Ja, Herr Fröschlein, geht's gut?

FRÖSCHLEIN Danke der Nachfrage. Übrigens, Ihr Ankauf Amalienstraße 17 ist jetzt weitgehend perfekt, da können wir paraphieren.

MATSCHEL Ja, aber erst nach'm Urlaub. Herr, äh, Fröschlein, i bin jetzt für a paar Tag in der Schweiz, gell, Hexi, es Herrle is jetzt dann in der Schweiz, gell?

FRÖSCHLEIN Ah ja, dann schönen Urlaub, viel Spaß noch. Wiedersehn.

MATSCHEL Ja, danke, Ihnen auch, äh, ja, äh, Fräulein Keim, ham Sie's jetzt?

KEIM Hier: Aktion Sorgenkind, äh, mit fünf Mark sind Sie dabei.

MATSCHEL Naa, ich hab gsagt, Afghanistan – zehn Mark spend ich ihnen, Sorgen hab i selber. – Sorgen wern Sie aa ham, oder, Fräuln Keim?

KEIM Ja, das kann man wohl sagen.

MATSCHEL Also, Afghanistan, net wahr?

KEIM Hier, Nicaragua, das ist jetzt neu im Angebot.

MATSCHEL *grimmig* Ach, sonst no was, net?

KEIM Oder hier, Bangladesch, wo diese Überschwemmungen jetzt gerade warn. Die müssen also enorm hungern. Da wird gern gespendet.

MATSCHEL Ja, des glaub ich Ihnen, aber die kriegen nix, weil ich hab gsagt, Afghanistan. Des is da in Mittelasien, schaun S' halt amal.

KEIM Dann hätten wir hier Unicef, Terres des Hommes, oder hier, Amnesty International.

MATSCHEL Ja, soweit kommt's, da kann i ja glei in Moskau a Konto eröffnen. Na, also, wissen S' was, Fräulein Keim, ich geh jetzt nüber zum Feinkost Huber, da kauf ich mir an Châteauneuf-du-Pape, Jahrgang 75, da weiß ich, wie 's Geld angelegt ist, da weiß ich wenigstens, wo's hinkommt.

KEIM Ja, aber vorher gehn wir noch kurz runter ins Depot.

MATSCHEL Ja, genau, des is a Idee, des machma glei.

Der spanische Lebensretter

Otto Miez, Makler, fegt seine Gartenterrasse. Er ist bereits im Anzug, in dem er Gäste erwartet.
Marlies Miez, ebenfalls bereits im Kleid, dekoriert einen Nippesbeistelltisch.
Armando, der spanische Lebensretter, lehnt in Cordhose und Ringelpullover am Rosenspalier und raucht.
Boris, der Sohn, kommt mit einem Anliegen auf die Terrasse.

BORIS Du, Bappa, wos is mit dem Scheck, den wost ma vasprochn hast?
OTTO Ja, Boris, i hab jetz koa Zeit, kimmst nachher wieder.
BORIS Aber, i brauch doch den Scheck . . .
MARLIES Sei stad, hast as net ghört, was der Bappa gsagt hat?
Boris geht wieder ins Haus.
Aso ko der fei net rumlaffa, wenn de kemman. Was macht 'n des für an Eindruck.
OTTO Mei, er hat ja nix, bei eahm is doch Wurscht, er is eh a Ausländer. Bei dene woaß ma's doch.
MARLIES Naa, aba aso kimmt ma der net an'n Tisch. Na gibst eahm was vo deine Sachn.
OTTO Vo mir paßt eahm doch gar nix.
MARLIES Des is mir ganz egal. Da herunt wird anständig rumglaufn, wenn ma scho wega eahm d' Leut eiladt. Jetz sagst as eahm.
OTTO Ah – Armando, du jetz umziehen, Sakko, ja fesch, ah, wir hinauf, weil Gäste bald da.
MARLIES Besuch!
ARMANDO Gutt, gutt.
MARLIES Ja, gut anziehen, Besuch, du Kavalier.
OTTO Ja, genau, du Dschäntlmän machen. Fesch. Komm. Auf. Mitkommen.
ARMANDO Gutt.
Otto packt Armando und nimmt ihn mit nach oben. Es läutet. Marlies richtet ihre Frisur und ihr Kleid vor dem Spiegel, geht zur Eingangstür.
MARLIES *im Gehen* Ja, ja, ich komm schon. *Der Pudel bellt.* Yvette, schön brav sein! Pfui! *Hubert und Adelheid Jessike und Pudel Sascha treten ein. Allgemeines Hallo-Hallöchen. Pfui, Sascha, laß das! Yvette! Pfui, Platz! Tach, findichjaKlasse, wiegehts usw.*

MARLIES Ja also, kommts rein, legts ab. Ihr kennts euch doch aus. Pfui! Ja, brav, Sascha, ja wo is er denn?

ADELHEID Gut siehste aus, Marlies, ehrlich klasse, nich wahr, Hupsi, wart ihr in Urlaub?

OTTO Ja da is er ja, ja brav is er, ja da is er ja, der Sascha, ein alter Schlawiner.

ADELHEID Hallo, hallöchen, Otto-Süßi, find ich ja klasse, na, Yvette, du Süße, ja lieb is sie . . .

OTTO Servus, Hupsi, wie schaugt's aus?

HUBERT Na ja, der Witterung entsprechend. Hahaha . . .

OTTO Kommts rein, legts ab. Mir ham scho gwart.

ADELHEID Sind Eberhard und Conny schon da?

OTTO Naa, aber mir warten schon.

MARLIES Da, des is der Armando, des is der, der wo am Otto das Leben gerettet hat.

HUBERT Ah jaja, Tach.

ADELHEID Find ich ja klasse, hallo.

OTTO Also kommts, gehma auf d' Terrasse.

Armando, jetzt in einem – schlecht sitzenden – Anzug von Otto mit dazugehöriger Krawatte, verbeugt sich. Die anderen gehen achtlos an ihm vorbei auf die Terrasse.

ADELHEID Ah, is ja entzückend arrangiert, pfui, Sascha, wirklich klasse, so richtig mit Stil . . .

MARLIES Mei, mir ham uns denkt, zu Ehren vom Armando.

OTTO Weil er mir's Leben grettet hat. Setzts euch, mögts an Aperitif?

MARLIES Mir ham an Coppa Cabana da oder an Harakiri.

ADELHEID Is ja klasse, mir 'nen doppelten Coppa Cabana, bitte.

MARLIES Du, Hubert?

HUBERT Mir 'ne Coca und vielleicht 'n Schuß Bacardi, wenn de erübrigen kannst.

ADELHEID Tja, ein Wetterchen ist das heute wieder, richtig klasse.

OTTO Ja, schön is. Mir bringst a Bier!

ADELHEID Was 'n das für 'n Kopf da? Is der neu?

MARLIES Der Otto hat 'n kauft, mit dreißig Prozent, des is a Bacchus.

ADELHEID Was 'n das?

OTTO Mei, eine Art Dionys.

ADELHEID Ah so, klasse.

MARLIES *serviert Getränke* Daß da Eberhard und de Conny no net da san. De san doch oiwei unpünktlich. Immer dasselbe.

ADELHEID Die streiten sich ja auch ständig, was man so hört.

OTTO *zu Hubert* Mei, mit der gspinnerten Goaß dad i aa zammruckn.

HUBERT *nimmt Getränk* Oh, danke Marliesschätzchen. Ja, bei uns is es jetzt dann soweit. Nächsten Mittwoch ham wa Termin.

ADELHEID Gott sei Dank, endlich.

OTTO Ah so, wega der Scheidung.

MARLIES Und wer kriegt nachert de Natascha?

ADELHEID Ich natürlich.

HUBERT Nein, nein, liebe Adelheid, ich würde sagen, der bessere Anwalt. Hahaha ...

ADELHEID Seit die Scheidung ins Haus steht, haben Hupsi und ich 'ne klasse Beziehung. Nicht wahr, Hupsi? Pfui, Sascha, laß das! *Trinkt ihr Glas ex.*

MARLIES Was is, fangma scho an derweil?

OTTO Mei, der Eberhard wird no was doa müaßn, er is ja finanziell schwer am Paddeln.

HUBERT Der Mann ist liquide wie 'n Penner, was man so hört.

OTTO Keine müde Mark mehr, mir ham eahm aa bloß eigladn, weil ma 'n no von früher kennen.

MARLIES Also, i dad sagn, mir fangen derweil scho mal an. *Verteilt Kuchen. Es läutet.* Des wern doch net scho de sei?!

Marlies geht zur Tür, gefolgt von Otto, Armando lehnt verloren am Rosenspalier und raucht, Adelheid schenkt sich ihr Glas wieder voll. Im Hintergrund Begrüßung.

HUBERT Wenn du dich heute wieder so vollsäufst, du Schnapsdrossel, dann laß ich dich stehn wie 'n Sack Kartoffeln.

ADELHEID Ach, halt die Klappe, ich sag dir ja auch nicht, wie beschissen du heute aussiehst, du altes Arschloch. – Hallo, hallöchen, Eberhard, na endlich!

Eberhard und Conny und Pudel Patrick erscheinen im Disco-Look.

HUBERT Schön, daß man euch mal wieder sieht.

EBERHARD Grüß euch. Hi, Jungs und Mädchen.

CONNY Na, ihr Süßen, wie geht's?

MARLIES Da, des is der Armando, der wo am Otto das Leben grettet hat.

EBERHARD Ah so, der ...

CONNY Tatsächlich.

OTTO Legts ab, hockts euch her, es kennts euch eh aus. Mögts an Aperitif?

MARLIES Mir hätten fei scho fast angfangt ohne euch.

EBERHARD Mei, i hab no an kloana Deal ghabt. I hab an Targa verkaufn müaßn mit 60 000 Kilometer, wei 'n da Kunde aso wolln hat. Er hat natürlich 160 000 draufghabt, aber wenn an der Kunde mit 60 ham will, bittschön, i verkauf meine Autos mit de Kilometer, wia's da Kunde wünscht. Muaßt scho entschuldigen, aber wega zehn Braune netto nebenher laß i aa mal an guatn Spezi a bißl wartn.

MARLIES Mögts an Coppa Cabana oder an Harakiri oder was Normals?

OTTO O mei, du machst ja vielleicht Sandlergschäftln. Schaug, i mach oa Gschäft im Monat, und des glangt ma nachert fürs ganze Jahr.

EBERHARD Ah geh . . .

MARLIES Armando, du dir . . .

OTTO Schaug, i hab am Professor, hab i a Grundstück verkaaft. Den reinen Sumpf. Der hat des net überrißn, daß des koa Bauland is. I hab's eahm finanziert, und jetz is dem gstudiertn Schlaumeier der Saft ausganga. Grad gwuislt hat er, wie er's nimmer zahln hat kenna. Er hat direkt an Kniefall gmacht, na hab i's eahm wieder zruckkauft für d' Hälftn. Und jetzt hab i scho wieder an Deppn an der Hand, aa so an Akademiker, der wo ma's fürs Dreifache wieder abkauft. Der frißt ma aus da Hand, grad daß er's kriagt. Woaßt, des san Gschäfteln. Wega zehn Braune geh i doch gar net ans Telefon.

MARLIES *beginnt plötzlich zu heulen* Und ois kriagt die Schlampn, diese Sau, diese miserablige. A Wohnung hat er ihr kauft, und eigricht hat er's ihr aa und an Porsche fahrts, und i hab no net amal mei Leopard, den wo er mir scho seit'm Frühjahr versprochen hat.

CONNY Ach, Marlies, nimm's nicht so schwer. Schau, der meine hat auch einer 'ne Wohnung bezahlt, und jetzt is er pleite, die Flasche.

EBERHARD Was, i pleite?

CONNY Ja, pleite biste, du Pfeife, gib's doch zu!

MARLIES Ois schiabt er dera Schnoil in'n Hintern nei, dabei hat er mir an Leopard versprochn, und der Scheck, den wo er mir gebn hat, der war gsperrt.

OTTO Ah geh, halt's Mau. Oiwei de Krampf. Wei woaßt, Hupsi, an ara finanziellen Nestwärme, da hab i's bei ihra no nia fehln laßn. *Zu Marlies* Was war denn, wiasd des ghabt hast mit dera Zyste, da hab i dir aa an Professor Moser zahlt. Der hat ganz schee higlangt, und jetzt kamad sie daher mit ihrm Scheißleopard!

MARLIES Weilst mir 'n versprochen hast!

OTTO Ah geh, was kost der Scherz? *Wirft ihr 20 000 Mark in bar vor die Füße.* Da, kaaf da dein Umhang, aba na gibst a Ruah! I wui nix mehr hörn.

BORIS Du, Bappa, i muaß jetz nachert geh. Kriag i jetz mein Scheck?

HUBERT Paß aber auf, daß dir dein Papi nicht den Scheck sperrt . . .

BORIS Von meim Bappa nehm ich schon an Scheck, gell, Bappa?

OTTO *hat den Scheck ausgestellt* Da, und jetz schaugst, daß d' weiterkommst, mir wolln unter uns sei . . .

EBERHARD *haut Conny eine kräftige Ohrfeige runter* So! Und wennst ma du no amal sagst, daß i pleite bin, na hau i di zum Deifi, du Goaß, daß d' as genau woaßt.

Conny beginnt heftig zu heulen.

ADELHEID Laß dir das nicht gefallen, Conny. Ich bin Zeuge! Nimm dir 'nen Anwalt. Du mußt dich wehren! Schau, ich laß mir von Hupsi auch nichts mehr bieten. Der hat austyrannisiert.

HUBERT Na, das wolln wir mal sehn. Hier, zieh dir eine Karte. *Hält ihr fünf Visitenkarten hin.* Das ist dann der Anwalt, mit dem du's zu tun haben wirst, du Schnepfe. *Zu Otto* Im Zeitalter der Emanzipation kommt dir im Endeffekt 'ne Nutte billiger.

OTTO *zieht Spielkarten aus der Tasche* Da hast recht. Was is, spui ma oan?

HUBERT Klasse.

EBERHARD Von mir aus. Laßma de Weiber tanzn.

OTTO Gehts her, auf geht's.

HUBERT Wer gibt?

EBERHARD *scheucht Conny von ihrem Platz* Ffft, fft, Fliege.

Die Männer setzen sich zusammen an die eine Tischhälfte, die Damen sammeln sich an der anderen Tischhälfte; Adelheid holt sich selbst ein Limoglas voll mit Schnaps, Otto zieht die Tischdecke über Kaffee und Kuchen, Armando steht am Spalier und raucht. Otto teilt Karten aus. Armando hat seine Gitarre neben sich.

MARLIES Mögts no a Stückl Kuchen?

Armando beginnt, Gitarre zu spielen. Dabei: 18 – 20 – 2 – 4 – 7 – 30, weg, 3 – 6 – weg.

MARLIES Der Otto will also unbedingt schwimmen. I sag no, naa, jetz setzt doch glei die Flut ein, aber er nix wia nei ins Wasser. Na hör ich 'n scho. Hilfe, Hilfe. I siehg an Armando, wie er neihupft . . .

OTTO Ah ja, am Ismeier Winfried hat aa scho mal oana as Leben gerettet . . . Grang.

EBERHARD Des war aber auf de Seychellen.

MARLIES Ja, genau.

OTTO Wer kommt raus? *Blickt Armando an, der wunderbar Gitarre spielt.*

EBERHARD Da Hupsi.

Otto drückt entschlossen den Kassettenrecorder an, dreht lauter und deckt Armandos Gitarrenspiel mit Discomusik zu.

Convertibilität

Wissen Sie, ich meine – Gott sei Dank sind mir convertible – also kann ich mir was kaufen für mein Geld – Sie wissen schon, weil drüben sinds alle nicht convertible, drum kriegens nur bei sich was, aber bei uns nichts – weil hinter dem Geld muß eine Arbeit stehen oder eine Leistung – und die drüben können sich nichts leisten, weil s' nix leisten.

Bei uns ist das Geld anders definiert, weil es sich selbst vermehrt allein dadurch, daß es vorhanden ist. Ich hätte da einen Vorschlag, wie man gut leben könnte: Das wäre, Japan als Ganzes, sagen wir auf zehn Jahre, zu leasen – ein Leasingvertrag –, und dann des Japan an Österreich weiterverpachten und dafür eine Vermittlungsprovision kassieren, und dann könnte man leicht eine Weihwasserpipeline vom Vatikan durch die Bundesrepublik legen, dann spart man sich diese Container, und die Pipeline müßte bis nach Tschechenstochau in Polen gehen, und der ganze katholische Bereich wäre amal versorgt. Übrigens, in Brasilien oder so kann man sich, wenn man einen Konkurrenten ausschalten will, einen Killer, wenn er öffentlich-staatlich anerkannt ist, auch steuerlich abschreiben. Ich lege übrigens mein Geld in Luzern an, weil das ist die eigentliche Schweiz. Und wenn Sizilien einmal Kalifornien wird und der Goldrausch – ach, ich finde es so schön, daß ich convertible bin.

Stille Hilfe

Liabe Leitl – 's isch mir eine Freid, daß mir heit z' enk auf Bsuach kemman können. Weil mir denkt ham, 's ischt Zeit, ins zu bedanken für die stille und lautlose Hilfe, die z'ös habts ins angedeihen lassen. Dieser Bsuach soll als eine Demonstration gwertet werden, daß mir mit dem Herrn Bletschacher durchaus verbunden sein, auch wenn immer a bißl ebbs von dem Wezi von derer Summe, die z'ös habts z' ins einigschickt, gfehlt hat. Aber des mit seine Kasschachtelen muaß ma aa verstehn, es war halt amal sein Steckenpferd. Aber was sich die Jurischten da ausdenkt ham, daß sie eahm glei hinter schwedische Gardinen an Hefn neigsteckt ham, dös is unmenschlich.

Und inser persönlicher Dank gilt natürlich auch enkan ehemaligen Burgermoaster, dem Kiesl Erich, hoffentlich bleibt er no a bissele krank, weil sinscht muaß er wahrscheinlich aa gleich zum Bletschacher eini. Aber selbst wenn er a paar Jahrl da drein verbringen muaß – mir mechten eahm sagen, er braucht koa Angscht ham, mir passen schon auf sein Anwesen auf – welches er so günschtig bei ins erworben hat. Wann's sein muaß, bewachen mir sei Häusl rund um die Uhr, und am Journalisten, der do sei Nasn reisteckt, dem dean mir oane aufibrennen, daß eahm des Törggelen vergeht und er koa Marenden nimmer braucht, der Siach. Sinscht noch amal herzlichen Dank für die Zuwendungen und vor allem für die Hilfe, daß mir so günstig über eich den tschechischen Sprengstoff ins haben besorgen können. Mit Sprengstoff samma jetza eideckt, aber mir werdn mit enk jedes Gramm, was mir verbrauchen, genau abrechnen – nit, daß ös glaubts mir gengan leichtfertig damit um. No ja, ös kennts ja den Spruch – Mander ans Gewehr, wo der Feind isch, da isch Ehr. Bevor mir aber mit enk des Liadl – zu Stacklheim in Banden – singen, möchten mir enk noch a Freid machen. Mir ham a Kassettn mitbracht, de kennts dann nach Stadlheim am Bletschacher überreichen, daß er in stillen Stunden sich erquicken kann mit unserer Gebirgsschützenmeditation – i spiel's enk amal vor. Da, das isch das Berg-Isl-Gedenkschiaßn im Sommer 1973 – und jetza das Andreas-Hofer-Schiaßn im Herbst 1960, und jetza a Schmankerl, das große Tiroler Freitheitsschiaß auf der Muattnalm im Februar 1949 . . . Halt, ich glaub, der Ton, da war ebbas nit ganz perfekt – machma's no mal. Herrlich – also, da is das Kassettale, und sagts eahm im Gfängnis drein ein scheana Gruaß – und isch der Weg ano so steil, a bißle ebbs geaht allerweil.

Europa und Bier

Dreißigtausend Menschen klatschen, stampfen, schreien ekstatisch, rhythmisch: »Bier her, Bier her, Bier her, oder i fall um«, dann: »Ein Prosit der Gemütlichkeit«! Das Bierzelt ist zum Brechen voll, es dampft, es qualmt, es ist für den, der neu kommt, wie ein Hexenkessel. Ohrenbetäubend der Lärm. Bier – Rausch – Gewoge!

Die da schreien, kommen von überall her und sind durstig, und sie zahlen jeden Preis, um dazusein. Ein Liter Benzin DM 1,40, ein Liter Bier DM 8,–. Das ist nichts. In Schweden kann der Liter Bier auch DM 20,– kosten. Wasserblaue, riesige Augen widerspiegeln tiefes, unendlich tiefes Erstaunen. Die Dame aus dem Norden ist Alkoholentzugstherapeutin. Fast gewalttätig wird ihr zugeprostet. – Gemütlichkeit heißt die Parole! Da gibt's kein Widerstand. Das Bier muß hinein!

Europa – ein Oktoberfest! Nach zehn Maß Bier geht man heim. Es war grandios! Die Alkoholleichen kommen von überall her. Aus Frankreich, Spanien, England, Italien. Der unter dem Tisch kommt direkt vom Oktoberfest aus Carrara.

So viel Bier in sich zu haben, vollgesogen zu sein wie ein Schwamm, muß etwas Großartiges sein. Die Kinder werden eingesammelt und so lange aufbewahrt, bis ihre Besitzer, schon im Bus heim nach Verona, Reims oder Lüttich, zurückkommen, um sie abzuholen. Bier! Bockbier! Weißbierbock! Doppelbock! Jeder Schluck eine Persönlichkeit. Europäische Bierwallfahrten werden organisiert. Von Altötting nach Lourdes. Von Fatima nach Tschechenstochau zum Bier. Und als Proviant Fässer Bier. Wunder machen durstig. Bier und Marienerscheinungen!

Sie kommen aus den Fjorden des Nordens ans sonnendurchgleißte Mittelmeer zum Weißbier. Was heißt da Reinheitsgebot? Wer Durst hat, trinkt Bier. Ganz einfach Bier. Der Biergarten? Ja, das wäre etwas. Er brächte Ruhe ins Biertrinken. Keine deutschen Eichen – Roßkastanienwälder überzögen Europa. Herrliche Schattenspender beschützten uns vor dem Ozonloch, wir tränken unser tägliches Bier, sauften nicht, grölten nicht – bedächtig genössen wir unser Bier.

Am Atlantik oder an der Wolga! Nur so dasitzen. Leise fächelt der Wind.

Wir Europäer trinken uns zu. Von fern ertönt feine Blechmusik. Ohne Verstärker, versteht sich.

Wir Europäer verstehen uns.

Und wer das Bier alkoholfrei will, kann sich ja einen Schnaps dazubestellen!

Das Interview

Am Eingang des Flughafenankunftgebäudes spielt eine uniformierte Blaskapelle die letzten Takte eines Marsches. Fünf Männer mit Sonnenbrillen und arabischer Kluft hören sich das Konzert an, daneben Empfangsdelegierte in europäischen Straßenanzügen. Ein Tonmann überprüft sein Mikrofon. Ein Simultandolmetscher und eine Reporterin in Wartestellung. Die Musik ist zu Ende. Dünner Applaus.

REPORTERIN Meine sehr verehrten Damen und Herren, wir haben hier zu Gast bei uns Herrn Muhammed Aljussuf Ali Ben Bakr Abu Aljussuf Ben Schalim, der sich zur Zeit in Deutschland aufhält. Und nun zugleich die Frage: Herr Muhammed Ali Ben Bakr Ben Schalim, Sie sind in die Bundesrepublik Deutschland gekommen, um nicht nur private, sondern auch andere Interessen zu vertreten.

DOLMETSCHER *beginnt ab »Frage« simultan* Mister Abu Bakr, do you have any other interests, more private invested, I mean money, in the Bundesrepublik Germany, or what do you think about it.
Mohammed Aljussuf Ali Ben Bakr Abu Aljussuf Ben Schalim legt in bestem Arabisch los, wobei er sich allmählich steigert.

DOLMETSCHER So – aha – ah so, ja, er meint, also in dem Sinn, er sagt, im Grunde genommen – haha, ja – es ist doch so – weil andererseits – ja, genau – ah geh, na so – ja, was is des, er sagt, augenblicklich bei dieser Sachlage, also Öl. Ja, genau, Öl.

REPORTERIN *beginnt ab »in dem Sinn« simultan* Herr Bakr meint – er spricht die internationalen Beziehungen an, hinsichtlich im Grunde genommen überregionaler Phänomene – wobei andererseits durchaus Fragen offenstehen, die expressis verbis augenblicklich bei dieser Sachlage der Erläuterung bedürfen, durchaus oder besser gesagt, Öl. Mit anderen Worten: Öl. Hoffen wir also auf eine fruchtbare Erweiterung der Beziehungen zwischen Ihrem und unserem Lande, Herr Bakr. Wir bedanken uns für das Gespräch und geben zurück ins Studio.

DOLMETSCHER Thank you, Mister Bakr, for that interesting speech.

BAKR Nein, nein, du haben falsch iebersetz, gesagt will sagen, in Europa gehn die Lichter aus.
Die Blaskapelle setzt erneut ein.

INNERES UND HEIMAT

Der Weber Max

Wir waren alle da, also, mir ist nicht bekannt, daß einer gefehlt hat, weil wir waren vollzählig. Also, paß auf, es waren da, der Ding war, der Ding, da sagst . . . Der Saller Wolfi war da, der Leinschwendner Sepp, der Bürgermeister, der Ziegler Fritz, na ja, der Fritz sowieso, und der Weber Max war da. Doch sicher, der Max war da, freilich, weil wir uns noch gfragt haben, kimmt der Max oder kimmt er nicht, könnt ja sein, daß er nicht kimmt, aber der Max war schon da. Sicher, es hätt ja sein können, daß er gar nicht kimmt, weil wir uns noch gfragt haben, ob er kommt, aber der Max war schon da. Der war da wie eine Brezn. Also, die Sitzung ist vollkommen normal hergangen, ohne besondere Vorkommnisse, wie halt im Grunde eine jede Gemeinderatssitzung halt auch. Vielleicht is's a bisserl feucht herganga. I glaub, circa achtzig hoibe Bier san glaufen und deam ungefähr fuchzg Obstler, aber das heißt, der Weber Max sauft ja keinen Obstler, weil er trinkt ja bloß seinen Sechsämtertropfen. Der Max trinkt keinen Obstler, der trinkt wirklich bloß einen Sechsämtertropfen. Wir haben auch diesmal wieder in der Gemeinderatssitzung einstimmige Abstimmungsergebnisse erzielt, wie sonst halt auch einstimmig. Was haben wir denn diesmal abgestimmt? Moment, jetzt muß ich sinnieren. Ja, das war der Programmpunkt eins. Ja, beim Programmpunkt eins ham wir sofort gesagt, jawoll, ganz klar, da brauchen wir nich mehr lange diskutieren, der Abort kommt rein ins Leichenschauhaus, weil wir gesagt ham, der Abort ist eine Belebung fürs ganze Gemeindeleben und eine Zukunftsinvestition. Mir ham gsagt, wenn das Geld von Brüssel kommt, und das Geld ist gekommen, dann kimmt das Scheißhaus rein. Was hamma noch abgestimmt, ja, den Programmpunkt zwei, da ham wir auch abgestimmt, einstimmig, ohne Stimmenthaltung, da ham mir gsagt, die Fingerhakler, also der Fingerhaklerverein kriegt 8000 Mark vom Kulturetat, obwohl mir in unserer Gemeinde einen Kulturetat gar nicht ham, aber mir ham gesagt, scheißegal, dann stellen wir die Sache mit dem Kindergarten noch ein paar Jahre zurück, und bitte, was war denn voriges Jahr? Die Maßkrugstemmer, der Maßkrugstemmverein, die haben auch 5000 Mark gekriegt, voriges Jahr, also kulturell ist derzeit bei uns die Hölle los. Die Fingerhakler warn auch ganz begeistert, weil mit 8000 Mark hams nicht gerechnet. Also die Fingerhakler waren außer Rand und Band. Sie sind fast in 'n Veitstanz vor Begeisterung und ham uns dann, also den gesamten Gemeinderat, eingeladen.

Dann samma alle nach der Sitzung rauf zum Bauer Girgl. Der Saller Wolfi ist noch mitganga. Der Leinschwendner Sepp, der Bürgermeister, der Ziegler Fritz, das heißt, der Fritz sowieso, und aa der Weber Max. Doch, der Max is scho mitganga. Sicher, weil mir uns noch gfragt ham, kimmt er noch mit oder kimmt er nicht mehr? Bringt der Max noch seinen Zündschlüssel ins Zündschloß rein, aber der Max is scho noch mitganga. Die Fingerhakler in ihrer Begeisterung ham gleich eine riesige Flasche Champaninger spendiert, einen echten Söhnlein Brillant, die hamma dann gleich gezuzelt. Der Wirt vom Bauer Girgl hat sich auch nicht lumpen lassen und hat gleich eine Runde Cuba Libre spendiert, weil sei Neffe den Führerschein wiedergekriegt hat. Bloß der Weber Max hat natürlich keinen Cuba Libre angerührt, sondern hat gleich zum Wirt gsagt, komm, stell amal a Flaschen Sechsämtertropfen auf den Tisch, damit eine Stimmung aufkommt. Und ich muß sagen, es war wirklich ein netter Abend. Wir wollten aber dann doch früher heimfahren, weil wir wollten am anderen Tag einen klaren Kopf behalten. Aber bevor wir fahren wollten, hat der Saller Wolfi gsagt, halt, stopp, bevor mir fahren, trinken wir noch einen schwedischen Kaffee. Und dann ham mir alle noch einen schwedischen Kaffee getrunken. Also, ein schwedischer Kaffee, das ist, da nimmt man eine große Tasse, schon einen Schapfen, und da schüttelt man ein bisserl einen Kaffee rein, dann schmeißt man ein Zehnerl rein, und dann schüttet man das Ganze mit einem Obstler oder einem Enzian wieder auf, so lang, bis man das Zehnerl wieder sieht. Der schwedische Kaffee, glaube ich, das ist ein altes Rezept aus der Ukraine. Mir ham dann diesen schwedischen Kaffee gsoffen und sind aber dann gleich danach heimgfahrn, weil mir ham ja dann am – jetzt muß ich nachdenken –, Herrgott, wann war's denn, daß ich nicht lüg . . . Ja, am anderen Tag – da ham mir dann das Symposium gehabt, das Symposium, mit denen von der Regierung, Regierungsmitglieder informieren Gemeinderäte, also, der Saller Wolfi war da, der Leinschwendner Sepp, der Bürgermeister war da, der Ziegler Fritz, na ja der Fritz sowieso, und der Weber Max. Der Max, doch, der war schon da. Weil mir uns noch gfragt ham, kommt er, der Max, oder kommt er nicht, aber der Max läßt sich doch kein Symposium entgehen, und das muß man auch gleich sagen, das Symposium mit denen von der Regierung, das war ein voller Erfolg. Ein voller Erfolg auf der ganzen Linie. I hab jetzt die Speisenkarte nicht im Kopf, aber die Herren von der Regierung haben einen Boscholää ausgeschenkt, einen solchen Boscholää, so einen Boscholää kriegst du nicht einmal in Boscholää. Es sind auch hochinteressante Fragen erörtert worden, kommunal . . . äh . . . und so weiter. Und der Weber Max hat auch einmal eine Frage gestellt, an den Regierungspräsidenten, übrigens ein fürchterlich gescheiter Mann, eine Kanone sozusagen, also, hat der Max gsagt, ja darf ich auch amal a Frage stelln? Da hat der Regierungspräsident gleich gesagt, weil er hat prompt reagiert, bitte sehr, Herr Weber, fragen Sie, was haben Sie auf dem Herzen. Da hat der Max gsagt, ja muß i denn bei eich so einen Boscholää saufen, habts denn es koan Sechsämtertropfen? Also, die Gespräche waren wirklich von höchstem Niveau. Und wir ham auch gleich gsagt, daß in dieser Angelegenheit wir gemeindeseits tabula rasa machen, und ham gsagt: grünes Licht, beim Aufbau Europa solln wir nicht abseits stehen, und deshalb ham wir einstimmig gesagt, daß unsere Partnergemeinde Tomachlice bei den Tschechen, also die kriegen unsere Sondermülldeponie umsonst, weil s' ja sonst nichts ham. Und mir ham gsagt, die kriegen die Sondermülldeponie, auch wenn die Kaulquappennumerierer noch so schrein. Die quaken doch sowieso bloß noch wie die Frösche. So, und jetzt muß ich gleich gehen, ich muß jetzt zum Bräuwirt, weil wir ham jetzt gleich ein Arbeitsessen, weil der Saller Wolfi kommt, der Leinschwendner Sepp, der Bürgermeister kommt, der Ziegler Fritz, na ja der Fritz sowieso, weil der Pamplinger möchte jetzt direkt am Seeufer eine Lackfabrik aufstellen, direkt ans Seeufer, und da ham mir gesagt, so geht's nicht, was heißt da Arbeitsplätze, mir sind doch immerhin ein Luftkurort, sicher, wir ham jetzt das neue Konzept entwickelt in der Gemeinde, Luftkurort im Industriegebiet, aber eine Lackfabrik ans Seeufer stellen, so geht's nicht, und wir ham dem Pamplinger auch gesagt, bei dir ham mir schon oft ein Auge zugedrückt. Wir ham nichts gesagt, wie du die Pollacken in die Kühlräume versteckt hast. Wir ham auch ein Auge zugedrückt, wie du die Tamilen in dem Hundezwinger gehalten hast. Aber jetzt eine Lackfabrik ans Seeufer stellen, so geht's nicht. Mit einem Gemeinderat kann man nicht radlfahrn. Mir ham gesagt, schön, Pamplinger, wir genehmigen's, aber er muß ökologisch alle Auflagen erfüllen, und wenn da wirklich eine Lackfabrik entsteht, muß er um die ganze Lackfabrik einen Wilden Wein anpflanzen. Ob jetzt allerdings der Weber Max noch kommt zu dem Arbeitsessen, das steht jetzt in den Sternen, weil der Max sagt, er weiß nicht, ob er Entscheidungen in der Gemeinde von einer solchen Dimension, ob er da mit seiner alten Leber noch mitfahren kann. Der Max sagt, er bräuchte halt a neue Leber. Da ham mir gleich gsagt, Max, für dich bringma doch noch amal a neue Leber her. Da fahrn mir mit dir nach München in die Klinik, da wo's die neuen Lebern gibt, aber der Max ist heikel, richtig gschleckert ist er, weil er sagt, wenn er schon 'ne neue Leber will, dann muß das auch 'ne Leber sein, die wo Hand und Fuß hat. Einen alten Lappen läßt er sich nicht neiplantieren, am liebsten wär ihm so 'ne Leber von 'nem Moslem, sagt der Max, weil die dürfen nix saufn. Von der Religion aus. Und am liebsten hätt er halt 'ne Leber von 'nem jungen Fundamentalisten, weil die ham Lebern wie die Jungfraun, weil s' bloß a Mineralwasser trinka. Also, meine persönliche Meinung is, der Weber Max ist sicher bald wieder in unserem Gemeinderat tätig, und so wie ich die Situation politisch einschätze, fallen da drüben oder da druntn, da wird doch in Gottes Namen noch amal a Leber für'n Weber Max hergehn.

Schutzengel

Auf einem Parkstreifen der Interzonenautobahn steht ein Trabant. Die Motorhaube ist geöffnet, ein schmächtiger Herr ist leicht ratlos über den Motor gebeugt. Ein Mercedes 450, rot metallic, rollt auf den Parkstreifen, Hupsi und Berti, zwei dynamische Westmenschen, steigen aus.

HUPSI Also, des muaß i mir doch amal zu Gemüte führen, Meister. Des is jetz scho der sechzehnte Schrotthaufen do bei eich auf der Interzonenstrecke, da muaß i scho amal schaugn, verstehst, Meister, scho rein aus fachlichem Interesse. Zoag amal, geh weiter, laß mi neischaugn. *Schaut in die Motorhaube, bricht in schallendes Gelächter aus.* Hahaha, ja Wahnsinn, Berti! Berti, schaug her, da, des muaßt da oschaugn. So was Windigs hast no net gsehgn.

BERTI *schaut in die Motorhaube, bricht ebenfalls in Gelächter aus* Hahaha, des ghört ja in a Museum, aber net auf d' Autobahn. Ja, so ein Scheiß . . .

HUPSI Sag amal, Mann, mit dem Spirituskocher fahrst du da aso durch die Gegend? Wie bist 'n du überhaupts bis da herkemman, Meister?

HERR Bitte, sparen Sie sich Ihre dummen Bemerkungen.

HUPSI Magst amal Auto fahrn, Meister? Geh weiter, steig amal in mein Karrn, daß d' woaßt, was a Auto is.

BERTI Hupsi, was is'n da der Motor?

HUPSI Hast du Motor gsagt? I hätt gmoant, Pedale. Hahaha . . .

BERTI De brauchan koan autofreien Sonntag, weil de ham ja koane Autos. Hahaha . . .

HUPSI Naa, jetz amal im Ernst, Meister, kann i dir irgenwie behilflich sei? Woaßt, abschleppn trau i ma net, sonst hebst ab, und du hast doch koan Flugschein, oder? Aber woaßt, vielleicht bringma des Seifnkistl wieder zum Blasn. Du bist doch sicher zfriedn, wenn er sich irgendwie wieder bewegt, wenn er töff-töff macht, oder?

BERTI Hupsi, schaug dir diese Heizbirne an! Hahaha . . .

HERR Geben Sie mir meine Zündkerze wieder.

HUPSI Wennst mi fragst, Chef, is des a Heizbirne, aber keine Angst, Meister, da hast deine Innereien. Schaug, mir wolln dir doch bloß helfn. Berti, geh weiter, dreh ma 'n amal um. *Hebt den Trabant an, hat die Stoßstange in der Hand* Ja, was is des . . .

HERR He, Sie, ich verbitte mir das! Lassen Sie meinen Wagen in Ruhe!

HUPSI Berti, geh weiter, hol an Tesafilm! Tuat ma leid, guata Mo. Aber woaßt, Meister, amal ganz unter uns, von Motorist zu Motorist, mit so was fahrt ma doch net auf der Straß umanand. Des konnst bei dir dahoam im Garten aufstelln als a Antiquität oder moderne Plastik.

HERR Wie soll ich das jetzt wieder in Ordnung kriegen?! *Hebt erbost die Stoßstange auf.*

HUPSI Da, schau her, Meister, i hab was für dich. Da hast an Kaugummi, den konnst kauen oder als Dichtung hernehma oder dei Stoßstanga pappn, und da hast ein Original-Taschenmesser. Da konnst nachert ois repariern an deim Kübel, und, da, schau her, da is sogar no a Büchsenöffner dran. Also, wennst unterwegs bist, kannst dir a Konserve aufmachn, dann brauchst net verhungern. Also, hab d' Ehre, Meister, und halt de Ohren steif . . .

Hupsi und Berti steigen in ihren Mercedes und brausen davon.

Unser Mann in Bonn

Frau Wiesböck, Garderobenfrau, sinniert:

Mei, Sie, oana war jetz da, kürzlich, der hat mir ja guat gfalln, so a Parlamentarier, wie hat er jetz gheißn, warten S', er is ganz berühmt wordn, wegan am Eid, den er gschworn hat, naa, halt, Eid is übertrieben, des war ja nur a Meineid, gell, Sie kennen ihn sicher, as Haar so gepflegt nach hintn, glattes dunkles Haar, so a Hornbrille, Schreiner hat er gheißn, naa, Schreiner aa net, aber es war was mit Holzverarbeitung. Mir fallt jetz eigentlich nur sein Künstlername ein, Old Schwurhand. Ja, as Gericht hat ihm extra bestätigt, daß er sich Old Schwurhand nennen darf, Meineidbruder derf er net sagn, aber Old Schwurhand klingt ja auch viel weltmännischer, wo er doch jetz Minister is . . . Pfeife raucht er gern, na hab ich zu ihm gsagt, bittschön, Herr Schwurhand, da herin darf nicht geraucht werdn, und des hat er durchaus eingsehn, also a sehr netter Herr war's, a blütenweißes Hemd hat er anghabt, gell, also ganz sauber war er, gschwitzt hat er überhaupts net, aber sie san jetz immer so gehässig zu ihm, wo er doch öffentlich gsagt hat: »Politik ist ein schmutziges Geschäft«, und daran hält er sich ja auch. Er hat mir dann sein Leid geklagt, er hat gsagt, schaun S', Frau Wiesböck, des is jetz scho so lang her, daß ich absent war, und es wird immer wieder hochgezupft. Wissen S', und er hat des net verdient, weil er war ja amtlich beglaubigt unzurechnungsfähig, er hat ja immerhin as große Bundesverdienstkreuz kriegt, aber i glaub, des war net für den Eid, des war für a andere Sache. Und wissen S', ich bin so froh, daß er jetz wieder in der Verfassung war, daß er auf die Verfassung schwörn hat können . . . Na ja, mir hat er jedenfalls gsagt, Frau Wiesböck, sagt er, wenn ich jetz Minister werd, dann schwör ich Ihnen . . . und i sag Eahna, auf den Schwur können Sie sich verlaßn.

Statement

Ich bin ein Pazifist. Ich bin gegen den Krieg. Aber wenn einer von diesen Ausländern da meine Enkelin auch nur anrührt, den schieße ich über den Haufen, so was hat der noch nicht erlebt.

Das Gespenst des Pazifismus

Vitus Maria Deutelmoser entnimmt seiner Mappe einen Apfel, beißt hinein und räsoniert.

Jetzt werd ich doch A 13, im Staatsdienst, gell. Da is überraschend eine Stelle frei worden, weil es hat sich herausgestellt, daß der ander a Pazifist gwesen waar. Der hat sich öffentlich dazu bekannt, ohne das geringste, ah, Schamgefühl, sagn mir mal. Ja, des hat doch keinen Sinn, daß ma so jemand hinläßt. A 13, diese Position, und dann aso a Einstellung, des geht doch net, da is doch der Pazifismus fehl am Platz. Weil simma uns doch amal ganz ehrlich: Unsere Friedenssituation, des is doch eindeutig nur das Verdienst vom Militär. – Im Osten genauso. I will da gar nichts beschönigen. *Da* wird der Pazifist sogar – huit, Sie verstehen, de wissen genau, warum s' 'n eisperrn, i muaß sagn, da kimmt er bei uns no direkt guat weg. Jetzt stelln Sie sich amal vor, mir hätten in der gesamten Welt lauter so Pazifisten, und nachert kimmt der Ernstfall: Dann stehen sich Ost und West einander praktisch wehrlos gegenüber, und dann bumst's, dann hamma 'n Krieg. Denn diese Pazifisten haben ja noch nie an Krieg verhindert. Oder können Sie mir irgendeinen Krieg nennen, den wo die verhindert hätten? – Eben. Und im Krieg selber sans praktisch so gut wie ein Ausfall, direkt eine Schwächung, und hinterher schlau daherreden, net, des kann a jeder. I moan, was so einer privat macht, des is dem seine Privatsache, gut, Schwamm drüber. Aber im öffentlichen Dienst waar er annähernd ein Schädling, und des haben die im Verwaltungsgericht ihm auch prompt anerkannt. – Er soll ja gsagt habn, Ost und West waar net desselbe, aber er hat überhaupt nix Eindeutigs gegan Osten direkt gsagt, und des is doch eine gefährliche Tendenz, wenn ma so einen dann hilaßt. Bitte, ich mein, als Entschuldigung hat er angführt, daß sei Vater a Pfarrer waar oder so, aber wenn die Kirche schon solche Gedanken aussprengt, na muaß ich ihm darauf verweisen, daß mir hier leben, *hier,* net in Wolkenkuckucksheim – Sie sehng ja, wer den Posten kriagt hat. Also, i muaß schon sagn, mit diesem Pazifismus kimmt er net weit, jedenfalls nicht zum Staat.

Im Amt

Ein Büroraum mit zwei Schreibtischen, darauf je ein Telefon, über der Eingangstür eine große Bürouhr, die 14.45 Uhr anzeigt. Herr Smrch, der Hausbote, telefoniert an einem der beiden Apparate.

SMRCH *wählt sehr lange Nummer, wartet, dann* Please can I have apartment seven-two-three? Yes, seven-two-three, thank you. – Hallo, Steffi, bist du's? – Ja. – Ich rufe vom Büro an, laß dir ruhig Zeit. – Ja. – Wie is 'n das Wetter bei euch in New York? – Bei uns hat's die ganze Nacht geregnet, aber jetzt soll's besser werden, laut Wetterbericht. – Wie spät ist es bei euch grade? – Dann gehst du jetzt frühstücken? – Wir haben schon Mittag gegessen hier – ausgezeichnet, fast wie ein Ortsgespräch ... *Annerose Waguscheit betritt den Büroraum.* Jawohl, Herr Grunow, ich komme sofort. Selbstverständlich. Gut, Wiederhören. *Hängt ein.*

WAGUSCHEIT Mahlzeit.

SMRCH Mahlzeit.

WAGUSCHEIT Ah, Herr Smrch – warten S' an Augenblick, ich hab was für Sie. *Kritzelt in einen Aktenordner etwas hinein.* De Akte Reitmoser-Schwöpf, ich weiß auch net, irgenwie is sie mir liegenblieben. Da. *Gibt Smrch den Ordner.* Wenn's geht, noch vorm Kaffee.

SMRCH Wohin?

WAGUSCHEIT Des is egal, halt irgendwo nauf in'n dritten Stock.

DEUTELMOSER *betritt kauend das Büro* Mahlzeit.

WAGUSCHEIT Mahlzeit.

SMRCH Mahlzeit. *Will gehen.*

DEUTELMOSER Herr Smrch, ich hätt da zwei Einschreiben, de müaßatn heut no naus auf d' Post.

SMRCH *nimmt die beiden Einschreibebriefe und geht.*

DEUTELMOSER ... oder spätestens morgen. *Ordnet seinen Schreibtisch.* Und a bißl mehr Schlagrahm! – Ah, is er scho weg.

WAGUSCHEIT *rennt zur Tür und ruft dem Boten nach* Herr Smrch, a bißl mehr Schlagrahm wie gestern!

DEUTELMOSER *ordnet seine Mappe* Ah, Fräun Waguscheit, die Akte Reitmoser-Schwöpf, is die schon wieder zurück?

WAGUSCHEIT Aber Herr Deutelmoser, die hab ich doch scho vorige

Woch losgschickt. Ich hab sogar noch an Vermerk »Dringend« draufgschriebn.

DEUTELMOSER War er scho beim Brchemisl? *Nimmt Bildzeitung aus der Mappe, liest.*

WAGUSCHEIT Müaßad i amal nachfragn. Moment. *Nimmt Telefonhörer, wählt* – Ja, Grüß Gott. Fräun Baaz, Waguscheit, könnt ich bittschön an Herrn Brchemisl haben?

Ein jüngeres Subjekt betritt den Raum, ohne anzuklopfen.

DEUTELMOSER *blickt hoch* So hamma's gern. *Liest weiter.*

WAGUSCHEIT Wie lang is er noch in Kur? – Ich fahr jetzt dann auch a paar Tag weg. Ich bin ja so erledigt. – So, Sie san grad kemma, wo warn S' denn? – Ja, sehr schön, des glaub ich. *Kichert.* – Aber, Fräun Baaz, wegen de Akte Reitmoser-Schwöpf, es wär halt schön gwesen, wenn mir's noch nausbracht hätten, bevor der Herr Deutelmoser in Urlaub geht, weil danach kemman dann doch auch noch die Feiertag daher.

SUBJEKT Ähm – Verzeihung, bin ich hier richtig? Ah, ich wollte wegen . . .

DEUTELMOSER I hab koa Zeit. Um was handelt es sich?

SUBJEKT Ich wollte, ah, ich müßte meine Aufenthaltsgenehmigung, ähm, die Verlängerung . . .

DEUTELMOSER Warn S' schon in Zimmer 237 A?

SUBJEKT Wieso?

DEUTELMOSER Ja, dann gehnga S' zerscht mal ins Zimmer 237 A, holen S' Eahna die Anträge ab, mit de Anträge gehnga S' ins Zimmer 14 und lassen S' sich bestätigen, nachert gehnga S' abi zur Kasse, und nachert schauma weiter.

SUBJEKT Zimmer 14? *Wartet. Deutelmoser liest wieder.*

WAGUSCHEIT Ja, ich probier's dann beim Dr. Berzelmeier. – Ah, Fräun Baaz, mal was anders, war der übrigens vorgestern beim Betriebsabend dabei? Ham Sie da was ghört?

DEUTELMOSER 237 A, 14 Bestätigung, Kasse und dann »huit« . . . *Deutet »hierher« an, liest wieder.*

SUBJEKT Ah . . . *Steht noch eine Weile da und geht dann ab.*

WAGUSCHEIT So, na soll er dagwesen sein? Weil die Fräun Weithas, die sitzt auf 409 im Vorzimmer von der Frau Löffler, die hat behauptet, daß er net kemma wär. – Der Dr. Berzelmeier. – So, na war er an der Bar? – Also, ich probier's dann amal. – Ja, danke, Ihnen auch – und a schöns Wochenende. Also, Wiederschaugn. *Es klopft.*

DEUTELMOSER Ja?

HÄGÄDÜSCH *betritt vornehm-schüchtern, nicht ganz devot, das Büro* Guten Tag, mein Namä is Hägädüsch, Balasch Hägädüsch, heißt auf deitsch Geiger Blasius. Ja, schön, ich brauchä Nachweis wägen Deitschstämmigkeit, die in meinem Fall unbästritten vorliegt, wissän Sie, meinä Urgroßtantä stammt aus Böblingen, ist angesiedelt worden in Weißkirchen, Banat, und zu Hausä wir haben nur deitsche Lieder gäsungen, am Brunnän vor däm Torä und so weitär . . .

DEUTELMOSER San Sie jetz ein Flüchtling oder a volksdeutscher Einwanderer, also a Umsiedler, oder san S' a Dissident?

WAGUSCHEIT Ah, Herr Deutelmoser, es hat gheißen, de Akte Reitmoser-Schwöpf sei beim Dr. Berzelmeier, da rührt sich aber niemand.

DEUTELMOSER Vielleicht is er krank. Oder er is früher gangen, oder er is noch zu Tisch. Probiern S' es halt amal wieder.

HÄGÄDÜSCH Wissen Sie, ich kann bälägän, daß ich hobä auch gearbeitet als Koch bei Wehrmacht fir deitsche Offiziere. Tantes Namä Elfriede Läpple gäwäsän. Gestorben 1903 in Prag.

DEUTELMOSER Ah, Fräun Waguscheit, was macht 'n der Kaffee? *Kramt in seiner Mappe.*

WAGUSCHEIT Na ja, an Moment dauert's noch.

HÄGÄDÜSCH Bittä schön, Grobstein in Prag hatte deitsche Inschrift mit gotischän Buchstabän.

DEUTELMOSER Herrgottsakrament, wo is denn des Dessert?! Allweil vergißts mein Nachspeiserl. Wenn ich meinen Dienst so tätigen würde wie meine Frau den Haushalt, wie die den Haushalt schmeißt, dann würde der Steuerzahler spitzen.

WAGUSCHEIT Sie können von mir was haben. Mögn S' a Schweinsohr?

DEUTELMOSER Ja, nachert, wenn der Schlagrahm kimmt.

HÄGÄDÜSCH Urgroßtantä hatte einä Schwester Aniko, und Tochter von ihr lebtä mit Mann in Badagonni.

DEUTELMOSER Moment amal.

HÄGÄDÜSCH Bolschäwiken alläs wäggänommän.

DEUTELMOSER Existiert da eine Akte?

HÄGÄDÜSCH Russen hobän alläs vernichtät.

DEUTELMOSER Ja, dann muß ma, glaub ich, erst amal an Akt anlegen. Fräun Waguscheit, bringen S' amal an Leitz. – Ja, was wir hier leisten, des geht auf keine Kuhhaut.

HÄGÄDÜSCH No, das glaub ich Ihnän.

DEUTELMOSER Weil wenn wir net dawärn, müaßadn de ganzen Ausländer ohne irgendeine Genehmigung hier einfach frei herumlaufen, und das wäre doch eine Schlamperei, die wo seinesgleichen sucht.

HÄGÄDÜSCH Wenn man bädänkt, wie vielä Ausländär äs gibt.

DEUTELMOSER Genaugenommen sans ja alles Ausländer, nur der Deutsche nicht, und sogar da gibt es Grenzfälle.

HÄGÄDÜSCH Ich bin Deitscher, Volksdeitscher, das kann ich bäweisän.

WAGUSCHEIT Da, der Leitz.

DEUTELMOSER Ja, haben Sie irgendwelche Papiere? – Ausweise, Belege?

HÄGÄDÜSCH Kännän Sie Major von Haßlitz. Wohnt jetzt in der Nähä von Salzburg. Er kann Ihnen bästätigän, daß ich bei Währmacht gäkocht habe fir deitsche Offiziere.

DEUTELMOSER Ja, san Sie jetz a Volksdeutscher, a Flüchtling oder ein Dissident?

HÄGÄDÜSCH Außärdäm höpän Sie ja an meinär Sprachä, daß ich Deitscher bin.

DEUTELMOSER Sie, Sie wern's jetzt nicht für möglich halten, wie viele Ausländer es gibt . . .

HÄGÄDÜSCH Ich bin deitsch.

DEUTELMOSER . . . die wo kein anständigs Deutsch sprechen. Ja, mir haben's doch auch lernen müssen, und spreche ich heute noch ein fließendes Deutsch.

HÄGÄDÜSCH Und vor alläm Grammatik, da muß man Wert darauf lägän, darin liegt deitsche Präzision.

Herr Smrch, der Bote, kommt mit dem Schlagrahm und einem Aktenordner.

DEUTELMOSER Und da weiß dann der Ausländer sofort, woher der Wind pfeift.

Der Bote stellt Schlagrahm und Ordner auf Deutlmosers Tisch; Deutelmoser macht auf seinem Schreibtisch Platz.

HÄGÄDÜSCH Weil gutäs Deitsch, das jämand, ist wie, könntä man sagän, wenn einär, daß man hat einä Rickändäckung fir ganzes Läbän.

Bote reicht Schlagrahm.

DEUTELMOSER Da dean S' 'n her. Ah, Fräun Waguscheit, da Schlagrahm waar jetz da.

WAGUSCHEIT I kimm scho. *Waguscheit kommt mit Tablett voll Geschirr und Kaffeekanne, serviert.*

HÄGÄDÜSCH Gutän Appätit.

DEUTELMOSER Ja, dankschön, a kleins Pauserl ham mir uns schon verdient. *Beißt in das Schweineohr.*

HÄGÄDÜSCH Major von Haßlitz hat auch immär gägässen Schweinsohr. Zum Frühstück bäreits. Abär ab Oktober 44 wurd es immär unmöglichär. Major von Haßlitz wohnt jetzt in där Gägänd von Salzburg. Er hat auch sämtliche Gütär im Osten aufgägäbän. – In Salzburg gibt äs natürlich wiedär ausgäzeichnetäs Gebäck, abär in Rußland 44, sag ich Ihnen, war das sähr problematisch mit Schweinsohr. – Und, sagä ich Ihnän, Russe värstäht von Gebäckwaren übärhaupt nichts. Blätterteig könnän Sie nirgendwo anträffän.

WAGUSCHEIT Mei, de armen Leut. A geh.

DEUTELMOSER *kauend* Man redt ja auch nur von am deutschen Geist. Von am ausländischen Geist hat ma ja noch nie was ghört.

WAGUSCHEIT Schmeckt's?

HÄGÄDÜSCH Und, sag ich Ihnän noch eins, wänn där Deitsche Geldhahn zudräht, ist das Ausland ärlädigt.

WAGUSCHEIT Geh, na kamadn ja no mehr Ausländer.

DEUTELMOSER Drum zahln mir ja, daß der Ausländer im Ausland bleibt.

BOTE Genau. *Stellt seine Kaffeetasse ab, geht kauend in Richtung Ausgang.*

DEUTELMOSER *sieht ihm nach, nimmt den Akt, den der Bote gebracht hat, ruft* Herr Smrch, da, den könnan S' wieder mitnehmen.

BOTE Wohin?

DEUTELMOSER Ja, vielleicht auf 219, zum Herrn Gallenberger zum Beispiel ...

BOTE Der ist in Kur.

DEUTELMOSER So. Nachert bringen S' es auf 321 zum Dr. Berzelmeier.

Der Bote nickt und geht ab.

Um das aber finanzieren zu können, daß der Ausländer im Ausland bleibt, müaßn mir natürlich noch mehr Ausländer hereinnehmen, und darin liegt das Problem.

Waguscheit verschanzt sich hinter zwei Aktenordnern, die auf ihrem Schreibtisch stehen. Sie frißt Sahnetorte, Kuchen, Schlagrahm, Pralinen und dergleichen. Das Telefon läutet, wird ignoriert.

Fräun Waguscheit, is da a Süßstoff drin?

WAGUSCHEIT Zwoa Stück, wie immer.

HÄGÄDÜSCH Sie missen wirklich äntschuldigän, daß ich Sie hier molästiere, und ich wäre iberhaupt nicht gäkommän, aber gäzwungänärmaßän, Sie missen wissän, ein Mann ohne Pension ist ein Mann ohne Zukunft, und deshalb benätigä ich Deitschstämmigkeitsnachweis.

DEUTELMOSER *beißt in sein Schweineohr* Warum san Sie jetz eigentlich net drüben blieben?

HÄGÄDÜSCH No, Russen, Bolschäwikän und diese Prolätän habän alles mitgänommän nach dem Zusammenbruch. Die deitsche Armee hät äntscheidendä Fählär gämacht.

DEUTELMOSER I woaß scho, die ME 202 hättens ganz anders einsetzen müssen.

HÄGÄDÜSCH Beispielsweisä. Abär auch bei Nachschub hat äs gähapärt. Kann ich bestätigän, weil habä gäkocht fir deitsche Offiziersstab. War sähr schwierig, anständigä Menü zusammänzuställän. Ab Oktober 44 war für uns Deitsche schwierigä Situation – nahrungsmäßig.

DEUTELMOSER Wem sagen Sie das. Mir ham heut noch an den Folgen zu knuspern hier im Amt. Was glauben Sie, was da los is, da herin. Weil, mir müaßen's ja ausbaden, mir müaßen's ja allen recht machen. Wissen S', a Demokratie is ja recht und schön, ich bin ein entschiedener Demokrat, nebenbei bemerkt, aber wenn ma sieht, was heutzutag alles vom Staat kassiert, des san zum Teil Leut, de wo s' vor vierzig Jahr no vergast hätten, als Schädlinge, heut kriegens a Pension. So schaugt's aus.

HÄGÄDÜSCH So weit sind wir gäkommän mit Libäralismus in Deitschland. Staat läßt sich alles gäfallän von Bolschäwisten, Anarchistän, Pazifistän und diesä Juso. Staat schaut einfach zu.

Das Telefon läutet.

DEUTELMOSER O mei, de Jusos, de habn's nötig.

WAGUSCHEIT *hebt ab* Waguscheit. – Ja. – Der Herr Deutelmoser?

Deutelmoser winkt ab.

Der Herr Deutelmoser is in einer wichtigen Besprechung. – Naa, morgen geht's aa net, weil da is ein Arbeitsessen.

HÄGÄDÜSCH Härr Deitelmosär, Dämokratie muß gälärnt sein.

WAGUSCHEIT O mei, da schaugt's schlecht aus. – Ja, probieren können S' es schon. Sie könnten's natürlich auch beim Dr. Berzelmeier versuchen. Wenn er net grad zu Tisch is oder sonstwie verhindert.

HÄGÄDÜSCH Wissän Sie, diesä Bolschäwiken verstähn von Dämokratie ibärhaupt nichts.

WAGUSCHEIT Ja, versuchen S' es da. Wiederschaugn.

DEUTELMOSER Geh, Fräun Waguscheit, ah ... *Winkt nach einer Tasse Kaffee.*

WAGUSCHEIT An Schlotfeger hab i no übrig. Mögn S' 'n?

DEUTELMOSER Ija, dean S' 'n her, wenn's sei muaß. Dankschön.

HÄGÄDÜSCH Bolschäwikän sind Barbarän, hätte man schon bei Tolstoi nachlesän können.

DEUTELMOSER Sie san also, so wie ich des seh, doch mehr a Dissident.

HÄGÄDÜSCH Gott bäwahrä, ich bin Volksdeitscher, Balasch Hägädüsch, heißt auf deitsch Geiger Blasius. Es geht um meinä Pensionsbärächtigung.

DEUTELMOSER Aha. Wissen Sie, weil der Pazifismus, der bricht uns as Kreuz. Obwohl, der Pazifismus is ja gar kei deutsche Idee, der kimmt ja von Asien. Und da habens aa Kriege gführt.

HÄGÄDÜSCH Sähr richtig bämärkt. Jädä Friedänssituation basiert immär auf Gleichgewicht von Militär. Das weiß der Russe ganz gänau. In Rußland wärdän Pazifistän sofort eingäkärkärt. Mit Rächt. Pazifismus hat noch nie Kriege värhindärt. Könnän Sie mir irgendeinen Pazifistän nännän, der wo Kriege värhindärt hat? No?

DEUTELMOSER Wissen Sie, unsere Demokratie is ja viel zu schlapp.

HÄGÄDÜSCH Ma muß Grundwärtä, was man hat, värteidigän.

DEUTELMOSER A Demokratie, die wo sich net wehrt, is's net wert, daß ma s' überhaupt verteidigt.

HÄGÄDÜSCH Das sag ich Ihnän ja, einä Diktatur värteidigt bässär.

DEUTELMOSER Ja, weil net a jeder neischnabeln derf, wia bei uns.

HÄGÄDÜSCH Hitlär is auch nur kaputtgägangän, weil är hattä zu vielä Bäratär.

DEUTELMOSER Ja, de Generäle. I glaub, wenn er alloa gwesen waar, hätt er 'n vielleicht gwonna.

HÄGÄDÜSCH Dann sähä äs heutä andärs aus in Europa.

DEUTELMOSER Er hat sich halt zuviel aufs Ausland verlassen. Mit de Italiener hätt er sich net eilaßn derfn.

HÄGÄDÜSCH War großer Fählär, abär war nicht alläs värkährt bei Hitlär. Schauen Sie: Todesstrafä, Arbeitslagär, heutä spottät man dariber. Muß ich Sie fragän, wohär kommt das?

DEUTELMOSER Jedenfalls nicht von ungefähr.

Subjekt erscheint wieder.

HÄGÄDÜSCH Das hattä alläs seinen Sinn. Zukunft war damals jädänfalls gäsichärt.

WAGUSCHEIT *beginnt zusammenzuräumen* Trinken S' des noch, Herr Deutelmoser?

DEUTELMOSER Nehmen S' 's mit.

HÄGÄDÜSCH Was ich noch sagän wolltä ...

WAGUSCHEIT Sie ... *Deutet auf die Uhr, die kurz vor 15 Uhr anzeigt.* ... Es is fei ...

DEUTELMOSER I woaß scho. Ja, also, Herr ... ah ...

HÄGÄDÜSCH Hägädüsch ...

DEUTELMOSER ... Hägädüsch, ich werd schaun, was in meiner Macht steht. Irgend was Offizielles bräucht ich natürlich schon.

HÄGÄDÜSCH Wohär soll ich nähmän ...

Das Telefon läutet.

DEUTELMOSER Ich versteh schon. Notfalls machma halt a kleine eidesstattliche Erklärung.

HÄGÄDÜSCH Sähr gut.

DEUTELMOSER Die müaßadn S' nachert noch amtlich beglaubigen lassen, und ich kenn Sie ja jetzt auch. *Hebt Hörer ab* Ja, Deutelmoser. – Augenblick. *Legt den Hörer auf den Tisch.* Also ...

HÄGÄDÜSCH Herr Deitelmosär, hat mich sähr gäfreut, weil habä ich in Ihnän interässantä Mänschän kännängälärnt mit värnünftigän Ansichtän.

DEUTELMOSER Na ja ...

HÄGÄDÜSCH Glaubän Sie mir, heitzutagä ist schwierig, daß Sie offen rädän könnän. Überall Bolschäwiken.

DEUTELMOSER Schon auch, aber de Pazifisten und de Juso, des is des, was unsern Staat hier kaputtmacht.

HÄGÄDÜSCH Leutä wie Sie und ich missen zusammänhaltän.

DEUTELMOSER Mir paßn scho auf. Also dann, verbleiben mir so, wie besprochen.

HÄGÄDÜSCH Värstähä, machän wir alläs eidesstattlich.

DEUTELMOSER ... und beglaubigt.

HÄGÄDÜSCH Habä Major von Haßlitz als Zeige, und nötigänfalls kännän Sie mich auch.

DEUTELMOSER Ja, Wiederschaun, ich muß jetzt weitermachen. *Hebt Hörer auf.* An kleinen Moment noch. *Legt Hörer wieder hin.*

HÄGÄDÜSCH Kiß die Hand, gnä' Frau. Wiedärsähn, Herr Deitelmosär. *Geht.*

WAGUSCHEIT Ah, Wiederschaugn. *Spült ab und räumt auf.* Ein sehr gebildeter Herr ...

SUBJEKT Verzeihung, da kann was nicht stimmen. In Zimmer 237 A war gar niemand da, und die Dame von Zimmer 14 sagte mir, ich müßte zuerst zu Ihnen.

DEUTELMOSER Ah, Fräun Waguscheit, wer war denn der Anruf da vorhin?

WAGUSCHEIT Ich weiß nimmer, wie er gheißn hat, so ein Herr war's jedenfalls. Er hat gmeint, er müaßad Sie sprechen, aber ich glaub, er hat sich net so recht auskennt.

DEUTELMOSER Aber uns ständig belästigen, des mögn mir.

WAGUSCHEIT Ich hab ihn an Dr. Berzelmeier verwiesen.

DEUTELMOSER *packt seine Mappe zusammen* So, ich hab gmeint, der is da gar nimmer zuständig.

WAGUSCHEIT D' Fräun Weithas hat des aa behauptet, aber d' Frau Löffler hat gsagt, daß er beim Betriebsabend an der Bar gsehn worden ist.

DEUTELMOSER Wer?

WAGUSCHEIT Der Dr. Berzelmeier.

DEUTELMOSER Aber der is doch jetzt im Außendienst, hat's gheißen.

SUBJEKT Verzeihung, was ist denn hier, ah, ich ...

WAGUSCHEIT Des hat's letztes Jahr aa scho gheißen ...

DEUTELMOSER *hebt den Hörer auf* Ja, hallo, Deutelmoser?

WAGUSCHEIT ... aber beim Betriebsabend war nur der Innendienst, der gesamte dritte Stock quasi, und da is er an der Bar gseßn.

DEUTELMOSER Moment, ich verbinde. *Stellt Telefon durch, hängt ein und stöhnt.* Oje, zuageh duat's heit wieder.

WAGUSCHEIT Ja, ich bin auch ganz derschossen, Gott sei Dank fahr ich jetzt in Urlaub.

DEUTELMOSER Bei mir werd's aa Zeit. Wo fahrn S' 'n hin?

WAGUSCHEIT Ins Grödnertal, wie jeds Jahr. Da is's herrlich.

DEUTELMOSER Aha, Marmolata, bergsteign.

WAGUSCHEIT Ja, vielleicht a bißl, aber eigentlich mehr so.

DEUTELMOSER Na, wünsch ich Ihnen was. *Schließt seine Mappe.*

WAGUSCHEIT Ja, dankschön, also, Wiederschaugn, Herr Deutelmoser. *Nimmt ihre Handtasche und geht.*

DEUTELMOSER Ja, pfüat Eahna Gott.

SUBJEKT Hallo, Sie, ah ...

DEUTELMOSER Seit wann heißen mir Hallo?

SUBJEKT Verzeihung, ich komme doch nur, es ist wegen meinem Aufenthaltsgenehmigungsverlängerungsantrag.

DEUTELMOSER Wissen Sie, was für a Jahr mir heuer schreiben?

SUBJEKT 1988. Wieso?

DEUTELMOSER Aha, und was für an Monat ham mir jetzt?

SUBJEKT Mai.
DEUTELMOSER Guat, des woaß er, und was für ein Tag?
SUBJEKT Mittwoch.
DEUTELMOSER Bravo, er is net blöd. Da, kommen S' amal mit.

Deutelmoser führt Subjekt zum Büroschild am Eingang.

Da, kenna S' lesn?

SUBJEKT *liest* Schalterstunden: Mo. Mi. u. Frei. 9.30–11 und 14–15 Uhr.
DEUTELMOSER Und jetzt schaugn S' amal.

Deutelmoser deutet auf die Bürouhr, die 15.00 Uhr anzeigt, geht, nimmt seine Mappe, klimpert mit dem Schlüsselbund und schiebt das Subjekt zum Ausgang.

Herr Amtmann

A: Ich hätte gerne den Herrn Amtmann V. gesprochen.
B: Den Herrn Amtmann V.?
A: Ja, ich hab schon zweimal angerufen, und man hat mir gesagt, heute – also jetzt – wär's günstig.
B: Wer sagt denn so einen Blödsinn?
A: Ich weiß nicht – äh –, von Ihnen jemand.
B: Also heute ist es unmöglich.
A: Und morgen?
B: Morgen, nein, da ist er in einer Sitzung, und dann – äh – geht's auch nicht.
A: Vielleicht am Montag? Ich wollte unbedingt Herrn Amtmann – äh – sprechen, weil ...
B: Montag? Ist völlig ausgeschlossen ...
A: Oder Dienstag?
B: Am Dienstag ist er außer Haus ...
A: Oder Mittwoch ginge bei mir sehr gut, da könnte ich auch kommen.
B: Mittwoch – Mittwoch, sehr unwahrscheinlich, weil da hat einer in der Abeilung Geburtstag, und – äh – dann geht's auch nicht.
A: Ja, dann komme ich am Freitag.
B: Freitag – unmöglich!
A: Warum?
B: Freitag? Am Freitag geht's unter keinen Umständen!
A: Warum?
B: Ja, am Donnerstag ist doch Feiertag!
A: Ach so, ja – jedenfalls besten Dank.
B: Gern geschehen.

Im Staatsdienst

Vitus Maria Deutelmoser sucht in seiner Aktenmappe.

Herrgottsakrament, wo is denn das Dessert? Allwei vergißts mein Nachspeiserl. Wenn ich meinen Dienst so tätigen würde, wie meine Frau den Haushalt, wie die den Haushalt schmeißt, dann würde der Steuerzahler spitzen. Aber Gott sei Dank haben wir ein Pflichtgefühl. *Für sich* Ah, da hats es versteckt. *Beißt in einen Apfel, kaut.* Ah, was wir leisten, geht auf keine Kuhhaut, weil wenn mir net dawärn, müaßadn de ganzen Ausländer hier ohne eine Genehmigung, müaßadn die hier frei herumlaufen, net, einfach a so, und das wäre doch eine Schlamperei, die wo seinesgleichen sucht! Wenn man bedenkt, wie viele Ausländer es gibt. Genaugenommen sind's ja alles Ausländer, nur der Deutsche nicht, und sogar da gibt es Grenzfälle. Ja, Sie wern's jetzt nicht für möglich halten, aber es gibt immer noch Ausländer, die wo . . . die wo kein fließendes Deutsch reden. Ja, ich . . . mir ham's doch auch lernen müssen, und spreche ich heute noch ein fließendes Deutsch. Der deutsche Besinnungsaufsatz is schließlich weltberühmt. Weil ein gutes Deutsch, des wo einer heut, des is so, wie wenn ma, verstehn Sie, des is so, wie wenn ma amal sagad, net, des is quasi eine Rückendeckung für das ganze Leben. Und vor allem Grammatik, net. Da muß man Wert drauf legen, weil da, darin liegt die deutsche Präzision, net, von einem ausländischen Geist hat man ja noch nie was gehört. Weil wenn der Deutsche amal den Geldhahn zudreht, net, is das Ausland erledigt. Net? Aber dann kammadn ja noch mehr Ausländer, drum zahln mir ja, daß der Ausländer im Ausland bleibt. Net? Um das aber finanzieren zu können, müssen mir natürlich – ah – noch mehr, ah, Ausländer hereinnehmen, und darin liegt das Problem. – Sie sehn also, welch eine Verantwortung wir hier haben, net, da herin, und drum bin ich auch ein Spezialist von der Ausländerabteilung, net, des war schon immer mein Wunschtraum, net, und ein Jugendtraum aa. – Sie müaßn Eahna vorstelln, unser Amt, des war ja schon da, da hat's überhaupt noch gar keinen Ausländer nicht gegeben. Net? *Türklopfen, ein schneller Apfelbiß, dann leise* Hoppla, jetzt moan i, kimmt oana. *Laut* Herein!

Katastrophenalarm

Eine Alarmsirene pfeift. Im Teppenhaus eines Schulgebäudes biegt eine Klasse um die Ecke ab, Antje Perwallner, die Lehrerin, voran.

FRAU PERWALLNER Hier über den Hauptaufgang ist der kürzeste Weg, Kleinschmidt, das ist hier kein Volksfest, sondern Atomalarm, also bitte . . .

Herr Peter Schwertling, der Hausmeister, kommt der Schulklasse entgegen.

HERR SCHWERTLING Wo wolln S' denn hin, Frau Perwallner?

FRAU PERWALLNER Gut, daß ich Sie hier treffe, Herr Schwertling, haben Sie alles aufgesperrt?

HERR SCHWERTLING Was 'n, wieso?

FRAU PERWALLNER Ja, ist der Keller offen? Atomalarm!

HERR SCHWERTLING Ja, genau, Atomalarm, grad hab i zugsperrt.

FRAU PERWALLNER Was? Sie haben den Keller zugesperrt? Wie kommen wir denn in den Keller?

HERR SCHWERTLING Ja gar net, die Woch überhaupts net, strenge Anweisung vom Natusius, solang gweißelt wird, bleibt der Keller zua.

FRAU PERWALLNER So geht das nicht, das ist ja der Sinn der Übung. *An die Schüler* Bitte, Ruhe, das haben wir gleich geklärt! *Wieder zu Schwertling* Wenn wir nicht in den Keller können, brauchen wir ja gar keinen Atomalarm.

HERR SCHWERTLING Ja, damit hab ich nix zum Dua, strengste Anweisung vom Natusius.

FRAU PERWALLNER Aber Herr Schwertling, in drei Minuten könnten im Ernstfall die Raketen dasein, das is doch der Sinn des ganzen Alarms.

HERR SCHWERTLING Des konn scho sei, aber i kriag dann hinterher vom Natusius wieder oans auf'n Deckel. In'n Keller kommt mia koana nei. Ja, i muaß die Brezn herrichten, d' Pause geht glei o. Macha Sie 's wie S' wolln. *Geht.*

FRAU PERWALLNER *schnauft, dann laut an die Schüler* Also, alle mal herhörn: Wir begeben uns jetzt nicht in den Keller, sondern wir verlassen das Schulgebäude, gehen diszipliniert in den Schulhof und warten dort auf weitere Instruktionen . . .

EIN SCHÜLER Was? Bei dem Regen? So a Sauwetter . . .

FRAU PERWALLNER Ja, im Ernstfall könnt ihr euch das Wetter auch nicht aussuchen. Also los!

Frau Perwallner geht allein voran, die Schüler folgen nur zögernd.

EIN SCHÜLER Sie, Frau Perwallner, was wäre jetzt gewesen, wenn des ein richtiger Atomalarm gewesen wäre?

FRAU PERWALLNER Das ist eine gute Frage, Huber. In diesem Fall hätte Herr Schwertling den Keller aufgesperrt haben müssen, laut Schulordnung hätte ich ihn dazu zwingen können.

Der zuständige Mann

Lothar Fürst sitzt in seiner Pförtnerloge. Frau Wehrmann betritt den Amtsvorraum.

HERR FÜRST Zu wem wollen Sie?

FRAU WEHRMANN Ja, i brauch a Bestätigung vom Wasserwirtschaftsamt. I war schon amal da, des is so a Klärgruam, ich hab da gsprochen mit einem Herrn Schätzle oder so ähnlich.

HERR FÜRST Der Herr Schätzle ist zu Tisch.

FRAU WEHRMANN Ja, aber mir is gsagt worn, bis zwölf Uhr is Parteienverkehr.

HERR FÜRST Ja, schon möglich, aber ab elf Uhr haben wir Mittagstisch.

FRAU WEHRMANN Aber is da sonst kein Zuständiger da?

HERR FÜRST Mei, gnä' Frau, mir ham hier gleitende Arbeitszeit. Schaun S' mich an, ich war schon beim Essen, da ham S' a Glück ghabt, sonst war net amal ich da, wie gsagt, ab elf Uhr is hier Mittagstisch. Und zwar bis vierzehn Uhr.

FRAU WEHRMANN Ja, aber ich komme jedesmal extra von Aschheim rein in die Stadt. Ich hab ja vorher angrufen, man hat mir gsagt, bis zwölf Uhr Parteienverkehr.

HERR FÜRST Im Prinzip ja, bis zwölf Uhr Parteienverkehr, aber ab elf Uhr is Mittag.

FRAU WEHRMANN Ja, aber ich komm doch nicht extra, ja, des is doch, es is, ja aber, des geht doch gar net, es muß doch hier irgend jemand zuständig sein.

HERR FÜRST Ja, zuständig san viele hier, aber de san jetz net da.

FRAU WEHRMANN Sie, des is fei allerhand, entschuldigen S', da muß doch jemand zuständig sein.

HERR FÜRST Gut, wenn S' moana . . . *Wählt eine Nummer.*
Herr Krüger, ein Beamter, geht vorbei.
Mahlzeit, Herr Krüger.

HERR KRÜGER Mahlzeit. Was gibt's 'n heut?

HERR FÜRST Sauerbraten.

HERR KRÜGER Ah ja. *Ab.*

HERR FÜRST Da, der Herr Krüger, der wär auch für Sie zuständig gwesen.

FRAU WEHRMANN Aber warum ham S' 'n dann bitte nicht aufghalten?

HERR FÜRST Sie ham doch grad gsehn, daß er zum Essen geht. *Ins Telefon* Jaa, grüß Gott, Herr Deutelmoser, Fürst vom Empfang am Apparat. Sie, Herr Deutelmoser, da is eine Dame wegen irgend so aner Wwwawa . . .

FRAU WEHRMANN Wegen Wasserwirtschaftsamt, Klärgrube.

HERR FÜRST Wega, äh, irgend so a Wasserwirtschaftssache, gell, des is am Schätzle oder am Krüger, jaja, jaaja, haha, jaja, Sie ham da nix . . .

Zu Frau Wehrmann Er hat damit nix zum Dua, aber Sie können ja selber . . . *Ins Telefon.* Moment . . . *Übereicht Frau Wehrmann den Hörer.*

FRAU WEHRMANN Ja, guten Tag, Wehrmann. Ich war bereits zweimal hier, äh, und wollte, äh, einen Herrn Schätzle sprechen. Jedesmal war Ihr Herr Schätzle im Urlaub, das andere Mal in Kur, heute is er beim Essen, und nachmittags is er nicht zu sprechen. Ja, aber ich komm ja jedesmal extra von Aschheim hier rein in die Stadt, ich weiß also nicht, wie oft ich hier noch wegen so einer Bagatelle, äh, hier, äh, nachfragen soll. – Äh, das ist mir ganz egal, jaja, neinnein, ich geh erst wieder, wenn ich den zuständigen Herrn gesprochen habe. Das ist mir ganz egal! *Knallt den Hörer auf.*

Ein Subjekt betritt den Raum und bleibt stehen.

SUBJEKT Guten Tag . . .

HERR FÜRST Gell, i hab's Eahna glei gsagt.

FRAU WEHRMANN Das is mir jetz egal. Ich bleibe hier so lange, bis ich hier überhaupt jemand erwische, der hier zuständig ist.

HERR FÜRST Da können S' lang warten. Der Herr Schätzle is beim Essen, und der Herr Krüger is grad zu Tisch, des ham S' selber gsehn, und der Herr Deutelmoser is net zuständig.

FRAU WEHRMANN Ja, dann warte ich eben, bis dieser Herr Krüger zurückkommt.

HERR FÜRST Des wird Eahna aber heit nimmer vui helfa, weil wenn er zruck is, is kein Parteienverkehr mehr. Da müssen S' halt morgen zwischn acht Uhr dreißig und zwölf Uhr wieder vorbeischaun. Da ist Parteienverkehr.

FRAU WEHRMANN Ja, aber jetz is es doch noch gar nich zwölf Uhr!

HERR FÜRST Ja schon, aber mir ham gleitende Mittagszeit. *Zum Subjekt* Was wolln Sie?

FRAU WEHRMANN Das ist, das ist, also so was, also das ist, das ist, also wirklich, also ich weiß nicht . . .

HERR FÜRST Wiederschaun, gnä' Frau. *Zum Subjekt* Also, was wolln Sie?

SUBJEKT Ja, ich hätte gern . . .

HERR FÜRST Gehnga S' amal her.

SUBJEKT Ich hätte gern ein Antragsformular wegen einer Dachstuhlerneuerung.

HERR FÜRST Gehnga S' amal her. Können S' lesen?

SUBJEKT Ja, wieso?

HERR FÜRST Gut, dann schaun S' amal. *Deutet auf eine Uhr, die Uhr schnappt von einer Minute vor zwölf auf Punkt zwölf Uhr.* Da schaun S' her, und des stimmt, kennan S' vergleichen. *Zeigt seine Digitalarmbanduhr; Subjekt schaut auf seine Uhr.* Also, Wiederschaun.

Der Revolutionär

Daß du da nimmer magst, versteht man. Wohinst schaugst. I hab des gsehn mit dem Veltlin, des kost a Manna, daß dir der Ding obabröselt, verstehst, der ganz Bergwald, der rattert oba wie ein Rollo, des is a Wahnsinn. Auf d' Rotwand hams a Straß auffi baut, verstehst, danach hams des alles asphaltiert, an Bergweg auffi, und dann hams ihn grün angstrichen, weils gsagt ham, wegen am Umweltschutz. Nein? Total, total gspinnert, nein? Wenn ma des alles anschaut, da wirst direkt verrückt. In d' Amper derfst nimmer einehupfen, die Amöven und des Zeig, ja Kruzinesen, nein? Ja, was is 'n des? Des Grundwasser in dem Dorf, nicht weit von da, kannst nimmer saufen, weils das Wasser vom chemischen Wert bringen müssen, net? Und Ding, vorn . . . an . . . da den Großflughafen tuns dahin, achtzehn Kilometer, Quadratkilometer, tuns zuplomben, alles zubetonieren und asphaltieren, da möchte ma sagen, was man liebt, die Heimat, was man liebt, des asphaltiert man doch nicht ständig, nein? München, hams gsagt, da müssens an ersten Stock machen, net, weil's nimmer langt, von der Fläche her, net? Dann bauns an Keller aa no. Dann kannst mit'm Lift München eins, München zwoa oder München dritten Stock auffifahrn, wenn des so weitergeht. Und a Autobahn nach der andern, de Ding kommt, die Autobahn Altötting, die Wallfahrerautobahn, net, nach Oideting-Braunau? Dann kommt eine . . . dann die ander nach Deggendorf . . . Venedig, hams gsagt, soll der Hafen von München werdn, weil Hamburg hat Cuxhaven, hams gsagt, net wahr. Na kommt die Autobahn Landshut–Regensburg–Rosenheim, ja des wird ja alles total los-angelesiert, net! Kernkraftwerk, da sagn die Amerikaner, sei »mushroom up«, die kommen wie die Schwammerl hervor, net? Ja, unser schönes Oberland, des wird bald, wenn ma des so sieht, wenn ma sich des oschaugt, des wird ja praktisch ein neues Ruhrgebiet, ja, da muß sich doch amal was ändern! A Ozonloch hams, net, die ganz Atmosphäre is wie ein Emmentaler, net? Ja Sakrament, da muß doch amal was passieren?! Des gibt's ja gar net! Und zwar revolutionär! Da ghört direkt a Revolution her! Und des is der Grund – und drum wähl ich auch diesmal CSU.

Gegendarstellung

Als Anwalt meines Mandanten, des derzeitigen Staatsministers für Finanzen, Gerold Tandler, möchte ich folgende Gegendarstellung vorbringen. Diese Gegendarstellung ist nötig geworden, da in der Presse und in Teilen der Öffentlichkeit Unwahrheiten verbreitet werden, die geeignet sind, das Ansehen meines Mandanten empfindlich zu schmälern.

Anlaß für ungeheuerliche Unterstellungen gab die Bayerische Imo Treuhand GmbH, auch BIT genannt. Es ist keinesfalls richtig, daß hier, wie unterstellt, camorraartige Verfilzungen zu Ämtermißbrauch geführt haben, weil angeblich zwischen der Verquickung von privaten Interessen und Abhängigkeitsverhältnissen nicht mehr zu unterscheiden wäre.

Auch dem Vorwurf, Geschäftspraktiken meines Mandanten Gerold Tandler mit dem Arbeitsrichter bzw. Immobilienmakler Günther Zembsch wären sonst nur in Neapel oder in Palermo möglich, möchte ich hier entschieden entgegentreten. Alle Transaktionen wurden nachweislich nicht in Italien, sondern eindeutig und überprüfbar in Bayern durchgeführt.

Es ist entstellend die Tatsache, daß wenn behauptet wird, daß die Privatinteressen des Privatmannes Gerold Tandler mit den Aufgaben des Finanzministers Gerold Tandler kollidieren würden.

Hier gilt festzustellen, daß mein Mandant niemals gleichzeitig als Minister und Kreditnehmer mit dem Arbeitsrichter Günther Zembsch in Erlangen verkehrt hat, sonder *nur* und *ausschließlich* entweder als direkter Vorgesetzter von Herrn Zembsch oder als privater Auftraggeber an den Bankmann Günther Zembsch oder als privater Kreditgeber Gerold. Allein daß diese Unterscheidung wirklich geleistet wurde, zeigt und beweist die Tatsache, daß mein Mandant als Minister mit dem Arbeitsrichter die Sie-Form wählte; ebenso als Treugeber Gerold Tandler mit dem Treunehmer Günther Zembsch und vice versa wurde die Sie-Form benutzt, nur als privater Schuldner Gerold beim Privatmann Günther wird die Du-Form angewandt: Dies beweist, daß zwischen den Anteilseignern an der Bayerischen Imo Treuhand lediglich bei privaten Transaktionen Vertraulichkeit bestand.

Die böswillige Unterstellung, mein Mandant wäre wegen dieser privaten Schulden erpreßbar geworden in seiner Eigenschaft als Minister und Auftragsbeschaffer für den Arbeitsrichter bzw. Immobilienmakler

Günther Zembsch, ist lächerlich. Hier von einem Dschungel zu reden ist aus der Luft geholt. Jeder vernünftige Mensch weiß, daß Bayern nicht in tropischen Regionen liegt.

Daß der Arbeitsrichter Günther Zembsch als Nebenbrot zu seiner Beamtentätigkeit staatlich finanzierte Studentenwohnheime und Appartements erstellen ließ, ist sein gutes Recht, und es gehört ja zu den Aufgaben meines Mandanten, als Minister ebenda die Finanzierungen zielbewußt zu vergeben. Dies zu unterlassen wäre ja ein Amtsmißbrauch seitens meines Mandanten gewesen, und es spricht nur für die Selbstlosigkeit von Gerold Tandler, daß er mit sozialem Engagement als Privatmann Gerold Tandler dem Bankmann Günther Zembsch mit privaten Mitteln unter die Arme griff.

Auch wenn es in der heutigen Zeit nicht mehr opportun ist, solche Vergleiche anzustellen, aber dieses edle Verhalten meines Mandanten findet sein Vorbild in Taten, wie sie der heilige Martin von Tours oder der heilige Konrad von Altötting vollbracht haben.

Da die Rechtsform der Baufirma vom Arbeitsrichter Zembsch eine Treuhand GmbH & Co. KG war, lag es in der Natur der Sache, daß es einenTreunehmer und einen Treugeber geben mußte.

Die Tatsache, daß *vor* Konkurs von Herrn Zembsch routinemäßig wieder ein Tausch Treugeber zu Treunehmer stattfand und damit das Grundstück des Druckereianwesens in Neuötting Flnr. 14/356 abermals in den Besitz *meines* Mandanten und damit aus der Konkursmasse von Herrn Zembsch fiel, erklärt die Rechtskonstruktion. Daraus einen betrügerischen Konkurs abzuleiten ist abenteuerlich. Mein Mandant war nämlich sehr schnell bereit, unmittelbar *nach* der Konkursabwicklung Treunehmerschaft mit Treugeberschaft zu tauschen. Dieser erneute Tausch ergab sich halt, weil der Privatmann und nicht der Treugeber Gerold Tandler beim Privatmann Günther Zembsch Schulden hatte. Frau Staatsminister der Justiz, Mathilde Berghofer-Weichner, hat am 31. Oktober 1988 schriftlich meinem Mandanten bestätigt, daß keinerlei Betrugsermittlungsverfahren gegen ihn vorliegen. Die Ermittlungen wurden erst Anfang November eingeleitet und sind, wie wir wissen, bis heute ergebnislos verlaufen. Dies bestätigt wiederum eindeutig die weiße Weste meines Mandanten.

Und jetzt möchte ich noch dem Gipfel der ungeheuerlichen Verleumdungen, die Gerold Tandler treffen sollen, entgegentreten. Die böswillige Behauptung, der Treugeber-Treunehmer-Tauschvertrag zwischen meinem Mandanten und Günther Zembsch sei in betrügerischer

Absicht um zwei Tage vordatiert, da Herr Zembsch am Tag dazwischen Konkurs anmeldete, läßt sich leicht schon dadurch widerlegen, daß das Modell der Schreibmaschine, mit dem der Vertrag abgefaßt wurde, überhaupt erst ein Vierteljahr später in den Handel gekommen ist. Dem dummdreisten Vorwurf, mein Mandant hätte durch zugegebenermaßen schwer nachvollziehbare Transaktionen die Bayerische Landesbank in Verluste gezogen, ist zu entgegnen, Verluste dieser Bank sind durch Fehlentscheidungen bayerischer Minister chronisch häufig, ja ein Normalfall (fragen S' doch einmal den Herrn Huber).

Leicht fällt es auch, den Vorwurf vollkommen zu entkräften, mein Mandant hätte als Privatmann sowie als Minister gemeinsam mit dem Geschäftspartner Herrn Zembsch die Druckereibesitzerin Maria Niedermayer durch Finanzmanipulationen um ihr Vermögen gebracht – es wird der Begriff »kalte Enteignung« verwendet. Mein Mandant habe obengenannte Druckerei samt Grund für ein Butterbrot erhalten. In eidesstattlicher Selbstauskunft könnte mein Mandant jederzeit beweisen, daß er kein Butterbrot, sonder nur belegte Brote zu sich nimmt. Keinesfalls und zu keinem Zeitpunkt hat Gerold Tandler mit Arglist oder Tücke oder mit Finanzmanipulationen operiert. Beweis: Zum Tatbestand der Arglist gehören Sachverstand und gute Kenntnis des Metiers. Daß mein Mandant über beides nicht verfügt, läßt sich schon aus der Tatsache ableiten, daß er Bayerischer Finanzminister ist.

Zum allgemeinen im Raum stehenden Vorwurf der Verfilzung, des Byzantinismus, Amtsmißbrauchs, Betrugs möchte ich klarstellen: Mein Mandant ist als multipler Funktionsträger bekannt.

Beweismittel: eine Dokumentation über Herrn Tandler
Tandler, der Vater
Tandler, der Musiker
Tandler, der Sportler
Tandler, der Ehemann
Tandler, der Chef
Tandler, der Koch
Tandler, der Maler
– warum nicht auch Tandler als Tandler?

Dramaturgie des Wahnsinns

Ein Mann in den besten Jahren ist auf dem Heimweg. Er entsteigt »seiner« U-Bahn-Station und strebt dem Teil des 70 000-Menschen-Trabantenstadtsilos zu, das er in seinem gedankenlos-gedanklichen Sprachgebrauch dem Begriff »daheim« zuordnet. Es regnet, der Mann spannt seinen Schirm auf, dann wieder zu, als er in einer Bäckerei einen Laib Brot kauft. Beim Verlassen der Bäckerei bläst ihm ein ungemütlich naßkalter Wind entgegen. Er kann gerade noch das flatternde Brotpapier festhalten, das Schirmaufspannen wird bereits zu einer kleinen akrobatischen Übung, aber nichtsdestotrotz entschließt sich der Mann, den bereits seit neun Tagen in seiner Mappe schlummernden Brief an seine Schwester nun endlich doch einzuwerfen. Am Briefkasten weht ihm abwechselnd der Schirm davon, dann das Brotpapier, sodann der Brief, den er seiner Mappe entnimmt, dann wieder das Brotpapier ... Endlich, die lästige Depesche ist der Bundespost anvertraut, das schlechte Gewissen ist erleichtert, der Mann schnappt sich seinen Brotlaib, seinen Schirm und eilt beschleunigenden Schrittes dem Betonklotz zu, den er mühelos aus den 136 übrigen als seine Heimat herausidentifiziert. Die Hausnummer ist der Beweis: Er ist angekommen, hier ist er daheim. Indes, o weh!, des Mannes Mappe ist nicht mit angekommen, das heißt, er hat sie irgendwo unterwegs fehlerhafterweise vernachlässigt, und mit der Mappe seinen Hausschlüssel, seinen Geldbeutel sowie seine sämtlichen Papiere. Unerfreulich, aber notwendig: Der Mann geht trotz anhaltend naßkalter Witterung denselben Weg nochmals zurück, erst zum Briefkasten, dann zur Bäckerei. Diese ist bereits geschlossen. Der Mann versucht's am Hintereingang der Bäckerei, vergebens. Dann geht der Mann wieder zurück zu dem Haus, wo er im 12. Stock seine Privatgemächer wähnt. Er läutet bei »Börözük Hausmeister 3 x läuten« dreimal ohne Erfolg, dann, allmählich nervöser werdend – das Brot hat inzwischen unter der Witterung gelitten, das Brotpapier ist irgendwo unterwegs davongeflattert, und erste Symptome eines grippalen Infekts machen sich bemerkbar –, läutet der Mann ziemlich wahllos, bis ihm irgend jemand öffnet. Im 12. Stock stellt er fest, daß sein Namensschild zwar, wie erwartet, unter dem Türklingelknopf befestigt, die Tür selbst aber, wie ebenfalls erwartet, fest verschlossen ist. Keiner der Nachbarn ist bereit, ihn, den Mann mit Schirm und Brot, als Nachbarn anzuerkennen beziehungsweise ihm zu öffnen oder überhaupt irgendwie zu reagieren. (Dank der Erfindung des Türspions vermittelt sich ihm jedenfalls dieser Eindruck.) Der Mann fährt mit dem Lift wieder zum Hauseingang, läutet noch mal dreimal bei Börözük und spricht dann wahllos Passanten an, die ebenfalls gerade dabei sind, sich ihrer Identität durch passende Hausschlüssel und bekannt vorkommende Möbel rückzuversichern. Bereits die 19. Passantin, eine Frau mit zwei Kindern, antwortet ihm, und das nicht genug, sie überläßt ihm zwei Zehnpfennigstücke frei zu seiner Disposition. Welch erfreuliche Wende! Augenblicklich rennt der Mann mit Schirm und Brotlaib zur nächsten Telefonzelle und ruft den Schlüsselnotdienst an. Bereits eine Stunde zwölf Minuten später erscheint Herr Büttner, der Mann vom Schlüsseldienst, und hält dem Mann mit Schirm und Brotlaib ein Formular zur Unterschrift vor, daß er mit den zu erwartenden Servicegebühren, plus 60 Mark für An- und Abfahrt, einverstanden sein werde. Der Mann unterschreibt, und schon wird der Schlüsseldienstmann tätig. Kompetent, wie der Fachmann nun einmal ist, öffnet er die Tür problemlos in circa acht Minuten. Der Mann stürmt mit Schirm und Brotlaib in seine Wohnung, die ihm zwar im Flur schon etwas fremd vorkommt, aber so was kann ja an solchen Tagen passieren. In der Küche allerdings wundert sich der Mann schon etwas mehr, da sich die Schleiflackeinbauküche in eine Eichefurniergarnitur verwandet hat. Der Schlüsseldienstfachmann steht am Eingang und harrt inzwischen schon etwas ungeduldig seiner 138,– DM zuzügl. MwSt., als die Wohnzimmertür aufgeht und ein anderer Mann in Unterhosen gegen den ZDF-(»Heute«-)Sendung-Lärm anbrüllt, was er sich erlaube, was hier los sei, und überhaupt, er hole jetzt die Polizei! Blitzartig fällt es dem Mann mit Schirm und Brotlaib wie Schuppen von den Augen: Dies ist nicht seine Wohnung, er hat sich offenbar in der Etage geirrt. Dem Mann in Unterhosen leuchtet das zwar nicht ganz ein, aber da er die ZDF-(»Heute«-)Sendung zu Ende sehen will, sieht er von einer Anzeige momentan ab und schmeißt den Mann samt Schirm und Brot nur aus seiner Wohnung.

Der Schlüsseldienstfachmann ist trotz Flehen und Beteuerungen aller Art und trotz offenstehender Rechung von DM 138,– + MwSt. nicht mehr bereit, sein Know-how ein Stockwerk höher nochmals zur Verfügung zu stellen. Er entschwindet unter allerlei Flüchen und wüsten Drohungen samt seinem Werkzeugkasten im Fahrstuhl. Der Mann macht sich nun auf eigene Faust an seiner Wohnungstür zu schaffen. – Was dieser andere Primitivling in acht Minuten geschafft hat, wird er auch irgendwie fertigbringen. Wäre doch gelacht. – Wie er gerade mühsam mit seinem Taschenmesser die Verkleidung seines Türschlosses abgeschraubt hat, öffnet sich die Fahrstuhltür, und zwei uniformierte Angestellte des öffentlichen Dienstes, gefolgt vom Schlüsseldienstfachmann, bitten den Mann mit Schirm und Brot und Taschenmesser höflich um einen Legitimationsnachweis. Der Mann in Unterhosen hat inzwischen die ZDF-(»Heute«-)Sendung zu Ende gesehen, sich eine Hose angezogen und leistet als Zeuge wertvolle Identifikationshilfe: »Jawohl, das war der Mann, der versucht hat, in meine Wohnung einzudringen.« – »Aber dies hier ist meine Wohnung, ich schwör's Ihnen!« – »Das ist ein mieser Uralttrick, Meister, komm, gehn wir aufs Revier.« – »Aber, wenn ich Ihnen versichere, Herr Wachtmeister . . .« – »Ham S' jetzt an Ausweis oder . . .« – »Nein, aber . . . « – »Also, dann gehen wir.« Eine Nachbarin bezeugt nun auch noch, daß dieser Mann mit dem Schirm und dem Brot vorhin auch schon bei ihr geklingelt habe; sie habe alles genau im Spion beobachtet. Die Beamten beginnen mit der Spurensicherung. »Ich krieg noch 138 Mark plus Mehrwertsteuer von diesem Gauner, wenn S' ihn identifiziert haben, rufen S' mich doch bittschön an, da ist meine Karte.« – »Vielen Dank, Herr Büttner, wenn alle Leute so mitdenken würden wie Sie, tät weniger Gsindel frei rumlaufen.« – »Ach, nicht der Rede wert, Herr Wachtmeister, war doch nur meine Pflicht, haha, also wenn S' was wissen, rufen S' mich an, wie gsagt, ich krieg noch 138 Mark plus Mehrwertsteuer von dem Kerl . . .«

Bereits vier Tage später verließ der Mann mit dem Schirm und dem inzwischen vier Tage alten Brot das Polizeirevier 21, und Herr Büttner, der Fachmann vom Schlüsseldienst, öffnete ihm in acht Minuten anstandslos die Pforte zu den Räumen, an die sich der Mann immer noch genau erinnern konnte. Herr Büttner entschuldigte sich mehrmals für die Verwechslung, »aber es läuft ja so viel Gsindl rum heutzutags, obwohl, ich hab's mir gleich gedacht, der Mann hat im Grund an ganz an ehrlichen Kopf auf . . .«, und verlangte 276,– DM + MwSt. für 2 x Türöffnen mit An- und Abfahrt . . . Es hätte natürlich auch ganz anders kommen können:

Der Mann stieg aus »seiner« U-Bahn, kaufte ein Brot, warf einen Brief ein, ging nach Hause und schaltete die ZDF-(»Heute«-)Sendung ein. Und die Nachrichten brachten wieder einmal den Beweis: Überall auf der Welt war der Teufel los . . .

Veteran und Reservist

ANNA *Bedienung*
OTTO *Zapfer*
HERR CROTT *Stammgast*
Außerdem: ein Veteran, ein Reservist, ein Penner und ein Taxifahrer sowie Heinz, ein Hamster aus Syrien.
Ort: ein Wirtshaus an der Ecke

Ein Penner steht an der Theke; am Stammtisch sitzt Herr Crott; am Nebentisch sitzen ein Veteran und ein Bundeswehrreservist, gerade entlassen; an einem Stehtisch stehen zwei Vertreter. Zur Wirtschaft gehören noch Otto, hinter der Theke, und Anna, die Bedienung.

ANNA So, der Herr möchte zahlen. Sie ham ghabt a kleines Helles und ein Sol-Ei . . .

PENNER Kannt i vielleicht no so a Sol-Ei . . .

ANNA Jetz zahlen S' doch zerscht amal des, des san – *rechnet* – zwei Mark fuchzehn. *Gibt dem Penner einen Rechnungszettel.*

PENNER *liest* Wieviel?

ANNA Zwei Mark fuchzehn.

PENNER Wieviel macht da des Sol-Ei?

ANNA Der obere Betrag.

PENNER Aha. Ja – Moment . . . *Kramt in seinen Taschen.* Da, des san derweil scho mal fuchzehn Pfennig, jetz an Moment. *Sucht weiter.*

OTTO *schaut ihm dabei zu* O mei . . .

ANNA Herr Crott, kriegnma noch a Bier?

HERR CROTT Ah ja, 'n kleines Schnelles für'n Heimweg.

ANNA *zum Penner* Ham S' jetz den Restbetrag?

PENNER Zwoa Mark warn des?

ANNA Ja genau, zwei Mark.

PENNER Ah ja, genau, zwei Mark, genau. *Sucht wieder.* Herrschaft, haa . . .

ANNA Oiwei desselbe mit dem. Wer hat denn den überhaupt neilaßn?

OTTO Der is vo selber reikemma. Auf einmal war er da.

ANNA Hat der net Lokalverbot?

OTTO Mei, er is halt so anhänglich. Der kimmt oiwei wieder, obwohl er nie a Geld dabeihat.

PENNER Na, Sie, also . . .

ANNA Zwoa Mark.

OTTO Wie oft mir den scho nausgschmißn ham.

ANNA Sagn S' amal, wie oft ham Sie jetz scho Lokalverbot ghabt, da herin?

PENNER Mei, wieso des, so a Schmarrn . . .

OTTO Der is wie ein Zeck.

ANNA *stellt Crott das Bier hin* Der hat scho mindestens zwanzigmal Lokalverbot ghabt. Also, was is jetz: zwei Mark!

PENNER Sie, ich bin jetz grad in einer momentanen Verlegenheit . . .

OTTO Aha. Momentan.

PENNER Ja mei! Aber ich könnt Ihnen, da schaun S' her, des is a Nahkampfspange, a echte, aus'm Zweiten Weltkrieg, für Verdienste im Nahkampf.

ANNA Wie, zoagn S' her . . .

PENNER Da müßtn S' mir allerdings no zehn Mark drauflegn, de is in Wirklichkeit mindestens dreißig Mark wert, also für Sie waar des direkt a Gelegenheit . . .

VETERAN Was, wo, zoagn S' amal, wo? *Schaut den Orden an.* Ah, des is a Hosenscheißerordn, ham mir gsagt, den könna S' wegschmeißn.

PENNER Naa, he, wieso, der is wertvoll.

VETERAN Ah, a Hosenscheißerordn is.

ANNA Bhaltn S' 'n. Zwoa Mark samma.

RESERVIST Derf i amal . . . *Schaut Orden an.*

PENNER Des is original aus'm Zweiten Weltkrieg, der is mindestens dreißig Mark wert, für Kenner sogar vierzig.

VETERAN A Hosenscheißerordn is.

RESERVIST Für a Markl dad i 'n Eahna abkaufn.

PENNER Ah ja, dean S' es her. *Nimmt die Mark, haut sie auf die Theke.* Da, stimmt schon.

ANNA Was hoaßt da: »Stimmt scho«, i kriag no a Markl.

PENNER Ah ja, des Sol-Ei.

ANNA Also, jetz hörn S' amal auf, jetz hab i's satt mit Eahna, Schaun S', daß S' nauskemma, Sie ham jetz endgültig Lokalverbot.

OTTO Laßn S' Eahna ja nimmer blicken da herin, sonst holn mir d' Polizei.

PENNER So ein Saftladn . . . *Geht.*

ANNA As nächste Mal kriegen S' nur no was gega Vorauskasse, daß S' es genau wissen!

OTTO Und as übernächste Mal holn mir d' Polizei!

ANNA Des is doch jedesmal desselbe mit dem Kerl. Ham S' des wieder gsehn? Herr Crott, des Sol-Ei, des kann i abschreibn.

OTTO Aso was von defizitär . . .

ANNA Wenn ma solchene Leut sieht, na vasteht ma direkt, warum s' die Neutronenwaffe baun, so Leut wie der san ja total unrentabel, solche Parasiten . . .

VETERAN Des hätt's zu meiner Zeit net gebn. Da hat ma solchene Subjekte eingesammelt. A Schaufel in d' Hand, a Tritt in'n Arsch und ab in'n Steinbruch. An Schnaps hätt i no gern.

ANNA Sofort!

RESERVIST Mir aa oan! Und eahm sein auf meine Rechnung! Ha! Des war jetz a Gschäft. Der Mo hat ja keine Ahnung ghabt. Da, der Ordn, der is aus'm Weltkrieg eins, der is ja im Großhandel scho mindestens hundert Mark wert. Der geht auf der Zürcher Kriegerordenbörse nicht unter dreihundert Franken weg.

VETERAN Aber a wenig putzn derfst 'n scho. So was ghört gepflegt.

OTTO Da, zwei Schnäpse die Herrschaften, zum Wohlsein.

RESERVIST Mögn Sie aa oan?

OTTO Naa, i derf net. Obwohl, oan . . . Anna, noch an Schnaps.

VETERAN Wenn er vom Ersten Weltkrieg is, na hab ich noch an Respekt. Wei im Zweiten Weltkrieg, da hat's ja gar koan Nahkampf in dem Sinn mehr gebn. De im Nahkampf, de san alle kaputtganga, also, wenn oana mit ara Nahkampfspange hoamkemma is, na war was faul, drum ham mir gsagt: Hosenscheißerordn. Also, paß auf, wo warn mir? *Wendet sich auf dem Tisch aufgebautem Kriegsspielzeug zu: Zahnstocher, Salzfaß, Knorrwürze, Senfglas.* Da Russe drängt von hintn am Dnjepr mit seine Panzerverbände, da Rumäne hier, und sagn mir amal, da Italiener als Bündnispartner hat ja total versagt. Mei, mir ham praktisch ois selber macha müaßn. Mir ham mit der 8-8 unheimlich neighacklt. Da hätt ma schwörn können, keine Maus is mehr lebendig, aber oiwei wieder hat irgendwo a Russ rausgspitzt. Sovui ham mir gar net umpflügn könnan, wie da daherkemman san. Also ein Menschenmaterial war des, des war direkt sagenhaft . . .

ANNA Iiih, pfui Deifi, a Ratz!

OTTO Was, wo?

ANNA *zeigt auf Hamsterkäfig, der bisher mit einem Handtuch zugedeckt war* Da! Pfui Deifi, wer hat da den Ratzn daherbracht?

OTTO Des is doch koa Ratz, des is der Heinz, mein Hamster.

ANNA Des is mir egal, schaug, daß d' den Ratzn nausbringst, des is ja widerlich, ääh ...

OTTO Wieso, des is der Heinz aus Syrien, der tut keiner Seele was. Ich hab ihn ja auch nur vorübergehend mitnehmen müssen, weil in meim Mietvertrag san nur Zierfische genehmigungsfrei, und fürn Heinz hab ich noch keine Aufenthaltsgenehmigung, weil mein letzter Hamster, der Wallenstein, der wo genehmigt war, den hab ich in der Nacht versehentlich zertreten.

ANNA Äääh, hör auf, mir graust's aso, tu des Viech weg.

OTTO Da schau her, des is mein Mietvertrag. Siehgst – desweg hab ich an Heinz mitbracht ...

ANNA Ja, aber da herin gilt net dein Mietvertrag, sondern die Gaststätten-Hygieneverordnung, und des da is ein Nagetier, und Nager ham da herin nix zum Suchen: Naus mit dem Viech.

OTTO Ja ... *nimmt den Hamster* ... aber könn ma 'n net derweil aufn Fernseher naufstelln, da stört er doch net.

ANNA Na hängst aber wenigstens wieder des Handtuch drüber.

OTTO Aber na sieht er ja nix mehr, der Heinz, wo er doch so interessiert ist.

ANNA Also, von mir aus, aber stell ihn weit weg.

OTTO Hast as ghört, Heinz ... *Stellt ihn auf den Fernseher.*

VETERAN De Hitlersäge, 1200 Schuß pro Minute, waar ja theoretisch ideal gwesn für diese vielen Rußn, aba mir ham s' ja bloß im Winter gscheit einsetzn können, weil im Sommer is's so hoaß wordn, da hat's nach a paar Minutn scho an Lauf verbogn, des war dann kein präzises Arbeiten mehr ...

OTTO Mei, so a Haustier, des is scho a Aufgabe. Er braucht a Pflege, er braucht ja jemand, der ihm zugetan is. *Kramt in der Eßvitrine.*

VETERAN Zum Russenwegputzn ham mir damals no koane Computer net braucht, des war alles Handarbeit.

OTTO So, da ham mir was Feines fürn Heinz. *Nimmt ein Pflanzerl aus der Vitrine.*

ANNA Naa, Otto, des laßt da, des is vo heit. Da, nimm des, des is von vorgestern.

OTTO Ah ja, dua's her.

ANNA Herr Crott, noch eins?

HERR CROTT Ja, noch 'n kleines Schnelles fürn Heimweg.

VETERAN Da, in de Fingerkuppn, da hat ma a Feingefühl braucht, da, wegam Munitionsverbrauch, da hast nur ganz kurz antippen dürfen, prrrrt hat's gmacht, und a Garbe is naus.

OTTO Da, Heinzi ... *Heinzi frißt nicht.* Ah, der arme Kerl, schmeckt's eahm wieda net. Er hat oiwei sowenig Appetit. Schad, daß der Penner scho weg is. *Zum Veteran* Mögen Sie's vielleicht, er mag's net.

VETERAN Ja, dua's her, und noch an Schnaps. Mir ham damals an Mussolinischeiße fressn müssn, des kennt heut koa Mensch mehr. *Beißt ins Pflanzerl.* An Ketschap, bitte.

ANNA So, Herr Crott, ein kleines Schnelles zum Heimgehn.

HERR CROTT *blättert in einer Illustrierten* Danke.

ANNA Ham S' es scho glesn, Herr Crott, jetz soll ma in Zukunft wahlweise Steuern zahln können oder die Patenschaft für an Beamten übernehmen. I glaub, des mach i vielleicht, da weiß i dann wenigstens, wo 's Geld hinkommt, weil bei de Steuern woaß des heut koan Mensch mehr. Wissen S', des is praktisch so, wie wann ma jetz so a Patenkind in Indien hat, nur net so preiswert.

VETERAN Ah, des haut doch nie hin! Wenn koana mehr Steuern zahlt, wer finanziert nachert die ganzn Arbeitslosn?

ANNA Mei, de werdn in'n Beamtenstand erhobn, dann ham mir die Arbeitslosigkeit praktisch glei aa beseitigt.

OTTO Ja genau. Ich hab mich scho länger nach einem umgschaut, un' jetz hab ich mich für den da entschlossen. *Zieht Fotos aus der Tasche.* Schaun S' da, des is der Meinige, der Herr Rösner, a Postinspektor im Außendienst. Da, auf dem Foto is er noch a bißl magerer, da war er noch Auszubildender.

ANNA Mei, zeig amal, mei, nett is er. Wie alt is er denn?

OTTO Jahrgang 49. Er is sehr zielstrebig, er möchte bald pensioniert werdn.

ANNA Ja, aber Otto, du kannst dir doch bei deine Einkünfte keinen ganzen Postler leistn.

OTTO Nanaa, mir san a Patengemeinschaft, mir san zu dritt. Und wenn er befördert wird, na muß noch a vierter mit einsteign. Wie waar's, Herr Crott?

HERR CROTT Nein.

ANNA Der Herr Crott is doch selber a Beamter, der kann doch keine Beamten in Patenschaft nehmen.

HERR CROTT Genau.

ANNA Naa, aber ich hab mir's auch schon überlegt, aber wenn, dann nur einen vom Gewerbeaufsichtsamt. Da hätt ma dann an persönlichen

Kontakt und im Zweifelsfall auch amal an Nutzen. Draufbracht hat mich der Dr. Schmidinger, mei Zahnarzt, der hat an echten General gnommen. Mit so Orden halt, den ladt er so hie und da bei gesellschaftlichen Anlässen amal ein, in voller Uniform natürlich, da setzt er 'n dann beim Eßn immer so hin, daß man 'n auch gscheit sieht. A netter, bescheidener Herr, der General. An Weihnachten wollt er ihm seinen Mercedes schenken, den hat er fei nicht angenommen, also hochanständig, und der Dr. Schmidinger sagt auch, die Generäle, de san gar net des Teure, ma könnt noch viel mehr befördern, wenn net diese teuren Waffen wären. Da müßt ma halt amal sparen. Diese teuren Overkills nehmen unseren Soldaten praktisch die Arbeitsplätze weg. Ma kann's nicht mehr finanzieren.

OTTO Ja, mit de Beamte is des asselbe. Des Teure an dene san ja im Endeffekt auch net nur die Gehälter, sondern die Folgeschäden, von dem, was s' machen, weil s' immer noch was leisten müssen, stimmt's net, Herr Crott?

HERR CROTT Ja, da is was dran. Ach, aah . . .

ANNA Noch a kleines Schnelles?

HERR CROTT Ja, genau.

OTTO Also, wenn die Beamten endlich amal überhaupt nix mehr leisten müßtn, des waar für unsere Volkswirtschaft eine Riesenerleichterung, na hätt mir praktisch nur noch die reinen Lohn- und Gehaltskosten und a paar Beförderungen . . .

ANNA Ja, und die Kosten für die Aufenthaltsräume, Kantine, Büromaterial, Heizkosten und so . . .

OTTO Aber die teuren Dienstwägn, die bräucht ma dann aa nimmer, weil sie müaßtn ja nimmer in der Gegend rumfahrn.

ANNA Ja, da gibt's ja Staatsdiener, de ham Dienstwägn, da kostet ein Vorderreifen mit Felge mehr, als wie mei Schwiegermutter Rente hat, des hab i glesn.

OTTO Ja, aber was hat 'n die nachert für an Mann ghabt?

ANNA A Kriegsopfer war er von Beruf, sie hat a Kriegerrente. So, Herr Crott, jetzt . . .

Herr Crott ist vom Stuhl gefallen.

Otto, ruf as Taxi fürn Herrn Crott, der möchte jetz hoamgeh . . . *Nimmt aus Herrn Crotts Geldbeutel Geld, gibt Wechselgeld und steckt Herrn Crott seinen Geldbeutel wieder ein.* So, Herr Crott, mir ham jetzt ghabt 1, 2, 3, 4, 5, 6, 7, 8, 9 10, 11, 12 kleine Schnelle, ah, halt, und des da noch, dreizehn . . .

Otto bestellt im Hintergrund das Taxi für Herrn Crott. Wenig später kommt ein Taxifahrer zur Tür herein.

TAXIFAHRER As Taxi!

ANNA Herr Crott, as Taxi.

OTTO Da, des is Ihr Fahrgast ... *Deutet.*

TAXIFAHRER Hat er gspiebm?

ANNA Nanaa, der Herr Crott macht so was net, gell, Herr Crott ...

Herr Crott grunzt.

TAXIFAHRER Ja, also, was is jetz?

OTTO Geh, fassen S' halt gschwind mit an. Herr Crott, auf geht's ...

TAXIFAHRER Eigentlich derf i ja gar net, i hab an Herzfehler ... *Hilft.*

ANNA *nimmt Geldbeutel aus Herrn Crotts Tasche* Der Herr Crott wohnt Herzogstraße 18, 3. Stock, bei Crott, dreimal läutn, na wird er abgholt. *Gibt dem Taxifahrer einen Zwanzigmarkschein.* Da, 14,20 kost's oiwei, gebn S' mir auf 15 Mark raus, wei an Rest gibt er oiwei Trinkgeld.

TAXIFAHRER *schleppt mit Otto Herrn Crott* Moment, glei.

OTTO Am bestn fahrn S' über Clemensstraß und d' Wilhelm nachert links nei ...

Herr Crott und der Taxifahrer verlassen das Lokal, Anna liest die Bildzeitung.

VETERAN De Hitlersäge hat ja einen Höllenradau gmacht, da wennst an ganzn Tag kämpft hast, also ständig dieses Prrr-prrr, gell, des hat's nausghaut wie Dünnschiß. Dazu des Gschrei von de Verwundeten, des war praktisch Schwerarbeit, und auf der andern Seitn die Stalinorgeln, de ham aa ganz schee pfiffn, und nie was Gscheits zum Eßn ...

RESERVIST Da Leopard is aa net leiser, mei, mir hättn scho so an Gehörschutz, aba den setzt koa Sau auf, wei's so hoaß is in dem Kastn.

VETERAN Ah, es habts ja keine Ahnung, es habts ja nix erlebt. Ringsumher is gestorben worden, da macht ma sich heut gar keine Vorstellungen mehr, a richtiges Massensterben halt ...

ANNA Da, Otto, da schau her, da steht's: Heinz Rühmann glaubt an Wiedergeburt.

OTTO Ja, ich glaub auch, da muß was dran sein, deswegen ham mir wahrscheinlich diese Überbevölkerung.

VETERAN Da ghört amal wieder a gscheiter Krieg her, na san's glei a paar weniger. Des is ein Naturgesetz, wie eine Selbstreinigung förmlich, wei der Krieg is der Vater aller Dinge, des hat da Dings gsagt, da . . . ah, noch an Schnaps, an Obstler!

OTTO Ja, aber der nächste Weltkrieg, des, moan i, wird a Vollreinigung, jetz mit diesem Atom- und Neutronendings . . .

RESERVIST Was habts es gega de Neutronenwaffe? De is ethisch betrachtet wertvoller, wei s' die Sachwerte nicht antastet.

ANNA Da kann dann der Heinz Rühmann, wenn er wieder auf d' Welt kimmt, sein Flugzeug praktisch gleich wiederverwenden.

OTTO Naa, des stimmt net, weil er kimmt ja nimmer als Heinz Rühmann auf d' Welt, sondern als wer anders, also den Flugschein, den muß er auf alle Fälle no mal machen, wenn er gstorbn is.

RESERVIST Wenn einer in am Atomkrieg stirbt, na is er meistens selbst mit schuld. Unser Bevölkerung is ja in erschreckendem Maße uninformiert.

VETERAN Ah, hör ma doch auf! Keine Ahnung habts es jungen Hupfer.

RESERVIST Ja! Wissen Sie zum Beispiel, wie ma sich verhält, wenn a Nuklearschlag kimmt?

VETERAN Ah, i hab scho ganz andere Sachen erlebt wie an Atomkrieg.

RESERVIST Da schaun S', i hab's schriftlich! Des weiß halt bloß keiner. Da, hier! *Holt Bundeswehrbroschüre, liest vor und demonstriert* Merkblatt: Schütze dich gegen die Wirkung von A-, B- und C-Kampfmitteln, des is Atom, Bio und Gas. Hier: Atomare Kampfmittel – Wenn erwartet wird, daß der Feind Atomsprengkörper einsetzt, nutze jede Deckung aus. *Springt hinter die Theke.* Also, wenn der Atomschlag von da kimmt . . . *Deutet.*

ANNA Obacht, da steht a Glas mit Sol-Eier, passen S' auf!

RESERVIST Wo? Ah ja, da, – dann: Dichte den Kampfanzug ab. *Macht seinen Anorak zu.* Bedecke Hautverletzungen mit ABC-Schutz-Wundschnellverband, des hab i jetz koan da, des ghört aber heut in jede Hausapotheke, habts es oan da?

ANNA Naa.

OTTO Daheim vielleicht . . .

RESERVIST Na also, sehgts es, keine Ahnung! Dann: Setze Kapuze auf. *Setzt Kapuze auf.* Ziehe Handschuhe an. Handschuhe?!

ANNA Neba da Spüle san Gummihandschuh.

RESERVIST Ah, da, aber de san mir z' kloa. Des könnts euch ja vorstelln. Schütze dich gegen Blendung. *Setzt Sonnenbrille auf.* ABC-Schutzmaske bleibt zunächst in der Tragebüchse. Jaa, und nachert, ganz wichtig, gega Strahlung! Habts es a Alufolie?

ANNA Moment. *Holt Folie, gibt Reservist ein Stück.* Da, is so recht?

RESERVIST Naa, des glangt net, i geh von am Totalschlag aus.

ANNA Mehr kriegn S' aber net, de brauch i zum Knocheneiwickln.

RESERVIST Aber im Ernstfall bräucht ich's ganz, für meine Knochn. *Wickelt sich in die Folie ein.* So. Jetzt wirf dich bei überraschender Atomdetonation sofort in Deckung, Gesicht an den Boden, Hände unter den Körper. *Wirft sich unter Kneipentisch.* Zähle die Sekunden bis zum Eintreffen des Detonationsknalls. 1 – 2 – 3 – 4 – 5 …

OTTO Ah, der mit seim Schmarrn. *Schaltet den Fernseher ein.* Schaugn mir halt amal, was kimmt.

Aus dem Fernseher kommt ein Explosionsgeräusch und ein Filmbeitrag über Wirkungsweise einer Atombombe, Neutronenwaffe und Cruise-Missile.

RESERVIST *setzt sich wieder* Ja, es habts jetz gsehn, so ungefähr geht's.

ANNA Gell, ma kann also doch allerhand machen bei so am Atomkrieg. Wissen muß ma's halt.

RESERVIST Ma muß sich halt richtig informieren und net bloß blöd daherredn.

ANNA Kriegnma noch a Bier?

RESERVIST Ja.

VETERAN Und mein Obstler, habts den vergessen?!

Otto spielt mit dem Hamster. Im Fernsehen drunter wirkt die Neutronenwaffe.

Unser Heinz!

»Der Raubmörder hat mir in meinem Leben kein Glück nicht gebracht!« sagt der Heinz, und ich wäre blöd, wenn ich ihm widersprechen würde. Der Heinz erzählt die Geschichte vom Raubmörder auch nur deshalb wieder, weil er jetzt die achte Halbe zu sich nimmt, und das ist dann eben der Zeitpunkt, wo die Geschichte vom Raubmörder dran ist.

Die zufälligen Gäste, meist Touristen aus nördlichen Gefilden, erfahren dann, warum der Raubmörder dem Heinz kein Glück nicht gebracht hat. Die Geschichte ist für den Wirt sehr umsatzfördernd. Sie könnte in wenigen Minuten erzählt sein – aber der Heinz nimmt sich, wenn er gut drauf ist, einen ganzen Nachmittag, um sie wirkungsvoll an den Mann zu bringen. Dabei macht er dramaturgische Pausen, damit die Bedienung die Frage: »Kriagnma no a Hoiwe?« anbringen kann.

Die Touristen werden Zeugen von Heinz' Leidenschaften und erleben in ihm den Vertreter einer alten Gefühlskultur, die auch in unseren Gauen nur noch selten vorkommt.

Der Heinz verdingt sich als »Hausl« bei einem »Protzn«, und weil er so loyal zu seinem Herrn steht, genießt er bei jenem hohen Respekt. Loyal sein heißt für den Heinz, Haus und Hof bedingungslos zu schützen, und schützen heißt, jedweden, der sich der lüftlbemalten Villa mit den toskanischen Arkaden und der Garage, getragen von korinthischen Säulen, nähert, zu vertreiben – wie erst neulich den Kinderarzt, der zum Nachbarn wollte.

Der Heinz fräste Schnee; er fräst ja sowieso mit großer Leidenschaft Schnee.

Der Protz, der Herr der Villa und der Besitzer vom Heinz, belohnte diesen mit einer Schneefräse, so daß der Heinz im Winter immer und zu jedem Zeitpunkt den Eingang zur Villa frei halten kann. Denn der Protz weilt zwar mal dort und da, wie halt alle Protzen, schaut aber doch so alle zwei Jahre mal in seiner toskanisierten Villa vorbei, um zu sehen, ob alles gschleckt ist.

Kommt doch an einem Tag, wo der Heinz gerade Schnee fräst, ein Subjekt daher in Form eines Kinderarztes, um dem Nachbarskind die Diphtherie auszutreiben! Und was macht dieser Kinderarzt? Er parkt! Er parkt sein Auto justament da, wo der Heinz fräsen wollte. Schnee fräsen im Dienste seines Herrn.

Dem Heinz fiel alles an Vokabular ein, was geeignet ist, einen parkenden Kinderarzt zu vertreiben. Ich zitiere: »Du Dreckarsch, du bläda, du Himmikruzifix, du varreckta, du Loas, du owaberlte, du dafeide!!!« Dann stellte er noch die Fangfrage, Zitat: »Hams dir valleicht ins Hirn einegschißn?«

Diese Frage wollte der Mediziner nicht unmittelbar beantworten, sondern wandte sich brieflich an den Brotgeber und Schneefräsenmäzen vom Heinz mit der Bitte, er möge den Hausl domestizieren und zu einem zivileren Verhalten ermuntern.

Der Protz jedoch, stolz, so ein bayrisches Urvieh wie den Heinz als Hausl zu besitzen, antwortete dem Kinderarzt ebenfalls brieflich. Er verwies darauf, die Landessprache eines Hausls sei nun mal volkstümlich und stünde im Einklang mit der Natur und der Seele eines eben drastischen Volksschlages. Sei normale Konversation also.

Der Kinderarzt, ebenfalls des Bairischen mächtig, schickte dem Protzn nun ein Fax. Text: »Ja, du Depp, du gselchter, du Flaschlputzer, du windiger, du Brunzkachl, du dasoachte, vaspiebme, du hast doch glatt an Schoaß im Hirn!«

Der Protz bemühte umgehend seine Anwälte. Gerichtliche Feststellung: Ein Kinderarzt ist kein Bayer, daher auch nicht volkstümlich und somit straffällig.

Dem Heinz kann es recht sein. Er verteidigt auch weiterhin die Villa seines nordischen Gebieters und die Heimat überhaupt. Denn er ist bei den Gebirgsschützen, und diese verteidigen ja immer die alten Werte wie auch die neue Lackfabrik am See. Seeufer und idyllisches Tal sind wie geschaffen dafür, schon von der Größenordnung her.

In den letzten 15 000 Jahren war es relativ ruhig am See. Zur Zeit der Römer war auch nicht viel los, nur im 17. Jahrhundert sausten ein paar evangelische, also schwedische, Marodeure herum – und sonst war nur der Heinz da, der war schon immer da. Und weil er das weiß, verteidigt er nicht nur die Lackfabrik, sondern auch die Idee von derselben: »Auch die Natur muß sich an die Gegebenheiten einer Heiteckgesellschaft anpassen, da kommt keiner drum herum!«

Der von Heinz persönlich gewählte Gemeinderat stellt diese Devise auf, und ein Chor von »Jawoi« und »Genau« bestätigt die Richtigkeit dieser Wahrheit und die Wahrheit dieser Richtigkeit. Ein kurzes, sattes »Jawoi« – wòi ist immer endbetont, genauso wie »genàu« . . .

Ein Gemeinderat, im Privatberuf Parteimitglied, meint: »A Luftkurort in einem Industriegebiet ist was Einzigartiges, des muaß uns erst amal jemand nachmachen!«

Das wirkt auch beim Heinz. Er ist noch ein Mensch, der einen Respekt hat vor einem Politiker, der wo den Nerv trifft, ohne zu nerven.

Wenn also der Heinz den Touristen in der Wirtschaft die Geschichte vom Raubmörder erzählt, welcher ihm kein Glück nicht gebracht hat, dann ist diese Geschichte eingerahmt von einer Musik, die für das Volk gemacht ist. Einer Musik, die weich über Resopaltische streicht und im Einklang mit dem Schmalzgeruch der Friteuse einem die Heimat schmecken läßt. Gerade wird im Bayerischen Rundfunk der neue Wiesnhit vorgestellt: »Auf dem Strom, dem riesengroßen Mississippi, da schwimmt ein winzigkleines Henderl Pipi!« Der BR ist um solche volkstümlichen Geräusche besonders bemüht. Er düngt unsere Heimat mit dieser akustischen Gülle und läßt auch nicht einen Kubikmeter Äther aus . . .

Diese Musik animiert den Heinz, das Rhetorische droht auszutrocknen, »Oane no«, sagt er, »Oane geht no«, »Oane geht oiwei!«, meint er, und ich wäre blöd, wenn ich hier widersprechen würde. Mein Blick streift die Heimatzeitung auf der Wirtshausbank. Das schlagende Argument zum Thema Tempolimit bringt unser Kreisrat: »Bei uns gibt's hoid aa Leit, dene wo's pressiert!« – Eine Großaufnahme zeigt unseren Gemeinderat K. L. vor einem Stollen und fünf Brezen. Er spendiert den Stollen für die Ukraine, die Brezen gehen als erste Hilfsmaßnahmen nach Kasachstan. Hier ein Hinweis zum Thema Asyl: »Bewacht eure Garagen, Hundezwinger und Holzschupfen. Es ist mit Zwangseinweisung von Asylanten zu rechnen!«

Die Heimatzeitung hat den Satz vom Heinz, »Oane geht no«, schon öfters gedruckt. Er spricht Menschen mit großer Lebenserfahrung und tiefer Menschenkenntnis an. Der Mensch ist ein Behälter, in ihn geht etwas hinein.

Der Heinz hat die neunte Halbe fast geleert und fährt gleich anschließend mit dem Auto nach Erding, wo er mit seinen Kameraden noch den Ehrensalut der Gebirgsschützen zur Eröffnung des neuen Flughafens abfeuern muß.

Dieser wird eingeweiht und ist damit Heimat. Die Vögel und sonstiges Geflügel sind beseitigt, das Grundwasser quadratkilometerweise weggegurgelt. Jetzt kann alles in die Luft gehen. Das Erdinger Moos ist trocken und kein Sumpf mehr. In den Flughafenboutiquen kann man alles kaufen, was man braucht. Auch eine original Bavarian familiy – Bavarian father, mother and child – aus Plastik, in Tracht, wie Schlümpfe.

Das Heimatgefühl grassiert vor allem in schwedischen Möbelhäusern und Altmünchner Bistros.

Daß es die Bayern gegeben hat, ist erwiesen. Kelten und Römer haben hier ihre Spuren hinterlassen, auch das Volk der Passagiere.

Der Heinz kann in Oktaven rülpsen. Ob er sich damit beruflich noch verbessern kann, wird die Zukunft zeigen. Jetzt trinkt er noch schnell einen Schnaps, dann geht's zum internationalen Wetttrinken zugunsten der Aktion Sorgenkind. Die Kreissparkasse sponsert. Schade, daß der Heinz die Geschichte vom Raubmörder jetzt nicht mehr zu Ende erzählt, da kommt nämlich auch noch der Sven vor, wie er bei der Désirée am Kammerfensterl ... Oder wie der Heinz einmal im Bayerischen Fernsehen ... Halt! Nein! Dort kommt er nicht vor, der Heinz, weil in echt wäre er ja ein Klischee.

Mpf

Es ist bekannt, daß kaum irgendwer in unserem Land vom einfachen Volk mehr versteht als die weniger vom flüchtigen Geist als vom derben Loden durchwebte Partei. Haben durch die Geschichte des Abendlandes verschiedene Parolen Vorbilder abgegeben, Prinzipien, die die Ethik und Moral gekennzeichnet haben wie das berühmte SPQR den Römer oder das Liberté, Fraternité, Egalité den Franzosen – so hat sich der Teil der Menschheit in Bayern, der sich mit der Partei identisch fühlt, dem »Mpf« verschrieben. »Mpf« ist weder eine Abkürzung, noch steht »Mpf« für irgendeine Parole, deren Inhalt Auskunft über Leitbilder im Leben gibt. »Mpf« ist lautmalerisch – einfach ein Klang, ein Geräusch, und dieses »Mpf« übt eine unglaubliche Faszination auf die obersten Lodenträger der Partei aus. Ich meine, diese Faszination ist ein Reflex, wie zum Beispiel eine Wespe unmittelbar auf die Nähe eines Zwetschgendatschi reagiert, so wie die Anwesenheit eines Wurstzipfels einen Hund in Erregung bringt, so begeistert ist unser derzeitiger oberster Jodellodenträger von einem kehlig ausgerülpsten »Mpf«. Dieses »Mpf« ertönt mannigfaltig. Es ist ein Akkord, der durch die geistig-seelische Befindlichkeit der Partei und ihres Volkes durchmpft.

Der Defiliermarsch beginnt mit mpftatara und das löst auch jedesmal ein großes Entzücken aus. Dieses »Mpf« schmeckt nach Heimat. Falls irgendein dubioser »Mpf«-Verweigerer versucht, das großartige »Mpf« mit Trillerpfeifen oder mit mpf-fremden Geräuschen zu stören, so empfindet man dies als eine Vermpfung, und man steckt den Übeltäter in den Weißwurstkessel, daß ihm Hören und Sehen vergeht. Der bleichgesichtige, hohlwangige, asketische Innenminister, der die Lodenprätorianer befehligt, gilt auf Grund seines »Äh-mpf, äh-mpf« als Chefideologe und Intellektueller der großem Mpf-Partei. Der Mpf-Präsident des Freistaates Bayern versucht verzweifelt sein »Mpf« im Stile seines großen Vorgängers zu mpfn. Aber wegen seiner Fistelstimme und seiner Schmalbrüstigkeit entfährt nur ein windiges »Ffhd« aus seinem Trachtenanzug.

»Mpf« steht für bayrische Weltoffenheit – liberalitas Bavariae, Gemütlichkeit, Gastfreundschaft, also tiefste Herzlichkeit, wie ja beim Weltgipfel der gesamten Weltöffentlichkeit bewiesen wurde.

Der Bayerische Ministerpräsident hat mit seinem »Ffhd« ein Signal gegeben. Bayern ist »mpf«, Bayern bleibt »mpf« oder, differenzierter ausgedrückt: »Äh-mpf«.

Im Bauernmuseum

Vor einem historischen Bauernhof im Freilichtmuseum demonstrieren Frau Cyslavski und Herr Lechner handwerkliches Können aus dem 18. Jahrhundert.
Frau Cyslavski sitzt vor einem Wassertrog, wäscht altes Leinen und legt es zum Bleichen aus, aber immer nur, wenn Besucher dasind. Herr Lechner drischt mit wenig Begeisterung einen Haufen Stroh. Besucher Heinz Voss aus Schwartau mit Ehefrau Karolin und Tochter Wilma beobachten die beiden.

VOSS Guck mal, Karolin, wie sich die Leutchen damals plagen mußten. Also, wenn du mir noch einmal über das bißchen Wäsche jammerst.
Er schaut in seinen Plan.
Zu Lechner Ach sagen Sie mal, guter Mann, wo ist denn hier das historische Korbflechten und Töpfern? Wo findet das statt?
LECHNER Da links drüben, unten beim 15. Jahrhundert.
VOSS Vielen Dank. Kommt, Kinders!
Familie Voss geht. Cyslavski stellt einen Augenblick die Arbeit ein.
CYSLAVSKI Sie, Herr Lechner, is heit überhaupt a Korbflechten? Der Herr Döderlein is doch krank. Der is doch zum Urologen.
LECHNER Ja, des ganze Spätmittelalter is geschlossen.
CYSLAVSKI Und d' Steinzeit auch, weil d' Fräulein Rösner hat gekündigt.
LECHNER Äh, des werd er dann scho merken.
CYSLAVSKI Wie spät hamma's denn?
LECHNER *schaut auf die Uhr* Ja, mir ham's bald.
CYSLAVSKI Ham Sie am Samstag »Schreie aus dem Jenseits« aufgezeichnet?
LECHNER Naa, ich hab's aso gsehn.
CYSLAVSKI Ich hab ma's aufgezeichnet, aber die ham davor mit ihrm Tennis, hams wieder amal dermaßen überzogen ...
LECHNER As Tennis war schwach.
CYSLAVSKI Un' grad wie dann die Leiche da aus dem Speicher zrückkommt, hat's abgschaltet. Wie is 'n des nausganga?
LECHNER Da Australier hat gwonnen.
CYSLAVSKI Naa, im Film.
LECHNER Ah so, ja, er hat sie dann vergift. War aber schwach.
CYSLAVSKI Glaubm S' es, des is mir jetzt scho a paarmal passiert. Die

mit ihrm Sport – immer wenn's am spannendsten is, hört's auf, weil s' davor so überziehn. Ich programmier jetz ja eh schon immer a paar Minuten länger.

LECHNER Ja, des kann mir jetzt nimmer passiern, weil ich hab jetz an Video von dieser neuen Generation. Da wenn S' was einspeichern . . .

Er hört auf. Beide arbeiten wieder. Zwei Japaner kommen, knipsen und gehen wieder. Lechner und Cyslavski stellen die Arbeit wieder ein.

Wissen S', diese neue intelligente Recorder-Generation arbeitet mit 'm digitalen Subcode. Da strahlen die beim Fernsehen dann so an Impuls mit aus, und dann fangt's immer erscht an, wenn's losgeht.

CYSLAVSKI Is scho gigantisch, was ma heut so alles machen kann. Na ja, i versteh eh nix davon. Äh, wie spät is 'n jetz?

LECHNER Der wird glei kommen.

CYSLAVSKI Also, des war halt a Vorteil, wo ich noch bei der Südbremse garbeit hab. As Kantinenessen. Ma hat halt gwußt, Punkt zwölfe gibt's was zum Essen.

Familie Voss kommt zurück.

VOSS Das gesamte Frühmittelalter und die Steinzeit sind ja zu . . .

CYSLAVSKI Ja, da is wer krank worn.

LECHNER Der Höhlenmensch is beim Urologen.

CYSLAVSKI Steinzeit is bis zum Wochenend gschlossn.

VOSS Ah so, ja, äh, könnten Sie noch mal mit Ihrem Werkzeug da etwas mehr zu mir . . .?

LECHNER Sie, am Eingang gibt's fei a Postkarten.

VOSS Nein danke, ich mach mir meine eigenen Bilder. Und Sie, gnä' Frau, wenn Sie etwas mehr gebeugt . . . Soo ja . . . *Er knipst.* Äh, hallo, Sie ham ja noch Ihre Uhr an. Das ist historisch ungenau. Können Sie die bitte mal entfernen? *Lechner nimmt seine Uhr ab.* So, und jetzt weiterarbeiten, ja, so is gut. Das mach ich noch auf Video, 'n super Motiv. Ach, Karolin, kannst du mal dazu – Moment, halt, Karolin, nein, nein, stopp. Haben wir noch 'ne Kassette im Auto? Die Kassette hier is aus. Die beiden hier wärn ein super Zwischenschnitt vor der historischen Eisenbahn. Das sollten wir vielleicht doch mitnehmen. Wir kommen noch mal, bis gleich.

Familie Voss geht wieder ab.

LECHNER Herrschaft, wenn der Döderlein net kimmt, siehg i's scho kommen, da muß ich an Höhlenmenschen a no machen.

CYSLAVSKI Bei der Südbremse habens auch immer Spitzennachspeisen ghabt. Amal an Creme Karamel oder auch amal a Sorbet.

Ein Museumswärter kommt mit einer großen Plastiktüte.

WÄCHTER So – Mittag – Mahlzeit! Ich hab's aufgschriebn, wer was zahlt.

Der historische Schmied kommt dazu und kramt in der Tüte.

SCHMIED I hab den Duddelburger ohne Sesam.

WÄCHTER Is scho alles drin.

SCHMIED Ah ja, da. Mahlzeit!

WÄCHTER Mahlzeit!

LECHNER Mahlzeit!

Schmied breitet sich mit Lechner auf dem Tisch aus. Cyslavski geht noch ins Haus und kommt mit einer großen Ketchupflasche zurück.

LECHNER Aah, des tut gut.

CYSLAVSKI Gell, der Ketschap mit Schaschlikcurry is a Gewinn.

LECHNER Ja, der is irgendwie aromatischer.

Familie Voss kommt mit der Videokamera zurück.

VOSS So, da wären wir. Äh, Verzeihung, könnten Sie vielleicht noch mal da an Ihrem Arbeitsgerät . . .

LECHNER *mit vollem Mund* Naa, Sie sehn doch . . .

CYSLAVSKI Mir ham grad Mittag!

Voss schaut in seinem Prospekt.

VOSS Ja, da nehm ich Sie eben beimTafeln auf, wenn Sie nichts dagegen haben. *Zur Tochter* Wilma, Karolin – stellt euch mal eben dazu.

LECHNER Nanaa, Sie, des is unser privates Mittag. Die historische Mahlzeit is um vierzehn Uhr.

CYSLAVSKI Bei der Rapsmühle, gleich neberm Parkplatz.

Bauerntag im Bierzelt

Eine Ansprache im Wahlkampf. Es treten auf und spielen mit: Blaskapelle, ein dünner Sommertrachtenanzug, viele dünne Sommertrachtenanzüge, Demonstranten, Er.

BLASKAPELLE Mpftarara mpftarara mpfta mpfta mpftarara usw. *Gemessener Beifall. Ein dünner Sommertrachtenanzug eröffnet mit ebensolcher Stimme das Entertainment.*

TRACHTENANZUG Mit großer Bewunderung, aber auch die unglaubliche Bereitschaft sich zu uns, die wir von seiner Zeit beanspruchen können, hat uns die Gnade erreicht. – Äh, die CSU wählen zu dürfen ist eine Möglichkeit, die erst seit dem Zweiten Weltkrieg ermöglicht wurde. *Bravos.* Deshalb stehen wir in der Verantwortung, diese schicksalsträchtige Schangse permanent zu ergreifen. *Tosender Beifall.*

Der Trachtenanzug tritt ab. Ein Tribunal aus mehreren dünnen Sommertrachtenanzügen patschelt routiniert.

BLASKAPELLE Umpftara rumpftätära rumpf rumpf umpf rärumpf . . .

Er selbst begibt sich ans Mikrofon. Im Bierzelt gesellt sich zu den 40° Celsius der allgemeine Enthusiasmus.

ER Männer und Frauen, meine lieben Landsleute! *Bravos und vereinzelte Hahas.* In der Hitze der Zeit, aber auch von schwerster Verantwortung getragen – gebietet mir die – *zu den Demonstranten mit Plakat* – bstreiten S' doch erst amal Ihre eigene Existenz, wenn S' was bestreiten wollen – *brüllendes Gelächter* – mir ureigene, von einer Minorität vorgehaltene Verdummungsmache – *Bravos* –, daß, und das darf man wohl auch einmal bemerken, und wenn es von mir ist. *Gelächter.* Leider mußte der Bauernstand durch Mühen und Not, keiner weiß es besser als ich – *ein einzelnes Bravo* – besser als ich –, so weit getragen werden, bis wir Gnade unsere eigenen Leistung – ich möchte dies einmal in aller Bescheidenheit anführen. Ein nicht unbeträchtlicher Anteil der von Ihnen hier sich versammelten Landbevölkerung hat doch trotz immer wieder angefeindeter Pamphlete – Sorgen . . . *Der Trachtenanzug schnellt empor und applaudiert.* – Deshalb wir haben Siemens in Bayern, Messerschmitt, Bölkow, Blohm in Bayern. Bayern hat die Okkasion ein Silicon Valley mit Venedig als Hafenstadt – wo die High-Technology eine Dimension

hinter sich läßt von unerhörtem Ausmaß – *Bravos* – eine Agrargesellschaft hinter sich läßt! *Das rurale Publikum rast.*
Ein Kleinkind mit Schweinswürstel in der Hand will ein Autogramm und wird unter Gelächter einiger Sommertrachtenanzüge abgewiesen.
Meine sehr verehrten Damen und Herren! Der Ober sticht den Unter und nicht der Unter den Ober! *Getrampel, Bravos und Gelächter.* Oder will die Minorität uns den permanenten Karneval – oder wie wir sagen würden: Fasching – antragen? *Pfuis und Buhs.* In tiefster Religiosität stehe ich in der Verantwortung. – Wo bei geringstem Restrisiko keine Kontaminierung – das Uran bitte schön ist aus Südafrika, und der Russe besitzt die Sowjetunion. – Ich selbst war Atomminister unter Adenauer – das sage ich diesen Traumtänzern ins Gebetbuch – *Bravos, hört, hört* –, wo ich selbstverständlich jedwede Leukämie jederzeit zu verantworten bereit bin – *Applaus* –, aaaber eine, wohlgemerkt, anständige Leukämie ist immer noch besser als der Sozialismus. *Bravos, Getrampel, Hahas.* Ich selbst habe mir, aus kleinen Verhältnissen kommend, nolens volens – mehrfach – Röntgenbilder anfertigen lassen, aaaber, wie Sie selbst registrieren, überlasse ich es Ihnen, daß ich unter Ihnen weile. *Brüllendes Gelächter.*
Unerträglich aber erscheint mir das, was von den Kanzeln derzeit erschallt, wo der göttliche Auftrag heißt – auch Wackersdorf ein Teil – ein Partikel – dieser göttlichen Schöpfung ist, und meine Damen und Herren, die Österreicher das Ausmaß der Witze, die man über sie macht, erst einmal erfüllen müssen. Seit wann versteht denn ein Österreicher was vom Atom? *Bravos, Hahas, vereinzeltes Getrampel.* Mir bleibt da in der mir wohlbekannten ureigensten Verantwortung nur zu sagen: Bischof bleib bei deinen Leisten! *Gelächter.*
Gehen Sie, meine Damen und Herren, ruhig nach Haus mit der Gewißheit, daß wir wer sind, wenn wir sind, und daß unsere als das eigene uns zielstrebig in die Zukunft führt. Minorität heißt Opposition, nicht Chaotentum oder Opposition oder Destruktion ohne Vision. Deshalb – ich weiß, Sie haben Durscht – *Bravos* – und ich auch! *Getrampel, Applaus, stehende Ovationen.*

BLASKAPELLE Umtata rumpftat rumpf tumpf tata.

Der dünne Sommertrachtenanzug applaudiert emphatisch. Die ebensolche Stimme pfeift über leere Bierkrüge und nicht aufgegessene Fischsemmeln.

TRACHTENANZUG Der Dank, der uns die niemals gedachte Überraschung – ER muß heute noch mit Xing Hiau Ping reden, und dann muß er noch nach Windhoek. *Bravo.* Daß er selbst immerhin in der Zeit – aber das gesamte Volumen der Probleme gibt uns die Hoffnung, daß Begriffe, die er wieder auf den Wahrheitsgehalt geführt hat, ein Becquerel ist eine Verlogenheit, mit der man uns nicht an der Nase herumführen kann! Liebe Landsleute, gehts heim, und vergelt's Gott.

Dünner Applaus, das Bierzelt leert sich.

Attacke auf Geistesmensch

Haben Sie das gelesen in der Zeitung, wo der Schmierfink das hineingeschrieben hat? Schreibt so einen Blödsinn – von wegen *Attacke auf Geistesmensch*, also Schlagzeile und so. Das ist doch eine Schweinerei, was sich dieser Zeitungsschmierer da erlaubt, alles erstunken und erlogen. Weil das Ganze war vollkommen anders, und ich kann es ja bezeugen, weil ich war ja dabei. Als Kron…, Dings, …zeuge. Aber die Leute glauben halt immer das, was in der Zeitung steht. Früher hättens solche Lügner vergast. Aber heute könnens schreiben, was s' wollen. Also der Hergang war in Wirklichkeit so: Wir ham beschlossen, daß wir einmal wieder aufs Oktoberfest gehen. Und ham gsagt, wir gehen auf die Wiesn, nehmen wir aber keine Frauen mit, weil wir wolln eine Gaudi haben. Pünktlich um fünf Uhr haben wir uns dann am Haupteingang getroffen, und dann hat der Adi gsagt, also jetzt, bevor wir anfangen, legen wir uns erst einmal einen auf. Und dann ham wir ein bisserl Feuerwasser zu uns genomma. Da hat dann der Adi gsagt, na ja, jetzt sind wir auf dem Oktoberfest, und weil wir da sind, fahrn wir gleich einmal mit der Geisterbahn. Wir ham dann gsagt, Adi, Mensch, wir sind doch keine Kinder mehr, die wo mit der Geisterbahn fahrn. Aber der Adi hat drauf bestanden. Und hat geschrien, also nein, jetzt samma auf dem Oktoberfest, und jetzt fahrn wir mit der Geisterbahn. Also, tun wir ihm halt den Gefallen, ham wir uns gedacht, und sind rein in die Geisterbahn. Der Adi ist neben mir gesessen, und als der erste Geist daherkimmt, da zieht der Adi plötzlich aus der Joppe einen Stuhlhaxn heraus – ein Stuhlbein – und haut dem Geist – eine Art Kreuzspinne – eine drauf, daß es nur so gekracht hat. Der Geist war aus Gips, und da war dann nicht mehr viel übrig von dem Geist – nur noch so ein Drahtgeflecht, halt das Gerippe. Ja, sag ich, Adi, magst du keine Geister, nein, sagt er, ums Verrecken nicht, die hab ich noch nie leiden können. Und dann hat er jeden Geist, der dahergekommen ist, links und rechts mit dem Stuhlbein eine serviert. Und die Geister – wie gesagt – bestehen zumeist aus Gips, und in der Geisterbahn hat es gestaubt, wie wenn ein Mehlsack explodiert wäre, und die, die hinter uns gefahren sind, haben nur noch so Gipshäufchen angetroffen statt einen Geist. Nach dieser Fahrt haben wir uns dann alle an den Ausgang von dieser Geisterbahn hingestellt und haben uns die Gesichter von denen angeschaut, die nach uns gekommen sind, weil die haben schon ganz entgeistert dreingeschaut.

Mein Gott, das war eine Gaudi.

Doch dann war es soweit. Der Adi hat gesagt, also, jetzt ist es soweit, daß es soweit ist, und wir gehen ins Bierzelt. Am besten gehen wir ins Schottenhammelzelt, obwohl s' nur einen Spatenbräu haben. Aber innen drinnen war es bumsvoll. Kein Platz weit und breit. Ein Gewusel überall – nicht ein Platz. Weil einem die Scheißjapaner und Holländer immer die Plätze wegkaufen. Da hat der Adi dann gesagt, also wenn es so ist, dann gehen wir rüber in die Ochsenbraterei, wo die Ochsen sind, und vielleicht kriegen wir dann da einen Platz. Aber da war dann die nämliche Situation. Überall voll, und kein Platz nirgendwo. Ich erzähl das Ganze auch nur, weil mich der Zeitungsschmierer – so einem Kerl könnt ich einen Fußtritt geben, weil nichts wahr ist von dem, was er schreibt, und wenn's so ist, scheiß ich auf die Pressefreiheit –, so, und jetzt wird's interessant. In der Nähe, da wo der Ochse gebraten wird, vorn, ganz beim Ochsen selbst, ein großer Tisch – *frei*. Nur ein Mensch sitzt da, so ein Zwetschgenmanderl, so ein kleiner, mickriger Kerl halt, und sonst niemand. Alles frei. Jetzt ist der Adi gleich zu dem Zwetschgenmanderl hin und hat gefragt, aber ganz freundlich: Du, Spezi, ist da noch frei? Der Zwetschgenmanderl, sicher ein Ausländer, hat dann wild mit den Armen herumgefuchtelt. Deutsch hat er auch nicht können, aber er wollte quasi sagen, nein. Aber da hat der Adi gleich prompt reagiert und hat dem Zwetschgenmanderl gesagt – aber ganz freundlich –, daß wir uns richtig verstehen, wir sind insgesamt sieben Metzger. Und dann ham wir uns hingesetzt. Das war auch wirklich zünftig. Ein Bier ist gleich dahergekommen und Schweinswürsterl. Bloß das Zwetschgenmanderl hat sauer dreingeschaut und hat seine Gulaschsuppe gegessen. Da hat der Adi ein ganzes Salzfasserl genommen und hat es dem Zwetschgenmanderl in die Gulaschsuppe geschüttet und hat gesagt, sauer macht lustig, Spezi. Aber des Zwetschgenmanderl hat keinen Spaß nicht verstanden. Aber mir hatten eine Gaudi, und ich hab gleich noch einen Steckerlfisch gegessen. Und der Schnaps ist auch gelaufen und noch ein Bier. Und drum muß ich sagn, daß das mit der Pressefreiheit eine Schweinerei ist, und solche Zeitungsschmierer gehören mit einem Ochsenfiesel zusammengeschlagen. Weil jetzt kommt's, die Musik spielt »Ein Prosit der Gemütlichkeit«, das ganze Bier steht auf den Tischen, wir auch, und »Eins, zwei, drei – gsuffa« haben sie noch nicht gespielt – da kommt das Zwetschgenmanderl daher zum Adi und berührt ihn mit der Hand an der Joppn. Ich hab's genau gesehen, er hat ihm die Joppe angelangt und sagt: Police, police. Und so viel Englisch kann der Adi auch, und jetzt kommt es, was ich beschwören kann. Mit jedem Eid. Auch wenn's der Zeitungsschmierer gelogn hat. Der Adi hat überhaupt nicht zugeschlagen, von Zuschlagen kann keine Rede sein, sondern er hat dem Zwetschgenmanderl den Maßkrug lediglich auf dem Schädel aufgesetzt, und dann war eine Ruhe. Wir haben dann noch gleich ein Bier getrunken, und es war eine Bombenstimmung. Und ich habe noch einen türkischen Honig gegessen und einen Klosterlikör, also am Oktoberfest ist es schon schön. Vor allem, wenn man mit einer Blosn hingeht, also in Gesellschaft. Bloß am Nebentisch, da waren auch so Arschlöcher, das waren so Sachsen, aus der früheren Teterä. Der Adi hat denen auch gleich gesagt, sie sollen sich anständig benehmen und überhaupt einmal was arbeiten. Der Adi sagt, jetzt habts ihr vierzig Jahre lang im Bett rumgeflackt, und es ist schon eine Frechheit, daß sie jetzt daherkommen und unsere Hendl wegfressen. Da steht einer von diesen Rädelsführern auf und will auf den Adi losgehen, bloß, der Adi hat sich besonnen und hat gewußt, er läßt sich nicht provozieren, weil er ja das Stuhlbein unterm Tisch hat. Der Adi langt hinunter und zerrt so merkwürdig. Ich denke noch, was zerrt er denn so? Was ist denn das? Da zieht der Adi mit zwei Fingern das Zwetschgenmanderl an den Nasenlöchern herauf. Ja Herrschaft, ja verreck, ist der allweil noch da. Das Zwetschgenmanderl, und das muß man zugeben, hat nicht mehr gut ausgschaut, eher schlecht, und es ist auch gleich der Sanka gekommen, und dann hams ihn mitgenommen, in die Klinik. Und jetzt steht da in der Zeitung: ATTACKE AUF GEISTESMENSCH – NOBELPREISTRÄGER ERLEIDET SCHÄDELBASISBRUCH. Also sicher, so, wie der ausgschaut hat, das glaub ich schon, daß der so schnell keinen Nobelpreis mehr bekommt, aber ich bin der Meinung, wenn einer schon so fürchterlich studiert hat, dann muß er doch auch wissen, und soviel Hirn muß er haben, daß er wissen muß, daß man mit einem Kopf, der wo nichts aushält, daß man damit nicht aufs Oktoberfest geht.

Der angebrochene Abend

EMMI *Bedienung*
ERWIN WURSTER *erster Vertreter*
JOST KRABBE *zweiter Vertreter*
EDE *ein Bayer*
Ort: ein Wirtshaus an der Ecke

Im Wirtshaus. Der Vertreter Erwin Wurster sitzt vor, oder genauer, hinter einem leeren »Herrengedeck«. Die Bedienung Emmi wirft gerade eine Münze in die Musikbox und wählt.

WURSTER Fräulein! – Herr Ober!
EMMI Ja bitte?
WURSTER Bringen Se noch ein Herrengedeck für 'nen Solisten mit Zukunft. *Lacht.*
EMMI Wie meinen Sie des?
WURSTER Na, der Abend hat doch erst angefangen.
EMMI Aha, da schau her . . . *Die Musik setzt ein.*
WURSTER Is hier immer soviel los?
EMMI Drei gscheite Gäste am Abend san besser wia zwanzig Vertreter.
WURSTER Wenn Se wollen, bestellt man das Bier wieder ab.
EMMI Gfällt's Ihnen net da herin?
WURSTER So war's nicht gemeint. Sie sind doch 'n ordentlicher Fliegenfänger hier. Stehen Sie auf der Speisekarte?
EMMI Sie dadn mi ja doch net verdaun.
WURSTER Mein Spitzname is Rübezahl. Sagt Ihnen das was?
Emmi serviert das Herrengedeck.
WURSTER *betatscht Emmi* Rübezahl is 'n guter Pfadfinder, hahaha.
EMMI Gell, Sie san doch a Vertreter, ich hab's gleich gwußt.
WURSTER Und du bist 'ne Bedienung, stimmt's? Da, schau her, Kindchen! *Zieht prallvolle Geldspange.*
EMMI O mei . . . *Geht weg und singt zum Musikboxschlager.*
EDE *ein betrunkener Bayer, wankt zu seinem Tisch und setzt sich* Emmi, bring mir a Zwetschgenwasser!
EMMI Geh, du hast doch scho gnua.
EDE Ein Zwetschgenwasser!
EMMI Aber nachert gehma hoam.

EDE Daheim gehma speibm, haahaahaa . . .

Krabbe ebenfalls Vertreter, betritt das Lokal

WURSTER Na, Jost, alte Krähe, wo steckst du denn?

KRABBE Erwin, grüß dich, altes Sumpfhuhn.

WURSTER Fräulein, bringen Se noch 'n zweites Gedeck.

KRABBE *setzt sich* Immer auf der Lauer, was? – Na, hat's gestern noch geklappt mit der Schnalle?

WURSTER Ach Scheiße, ich hab mir noch 'n paar Jägermeister eingemützt und hab die Alte in ihren Gonokokken schmoren lassen. Und, wo wart ihr noch?

KRABBE Au Mann, ich bin unter die Schluckspechte gefallen. Der Dölzov hat 'ne Leber wie 'n Löschblatt.

EMMI *stellt Ede das Zwetschgenwasser hin* Aber dann is a Ruah.

EDE Is scho recht. Geh, leck me doch am Arsch . . . *Kippt den Schnaps.* So, und jetz bringst mir no a Halbe! Als Betthupferl!

EMMI *serviert das zweite Herrengedeck* So, bitte.

KRABBE Hallo!

WURSTER Fräulein, ich warne Sie, lassen Sie sich von dem Herrn hier nicht eingliedern. Hahaha.

EMMI Ah, geh, ich kenn doch as sexte Gebot.

KRABBE *singt* Ach wie so gliederlich sind Frauenheheerzen . . .

EMMI Es seids doch laare Hosen. Trinkts, sonst kimmts no auf dumme Gedanken. *Geht.*

KRABBE Was für Hosen?

WURSTER Geiles Stück Fleisch, was da rumhoppelt. Hab ich schon fast abonniert.

KRABBE Komm, Tripperkönig, erst mal prost. *Sie prosten sich zu und trinken.*

EDE Geh weider, jetz bring mir no a Halbe!

EMMI Naa, du hast gnua.

EDE Weil – daheim, da gehma dann speibm.

EMMI Ja, hoffentlich net da herin. Wennst da herin speibst, des kost dich an Fuchzger.

EDE Mei Magn woaß genau, was si ghört; der woaß, was er mit mir macha darf. Jetzt bringst eahm no a Halbe, hat er gsagt, und dann geht er ins Bett. *Rülpst kräftig.* Ja, brav is er. *Streichelt seinen Magen.*

KRABBE Es geht doch nichts über die deutschen Südstaaten! Was 'n das für 'n Kanake?

WURSTER 'n sauber abgefüllter Seppel.

KRABBE Wetten? Der kommt nicht über die Straße! Dem geht's wie den Igeln, hahaha!

WURSTER Leberschaschlik – von dem möcht ich nicht kosten, hahaha.

KRABBE Sicher 'n blendender Autofahrer. Hahaha.

WURSTER Na, du bist ja auch kein Trockendriver, hahaha. Prost. *Trinkt.*

KRABBE Prost, Erwin, auf meinen neuen Wagen. *Trinkt.*

WURSTER Is dir der Daimler endlich verreckt?

KRABBE Gott sei Dank nicht. Ich hab ihn grad noch abstoßen können. An so 'nen Idioten. Hat genau hingehauen mit der Lieferzeit für meinen Porsche. Porsche hat schon 'n ganz anderes Pedal. BMW und diesen ganzen Schrott laß ich stehen, einmal Vollgas, und der schnuppert am Auspuff. Aber hat schon auch entscheidende Nachteile, so 'n Porsche. Kleiner Kofferraum, und ab 230 wird er seitenwindempfindlich! Andererseits, rein wirtschaftlich: 9,5 Liter Normalbenzin. Das verbraucht schon jede Schnecke auf der Autobahn. 9,5 Liter bei 210 PS, Mann, stell dir das mal vor! Da sauf ich ja mehr am Tag als die Karre.

WURSTER Also überhaupt kein Schluckspecht.

KRABBE Schont die Devisen. Mann, so 'n Daimler könnt ich mir heut gar nicht mehr leisten.

EMMI *stellt Ede ein Bier auf den Tisch* Also, des is fei jetzt wirklich as allerletzte, Ede.

EDE Scho recht. Daheim gehen mir speibm.

WURSTER *deutet auf sein leeres Schnapsglas* Du auch? – He, Christkind!

EMMI Ja bitte?

WURSTER Zwei Doppelte zum Leberflambieren! Trinkste einen mit? Dann sind wir komplett!

EDE Ah ja, von mir aus.

KRABBE Er nun wieder!

EMMI Naa, der hat scho gnua!

WURSTER Wer redet denn von dieser Küchenschabe, Christkind? Wir wollen mit dir Weihnachten feiern!

KRABBE Oder ist dir Ostern lieber? Der Erwin is 'n alter Rammler, hahaha. *Rülpst.* – Sie hörten den Landfunk.

EMMI So, bitte.

WURSTER Also, was trinkste?

EMMI Na, wenn die Gentlemen meinen, ma will ja net unhöflich sein, dann nehm ich a Pepsi mit Schuß. *Geht zur Theke und schenkt ein.*

WURSTER *zu Krabbe* Den Schuß kann se auch von mir haben. Hahaha!

KRABBE Aber nach fuffzehn Jägermeistern und 'ner Flasche Börbon nicht mehr. Da is Schonzeit für Rebhühner. Hahaha.

WURSTER Vielleicht noch 'n Gnadenschuß. Hahaha.

KRABBE Solange das Magazin voll ist und der Lauf nicht verbogen, hahaha. Ich war gestern so übern Jordan, mir hättste Rachel Welch auf'n Bauch binden können: Ich schwör dir, ich wäre Jungfrau geblieben. Hahaha. Ehrlich.

EMMI So, bitte. *Stellt die Schnäpse ab.* Also, dann, cheerio, die Herren.

KRABBE Horrido, die Dame!

WURSTER Voilà, Madame – *zeigt auf Stuhl* –, auf den angebrochenen Abend!

EMMI *setzt sich* Es seids aber auch keine Ministranten.

KRABBE Und du, hast du 'n Weihwasserbecken? Hahahaha. Prost!

WURSTER Wie wär's, Madame, gehen wir gemeinsam beichten?

KRABBE Wenn, dann alle drei!

WURSTER Kleiner Dreier? Seid ihr noch zu einer Sünde fähig, oder habt ihr schon die Absolution gekriegt? Hihihaha ...

KRABBE *trinkt seinen Schnaps vollends aus* Prost! Tja, so 'n Fruchtwasser zwischen Tür und Angel baut einen wieder auf. Aber gestern, das war nur noch 'ne Desinfektionsorgie.

EDE *winkt matt* Hsst – hsst – hsst ...

KRABBE Hsst?

WURSTER Eh, Madame, ich glaube, der Kanake will ins Bett.

EDE *winkt matt* Hsst – hsst ...

EMMI I kimm glei wieder. – Also Ede, jetz machma Bilanz.

EDE Assasah ... bringma no a Halbe.

EMMI *nimmt Edes Bierdeckel und rechnet* Also des warn jetz ... du hast jetz ghabt elf Halbe, naa, halt, zwölf Halbe, de letzte hab i ja gar net aufgschriebn.

EDE Scho möglich. Assassas ...

WURSTER Ich geh mal 'n Neger abseilen. Bis gleich. *Ab zum Klo.*

EMMI Na ham mir ghabt, des warn zehn Jäger; de vier Pils hat der Berti schon zahlt, na hast no ghabt vier Obstler und ein Zwetschgenwasser.

EDE *wacht auf* Was? I?! A Zwetschgenwasser?! So ein Schmarrn. Ich trink nie ein Zwetschgenwasser.

EMMI Ah geh, i hab dir's doch grad bracht, und du hast es gsoffn aa.

EDE Ich trinke nie ein Zwetschgenwasser, und des konn i aa beweisen ...

EMMI Wie kamad des nachert auf dein Deckel?

EDE ... weil, ich trink ein Bier, gell, Pils auch, Jägermeister jederzeit, an Obstler sowieso, aber ein Zwetschgenwasser kimmt bei mir nicht in Frage.

EMMI Geh, i bin doch net blöd! Außerdem, der Herr – der wo jetz am Klo is, der hat's aa gsehn.

EDE Der ko des gar net gsehng ham, weil i gar kein Zwetschgenwasser nia net trink. Jetz paß auf, i hab ghabt: Heut in der Fruah, beim Schnapperwirt, des warn sieben ...

EMMI Des interessiert mich net, mich interessiert ja nur, was du bei mir da herin ghabt hast.

EDE Ja so, also: I bin einikemma, da war der Kramer Bert, war scho da, da hab i zerscht de Pils ghabt.

EMMI Geh, de san doch scho zahlt.

EDE De san scho zahlt. Genau. Klar. Und jetzt paß Obacht!

EMMI Geh, sei stad, i hab's doch auf'm Deckl.

EDE Des warn, aah – elf Halbe ...

EMMI Und des, wo i grad bracht hab?

EDE Jetz hast du wieder recht. Zweife warn's. Zwölf.

EMMI Siehgst as.

EDE De Jägermeister san sowieso klar, des woaßt du eh besser ...

EMMI Zehn Jägermeister.

EDE Ja, zehn Jägermeister, da herin, weil beim Schnapper, da hab i aa scho ...

EMMI Des ghört jetzt net daher!

EDE Guat, Schwamm drüber, na ham mir no de Obstler.

EMMI Ja, viere warn des.

EDE Ja, viere, also, na waarn mir doch beinand.

EMMI Naa, weil da fehlt no des Zwetschgenwasser.

EDE Des war koa Zwetschgenwasser, des war ein Himbeergeist.

EMMI Ah geh, des is doch desselbe.

EDE Naa, des is nicht dasselbe, und des konn i beweisn! Weil, ich trink auch kein Sekt. Net, daß ich 'n net vertrag, aber i mogn net. Und genauso is des mit dem Zwetschgenwasser.

EMMI Na zahlst halt an Himbeergeist, der kost desselbe, des is doch mir Wurscht.

EDE Aber mir net, weil i net zahl, was i net bstellt hab, und dei Zwetschgenwasser, des konnst dir an Huat naufschreibm.

EMMI *gütig* Dann hast halt an Himbeergeist ghabt.

EDE Ja, eben, eben! Aber koa Zwetschgenwasser. Drum zahl i ja den Himbeergeist, aber net alle zwoa.

EMMI Wieso zwoa?

EDE Ja, Himbeergeist und Zwetschgenwasser is doch zweierlei. A Zwetschgenwasser is doch ein ganz anderes Getränk, du Rindviech.

WURSTER *kommt zurück* Na, kommst du klar mit dem Playboy? *Setzt sich.*

EMMI Also, Ede, na ham mir alles mitanand vierzig Mark und achtzig.

WURSTER Eh, schöne Frau, hast du uns ganz vergessen?

KRABBE Wir trocknen hier aus!

WURSTER Ich fühl mich wie 'n Knäckebrot.

EMMI I kimm glei.

EDE *steht auf, gibt Geld her, wankt in Richtung Klo* A Zwetschgenwasser und a Himbeergeist, des is ja grundsätzlich ganz was anders. Scho vo Haus aus. *Dreht sich noch mal.* Stell mir no a Halbe hin. Zum Abischwoabm. *Ab.*

EMMI No mal asselbe?

WURSTER Ja! Und dir noch 'n Schuß! Hahaha.

KRABBE Junge, ich sag dir, dieser Weißwursttarzan hat ganz schön einen hintern Karton geklimpert. Das is schon fast ein halber Dölzov. Was wir gestern geschluckt haben, ich und Dölzov – im Annabelle, da warst du ja noch mit von der Partie, hatten wir doch schon ganz schön Jägermeister aufgeladen.

WURSTER Ich war da schon beim Wodka.

KRABBE Wie du dann gegangen bist, da hat der Hahn erst richtig zu tropfen angefangen. Volle Brause. Wir sind dann ins Greyhound. Pinkus mit dem gelben Porsche, Pinkus knallt uns zwei ganze Flaschen Börbon auf den Tisch. Wir waren nur zu dritt, du hast ja gekniffen.

WURSTER Was heißt hier, gekniffen? Ich hab diese Schnalle zu Hause ausgespuckt und bin dann am Jägermeister klebengeblieben.

EMMI So, bitte, da wärn jetzt zwei Doppeldecker. Bei wem darf ich's aufschreiben?

WURSTER Da bei ihm, dem Jost; ich bin der Erwin, und wie heißt du?

EMMI Emmi.

WURSTER Emmi. Gut, daß du keine Nonne geworden bis, also dann, prost, Emmi.

KRABBE *singt* Emmi, du bist genau die Medizin, die mir mein Arzt verschrieben hat.

Ede wankt vom Klo zu seinem Tisch zurück.

KRABBE He, Meister, komm mal her!

EDE *lallt* I hab jetz koa Zeit. *Setzt sich.*

KRABBE Komm, trink ein' mit, die Emmi hat Namenstag!

EMMI Ah, gebts dem nix mehr.

WURSTER Weißte was, Emmi, zum Namenstag stellste uns 'ne Pulle Sekt auf den Tisch des Hauses.

EMMI Sekt oder Schaumwein?

KRABBE Sekt! Wir sind doch keine Gastarbeiter!

Emmi geht zur Theke.

WURSTER *ruft ihr nach* Und haste nicht 'nen Happen zum Unterlegen? Meine Knolle knurrt!

EMMI A Cörrywurst hättn mir da oder Leberkäs Hawaii.

WURSTER 'ne lange Wurst is immer gut.

EMMI Mit Pomm Fritz?

KRABBE Zweimal, und viel Ketschap!

EMMI Okay, zwei Cörry mit Pommes ... *Ab in die Küche.*

EDE *lallt* Mir eine Halbe!

KRABBE He, Meister, du wirst ja beim Nachschub sträflich vernachlässigt!

WURSTER Willste 'n Schluck Feuerwasser, Chef? *Winkt mit dem Schnapsglas.*

KRABBE Wer wird denn 'ne Tankstelle auslassen! Prost, Meister!

EDE *wankt herüber und holt sich einen Schnaps* Daheim dean mir speibm. *Wankt zu seinem Tisch zurück.* Assassass ...

WURSTER Na komm, Chef, wohl bekomm's.

KRABBE Prösterchen.

Ede kippt den Schnaps, setzt sich, stützt den Kopf auf den Tisch, rührt sich nicht mehr.

KRABBE Ja, wer wird denn so schnell abschlaffen. Meister ... *Hält ihm den zweiten Schnaps hin, Ede reagiert nicht.* He! *Schüttelt ihn,* Kommkommkomm!

WURSTER Hier wird brav aufgeschlabbert, was bestellt ist.

EDE Assassass ...

KRABBE Na, wenn er's vorne nicht haben will, vielleicht schmeckt's ihm hinten. *Kippt Ede den Schnaps in den Kragen. Wurster und Krabbe brüllen vor Vergnügen, Ede macht eine matte Abwehrgeste.*

EDE Herrgottsakrament ...

Wurster und Krabbe wiehern.

EMMI *kommt mit den Würsten* So, zwei Cörry ... Ja, Ede, was is denn mit dir?

KRABBE Tja, der Meister wird nachdenklich.

EMMI Also naa ...

KRABBE *schnuppert an der Wurst* Da fehlt aber eindeutig Ketschap.

EMMI Moment.

WURSTER Und noch zweimal doppeltes Mundwasser!

EMMI Ja, sofort!

WURSTER Und den Schampus!

EMMI Sowieso. *Sie eilt zurück in die Küche.*

KRABBE *beißt von der Wurst ab* Mahlzeit.

WURSTER Mahlzeit.

KRABBE Ob unser Meister Appetit hat?

WURSTER Der ißt nur Weißwurst. *Er hält Ede die Wurst hin.* Chef, da, probier mal!

EDE Assassass ...

WURSTER Das hebt die Kondition, Chef.

KRABBE Nicht so bescheiden, Meister. *Steckt Ede eine halbe Wurst ans Ohr. Brüllendes Gelächter.*

WURSTER Der Chef ist sehr wählerisch. Er mag die Wurst nur gut gewürzt. *Schüttet Pfeffer auf die Wurst am Ohr.*

EDE Assassass ... *Streift die Wurst ab.*

KRABBE Ein Kostverächter.

WURSTER Er ist zu faul zum Kauen. Hat wohl mehr Durst.

Wurster und Krabbe schütten Ede Bier über den Kopf, spicken ihn mit Pommes frites und Wurst und wiehern dabei vor Vergnügen.

EMMI *kommt mit dem Sekt und dem Ketchup* Ah, geh, was machts denn da?

WURSTER Wir können doch diesen Kurgast hier nicht verkommen lassen. Hahahaha ...

EMMI Es seids doch ... *Kann sich das Lachen nicht verkneifen.*

KRABBE Gib die Pulle her.

EMMI Machts doch bittschön koa Sauerei da herin.

WURSTER *schüttelt bedeutungsvoll den Ketchup* Chef, schau mal, 'ne amerikanische Wunderwaffe. *Batzt Ede Ketchup ins Hemd.*

EDE Assass ... *Matte Abwehrgeste. Brüllendes Gelächter der anderen.*

KRABBE *schüttelt die Sektflasche* Meister, du mußt morgen wieder fit sein im Büro ... *Korken knallt.* ... oder bis du nur 'ne Halbtagskraft? *Sprüht Ede mit Sekt voll, den Daumen auf der Flasche.*

Ede will dem Strahl ausweichen, klatscht der Länge nach auf den Boden.

EMMI Also, jetzt hörts auf, des könnts woanders machen, aber net da herin. I muaß's ja wieder wegputzen.

WURSTER Chef, im Würzen war ich Weltmeister. *Schüttet Salz, Pfeffer und Maggi auf den brachliegenden Ede.*

KRABBE *trinkt Sekt aus der Flasche* Viel zu schade für diesen Kanaken.

EMMI Geh, des muaß doch net sei, hörts doch auf. Sei Alte liegt im Krankenhaus und hat an Krebs, an Führerschein habens eahm auch noch weggnommen, wo er doch Kraftfahrer is von Beruf.

WURSTER Ach so. *Nimmt Edes Hand, schüttelt sie.* Nichts für ungut, Chef, das Leben spielt einem manchmal ganz schön mit.

KRABBE Mensch, das is ja traurig für den Meister. Komm, Erwin, wir zahlen. Ich hab noch 'n Tisch im Greyhound sitzen. Ich will noch 'n bißchen die Sau rauslassen. Ich meine, so lustig is das hier auch wieder nicht. *Zu Emmi* Wir zahlen!

EMMI Gehts scho?

WURSTER Hast recht, das hier is nicht abendfüllend. Also, Kopf hoch, Chef, das wird schon wieder. Halt die Ohren steif.

EMMI Also, es habts jetzt ghabt . . . *Wurster und Krabbe richten sich zum Gehen.* Aah, vier Herrengedeck, dann vier Doppeldecker, ah, naa, fünf Herrengedeck warn's, zweimal Cörry mit Pommes, zwei Pepsi mit Schuß und einmal Sekt. Jägermeister war keiner dabei, guat, na ham mir's . . .

Wurster und Krabbe warten im Stehen auf die Rechnung, Ede wird überhaupt nicht mehr beachtet. Das Licht geht langsam aus, während Emmi rechnet.

EMMI Brauchen S' an Beleg?

Die Einkehr

Ein herrlicher Tag, Biergartenwetter, im Biergarten eines Ausflugl okals sitzt Klaus Dimpfl und dimpfelt vor sich hin. Ulf und Wibke Kassebohm und Tochter Nina kommen auf drei Fahrrädern angeradelt, halten und beginnen sich an Dimpfls Biergartentisch niederzulassen.

NINA Pabba, guck mal, hier is's Klasse.

WIBKE Ulf, sperr dein Fahrrad ordentlich ab. *Stellt Picknickkorb auf den Tisch, nimmt Tischdecke.* Ulf, bring bitte noch den Rettich aus der linken Satteltasche!

ULF Wibke, hast du die Brotzeittüchlein?

WIBKE Hach, ist das hier alles schmutzig. *Beginnt, den Tisch zu wischen.*

ULF *setzt sich* Tach.

DIMPFL Sie könnan Eahna ruhig hinsetzn, da is no frei.

ULF Sehr freundlich. *Will Brotzeit auspacken.*

WIBKE Halt, noch nicht, erst die Tischdecke ...

ULF *zu Dimpfl* Tja, ein Wetterchen ist das heute ...

DIMPFL Ja, schön is'.

ULF Wissen Se, bei uns hier in Bayern ist auf das Wetter selten Verlaß.

DIMPFL Ah geh ...

WIBKE Wo ist denn die Rettichschneidemaschine?

ULF In der Kühltasche.

WIBKE Nina, hol mal eben die Rettichschneidemaschine aus der Kühltasche. Und bring gleich Spezi mit. – Ulf, reich mir mal eben die Pappbecher.

ULF Hier, da, Servietten ...

BEDIENUNG *kommt mit vollen Maßkrügen vorbei* So, wer kriegt da no was?

ULF Ja, hier! Geben Se mir mal 'ne Maß. Wibke, mein Geldbeutel ...

BEDIENUNG *stellt eine Maß ab* I kimm glei zum Kassiern.

ULF Zünftig is es hier, nicht wahr?

DIMPFL Jaja, sehr zünftig.

ULF Wir sind schon den ganzen Tag unterwegs. So 'n Wetter muß man ausnutzen.

DIMPFL Ja mei ...

ULF Wir warn auf'm Taubenberg. Ich weiß nicht, ob Ihnen das 'n Begriff ist. Is 'ne urige Gegend.

DIMPFL I hab fuchzehn Jahr da im Holz garbat, i kenn an ganz guat, an Taubenberg.

WIBKE Taubenberg is 'ne traumhafte Landschaft, das müssen Se sich unbedingt mal ansehn. – Ah, kennen Sie sich vielleicht aus hier mit dieser Rettichschneidemaschine?

Dimpfl begutachtet den Rettichschneider.

ULF Die hat bei Warentest am besten abgeschnitten, 'n französisches Modell.

DIMPFL I woaß net, i schneid 'n oiwei mit'm Messer . . .

WIBKE Wissen Sie, Rettich muß immer hauchdünn geschnitten werden, sonst verliert er sein Aroma. Nina, kein Kaugummi vor dem Essen.

DIMPFL *nimmt den Rettich, zieht Messer aus der Tasche, halbiert den Rettich.* Schauma halt amal . . .

WIBKE He! Was machen Sie?

ULF Laß mal . . .

DIMPFL *schneidet eine Scheibe Rettich ab, beißt rein, spuckt aus.* Den könna S' wegschmeißn, der is holzig. *Schmeißt einen halben Rettich weg.*

ULF Na, hören Sie mal . . .

DIMPFL Der is holzig, glaub ma's. *Wirft die andere Rettichhälfte weg.*

WIBKE Unmöglich. Den Rettich habe ich bei Tellermeier gekauft. Biologisch-dynamisch gedüngt. Was erlauben Sie sich eigentlich . . .

DIMPFL Ah geh, Schmarrn.

WIBKE Der Rettich hat eine Mark neunzig gekostet.

DIMPFL Vui z' teier, da hams eich bschißn . . .

WIBKE *zieht Tischdecke mit Brotzeit einen halben Meter von Dimpfl weg* Nina, nimm dein Besteck! Ulf, komm . . .

Ulf rückt ebenfalls von Dimpfl ab.

DIMPFL Was habts jetz es da für a Wurscht? *Beugt sich zum Aufschnitt, nimmt ein Wurstrad.*

WIBKE Lassen Sie gefälligst Ihre Finger von unserer Wurst! Wer sind Sie denn eigentlich?

DIMPFL I schreib mi Dimpfl. *Riecht an der Wurst, beißt rein.* Ja, i woaß net, wo habts 'n de her . . .

WIBKE Das geht Sie zwar nichts an, aber das ist 'ne einwandfreie Göttinger, Handelsklasse 1a aus'm Supermarkt.

DIMPFL Ah geh, a Göttinger, jetza Moment . . . *Nimmt neues Wurstrad.* Da geh her, Blacky . . .

WIBKE Sie, Sie! Ulf, sag doch was!

DIMPFL So, Blacky, jetz probier amal … *Wirft dem Hund das Wurstrad hin.*

ULF Also, was erlauben Sie sich?!

DIMPFL Stad sei! – Der Hund versteht was von ara Wurscht.

WIBKE Sie, Sie, also, Ulf! Tu doch was!

Alle sehen zu, wie Blacky das Wurstrad frißt.

DIMPFL Ja, des schmeckt eahm. Feines Wurschti, gell? *Greift flink nach neuem Wurstrad.*

ULF Hören Sie mal, das ist unsere Wurst!

DIMPFL Jaja, des woaß i scho. *Zum Hund* Die Wurscht is von de Herrschaften, gell, da … Eahm schmeckt's trotzdem.

WIBKE Kaufen Sie sich doch Ihre eigene Wurst!

DIMPFL Da geh her, Blacky … *Füttert.* Jaja, des is was Feines, feine Göttinger. *Nimmt Ulfs Bier, setzt an.* Prost! *Setzt ab.* Heit is zünftig, ha?

ULF He, Sie …

WIBKE Ulf, das ist doch dein Bier.

ULF Los, pack zusammen, wir ziehen um.

DIMPFL Geh weida, kaaf da halt aa a Maß. *Trinkt noch mal lang und kräftig.*

ULF He, Sie, Sie trinken an meinem Bier, guter Mann …

DIMPFL *setz ab, wischt sich den Schaum vom Mund* Ha, guat is'. Geht doch nix über a frische Maß Bier. – Soso, na wards es heut scho am Taubenberg … Da is schee, ha?

WIBKE Das geht Sie 'nen feuchten Kericht an. Nina, hol den Rettich, wir gehen an 'nen anderen Tisch. Ulf, hast du's?

ULF Wiedersehn!

Die Kleinfamilie zieht empört ab, Ulf versucht noch, sein Bier zu retten, aber Dimpfl hat den Krug schon wieder angesetzt.

DIMPFL Jetz bleibts halt no da. I hab's eich doch gsagt, da is no ois frei … *Trinkt kräftig weiter.*

Eintracht

ANNA *Bedienung*
OTTO *Zapfer*
EBERHARD *Bayern-München-Fan*
ADE *noch ein Bayern-München-Fan*
Ort: ein Wirtshaus an der Ecke

Kneipe. Anna hinter der Theke; Eberhard am Flipper; am Tisch daneben ein paar Fußballfans, darunter Ade. Otto betritt das Lokal.

ANNA Ja, Otto, wo bleibst denn?

OTTO Wieso? Is doch eh no net vui los.

ANNA Des is egal, mir ham siebzehn Uhr ausgmacht.

OTTO Du kannst heut von Glück redn, daß ich überhaupts kemman bin.

ANNA Mei, was hast 'n heut für a Ausred?

EBERHARD *am Flipper* Zefixhimmiarschundzwirn, Scheißkastn!

OTTO Des is keine Ausred, des is die bittere Wahrheit. Heut, an der Bushaltestelle, da hams also direkt vor mir, haben a paar so Rowdys, ham da vor mir so an Mann verhaun, also so richtig zammgschlagn hams 'n. Wann i zerscht aus dem Bus ausgstiegn waar, na hätt's mi derwischt.

ANNA Und, is koa Polizei kemman?

OTTO De ham doch Wichtigeres zum Tun. Des war ja koa Demonstration, sie haben ihn halt zammgschlagn, net.

ANNA Des warn sicher wieder so Hausbesetzer mit ihre Kernkraftwerke.

OTTO Naa, so schlimm warn die net, des warn mehr so Fußballer.

ANNA Ah ja, heut is ja Pokalspiel.

OTTO Ja, genau, also, de ham jedenfalls behauptet, der Mann wäre eine Bayernsau.

EBERHARD Was? Wer hat da Sau gsagt?! Hast du Sau gsagt ?! *Packt Otto.* Hast du vielleicht Sau gsagt, Opa?!

OTTO Nanaa, ich hab gar nix gsagt, ich hab nur jemand zitiert.

EBERHARD Wer hat 'n nachert Sau gsagt?!

ANNA Niemand. So kommunistische Hausbesetzer.

EBERHARD Ah. So. *Flippert weiter.*

OTTO Nanaa, des warn keine Kommunisten, des warn Fußballfans, des war also net a so wichtig in dem Sinn, aber der Mann hat tatsächlich nimmer aufstehn können.

EBERHARD Diese Eintrachtsäue, aber de wern ma heut aufmischn. Zefix, Scheißkastn! *Haut an den Flipper.* Eintracht Zweitracht, Bayern schießt, daß es kracht! Hihaho! Eintracht geht k. o.! Oans – zwoa – drei, bumm, Eintracht, die fällt um. Prost!

Ein paar Fans brechen lärmend auf, Eberhard und Ade bleiben noch hocken.

ANNA Kriegnma noch a Bier?

EBERHARD *rülpst* Diese Eintrachtdrecksäu, aber da, wenn i heit oan dawisch, der wird aufgmischt.

ANNA So, einmal Cörry mit Pommes . . .

OTTO Für wen?

ANNA Da, der Herr . . .

EBERHARD Zefix, Scheißkastn!

OTTO So, bittschön, der Herr, einmal Cörrywurst mit Bommfrit, an guatn.

EBERHARD Herrschaftseitnzefix!

OTTO Sie . . .

EBERHARD Da stellst as hi, Opa.

OTTO Ja, Sie . . .

EBERHARD De Sauhund, de vareckten!

OTTO Sie, was sind denn des für Ausdrück!

EBERHARD Halt dei Mai, du Schwammerl.

OTTO Ja, Sie, was san denn des für Ausdrück?!

EBERHARD Halt dei Mai, Opa, kimm, schleich di.

OTTO Ausdrücke hat der, den kannt ma ja direkt anzeign, wega Beleidigung.

ANNA Sei stad, Otto, der hat no net zahlt.

OTTO Ja, aber »du Schwammerl«, des is durchaus eine Beleidigung.

ANNA Wieso? Des kimmt oiwei drauf o.

OTTO In Nürnberg, da hams a Marktfrau zu zweitausend Mark verurteilt, weil s' an Polizistn bloß geduzt hat. De hat sonst no gar nix Despektierlichs gsagt, also, von Schwammerl war da noch gar keine Rede, obwohl's a Marktfrau war.

ANNA Na ja, aber Otto, du bist doch koa Polizist.

OTTO Aber »du Schwammerl« is scho a starkes Stück, Pilze und so, gell?

ANNA Mei, i dad sagn, Ansichtssache, gell, aber bei am Polizisten, da san des halt doch andere Maßstäbe, mögnma noch a Bier?

ADE Naa, zoin. Mir müaßma ins Stadion eilaffa.

ANNA Woaßt, Otto, zu am Polizistn derf ma net amal Witzbold sagn, also Witzbold, des is für an Polizistn scho der Tatbestand einer Beleidung.

OTTO Ja, aber wieso? Witzbold, wann zu mir oana Witzbold sagt, des is doch eher was Positives.

ANNA Jaa, privat vielleicht, aber der Polizist, der war ja im Dienst. Na hat a Radlfahrer »Sie Witzbold« gsagt, des hat fei sechshundert Mark kost. Des hab i glesn.

OTTO Sechshundert Mark?!

ANNA Sechshundert Mark, des hab i glesn.

OTTO War der so beleidigt?

ANNA Ja, der Ausdruck »Witzbold« hat den in seiner Menschenwürde zutiefst getroffen. Und der hat »Sie« gsagt, gell, wenn der »du« gsagt hätt, na waar des auf zweitausendsechshundert kemman.

OTTO Wieso?

ANNA Du hast doch grad selbst gsagt, as Du zu am Polizistn kost zweitausend. Und sechshundert Mark für 'n »Witzbold« macht zweitausendsechshundert.

OTTO Obwohl, des mit dem Du is auch so a Sache, des hab i jetz grad amal glesn, daß »du Arschloch« als Beleidung, des is wesentlich preiswerter als »Sie Arschloch«. Weil, in »du Arschloch«, da is noch ein versöhnlicher Rest, während »Sie Arschloch« . . .

EBERHARD Huiii, da ander! Hast du Arschloch gsagt, ha?

OTTO Neinein!

EBERHARD I hab's doch ghört, daß du Arschloch gsagt hast, Opa.

OTTO Naa, ich hab wieder nur zitiert.

EBERHARD Er, da ander, hat Arschloch gsagt.

OTTO Ich hab Sie nicht gemeint, Ehrenwort.

EBERHARD Arschloch hat er gsagt, bist du vielleicht für d' Eintracht, na sagst as am bestn glei, na gehma naus! Gehma naus, Opa, ha?!

OTTO Neinein, ich hoff ja genauso, daß mir gwinnen.

EBERHARD Wird scho guat sein, Opa, wei irgendoan pack i heit no, des hab i im Urin, Meister, also, des schwör i da, irgendoan zerbaazld's heit no, des gib i da schriftlich, du Klätzn.

ANNA Na zahlen S' aber zerscht noch, gell.

EBERHARD Logo. Is scho recht. Da, riach amal, Schwammerl. *Hält Otto seinen Schlagring unter die Nase.*

OTTO Ja, hoffentlich wird's ein faires Spiel.

EBERHARD Ja, des hoffn mir aa, aber echtes Fairplay, vastehst, weil sonst sorgen mir für Gerechtigkeit, aber scho wirkli, gell! *Fuchtelt mit seinem Morgenstern herum.*

ANNA Geh, zoagn S' mir doch amal da Ihre Ausrüstung her – was ham S' 'n da ois? – Sie ham ghabt einmal Cörry-Pommes und zwei Halbe, gell? Macht neun Mark zwanzig.

EBERHARD *zeigt her* Da, schaugn S' her, Mangan-Stahllegierung. Des pfeift ei!

ANNA Mei, da können S' zuhaun, ha? Neun zwanzig macht alles . . .

EBERHARD Ja logo! Ade, zoag amal dein Killer her!

Ade kommt und zeigt Stahlrohr.

EBERHARD Satt, ha? Made in Germany.

ADE Hi ha ho, Eintracht geht k. o. *Geht.*

EBERHARD *zerknüllt Zehnmarkschein und schnippst ihn auf die Theke* Da, stimmt scho . . .

ANNA Dankschön, der Herr, an schönen Abend noch, gell.

OTTO Und a schönes Spiel. Mir halten Ihnen die Daumen.

EBERHARD Geh weida, habts es net a paar Bierdosn, wei des wird heit a intensiver Abend . . .

OTTO Naa, leider, des kriagn S' vielleicht no draußt am Kiosk, wann er no offn hat, daß es da vielleicht . . .

Man hört von draußen hessischen Schlachtenbummlergesang: Gling, Glöckschä, glingelingeling, gling, Glöckschä, gling. De Aindrachd dee wärd Maisda, da Äffzeh Gölln wädd Zweida, dä HaÄsVau wädd dridda, un Bajann geht äs bidda.

EBERHARD Ja, oiso, i muaß naus. Heut wird Bayern Tore schießen. Oder Eintrachtblut wird fließen. Haa, haa, haa!

OTTO Der hat mich an Schwammerl gnennt.

ANNA Mei, Otto, sei froh, daß er dich Krischperl net verhaut hat.

OTTO Der hat mich Schwammerl gnennt, den hätt ich anzeign können. Und geduzt hat er mich obendrein. Den hätt ich glatt können anzeigen. Also, wenn ma zu am Polizistn »Du« sagt und des scho zweitausend Mark kost, na hätt der mit seinem »Du Schwammerl«, und des hat er mehrmals gsagt, des hätt den an Haufn Geld kost.

Von draußen dringt Gebrüll herein.

OTTO Du Schwammerl, des hätt den also mindestens . . .

Eberhard fliegt mit einem Urschrei blutverschmiert rückwärts zur Türe herein.

ANNA Ja, um Gottes willn, ja, was is denn des?!

OTTO Is Eahna was passiert?

ANNA Sollma 's Rote Kreuz rufen?

EBERHARD Naa, Polizei! Polizei! De ham mi beleidigt, de zoag i o! De ham Bayerndrecksau zu mir gsagt, des muaß gesühnt werdn!

OTTO Ja, und verletzt ham Se sich obendrein.

EBERHARD Schnell, rufts d' Polizei, des war eindeutig eine Beleidigung.

OTTO Einhundertzehn, Funkstreife . . .

ANNA *winkt ab* Ah geh, an Lappn, der ganze Boden is ja voll Bluat.

OTTO Da ham S' a Taschentüchl.

EBERHARD Es habts doch an Fernseher da herin, is des a Fernseher?

OTTO Ja, warum?

EBERHARD Ja, na schalt doch ei, Mann, jetz geht glei des Spui o. Schalt doch ei, du Schwammerl!

ANNA Otto, schalt ei. – Was is, mögnma noch a Bier auf den Schreck?

EBERHARD Logo. *Putzt seine Verwundung.* Diese Scheißeintrachtdrecksäue . . .

Aus dem Fernseher Stadionton; ein Reporter erklärt die Mannschaftsaufstellung.

ANNA So, da ham mir noch a Helles . . .

EBERHARD So, und jetzt geht's auf!

OTTO Ja, jetz geht's glei los. Hoffentlich werd's a faires Spiel!

Ein saftiges Lehrstück

Herr Polt, Sie mögen das Schnitzel nach traditioneller Art aus der Pfanne herausgebacken. Vom Schweinsbraten sprechen Sie kaum.

Weil der Schweinsbraten selbstverständlicher ist. Er hat ein anderes Ambiente als das Schnitzel. Schon das Wort »Schnitzel«, sagt ja, daß es das Feinere ist, das Besondere. Ich würde nicht sagen, daß es mehr Kultur hat, aber es ist das Bessere-Leute-Essen gewesen, was sicher damit zu tun hat, daß ein Wiener Schnitzel aus Kalbfleisch sein muß. Es ist ja eine türkische Erfindung. Es kommt aus dem osmanischen Reich. Wenn ich also vom Schnitzel rede, rede ich indirekt auch von der großen, weiten Welt. Während wir uns hier ja in einer Schweinsbratenkultur befinden.

In einer Schweinsbratenkultur?

Selbstverständlich, Bayern, Böhmen und Chinesen sind die großen Schweinefleischesser, während der Lateineuropäer das Schwein nicht so anrührt. Der ißt mehr Kalbfleisch oder Rindfleisch. Die wirklichen Schweinefleischesser sitzen im mitteleuropäischen Raum, wo die Sau im Zenit ihrer Erfüllung ist.

Fangen wir beim Schwein an . . .

Es ist gar nicht so wichtig, die Sau kulturhistorisch aufzuarbeiten. Der Schweinsbraten als Gericht ist ja mehr ein Ausdruck des Lebensgefühls einer Gesellschaft, die mit dem Schweinsbraten lebt, die sich ihm widmet. Früher war es normal, daß man nicht im Wirtshaus, sondern daheim gegessen hat. In der Wirtschaft hat man sein Bier getrunken und ist dann heimgegangen zum Schweinsbraten. Es hieß nicht, ich gehe jetzt zur Familie, sondern, ich gehe zum Schweinsbraten. Das war eine statische Angelegenheit. Das hatte etwas Rundes, Zuverlässiges.

Seit nunmehr über 8000 Jahren lebt der Mensch mit dem Hausschwein zusammen . . .

. . . was beide ja glänzend überlebt haben . . .

. . . aber seit einigen Jahrzehnten ist das Verhältnis gestört, weil der Mensch das einzelne Schwein nicht mehr kennt.

Das liegt zum Teil an der Industrialisierung, zum Teil an der Verordnung Bayerns. Menschen, die aus Paderborn kommen, haben dem Schweinsbraten gegenüber nicht das Gefühl, das die Einheimischen haben.

Aber auch die Einheimischen erleben keine Hausschlachtungen mehr.

Das ist schon richtig, aber sie haben noch eine Vorstellung. Das ist ähnlich wie beim Wurstsalat. Man hat die Grundidee des Wurstsalats im Kopf, den Geruch, wie er ausschaut, die Bestandteile, die Konsistenz. Ich weiß genau, wie ein Wurstsalat ausschaut, wenn er aus Regensburgern gemacht wird, ich weiß, wie er auf dem Teller liegt. Da fangen schon die Geschmackspapillen an; alles, was im Mund ist, weiß, auf was es wartet. Wenn aber ein Wurstsalat zum Beispiel aus einer faden Lyoner Wurst ist, dann ist die erste Enttäuschung schon da. Beim Schweinsbraten geht es einem ähnlich. Man hat einen Urschweinsbraten im Hirn, auf der Zunge, in den Augen. Und man wird betrogen, wenn auf einer Speisenkarte ein fotografierter Schweinsbraten drauf ist. Einen Schweinsbraten zu fotografieren ist lächerlich, weil er illustriert nichts hergibt. Den muß ich mir selber illustrieren. Das ist wie beim Märchen. Wenn man heute im Fernsehen bestimmte Märchen sieht, dann stehlen sie einem die Vorstellung. Ich habe eine Grundvorstellung vom Schweinsbraten, wie er riecht, wie er ausschaut, auf welchen Tellern er serviert sein muß, ich kenne die Geräusche, die um ihn herum sind. Ich weiß, daß Rock und Pop sich mit Schweinsbraten nicht verträgt. Das ist keine Musik für einen Schweinsbraten, da gehört so ein Mittagskonzert vom Bayerischen Rundfunk drüber . . .

Schmecken Sie denn, ob ein Schweinsbraten von einer Hausschlachtung kommt oder aus der Fabrik?

Wenn jemand sein Leben lang vom Schweinsbraten begleitet wurde, dann merkt er natürlich, wie die Rezepte und Gerichte sich verändern und zum Teil verfremdet werden, und drum kann er sagen, das ist ein schlechter oder ein guter Schweinsbraten. Er orientiert sich an den Werten, die er hat. Er erkennt die Varainten, wo mehr Kümmel drin ist oder mehr Knoblauch, aber das schlimme ist, daß es immer weniger Wirtshäuser gibt, wo Wirtsehepaare drin sind, denen die Wirtschaft gehört. Es sind zunehmend Pächter, die Brauereien haben dadurch mehr Einfluß auf die Gerichte, und es gibt weniger Leute, die einen Schweinsbraten von der Idee her restaurieren können. Man kann in Pompeji alles rekonstruieren, die Geschäftshäuser, die Straßen, aber die Gerüche von Pompeji, die lassen sich nicht rekonstruieren, das heißt, wenn die Idee des Schweinsbratens einmal verloren ist, wird man sie wahrscheinlich nie wieder herbringen.

Das würde bedeuten, daß der Schweinsbraten ausstirbt.

Wenn er weg ist, ist er weg. Das ist ja das Schicksal von vielen Gerichten. Nehmen Sie die Stockwurst. Die Stockwurst ist so gut wie erledigt. Wenn Sie in München sagen, ich möchte eine Stockwust, dann müssen

Sie schon weit laufen, bis Sie einen Außenseiter finden, der Ihnen eine Stockwurst macht, weil die Stockwurst verlorengegangen ist.

Es gibt doch Rezepte, die überliefert sind.

Es gibt auch Textbücher von Theaterstücken, aber das ist keine Garantie, daß das Stück gut gespielt wird. Die Frage ist, wer macht den Schweinsbraten? Nur aus dem Buch heraus, das ist zu theoretisch. Ohne Erfahrungswerte, ohne selber einen tradierten Schweinsbraten jemals probiert zu haben, geht's nicht.

Dann wären alle Kochbücher überflüssig.

Das habe ich nicht gesagt. Ein Textbuch ist ja auch nicht überflüssig, weil ich mir den Text von Shakespeare nicht merke, aber jede einzelne Aufführung auf dem Theater ist verschieden. Wenn man einem Neuseeländer die Chance gäbe, über das Kochbuch einen Schweinsbraten zu machen – also, ich wäre sehr skeptisch, ob er es schafft. Der tut mir direkt leid, der Neuseeländer.

Dann wäre jeder Fortschritt unmöglich.

Fortschritt als Dekadenz ist möglich. Das erleben wir ja am Schweinsbraten. Wir erleben einen Zerfall, ein Weitergehen, ein Sich-Entwikkeln; aber der Schweinsbraten im konservativen Sinn, der Uridee ähnlich, den trifft man immer seltener.

Wie muß er denn zubereitet sein, wenn er dem Idealzustand nahekommen soll?

Ich würde ihn nie definieren. Es gibt ja viele Möglichkeiten. Beim Hamburger wird behauptet, daß er an jedem Ort und zu jeder Zeit gleich schmeckt. Es wird sogar behauptet, daß er mir überall und zu jeder Zeit gleich schmeckt, egal, ob ich krank oder gesund bin. Das schöne am Schweinsbraten aber ist, daß er an jedem Ort, zu jedem Zeitpunkt und bei jeder Familie anders schmeckt. Ich esse ja nicht im luftleeren Raum, ich esse zu einem bestimmten Zeitpunkt, und der Schweinsbraten beeinflußt mich. Er gibt mir ein gewisses Gefühl – und umgekehrt: Wenn ich einen Schweinsbraten esse, will ich meinen Ausdruck mit dem Schweinsbraten zu einer Einheit bringen. Ich esse ja bewußt einen Schweinsbraten und nicht einen Quick-Snack. Ein Schweinsbraten, der seinen Namen verdient, muß unter würdigen Bedingungen zu sich genommen werden.

Unter welchen Bedingungen?

Wenn man sich auf einen Schweinsbraten einläßt, darf man nicht hektisch sein oder unkonzentriert. Der Bewegungsablauf ist wichtig. Der Gesichtsausdruck, die Art, wie man vorm Teller sitzt. Ich würde zum Beispiel, wenn ich einen Wahlkampf führen müßte, meine Spitzenpolitiker nur einen Schweinsbraten essen lassen, drei Minuten lang, und dann beobachten, wie sie den Schweinsbraten essen. Dann würde ich wissen, welcher der beste Politiker ist. Die Überzeugungskraft, wie sie ihn zu sich nehmen, ist entscheidend. Das ist freilich ein Experiment, das die meisten fürchten, deshalb setzen sie sich dem Schweinsbratenessen nicht aus. Drum reden sie lieber, da können sie sich leichter rauswinden. Ein Mensch, der öffentlich einen Schweinsbraten ißt, während man ihm zuschaut, der muß ja zugeben, wer er ist. Der wird ziemlich privatisiert.

Das ist aber nur in Bayern möglich?

Dem Björn Engholm würde ich nicht unbedingt zuschauen wollen, wie er einen Schweinsbraten ißt. Oder dem schwedischen Ministerpräsident Carlsson. Der kann vielleicht ein Knäckebrot essen.

Wenn Sie Schauspieler nebeneinander setzen, würden Sie dann auch erkennen, wer der beste ist?

Ich spreche von Politikern, weil Politiker naturnotwendig durch den Schweinsbraten . . .

. . . charakterisierbar sind?

Selbstverständlich. Weil der Schweinsbraten mit Tradition verbunden ist, mit Heimat, mit Stabilität, mit wenig Experimenten und wenig Experimentierfreudigkeit, jedenfalls auf bestimmten Sektoren. Und der Schweinsbraten ist tatsächlich, das ist meine Überzeugung, kein Objekt großer Experimentierfreudigkeit, er ist ein Objekt für konservatives Verhalten. Der Schweinsbraten sollte bewahrt werden, aber ich fürchte, durch die zunehmende Verfremdung in unserem Land wird der Schweinsbraten ein Exot im eigenen Land, sozusagen im eigenen Bratrohr.

Sie haben mal gesagt, wenn Sie sterben, soll's einen ordentlichen Leichenschmaus geben. Mit einem Schweinsbraten?

Das wäre ein würdiger Abschluß. Zuerst die Griesnockerlsuppe, dann ein Schweinsbraten und hinterher eine kleine Nachspeise.

Gibt's auch Gelegenheiten, die einem Schweinsbraten nicht so sehr entsprechen?

Ich hab noch nie einen Schweinsbraten in einem Intercity gegessen, ich würde auch drauf verzichten. Ich kann mir auch nicht vorstellen, daß der Schweinsbraten jemals von der Lufthansa eingeführt wird. Aber man scheut ja vor nichts zurück.

Der Schweinsbraten braucht Beachtung.

Er braucht Beachtung, und er braucht Leute, die wissen, worum es geht. Der Schweinsbraten ist ja ein Mittagsgericht, man ißt ihn nicht am Abend. Wenn jemand am Abend Schweinsbraten ißt, fragt man sich, warum macht er das?

Essen Sie ihn lieber mit Kartoffelknödel oder lieber mit Semmelknödel?

Das kommt auf den Knödel an.

Sie wollen sich nicht festlegen.

Weil ich keine Lust hab, mir irgendwelche Präkonditionen zu schaffen, unter denen ich den Schweinsbraten esse. Ich bin ja offen. Leute, die wissen, was ein guter Schweinsbraten ist, sind keine Missionare.

Das heißt, ein durchschnittlicher Schweinsbraten kann gut schmecken, wenn das Ambiente stimmt?

So wie ein gutes Theaterstück durch einen furchtbaren Raum sehr beeinträchtigt werden kann. Wenn die Bestuhlung so miserabel ist, daß das Zuschauen ein orthopädisches Problem wird, macht's keinen Spaß. Und wenn ich in einem Ambiente bin, wo es grauenhafte Plastiktische gibt oder einen überpopten Raum, dann esse ich dort ungern einen Schweinsbraten. Der kann in einem neorustikalen Raum noch glaubwürdig sein, aber es gibt Räume, da gehört er einfach nicht hin.

Könnte man ihn im Freien essen?

Einen Schweinsbraten in gleißender Sonne essen – das macht man nicht. Er braucht gedämpftes Licht. Kein metaphysisches, aber gedämpftes Licht. Ein Licht, das den Schweinsbraten nicht bloßlegt. Man sollte ihn auch nicht mit einem Spot anstrahlen. Das wäre gemein.

Würden Sie ihn an diesem Tisch zu sich nehmen?

Lieber dahinten.

Warum dahinten?

Weil's da ruhiger ist. Zwei Schritte weiter kann sich das Lebensgefühl total verändern.

Der Schweinsbraten braucht Ruhe?

Ich würde sagen, keine Stille, aber Ruhe.

Könnte man ihn auch allein essen?

Für Singles eignet er sich weniger. Er braucht Gesellschaft.

Kann man ihn nur mit Freunden essen oder auch mit Leuten, die man nicht von vornherein einschätzen kann?

Ich würde ihn nicht mit Geschäftsfreunden essen. Ich würde ihn nur mit Leuten essen.

Mit Leuten?

Mit Leuten.

Die Sie kennen?

Die muß ich noch nicht kennen, aber es stellt sich ja heraus, ob es einen Sinn gehabt hat, mit diesen Leuten einen Schweinsbraten gegessen zu haben. Das kann gut ausgehen, das kann aber auch sehr schlecht ausgehen.

Eignet er sich für Verliebte?

Solange man verliebt ist, konzentriert man sich nicht auf den Schweinsbraten.

Der Schweinsbraten ist wählerisch.

Er erzieht einen. Man kann einen Schweinsbraten nicht zwischen zwei Fernsehsendungen essen.

Braucht er bestimmte Lokale?

Meine Erfahrung ist, daß immer weniger Wirte in der Lage sind, das einzulösen, was sie versprechen. Wenn ein Lokal, das noch vor zwanzig Jahren ein biederes, normales Lokal war, ein bißchen unhygienisch, mit ein paar Silberfischchen drin – wenn ein solches Lokal umgestaltet wird, und der neue Pächter nennt es Bistro und will trotzdem seine Klientel nicht verlieren, dann macht er Zugeständnisse und verkauft einen Schweinsbraten, weil er meint, da deckt er noch was ab an Bedarf. Dann mißtraue ich diesem ganzen Vorhaben. Denn ich nehme diesem neuen Bistroinhaber nicht ab, daß es ihm um den Schweinsbraten geht. Das ist der Punkt. Während es früher Wirtsehepaare gab, denen das Schweinsbratenmachen ein selbstverständlicher Ausdruck ihres Lebens war. Die haben nicht über Qualitätsprobleme diskutiert, sondern höchstens über Portionen.

Die Qualität stand außer Frage.

Nehmen Sie die Instantsoße. Die Packerlsoße war ja noch ehrlich. Die ist zwar nicht toll, aber die Instantsoße ist nun wirklich der Todesstoß für den Begriff »Soße«. Den Schweinsbraten kann man normalerweise gar nicht verarbeiten, ohne daß er eine Soß abwirft. Jetzt fragt man sich natürlich, was machen die Wirtshäuser mit der normalen Soße? Die wird anscheinend weggeschüttet.

Das ist ein handwerklicher Fehler.

Das ist kein Fehler, das ist ein Verbrechen. Jede Form von Lieblosigkeit ist eine Schweinerei.

Und warum schreit niemand auf?

Weil man den Schweinsbraten als selbstverständliches Kulturgut betrachtet. Das ist die Gefahr. Es gibt jede Menge Feinschmecker, die über den Lachs reden und wie man ihn zubereitet, aber beim Schweinsbraten kommt keiner drauf. Da erlebe ich Menschen, die ihn wortlos einnehmen und sich nicht beschweren. Weil übers Essen nur in bestimmten Restaurants geredet wird, nicht in normalen Wirtschaften. Ich kann heute alles bekommen, in höchster Qualität, nur das Normale nicht. Einen Lachs à la weiß der Teufel was kann ich jederzeit kriegen.

Man wird ja schon schief angeschaut, wenn man einen Schweinsbraten bestellt.

Vielleicht ist es so, daß der Schweinsbraten in seiner Karriere als öffentliches Gericht nie gut bedient war. Vielleicht ist er wirklich ein familieninternes Gericht und sollte es bleiben. Er läßt sich nicht vermarkten.

Er ist sperrig.

Er ist grundsätzlich obstinat.

Würden Sie denn einem Norddeutschen absprechen, jemals in seinem Leben, auch wenn er noch so interessiert wäre, in die Geheimnisse des Schweinsbratens einzudringen?

Ich würde es nicht jedem Norddeutschen absprechen, aber ich würde mir erlauben, prinzipiell zu glauben, daß es nicht zu den Möglichkeiten des Norddeutschen gehört, den Schweinsbraten und die damit verbundenen Imponderabilien herzustellen. Wenn ich daheim ein Gericht mache und nenne es à la provençal und haue Thymian und Rosmarin rein oder irgendwas, dann habe ich noch lange kein provençalisches Lebensgefühl.

Dann könnte sich ja nie eine nationale Speise über die Landesgrenzen hinaus verbreiten.

Sicher gibt's x Haushalte, die sagen, sie machen eine gute Spaghetti. Nur weiß ich nicht, ob der Italiener das auch so sieht. Natürlich steht in »essen & trinken«, in »satt & mager«, und wie solche Zeitschriften heißen, genauestens drin, wie man einen Schweinsbraten macht. Er ist perfekt fotografiert. Die Fassaden stimmen. Auch die Altstädte werden ja immer perfekter. Die stimmen mehr, als sie jemals gestimmt haben. Wenn Sie heute in irgendeinen Stadtteil gehen und ein Haus betreten, da ist alles wunderbar auf alt gemacht. Aber der Geruch ist nicht mehr drin, weil die Gesellschaft nicht mehr drin wohnt, die bestimmte Gerichte kocht. Die gibt es nicht mehr. Die ist unwiderruflich vorbei.

Dann müßten alle guten Speisen irgendwann verschwinden?

Natürlich gibt's in Japan ein Hofbräuhaus. Und sicher wird da ein Schweinsbraten verkauft. Und vielleicht schmeckt er den Japanern sogar ausgezeichnet. Vielleicht gibt's auch eine Schweinsbraten-Pizza, wo man

Schweinsbraten auf die Pizza draufschmeißt. Das ist alles möglich. Die Frage ist nur, ob das mit dem, was ich in Erinnerung habe, noch etwas zu tun hat.

Also, wenn Sie nach Schweden fahren und ein Knäckebrot bestellen, dann sagt Ihr Tischnachbar: Dem kann das Knäckebrot gar nicht so schmecken, wie einem Schweden ein Knäckebrot schmeckt.

Genau. Der hat das ja als Kind gegessen. Der hat als Kind schon bestimmte Situationen mit Knäckebrot erlebt. Das war ein Teil seiner Kultur. Wenn Sie nicht ministriert haben als kleines Kind und den Katholizismus um sechs Uhr in der Frühmesse erlebt haben und den Weihrauch gerochen haben, als Sie noch nüchtern waren – das sind Erfahrungen, die Sie nicht weitergeben können.

Der Schweinsbraten lebt vor allem in der Erinnerung.

Ganz klar. Der Schweinsbraten ist auch eine große Saga. Ein großes Epos. Und die Auflösung des Schweinsbratens hat mit der Auflösung einer ganzen Gesellschaft zu tun. In Ludwig Thomas Erinnerungen gibt es ein Gespräch, da streiten sich seine beiden Onkel. Der eine war stark bayerisch-nationalpatriotisch eingestellt, der andere Bismarckianer. Und der eine hat behauptet, ab 1866 hat die Schweinshaxe oder der Schweinsbraten verloren, von der Portion wie von der Qualität, und zwar aufgrund der Schlacht bei Königgrätz. Weil damit der nordische Einfluß gekommen ist. Er wollte sagen, die Menschen und die Politik, die jetzt da waren, provozierten eine andere Essensweise, eine andere Aufmerksamkeit dem Essen gegenüber.

Eine andere Aufmerksamkeit?

Wenn sie in einen Biergarten gegangen sind, dann war es üblich, daß das Publikum gemischt war. Da sind Leute reingegangen, die ihr Essen mitgebracht haben, vielleicht einen Rettich oder zwei Regensburger, auf alle Fälle etwas Bescheidenes. Aber wenn Sie die Genußfähigkeit dieser Leute beobachtet haben, wenn Sie selber Zeuge waren, mit welcher Andacht jemand mit dem Messer ein Radl Wurst runterschneidet, wenn Sie dann sehen, wie er das langsam zum Munde führt, den Blick irgendwo hin gehen läßt und sich mit Aufmerksamkeit dieses Radl reinschiebt. Wenn Sie sehen, wie die Leute ihr Bier genommen haben, es im Zeitlupentempo bedächtig zum Munde führen, jeder Schluck eine Persönlichkeit. Wo finden Sie das heute? Dieses Verhältnis des Gerichts zur Zeit, in der man es ißt, das Sich-selbst-genießen-Können, diese Aufmerksamkeit. Das hat mit dem Schweinsbraten zu tun, weil der Schweinsbraten ein Gericht ist, das man zelebriert, das man feiert, weil man einen Schweinsbraten nicht achtlos runterhaut, sondern sagt, ich gehe jetzt zu meinem Schweinsbraten, und dort ist ein Kreis von halbfamiliären oder familiären Leuten, wo ich ihn zu mir nehme. Das ist eine Hochzeit, eine besondere Zeit.

Kleine Wiesnkunde

Der Mann mit dem Antilopentrachtenlederkostüm war perfekt. Er war total charivarisiert. Er nickte ständig mit hochrotem Kopf. Um diese Zeit kommt so ein Teint aus Ibiza oder Formentera.

Anschließend geht er sofort aufs Oktoberfest, weil er ist ein Traditionalist. Seine Begleiterin ist eine flachsblonde Person, sie hat sich ihr Dirndl in New York anfertigen lassen, bei Sepp's im Hirschhorncenter.

Die flachsblonde Person ißt nie irgend etwas, will auch heute keinen *loup de mer*, obwohl sie auf dem Oktoberfest ist, sie sagt: »Es ist da immer recht zünftig.«

Inzwischen sind noch mehr Leute mit perfekten Antilopentrachtenlederkostümen da. Unter ihnen befinden sich keinerlei Kinder, bis auf das eine in einem Antilopentrachtenlederkostüm, auch der Trachtenhut ist aus Antilope. Der Gamsbart ist aus Glasfiber. Der echte Gamsbart könnte auf dem Wege zum original Bierzelt verlorengehen.

Der Mann, der immer noch nickt, sagt: »I war ois Kind scho auf der Wiesn.« Er sagt es betont und sagt es fast bayrisch, da er gerade keinen Geschäftsabschluß feiern muß.

Alle Leute im original Bierzelt sind jetzt zünftig und erzählen sich, was ihre Antilopentrachtenlederkostüme gekostet haben. Ein Zeitungsverkäufer, also ein Pakistani, verkauft gerade eine Schlagzeile. Diese besagt, daß einer, der gestern noch überall im Antilopentrachtenlederkostüm zu sehen war, jetzt pleite ist. Der echte Gamsbart wurde ihm vom Hut heruntergepfändet. Es geht ein Raunen durch das original Bierzelt.

Der Mann aus Ibiza oder Formentera erzählt eine nette Geschichte. Ein guter Freund von ihm, also ein Mensch durchaus im Antilopentrachtenlederkostüm und immer total charivarisiert, ging in das Spiegellabyrinth. Da er »am Ende« war, also total alkoholisiert, fand er aber aus dem Spiegellabyrinth nicht heraus. Da jedoch ein Gesetz lautet: »input = output«, mußte sich der Freund im Antilopentrachtenlederkostüm entleeren und tat dies gänzlich und, wie man so schön sagt, total.

Die Wiesnbesucher konnten in das Labyrinth von außen einsehen und waren total begeistert. Der Mann nickte jetzt noch intensiver und schrie: »Das war der größte Tag auf der Wiesn!« Darauf bestellte er eine »Magnum«, also eine Riesenflasche Champagner, und erzählte die Geschichte an diesem Wiesntage noch mindestens neunzehn Mal oder mindestens so oft, wie er es einem jeden erzählen konnte. Von irgendwo draußen im Gewoge geht ein Mann mit einem Schild durch die »Zünftigen«, auf dem abzulesen ist, wo man sich eine Alkoholleiche abholen kann, falls noch Interesse daran bestünde. Der Mann neben mir ist ein arrivierter Ausländer im Antilopentrachtenlederkostüm und sagt, er freue sich schon sehr, daß er wieder auf der Wiesn sei. Vor zwei Jahren schlug ihm ein Subjekt, also ein anonymer Wiesnbesucher, mit der Faust derart ins Gesicht, daß er unglücklich stürzte und wegen eines Blutgerinnsels im Gehirn ein Jahr stationär blieb, aber in einem First-class-Krankenhaus.

Wahrscheinlich hat das anonyme Subjekt trotz dem Antilopentrachtenlederkostüm erkannt, daß es sich bei ihm um einen Ausländer handelte. Um sich noch besser völkisch zu integrieren, bestellte er sogleich eine Portion Mozzarella und Reiberdatschi mit Malossolkaviar.

Wenn er schon auf die Wiesn gehe, dann möchte er schon wissen, warum, sagt der arrivierte Ausländer.

Ich greife jetzt zu meinem Antilopentrachtenlederkostüm, verlasse die Wiesn bei Nacht, sehe die Lichter, erkenne die Fischsemmeln wieder, das einzige, was so ist, wie es immer war auf der Wiesn, und hoffe, nächstes Jahr wieder dabeizusein.

PS: Wer unbedingt geschäftlich was erreichen will, so oder so – nächste Woche ist in Singapur Oktoberfest. Die Firma Pfr & Co. verleast ein ganzes Oktoberfest. Die Antilopentrachtenlederkostüme werden in Kenia angefertigt.

Kleine Heimatkunde

Die Heimat ist vorrangig ein Zuordnungsgefühl. Ein Beispiel: Der Mandi spricht nicht Chinesisch. Also, im Chinesischen ist er nicht daheim. Wer aber eine Heimat »gefunden hat«, gibt sie nur unter Druck und äußeren oder inneren Zwängen wieder auf. Ein paar Beispiele: Bei Auswanderern treffen meistens beide Gründe zu. Die Hugenotten entheimateten sich aus religiösen Gründen, der Indianer dagegen, mein Gott, der Indianer, der war halt mehr im Wege. Die Schlesier, die sind ja jetzt bei uns daheim. Wissen Sie, so Kriege bringen immer Heimatverschiebungen mit sich. Also, der Einheimische wird aufgrund zunehmender Katastrophen oder Kriege immer seltener, aber auch Neuheimaten werden gegründet wie jetzt der Alpenraum. Der Alpenraum, früher Heimat der Dinarier, der Kelten, der Römer, der Helvetier, der Alemannen, der Bajuwaren: jetzt die Heimat teutonischer Zahnärzte sowie von deren Steuerberatern und Rechtsbeiständen – aus der norddeutschen Tiefebene. Mobilität – als Heimatgefühl. Immer mehr Menschen, die diesen Trend erkennen, wollen ihre gemietete Heimat in ein Eigenheim umwandeln, deshalb ist der seelische Ausdruck modernen Heimatgefühls der Bausparvertrag.

Eine Heimatvision zum Beispiel ist: 531 Quadratmeter in Lochham. Großprojekte – das sind Mülldeponien, Großflughäfen, Kernkraftwerke, Autobahnen, Teststrecken für Autofirmen – genießen außer Steuervergünstigungen eine absolute heimatliche Priorität. Wer nicht flexibel reagiert, stirbt aus. So der Steinadler. Im Alpenraum ist er beheimatet, aber ausgestorben. Wo Heimat aufgehört hat, Heimat zu sein, entsteht das Heimatmuseum oder das Reservat. Ergo: die wichtigste Grundlage eines neuen Heimatgefühls ist die Mobilität, pars pro toto: der »Hamburger«, nicht zu verwechseln mit dem orthographisch gleichen Hamburger. Der Hamburger wohnt ja noch in Hamburg. Der »Hamburger« hingegen ist auf der ganzen Welt beheimatet, er ist faktisch ein »Weltburger«. Mahlzeit.

Apropos – die Heimat der Salmonellen ist nicht ausschließlich der Kartoffelsalat.

Die Idylle

Ja, herrlich ist es hier heraußen. Eine Idylle, diese Natur. Äh, die Natur, ja. Ich muß schon sagen, also, wir sind so gerne da heraußen, gell. Ma hat a Bewegung, ma tut was für seinen Körper, und mir ham auch eigene Anpflanzungen, also Agrarprodukte quasi. Und ich mein, auch die Kinder, die ham auch an Auslauf, gell. Ja, des is ja, gehst da weg von den Rosen, malefiz noch mal! Heinz-Rüdiger gehst net gleich weg da, is doch gefährlich! Sonst geht's dir noch wie dem Herrn Wondrazil. Ah, der Herr Wondrazil, des war unser Heimgartenpräsident. Der hat an Radi selbst gezüchtet, und, ich weiß auch net, er ist daran gestorben. Die Leute da vom Gesundheitsamt, die warn da und haben gesagt, daß der Radi durchaus einen Mittelwert hat, also, was die Vergiftung anbelangt, net. Also, daß dieser statistische Wert für zugelassenes Gift nicht überschritten wär. Also, ich weiß auch net, aber jedenfalls, also, er hat's nicht überlebt. Ich mein, des is klar. Äh, jetzt wo dieses Dingsda, dieses neue Chemiewerk, das ist also, ma riecht ja an und für sich überhaupt nichts, gell, fast. Also überhaupt nichts, nur bei Nordwind, also, allerhöchstens einmal bei Nordwind, net. Ich mein, äh, ja, natürlich, des sind Pflanzengifte, net, aber dafür ham wir auch keine Schädlinge mehr. An Engerling, den gibt's ja bei uns überhaupt nicht mehr, net. Einen Engerling sehen Sie bei uns nicht, net, die ham ja schließlich Milliarden investiert, net. Mei, freilich, also des Wachstum, des geht a bisserl zurück. Aber Vor- und Nachteile, des hebt sich natürlich alleweil a bisserl auf, net. O ja, o mei Gott, mit den Zwetschgen, des is natürlich so eine Sache jetzt, ich weiß auch net, also, was des jetzt werden soll. Jetzt hams doch drüben dieses neue Betonwerk geplant, äh. Des ist also, für die Zwetschgen is des nicht ideal. Aber mir planen dann halt was anderes, net. Mir pflanzen halt a neue Pflanze ein. Also, sagen mir halt mal was Widerstandsfähigeres, gell, aber, also ich mein, also sonst, es is scho herrlich hier heraußen. Diese Ruhe, gell, diese Natur, net. Freilich, also, unter der Woche also, da wär's noch stader, gell, da wär's ja noch viel, viel ruhiger, net, aber ich mein, wir müssen halt auch unseren Zeitplan einhalten. Wir kommen halt auch bloß am Wochenende, net, am Wochenende, ja, da is des natürlich, das muß man sagen, a bisserl belebter, schon. Aber ansonsten, also mir samma begeisterte Gartler. Ja was is denn, ja was seh ich denn da, ja um Gottes willen. Amalie, Amalie, des is ja die Höhe, die ganzen Gurken sind angefressen. Also nein, diese Nager, des is ja ausgeschamt, ja wo hamma denn die Gasbomben. Amalie, ich hab doch die Gasbomben extra mitgenommen in der Stadt. Ja, ich glaub, ich muß in die Stadt zurückfahren, also, die ganzen Gurken. Ja, also, nein, nein, nein, also wirklich, alles zerfressen diese Mäuse, was die in dieser Form da für an Schaden anrichten, wenn man des . . .

Ja, wer macht denn da so einen Radau? Sie, hören S' auf! Musik, das geht fei net. Singen und lärmen ist doch nicht gestattet. Ja, für was ham denn mir a Heimgartenordnung? Des geht doch nicht. Ja, wo komm mir denn da hin? Des is doch a Rüpelei. Daß do einer anfängt zum Singen und zum Krakeelen. Weil, also, wissen Sie, was mir hier wollen, des is Ruhe. Ruhe, net. Ruhe, des is 's – a Ruh.

WIRTSCHAFT UND FINANZEN

Der Standort Deutschland

Ich beurteile unsere wirtschaftliche Situation bei uns mehr aus der Sicht der Gastronomie. Bei uns in Hausen – wir haben einen starken Anteil eines fluktuierenden Publikums, unsere Gäste kommen mit dem Auto – Ausflügler, aber auch Busse, darunter Ausländer – jetzt nicht nur nach Österreich – Italien – nein, man spürt den Osten – Tschechen – Kroaten – Ungarn – Polen, die nach Rom wollen, und die wollen alle Pommes frites – also, die Friteuse ist ein Segen, ohne Friteuse wäre heute kein Geld mehr zu verdienen. Aber schauen Sie – die Investitionen, die Sie heute machen müssen, sind – das ist ein Sachzwang, dem man sich nicht einfach entziehen kann. Es ist noch nicht lange her, da habe ich überlegt, ob ich eine neue Spülmaschine installiere oder eben einen Spüler – einen echten Spüler – nehme, also einen Menschen. Aber beim Arbeitsamt einen Spüler zu engagieren, noch dazu einen Deutschen, das ist, patriotisch gedacht, einwandfrei, aber betriebswirtschaftlich ein Fiasko. Über die Firma secret power habe ich dann den Herrn Napang Prabang ergattert. Am Anfang war ich noch skeptisch, ob sich die Investition gelohnt hat, aber über den Herrn Prabang ist mir die Misere und das ganze Dilemma unserer deutschen Situation klargeworden. Ich habe dem Herrn Prabang anfänglich einen Stundenlohn von 4,30 bezahlt und habe ihm auch gesagt, daß er unmittelbar mit einer Spülmaschine konkurriere, die ich von der Firma Quelle erworben hätte. Und der Herr Prabang war einsichtig – und er hat gesagt, er kenne die exzellenten Produkte dieser Firma. Und ich muß auch zur Ehrenrettung von Herrn Prabang sagen, er hat gearbeitet, ohne auf die Uhr zu schauen, also enorm – eine 70-Stunden-Woche mit zunehmender Tendenz. So, und jetzt zu unserer Realität – immer mehr Wahnsinnige in Brüssel bepflastern uns mit Auflagen im Küchenbereich – unglaublich, diese Keimfreifanatiker. Sie wissen doch selber – Abwassererhöhung – Müll – eine Inflation von Gebühren. Also habe ich nicht anders können, als den Kostendruck weiterzugeben, und habe den Posten Herrn Prabang garantiert, aber seinen Stundenlohn von DM 4,30 auf 3,10 absenken müssen. Aber er war sehr verständig. Er sagte auch zu mir, der Mensch muß wie ein Bambusrohr nachgeben, wenn der Wind bläst. Nicht blöd, die Asiaten. Ein Deutscher hängt an der Eiche, und dann bläst's ihn um.

Aber was dieser Waigel da anrichtet, das ist immer schwerer nachzuvollziehen. Überall Schikanen – kennen Sie den Pragraphendschungel, durch den Sie müssen, um dem Gast einen Erdäpfelsalat zu ermöglichen?

Dann dieser Solidaritätszuschlag. Dann Kirchensteuer sowieso. Und auf Drängen des Gewerbeaufsichtsamtes – aber die Drahtzieher sitzen in Brüssel – muß ich das Fett in der Friteuse jetzt noch öfter wechseln. Beim Fleisch hab ich echt nur Okkasionen in meiner Küche gehabt. Tschechische Waren, die dann über Griechenland zum portugiesischen Biofleisch avanciert sind. Aber trotzdem, ich habe leider meine Offerte an den Herrn Prabang zurückziehen müssen, und wir haben einen Mittelweg gefunden. Also der Herr Prabang arbeitet jetzt 80 Stunden, kriegt dafür DM 2,60 und das Trinkwasser ist umsonst. Welcher Deutsche würde da noch mitziehen? Aber mit größter Sorge betrachte ich die weitere Entwicklung. Immer mehr wandern ab, also, der Waigel muß sich da schon noch was einfallen lassen. Und wenn diese Grünen mit den Roten tatsächlich sich auf eine Koalition einigen, dann sehe ich schwarz – Benzinpreiserhöhung. Kein Schwarzgeld mehr – also keine, wie auch immer geartete Promotion, was die Wirtschaft schmiert. Wahrscheinlich würde man mir meine Pommes frites in der jetzigen Form nicht mehr gestatten, und dann wäre ich gezwungen, dem Herrn Prabang einen Stundenlohn anzubieten, der unter einer Mark liegt. Und die D-Mark ist sowieso überbewertet. Aber der Herr Prabang hat mir schon angedeutet, daß er in diesem Fall sich einen neuen Wirtschaftsstandort suchen würde – er tendiert nach Asien. Er sagt, der Gradmesser für wirtschaftlichen Fortschritt bei ihm ist eine Handvoll Reis, und darunter, sagt er, tut er's nicht. Und irgendwie, ich weiß nicht, wie es Ihnen geht, kann ich den Herrn Prabang verstehen.

Dr. Kleinsorges Verdienste um den europäischen Scherz

FRÄULEIN GRUBEL Herr Dr. Kleinsorge, Sie sind in der Scherzartikelbranche Europas einer der Größten. Wie sehen Sie die Entwicklung auf dem Humorsektor?

DR. KLEINSORGE Ja, Fräulein Grubel, die scherzartikelproduzierende Industrie war und ist stets bemüht, sich flexibel am Humorbedarf des Kunden zu orientieren, denn Spaß muß sein. Aber mit Niveau, und die Entwicklung der letzten Jahrzehnte hat uns bestätigt. Seit dem absoluten Absatztief seinerzeit im Karneval 1945 haben wir einen kontinuierlichen Aufwärtstrend zu verzeichnen, mengenmäßig, und ich würde sagen, auch in der Qualität.

FRÄULEIN GRUBEL Unter der Hand wird von Fachleuten gemunkelt, daß die japanische Scherzartikelindustrie den europäischen Markt entdeckt hat. Hat das irgendwelche Konsequenzen?

DR. KLEINSORGE Wir wollen einmal klarstellen, Fräulein Grubel, die Bundesrepublik Deutschland gehört zu den Ländern mit dem weitgefächertsten und solidesten Angebot an Scherzartikeln, und bei dem heutigen hohen Standard unserer Stimmungsmacher muß man sich ja geradezu wundern, wie es früher überhaupt möglich war, eine Stimmung zu erzeugen mit den damals verfügbaren, doch sehr primitiven und simplen Produkten. Betrachten Sie doch nur unsere Nachbarländer. Dänemark, karnevalistisch unbedeutend, in Italien ist die Scherzartikelversorgung durch Streiks ins Wanken geraten, der Italiener mußte die letzten Jahre weitgehend ohne Accessoires feiern, und die desolate Versorgungslage in Comecon-Staaten ist berühmtberüchtigt. Lassen Sie mich also noch einmal betonen, daß die Scherzartikelindustrie ein Hochleistungsunternehmen ist, das sich ernsthaft um die närrischen Belange der Bürger bemüht. Sehen Sie, allein was wir in puncto Sicherheit geleistet haben: Ich erwähne nur unsere unbrennbaren Luftschlangen und Konfetti, vierfach imprägniert und desinfiziert. Der Konfetti zum Beispiel, als Bakterienträger, ist damit praktisch tot. Ein weiteres Ergebnis unserer Forschungsarbeit ist zum Beispiel ein Gummihammer, mit dem beliebig oft geschlagen werden kann, ohne daß Verletzungsrisiken für die Kombattanten bestehen. Das nämliche gilt für sämtliche Schaumgummiwaffen.

FRÄULEIN GRUBEL Ein erfreulicher Trend zum konfliktfreien Scherz also.

DR. KLEINSORGE Genau.

FRÄULEIN GRUBEL Herr Dr. Kleinsorge, welche Novitäten kommen im Scherzartikelsektor auf uns zu, haben wir in Zukunft auch noch was zu lachen?

DR. KLEINSORGE Selbstverständlich, Fräulein Grubel. Bahnbrechend für unsere Novitäten war der Aufschwung der chemischen Industrie. Neue Werkstoffe ermöglichen naturgetreue Nachbildungen. Spinnen, Käfer, Stuhlgang, Politikermasken, da können wir heute perfekt modellieren. Der Scherz wird dadurch heutzutage wieder realitätsbezogen.

FRÄULEIN GRUBEL Alles in allem also erfreuliche Meldungen. Aber gibt es nicht auch irgendwelche Probleme, mit denen Sie und Ihre Branche fertig werden müssen?

DR. KLEINSORGE Sehen Sie, die importierten Humorprodukte aus der dritten Welt haben bei uns langfristig keine Chance. Ich glaube, daß das Scherzgefühl der dritten Welt doch unterentwickelt ist und analog den europäischen Geschmack nicht wesentlich tangiert. Auch Dumpingpreise sind kein brauchbares Mittel, um das europäische Gefühl für stabilen und qualitätsbewußten Humor ernsthaft zu gefährden. Aber die große Gefahr für die Zukunft des witzigen Daseins liegt darin, daß immer weniger Menschen immer mehr Leute unterhalten wollen. Dem müssen wir aufs entschiedenste widersprechen. Frohsinn ist eine Lebensqualität, die nicht von einer Handvoll pseudowitzigen Desperados in Frage gestellt werden darf. Und wenn man dieser Entwicklung nicht energisch entgegensteuert, könnte es eines Tages passieren, daß der gesunde Scherzartikel zum Privileg einer humoristischen Elite oder für irgendwelche lustigen Avantgardisten stilisiert wird.

FRÄULEIN GRUBEL Vielen Dank für das Gespräch, Herr Dr. Kleinsorge, und in Ihrem Kampf für die Fröhlichkeit viel Erfolg.

DR. KLEINSORGE Danke schön, Fräulein Grubel. Darf ich Ihnen als Leiter der Scherzinnung unsere neueste Kreation überreichen? Es handelt sich um einen portablen Leibeswind, sehr einfach zu bedienen. Darf ich's Ihnen vorführen?

Man hört einen mehrfach wiederholten, monotonen Furz.

Wer zahlt's?

A: Ich hab es satt!

B: Was?

A: Ich meine, es ist klar, wir Deutsche zahlen und zahlen, aber irgendwo ... oder?

B: Genau!

A: Mit meinen Steuern! Ich muß es ja auch erst mal verdienen, aber ...

B: Verrückt!

A: Gut, die Wiedervereinigung – klar, daß das was kostet, war klar! Aber ...

B: Bosnien ...

A: Sicher, aber Albanien, Kosovo – was soll ich denn noch bezahlen?

B: Der Umzug nach Berlin!

A: Langsam langt's mir! Jetzt heißt's Südamerika ist pleite. Jetzt soll ich das auch noch bezahlen! Oder?

B: Afrika!

A: Na ja, die kriegen von mir keinen Pfennig mehr!

B: Asien?

A: Null – null Mark!

B: In Italien wurde ... äh ...

A: Italien?! Hören Sie auf! Die leben ausschließlich von mir! Und warum? Nur weil ich ein Europäer bin!

B: Und sonst?

A: Was sonst?

B: Ich meine – schauen Sie sich die Sonnenfinsternis an?

A: Entschuldigen Sie, wo leben wir denn? Ich soll die halbe Welt ernähren – und mir dann noch eine Sonnenfinsternis anschaun?

B: Aber das ist ein einmaliges Ereignis!

A: Blödsinn! Ich frage mich – wer braucht schon eine Sonnenfinsternis? Sie vielleicht?

B: Aber die Sonnenfinsternis ...

A: ... ist ein Trick!

B: Sie meinen ...

A: Wir sollen zahlen! Darum geht's – Scheißsonnenfinsternis!

B: Sie haben recht! Die Sonnenfinsternis ist nur der Anfang!

Wurstmax bilanziert

I kenn mi aus. – I kenn de Gwerkschaften, de Briada, de miserabligen. I war selbst jahrelang organisiert. – Fuchzehn Jahre Mitgliedschaft, mir ko ma nix vormachn. Obwohl, jetz bin i ins andere Lager übergwechselt. I bin ja jezta selber praktisch Unternehmer worn, mei eigener Herr sozusagen, weil im Grunde is a Gwerkschaft bloß a Übergangsform zum freien Unternehmertum, a Provisorium quasi. Weil, ma kann doch net a Lebn lang nur organisiert sei, also, meiner Meinung nach gibt's nur zwoa Alternativen: Unternehmer oder Gwerkschaftsfunktionär. Des is dann praktisch a Unternehmer mit Beamtenstatus. – Ich für mein Teil, i bin a Unternehmer worn, und dadurch san de Gwerkschaftler meine natürlichen Feinde. Aber oans muaß ma dem Feind lassn: Gschäftsleut sans, de Gwerkschaften; wenn S' an Kaufhof nehma, was de für an Ramsch verkaufn, des macht Eahna da Hertie nicht nach, und net amal da Neckermann. Oda nehma S' de Neue Heimat, de greislichn Betonbunker da draußt, des Neuperlach – mechst net glaubn, daß Eahna da oana nausgeht und drin wohnt, aba de san doch drin wia de Fliagn. Da ham de Gwerkschaften an unternehmerischen Scharfsinn bewiesn, also de Neue Heimat und der Kaufhof, des san echte Alternativen zur freien Wirtschaft. Renditemäßig san de unschlagbar. Jetz müaßns natürlich für ihre Mitglieder höhere Löhne fordern. Damit de de Mietn da draußt überhaupts zahln kenna. Für mich is des ganze Neuperlach ein einziges Sozialspital. Da hams an guatn Griff doa. Raffinierte Hund sans scho, de ham a Gspür, wo wos geht und wo ned. Weil bei de Krankenhäuser, da mischen se se net ei. Wenn i Schefarzt waar, dad i aa net in d' Gwerkschaft geh, und in de Krankenhäuser hams aa nix zum Suchn, des san kerngesunde Unternehmen, und dene Kranken ko's ja Wurscht sei, was so a Pfleger verdient. Der einzige Nachteil is, daß ma fast nur no Ausländer als Pflegepersonal ham, Nonnen ausgenommen, aba de san ja im Aussterbm. Deitsch san praktisch nur no de Ärzte und de deitschn Patientn. – Auch in da Krise beweisn d' Gwerkschaften a guate Nosn. – Kernforscher miaßn beschäftigt werdn bei dera Akademikerschwemme – mir könnan uns des gar net leistn, Tausende von so Kernforschern, de wo koa Atom macha kenna. Und wenn alle Akademiker bloß no Taxi fahrn, na ham mir koane Akademiker mehr, wo si mi'm Taxi fahrn laßn. Da zeigns aa an Gerechtigkeitssinn, aber des bringt natürlich wieda eine gewisse Anonymität mit sich, weil der einzelne is nix mehr wert, wenn er in der Masse auftritt. Als einzelner im persönlichen Kontakt mit dem Chef erreicht man gewöhnlich mehr. Des san doch auch Menschen. I kann Eahna a Beispiel sagn aus meiner eigenen Angstelltenzeit: I bin zum Schef naufganga und habe eine Gehaltserhöhung gfordert. Als erstes hat er mir a Zigarrn und an Platz angebotn – die beste Sorte, drei Mark mindestens. Nachert hat er sich siebn Minutn Zeit gnommen, er hat mir dann das sehr gut erklärt, sagt er: Mir dad er gern a Erhöhung gebn, jederzeit, an eahm liegt's net, aber er sagt, d' Gwerkschaftn – da hamma's –, de fordern des für alle Mitglieder, un' des werd z' teier, und weil d' Gwerkschaftn so lästig fordern, hab i praktisch koa Erhöhung bekommen. Aber wenn i net selber higanga waar, hätt i net amal a Zigarrn kriagt, nachert hätt's wieda da Funktionär graucht. – Schaun S', auch bei mir selber im Unternehmen – ich bin Inhaber von am gastronomischen Betrieb in Form einer Wurstbude. Einen Angestellten hab i, den Hassan, der is zu mir kemma und hat mehra wolln, nachert hab ich's ihm in derselben Form erklärt, wie mir da Schef seinerzeit, allerdings is der Hassan Nichtraucher. Na is er unverschämt worn und hat mit da Gwerkschaft droht, na hab i 'n nausschmeißn müaßn. Weil an und für sich bin i a guatmütiga Mensch und habe für alle Probleme ein offenes Ohr, aber i laß mi doch net erpreßn. – Und, sag ma amoi, aa gsellschaftlich is heitzutog d' Mitgliedschaft eher a Nachteil, wenn oana net direkt in de oberen Ränge von da Gwerkschaft sitzt. Und da Beweis, daß's aa ohne geht, siecht ma ja an de Zahnärzte – Notare – Gebrauchtwagenhändler – Makler – glauben Sie, daß da oana organisiert is? De verdienen meines Erachtens nur deshalb so gut, weil s' net in der Gwerkschaft san und weil s' net wartn, daß eahna ois von obn her geregelt wird. – Irgendwann muaß a jeder Mensch amal selber in d' Händ spuckn und die Sache in die Hand nehmen, weil die Gwerkschaften san meines Erachtens viel zu zahm. Jetza zum Beispiel: zehn Prozent hams gfordert, nachert san net amal sechs Prozent rauskemma, und weil de Flaschen net durchkomma san, hab i meine Würscht net um fuchzehn Prozent erhöhen kennan. Gott sei Dank is da Cörry naufganga, na hab i's damit begründet – weil a Preisgestaltung muaß sei. Des is net so wichtig, was es kostet, sondern eine Begründung muaß her. Des sehng S' aa bei de Ölmagneten, de wo des Geld praktisch direkt anziehn, de können des alles genau belegn und inserieren des sogar in der Zeitung, warum s' mehra verdienan müaßn. – Aber oans muaß ma dene Gwerkschaftn laßn, organisieren, des könnans. De Ersten-Mai-Feiern, Respekt, Spitze – as Bier is schee kalt, da Leberkas ausgezeichnet, und de Redn wern Gott sei Dank aa imma kürza, und daran siecht ma scho, daß's aa koane Probleme mehr gibt. I muaß scho sagn, des is sehr angenehm, also, i geh da heit no hin, obwohl i jetzt a Unternehmer bin und mi des Ganze gar nix mehr angeht, praktisch. – Also, über den ersten Mai laß i nix kommen.

Warten auf Dillinger

Eine Kleinbaustelle mit einem abgesicherten Bauloch. Sepp Stößl steht da, seufzt, trinkt, schaut auf die Uhr.

SEPP O mei, der is oiwei no net da. Oiwei desselbe mit dem Dillinger. – I sag S' Eahna glei, wie's is: Wenn da Dillinger net kimmt, dann geht hier gar nix mehr. Wei i hätt ja im Grunde scho heut früh um achte in St. Öd sei miaßn, aba bevor da Dillinger net dawaar, hat des ja überhaupts koan Sinn. Wahrscheinlich hat der Dillinger net kemma kenna, weil um zehne, wo er in Griesbeckerszell hätt sei solln, da war er ja aa net. Mei, da Dillinger, der hat halt aa vui um die Ohrwaschl. Aber, da schaugn S' her, es geht nix voran da, wei da Dillinger no net dawar. I hätt ja nachert heut no dringend nach Ecknach nübermüaßn, aber i konn ja da net weg, wei sonst kimmt da Dillinger, und i bin net da, nachert geht wieda nix. Wei, ohne mi waar da Dillinger ja aufgschmißn, wei er – *deutet auf Kanalloch* – kennt si ja net aus.

DRAGAN *schaut aus dem Kanalloch* Aah, Seff?!

SEPP I hob koa Zeit jetza, i muaß auf'n Dillinger wartn, I wart jetz scho über drei Stundn ununterbrochn, nachert war Mittag, na hab i gmoant, daß er vielleicht zum Mittageßn kimmt, is er aber aa net kemman.

DRAGAN Ah, Seff, du schauen!

SEPP Ja, Dragan, was is 'n, ja sehr gut, jetz schaufelst nachert da den Dreck da no mehra auf d' Seitn, weil wenn Dillinger kommen, na muaß da de Muffn und des da ois frei sein. Schaufeln.

DRAGAN Gutt. *Taucht weg.*

SEPP Eigentlich is ja ganz guat, daß der Dillinger no net da war, wei bis jetz hätt er eh no nix macha könna, wei de Muffn no net gscheit frei war. Na hätt da Dillinger aa bloß wartn müßn, und bei dene Stundenlöhne heit, Sie, des geht dann fei ganz schön ins Geld. Aber er, der Dragan, duat sie halt a weng hart, wei sei Kollege, da Miroslav, heut net da is. – Ja, mei, wartma halt wieder . . .

Sepp wartet, trinkt Bier, ab und zu fliegt eine Schaufel Dreck vorbei.

SEPP Wenn S' mich um meine Meinung fragen, also, i glaab, der kimmt heit nimmer. Wei in Töging hätt er ja aa vorbeischaugn solln, beim Obermayr, da hab i aber angrufn, und da is er überhaupts net gwesn, und drum denk i mir, daß er, wenn er überhaupts no kimmt, zerscht beim Obermayr vorbeischaut, und na schafft er's ja vor Feierabend nia mehr. Na müaßma's wieder zuaschaufeln, wei morgen is scho Freitag. – Moment, i sag's eahm. Ah, du, Dragan! He, Dragan! Dillinger wahrscheinlich heute nix mehr kommen. Also, eine halbe Stunde du noch aufschaufeln, und wenn Dillinger dann no net dasein, dann du wieder zuschaufeln, aber wahrscheinlich Dillinger heute nicht mehr kommen, oder was moanst du? – Sie, der Dragan meint aa, des wird heut nix mehr. – Ja, i glaab, des hat jetz koan Sinn mehr, wei daß da Dillinger heut no kimmt, des is äußerst unwahrscheinlich. I glaab, i sag's eahm glei, wei mir müaßma ja heit no fertig wern. Ah, du, Dragan! He, halt, stopp! Nix mehr freischaufeln! Du jetz besser raufkommen und wieder zuschaufeln! Weil morgen ja schon Freitag!

DRAGAN *steigt mit Schaufel aus dem Kanalloch* Gutt. *Beginnt wieder einzuschaufeln.*

SEPP Jetz laß i eahm derweil wieder zuaschaufeln, wei wenn da Dillinger wirklich noch auftauchen sollte, na konn er's ja oiwei no wieda freischaufeln. Mei, mit dem Dillinger, glauben S' ma's, des is oiwei desselbe . . .

Shakespeare

A: Und? Wie war's?

B: Der Shakespeare gestern – doch – irgendwie, aber . . .

A: Wie aber?

B: Na ja, vom Preis-Leistungs-Verhältnis ist das doch irgendwie – schwierig.

A: Warum?

B: Na ja, so viele Schauspieler – die ganzen Kulissen, der Aufwand – wer zahlt denn das?

A: Ja!

B: Der Shakespeare war schon eine gute Kraft, aber vom Preis-Leistungs-Verhältnis – heutzutage –, da brauchen wir andere Leute.

A: Ja, ich sage auch: Ein Monolog ohne irgendwas kommt wesentlich günstiger.

Moslem-Man-Power

Hof einer Speditionsfirma. Heinz Brei, Unternehmer, steht am Büroeingang.

HERR BREI Und dann schicken S' noch amal a Mahnung an die Firma Fabian. Die solln jetz endlich zahln. Sonst kemman mir mit'm Rechtsanwalt. Ja, also, kommen S' amal mit, ich zeig Ihnen alles. Also, ich hab meine Firma in den letzten Jahren vollkommen umstrukturieren müssen. Des war, also wegen des allgemeinen Kostendrucks, also war des nicht mehr anders möglich, und auch aus humanitären Gründen, weil welcher anständige Deutsche macht Eahna des heute noch ... Ich beschäftige derzeit insgesamt siebenundzwanzig Personen, wovon allerdings eben, wie gesagt, außer mir nur noch vier Deutschstämmige personell zu Buche schlagen, gell, drei Fahrer und eine Sekretärin. Der Rest, des war bisher vorwiegend Personal aus der Türkei. Vor allem aus der östlichen Türkei, so Anatolien und so, aber zur Zeit is unser Betrieb dabei, auf Arbeitskräfte aus Fernost umzurüsten.
Zwei Türken beladen einen Lastwagen.
Da, des is der Herr Kemal und der Herr Öztürk, des san noch zwei Osmanen, aber de ham heut hier ihren letzten Arbeitstag. Ich habe also das Arbeitsverhältnis auflösen müssen, weil ich bemerkte einigen Tätigkeiten gegenüber eine gewisse Reserviertheit, da sans also unverschämt wordn, und dann hams auch noch gewerkschaftlich geliebäugelt, und so was kann ich mir als mittelständischer Betrieb nicht leisten. Wenn da jeder daherkemmad, na kanntn mir zammpackn.
Ein Pakistani taucht aus einem Gully auf.
No, Abdul, wie weit samma? Sind die Batzn weg? Ja, gut ausräumen alles. Da, wenn ich vorstelln darf, des is unser Herr Abdul, einer meiner neuen Mitarbeiter aus Fernost. Der Herr Abdul is aus Belutschistan, er wartet grade auf sein Asyl. *Zieht Tablette aus der Hosentasche.* Da, Abdul, für dich. Schön einnehmen. Im Munde zergehn laßn, lutschen. – I verabreich eahna oiwei a Vitamin C, dann is aa Kalzium drin, auch so Mineralstoffe und Spurenelemente und Antibiotika, des is a ausgewogene Dosierung, da hams dann ois, was sie brauchen. Weil sie sind keine großen

Esser, aber in unserer Branche, also in ara Spedition, da müssens doch oft ganz schön hinlangen, grad beim Schleppen. Jetz zeig ich Ihnen amal die Unterkünfte. Freilich, wir sind hier kein Luxushotel. *Deutet auf Lastwagengaragen.* Aber die Herren sind ja einiges gewöhnt, daheim hams ja auch nix anders. Gell, also, wie man mit dem Nötigsten zurechtkommt, des wissen die eh, und es is ja auch nur a Zwischenlösung. Weil die meisten von dene san ja nur vierzehn Tag bis drei Wochen da, also, bis eahna Asylverfahren entschieden is, und, im Vertrauen unter uns gsagt, in dene zwei Wochen müssen se sich dann ja praktisch auch rentiert haben, Sie verstehn. Also, da, da sind dann alle dreiundzwanzig Herren einquartiert. Die sparen sich dadurch den Weg zum Arbeitsplatz, sie sind unter sich, also direkt fast wie daheim.

Zwei Pakistanis schleppen ein Schrankwandteil vorbei.

Obacht! Aufpassen! Das sind Möbel! Vorsicht! – Des kennen die net, Möbel . . . Sie, mei Transportversicherung dad fei für Transportschäden nicht aufkommen, wenn die wüßtn, daß ich nur noch Pakistani beschäftige. Da sieht ma halt, daß es doch immer noch Ressentiments, also Vorurteile, gibt in unserer Bevölkerung. Überhaupt, man wird heute mit enormen Problemen belastet, wenn man sich dieser Leute annimmt. Also, man muß findig sein, weil offiziell geht da heutzutage nicht mehr viel, de Behörden blockiern fast ois, obwohl die Nachfrage nach Beschäftigung gerade in diesen Kreisen außerordentlich groß ist. Also die Behörden san da stur. Ma muß es auf der anderen Seite auch amal so sehn: Deutschland spart sich dadurch eine Menge Sozialballast. Der Krankenstand is bei meinem Betrieb inzwischen auch praktisch bei Null, auf Sauberkeit wird bei uns sehr geachtet, scho wega der Seuchengefahr, und wenn wirklich amal einer krank wird, ich hab meine Bezugsquellen, ich hab da keinerlei Probleme, daß ich die betreffende Person austausch, aber des is sehr selten, weil diese jungen Leute, die wollen eben noch arbeiten. Mir ham auch gewisse Vorsichtsmaßnahmen getroffen, also, die Fremdenpolizei, die is bei uns noch nie fündig geworden, es is halt alles eine Frage der Organisation. Jetz passen S' amal auf.

Er bläst in Trillerpfeife, sämtliche Pakistanis verschwinden in diversen Löchern.

Sehn S' as, die san unheimlich gut trainiert, sich zu verstecken, die wissen genau, es geht um ihren Arbeitsplatz.

Er pfeift dreimal, die Pakistanis tauchen wieder auf.
Weitermachen, gell! – Schön weitermachen.
Ein Lastwagen kommt auf den Hof gefahren.

FAHRER Servus, Heinz, i hab wieder oa. Brauchst was?

BREI Ja, oan kannt i no braucha. – Sie müssen entschuldigen, ich hab jetz zu tun . . .

FAHRER *klopft an große Werkzeugkiste* Hallo, Sportsfreunde, mir san da.
Zwei Pakistanis schälen sich aus der Kiste.

BREI Naa, oana glangt ma daweil. Den andern bringst am Ismeier Winfried, der suacht verzweifelt oan, weil dem hams grad sei ganze Belegschaft ausgwiesn. *Deutet.* Da, den rechtn nimm i. – Ah, is der scho desinfiziert?

FAHRER Naa, i hab 'n grad frisch neikriagt, aber de san guat beinand . . .

BREI Na geht's erst amal obi in'n Keller zum Desinfiziern, und dann weist eahm ei.
Der Fahrer zieht einen Pakistani aus der Kiste, drückt den anderen wieder in die Kiste, Deckel zu, nimmt den einen und geht mit ihm in Richtung Keller.

Achmed muß nach Hause

Achmed muß nach Hause,
Ausweisungsstempel is da.
Achmed muß nach Hause,
Rausschmiß aus Firma is nah.

Achmed muß nach Hause,
Muß zuruck nach Anatolia.
Achmed muß nach Hause,
hat nix Gluck in Alemania.

Alles Formular gebracht,
Auto, Arbeit – fort über Nacht,
nur gutt Freund, Achmed gedacht,
Ausländersalterfräulein hat gelacht.

gesprochen
»Weil ich sagen zu Seff,
Mensen geben immer nur Fußdritt.
Ich sagen, Seff, das ist
keine sosiale Klimaa!«

Achmed muß nach Hause,
kommen mit Seff nix mehr klar.
Achmed muß nach Hause,
Arbeit für Achmed is rar.

Achmed überhaupt nix slecht,
Ausländer nur Arbeit mecht,
Achmed sei nur arme Knecht,
Ausländersalterfräulein nix gerecht.

Achmed muß nach Hause,
Ausweisungsstempel is da.
Achmed muß nach Hause,
muß bald raus aus Alemania . . .

gesprochen
»Seff sagen, er sei Mitleid,
also so ohne Steuerkarte un so,
swarz ich son darf weiterarbeit,
weil Seff sozial . . .«

Dieser Rüsslinger

NACHBAR 1 Kennen Sie diesen, diesen wie heißt er denn, äh, Rüsslinger, glaub ich, Rüsslinger, Botho oder Bertram? Der ist doch, äh, Kunstmaler oder so was Ähnliches, oder vielleicht musiziert er auch, ich weiß nicht genau, aber der soll ja sagenhaft gut sein.

NACHBAR 2 Rüsslinger?

NACHBAR 1 Der Rüsslinger, ja, ein, also, ja, ich versteh das auch nicht, also, oder lebt der überhaupt noch?

NACHBAR 2 Ich kenn ihn nicht.

NACHBAR 1 Sie kennen ihn gar net. Also, jetz bin ich überfragt, also aber der is doch der, der hat doch diese neue Bewegung doch da neigsetzt, äh, auf'm, net Theatersektor, naa, jetzt sagen Sie 's mir, oder is er a Wissenschaftler . . .

NACHBAR 2 Kino?

NACHBAR 1 Nanaa, Kino is er net. – Ah, neein! Das is die neue Bäckerei da vorn bei der Leopoldstraße, jetzt hamma's.

NACHBAR 2 Ah ja, Bäckerei Rüsslinger. Genau.

Die Aussteiger

Heiko Söderbohm sitzt mit Herrn Schmitz in Söderbohms Ferienvilla vor dem offenen Kamin mit Blick in den Garten.

SÖDERBOHM Wissen Sie, mein lieber Schmitz, ich habe mir das mal approximativ durchgerechnet, ich koste mich selbst, also jede Stunde meines Daseins kostet mich circa vierhundertachtzig Mark. Da ist sie dann schon mit drin.

Er deutet auf seine Frau Ulla, die gerade mit einer Flasche Cognac kommt.

Mit Totalkosten, auch wenn sie schläft oder ich beispielsweise.

ULLA Herr Schmitz, wolln Sie mal kosten? Hundertfünfundsiebzig Jahre alter Cognac. Den hat Heiko bei einer Konkursmasse ersteigert. Das ist was Wunderbares.

HEIKO Obwohl – ich habe neulich 'nen ganz ordinären Remy aus'm Supermarkt geordert – schmeckt man kaum 'nen Unterschied.

ULLA Nee, nee, nun übertreib mal nicht, Heiko, das ist schon ein gewaltiger Unterschied. Kosten Sie mal, Herr Schmitz, allein das Bouquet . . . *Ulla schenkt Herrn Schmitz einen Cognac ein.*

HEIKO Mir auch einen, Ulla-Maus. Tja, Herr Schmitz, ich kann Ihnen ja auch mal spaßeshalber vorrechnen, was Ihnen Ihr Dasein so kostet. Das is so 'n Spleen von mir, wissen Sie. Aber die meisten sind erstaunt, wenn ich's ihnen mal ausrechne, wie teuer ihnen ihr Leben zu stehen kommt. Gut, in Ihrem Fall läuft das Ganze natürlich wahrscheinlich etwas preiswerter ab. *Sie* haben kein Ferienhaus am Hals. Schaun Sie, allein nur so 'n offener Kamin beispielsweise . . .

ULLA Also dann, erstmal prost, die Herrschaften.

SCHMITZ Prost.

HEIKO Prösterchen, Prostata! Schaun Sie, ich bin hier in unserem Feriendomizil vielleicht vierzehn Tage im Jahr. – Höchstens mal drei Wochen.

Schmitz kippt den Cognac in einem Zug runter.

ULLA *zu Schmitz* Der ist hundertfünfundsiebzig Jahre alt, den müssen Sie mit Verstand trinken.

SCHMITZ Ach so . . .

HEIKO Ja, ääh . . .

SCHMITZ Darf man hier rauchen?

HEIKO Na, paffen Sie mal.
Schmitz bietet Heiko eine Zigarette an.
SCHMITZ Mögen Sie auch eine?
HEIKO Nö, nö. In meinen Mußestunden gönne ich mir ja ab und an 'ne Havanna, fünfunddreißig Mark das Stück – für mich, is 'n Sonderpreis. *Heiko zündet sich eine Havanna an.* Also, passen Sie mal auf. Insgesamt brennt nun dieser Kamin vielleicht viermal im Jahr zwei Stunden. Ich lasse ihn ja auch nicht immer an – sind acht Stunden, da runden wir auf, sagen wir, zehn Stunden, das rechnet sich besser. Ein Kubik Holz kostet normal einhundertzwanzig Mark, ich muß hier hundertfünfzig Mark zahlen, die Leute meinen ja, ich bin hier Krösus. Na ja, macht also fünfzehn Mark pro Stunde. Aber das ist ja nur das wenigste, das sind die geringsten Kosten. Die Tatsache, daß dieser Kamin überhaupt da steht, macht anteilsmäßig am Gesamtobjekt hier circa dreißigtausend Mark. Vollkapitalisiert sind das dreitausend Mark per anno, sind wir schon bei dreihundertfünfzehn Mark pro Stunde. Und jede Stunde, die ich hier vorm Kamin verbringe, koste ich mich selbst aber schon per se vierhundertachtzig Mark, macht siebenhundertfünfundneunzig Mark.
ULLA Und dann trinken wir noch 'nen kleinen Cognac, und dann sind Sie schon bei weit über achthundert Mark pro Stunde Kaminfeuer. Aber wenn Sie sich das genau überlegen, bringt das alles nichts. Man zahlt sich hier dumm und dußlich und hat nichts davon. Die Leute sind dumm, frech, aufsässig, faul und ordinär. Gucken Sie mal!
Hebt eine Sofadecke hoch, man sieht eine Zigarettenkippe in einem kleinen Rand von Dreck.
Das habe ich vorige Woche hier hindrapiert. Die Putze war einmal da, die Putze war zweimal da und heute noch mal. Morgen ist sie nicht mehr da, sie weiß es nur noch nicht. Man muß sich ja nicht alles bieten lassen. Man wird ja nur noch ausgenutzt, man wird nur noch wegen des Geldes respektiert, verstehen Sie, ich halte diese verlogene Gesellschaft hier nicht mehr aus. Man kommt zu nichts, man führt banale Gespräche, man döst so vor sich hin, drum lösen wir hier alles auf, wir haben uns jetzt in Umbrien so 'n kleines Gehöft zugelegt, in dieser typisch umbrischen Bauweise.
HEIKO Gleich bei Monte del Trano links ab ins Gebüsch, mit eigenen Weinbergen, is 'n Traum.

ULLA Und die Leute da sind noch von einer Ursprünglichkeit, sag ich Ihnen, die haben eine Spontaneität am Leib, so was finden Sie hier nicht mehr. Das finden Sie bei uns nirgends mehr.

HEIKO Nicht so durchkommerzialisiert, verstehen Sie?

SCHMITZ Ah ja.

ULLA Drum machen wir hier tabula rasa, wir steigen aus.

HEIKO Wir lassen alles hier zurück, bis auf Steinway und Hundertwasser-Zyklus.

ULLA Wir hinterlassen keine Adresse, kein Telefon, die paar wirklich guten Freunde finden einen dann schon. Man braucht dort nichts außer 'nem tüchtigen Geländewagen, Toyota-Allrad hab ich schon bestellt.

HEIKO Wieso haste denn keinen Mercedes bestellt?

ULLA Nö, Toyota-Allrad is doch 'n klasse Geländewagen, stabiler Wagenheber, alles bei.

HEIKO Aber ich habe nur einen Satz Bandscheiben. Hähähä. Wenn wir schon wie Robinson leben, 'n kleiner Hauch von Luxus mag da schon noch sein. Wir fahren doch nicht zur Strafe runter, Ulla.

ULLA Aber Toyota is 'ne Weltmarke.

HEIKO Mercedes is auch 'ne deutsche Weltmarke.

ULLA Toyota war Allrad-Testsieger.

HEIKO Ja, aber nur bei der Geländeschrägfahrt.

ULLA Aber der Toyota-Service is . . .

HEIKO Ich nehm keinen Ausländer, außerdem, die Leute in Umbrien sind zwar rührend dilettantisch, aber 'n bißchen achten die auch drauf, was man fährt.

ULLA Ja eben, Mercedes sieht immer gleich so neureich aus, oder was finden Sie, Herr Schmitz?

SCHMITZ Na ja, äh . . .

HEIKO Ach was, dann bekommst du eben deinen Toyota, und ich fahre Mercedes. In dieser Wildnis sind zwei Autos sowieso kein Nachteil. Apropos, was macht denn der Kaffee, Ulla-Maus?

ULLA Schon in Arbeit. *Geht in die Küche.*

HEIKO Tja, die Frauen, sie wollen immer ihren Willen haben, die haben alle ihre Macken, alle. Is Ihre Frau auch so?

SCHMITZ Ich bin nicht verheiratet.

HEIKO Seien Sie froh, sparen Sie sich viel Geld.

Ulla kommt aus der Küche.

ULLA Heiko, kannst du mir mal eben kurz zur Hand gehen?

HEIKO Ja, was is denn, Ulla-Maus? Moment, lieber Schmitz.

Heiko geht auch weg. In der Küche:

ULLA Sag mal, bist du wahnsinnig, wie kommst du dazu, diesen öden Tropf hier einzuladen?

HEIKO Was heißt hier einladen? Der hat sich selbst eingeladen, das war . . .

ULLA Ich kenne diese Sorte Schmarotzer, die wanzen sich überall an, wo's was zu schnorren gibt. Am Ende spioniert er uns noch die Wohnung aus.

HEIKO Nö, nö, der is so harmlos wie 'ne Stubenfliege. Ein kleiner Fisch in meiner Firma, ich habe ihm mal in 'ner schwachen Minute gesagt: Wenn Sie mal in der Gegend sind, schaun Sie doch auf 'nen Sprung vorbei. Kann ich doch nicht ahnen, daß dieser Arsch das wörtlich nimmt.

ULLA Ja, aber nach'm Kaffe sägst du ihn ab. Ich kann diese alberne Fresse nicht länger sehen.

HEIKO Laß mal, Ulla-Maus, der kriegt noch zehn Minuten, und dann fliegt er raus.

ULLA Aber zehn Minuten maximal!

Heiko kommt zurück aus der Küche.

HEIKO So, mein lieber Schmitz, Kaffee ist schon in Arbeit.

Ulla kommt mit Kaffeegeschirr.

ULLA Wollen Sie vielleicht 'n paar Kekse dazu?

Der Humorist beim Finanzamt

Winfried Deutelmoser sitzt an seinem Schreibtisch und bohrt in den Zähnen, Annerose Waguscheit sortiert ihre Handtasche.

DEUTELMOSER Ham Sie heut aa den Sauerbraten ghabt, Frau Waguscheit?

WAGUSCHEIT Naa, i muaß abnehmen. I hab das Kaßler gnommen. War er gut, der Sauerbraten?

DEUTELMOSER Ah ja, er war net schlecht, a bißl wenig halt. Ich hätt gern no an Extraknödel ghabt, aber des is allweil des Gfrett, kaum gibt's an Sauerbraten, marschieren alle Abteilungen drauf zu, und was dann übrigbleibt, des is natürlich, wie immer, wenig. Und den Zitterpudding rührt eahna koana o. Aber sie machen ihn trotzdem, bloß, weil er im Etat drin is.

WAGUSCHEIT Mei, was da Geld nausgschmißn wird.

DEUTELMOSER A Knödel kann doch net mehr kosten wie a Zitterpudding. Herrschaftseiten, jetz moan i, spinnt der Computer scho wieder. *Es klopft.* Ja, herein! – Scheißkasten. *Es klopft wieder.* Herein! *Manfred Söll, ein schmächtiger Mensch, sorgfältig gekleidet, betritt das Büro und sieht sich um.*

SÖLL Grüß Gott.

DEUTELMOSER So ein Glump, mag er wieder net. Da muaß oana dro rumgspielt haben.

SÖLL Grüß Gott.

DEUTELMOSER Ja, grüß Sie Gott, nächstens sperrn mir über Mittag ab. 's is eh Vorschrift.

WAGUSCHEIT Oben im dritten Stock beim Dr. Berzelmeier is er scho seit vierzehn Tag kaputt. Es hat immer gheißn, daß s' 'n reparieren. Weil die gesamte Abteilung für Beschränkte ja praktisch lahmgelegt is, die können gar nimmer arbeiten.

DEUTELMOSER Ja, Sie werdn sehn, uns geht's noch genauso, wenn des so weitergeht. Apropos, haben Sie die Unterlagen in der Angelegenheit Reitmoser-Schwöpf . . . San die wieder aufgetaucht? Was is 'n da los?

WAGUSCHEIT Ich kann's einfach net finden. An ganzen Tag hab ich s' gsucht. Jetzt hab ich s' an'n Herrn Smrch weitergebn, der kümmert sich drum, hat er gsagt.

SÖLL Hallo, Verzeihung, äh . . .

DEUTELMOSER Ja, an Moment noch, gell, Sie sehen ja . . . *Geste.* So, der Herr Smrch macht das jetzt. Na laßn S' 'n glei amal kommen. Da muaß ein Exempel statuiert werden. Rufen S' amal glei an.

WAGUSCHEIT Selbstverständlich, sofort. *Telefoniert.*

DEUTELMOSER Ja, und nun zu Ihnen.

SÖLL Guten Tag, mein Name ist Joe Canaris, ich bin Humorist. Bin ich hier richtig, ich komme wegen meiner Steuererklärung.

DEUTELMOSER Sie san also a Humorist. Ja, des kommt jetz drauf an, sin Sie mehr ein Witz*her*steller, also Witzproduzent, oder vertreiben Sie die Witze nur, indem Sie s' erzählen, also *Re*produzent quasi.

SÖLL Ja, eigentlich mehr beides.

DEUTELMOSER Soso, mhm, des is dann natürlich . . . da ghören S' eigentlich . . . ah, zeigen S' amal Ihre Unterlagen.

Söll überreicht aus seinem Aktenkoffer einen Ordner. Deutelmoser studiert die Unterlagen.

DEUTELMOSER Nehmen S' doch derweil Platz, Herr, äh, Söll . . .

SÖLL Wissen Sie, ich arbeite praktisch sozusagen mehrgleisig, das heißt, ich stelle meine Witze selbst her, oder besser gesagt, ich erfinde sie, und die guten Witze bringe ich anschließend zum Vortrag.

DEUTELMOSER *lesend* Ja, Sie haben hier unter Werbungskosten, haben Sie einen grauen Straßenanzug als Berufskleidung angeführt. Zum Witzeerzählen, nehm ich an. Wolln Sie damit also sagen, daß das Ihre Berufskleidung ist?

SÖLL Selbstverständlich. Ich kann, wenn ich einen Witz erzähle, doch nicht als Kasperl auftreten.

DEUTELMOSER Ja, aber sehen Sie, *das* wäre zum Beispiel für uns bedeutend einfacher, da hätten mir dann eine eindeutige Abgrenzung. Während so, bei am Straßenanzug, is des natürlich schwierig, weil die Abgrenzungsmöglichkeit des berufsbedingten Aufwands ist ja hier nicht gewährleistet.

SÖLL Aber, ich brauch ihn doch auf der Bühne, soll ich in Unterhosen auftreten?

DEUTELMOSER Unbestritten, Sie können ihn aber auch daheim anziehen, des können wir doch nicht überprüfen. Ja, leider, des is keine steuerwirksame Maßnahme, so was wird als zumutbare Privatbelastung deklariert, zumal, in Ihrer Branche werden ja häufig Witze schwarz nebenher fabriziert. *Streicht den Anzug. Liest wieder.* Mhm, Sie sagen also, Sie haben letztes Jahr vier Witze hergestellt.

SÖLL Ja, es wird ja auch immer schwieriger mit der Konjunktur. Und heuer schaut's noch schlechter aus. Das Produktionsvolumen ist weiterhin rückläufig.

DEUTELMOSER Ja, es tut mir leid, mir können Ihnen nur aufgrund Ihrer Witzproduktion vom letzten Jahr den Kostenfestsetzungsbescheid berechnen. Wenn jetzt Ihre Produktion stagniert, dann müssen Sie bei der Rechtsbehelfsstelle form- und fristgerecht Erinnerung erheben, des geht mich nachert nix an. Sie können natürlich aber auch einen Steuervorauszahlungsherabsetzungsänderungsantrag einreichen, dafür bin ich dann wieder zuständig. Die Formulare dazu kriegen S' in Zimmer 37 A.

WAGUSCHEIT *am Telefon* Ja, da nehmen S' a ganz normale Blumentopferde.

DEUTELMOSER Sie führen hier auf, am 17. 8. haben Sie in der Stadthalle Möhl, haben Sie ein Wiener Schnitzel mit geschmischtem Salat und sieben Bier und vorher eine Grießnockerlsuppe konsumiert. Das rechnen Sie hier zu den Herstellungskosten. Also, wenn's überhaupt steuerlich relevant sein soll, sind das doch bestenfalls Vertriebskosten, Kosten beim Witzvollzug quasi.

SÖLL Nein, nein. Erstens muß ich ja, um in die richtige Stimmung zu kommen, etwas Adäquates zu mir nehmen, und außerdem habe ich ja schon damals zugleich an meinem anderen, neuen Witz gearbeitet.

DEUTELMOSER Übrigens, sieben Bier is schon allerhand. Sie werden mir doch nicht erzählen, daß Sie die sieben Bier nur und ausschließlich dienstlich getrunken haben. War da keins privat dabei? Mal ganz ehrlich?

SÖLL Nein. Nein. Nein! Na ja, vielleicht am Schluß eins oder allerhöchstens zwei.

DEUTELMOSER Na also dann, des gehört doch abgegrenzt. Des is a Schlamperei, des geht doch net.

SÖLL Mein Problem ist doch: Die Herstellung von Witzen beruht oft zum Teil in der Herstellung von Privatatmosphäre, aus der man dann schöpfen kann.

DEUTELMOSER Ja, aber guter Mann, wie soll ich denn das dann hier abgrenzen? Des sind dann halt zumutbare Eigenbelastungen. Es tut mir leid. Außerdem, wissen Sie, a Wiener Schnitzel und a Grießnockerlsuppn, das ist keine Verpflegungsmehraufwendung mehr, das is eine Prasserei. Eine Verpflegungsmehraufwendung, das wär, wenn ma, sagn mir mal, noch a Tasse Kaffee zu sich nimmt, sowohl bei der Herstellung wie auch im Vertrieb. *Streicht Schnitzel und anderes.* Ah, noch a Frage, weil Sie haben doch da an Kombi aufgführt, ich mein, Ihre Witz ham Sie doch zum Teil im Kopf oder auf an Papierl? Wieso brauchen Sie da an Kombi?

SÖLL Ja, äh, zum Transport von Kollegen zum Beispiel, Zauberer, Showmaster und so . . .

DEUTELMOSER Ja, die sind berufsfremd, des hat damit nix zum Tun. Ich mein, was anders is a ganz normale Fahrt zum Arbeitsplatz, also vom Wohnort zum Ort der Herstellung des Witzes und von da bis zu dem Platz, wo Sie den Witz an den Mann bringen. Und zurück natürlich.

WAGUSCHEIT Ah, Herr Deutelmoser, ich wollt Ihnen nur sagen, ich geh jetzt.

DEUTELMOSER Jaja, is scho recht.

WAGUSCHEIT Der Herr Smrch, hat's gheißen, is scho auf'm Weg zu Ihnen.

DEUTELMOSER Is scho recht.

WAGUSCHEIT Also dann, ich geht jetzt.

DEUTELMOSER Ja, is scho recht, gehnga S' nur.

WAGUSCHEIT Was ich noch sagn wollt, an Bienenstich hab ich Ihnen hintern Vorhang gstellt, zwoa Stück, wie alleweil.

DEUTELMOSER Ja, is scho recht, dankschön.

WAGUSCHEIT Also dann, Wiederschaun, Herr Deutelmoser.

DEUTELMOSER Ja, pfüat Eahna Gott. Also, wie gesagt, Anfahrtswege . . .

WAGUSCHEIT Ah, was ich noch sagn wollt, Sie wissen schon noch, morgen wird's a bißl später. Kann sein, daß ich erst kurz vor Mittag komm.

DEUTELMOSER Jajaja. Is scho recht.

WAGUSCHEIT Weil ich doch da mein Zahnarzttermin hab.

DEUTELMOSER Ja, is scho recht.

WAGUSCHEIT Es is einfach net anders gangen.

DEUTELMOSER Is scho recht.

WAGUSCHEIT Also dann, Wiederschaun.

DEUTELMOSER Ja, Wiederschaun.

SÖLL Wiedersehn.

WAGUSCHEIT Wiedersehn.

DEUTELMOSER Ja, Wiederschaun. *Fräulein Waguscheit geht.* Also, mach mir weiter. Sie führen hier also auf – *liest* – Spenden zugunsten und

Förderung eines unbekannten Künstlers. Aber, sagen S' amal, Joe Canaris, des san doch Sie selber.

SÖLL Mein bürgerlicher Name ist Manfred Söll.

DEUTELMOSER Aber vorhin haben S' doch selbst gsagt, Joe Canaris.

SÖLL Ja, schon, aber nur in meiner Eigenschaft als Humorist, als Privatperson heiß ich Manfred Söll, und als Manfred Söll kann ich doch den Künstler Joe Canaris fördern.

DEUTELMOSER Geh, machn S' Eahna doch net lächerlich, spenden S' lieber ans Rote Kreuz. *Streicht Spende.* Jetzt würd mich amal interessieren, wie sind Ihre reinen Herstellungskosten eines Ihrer Witze? Nur dann können wir die Abschreibungsmöglichkeiten gemäß in Erwägung ziehen.

SÖLL Ich hab bisher immer digital abgeschrieben.

DEUTELMOSER Sie Witzbold, des kommt doch für Sie überhaupt nicht in Frage. Sie sind doch quasi, auch wenn Sie jetzt Witzehersteller sind, ein Unternehmer. Oder geben Sie Witze bisweilen in Auftrag?

SÖLL Nein, nein, ich erfinde sie alle selbst.

DEUTELMOSER Dann können Sie doch nicht als Unternehmer gelten, sondern doch höchstens als freier Verfasser von Scherzen und so weiter, Sie san ja koa Wirtschaftsunternehmen von Rang. Sie fallen doch in eine ganze andere Proportionalzone. Der Kombi is ja eigentlich scho zviel, aber, Schwamm drüber, laß mir 'n passiern, ausnahmsweise. *Wenn* einer Ihrer Witze mal zur Geltung kommt, das heißt, sich durchsetzt, dann kommt natürlich nur eine degressive Abschreibung in Frage. Wenn dieser Witz sich natürlich schnell verbraucht, daß es sich sozusagen nicht gelohnt hat, dann machen mir eine progressive Abschreibung.

SÖLL Nein, linear.

DEUTELMOSER Nein, progressiv, reden S' net ständig. A progressive Abschreibung. Wenn der Witz einigermaßen ankommt, würd ich vorschlagen, schreiben mir 'n linear ab. Also digital kommt für Sie überhaupt nicht in Frage. Jetz no was: Sie sagen, Sie arbeiten kontinuierlich als Humorist und verstehn sich als das.

SÖLL Selbstverständlich. Nur Humorist. Nur.

DEUTELMOSER Also, Grenzbereiche kommen nicht in Frage? So Conférencen . . .

SÖLL Ja, schon, manchmal.

DEUTELMOSER . . . oder daß sie mal bloß Bonmots machen oder Kalauer oder irgend so was? Des fällt natürlich abschreibungsmäßig untern Tisch, weil der Erstellungsaufwand ja praktisch null is, andererseits die Rendite beträchtlich sein kann.

Herr Smrch, der Hausbote, kommt mit einer Akte.

SMRCH Sie haben mich rufen lassen.

DEUTELMOSER Ja, wegen der Akte Reitmoser-Schwöpf, ham S' es jetz gfunden?

SMRCH Die nicht, aber dafür ist die Akte Dillinger wieder aufgetaucht.

DEUTELMOSER Dillinger, Dillinger, da weiß ich ja gar nix davon, daß die weg war.

SMRCH Das ist ja auch schon vier Montate her, daß sie verschollen ist.

DEUTELMOSER Ah, jaja, jetzt glaub ich, kann ich mich erinnern. Geben S' es her. Und den Reitmoser-Schwöpf suchen S' weiter. Bis S' 'n haben, verstanden?!

SMRCH Selbstverständlich. *Es rattert, er will gehen.*

DEUTELMOSER Hahaha, so ein Witz, jetzt geht er wieder.

SMRCH Bitte wer?

DEUTELMOSER Der Computer. Is des net komisch?

SMRCH Was?

DEUTELMOSER Daß er wieder geht?

SMRCH Ja, ich geh jetzt auch. Wiedersehn. *Geht.*

DEUTELMOSER Ja, Wiederschaun. Also, wo warn mir . . . ah, wissen S' was, ich rat Ihnen, nehmen S' die Werbungskostenpauschale in Anspruch, weil wenn mir Ihr Witzgut auf Herz und Nieren überprüfen, dann bleibt, glaub ich, nimmer viel übrig. Wenn mir genau werdn müssen, dann haben Sie nix mehr zum Lachen. *Streicht alles, sieht nochmals in den Antrag.* Ah, Moment amal. Also, des hier sind – *zeigt auf Summe* – Ihre gesamten Realeinkünfte vom vorigen Jahr?

SÖLL Ja, warum?

DEUTELMOSER Ja, dann brauchen mir ja gar nimmer weiterrechnen, da sind Sie ja unter dem Existenzminimum. Ja, sagen S' amal, wovon leben denn Sie überhaupt?

SÖLL Wie bitte?

DEUTELMOSER Wolln Sie an Witz mit mir machen? Da, nehmen S' Ihre Sachen mit, und kommen S' wieder, wenn S' amal was verdienen sollten. Wiederschaun. *Deutelmoser wendet sich der Akte Dillinger zu, Söll verstaut verständnislos seine Steuererklärung.*

Technologische Innovation

Empfangshalle in einem Schloß oder Palais bzw. eine große Kunsthalle. Bilder, Plastiken und Kunstobjekte sind im Raum verteilt. Dezenter Blumenschmuck. Vernissagepublikum in Grüppchen verteilt. Diskretes Servicepersonal. Ein kaltes Buffet. In der Mitte, durch eine Absperrung vom restlichen Raum getrennt, ein abgedecktes Objekt. Daneben ein Rednerpult, ein Festredner, der gerade eine Ansprache hält. Auf einem Podest ein Knabenchor und ein Streichquartett. Vereinzelte Neuankömmlinge. Eine Empfangsdame, die diese geschmackvoll zu bereits vorhandenen Gästen dazuarrangiert.

FESTREDNER ... die Beherrschung der Technik, meine Damen und Herren, ist ein uralter Menschheitstraum. Und es waren nicht die schlechtesten Köpfe, die – seitdem der Homo sapiens im Banne steht ... des Perpetuum mobile. Ein Leonardo da Vinci hat sich selbst zeit seines Lebens nie als Künstler gesehen, sondern als Techniker, meine Damen und Herren, als Ingenieur, als unruhiger Geist, dessen Visionen von seinen Zeitgenossen belächelt wurden – nicht genügend estimiert sozusagen. Kunst und Bewegung oder Bewegung in der Kunst. Fliegen, ein uralter Menschheitstraum. Die Überwindung der Schwerkraft. Dieser atemberaubende Begriff von Leichtigkeit, die in der Natur vorgegebene verblüffende Einfachheit bei unglaublich raffinierter Komplexität. Die überraschende Simplizität der sich abzeichnenden optimalen Lösung führt uns zu dem Begriff, der uns heute an diesem Ort zusammengeführt hat, meine Damen und Herren. Die neue Souveränität. Unser Beitrag – und sicherlich auch ein Manifest für den Aufbruch ins nächste Jahrhundert.
Festredner verbeugt sich. Dünner Applaus. Knabenchor singt »Im Frühtau zu Berge«.

FESTREDNER *geht auf einen älteren Herrn zu* Aah, sieh da, mein lieber Konsul. So trifft man sich. Wir waren doch das letzte Mal – hab ich Sie nicht in Windhoek ...

KONSUL Ich glaube, Sie meinen Kapstadt.

FESTREDNER Ach ja, richtig, in Kapstadt, natürlich, äh, sind Sie noch in Den Haag?

KONSUL *schüttelt den Kopf* Ankara ...

EMPFANGSDAME *führt eine unscheinbare Person zu einem Small-talk-*

Grüppchen Herrschaften, darf ich vorstellen? Professor Maibach, unser neuer Mann in Delhi.

MAIBACH Ich war aber auch lange in Ägypten.

EMPFANGSDAME Ach ja, das muß ja sicher interessant gewesen sein. Sie waren ja lange in Ägypten.

MAIBACH Ich bin dann aber doch nach Delhi.

EIN GAST Und was spricht man so in Delhi?

MAIBACH So lala, je nachdem.

Ein anderes Small-talk-Grüppchen.

GAST 1 Ich sage zu Dr. Züstler – da bemühen wir uns im Windkanal um Bruchteile hinterm Komma, das macht sich doch erst bei Tempo zwohundert erst richtig bemerkbar. Was nutzt uns das stromlinienförmigste Auto bei fast Stillstand auf der Autobahn.

GAST 2 Vollkommen Ihrer Meinung. Hier, kosten Sie mal diesen Fruchtsalat, da ist irgendein Gewürz drin.

GAST 1 *nimmt einen Löffel* Ingwer.

EMPFANGSDAME Darf ich vorstellen? Das ist Professor Schlauch. Prof. Schlauch geht gerade nach Brasilien.

GAST 1 Ah, Brasilien . . .

SCHLAUCH Ich hätte schon voriges Jahr nach Brasilien gehen sollen.

GAST 2 Jaja, Brasilien, überhaupt Südamerika.

EMPFANGSDAME Da haben Sie vollkommen recht, ich darf die Herrschaften einstweilen . . . *Sie geht wieder.*

EMPFANGSDAME Meine Damen und Herren, bevor wir nun zum offiziellen Teil unseres kleinen Beisammenseins kommen, bleibt mir nur noch das Vergnügen, den Gesamtleiter unseres Projektes, Herrn Professor Dr. Langärmel, vorzustellen.

FESTREDNER *schüttelt Langärmel die Hand* Im Namen des Vorstands und der Direktion meinen Dank für Ihren innovativen, visionären Einsatz an unserem Projekt, für Ihren unerschütterlichen Glauben an die Machbarkeit von Zukunft.

Dünner Applaus. Die Empfangschefin reicht Herrn Langärmel eine Urkunde. Discomusikeinsatz. Vier Ballettmiezen hoppeln in den abgesperrten Bereich, und nach ein paar Tanzschritten haben sie sich an den vier Ecken des Objektes postiert. Sie heben nun langsam, feierlich zu einem bombastischen Wagner-Ouvertüren-Motiv das Abdecktuch und entfernen sich. Hinter dem Tuch wird ein neuer 12-Zylinder-Motor sichtbar. Der Festredner schreitet zu einem Marmorsockel, die Empfangsdame reicht auf einem Samtkissen einen goldenen Schlüssel. Gleichzeit schwebt hinter dem Motor eine Transparent hoch mit der Aufschrift DIE NEUE SOUVERÄNITÄT. *Der Festredner steckt den Schlüssel in den Sockel.*

FESTREDNER Meine Damen und Herren. Mit der Fertigstellung dieses Zwölf-Zylinder-Aggregates hat ein neues Zeitalter begonnen.

Der Festredner dreht einen Zündschlüssel, der Motor läuft. Alle lauschen einen Augenblick gespannt dem Motorgeräusch des 12-Zylinders. Die Empfangsdame animiert zu einem Applaus. Allgemeiner Applaus. Einsatz Streichquartett.

Wahrsagekugeln

FRAU: Ach Sie, bitte sehr, wo gibt's denn bitte die Wahrsagekugeln aus Glas?

MANN: Äh, ja, wolln Sie Zukunft oder Gegenwart?

FRAU: Hm, ja, mehr Vergangenheit, bitte.

MANN: Äh, die gibt's im dritten Stock links, bitte, die Antiquitäten.

Im Kaufhauslift

Ein Kaufhauslift von innen. Menschen drängen zur offenen Lifttür herein. Ein zerknitterter Liftportier steht am Liftbedienungspult.

Erdgeschoß

KUNDE I In den ersten, bittschön . . .

LIFTMANN Eins, zwei, vier, noch jemand, haben wir alles? Gut.

KUNDE II Fünf.

LIFTMANN . . . und die fünf dazu.

KUNDIN Elektrische Schreibmaschinen?

LIFTMANN Elektro, Schreibwaren, dritter Stock. – Aufwärts!

FRAU Sagen Sie, wo gibt es bitte . . .

LIFTMANN Meine Dame, ich rufe alles aus. Sonst kommen wir morgen früh noch nicht, hätten Sie unten die Auskunft holen müssen. – Vorsicht.

Die Lifttür schließt, der Lift fährt los.

1. Stock.

LIFTMANN Erster bitte, Herren-/Damen-/Kinderbekleidung–Ledermoden–Reisebüro–Sportartikel–Pixi-Fotostand . . .

KUNDE Sakkos, bitte?

LIFTMANN Herren-/Damen-/Kinderbekleidung hab ich doch schon!

Der Kunde steigt aus, Kunde I betritt mit neuem Herrenmantel, einer großen Kaufhaustüte und einem Paar Ski wieder den Lift. Die Tür geht zu.

KUNDE I Zwoatn, bittschön.

FRAU Wo gibt es bitte . . .

LIFTMANN Eins nach dem anderen.

Der Lift fährt.

2. Stock

LIFTMANN Ja, zweites, bitte, Radio–Fernsehn–Schreibwaren–Bücher–Kunst–Geschenkecorner–Schallplatten–Spielwaren–Restaurant–Alles fürs Kind–MisterMinit-Service . . .

FRAU Wo gibt's denn bitte . . .

LIFTMANN Ich rufe alles aus, warten Sie's ab.

Kunde I betritt wieder den Lift, diesmal mit drei Tragetaschen, Skiern, Farbfernseher und einem großen Spielzeugbären.

KUNDE 1 Obacht. Ah – nauf!
LIFTMANN Vorsicht bitte an der Tür.
Lifttüre zu, der Lift setzt sich in Bewegung.

3. Stock
LIFTMANN So, dritter, bitte, Haushalt–Werkzeug–Waschmittel–Bastelbedarf–Raucherboutique . . .
FRAU Wo gibt es denn bitte . . .
LIFTMANN Uhren–Schmuck–Tischwäsche–Drogen–Glas–Porzellan . . .
Kunde 1 betritt sehr voll beladen – bisherige Einkäufe plus Homeworker, Karton mit Geschirr – den Lift, der ziemlich voll ist.
KUNDE 1 Obacht, bittschön, ah, Verzeihung . . .
KUNDEIN Passen Sie doch auf!
KUNDE 1 'tschuidign S'.
LIFTMANN So, Vorsicht bitte an der Tür!
Ein eiliger dicker Mann quetscht sich gerade noch in den Lift, als die Tür zugeht, mit deutlichem Klirren zerbricht das Porzellan des Kunden 1.

4. Stock
LIFTMANN Vier, bitte, Gardinen–Teppiche–Lampen–Bilder–Silber–Terrasse–Zoo–Betten–Campingparadies . . .
FRAU Wo gibt's denn bitte . . .
LIFTMANN Gleich sind wir oben.
FRAU . . . Wahrsagekugeln?
LIFTMANN Vergangenheit oder Gegenwart?
FRAU Nein, Zukunft.
LIFTMANN Zukunft führen wir nicht. Vielleicht bei Sparstatt.
FRAU Vielen Dank.
Die Frau steigt aus. Kunde 1 betritt den Lift mit der Ausrüstung vom 3. Stock und einer Campingliege. Er ist jetzt der einzige Liftbenutzer, aber er füllt den Liftraum mit seinen Waren voll aus.
KUNDE 1 Obacht, ah, Augenblick . . .
LIFTMANN Warten Sie, ich helf Ihnen.
Er hilft. Die Tür geht zu.

5. Stock
LIFTMANN Fünfter. Lebensmittel–Spirituosen–Kundendienst–Kreditabteilung . . .

KUNDE 1 Sie, wo geht's denn da zur Kreditabteilung?
LIFTMANN Wolln Se 'n Langzeiter oder 'nen schnellen Kleinkredit?
KUNDE 1 I mechad schnell an großen Kredit.
LIFTMANN Hier lang, neben dem Himbeergeist links ab.
KUNDE 1 Dankschön.

Der Kunde nimmt sein sämtliches Gepäck und marschiert in Richtung Kreditabteilung.

5. Stock, Fahrt abwärts

LIFTMANN So, bitte einsteigen.

Kunde 1 kommt ohne Waren in den Lift, eine halbvolle Flasche Himbeergeist in der Hand.

LIFTMANN Na, hat's geklappt?
KUNDE 1 Frag net so blöd, abi.

Der Lift fährt los.

Dilemma

A: Das Wort »Bankfilialdirektor« kling gut, aber ...

B: Aber?

A: Aber – ja – ich soll Kredite verkaufen!

B: Und?

A: Eben! Aber die, die wirklich einen Kredit brauchen, weil sie ...

B: ... ihn brauchen.

A: Eben! Also, nicht nur aus finanztechnischen Gründen, sondern zum ...

B: Verstanden! Halt die, die Geld brauchen – äh – benötigen, weil sie keins – äh ...

A: Eben! Denen einen Kredit zu geben – ist immer Harakiri, verstehen Sie?

B: Und die Konsequenz?

A: Ich versuche an die Leute Geld zu verkaufen, die eigentlich keins brauchen!

B: Und wenn die abwinken?

A: Dann verfüge ich über Geld ...

B: Und?

A: Und? – Ich wollte eigentlich immer schon ursprünglich Schauspieler werden!

Bilanzen

MANN: Grüß Sie Gott, Herr Direktor.

DIREKTOR: Ja, guten Tag.

MANN: Ja, ich hätte hier a kleine Sache, ganz geschwind nur, ganz was Geschäftliches, Herr Direktor. Und zwar, ich hätte hier einen Vorschlag: Ein Mann – er bräuchte 20 000 für die Firma, kleines Spritzerl sozusagen, gell?

DIREKTOR: Na ja, zeigen S' mir halt mal die Bilanz. *Papierrascheln.* Hm, ja, ja, sagen Sie, ja, ich mein, der Mann ist doch pleite.

MANN: Ja, hehe, kein Geld, gell. Ja, ja, ja, na ja, na ja, es geht, das kann schon vorkommen, gell? Aber da hätte ich noch was Besseres, Herr Direktor. Es ist ein Mann, wissen Sie. Revitalisieren. Er bräuchte 50 000 Mark, gell?

DIREKTOR: Na ja, also, zeigen Sie mal. *Papierrascheln.* Na, sagen Sie also, der, der Mann ist ja auch pleite. Aufgrund dieser Bilanz.

MANN: Auch pleite, gell. Ja, ja, kein Geld, keine müde Mark. Na ja, na, na, na also, was soll man dazu sagen. Also, danke schön, Herr Direktor, gell, und weiterhin gute Geschäftsverbindungen.

Prozente

A: Also, die Wühlmausschockanlage hab ich für 1250 Euro erworben!
B: Und?
A: Alles elektronisch! Ich stelle die Maschine ein – und dann geht's los!
B: Was los?
A: Na ja, eine Art Mini-Erdbeben in unvorhersehbaren Abständen!
B: Und die Wühlmäuse?
A: Weiß nicht.
B: Wie? Warum?
A: Ja, ich habe ja keine Wühlmäuse – aber damit eben keine kommen!
B: Präventiv!
A: Genau! Weil ich habe einen Rasen! Und jetzt kauf ich mir eine Taubenverscheuchmaschine!
B: Auch präventiv?
A: Freilich! Weil jetzt krieg ich noch dreißig Prozent! Und wenn einmal ein Taubenproblem da wäre, das kriegen die immer gleich spitz, dann ist's mit den Prozenten vorbei.
B: Wenn aber erst gar keine Taubenplage entsteht?
A: Schön! Das ist unwahrscheinlich! Jedenfalls – so oder so –, die dreißig Prozent macht mir keiner mehr streitig!
B: Ja – aber . . .
A: Daß eine 100%ige Taubenplage entsteht, ist tatsächlich nicht soo wahrscheinlich, aber – eine 70%ige ist durchaus im Bereich des Möglichen! Und wenn ich noch drei Prozent Skonto kriege, ist die Wahrscheinlichkeit noch größer!
B: Ja – ah – aha! So hab ich das auch noch nicht betrachtet!
A: Dann wird's aber Zeit!

Der Maßanzug

Anselm, Frederike und Sohn Heinz-Rüdiger Wolf in einem großen Bekleidungshaus. Ein Verkäufer steht herum. Heinz-Rüdiger kommt aus der Umkleidekabine.

VERKÄUFER Na, der paßt aber wirklich wie angegossen. Fabelhaft.
FREDERIKE Heinz-Rüdiger, drah di um! Ja, des is der für wieviel?
VERKÄUFER Dreihundertneunundneunzig Mark, gnä' Frau.
FREDERIKE Und, Anselm? Was moanst?
ANSELM Vierhundert Mark, ganz schön happig.
VERKÄUFER Nein, dreihundertneunundneunzig Mark.
ANSELM Sag i ja, vierhundert Mark. *Zu Frederike* Vierhundert Mark.
FREDERIKE Ja, Sie, un' wenn mir jetzt eine Nummer größer nehmen, machad des preislich an Unterschied, wieviel tat der dann kosten?
VERKÄUFER Dreihundertneunundneunzig Mark, gnä' Frau.
FREDERIKE Also, praktisch dasselbe.
VERKÄUFER Ja, dasselbe.
ANSELM Sie, und zwoa Nummern größer, dieser Anzug da? Waar des dann immer noch . . . preislich, verstehen Sie.
VERKÄUFER Muß ich mal sehen, ob wir ihn zwei Nummern größer auf Lager haben. *Sucht.* – Ja, wir ham ihn nur drei Nummern größer.
FREDERIKE Ja, der würde dann aber auch nur dreihundertneunundneunzig Mark kosten, also praktisch desselbe wie der da.
VERKÄUFER Ja, dasselbe.
ANSELM Dann dean S' 'n her.
VERKÄUFER Aber dieser Anzug paßt dem jungen Herrn doch hervorragend.
ANSELM Dean S' 'n her!
VERKÄUFER Aber drei Nummern größer ist doch dann viel zu groß.
ANSELM Dean S' 'n her, sag i!
VERKÄUFER Drei Nummern größer, da schwimmt ja der junge Mann drin.
FREDERIKE Dann bringen S' 'n halt nur eine Nummer größer.
ANSELM Naa, zwoa mindestens.
VERKÄUFER Also, ich bin nach wie vor der Ansicht, daß dieser Anzug optimal sitzt, aber bitte, wie Sie wünschen. *Er holt den Anzug drei Nummern größer.*

FREDERIKE Heinz-Rüdiger, ziag derweil den Anzug scho wieder aus.

ANSELM *leise zu Frederike* Der wui uns doch bloß reilegn, daß ma uns nächste Woch scho wieder an Anzug kaffa kenna.

FREDERIKE Ja, aber drei Nummern is vielleicht doch scho a bisserl viel.

ANSELM Sei stad!

VERKÄUFER Schaun Sie sich doch das an. *Er hält den Anzug an den Buben hin.* Den brauchen wir doch gar nicht probieren.

ANSELM Doch, genau, der, moan i, paßt.

FREDERIKE Heinz-Rüdiger, anziehn!

VERKÄUFER Das seh ich doch mit bloßem Auge, daß der Anzug viel zu groß is für Ihren Sohn.

FREDERIKE Die wachsen doch wie die Spargel. Da wachst er ganz sicher scho nei, wissen S' – net daß ma nächste Woch scho wieder zu Eahna kommen, so dick hamma's dann aa wieder net.

ANSELM *zeigt auf sein Sakko* Da schaun S' her, des is a Qualität. Des hab i seinerzeit, kurz nach'm Ungarnaufstand hab i den kauft, hat damals aa scho fast zweihundert Mark kost. Konn i heit no anziagn.

VERKÄUFER Ja, aber Ihr Herr Sohn muß sich doch noch in diesem Anzug bewegen können. Man kann's mit der Sparsamkeit auch ein bißchen zu weit treiben, finden Sie nicht?

Heinz-Rüdiger kommt aus der Garderobe. Hände und Füße sind nicht zu sehen, Hängeschultern.

ANSELM Ja, wunderbar da, der paßt doch. Sehn Sie's, i hab's doch gwußt.

VERKÄUFER Aber der Herr, ich bitte Sie . . .

FREDERIKE Naa, des geht durchaus, ich mein, da muß ma halt derweil a bisserl abstecken, und hinterher kann man's ja wieder rauslassen. Der wachst da scho nei. Ham S' da niemand da, der so was absteckt?

VERKÄUFER Aber, ich bitte Sie, gnä' Frau, schaun Sie sich doch mal Ihren Sohn an, ist doch unmöglich, ist doch lächerlich.

ANSELM Naa nix, mir nehma den oder goa koan.

FREDERIKE I glaub aa, der wachst da scho nei. Ham S' denn niemand da, der des absteckn könnt?

VERKÄUFER Selbstverständlich, gnä' Frau, sofort, wie Sie wollen. *Er geht zur Haussprechanlage.* Frau Miklosch bitte, Frau Miklsoch, bitte zu römisch vier.

FREDERIKE Wissen S', so an Anzug, den kann er praktisch nur anziehn zu Taufen, Firmungen oder Beerdigungen, und wann hamma des scho, ich mein, den kann er ja so nie auftragn.

ANSELM Schaun S', und er is jetzt grad in dem Alter, wo, äh, verstehn S', unser, äh, a Großteil unserer Verwandtschaft is jetzt in am Stadium, wo ma praktisch immer damit rechnen muß. Des kommt jetzt aller Voraussicht nach in den nächsten zwei, drei Jahren ois auf amoi auf uns zu.

VERKÄUFER Glauben Sie wirklich, daß sich der Tod so präzise kalkulieren läßt?

FREDERIKE Was glauben denn Sie, was mir Verwandtschaft ham. Meine Eltern warn sieben Gschwister. Alle aa wieder mit Kinder. Ich mein, bisher hat er ja im Pullover beerdigen können, aber jetzt halt, ich mein, jetzt is er allmählich aus'm Alter naus.

ANSELM Oder irgend a Autounfall, und scho muaß er wieder naus auf'n Friedhof. Dann in Grafing mein ganzer Anhang. Des ko sei, daß der mit dem Anzug in de nächsten zwoa Jahr dreißigmal am Friedhof naus muaß.

FREDERIKE Na ja, dreißigmal nicht, aber zehnmal langt aa scho.

ANSELM Naa, zehnmal langt net. Des is alloa scho heuer die Tante Theres, beim Gusti is praktisch nur noch a Frage, wann s' de Herz-Lungen-Maschine abschalten, und dann der Herr von Segnitz, die Bea im Altersheim und der Albert. Alles alloa scho heuer.

FREDERIKE Naa, der Albert stirbt heuer nimmer. Aber die Frau Wenger. Da steht's auf der Kippe.

ANSELM Ja, aber selbst wenn er 'n Albert heuer nimmer beerdigt . . .

FREDERIKE Der Albert stirbt heuer nimmer, da geh ich jede Wette ein. Der stirbt heuer nimmer, weil der Albert is zach, da wett ich.

ANSELM Selbst wenn er heuer nimmer stirbt, der ko sterben, wann er mag, aber er hat jetzt an Anzug.

Frau Miklosch erscheint.

VERKÄUFER Frau Miklosch, können Sie diesem jungen Mann den Anzug abstecken?

MIKLOSCH Aber Anzug viel zu groß für kleines Herr.

VERKÄUFER Das is auch meine Meinung, aber die Herrschaften bestehen auf diesem Anzug.

Frau Miklosch beginnt abzustecken.

ANSELM Mir können eahm doch net bei jeder Beerdigung glei an neuen Anzug kaufen.

FREDERIKE Er is jetzt einfach aus dem Alter naus, wo er im Pullover beerdigt. Schaun Sie, im Schwimmbad muß er jetzt aa scho a Badhosen anziehn. Einen Kindkollegen aus seiner Klasse hams neulich zammgfahrn, na war er der einzige, der wo im Pullover beerdigt hat. Mir ham uns fei direkt geniern müssen, und diesmal wird eahm aa no kondoliert, weil er a nächster Verwandter is. Sei Patenonkel is – verstehn Sie. Ganz plötzlich . . .

VERKÄUFER Ah ja, schrecklich.

ANSELM Aus heiterm Himmel, am hellichten Vormittag. So schnell kann's gehen. – Äh, wo muß ich jetzt da zahln?

VERKÄUFER Bezahlen können Sie vorne an der Kasse.

MIKLOSCH Gucken Sie, herschaun, so?

FREDERIKE Ja, die Schultern san no a wenig breit, aber so schaut er doch ganz ordentlich aus, findst net?

ANSELM Ja, sehr guat.

FREDERIKE Ham S' net a Fliege dazu?

ANSELM Naa, nix, mir ham doch noch den Propeller vom Franz, den hat er geerbt, den hab i im Auto druntn.

VERKÄUFER Also, Sie wärn damit einverstanden? Dann kann sich der junge Mann ja wieder umziehn. Wir ändern den Anzug, in einer knappen Woche können Sie beerdigen, soviel Sie wollen.

ANSELM Naa, nix, den muß er glei anbehalten, sei Patenonkel, hab ich Ihnen doch erzählt, Herrschaft, san ma scho wieder spaat dro.

FREDERIKE Heinz-Rüdiger, gib deine Sachen her. *Sie nimmt Heinz-Rüdigers Anziehsachen und stopft sie in ihre Handtasche.* Kimm, mir miaßn uns schickn.

VERKÄUFER Ja, aber Sie wollen doch nicht so . . .

FREDERIKE Wie lang ham S' 'n auf? Mir können den Anzug ja nach der Beerdigung dann glei wieder vorbeibringen.

ANSELM Der muaß in zwei, drei Tag spätestens fertig sei, sonst stirbt uns der Gusti weg, und er hat koan Anzug.

FREDERIKE Sie, noch a Frage, ist da net irgendwo a Blumengeschäft in der Nähe?

ANSELM Naa, nix mehr, des machen mir am Friedhof. Jetzt kimm, mir san eh scho so spaat.

FREDERIKE Heinz-Rüdiger, gehma.

HEINZ-RÜDIGER *im Gehen* Aua!

ANSELM Jetzt sei net so wehleidig!

FREDERIKE Is doch nur a Provisorium, nach der Beerdigung kommen die Nadeln alle raus.

VERKÄUFER Auf Wiedersehn, die Herrschaften.

Das Kalkül

Kioskbesitzer Karlheinz Pfeiffer kalkuliert.

Ja, es ist doch eine Zumutung, des ist ja des ganze Schlamassel, net, dann kommt er daher und sagt zu mir, wo ich zu ihm gsagt hab, Herr Wild, sag ich, des müssen Sie doch zugeben, net, weil Sie sind ja schließlich Großbäcker, und, sag ich, Sie können ja die Investitionen betätigen, aber unsereiner muß ja schließlich schaun, wo ich bleib, net, wo, wo das Ganze sich doch in eine Unrentabilität hineingesteigert hat, quasi ... Das hat es ja damals auch schon geheißen mit dem neuen Sturmgewehr, net, na haben die Leute alle gsagt, ja, *wenn's* zum Tragn kommt, net, *dann*, net wahr. Dann! Net, aber nur dann, da hat's geheißen, hin, net, und was is nachher gewesen? Und wer soll denn des Ganze heutzutage, wo's nix mehr ghabt haben, wo unsereiner mit den Verpflichtungen, net, des ist doch ein Schwindel, des ist unlauter, wo der Staat nur drückt und drückt, und hinterher heißt's dann mit der Dankbarkeit, daß man sich erkundigen soll, indem der Ausländer, i ... i ... i will ja gar nimmer reden ... Weil, sind wir uns ehrlich, wer muß es ausbaden, wer soll es dann verkraften? Ich will Ihnen was sagen, ich sag überhaupts nichts mehr, weil: Die sollen so weitermachen.

Quanto costa

Die Tatsache, daß wir Deutsche den Zweiten Weltkrieg gewonnen haben, verdanken wir meiner Ansicht nach eindeutig dem Amerikaner. Wem sonst? – Aber der Amerikaner natürlich, der laßt sich das – der sagt: »I dont' pay.« – Und wir zahlen, seitdem zahlen wir – wir zahlen alles. Ja, glaubst du, daß zum Beispiel uns das Afrika jemals rentiert? – Wir zahlen alles . . . Südamerika, die Spanier haben's nur ausgepreßt wie ein Schwamm – und wir zahlen's. Was ist denn in dem Südamerika noch drin? Ein paar Fußballer. – Wir zahlen alles. Rußland – ein Faß ohne Boden. Wahnsinn. Dann Polen – nein, über Polen brauchen wir gar nicht zu reden. Warum kommen die zu uns? Weil sie Geld wollen – wir zahlen's. Israel – Schwamm drüber, da brauchen wir gar nicht reden. Albanier, da zahlen wir, daß sie unten bleiben, und wenn sie raufkommen, dann zahlen wir, daß sie wieder runtergehen. Wir zahlen alles. Alles wird bezahlt. Wir zahlen und zahlen. Wenn irgendwo in Asien eine Wüste austrocknet – wer zahlt die? Wir. – Wenn in Taiwan ein Puff brennt – das zahlen wir auch . . . Wir zahlen alles!

Aber irgendwann hab ich die Schnauz voll. Irgendwann mag ich nicht mehr zahlen. Der Kanzler raucht eine Havanna, ja, wer zahlt's? Doch nicht der Castro – die zahlen wir. – Und der Umzug nach Berlin, was das Geld gekostet . . . dieser Umzug! Ich weiß ja, wovon ich rede. Ich bin ja Beamter – ich bin A 15, was ich allein für Ansprüche hab an den Staat. Ja, wer soll denn das noch zahlen? Was ich den Staat jeden Tag koste. Das ist ja Wahnsinn. Manchmal denk ich mir, besser wär es gewesen, wir hätten den Krieg verloren.

ARBEIT, BERUFE UND KARRIEREN

Der Gedanke

Äh – ja, sagen wir mal so, das war – also im Grunde genommen – der – der Doktor – also – der Doktor Bödele, das Ganze geht ja vom Doktor Bödele aus. Ich hab auch nicht damit gerechnet, gell, ich bin ja dazu gekommen wie die Jungfrau zum Kind. Ich bin – ich bin – durch den Gang gegangen, weil ich wollte aufs Klo, da bin ich dem Doktor Bödele in den Wurf gekommen. Ich hab ja nicht damit gerechnet. Da kommt er, der Doktor Bödele, und da sagt er, weil er sagt, am Montag – am Montag sagt er, gibt es ein Buffet, und dann wird dieses Trainingsabschlußgespräch gemacht, wegen die . . . und so weiter. Und er sagt, dann, bei diesem Anlaß machen wir auch gleich die Verabschiedung von Herrn Dietz, gell – von der Auslieferung, also vom Dispatch – vom Dietz, weil der Dietz ist doch aus der Firma ausgeschieden – worden, und – und dann sagt der Doktor Bödele: »Und Sie, bitte machen Sie sich einen Gedanken, und den können Sie dann da hervorbringen.« Da hab ich noch gesagt: »Was! Über den Dietz?« – »Ja«, sagt er, »machen Sie sich einen Gedanken.«

Und, weil, ich mein – sonst reden sie immer von Sparmaßnahmen. Da hab ich noch gesagt: »Ja, Herr Doktor Bödele, wer macht sich denn heute noch einen Gedanken selber?« Ich sag: »Vielleicht, ja, weil vielleicht haben wir noch einen übrig. Da könnten wir den verwenden – irgendeinen Secondhand-Gedanken, oder? Gut recycelt oder irgendwie . . .« – »Nein«, sagt er. »Sie machen das.« – Ja, was soll ich machen? Der Ober sticht den Unter. Ich hätte natürlich dem Doktor Bödele widersprechen können, aber das mach ich nicht. Ich bin ja nicht blöd. Ja, also es hat nichts geholfen. Und ich muß wirklich sagen, diese Woche – diese Woche, das vergeß ich nicht mehr. Diese Woche. Penetrant. Und Sie wissen, wie die Frauen sind. Und meine Frau. Permanent, gell. – Ständig: »Hast du dir den Gedanken schon gemacht?« Sag ich: »Ich bin ja grad dabei.« – »Ja, du weißt, am Montag mußt du mit dem Gedanken herkommen, wann kommt er denn?« Sag ich: »Ja, frag ihn selber.« Ah geh!

Ja, wo ist er, der Gedanke? Wo? Sag ich: Wo? Ich bin ja sowieso allergisch . . . diese, diese, diese Wie-Fragen: warum, weshalb, wann, wie – und vor allem, wo. Das Wo kann ich überhaupt nicht . . . wenn ich »Wo« höre, wird's mir schon schlecht. Weil – das ist eine der deutschesten Fragen. Entschuldigung, wenn ich das so sage. Nein, das stimmt. Das bringt nur ein Deutscher fertig. Nur ein Deutscher bringt es fertig, einen Hund, wenn der am Trottoir da sitzt – zu ihm hinzugehen und ihn zu fragen: Ja, wo ist er denn? Und der Hund, weil er von der Frage überrumpelt ist natürlich, sagt nichts. Und da sagt der Deutsche zu ihm: Ja, da ist er ja! – Glauben Sie, daß das ein Engländer macht? Glauben Sie, ein Englänger geht zu einem Hund hin und fragt ihn: Where is he? Und wenn der Hund nichts sagt: Ah, he is here. Also, so ein Schmarrn. Die Engländer haben ja ganz andere Fragen. Die Engländer sagen: To be or not to be, that's the question. Die Engländer haben eine Question, und wir fragen: Ja, wo ist er denn? – Na ja, Schwamm drüber.

Aber eins muß ich sagen. Also, tatsächlich, ich geb es ja zu. Ich geb es ja zu! Am Donnerstag war der Gedanke noch nicht anwesend. Und am Freitag auch nicht. Jetzt hab ich schon gemerkt, jetzt wird's eng. Ja, wo bring ich jetzt den Gedanken her, wie mach ich das? – Einer, der fischt, der angelt, der weiß das. Der sagt: Wenn ich einen Fisch will, dann muß ich an den Haken ein Ding hinhängen, einen Köder . . . einen Köder, kein Köter, ein Köder. Ein Köter kann man für einen Haifisch hinhängen, aber . . . ich mein einen Köder, einen Lockvogel, damit er anbeißt, der Fisch. Aber was kriegt jetzt der . . . worauf beißt denn der Gedanke an? Jetzt hab ich mich entschlossen, daß ich ihm eine Zwei-Liter-Bombe Valpolicella hinstelle.

Wenn er kommt, der Gedanke, bei mir kommt er rein ins Wohnzimmer, sieht den Valpolicella, dann – ssssst – dann kreist er drum herum, und – pffuuuit – dann hab ich ihn gefaßt. Aber der Gedanke hat auf den Valpolicella nicht angesprochen, jetzt war ich gezwungen, noch zwei Flaschen Bardolino nachzuschieben. Auch umsonst. Ich hab dem Gedanken alles an Lockmitteln, was ich zur Verfügung gehabt hab, habe ich ihm hingestellt: Marillenschnaps, Zwetschgenwasser, einen Obstler hab ich ihm hin, ein Wodka hab ich ihm hin, ein Rum hab ich ihm hin und zum Schluß noch einen Jägermeister. Ich war am andern Tag wie gerädert – aber gedankenlos. Da sieht man, wie man diesen Gedanken ausgeliefert ist. Diese Gedanken kommen, kommen nicht, die machen, was sie wollen. Da kann ich hinstellen, was ich will. Da merkt man . . . diese Ohnmacht, diese . . . diese Gedanken sind ein ambulantes Geschwerl, unzuverlässig. – Bitte? Ja, zum Beispiel einem Spezi von mir, dem Hinrenner Rudi . . . dem Rudi, dem ist das passiert. Der Rudi sagt's ja selber: Es ist ihm widerfahren. Der Rudi sagt: Ihm ist ein Gedanke förmlich entwischt, gell – der Gedanke, sagt er, ist ihm ausgekommen. Und der Rudi sagt: Er hat gar nicht gewußt, daß er einen gehabt hat. Der Rudi sagt: Wahrscheinlich war's bloß ein Hintergedanke. Der Rudi sagt: Wenn er gewußt hätte, daß er einen hat, hätte er ihn ja versteuert.

Nein, also, ich kann nur immer wieder sagen ... und wenn man dann da so dahockt und auf so einen Gedanken wartet – wie ein Idiot, wie ein Depp. Und man ist selber aber da, der Valpolicella wär schon da, und man hätte, man hätte so, und man braucht halt überhaupt auf einen Gedanken nicht zu warten, da kommen in einem inwendig so Gefühle auf. Und da fühlt man, im Grunde seines Wesens ist der Mensch ein Gefühlsmensch, ein Gefühlswesen, und die Gedanken können einem am Arsch lecken. Am Montag? Ja, ich hab dann schon – ich bin dann schon angetreten, ich hab halt statt fünf Minuten eine halbe Stunde gesprochen. Weil ich keinen Gedanken dabeigehabt hab, da dauert das länger. Und der Doktor Bödele hat gesagt: »Großartig, das war ein Brillantfeuerwerk.« – Was? Der Dietz? Der Dietz, ja, der war sowieso nicht da.

Die Ordnungskraft

Schwantaler blickt zurück.

Ja, was man in diesem Beruf braucht, das ist, äh, Menschenkenntnis, eh, praktische Psychologie und ein Auge für das Individuum, für Subjekte, für das Individuelle. Sie müssen sich vorstellen, mein Vater war ein Mann der ersten Stunde, mein Vater hat in der Weimarer Republik gearbeitet, unter Röhm, äh, Saalaufsicht, wurde auch lückenlos dann im Saalschutz beschäftigt, es war ein sauberes Arbeiten, und wenn mein Vater nicht in diese Massenturbulenzen reingekommen wäre, eh, und dadurch invalidisiert wurde, würde er auch heute noch mit Freude diesen Beruf ausfüllen. Sie müssen wissen, ich selber hab ja auch die physische und psychische Konstitution mitgebracht, habe mit Begeisterung diesen Beruf, das Handwerkliche und so weiter von meinem Vater gelernt, von der Pike auf, net.

Ich bin jetzt seit, äh, siebzehn Jahren da heraußen auf dem Oktoberfest tätig, und was ich, äh, von mir behaupten kann, das ist, ich besitze eben das Auge, äh, für gewisse soziologische Gruppierungen, man muß sofort merken, wer stört, net, man muß Fehlverhalten von Personen erkennen, net, also Leute, die zu laut prosten, singen, Jugendliche, die so einen Hang zum Krakeelen haben, net, sofort, äh, die Präsenz ist gefordert, net, an Ort und Stelle zu sein und sofort hinauszukatapultieren, net wahr. Ich will Ihnen einen Fall erzählen: Ein Kollege, er kommt aus einer Massenschlägerei heraus, er war etwas blutverschmiert, er war etwas lädiert, äh, er sagt, warum, wo schaust du denn immer hin? Ich sage, ich schaue da hinüber, links an diesem Tisch, mitten unter einem Gewühl von Leuten, wo es nur so gewogt hat, nicht wahr, vor Begeisterung, da saß ein Mann. Sie, der hat keinen Mucks gemacht, keinen Pfiff, gar nichts, net, der hat seine Umgebung förmlich ignoriert, net, ganz still war der Mann, net, hat net amal was getrunken, ich glaube nur ein Mineralwasser, net. Da sag ich zu meinem Kollegen, sag ich, ich gebe dem Mann noch fünf Minuten, ge', fünf Minuten kriegt der Mann, net, aber dann hab ich ihn. Und ich hab ihm noch fünf Minuten gegeben, und dann hab ich ihn aber auch in flagranti erwischt, net. Bis er geschaut hat, war er schon draußen. Ich hab ihn am Genick gepackt und rausbefördert, net. Mein Chef ist dann auch auf mich zu und hat gesagt, Schwantaler, großartig! Sie haben eine Menschenkenntnis, also, das ist großartig, weil das hätte kein Mensch da herin gemerkt, daß der Mann gestört hat.

Berufsbayern

Ein modernes Büro, auf der Türe ein Firmenschild: »Inter Bavaria GmbH & Co. KG«. Daneben ein Poster mit bayerischer Landschaft und der Aufschrift: »Grüß Gott, auf geht's – Bayern grüßt Berlin«. Am Schreibtisch thront in einem modernen, aber trotzdem bequemen Sessel die Chefin. Ein Bayernlehrling sitzt seitlich am Schreibtisch in Tracht, mit Diktiergeräthörer im Ohr, und schreibt Zahlen und Listen. Am Garderobenständer hängt ein Gamsbart und ein Hakelstecken. Herr Kratochwil steht wie ein begossener Pudel vor dem Schreibtisch.

CHEFIN Urisch sollen Se sein, dat steht so in Ihrem Vertrach, ne, dat is, wat wir wollen, als Urvieh sollen Se auftreten.

KRATOCHWIL Schefin, i pack's ja nimma. Beim Watschendanz hod mia da Herr Pampel scho zum drittenmoi mei Krone nausghaut. Da geht a ganzer Wochenverdienst drauf.

CHEFIN Dat hätten Se sisch man vorher überlejen müssen, Herr Kratochwil, sehn Se mal in Ihre Vertrach, ne, dat is alles ausjemacht, ham Se selbst unterschrieben. Übrijens, bei jedem Auftritt haben Se zwei Maß Bier zu trinken, nit nur dran nippen!

KRATOCHWIL Schefin, i derf's ja nimma, mei Leber . . .

CHEFIN Und Sie wollen 'n Urvieh machen? Dat is ja jämmerlisch, dat nimmt uns doch dat Publikum nit ab, dat Sie en Urvieh sind.

KRATOCHWIL Schefin, i . . .

CHEFIN Sehen Se sisch de Herr Pampel an, der macht dat rischtisch, der schluckt dat fröhlisch runter. Dat sehen Se dem auch nach der fünften Vorstellung noch nit an, dat der zehn Maß Bier jetrunken hat.

KRATOCHWIL . . . und fünf Obatzte gessen hod, i konn an scho nimma sehng, na muaß is's scho schpeibm.

CHEFIN Wat Se privat essen, dat jeht misch nix an, aber Sie sind hier im Angaschemang als Urbayer anjestellt, und da wird naturjetreu jejessen auf der Bühne.

KRATOCHWIL Schefin, aba jedsmoi Leberkas, und dann no an Schweinshaxen, fünfmal am Tag, Schefin, i pack's nimma.

CHEFIN Frohsinn sollen Se verbreiten, dafür zahlt de Kundschaft. Stehen Se nit so miesepetrisch herum. Beim Plattln, wat denken Se sisch eijentlisch dabei, so unmännlich rumzuhüppen?

KRATOCHWIL Schefin, des Geplattle, i ko nimma, i war beim Orthopäden, der hat gsagt, i hab an Bandscheibenschadn, Schefin, es geht nimma. Ko i net an Förster spuin – wenigstens a Zeitlang?

CHEFIN Kommt nit in Frage, Herr Mehlhase spielt den Förster.

KRATOCHWIL Schefin, i hab no acht Tag Urlaub, do kunnt i nach Mallorca fahre, zum Auskuriern – gangad des jetz? I ko ja nimma!

CHEFIN Dat jeht doch nit. Jetzt in de Bayrischen Woche! Wie stellen Se sisch dat vor?

KRATOCHWIL Schefin, ko i wenigstens a paar Tag mit'm Radi und mi'm Kas aussetzn, weil mir is allweil so schlecht!

CHEFIN Herr Kratochwil, wenn et nit jeht, dann müssen wir uns leider trennen. Herrn Rösel kann isch, so wie er is, morjen schon auf de Bühne schicken.

Ein Liliputaner kommt zur Tür herein, in Tracht, mit einer langen Feder am Hut, legt eine Tasche auf den Schreibtisch.

LILIPUTANER That's the money from yesterday. Goodbye, servus. *Verschwindet wieder.*

CHEFIN Also jut, Herr Kratochwil, man is kein Unmensch, lassen Se de Keese un de Rettisch weg, dafür machen Se dann . . . *Überlegt.* Wie viele Duliöh ham Se im Vertrag?

LEHRLING Fünfzehn Duliöh und neun »Auf geht's«.

CHEFIN Jut. Verdoppeln wir de Duliöh, dann können Se sisch de Rettisch und de Kees schenken.

KRATOCHWIL Wenn's sei muaß . . .

CHEFIN Aber de Schweinshaxe wird jefälligst ganz aufjejessen, samt de Knödel. 'ne Urvieh, dat nit aufißt, dat jib et nit.

KRATOCHWIL I hab ja so a Gastritis, Schefin, was huift ma da Kamillentee in da Pause, wenn i hernoch wieda a Haxn freßn muaß.

CHEFIN Dat interessiert misch nit. *Urisch* sollen Se wirken. Machen Se dat Duliöh mehr herzerfrischend, dat muß von innen heraus . . . so rischtisch . . . Zeigen Se mal Ihre Urschrei.

KRATOCHWIL Jetzad glei?

CHEFIN Dat Publikum hat sisch neulisch beschwert, dat muß isch sehen, woran dat liescht, also, machen Se mal!

KRATOCHWIL UijäUjäUijäh . . .

CHEFIN Dat soll 'ne Urschrei sein?! Mehr volle Pulle. Machen Se!

KRATOCHWIL Järiduliöduliäh!

CHEFIN Na ja, 'n bißchen kümmerlisch is dat immer noch.

KRATOCHWIL Schefin, i ko's nimma. I hab's mit de Stimmbandln.

CHEFIN Ausreden! Sie sind 'ne Drückeberjer, Herr Kratochwil, also isch weiß nit, Ihr Kollege Pampel, dat is 'ne janz andere Form von Mitarbeiter, der hat de rischtije Einstellung zum Beruf. Der vermittelt dat Oberbayrische so rischtisch herzhaft, so escht und naturjetreu, frohsinnisch, eben alpin, ne.

KRATOCHWIL Ja mei ...

Herr Pampel erscheint in Lederhose und Jeansjacke, hängt seinen Trachtenhut samt blonder Frisur an den Garderobenständer.

PAMPEL *sächsisch* Nu, Chäfin, ich gomm glaich wiedar, nich wohr, ich höb sö 'n paar Klainichkaidn zu erlädign, nich wohr, viellaicht eß ich noch 'n Hamburger, nä, zum Aufdritt bin ich dann rechtzaidig wiedr da, nich wohr, also dann, bis spädr.

CHEFIN Is jut, Herr Pampel.

PAMPEL Öh, Chäffin, das Zimmralbhorn höb ich bestellt.

CHEFIN Fabelhaft. Dat klappt ja alles präschtisch, Herr Pampel, machen Se et jut.

PAMPEL Servus.

KRATOCHWIL Tschau.

Herr Pampel verschwindet eilig.

CHEFIN Sehn Se, Ihr Kolleje, dat nenn isch vorbildlisch.

KRATOCHWIL I bin ja scho vui länga in dem Beruf. Sie wern sehng, oan, zwoa Joahr, na hat's 'n aa dawischt. Des dapackt koana.

CHEFIN Is jut, Sie können jehn. Machen Se jute Laune, und merken Se sisch dat: Dat Publikum wünscht 'n fröhlisches Urvieh.

KRATOCHWIL I woaß scho, Schefin, jetzt schaungma hoit amal ...

CHEFIN Kopp hoch, Herr Kratochwil, dat wird schon.

Kratochwil verkrümelt sich.

Zum Lehrling Dekadenter Kerl. Dat is doch 'ne Ruine von 'nem Mensch, der jehört ins Hospital ... Machen *Sie* mal en Urschrei, Herr Rösel.

Der Lehrling nickt devot und setzt zum Urschrei an.

Prophylaxe

A: Der Fritz, der studiert jetzt Betriebswirtschaft . . .
B: Aha! Interessiert er sich für Wirtschaft?
A: Nein, ich glaub – weniger. Er wollte halt irgend etwas studieren!
B: Aha! Betriebswirtschaft!
A: Ja, irgendein Studim – ist nie schlecht!
B: Genau – und was interessiert ihn sonst noch?
A: Na ja – er war eine Woche in – äh – na ja, da unten – Dominikanische Republik, glaub ich . . .
B: Drüben?!
A: Ja, doch – drüben . . .
B: Und nach dem Studium?
A: Ja, vielleicht trifft er irgendwelche Leute. Heute gibt's ja viele Möglichkeiten!
B: Er kann ja auch vielleicht in Frührente gehen und ganz was anderes machen!
A: Eben! Heute stehen einem jungen Menschen doch alle Tore offen!

Beim Titelhändler

Mike Lentitsch sitzt im feudalen Büro der »Renaissance-Kontor GmbH & Co. KG«. Ihm gegenüber sitzen Zenta und Alois Bauch, Kundschaft. Im Hintergrund sinnlost Herr von Segnitz, eine Art Hausmöbel, herum. Der Herzog von Anzing-Meinungen steht erbost vor Lentitsch.

ANZING-MEINUNGEN In der großen Pause, ich stehe am Buffet, neben mir Baron Finck, kommt dieser Kretin auf mich zu, schüttelt mir die Hand und sagt: Grüß dich, Papi, oder so ähnlich. Ich dachte zuerst, ein schlechter Scherz, da sagt er, er hat diese Enterbungsvertragsklausel schon unterschrieben, aber er wäre jetzt mein Sohn. Die Peinlichkeit dieser Situation brauche ich Ihnen wohl nicht näher zu schildern. Also, Herr Dr. Lentitsch, ich muß darauf bestehen, daß in Zukunft ein für allemal vertraglich gewährleistet ist, daß diese primitiven Parvenus, die meinen Namen käuflich erwerben, daß die mir wenigstens von der Pelle bleiben.

LENTITSCH Also, Exzellenz, ich steh vor einem Rätsel, wie so was passieren kann. Die Diskretionsklausel müssen alle unterschreiben. A jeder. Andererseits, bitte, Exzellenz, so was kimmt halt amal vor. Der Mann, wie er's notarisch ghabt hat, daß er Herzog is, der is fast in d' Luft ganga vor Freud, und unter uns gsagt, Exzellenz, die 700 000 Mark, die der Mann bar auf den Tisch blättert hat, die ham Eahna doch aa wieder a bißl frisch gmacht, oder?

ANZING-MEINUNGEN Na ja, schon, aber ich will diese Kretinos nicht mehr vor der Nase haben.

LENTITSCH Sie, i hab scho wieder an Anwärter, Exzellenz, der hat a Porenbetonwerk in Anzing, der is ganz hoaß auf den Nama Anzing-Meinungen.

ANZING-MEINUNGEN Diesmal aber bitte mehr Diskretion, sonst war das Ihre letzte Adoptionsvermittlung, ich habe bereits Angebote von Konsul Wyler.

LENTITSCH Der nimmt aber dreißig Prozent, Exzellenz.

ANZING-MEINUNGEN *wieder freundlicher* Na ja, Sie kennen meine Ansichten: Kretin bleibt Kretin, also, guten Tag. – Gnä' Frau ...

ZENTA BAUCH Wiederschaugn, Exzellenz.

ALOIS BAUCH Ja, Wiederschaugn, Herr, ah ...

LENTITSCH Exzellenz, Sie hören dann von mir ...

ZENTA BAUCH Sie, wer war jetz des genau, wenn ma fragn derf?

LENTITSCH Des war seine Exzellenz, der Herzog von Anzing-Meinungen, aus direkter Linie ...

ZENTA BAUCH Ah geh, a echter Herzog?

LENTITSCH Ein Nebenzweig der Mount-Buttons – Coburg, Sie verstehn ...

ZENTA BAUCH Ah so, Coburg ...

LENTITSCH Ja, Frau Bauch, ah, Herr Bauch, jetz wieder zu Ihnen, Frau Bauch, ah, was ham Sie sich denn so ungefähr vorgstellt?

ZENTA BAUCH Mei, i hab schon mit unserm Steuerberater gredt, und der hat gmeint, a neue Filiale eröffnen bei der derzeitigen Konjunktur wär Wahnsinn, andererseits brauchen mir a Verlustzuweisung, und na bin ich auf die Idee kommen, zum Fünfzigsten, daß i am Alisi, also meim Mann ...

LENTITSCH Die Fleischereiladenkette Bauch?

ALOIS BAUCH Ja, des samma mir ...

ZENTA BAUCH Ja, genau, und drum hab i mir denkt, daß mir fürn Alisi zum Jubiläumsgeburtstag, mein Mann wird fünfzig, an passenden Nama raussuachn, mit am Titel natürlich.

LENTITSCH Dachten gnä' Frau an einen akademischen Grad? Dr. h.c. oder so was?

ALOIS BAUCH Mei, warum net ...

ZENTA BAUCH Naa, scho was Adeligs. Also, unser Steuerberater hat auch gmeint, finanziell is es zwar a gewisse Belastung, aber gesellschaftlich haut's an Alisi doch gewaltig nach vorn, und unser ganze Familie dann auch, der Titel geht doch auf mi aa über?

LENTITSCH Selbstverständlich, Frau Bauch. Auch wega dem Finanziellen, is des gar net so gsagt, weil, wenn ma amal deutsch redn wolln, der Name, so a Name, der läßt sich auch durchaus in pekuniärer Hinsicht ... *Er reibt Daumen und Zeigefinger.* Sie verstehn.

ALOIS BAUCH Aber Metzgerei Bauch is a eingeführter Name ...

ZENTA BAUCH Geh, sei stad. Ja, des is noch der andere Aspekt bei der Sache: Weil unser Sohn ...

ALOIS BAUCH ... der Bertram ...

ZENTA BAUCH ... unser Sohn Bertram möchte an Autozubehörhandel aufmacha ...

ALOIS BAUCH ... mit Selbstbedienung ...

ZENTA BAUCH Und da kanntn mir dann doch gleich den Namen auch schon ...

LENTITSCH Selbstverständlich, Frau Bauch. Ah, Herr von Segnitz, geh, san S' so nett, bringen S' uns doch amal den Ordner mit de Dankschreibn und de aktuelle Namenstransferliste.

V. SEGNITZ Namenkategorie A oder B?

LENTITSCH Bringen S' doch amal beide. *Herr v. Segnitz ab.* Da, des is unser Herr von Segnitz, der stünde auch zur Disposition. Allerdings a einfacher Freiherr, Bagatell-Adel quasi, 53 000 Mark, unser preiswertestes Angebot. Der Herr von Segnitz steht net amal in der Liste ...

ALOIS BAUCH Von-Segnitz-Autozubehör, ja, guat, warum net.

ZENTA BAUCH Ah geh, naa, scho was Gscheits, a Graf, oder, ah, was hättn der Herzog da vorhin kost?

LENTITSCH Ja, gnä' Frau, da werd's a bißl happig. Der Anzing-Meinungen is, wie gsagt, verwandt mit Mount-Button, und sei Stammbaum geht abi bis 1430, Türkenkriege, a imposante Person, Sie ham ihn ja grad selber erleben dürfn ...

ZENTA BAUCH Ja, der waar schon was, aber was dad jetz der kostn, nennen S' mir doch amal an Preis.

Lentitsch schreibt eine Zahl und reicht den Zettel.

700 000 Mark!

ALOIS BAUCH Des is koa Drecklackn ...

ZENTA BAUCH Ah geh. Ja, 700 000 ...

LENTITSCH Nein, nein, das bekommt der Herzog. Vermittlungsgebühren, Notar, Mehrwertsteuer und so weiter gehen extra. Für Sie käme der Herzog dann im Endeffekt auf rund eine Million brutto. Des is allerdings auch eines unserer Spitzenangebote ...

ZENTA BAUCH Ja, des is schon viel, ah, was ham S' jetz da noch so an Namen ...

V. SEGNITZ *erscheint mit 3 Aktenordnern* So, bitte. Ah, Herr Dr. Lentitsch, i hab de Woch no koane Essensmarken kriagt.

LENTITSCH Ach so, ja, heut is ja Montag, 'tschuldigen S', Herr von Segnitz. Da – guten Appetit. *Gibt v. Segnitz die Essensmarken.* Gehngan S' ruhig derweil zum Essen, Herr von Segnitz, gell, Mahlzeit ...

V. SEGNITZ Mahlzeit.

ZENTA BAUCH Mahlzeit.

ALOIS BAUCH An guatn ... *Segnitz ab.* Der waar doch gar net so schlecht ...

ZENTA BAUCH Ah geh, Freiherr, a »von«, a einfacher »von«, »von« gibt's wie Sand am Meer. Nanaa, Herr Doktor, scho was Gscheits, also Baron mindestens, oder Graf oder so. Bis 350 000 Mark, hat unser Steuerberater gsagt.

LENTITSCH Ja, des is a schwierige Preisklasse, weil mir ham welche da so bis 200 000, halt so Barone und so, während die Grafen meistens erst bei 400 000 angehn. Es gibt a paar Ausnahmen, i derf's amal zeign: Da, zum Beispiel hier, der Marquis du Bois, 300 000 Mark.

ALOIS BAUCH Düboa-Autozubehör, ja der waar's doch . . .

ZENTA BAUCH Ah geh, naa, koan Ausländer.

LENTITSCH Gnä' Frau, Adel is international.

ZENTA BAUCH Naa, scho was Verständlicheres.

LENTITSCH *blättert* Ja, dann kommt eigentlich in dieser Preiskategorie für Sie nur noch . . . da, hier: Graf Tellheim, 360 000 Mark, oder hier: Bodo von Wetterstein, auch a Graf, Wetterstein, der waar 40 000 billiger.

ALOIS BAUCH Ja, der is guat, den nehmma. Wetterstein-Autozubehör, des is guat.

ZENTA BAUCH Ah geh. Ah, Herr Doktor, ja, was is 'n nachert der Unterschied, daß der so vui billiger is?

LENTITSCH Die Wettersteins san mehr a böhmischer Adel, Sie verstehn . . .

ZENTA BAUCH Ah so, ja, na nehmma lieber den Tellheim.

LENTITSCH Is a guter Name, a sehr guter Name. Alteingeführter Adel, da können Se sich überall damit sehn lassen. Also, Frau Bauch, i dad sagn, Adoption, Enterbung und Diskretionsklausel setzen mir derweil auf, und dann gehngan mir zum Notar. Herr Bauch, ich gratuliere.

ALOIS BAUCH Ja mei, dankschön . . .

LENTITSCH Ach ja, a kleine Anzahlung, wenn Sie übrigens noch . . .

ZENTA BAUCH Alisi, zahln . . .

ALOIS BAUCH *zieht Brieftasche* Glanga 40 000 derweil?

LENTITSCH Selbstverständlich.

ALOIS BAUCH *beim Geldblättern* So. Ja, Graf-Tellheim-Autozubehör, aa net schlecht.

Der neue Schnitt

FRISEUR So, der nächste bitte. Bitte Platz nehmen. Grüß Gott, Herr Prechtl.

PRECHTL Grüß Gott.

FRISEUR Was kriegnma denn?

PRECHTL Ja 'n Fassongschnitt.

FRISEUR Einmal Fassong wie immer, ge'?

PRECHTL Ja.

FRISEUR So, wenn S' Platz nehmen, bitte, so, fangma an. *Schnipp schnipp schnipp. Schnipp schnipp.* Habn Sie 'n Scheitel links ghabt?

PRECHTL Na, rechts.

FRISEUR Ah so, rechts, jawohl. *Schnippe schnippe schnipp. Schnipp schnippe schnipp.*

PRECHTL Au, na san Sie narrisch wordn?

FRISEUR Hä ha, ja, hähä. *Schnipp schnipp schnippschnipp. Schnipp.*

PRECHTL Ja he, ja he, he, he, was machn Sie denn da?

FRISEUR Ja mei.

PRECHTL Ja Sie, i schau ja aus wie ein Verbrecher.

FRISEUR Ja, ja mei. *Schnippe schnipp schnipp schnipp. Schnippepepe.*

PRECHTL Ja san Sie bedeppert, ich schau ja aus wie ein Köter.

FRISEUR Jaja, itz, da ... *Schnippschnippschippippepippe, schnippschnipp-schnipp.*

PRECHTL Ja, Sie, Sie sind ja, das is ja unerhört, was Sie machen, ich schau ja aus wie ein Arsch mit Ohren.

FRISEUR Ja mei. *Schnippe schnipp. Schnippeschnippe schnipp.* So, darüber soll ich vielleicht ein bissel ...

PRECHTL Schneiden S' ma fei ja kei Dreieck net nein, Sie ...

FRISEUR Na, ich schneid erst mal ... darüber no a bissel, und jetzt passen S' auf ... *Schnippe schnipp schnipp schnipp.* Das hamma heute so.

PRECHTL Ah so, ja, lassen Sie mal schaun im Spiegel. Ja, sehr gut, ja, net schlecht, sehr ordentlich, ja, jetzt kann ich mich wieder reinmischen in d' Zivilisation.

FRISEUR Ja, häha, genau. A bissel Parfüm?

PRECHTL Ja, tun Sie eins drauf.

FRISEUR Also dann ... *Herr Prechtl hustet und prustet.* Is es so recht?

PRECHTL Danke.

Vaters Doppelleben

Fritz Stumpf sitzt am Frühstückstisch und ißt ein Marmeladebrot. Gleichzeitig telefoniert er, den Telefonhörer hat er an der Schulter eingeklemmt.

FRITZ Selbstverständlich, Herr Dr. Berzelmeier, ich schau auf alle Fälle vorbei. – Natürlich. *Am* gewohnten Platz. Selbstverständlich. *Wie* vorgestern. – Also gut – ja – Wiedersehen, gut, ja, Wiederschaun.
Er hängt ein, trinkt letzten Schluck Kaffee schon halb im Aufstehen.
Lydia, mei Mappn!
Er steht auf, geht in den Flur, zieht im Gehen sein Sakko an, nimmt den Mantel von der Garderobe. Tochter Lydia bringt dem Papa einen Diplomatenkoffer.

LYDIA Da, Bappi.
Elfriede Stumpf, geborene Lemp, die Gattin, kommt mit einem Wurstbrot aus der Küche. Das Wurstbrot ist in Frischhaltepapier eingepackt.

ELFRIEDE Hättst scho wieder dei Wurschtbrot vergeßn, alter Schlamper. *Sie verstaut resolut das Wurstbrot in dem Diplomatenkoffer.*
Sohn Heinz kommt dazu.

HEINZ Bappi, kost mi heit in d' Schui fahrn?

FRITZ Tut mir leid, Heinzi, heut muaßt mit'm Bus fahrn, i hab jetzt glei an wichtigen Termin. Vielleicht morgen wieder.
Heinz geht mißmutig in die Küche und entschädigt sich mit Kinderschokolade. Oma Liselotte Lemp, Fritzens Schwiegermutter, gesellt sich dazu.

OMA LEMP Zieh an Schal an Fritz, 's hat gheißn, es soll kalt werdn. Net daß d' dich wieder verkältst. Des kannst du dir in deim Beruf net leisten.

FRITZ I paß scho auf, Omi.
Oma Lemp drängt Fritz den Schal auf, Karlheinz Lemp, der Opa, kommt im Morgenmantel aus dem Bad.

OPA LEMP Fritz, kannst du mir heute nach der Arbeit noch 'ne Stunde mit anpacken? Der Speicher muß endlich fertig tapeziert werden.

FRITZ Ich weiß fei noch net, ob's mir nausgeht. Jetzt schaun mir halt amal.

LYDIA Aber Bappi, du hast mir doch versprochen, daß d' heut abend mit mir Spitz-paß-auf spielst.

FRITZ Mir kommen scho no zum Spieln, Schatzerl.

OMA LEMP Fritz, der Waschmaschinenanschluß im Keller, der ghört zerscht gmacht. Des tröpfelt andauernd. Aso eine Wasserverschwendung aber auch.

FRITZ Des kriagn mir schon. Oans nach'm andern.

ELFRIEDE Aber der Onkel Albert kimmt doch heut abend, und d' Tante Hilde kimmt vielleicht aa, hats gsagt.

FRITZ Ja mei, i bin aa bloß a Mensch, ma duat, was ma ko.

ELFRIEDE Heut kommst aber net so spät heim, weil der Dr. Schnapper ruft wieder an. Jetzt hat er dich gestern scho net derwischt, weils d' immer so spät heimkommst.

FRITZ I ko mir's aa net raussuachn, Gschäft is Gschäft. Des kriagn mir scho. *Geht zum Eingang.* Also dann, bis heut abend, servus.

OMA LEMP Tschüs, Fritz, also, ich rechne mit dir.

FRITZ Is scho recht.

Lydia gibt dem Papa einen Abschiedskuß. Heinz springt an ihm hoch.

HEINZ Aber morgen nimmst mich dann mit.

FRITZ Selbstverständlich, wenn's geht.

ELFRIEDE Da, dei Mappen. *Leise* Und komm halt heut amal net so spät.

FRITZ Scho recht. Ich schaug halt.

ELFRIEDE *leise weiter* I woaß doch net, was i mit der Hilde redn soll. Is doch dei Schwester.

FRITZ I woaß scho. Also nachert ... *Blickt auf die Uhr.* ... i muaß jetzt weiter.

OMA LEMP Und fahr schön vorsichtig, Fritz.

FRITZ *im Gehen* Du kennst mi doch.

Fritz geht zu seinem gegenüber geparkten BMW. Die ganze Familie steht in der Tür. Die Kinder winken. Elfriede wirft Fritz eine Kußhand zu. Opa, das Gesicht inzwischen voll Rasierschaum, grüßt noch mal im Hauseingang. Fritz besteigt sein Auto, das Winken steigert sich. Fritz winkt etwas krampfhaft zurück und fährt los. Er schaltet das Radio ein, sucht Musik, fährt dabei um zwei Straßenecken, hält vor einer Apartmenthäuserzeile, steigt aus, geht an die Müllanlage, wirft das eingepackte Wurstbrot in die Tonne, holt aus einem Versteck bei der Tonne einen Schlüsselbund, sperrt die Tiefgarage auf, fährt in die Tiefgarage, stellt seinen Wagen ab, geht über den inneren Eingang ins Apartmenthaus, sieht sich um, geht im Treppenhaus in den 1. Stock, sieht einen Zettel an der Tür;

»Lieber Fritz, mach's gut, ich lös dich dann um ½5 ab. Gruß, Toni.«

Fritz entfernt den Zettel, sperrt die Tür auf, legt den Diplomatenkoffer

ab, zieht Mantel, Schal und Sakko aus, lockert seine Krawatte, öffnet den obersten Kragenknopf, schaut auf die Uhr und seufzt.
Fritz öffnet eine Zimmertür zur Hälfte, zieht seine Hose aus, öffnet die Tür ganz; man sieht ein großes ungemachtes Bett. Fritz stellt einen Radiowecker auf halb fünf, läßt das Rouleau runter, steigt ins Bett und zieht sich die Decke über die Ohren.

Vertretertraining

Herr Rösner, Herr Gropper, Trainer Heßler sowie weitere Trainingsaspiranten sitzen vor einem Videomonitor. Im Hintergrund ist eine Trainingseingangstür mit Glocke und Namensschild aufgebaut. Im Monitor sieht man Herrn Gropper, wie er auf die Trainingstür zugeht und klingelt.

HESSLER Ja, sehr gut, Blick auf die Uhr, Frisur, Anzug richten, klingeln – uund – geradestehn, sehr gut, Herr Gropper, richtiger Abstand zum Spion, keine private Geste mehr. – Und Hundegebell, halber Schritt zurück, nicht zu hastig, aber entschlossen. . . . Ja, richtig . . . Kunde öffnet, Mappe in der rechten Hand, Visitenkarte parat, einwandfrei, Vergewisserungsblick nach dem Hund, Mappe umgreifen, zum Handschlaggruß, ohne Scheu, aber unaufdringlich Vorstellung, und somit wäre der Erstkontakt hergestellt. Sehr gut, Herr Gropper, praktisch fehlerfrei . . . *Band aus.*

GROPPER Visitnkartn hab i a wenig schlampert ghaltn, aber des hat ma, glaub i, net so gsehn.

HESSLER Nein, nein, wirklich, sehr gekonnt, als nächster Schritt käme nun das Einführungsgespräch in der Wohnung, mit den sogenannten »W«-Fragen: Warum, wann, wie, was und so weiter, aber das kommt später, ich schlage vor, neues Erstkontakttraining. Herr Rösner an der Tür, und Herr Gropper macht jetzt den Kunden.

RÖSNER Mit oder ohne Hund?

HESSLER Lassen Sie sich doch überraschen, vor Ort wissen Sie ja auch nicht, ob mit oder ohne Hund. *Devotes Gelächter.* Also, bitte auf Position.

Gropper geht hinter die Trainingstür, Rösner nimmt die Mappe und geht los.

Halt, Herr Rösner, erst auf mein Zeichen. Band läuft. Bitte . . .

Rösner geht auf die Trainingstür zu und klingelt.

Nein! Halt! Stopp! Um Gottes willen. Mehr Entschlußkraft im Gang, und alle privaten Gesten vorweg erledigen!

RÖSNER Aber . . .

HESSLER Sie gehn doch nicht auf die Toilette, sondern zum Kunden!

Devotes Gruppengelächter.

RÖSNER Aber, ich . . .

HESSLER Kein Aber, zurück das Ganze, noch mal von vorn. Und bitte!

Rösner geht auf die Tür zu und klingelt.

HESSLER Halt, nein, stopp!

RÖSNER Wieso?

HESSLER Mappe!

RÖSNER Ja?

HESSLER Sie haben die Mappe in der falschen Hand.

RÖSNER Ääh?

GROPPER Mappe muß in der rechten Hand sei.

HESSLER Wenn der Kunde die Tür öffnet, müssen Sie die Mappe noch in der rechten Hand halten. Dann erst greifen Sie um, um dem Kunden spontan die rechte Hand geben zu können. Das suggeriert spontane Herzlichkeit.

GROPPER Im Spion hab in fei aa net gsehn.

HESSLER Das obendrein, Moment. *Geht zum Spion und dirigiert von da aus Rösner.* Etwas mehr nach links, halt, und einen halben Schritt zurück, zuviel, so. Das ist die Position. Merke: Dreiundvierzig Prozent aller Kunden öffnen nur nach Spionkontrollblick die Tür. Also zurück, das Ganze noch mal!

Rösner geht auf die Tür zu, klingelt.

Und Spionposition, ja. *Drückt Tonband, fröhliches Hundegebell. Rösner weicht zwei Schritte zurück. Heßler schaltet das Tonband aus.* Nein! Halt, stopp! Nicht so hastig, Herr Rösner, der Russe is noch net im Land. *Devotes Gelächter.* Überhaupts, warum weichen Sie denn zurück?

RÖSNER Ja, Hundegebell . . .

HESSLER Das is doch hier kein scharfer Schäferhund, sondern a freundlicher Dackl. Da weicht ma doch net zurück, da sagt man: »Ja, wo is er denn« oder so was Ähnliches, dann geht die Tür von selber auf. Ich hab's heut doch schon ein paarmal gesagt, also merken wir uns, meine Herren: Über die Tierliebe zum Entree.

GROPPER Sie, Herr Heßler, er hat fei aa d' Fiaß no net abgstreift!

HESSLER Jaja, is scho recht, des auch noch, ham S' des gehört, Herr Dings, ah, Herr Rösner, Schuh abstreifen für die Hausfrau, vor allem bei Sichtkontakt! Also, glei no mal. Zurück . . .

Rösner geht auf die Tür zu, klingelt, streift Füße ab, richtiger Spionabstand . . . ein Schritt zurück, dreht sich um.

RÖSNER Wo ist der Hund?

HESSLER Welcher Hund?

RÖSNER Ja, jetzt käme doch der Hund . . .

HESSLER Ja, Herr Rösner, das müssen Sie doch bitte dem Hund überlassen, ob er da is oder net . . . *Devotes Gelächter.* Ich zum Beispiel hab a Schildkrötn daheim bei mir zu Haus. *Wieder Gelächter.* Da können S' lang warten, bis bei mir daheim was bellt. *Noch mal Gelächter.* Also, auf ein neues, Anmarsch und so weiter klappt ja schon einigermaßen, tun S' gleich anläutn, Herr Rösner. Bei wem klingeln S' denn überhaupt?

RÖSNER Weiß nicht . . .

HESSLER Ja, des is doch des mindeste, da schaut ma doch nach, am End landn S' bei Eahna selber dahoam und gspannen S' gar net. *Brüllendes Gelächter.*

RÖSNER *schaut* Ah ja . . .

HESSLER Ja, genau, da sehn S' es, und jetz klingeln S'.

Rösner läutet zaghaft.

GROPPER Des Klingeln hätt i jetzt fei net ghört. I hätt ja fernsehn können oder a Bad nehmen.

HESSLER Oder a Damenbesuch is grad in Aktion. *Devotes Gelächter.* Ham S' as ghört, Herr Rösner, bestimmt anläuten. Also, bitte . . .

RÖSNER So? *Läutet kräftig.*

HESSLER Jessas, naa, nein! Sie san doch net von der Feuerwehr. *Gelächter.* Schaun Sie, wir läuten an, bestimmt, aber nicht aufdringlich. *Geht zur Klingel.* Schaun S' her, so. *Läutet.*

Rösner geht auf die Tür zu, läutet, Heßler fährt Hundegebell ab, diesmal aggressiver Schäferhund.

RÖSNER Ja, wo is er denn . . .

HESSLER *Band aus.* Halt, stopp! Sie san wohl lebensmüde! *Gelächter.* Des is doch a scharfe deutsche Dogge. Hörn Sie des net? Mann, die wenn Sie anfällt, na san Sie Hackfleisch! *Gelächter.* Bei so am Hund in jedem Fall zurückweichen, Mappe in Hab-Acht-Stellung und die Kommandos vom Herrchen hinter der Tür abwarten, also, bis der halt »Pfui, Platz« sagt oder so was.

GROPPER Er muß wartn, bis ich pfui sag!

HESSLER Jaja, schon recht, Herr Gropper, des hab i ja scho grad gsagt, aber wenn die Tür aufgeht, muß er sich scho die eventuellen Liebkosungen vom Haustier gefallen lassen, denn, wie gesagt, über die Tierliebe zum Entree.

RÖSNER Ja, aber was ist, wenn der Hund beißt?

HESSLER Ja mei, des is Ihr Berufsrisiko. *Devotes Gelächter.*

Rösner läutet, Gropper öffnet.

HESSLER Und Mappe umgreifen, jaa, Hand reichen und Begrüßungsformel . . .

Gropper reicht die linke Hand, Rösner greift daneben.

RÖSNER Ja, aber so?

GROPPER Mei, vielleicht bin i a Linkshänder . . .

HESSLER Geh, reden S' koan Unsinn, mir trainieren hier den Normalfall. Erschwerende Sonderfälle machma übermorgen, also, geben S' gefälligst die rechte Hand, Herr Gropper. Also, zurück und noch mal.

Rösner läutet, Gropper öffnet.

Umgreifen, ja, Händedruck mittelkräftig, herzlich, und ungefähr jetz die Mappe abstelln. A ganz a wichtige Station, damit Se sich etabliern. Naa, halt, net hinter Eahna. Wenn Sie ein Schritt zurückweichen müssen, gesetzt den Fall, der Hund kimmt doch noch, na stolpern S'. Sie wolln doch a Invalidität verkaufn und net in Anspruch nehmen. *Gelächter.*

Gropper öffnet, Händedruck, Hundegebell, Rösner einen Schritt zurück in Hab-Acht-Stellung.

GROPPER Pfui! Platz!

RÖSNER Ja, wo is er denn?

HESSLER Halt! Stopp!

RÖSNER Wieso, was war denn jetzt schon wieder verkehrt?

HESSLER Im Prinzip gar nix, aber mir machen jetz dreißig Minuten Mittag, und nach dem Mittagessen machen wir weiter mit dem zweiten Teil unseres heutigen Trainingsprogramms: Vom Entree zum Verkaufsabschluß. Mahlzeit, meine Herren . . .

Alle antworten »Mahlzeit« und stehen auf.

Ghostwriter

Ich zitiere – also, ich zittere nicht, nein – ein Zitat also: »Sicherlich, ich bin bereit, jederzeit Verantwortung zu übernehmen, solange noch eine da ist, die ich nicht zu verantworten habe.« Gut, gell? Ha! Ich zitiere noch mal: »Ich bin jederzeit bereit, Verantwortung zu übernehmen, solange noch eine da ist, die ich nicht zu verantworten habe!« – Dieser Satz war die Grundlage für den Orden wider den tierischen Ernst. Ich finde, der Orden war hochverdient! Die Leute lagen am Boden vor Begeisterung. Die haben in die Tischdecke gebissen. Eine umwerfende Komik. Das mehrfach gespielte Tata-tata-tata ging vollkommen in der Begeisterung unter. Enorm!

Aber all das ist ja nur peripher gegen die Tatsache, daß er als Träger des Karl-Valentin-Ordens, den ihm die Narhalla verliehen hat, als ganz großer Humorist deutscher Zunge in Erscheinung tritt. Ich sag das nicht einfach so dahin, aber ich bin sein Ghostwriter und war zuständig für das Humorvolle – aber wohlgemerkt, nicht am Nockherberg. Ich meine, Sie können sich vorstellen, die Aufgabe ist besonders delikat. Autor für einen Mann, der als politischer Redner wahre Lachsalven verursacht – das ist kein Kinderspiel. Schaun Sie, mein Kollege, der Dr. Spitzner vom Wirtschaftsministerium, schreibt solche Reden – also seriöse Reden – wie die über den Deutschen Ritterorden, wo der Kandidat im weißen Mantel mit schwarzem Kreuz auftritt und die Rentabilität der Kreuzritter im Kloster Weyarn beweist. Dreizehn Prozent sind aber bei acht Prozent – wenn wir davon ausgehen, daß wir bei elf Prozent die Grenze der Verantwortlichkeit bereits um vier Prozent überschritten haben – durchaus im grünen Bereich der allgemeinen Trostlosigkeit, die einen Bestandteil dessen, was prozentual ausdrückbar ist, ausmacht.

Ich hoffe, Sie verstehen mein Problem. Man sagt, ein Behinderter solle auf der Bühne nie einen Behinderten spielen. Und ein Komiker, der bei allem, was er sagt, brüllendes Gelächter hervorruft, weil er bei jeder Rolle – vor allem aus Wilhelm Busch, wo er als Schneider Böck wie als Pater Filucius oder Lehrer Lämpl brilliert – behauptet, dies als Politiker zu tun, wirft die Frage auf: Darf ein Komiker einen Komiker spielen? Das Markenzeichen, sein unnachahmliches »Sicherlich« oder »Äh«, steht für Komödiantentum, das ohne Politik glänzend besteht! Nicht der Politiker will komisch sein, sondern die Komik bestimmt die Politik! Und das alles ohne Luftschlange, ohne Konfetti, ohne Stinkbombe.

Bühne frei für Trachtenanzug und Laptop! – Jetzt müßte ich direkt Angst kriegen, als Ghostwriter brotlos zu werden, aber Gott sei Dank: Die Angst brauche ich nicht zu haben! Weil der Innenminister will ... weil er hat gerade wieder eine Familie aus dem Land ausgewiesen, und da möchte er am Faschingsdienstag was Humorvolles dazu sagen. Und den Text schreib ich ihm. Und mir wird schon was dazu einfallen. »Wolle ma se reilasse?« – »Sicherlich!«

Der Schuldenkäufer

Herr Nagy! He, Herr Nagy – des is doch der Herr Nagy –, was machen denn Sie hier? *Ein Mann verläßt stumm und hastig den Saal.*

Des war sicher der Herr Nagy – mit Sicherheit –, dem muß einer eine Karte geschenkt haben, sonst könnt der sich das niemals leisten, daß der hier reingeht. Wie lang betreu ich jetzt schon den Herrn Nagy? Ich hab ihn von der Freibank gekauft für 15 000. Also für 15 000 hat ihn mir die Freibank veräußert als eine Art Sonderangebot, weil er bei ihnen mit 160 000 hängengeblieben is. Dann habens ihn zuerst durch den Fleischwolf drehen lassen, die Firma heißt nicht Fleischwolf, obwohl, das wär ein schöner Name, sondern des is der Inkasso Schimmelbrot, und der hat ihn noch amal ausgeputzt, das heißt, der hat ihn halt auf den Kopf gestellt, dann hams a bißl draufgeklopft, mit einem Gerichtsvollzieher, Titel, OE-Anordnung und so weiter, alles da. Dann hams noch amal 30 000 aus ihm herausgezuzelt. Und nach diesem ersten Aderlaß hat ihn mir die Freibank, wohlgemerkt, für 15 000 überlassen. So sinds, die Banken. Was? Ja, was ist schon der Einbruch in eine Bank gegen die Gründung einer Bank, genau, vom Ding. Weil – damit ich 's gründlich genug sag – 130 000 ist der Herr Nagy wert, theoretisch auf dem Papier, weil bis daß der noch was von sich gibt, muß ich schon schwer die Daumenschrauben anziehen. Jetzt sagen Sie: Bloß 15 000 Investitionen bei einer Einnahmemöglichkeit von 130 000! 130 000 minus 15 000 sind 115 000 Mark. Aber, bitte vergessen Sie nicht, die 150 000 muß ich mir aus dem Nagy erst einmal herausholen, das ist doch die Kunst – wo nichts ist, hat der Kaiser sein Recht verloren. Die Banken verschenken doch nichts, das kann ich Ihnen blanko sagen. Diese Banken sind in einer Weise unseriös geworden, das ist skandalös. Weil diese Banken verkaufen ihre Schuldner, denen die Luft wegbleibt, also normale Hausbesitzer, mittlere Kreditnehmer, die wegen Krankheit oder vielleicht auch wegen simpler Blödheit hängengeblieben sind und nicht mehr flöten können, immer gleich an die Inkassobüros. Die Bank läßt sich von den Inkassobüros den Mann pekuniär röntgen, und die, wie der Schimmelbrot, nehmen dann den Delinquenten aus, brechen ihn auf, gehen ihm an die Eingeweide, und was übrig bleibt, steckens in die Gefriertruhe, und ich kann dann so tiefgefrorene Knochen kaufen wie diesen Herrn Nagy. Selbst mehrere Knochen wie der geben noch keine gescheite Suppe. Gut, ich hab jetzt dreißig Jahre Zeit, daß ich mir das Geld hol, aber der Herr Nagy ist ein Single, wechselnder Wohnort wie alle Singles, ambulant, halt das Gegenteil von einer Immobilie. Glauben Sie es mir, unsereiner will ja auch leben. Schaun S', in meinem Fall, ich hab 3500 Mark feste Kosten, meine ältere Tochter studiert Kunstgeschichte, mei Bub macht nächstes Jahr das Abitur, meine Frau ist daheim und macht neben dem Haushalt das Büro. Ein Monat ist schnell rum ... So ... Sie wissen mir auch keinen, einen Gorilla? Das ist ja sowieso heute mit das schwierigste, einen zu finden, der den Klienten bei der Betreuung nicht gleich umbringt oder zum Invaliden macht. So primitive Schläger kann man schnell amal engagieren, aber die richten eher mehr Schäden als Nutzen an und kosten auch. Jemand – ich leg gar keinen Wert drauf, daß er zuschlägt –, der so jemanden wie Herrn Nagy amal vor die Brust nimmt und ihn so anschaut, daß ihm sein Kreislauf amal a bißl ins Stottern kommt, so was kann halt fast nur noch a Künstler. Solche Gorillas sind immer schwerer herzukriegen, und wenn, dann wissen die auch, was sie wert sind. Die Bänker wissen schon, wie schwer das Geschäft ist. Früher, ja, bei der Bayerischen Freibank, der Direktor Mechow, der hat noch an Stil ghabt, der hat mir auch manchmal im Paket noch eine Familie verkauft. Die haben einen festen Wohnsitz – mit einem kalkulierten, sagen wir einmal, Psychoterror, da werden die weich, da is eine Wohnung da, da gibt's ein Kindergeld, selbst wenn's Sozialempfänger sind, da ist noch eine Zahlungsmoral, ein Verantwortungsbewußtsein. Aber diese Banken, sprich, da sins am Puls des Zeitgeistes. Die Freibank, vorige Woche, hat mir eine Familie angedreht. Was kost die Familie, hab ich gfragt, wenn ich s' kauf? 10 000 cash, hams gsagt. Wieviel Schuldenmasse gibt die Familie ab? 150 000 hams gsagt. 10 000 gut, aber no more, sage ich, aber vorher test ich s' noch amal. Weil 10 000 Mark, der Preis klingt märchenhaft. Ich kauf doch keine Katze im Sack. – Dann hab ich s' getestet, ohne Gorilla. Erst einmal selber in der Früh hab ich wieder angerufen, a bißl telefonieren. Hab ihnen gesagt, daß ich ihr neuer Treugeber bin und wo mein Geld bleibt. Hab halt mit der Therapie begonnen, um halb vier in der Früh hab ich wieder angerufen, hab a bißl was von einem Krampus erzählt und vom schwarzen Mann. In der Früh les ich's schon in der Zeitung. Schlagzeile: »Familiendrama im vierten Stock«, weil der Mann hat des eine Kind mit dem Messer abgeschlachtet, die Frau des andere Kind in der Badewanne mit'm Fön, ah, und dann is er zum Fenster rausgesprungen. Diese Journalisten, das sind Geschäftsleute, verkaufen eine Riesenauflage, dabei waren die noch warm. Und des mit der Not anderer. So – jetzt schaun ma halt, jetzt geh i amal zum Franziskaner und kauf mir a Halbe oder zwei, und dann wernma uns a bißl um an Herrn Nagy kümmern.

Über Karrieren

Sobald jemand nach eingehender Beschäftigung mit Byzantinistik oder Assyrologie und nach gründlicher Kenntnis des angemessenen Verzehrs eines Wiener Schnitzels den Beruf des Bootsverleihers ergreift, ist das in der heutigen Zeit ein Schritt, der mehr denn je den dramatischen Veränderungen in unserer Arbeitswelt gerecht wird.

Geschmeidigkeit im Empfinden und innere Tranquilität zeichnen ihn aus.

Sollte durch Maastricht und wegen einschneidender, fortschreitender Streichung von Feiertagen die Idee der Sommerpause verblassen, so ist der Bootsverleiher anpassungsfähig genug, den Winter durch Schlittschuhverleih in eine neue Phase der Prosperität zu führen.

Der Bootsverleiher entläßt das Boot mit einem festen Fußtritt in die Weite des Sees. Auf die Benutzung von Ellenbogen ist er nicht im geringsten angewiesen. Selbständig und frei, niemals zu falscher Loyalität verführt, entfaltet sich der stabile Charakter des Bootsverleihers ausschließlich bei privaten Aktivitäten wie zum Beispiel Brotzeitmachen oder Zeitunglesen.

Niemals läßt sich der Bootsverleiher auf ein Intrigenspiel ein, um Oberbootsverleiher zu werden, da dieser Titel schon seit mehr als viertausend Jahren hinfällig geworden ist.

Der Bootsverleiher, der seinen Beruf mit Hingabe und Enthusiasmus ausübt, sitzt niemals im selben Boot!

Ich sage hiermit entschieden »Ja« zum Bootsverleih, dem, wie ich meine, eine glänzende Zukunft winkt!

Ein Amateur

Roland Stump nach seiner Festnahme.

Selbstverständlich hätt ich Milbertshofen auch nehma könnan, technisch is des doch gar koa Problem. Net. I hab's euch doch bewiesen! I hab halt Milbertshofen nicht gnommen, weil da a Tante von mir wohnt. Net. Aber, ich hab ja auch genau und ausdrücklich gsagt, Pasing! Ich hab gsagt, ich spreng Pasing in d' Luft, wenn ich die zwei Millionen net präzise bis zum 7. 5. krieg, und es habts nicht bezahlt. Gell. Und ich hab auch nur Pasing gesprengt, ich hab also ... es is ... nichts anderes is mitgegangen. Laim und as Westkreuz und all des, da is gar nichts vorgekommen, net. Weil, i beherrsch ja des. Ich bin ja koa Amateur. – Und ich besteh drauf, daß i nauskomm nach Straubing, ich möcht nicht nach Stadelheim ins Gefängnis, sondern nach Straubing, hundert Kilometer weg von München, weil wenn mei Spezi, der wo jetzt dran arbeitet an der Bombe, ich sag's euch gleich, mei Spezi is nicht dieser, ah, dieser Spezialist. Der arbeitet seit drei Monaten erst dran an dieser Bombe, der kann des halt no net aso, des Dosieren. Net. Wenn der heut sagt, ah, Haidhausen, oder er sprengt Schwabing, oder irgend so was, der kann des nicht genau abgrenzen. Der kann's halt no net. Des is gar net a böse Absicht von dem, aber, ich mein, a gewisse Überdosis bei dem, etwas Unvorhergesehens, net, na zreißt's ganz München. Jetzt zahlts! Ich sag's euch glei, zahlts eahm! Des hat doch koan Sinn net, ihr seids ja wahnsinnig.

Frau Brezner

Ein kleines Werkstattbüro. Frau Meisinger und Herr Fröhlich sitzen an zwei Schreibtischen. Meisinger tippt Schreibmaschine, Fröhlich bedient gerade einen Kunden.

KUNDE Aber der Wagen für Dr. Zimmermann sollte doch schon gestern spätestens fertig werden. Das lasse ich mir nicht bieten.

FRÖHLICH Da, nehmen S' Eahnane Autoschlüssel, und da, da ham S' de Papiere, und na schaugn S', daß S' weiterkommen. Bei uns geht alles der Reihe nach, gell, des müssen S' Eahna merkn. Gell. Da geht's naus.
Ein Telefon klingelt.

KUNDE So eine Unverschämtheit. *Geht, knallt die Tür zu.*

FRÖHLICH Ham Sie dahoam Vorhäng vor der Tür?! Unverschämtheit. – Ah, Fräun Meisinger, gehngan Sie hin. *Deutet auf Telefon, beugt sich über einen Ordner mit Rechnungen.* Herrgott naa, der Tag geht scho guat o . . .

MEISINGER *hebt ab.* Mittermeier und Fröhlich, grüß Gott. Ah, grüß Sie Gott, Herr Zapf, ja, Herr Zapf – der gelbe Audi, Herr Zapf? – Moment, ich frag mal, Herr Zapf. *Fröhlich winkt energisch ab.* Hallo, Herr Zapf, grad eben erfahr ich, noch nicht ganz, Herr Zapf, wenn S' vielleicht morgen noch mal anrufen, Herr Zapf. Sicher, Herr Zapf, mir tun unser Bestes, Herr Zapf, gut – ja – Herr Zapf. Wiederschaun, Herr Zapf. *Hängt ein.* Der Herr Zapf war's.

FRÖHLICH *winkt ab* Ach Fräulein Meisinger, machen S' mir doch bittschön a Taß Kaffee. Herrgott is des wieder ein Tag.
Meisinger geht, das Telefon läutet, Fröhlich hebt ab.
Mittermeier und Fröhlich. Ja, die Frau Brezner. – Ja, selbstverständlich, Frau Brezner. – Natürlich, Frau Brezner. Genau, Frau Brezner, also, von unserer Seite ist alles getan, Frau Brezner. Ja, ich weiß, Frau Brezner, Ihre Reifen, Sie benötigen sie. Jawohl, Frau Brezner, also unsererseits, wir haben alles Menschenmögliche unternommen, Frau Brezner. Ja, es könnte vielleicht, ein kleiner Unsicherheitsfaktor – ja, Frau Brezner, wenn Sie vielleicht morgen noch mal – jawohl, Frau Brezner, wir haben alles veranlaßt. Gut, bis morgen, Frau Brezner, Sie rufen an, Frau Brezner. Ja, zu neunundneunzig Prozent sicher, gut, also. Wiederhörn, Frau Brezner.

Meisinger kommt mit dem Kaffee.

Sie, Fräun Meisinger, da hat grad eine Frau Brezner angerufen, wegan eahnane Roafn, was is 'n da los?

MEISINGER Aber, Chef, die Reifen ham S' no gar net bstellt.

FRÖHLICH Was, de san no gar net bstellt? Ja, na bstelln Se s' aber glei morgn!

MEISINGER Aber, Chef, morgen, da fahr ich doch in Urlaub.

FRÖHLICH Was, in Urlaub? Aber na bstelln Se s' glei nach am Urlaub!

Der Freitagabendzug

Ein dünn besetzter Silberling der Deutschen Bundesbahn. Georg Blascheck lehnt, vom Alkohol angegriffen, in einer Ecke, daneben sitzen Helmut Grissinger und Hubert Flachl. Der Zug fährt an.

HELMUT Sag amol, Berti, jetzt san ma grad z' Darching. Der Schorsch hätt doch grad aussteign miaßn.

HUBERT Der werd doch selber wissen, wo er naus muaß. Der soll aussteigen, wo er mog.

HELMUT Du, Schorsch, he, Schorschi . . . *Schüttelt ihn.*

Georg grunzt.

Schorschi, was is 'n . . .

Georg grunzt.

He, Darching . . .

GEORG Jaja, scho recht.

HELMUT Muaßt du net in Darching außi?

HUBERT Geh, laß eahm doch sei Ruah.

HELMUT Ja, aber er, er, er is doch allweil in Darching ausgstiegn.

HUBERT Ko scho sei, heit fahrt er halt a Stückerl weiter.

HELMUT Ja, aber i fahr jetzad scho seit zwölf Jahr mit'm Schorsch hoam, und er is allweil in Darching ausgstiegn. – He, Schorsch, hallo, Schorsch!

GEORG Jaja, äh . . .

HELMUT Mir san ma grad z' Darching gwen, nächster Halt Miesbach . . .

GEORG Jaja, scho recht.

HUBERT I moan, der Schorsch macht heut eine große Reise . . .

HELMUT Was is 'n Schorsch, fahrst zum Gardasee oder ans Meer? *Zu Hubert* Bis wo fahrt 'n der Zug?

HUBERT Bei Kiefersfelden geht er über d' Grenz . . .

HELMUT Na hat er ja no Zeit. – Gell, Schorsch, na hast no Zeit?

Gesprächspause. Der Zug fährt langsamer, hält an. Hubert zieht eine Bierdose aus der Mappe.

HUBERT Was is, brauchst a no oane . . .

HELMUT *sieht zum Abteil hinaus* Ja mei, des werd knapp, ah ja, dua s' her.

HUBERT Oane geht allweil no . . . *Öffnet die Bierdose.*

Marlies Kubierschki, ein Wammerl, betritt das Abteil und setzt sich.

HUBERT Gutn Abend, gnä' Frau, geht's wieder hoam?

HELMUT Do schaung S' her, da hätt ma an charmanten Reisebegleiter. – Schorsch, reiß di zamm, da is eine Dame!

Georg grunzt.

Ja, er versteht was von Frauen.

Das Wammerl schlägt die »Aktuelle« auf, nimmt Zigarette, Helmut gibt fast galant Feuer.

WAMMERL Danke.

HUBERT Der Schorsch macht heute eine Weltreise. Hahahaha ...

HELMUT Wohin fahrst 'n, zum Gardasee oder glei ans Meer? Hahahaha ...

Georg grunzt.

HUBERT Er is no a bisserl unentschieden, er woaß no net genau. Prost. – Meng S' aa a Bier?

WAMMERL Naa, ah ...

HELMUT Aber, Berti, fallst mi fragst, da Schorsch hätt in Darching nausmiaßn. Spätestens.

HUBERT A Schmarrn, wart amol, wart amol ... *Greift Georg ins Sakko, zieht ein Pornoheft heraus.* Hahahaha, so eine Sau, schaug amol.

HELMUT Wia, zoag her ... *Schaut, lacht.* Do schaugn S' her, i hab's Eahna ja gsagt, da Schorsch versteht was von Frauen.

WAMMERL Ah geh, hörn S' auf.

HUBERT *kramt weiter, findet Brieftasche mit Ausweis, liest* Da steht nix, wo er wohnt. *Findet Foto.* He, Schorsch, is des dei Onkel, schaug amol, der schaugt aus wia ein Vampir.

HELMUT I dad sogn, eher wia ein Sexualverbrecher. Oder, wos dadn Sie sogn, Fräulein?

Das Wammerl reagiert nicht.

HUBERT Beim Bund war er ... und was hamma 'n do? Ui, do schaug her, des is ... aha, do, aha, mhm, do, des is sei Kündigungsschreiben ... Kreitmeier & Fröhlich braucht eahm nimmer. Der Schorsch is unrentabel worn.

HELMUT Do konn er natürlich leicht in Urlaub fahrn, hahahaha. Rentierst di nimmer, Schorsch. Wos is Fräulein, san Sie ungekündigt?

WAMMERL Geh.

HELMUT Schorschi, denk da nix, die ganze Welt ist ein Roulett. Oder, Fräulein?

HUBERT Was is, rauchma oane?

HELMUT Rauch ma oane. *Gibt Hubert Feuer.*

HUBERT Meng S' aa oane Fräulein? Der Schorsch is ein Gentleman, immer großzügig. *Das Wammerl raucht bereits demonstrativ. Helmut gibt Hubert Feuer.* Danke.

HELMUT Lebt der überhaupt no? *Hält Georg ein Streichholz hin, der schnaubt das Feuer aus.* – Vielleicht mog er a Bier.

HUBERT He, Schorsch, Gerstensaft, der bringt Kraft ... *Trinkt selbst tiefen Schluck, schüttet Georg den Bierrest über den Kopf.*

GEORG Aihjajajaja ...

HELMUT Do, beim Bier, do werd er munter, do werd er wach.

Das Wammerl lacht versteckt.

HELMUT Der Schorsch is nämli vo Darching. – Noch an Schluck Schorschi? *Schüttet größere Ladung Bier über Georgs Kopf.*

GEORG Ah, Scheiße, zefix, ähjessasas ...

HELMUT Sehng Se 's Fräulein, so schaugt's aus.

HUBERT Wo fahrn an Sie hin?

WAMMERL Des geht eich doch an Dreck o ...

HUBERT No, weil der Schorsch mog gern a charmante Begleitung.

WAMMERL Auf a so a Begleitung konn i verzichten.

HELMUT Sogn S' des net, der Schorsch is vo Darching.

WAMMERL Des konn scho sei. *Malt sich die Lippen nach.*

HUBERT Dean S' es her, dean S' es her ...

HELMUT Dean S' es her, dean S' 'n her, im Ausland braucht er a gscheits Make-up ...

HUBERT Sonst laßns eahm net über d' Grenzn.

Das Wammerl malt Georg einen Strich auf die Backe und die Nase, alle lachen brüllend.

HELMUT Dean S' es her, dean S' es her.

Er schreibt »Bitte nicht stören« auf die Rückseite des Kündigungsschreibens.

HUBERT *appliziert die Kündigung an Georgs Sakko* Den wenn koaner weckt, na fahrt er durch bis Sizilien.

HELMUT Er is a guater Beifahrer, der Schorsch.

Der Zug wird langsamer.

HELMUT *steht auf* Herrgott, jetz, wo's gmiatlich werd, miaßn mir aussteign.

HUBERT Also, Schorsch, mach's guat.

HELMUT A guate Reise noch. Und paß fei guat auf dei Gepäck auf. *Schiebt den Porno in Georgs Sakko zurück.* – Fräulein, Sie schaugn noch a bisserl auf eahm, er is a guater Kerl.

HUBERT Der Schorsch versteht an Spaß.

HELMUT Gell, Schorsch, ein guater Kamerad?

HUBERT *steht auf* Wissen S', mir fahrn scho seit zwölf Jahr im selben Zug.

HELMUT Ja, jetz werd a nimmer vui mitfahrn, aber er war ein guter Kamerad ...

HUBERT Mir kennen uns aus, gell, der Schorsch woaß, was los is, gell, Schorschi?

HELMUT Mein Gott naa, aso hab i scho lang nimmer glacht. Aso eine Gaudi. – Also nachert, na ja, Wiederschaugn.

WAMMERL Wiederschaugn.

HUBERT Jessas, der Schorsch hat jetz gar koane Schilling dabei. – Also, Wiederschaugn.

WAMMERL Wiederschaugn.

HUBERT Und dean S' 'n fei net verführn, weil der Schorsch hat a Familie.

HELMUT Aber in Darching. Hahahaha. – Also Schorsch, a schöns Wochenend noch. – Ihnen auch, Fräulein.

WAMMERL Naa, i schaug amoi.

HUBERT Und viele Grüße an Südtirol.

HELMUT Oder Kärnten. Mein Gott naa, so eine Gaudi.

HUBERT An der Adria braucht er fei a Badhosn ...

Die beiden verlassen den Zug. Das Wammerl steht auf, setzt sich an einen anderen Platz, der Zug fährt weiter. Helmut und Hubert streben dem Vorortbahnhofsausgang zu und sind glänzend gelaunt.

Creative Center

1. TEIL

Bei Ismeier, Junglebare & Partner.
Ein Creative-Studio. Sam Ismeier hängt gerade am Telefon, sein Drehstab wartet.

Im Nebenraum: Ein Hase im Gespräch mit einem anderen Hasen.

HASE 1 Ich sage dir, Gustl, bei Bergman kommt immer wieder der Steinbock durch.
HASE 2 Wieso, ich dachte, Ingmar ist doch Widder.
HASE 1 Aber doch nur im Aszendenten.
ISMEIER *am Telefon* I hab's eich doch scho gsagt, kontaktets doch erst mal New York, dann machts a Connection nach Paris, und dann schauma weiter. Sonst kriangma doch koa Feedback. Es seids doch Dilettanten! Ohne Feedback ist doch der gesamte Marketing-Service a Witz. I wart auf a Feedback, also, ohne an gedeckten Scheck geht gar nix!
Ein Werbehase schaut schüchtern zur Tür herein.
HASE Hallo, äh . . .
ISMEIER Ja sehn Sie denn nicht, daß ich hier telefonier, wer hat mir denn diesen Arsch hier hereingeschickt? *Zum Hasen* Sie können nach Hause gehn, guter Mann, ich lege auf Ihre Mitarbeit keinen Wert mehr. – Hupsi, an Augenblick, i hab grad an Trouble, i werd nimmer gscheit abgschirmt. Wo is denn die Babsi?! *Zum Hasen* Ja, gehnga S' doch, des Finanzielle regelt der Herr Seltmann. Herr Seltmann, bitte . . .
HASE Entschuldigung, ich wollte doch nur . . .
ISMEIER Sie haben hier nichts zu wollen. Hinaus! *Der Hase geht.* Also Hupsi, New York, Paris, Wien, und Recall. Du, i bin grad unheimlich im Streß, also Hupsi, later, gell, okay dann, tschüs!
ISMEIER So, wo warnma? Ah ja, Günter, der nächste bitte.
KUNDE Also, Herr Ismeier, was is denn nu!
ISMEIER 'tschuldigen S', Herr Berlinghoff, Sie sehn ja selber, i werd pausenlos molestiert . . .
HASE 1 Ich sag dir, Fassbinder hatte von Film keine Ahnung.

HASE 2 Null!

HASE 1 Der hätte sich mal mit Eisenstein beschäftigen sollen.

Ein Hase wird von Günter hereingeführt.

ISMEIER Guten Tag, ah, nun zu Ihnen, ah, wie war Ihr Name?

HASE Wolf, Rüdiger.

ISMEIER Schön, Herr, ah, Wolf, Sie wissen Bescheid, worum's geht, also den Text haben Sie gelesen?

HASE *schüchtern* Ja.

ISMEIER Okay. Also, passen S' auf, es muß Power haben, net, es muß suggestiv wirken, und es muß oan antörnen, ich mein, es muß halt einfach einpfeifen, so, daß man zugreifen will, oder besser, zugreifen muß. Okay? Also, Sie kommen von rechts, setzen sich da auf den Stuhl da, und dann Text, also bitte, fangen mir an, Ruhe, eine Probe! Also bitte!

HASE *setzt sich auf den Stuhl* Hmhm, er ist es, äh, das ist er ...

ISMEIER Vielen Dank, vielen Dank, Herr, ah, Dings, das war's, unser Herr Seltmann ersetzt Ihnen dann Ihre Fahrtkosten. Der nächste bitte! *Zum Kunden* Des hat koan Sinn mit dem ...

KUNDE *nickt* Witzlos ...

Das Telefon läutet, Babsi hebt ab.

BABSI Ismeier, Junglebar and Partner, grüß Gott ... Der Herr Ismeier? Moment ...

ISMEIER Wer?

BABSI Der Herr van der Waal.

ISMEIER *winkt ab* I bin grad beim Eßn.

BABSI Tut mir leid, Herr Ismeier ist gerade zu Tisch. – Ja, er ißt gerade. Ich werd's ausrichten, danke, Wiederhörn.

ISMEIER Ah, Günter, der nächste Hase ... *Zum Kunden* Sie sehn selbst, Herr Berlinghoff, es ist schwierig. De warn bisher alle wenig inspiriert.

KUNDE Der Geist des Produktes müßte auf alle Fälle mehr zur Geltung kommen ... Tja.

Günter holt einen neuen Hasen.

Im Nebenraum:

HASE 1 Ich sage zu Schlöndorff: Volker, du kannst das so nicht bringen, du brauchst mindestens zwei Kameras ...

GÜNTER Wenn Sie jetzt bitte ...

HASE 1 Okay, Gustl, ich muß auf'n Dreh, wir sehn uns dann am Stammtisch, okay?

HASE 2 Tschau, und toi, toi, toi . . .

Günter führt den neuen Hasen zum Motiv.

ISMEIER Also, grüß Sie Gott, Herr, wie war Ihr Name?

HASE 1 Mechow.

ISMEIER Ja, also, Herr Mechow, Sie wissen, es ist nicht einfach, die Aufgabe, die Sie haben – Sie sollten das nicht unterschätzen, was wir hier machen, is anspruchsvolles Advertising . . .

HASE 1 Ich war schon bei Jogimaus-Kinderpüree mit großem Erfolg dabei, ham Sie zufällig den Spot gesehen?

ISMEIER Jaja, ich glaub schon, also schaun mir mal, Herr, ah . . .

HASE 1 Mechow . . .

ISMEIER Herr Mechow, also, bitte lassen S' uns doch amal Ihre Gestaltung sehn . . . Text is Ihnen vertraut?

HASE 1 Selbstverständlich, ich bin Profi.

KAMERAMANN Sam, ich muß leider gleich ein Problem anmelden. Schau, ich schneide hier mit den Hasenohren, oder ich muß unheimlich total werden.

ISMEIER James, laß uns des später regeln. Also, okay, bitte Ruhe, Probe, Ruhe bitte! Also, bittschön . . .

HASE 1 Hmhm, das ist er, der rosarote Fertigschmeck!

ENTERTAINER Keine Kalorien, kein Fett, kein Eiweiß, keine Kohlehydrate . . .

ISMEIER Stopp, des reicht, danke einstweilen, ah, Herr Moloch, nicht uninteressant, aber mei . . . i woaß net . . .

HASE 1 Aber wir haben doch noch gar nicht den Text gearbeitet?

ISMEIER Jaja, schon, ah, Sie hörn von uns auf alle Fälle, ah, Herr Seltmann, bitte kümmern Sie sich um an Herrn Moloch. *Zum Kunden* Da, Sie sehn's ja selber, des muß eine Frau präsentieren, weil uns fehlt sonst der feminine Touch, a bißl was Brustigs, haha . . .

KUNDE Tja, vielleicht haben Se recht. Na ja, Herr Ismeier, machen Se mal . . .

ISMEIER Okay, also, Herr Seltmann, de Herrn können pauschal nach Hause gehn, de Herrn san en bloc gestorben. Jetz amal de Damen, Günter, die erste Dame bitte . . .

Günter führt einen dicken Hasen herein . . .

ISMEIER Ah ja, schon gut – Herr Seltmann!

HASE Wo soll ich denn jetzt . . .

ISMEIER Danke, das reicht uns einstweilen, Herr Seltmann . . . Herr

Seltmann! Geh weiter, Hans?! *Winkt Seltmann her.* Doch koa Butterschmalz! Hasen, Günter, einen Hasen! Bunny, vastehst!

GÜNTER Okay, mal sehn ...

ISMEIER Mein Gott, Sie sehn's ja, Herr Berlinghoff, mit solchen Katastrophen müssen mir ständig arbeiten. I bstell a Frau und krieg a Geisterbahn ...

KUNDE Tja, bei Brockdorf & Artbraker kennt man solche Probleme nicht, na ja, die waren leider ausgebucht.

Günter bringt neuen Hasen.

ISMEIER Ah ja, jetz san mir scho näher dran ... *Zum Kunden* Warten S', jetz biet ich Ihnen was an ... *Zum Hasen* Servas, Schatzi. Also, schaug, da, des is der Herr Berlinghoff, unser Auftraggeber, i hoaß Ismeier, da Text is dir bekannt, oder?

HASE Tag, Herr Berlinghoff, Text? Na klar ...

ISMEIER Okay dann, Günter, sorg bitte für Ruhe, wir proben hier! Also paß auf: Du kommst da von rechts, setzt dich auf den Stuhl, da is die Kamera, gell, da hinein die Message, un des da, des is der Joe Canaris, ein Spitzenentertainer, der bringt dann an Respons ...

ENTERTAINER Hi ...

ISMEIER Und dann, also ganz wichtig: Werbewirksam beißen. Des is ganz wichtig.

HASE Alles klar.

ISMEIER Okay, dann eine Probe. Bitte Ruhe, Herr Seltmann, Ruhe. Hansi, was is denn?! Ruhe! – Okay dann, Action!

HASE Hmhm, das ist er, der rosarote Fertigschmeck!

ENTERTAINER Keine Kalorien, kein Fett, kein Eiweiß, keine Kohlehydrate ...

HASE Fertigschmeck. Jetzt im praktischen Wegwerfdöschen ... *Beißt in den Fertigschmeck, verzieht das Gesicht* ... Iii, wie schmeckt denn des ...

ISMEIER Aha, okay, nicht uninteressant. Samma schon näher dran.

KUNDE Etwas mehr Schmackes, vor allem beim Reinbeißen.

ISMEIER Hör zu, Lady, des war nicht uninteressant, aber du warst noch a bißl out. Mehr Power und Engagement, sonst war's top.

HASE Na, beim ersten Mal. War doch nur 'ne Probe.

ISMEIER Jaja, scho, ah, mehr Begeisterung und hart am Produkt stehn. Okay? Joe, du bleibst so. Echt top. Nur nach Kohlehydrate noch a bißl mehr grinsn.

ENTERTAINER Okay, Sam, once more ...

ISMEIER Also no mal, bittschön, ah, wie war dei Name?

HASE Chantal Brucker-Lau . . .

ISMEIER Also, Chantal, no mal, jetzad mit Inspiration. Bitte Ruhe, ah, nehmma scho mal oane mit.

ISMEIER Ton!

TONMANN Läuft!

ISMEIER Kamera!

KAMERAMANN Läuft!

ISMEIER Klappe!

GÜNTER Fertigschmeck eins, die erste.

ISMEIER Und Action!

HASE Hmhm, das ist er, der rosarote Fertigschmeck.

ENTERTAINER Keine Kalorien, kein Fett, kein Eiweiß, keine Kohlehydrate . . .

HASE Fertigschmeck. Jetzt im praktischen Wegwerfdöschen.

Im Hof Lärm.

ISMEIER Aus! Aus! Was is denn des für a Radau?! Herr Seltmann, wir drehn hier. Aso kann ma doch koa Kreativität entfalten!

Hase Mechow kommt empört herein.

HASE I So geht das nicht! Mir wurde An- und Abfahrt per Taxi zugesichert!

ISMEIER Machts des doch aus, wenn mir fertig san! Mir machen hier einen Film und keine Kaffee-und-Kuchenfahrt! Ruhe!! Herr Seltmann, wo ham Sie denn diesen Arsch engagiert?

HASE I Aber mir wurde Taxi zugesichert . . .

ISMEIER Wenden Sie sich doch bittschön an den Herrn Seltmann, aber machts des draußn aus, bittschön, meine Nerven . . .

Seltmann zerrt den Hasen hinaus.

Schad, des hätt's sein können, und dann dieser Trottel mit seim Taxi, verdirbt ois. Schatzi, duat ma leid, noch amal, aber genauso frisch wie vorher. Günter, ein neuer Fertigschmeck! Intensiv, plakativ. Okay, neuer Dreh, Ruhe! Ton.

TONMANN Läuft!

ISMEIER Kamera!

KAMERAMANN Läuft!

ISMEIER Klappe!

GÜNTER Fertigschmeck eins, die zweite.

ISMEIER Und Action!

HASE Hmhm, das ist er, der feuerrote Fertigschmeck.

ISMEIER Aus. Aus! Schatzi, wie hoaßt du glei wieder?
HASE Chantal.
ISMEIER Chantal, schaug, des Produkt ist rosarot, rosaroter Fertigschmeck.
KUNDE Tja . . .
HASE Entschuldigen Sie bitte . . .
ISMEIER Okay. Once more! Ruhe! Ton!
TONMANN Läuft!
ISMEIER Kamera!
KAMERAMANN Läuft!
ISMEIER Klappe!
GÜNTER Fertigschmeck eins, die dritte.
ISMEIER Und Action, please . . .
HASE Hmhm, das ist er, der rosarote Fertigschmeck!
ENTERTAINER Keine Kalorien, kein Fett, kein Eiweiß, keine Kohlehydrate . . .
HASE Fertigschmeck, jetzt im praktischen Wegwerfdöschen. *Beißt hinein.*
ISMEIER Okay, gestorben. *Zum Kunden* Und?
KUNDE Alles fabelhaft, aber sie hat nicht überzeugend reingebissen.
ISMEIER Wieso?
KUNDE Das Hineinbeißen muß überzeugen. Dieser Biß in den Fertigschmeck ist fast wichtiger wie der Code . . .
ISMEIER Ah, Hasi, amal eine Probe, nur das Reinbeißen, ohne Kamera, bitte, Günter, an neuen Fertigschmeck . . . Okay, Action!
HASE *beißt in den Fertigschmeck* Is es so?
ISMEIER Etwas gieriger und a bißl bissiger.
HASE Aber das Zeug pappt so, das geht nicht. Ehrlich, unmöglich.

2. TEIL

ISMEIER Und Action.
HASE Ich kann nicht mehr, ehrlich . . .
ISMEIER Du packst des scho, gleich eine drauf. Bitte Ruhe! Ton!
TONMANN Läuft!
ISMEIER Kamera!
KAMERAMANN Läuft!
ISMEIER Klappe!

GÜNTER Fertigschmeck eins, die neunundvierzigste.
ISMEIER Und Action!
HASE Hmhm, das ist er, der rosarote Fertigschmeck.
ENTERTAINER Keine Kalorien, kein Fett, kein Eiweiß, keine Kohlehydrate . . .
HASE Fertigschmeck, jetzt im praktischen Wegwerfdöschen. *Biß, Hustenanfall.*
ISMEIER Ja, des darf natürlich net passiern. Gleich eine drauf.
HASE Ich glaub, mir is schlecht.
ISMEIER Ja, gleich ham mir's. Also, Ruhe! Ton!
TONMANN Läuft!
ISMEIER Kamera!
KAMERAMANN Läuft!
ISMEIER Klappe!
GÜNTER Fertigschmeck eins, die fünfzigste.
ISMEIER Action!
HASE Moment. *Stößt auf.* Hmhm, das ist er, der rosarote Fertigschmeck!
ENTERTAINER Keine Kalorien, kein Fett, kein Eiweiß, keine Kohlehydrate.
HASE Fertigschmeck. Jetzt im praktischen Wegwerfdöschen. *Biß, Grimasse . . .*
ISMEIER Okay, gestorben. Sehr gut. Sehr intensiv. Danke. *Zum Kunden* Was meinen Sie?
KUNDE Wie auf 'ner Beerdigung. Viel zu traurig. Kein Pep! Hier fehlt die innere Affinität zum Fertigschmeck. Das muß strahlen. Besonders beim Beißen. Zeigen Sie Zahnfleisch, gnä' Frau, ich denke hier an . . . zum Beispiel Hundenahrung.
ISMEIER Aber sie hat doch schön gebissen . . .
KUNDE Jaja, aber . . . Sie verstehen, Fertigschmeck ist, das ist eben . . . na ja, machen S' es noch mal . . .
ISMEIER Okay, ah, Chantal, hast as ghört – once more . . .
HASE Darf ich's hinterher ausspucken?
ISMEIER Mei, wart halt, bis d' Kamera aus is, aber sonst, im Prinzip . . . *Fragender Blick zum Kunden.*
KUNDE Nein, nein, sie muß es nicht essen, es muß nur so wirken.
ISMEIER Okay, Achtung! Ton!
TONMANN Läuft!
ISMEIER Kamera!

KAMERAMANN Läuft!
ISMEIER Klappe!
GÜNTER Fertigschmeck eins, die einundfünfzigste.
ISMEIER Und Action!
HASE Hmhm, das ist er, der rosarote Fertigschmeck.
ENTERTAINER Keine Kalorien, kein Fett, kein Eiweiß, keine Kohlehydrate . . .
HASE Fertigschmeck, jetzt im praktischen Wegwerfdöschen. *Biß, spuckt aus.* Bah, is mir schlecht.
ISMEIER Mein Gott, die wär's gewesen! Zu früh ausgespuckt. Beißen, grinsen, zwei Sekunden genießen, und dann ausspucken.
HASE Aber das schmeckt so widerlich.
KUNDE Tja, gnä' Frau, wir machen hier Werbung. Is doch Ihr Beruf. Ihnen muß es doch auch nicht schmecken, sondern Millionen von . . .
HASE Kann ich mal kurz an die Luft?
ISMEIER Hasi, mir san so nah dran. No oane drauf, und mir hams überstandn.
HASE Okay, ich glaub, es geht schon wieder. Aber wirklich die letzte . . .
ISMEIER Ehrenwort. Sonst legnma a Pause ein. Okay! Ton!
TONMANN Läuft!
ISMEIER Kamera!
KAMERAMANN Läuft!
ISMEIER Klappe!
GÜNTER Fertigschmeck eins, die zweiundfünfzigste.
ISMEIER Action!
HASE Hmhm, das ist er, der rosarote Fertigschmeck!
ENTERTAINER Keine Kalorien, kein Fett, kein Eiweiß, keine Kohlehydrate . . .
HASE Fertigschmeck, jetzt im praktischen Wegwerfdöschen. *Beißt hinein.*
ISMEIER Fabelhaft. Gekauft.
Der Hase kotzt.
ISMEIER Du warst riesig, Schatzi, einwandfrei . . .
SELTMANN *zum Hasen* Geht's besser?
HASE Bitte, Fenster auf.
KUNDE Bringt ihr 'n Magenbitter auf meine Rechnung. Tja, fabelhaft, Herr Ismeier. Ganz nebenbei, unser nächstes Produkt ist eine neue Instant-Schildkrötensuppe. Ich dachte an ein Arrangement zwi-

schen einer Riesenschildkröte und 'nem Mönch, der die Sache irgendwie genießerisch anreißt.

ISMEIER Ja, des törnt. Okay. Mir lassen uns da was einfalln, Herr Berlinghoff. Wenn's dem Hasen net besser werd, na holts de Johanniter – deads as daweil naus, mir müssn a neues Produkt besprechen.

ENTERTAINER *leise für sich* Mhm, Mönch, auch nicht schlecht.

I hab koa Freud

Ein Jodler vorweg.

I hab koa Freud.

I woaß net, wia spaat 's is,
wei ma d' Zeit net vageht.
I sieach halt, wia stad 's is,
bal mi koana vasteht.

As Bier
schmeckt ma nimma.
Mei Oide
werd schlimma,
und Arbat
werd ma zvui,
und i woaß nimma,
was i wui . . .

Ein Jodler danach.

Wann i nimmer meng dad

Wann i nimmer meng dad,
wann i nimmer meng dad,
wann i nimmer meng dad,
gangad i hoam.

Oamoi mog i nimmer
und hör auf für immer,
oamoi mog i nimmer
und geh in Pension.

Doch i dua no weida,
weil, des is vui gscheida,
denn dahoam is mir
genau aso fad.

Aba wann i ofang,
waar ma scho de Zeit zlang,
und bevor i higlang.
laß is liaba bleibm.

Wann i nimma meng dad,
wann i nimma meng dad,
wann i nimma meng dad,
gangad i hoam . . .

WISSENSCHAFT UND BILDUNG

Kern & Kraft Werke GmbH

Das Energieverbundspiel

I. AKT

HERR KERN Also, gestatten, mein Name ist Kern, Energie-Public-Relation-Relation GmbH, und hier meine Mitarbeiterin, Fräulein Kraft, Abteilung Future und Prognostik . . .

FRL. KRAFT . . . m.b.H. . . .

HERR KERN Des sowieso. Also, fang mir an, Fräun Kraft.

FRL. KRAFT Gut, also, welche Zukunft wollen Sie?

KUNDE Wieso, welche Zukunft?

FRL. KRAFT Ja, haben Sie sich was Bestimmtes vorgestellt? Mir ham Ihnen doch einen Katalog dagelassen. Wollen Sie »Kraftvoll in die Zukunft« oder wollen Sie »In Europa gehen die Lichter aus«, oder wollen Sie »Eine Hand wäscht die andere« oder »Vergangenheit hat Zukunft« – alles erprobte Szenarien, was wolln Sie jetzt?

HERR KERN I glaub, der woaß net, was a Szenario is.

FRL. KRAFT Wissen Sie, was ein Szenario is?

HERR KERN Fräun Kraft, erklärn S' es eahm . . .

FRL. KRAFT Ein Szenario ist ein Drehbuch. Also fürn Film oder fürs Theater oder für die Energiewirtschaft.

KUNDE Interessant. Wer schreibt diese Drehbücher?

FRL. KRAFT Ja, Dichter, Lyriker. Bei uns von der Energiewirtschaft sind die Lyriker mehr Lobbyisten und Professoren, die sich die Drehbücher ausdenken.

KUNDE Für die Stromlobby . . .

HERR KERN Ja, für wen denn sonst.

FRL. KRAFT Ja, für wen denn sonst?!

KUNDE Glauben Sie, der Stromabnehmer hat was davon?

Herr Kern und Fräulein Kraft brechen in allgemeine Heiterkeit aus.

FRL. KRAFT Schaun Sie, ein Szenario-Beispiel: Frankfurt, Flughafen, jeder weiß, daß das Flugaufkommen rückläufig ist. Man will aber eine neue Startbahn.

KUNDE Wer ist »man«?

FRL. KRAFT Also, man will eine neue Startbahn. Das einzige, was da weiterhilft, ist eine Statistik, die eindeutig beweist, daß das Flugaufkommen trotz Rückgang weiter steigt.

HERR KERN Und bei uns in der Energiewirtschaft funktioniert das in etwa genauso.

KUNDE Ich verstehe.

HERR KERN Sie, bei uns geht fei alles mit rechten Dingen zu, weil wir sind ein privatwirtschaftliches Staatsmonopol.

FRL. KRAFT Nein, Herr Kern, es ist eher ein staatliches Privatwirtschaftsmonopol.

HERR KERN Des auch.

KUNDE Ja, was ist es denn jetzt?

HERR KERN Des is eine einmalige Konstruktion: Der Staat is bei der Stromwirtschaft für die Verluste zuständig, also, die übernimmt er, und die Privatwirtschaft ist für die Gewinne zuständig, also, die stecken wir ein. Und die Privatwirtschaft beteiligt dann wieder die Vertreter des Staates an den Gewinnen.

KUNDE Ein geschlossenes Szenario ...

FRL. KRAFT Kein Szenario, des is so. Das funktioniert einwandfrei. Und der Staat zahlt die Verluste auch nicht selbst, sondern er hat als Faustpfand oder als Geisel sozusagen den Stromabnehmer.

KUNDE Ja, aber Stromabnehmer, das sind wir doch alle ...

FRL. KRAFT Eben, und dadurch wird das Ganze ja ein Geschäft.

KUNDE Für den Stromabnehmer?

HERR KERN Naa, für die Energielobby, Herrschaft, der is zach, na ja, Redakteur ... Sehn Sie, wir haben die gesunde wirtschaftliche Voraussetzung, ein marktwirtschaftlicher Wettbewerb ist gesetzlich eindeutig verboten.

KUNDE Da müßte doch das Kartellamt einschreiten, für solche Fälle gibt's doch ein Kartellamt.

HERR KERN Darf es ja gar nicht! Stromverkauf ist ein staatlich garantiertes Monopol.

KUNDE Aber doch privatwirtschaftlich ...

FRL. KRAFT Ja, des auch. Privat, aber staatlich. Schaun Sie, das sind unsere Energieprognosen ... hier, 1965 ...

KUNDE Das ist ja das Doppelte vom tatsächlichen heutigen Verbrauch ...

FRL. KRAFT Die san vom Professor Häfele, dem Vater von Kalkar, der kann sehr gut addieren, der Professor Häfele, beim Subtrahieren tut er sich schwerer. Da, 1970, 1975, 1980 ...

KUNDE Alles völlig überhöhte Prognosen. Ich denke, der Verbrauch stagniert sogar seit zwei Jahren?

FRL. KRAFT Er geht sogar leicht zurück, aber nach der Bedarfskurve müßte er steigen.

KUNDE Ja, aber er sinkt doch tatsächlich!

FRL. KRAFT Ja, der Verbrauch sinkt, aber doch nicht der Bedarf. Der Bedarf steigt doch eher . . .

KUNDE Welcher Bedarf denn?

FRL. KRAFT Wir haben einmal den Investitionsbedarf, den Machtbedarf, den Prestigebedarf, dann den Nachholbedarf . . .

KUNDE An was?

FRL. KRAFT Ja, Prestige . . .

KUNDE Und den Strombedarf?

FRL. KRAFT Ja, das ist mehr Abfallprodukt . . .

HERR KERN Ja, und dieser enorme Bedarf, glauben S' mir, er ist enorm, dieser Bedarf, der läßt sich nur durch Kernkraftwerke decken. Weil mit Energiesparen ist ja niemandem geholfen, jedenfalls niemand in der Branche, verdienen kann man eigentlich nur am Energieverschwenden, und dafür is das Kernkraftwerk die ideale Lösung, verstehn Sie?

KUNDE Ja, und was ist mit dem schnellen Brüter? Der ist doch noch sinnloser.

HERR KERN Vom Aufwand her mögen Sie recht haben.

KUNDE Ein richtiges Milliardengrab, in dieses Brüterprojekt sind bisher fünfeinhalb Milliarden verschwunden.

FRL. KRAFT Moment, die sind ja nicht verschwunden, diese Milliarden, die sind ja verdient worden, die sind ja hängengeblieben, die hat ja irgend jemand verdient.

KUNDE Wahrscheinlich nicht irgend jemand, und dann kommt dieser Brüter nicht mal zum Einsatz.

HERR KERN Ja, Gott sei Dank. Er ist ja saugefährlich. Des Gefährlichste, was mir auf'm Stromsektor zur Zeit zu bieten haben, technologisch is des ja überhaupt nicht ausgereift, des kann Ihnen jeder Wissenschaftler bestätigen, oder, Fräulein Kraft?

FRL. KRAFT Ja, sogar die Brüterforscher selber warnen davor. Außerdem: Nur wenn der Brüter nicht funktioniert, kriegen wir ein Nachfolgeprojekt. Und das sind die Milliarden von morgen.

KUNDE Kalkar zwei.

FRL. KRAFT Genau. Kalkar zwei.

HERR KERN Und Kalkar zwei wird unter Garantie nicht billiger.

KUNDE Und das alles zahlt der Stromverbraucher?

FRL. KRAFT Ja, wer denn sonst? – Sie ham a gute Farbe, warn S' im Urlaub?

KUNDE Ja.

FRL. KRAFT Wo?

KUNDE Italien.

HERR KERN Aha, ham mir 'n schon.

KUNDE Wieso?

FRL. KRAFT Ist Ihnen da was aufgefallen?

KUNDE Weniger Autodiebstähle als vor zwei Jahren . . .

FRL. KRAFT Nein, sonst. War's warm?

KUNDE Doch, sehr.

FRL. KRAFT Ist Ihnen aufgefallen, wie wenig in Italien im Sommer geheizt wird?

KUNDE Ja, schon.

FRL. KRAFT Und warum wird in Italien nicht geheizt?

KUNDE Weil's warm ist?

FRL. KRAFT Ja, sehn Sie. Langfristig spart man am meisten Heizkosten, wenn die Umgebung so warm ist, daß man nicht heizen muß.

KUNDE Ja, und?

HERR KERN Der begreift nix. Schaun Sie, genau des wolln mir, und genau des machen mir mit der Kernenergie. So a Atomkraftwerk is ja in erster Linie eine Riesenatmosphärenheizung. Siebzig Prozent heizt's und dreißig Prozent liefert's Strom, mehr nebenbei. Mir müßten jetz nur noch a paar Kernkraftwerke mehr bauen, a paar Leichtwasserreaktoren, oder meinetwegen auch a paar Brüter, und dann ham mir bei uns ein Klima wie im Mittelmeerraum.

KUNDE Moment, aber wenn Sie so einheizen, dann schmelzen ja die Pole, das gibt eine Riesenkatastrophe . . .

HERR KERN Ja freilich schmelzen die Pole, da hat der Bölkow, und wie die alle heißen, scho recht. Aber des is keine Katastrophe . . .

FRL. KRAFT Herr Kern, es ist soweit!

HERR KERN . . . sondern ein immenser Wachstumsschub. Ein Segen für jeden, der fünfzehn Meter überm Meeresspiegel wohnt.

FRL. KRAFT Wir rechnen mit einem Wachstumsschub wie nach einem Weltkrieg. Millionen obdachlose Dänen und Holländer . . .

HERR KERN Engländer . . .

FRL. KRAFT ... brauchen eine neue Heimat. Ein nie dagewesenes Bauprogramm.

HERR KERN Die Immobilienmakler machen endlich wieder a Gschäft.

KUNDE Ja, aber halb Nord- und Mitteleuropa ist dann überschwemmt.

HERR KERN Mag sein, des is aber kein stromwirtschaftliches, sondern ein wasserwirtschaftliches Programm. Wiederschaugn.

FRL. KRAFT Wiedersehn.

KUNDE Sie kommen aber schon noch amal?

HERR KERN Ja, aus dramaturgischen Gründen wird sich's wahrscheinlich nicht vermeiden lassen ...

2. AKT

FRL. KRAFT *telefoniert* Hallo, is da die Fotoagentur Wolf? Ha, hier is Kern & Kraft Werbe GmbH. Sie, mir brauchen wieder a paar männliche Modelle für a Foto an ara KKW-Baustelle, so Typ dynamischer Arbeiter, sechs bis acht Stück – keine Angst, der Job is vollkommen ungefährlich, is ja noch im Bau, nein, da strahlt noch nix, da können S' Ihre Modelle beruhigen. – Was s' anziehen solln? So karierte Hemdn und so Latzhosen, aber nicht zu jung und keine langen Haare, sonst meint ma, es san Demonstranten. Fürn Vordergrund brauchma einen, der muß besonders markant sein, so Typ Vorarbeiter – ah, der von neulich, der bei dem Kinderpüreespot an Vater gmacht hat, ja, der is gut, den nehmen wir. Sie, übrigens, die Aufnahmen neulich mit dem Bauern vor der Überlandleitung, das war ja eine Pleite. Schaun Sie sich Ihre Modelle halt gscheit an. Wir haben einen urigen Bauern mit Pferdegespann bestellt, dabei war es dann a Ökobauer. Vier Stunden ham mir statt fotografieren nix wie diskutiert. Mir ham diese grünen Naturapostel eh gestrichen, die machen uns as ganze Gschäft kaputt. Mir ham zehn Mio Werbeetat für unser Kernkraftprogramm, und nichts geht voran. D' Leut wolln einfach nicht mehr normal verschwendn. Apropos Verschwendung, an Prominenten brauchen mir auch noch, des wird mehr a Softwerbung: Der Prominente steht mit seiner Familie neba am Nachtspeicherofen ... an Felmy, naa, der ghört der Kodak ... Sedlmayr, der is doch Spatenbräu, der Rudi Carrell, ghört der net der EDEKA? ... Naa, Breitner zieht nimmer – Rummenigge vielleicht ... wer? Graf Lambsdorff? Nie gehört ... Ach, übrigens, bei dene Arbeiter kein

Werkzeug, des nach Waffe aussehn könnte, und keine gelben Sicherheitshelme, des erinnert an diese Wapperln, rot erst recht nicht – grün auch nicht . . . orange, gut, machma orange, also, wie gsagt, sechs bis acht Stück vom Typ Arbeiter, da nehmen S' halt a paar Arbeitslose, de san billiger, bis auf diesen Vorarbeiter, da brauchma, wie gsagt, an Profi, der muß in die Kamera grinsen, wissen S', also so, wie soll ich sagn, so zuversichtlich, also net so, daß ma meint, der ahnt scho was . . . Ham S' es notiert? Gut, also, Wiederschaugn.

3. AKT

HERR KERN Sie, i glaub, i hab vorhin am Herrn Dick sein Koffer stehnlassen.

KUNDE Meinen Sie den?

HERR KERN Ja, genau, des is er, des is der Koffer vom bayerischen Umweltschutzminister Dick. Da is alles drin, des is das offizielle Schulbildungsmaterial zum Thema Energie, schaun Sie, hier, überreicht durch die KWU und die Bayernwerk AG, pädagogisch einwandfrei, für den jungen Stromabnehmer.

KUNDE Das ist ja Industrieschleichwerbung in der Schule.

HERR KERN Nix geschlichen, ganz offiziell.

KUNDE Ja, aber KWU-Material.

HERR KERN Und Bayernwerk AG. Des is fast, wie wenn's vom Kultusministerium selber kemmad, Sie, da hat's fei manches Schulbuch schwerer, auf'n Lehrplan zu kommen. In Biologie zum Beispiel.

KUNDE Das ist genauso, als wenn die Speisekarte vom Wienerwald an bayerischen Gymnasien zum offiziellen Lehrstoff erklärt wird.

FRL. KRAFT Ja, vielleicht kommt's noch.

KUNDE Das ist ja ein *Totalfilz.*

FRL. KRAFT Sehen Sie doch nicht alles so negativ. San S' doch froh, wenn sich die Herrschaften gut verstehen. Alles eine große Familie.

HERR KERN Eine Form von Nepotismus.

FRL. KRAFT Was ist denn das?

HERR KERN Nepotismus, das ist Begünstigung unter Familienangehörigen.

FRL. KRAFT Das ist doch normal.

KUNDE Nepotismus heißt in Italien auf deutsch *Mafia.*

FRL. KRAFT Sie müssen's wissen, Sie waren ja *unten.*

HERR KERN Damit Sie sehen, wie die Familien um den reichgedeckten Tisch der *Kern*energie versammelt sind.

FRL. KRAFT Schauen Sie, wie kommt man zum Beispiel von BBC zur Salzgitter AG?

4. AKT

HERR KERN Das nennt man eine kraftvolle Zukunft.

KUNDE Dafür sorgt der *Energiefilz.*

FRL. KRAFT Schon wieder. Was heißt denn Filz. Bei uns in Deutschland ist alles sauber in Stromreservate eingeteilt. Da hat jeder Stromerzeuger seine Reservate, und da kassiert er. Schauen Sie, das sind die Demarkationslinien der neun größten Stromversorgungsunternehmen.

HERR KERN Da haben Sie ein Beispiel von echtem Föderalismus.

FRL. KRAFT Wo wohnen Sie?

KUNDE München.

FRL. KRAFT Aha, dann gehören Sie praktisch den Bayern-Werken.

KUNDE Das ist ja wie bei den Raubrittern.

FRL. KRAFT Nein, wesentlich besser organisiert.

HERR KERN Haben Sie nicht ein Werbepräsent für ihn?

FRL. KRAFT Aus der Softenergiebox?

HERR KERN Naa, aus'm Kraftpaket. Dean S' a paar her . . .

FRL. KRAFT Moment.

Herr Kern und der Kunde warten. Kurze, peinliche Pause.

HERR KERN Jaja, so is des, gell, jetzt geht der September aa schon wieder vorbei, so is des . . .

KUNDE Ja, es herbstelt.

HERR KERN Ham Sie a Ölheizung daheim?

KUNDE Ja.

HERR KERN Gell, immer noch as beste.

FRL. KRAFT So, da haben wir die Tauchsieder. Also der braucht sagenhaft Strom, wenn Sie den fleißig anwenden, dann kommen Sie spielend in die nächstbilligere Stromkategorie rein. Lassen Sie halt am Abend immer noch zusätzlich das Licht brennen, über Nacht, das is gut gegen Einbrecher, und Sie schaffen ihr Stromsoll. Also, ein bißchen Energiebewußtsein, und es geht . . . Sie kriegen auch noch einen – *verteilt ans Publikum Tauchsieder* – Sie auch, und Sie . . .

diese Tauchsieder gehören zum Servicepaket für unsere neuen Stromkunden.

KUNDE *spielt mit Solarspielzeug* Was ist denn das?

HERR KERN Das is a Solarzelle, das ist von den Amerikanern. Aber eigentlich nur für die Amerikaner, die haben eine ganz andere Stromphilosophie. Wir bleiben beim Tauchsieder, gell, Fräun Kraft?

FRL. KRAFT Ja, mir bleibn beim Tauchsieder, es sind eh schon alle weg.

KUNDE Toll, Licht wird in Strom umgewandelt.

HERR KERN Tun S' es weg. Bei uns in Deutschland machen wir den Strom nicht mit Licht, sondern das Licht immer noch mit Strom.

FRL. KRAFT Wir haben Chefideologen bei uns vom Schlag eines Helmut Kohl . . . Sagt Ihnen der Name Matschl was?

KUNDE Offen gestanden, nein.

FRL. KRAFT Heubl, Pirkl? Riedl, Kiesl, Streibl, Goppel, Seidl, Schedl, Biebl, Zankl oder Dionys Jobst?

KUNDE Äh . . .

FRL. KRAFT Na ja, Sie kennen wahrscheinlich bloß diesen Marx – das sind alles hochqualifizierte Parlamentarier.

KUNDE Also sogenannte Abstimmungsgesäße . . .

FRL. KRAFT Ja, genau, und diese, ah, wie ham Sie grad gsagt . . .

KUNDE Parlamentarier . . .

FRL. KRAFT Ja, genau, also, diese Parlamentarier, die bürgen dann alle persönlich für unsere Sicherheit. Und diese Sicherheit, die lassen wir uns auch was kosten, also, da sprechen die Zahlen eindeutig gegen diese Grünen. Schaun Sie, ein Beispiel: Gorleben. Das muß ja bewacht werden, dieser Atommüll, der strahlt ja 25 000 Jahre. Mir ham jetzt da zum Beispiel die Sicherheit von Gorleben auf 25 000 Jahre exakt vorausberechnet. Des sind drei Wachmannschaften im Schichtwechsel mit je vier spezialausgebildeten Schäferhunden. Pensionen und Gehälter, Dienstwaffen, Kantinenessen, Weihnachtsgratifikation, Betriebsausflug, Hundefutter, Hundekotentsorgung, turnusmäßig neue Dienstmützen, Strahlenschutzmäntel und diverse Kleinteile, des macht im Jahr 2,7 Mio. – Halt, da is das 624-Mark-Gesetz no net dabei, 2,8 Mio im Jahr, also in 25 000 Jahren macht des genau 3158 Milliarden, 752 Mio, 327 946 Mark und 37 Pfennige. Und bei so einer Summe soll dann einer hergehn und sagen, wir tun nichts für die Sicherheit.

KUNDE Rechnen Sie immer in solchen Dimensionen?

FRL. KRAFT Wenn man etwas genau wissen will, kommt man nicht darum herum. Schaun Sie, hier haben wir – vergleichende Vorausschau, heißt das bei uns – eine Statistik von 1782, aus der eindeutig hervorgeht, daß in 200 Jahren, also heute, 68,3 Prozent mehr Postkutschen im Einsatz sein werden und daß ein Postillon auf der Strecke München–Berlin nur noch zwei Grenzen passieren muß.

KUNDE Und wo sind die Postkutschen?

FRL. KRAFT Ja, das war ein Irrtum, aber die andere Prognose stimmt exakt. – Jaja, jetzt ist der September auch schon wieder vorbei.

KUNDE Es herbstelt.

FRL. KRAFT Wo haben Sie denn das Sakko gekauft? – Herr Kern, wo bleiben S' denn?

HERR KERN Ah, san mir scho soweit?

FRL. KRAFT Ich red mir hier an Wolf, jetz is doch Ihr Solo dran ...

HERR KERN Ah so, gut, dann gehn Sie beide bitte ab.

Fräulein Kraft und Kunde wollen gehen.

HERR KERN Obwohl, Sie, bleiben S' noch an Augenblick, machn mir noch a bißl Smalltalk, sonst wird's so a harter Übergang.

KUNDE Ach so, dann is es dramaturgisch raffinierter ...

HERR KERN Ja, beim Shakespeare is des auch immer sehr gut.

KUNDE Also gut, dann fangen wir an ...

HERR KERN Ja, also, dann. – Ah, wie spät ham mir's denn?

KUNDE Auauauauau, höchste Zeit. *Geht ab.*

5. AKT

HERR KERN Übrigens, ah, der bayerische Sozialminister Pirkl, kennen Sie den? Sie, a gscheiter Mann. Sie, der hat gsagt, nach der atomaren Katastrophe ist es die Aufgabe der Ärzte, die Spreu vom Weizen zu trennen. Schaun Sie, in etwa so. *Er hat Spreu und Weizen in der Hand, pustet: Die Spreu fliegt weg, der Weizen bleibt liegen, man sieht außerdem ein Fünfmarkstück.* Öha, wo kommt des her ... *Steckt das Geld ein.* – Wissen Sie, meiner Ansicht nach gibt es bei uns in der BRD zwei Kategorien von Menschen: Des eine is der theoretische Mensch, der fiktive Mensch, des is der mündige Bürger, der Homo oralis, also der, den wo's eigentlich gar net gibt, und dann auf der anderen Seite haben wir den konkreten Menschen mit all seinen Sorgen und Nöten, des is der Stromabnehmer, der Homo elektroadaptus. Und die Stromabnehmer in Bayern versorgt die Bayernwerk AG, die machen des sehr zuverlässig, is ja auch koa Wunder, weil, wissen Sie, wer da im Aufsichtsrat sitzt? Der Herr Streibl, bayerischer Finanzminister, der Herr Jaumann, bayerischer Wirtschaftsminister, der Herr Dr. Goppel, Landesvater a. D., is ja auch irgendwie a kulturelles Jahrhundertereignis, so a Kernkraftwerk. Übrigens, der Dr. Huber is jetz Präsident der Bayerischen Landesgirozentrale, des hat sicher auch irgendwie mit Kultur zu tun. Schaun Sie, in den anderen Bundesländern, zum Beispiel Baden-Württemberg, da sitzen in den Aufsichtsräten nur so Staatssekretäre und Ministerialdirigenten, also die zweite Garde, drin, während bei uns scho lieber die Minister selber generöserweise ihre Privatkonten zur Verfügung stellen. Daß da keine falschen Verdächtigungen auftauchen, des hat mit illegal oder so nix zu tun, die Sache geht finanziell und ideell vollkommen korrekt über die Bühne, übrigens auch ideologisch. Und ehrlich gsagt, das Verfahren hat sich bei uns in Bayern bewährt, denn die Prognosen der bayerischen Staatsregierung und die der Bayernwerk AG sind praktisch seit Jahren identisch. Also 122 Prozent Steigerung des Strombedarfs in Bayern bis 1995, kein Schmarrn, des brauchen die, ah, mir brauchen des. Und unter diesem Aspekt muß man auch Kernkraftprojekte wie Dillingen oder Pleinting sehen. Schaun Sie, das sind zwei Kühltürme. Zum Vergleich haben wir hier die Skyline von München davor, hier, Frauentürme, und das hier wäre Pleinting. Also, Solarenergie brauchen die Pleintinger nicht mehr und auch keine Sonnenmarkise, weil sich des Pleinting in den Schatten von diesen Kühltürmen einschmiegen würde. 30 000 Kubikmeter Wasserdampf pro Sekunde haut's naus. Übrigens, bei jedem Leichtwasserreaktor, also Schwaden bis zu sieben Kilometer Wasserdampf sind ganz normal. Damit das Ganze auch in Schwung kimmt, baun mir jetz erst amal durch Niederbayern und die Oberpfalz drei so riesige Strommasten mit je 380 Kilovolt, damit die Sachzwänge vorankommen, weil ohne KKW wärn ja dann diese Leitungen total sinnlos. Also, der Oberpfälzer kann sich dann getrost versechsfachen, für Strom ist gesorgt, vorausgesetzt, Pleinting kommt, weil im Wirtschaftsministerium weiß man auf Anfrage auch nichts Genaues, gut, die sind ja eh nur eine Art Inkassobüro der Bayernwerk AG, und die Bayernwerk AG sagt wiederum: Was heißt hier mündiger Bürger? In unserer Region gibt's nur Stromabnehmer, und die kriegn a KKW. Gut, man kann sagen,

Kernkraftwerk is a alter Hut, es gibt genug technische Alternativen, und vielleicht braucht's des Ganze tatsächlich überhaupts net, aber schaun Sie, mir ham jetz Milliarden investiert, unser ganzes Geld und unser ganzes Prestige hängt praktisch drin. Mir ham massenhaft Leute enteignet, ham Prozesse geführt, ham Tausende von Kommunalpolitikern abgemästet, ham unsere Heimat mit riesigen Strommasten überzogen, ham uns jahrelang für die Kernkraft stark gemacht, ham zig Politiker dazu gebracht, daß sie endlich a kraftvolle Zukunft wollen, und jetz solln wir dieses Pleinting nicht mehr bauen, bloß weil's a Schmarrn is?

Die Pressekonferenz

Nachwuchsstar Maja, Joe Nicklas, Mike Semmler und Garry Wiesler in einem winzigen Nebentrakt, neben dem Konferenzraum B im Sheraton-Hotel. Mike und Garry sortieren PR-Material.

MIKE Ich könnte ja noch mal versuchen, daß wir sie in »Wetten, daß . . .?« reinwürgen.

JOE Vergiß es. Dafür ist sie noch zu unbekannt.

MIKE Oder bei Kuli.

JOE Scheiße, forget it! Erst mal 'n Marsch durch die Privatsender. Zehn kleine Gigs sind 3000 verkaufte Singles mindestens. Also, Maja, paß mal auf. In dieser Konferenz jetzt geht es nur um dich – verstehst du? Aber reden tu nur ich – und zwar ausschließlich.

MAJA Na ja, aber wenn i was gfragt werd?

JOE Nur ich antworte. Höchstens noch Garry oder Mike. Aber du hältst die Klappe.

MAJA Aber im Vertrag hab i doch . . .

JOE Ich kenn deinen Vertrag, aber wir müssen dich doch irgendwie verkaufen, Mädel. Mensch, nimm den Kaugummi raus.

MIKE Selber reden kannste mal, wenn's 'n Hit geworden is. Joe blickt da einfach besser durch, kapiert?

MAJA Aber, ich hab gedacht . . .

JOE Denken kannst von mir aus jederzeit, aber reden tu nur ich. Ist das klar?! So, und jetzt raus. Garry, geh mal voraus mit den Infos.

MIKE Aber, es sind erst fünf Presseheinis da.

JOE Mehr werden's nicht. Also – on stage. Und nochmals – du hältst die Klappe, ich rede. Alles klar!
Sie gehen in den Konferenzraum.
Hallo. Meine Herrschaften, ich glaube, wir können anfangen. Schauen Sie sie an. Da sitzt sie. Das ist die Maja. Uns allen ist sie ja noch sattsam in Erinnerung mit ihrer ersten Single, »Wo du gehst«. Schaun Sie, wie sie sich gemacht hat. Aus Maja Hoffmann ist *die* Maja geworden. Mit ihrer neuen Single, die wir Ihnen heute hier vorstellen, bringt die Maja eine neue Dimension in ihre Musik und ins Showbusiness – ihre Persönlichkeit. Wissen Sie, Showtalent haben heutzutage viele. Hören Sie sich doch mal nur diese Dutzendware an. Aber bei der Maja schwingt in ihren Songs etwas mit, was

man nicht ersetzen kann, etwas, was man hat oder eben nicht hat, und die Maja hat's. Die Maja hat hart an sich gearbeitet, und was dabei herausgekommen ist, das kann sich hören lassen. *Legt Majas Single auf.* Das ist ihr aktueller Hit: »Dies ist mein Leben«. Also alle, denen wir's vorgespielt haben, sind dermaßen drauf abgefahren, daß wir uns entschlossen haben, gleich noch 'ne internationale Version auf'n Markt zu werfen. Hier also nochmals – die Maja mit: »It's my life«. Dahinter steckt 'ne Menge Philosophie, Lebenserfahrung und die Sehnsucht nach Persönlichkeit. Das zahlt sich eben aus. Das ist ein Kapital, das ihr keiner nehmen kann. Für Südamerika ist noch 'ne spanische Version in Vorbereitung. Ich glaube, Sie haben reingehört. Sie können se ja zu Hause in Ruhe ganz anhören. Wenn Sie noch irgendwelche Fragen haben, können Sie jetzt ganz ungeniert ... äh, dafür sind wir ja da schließlich, nicht?

JOURNALIST Wie viele Sprachen sprechen Sie?

MAJA Mei, Englisch hab i auf der Handelsschul ...

JOE *rempelt Maja an* Sie spricht fließend Deutsch, Englisch, redet gut Spanisch, und zur Zeit büffelt sie Französisch. Wann immer ihr Zeitplan es zuläßt.

JOURNALIST Welche Hobbys haben Sie?

MAJA Mei, Fernsehn ...

JOE *übergeht Maja* Sie liest sehr gern. Dann Bewegung, Tanz. Überall, wo Action ist, ist sie dabei. Ski fahrn ...

MAJA Naa, i fahr net Schi.

JOE Ski fahrn tut sie sehr gerne, und natürlich singen. Gesang – das ist ihr Leben. Sonst noch irgendwelche Fragen?

Nichts rührt sich.

Tja, dann würd ich sagen: Sie können fotografieren.

Drei Journalisten knipsen.

MAJA Aber, i wollt doch nachert noch amal sagn: I fahr net Schi. Weil i find, des is a Schmarrn irgendwie ...

JOE Ja, schön.

MAJA I hab amal an Schikurs gmacht, aber ...

JOE Ich glaube, das reicht. Unser Flieger wartet – nich wahr, Maja?

MAJA Wieso? Welcher Flieger?

JOE Hamburg!

MAJA Was? Hamburg?

JOE Ja, Hamburg. In Hamburg hat die Maja noch 'ne Gala heute abend.

MAJA Davo woaß i ja no gar nix ...

JOE Die Maja bedankt sich für Ihr Interesse. Los, Kindchen, wir müssen – höchste Eisenbahn ... *Zieht Maja wieder ins Nebenkabuff.*

MIKE Möchte jemand von Ihnen vielleicht noch 'n Lebenslauf und die Air-play-Dates?

MAJA Wieso, was is 'n in Hamburg? Davo woaß i ja no gar nix.

JOE *zu Maja* Fräulein Pfefferle, mit Ihnen red ich nicht mehr.

MAJA Ja, wieso?

JOE Sie sind für mich gestorben.

MAJA Ja, aber, ma werd doch noch amal sei Meinung sagn dürfn. Sie ham doch selber gsagt des mit der Persönlichkeit und so.

JOE Sie sind für mich gestorben, und mit Leichen red ich nicht.

Ein Radiohörer

I woaß gar net, warum si de Leut so aufregn! Für mi hat der Bayerische Rundfunk ein vielseitiges Programm, weil die ham ja schließlich vier Programme, und des muaß ma doch amal ganz klar sehng, gesendet werden muß immer, wenn's oam net paßt, kann er ja abschalten, und eines muß auch amal ganz klar sein, daß des Programm, eigentlich is's ja gut, gell, und wenn oaner wirklich an Kummer hat, daß's eahm net gfallt, na kann er ja auch dem Fred Rauch schreiben, net, und dann kann er einen direkten Einfluß auf das Programm nehmen. Des konn i beweisen, weil mir ham ja auch diese Muttertagsgrüße, die ham mir also aufgegeben, und die san termingerecht, gell, termingerecht angekommen san de, noch am selben Tag angekommen. I moan, des soll amal de Post nachmacha, mir ham Kartn weggschickt, de san erst an Tag später okemma, und da sagns nix, und außerdem, sagnma amal, wenn oaner was Gscheits hörn will oder was Schmissigs, na ko er ja an Ödrei eischaltn, bloß für an bayerischen Straßenzustandsbericht san de net zuständig, gell, aber als Anregung im Rahmen eines internationalen Kulturaustausches kannt's des scho bringa, beim Wetterbericht gibt's des scho. I moan, freili, beim Fernsehn is ja vui bessa, weil ans Fernsehn kann ja der Radio in dem Sinn glei überhaupt net hischmecka. Des is klar, gell, weil s' immer sagn, kulturell is's einseitig, ja mei, der Beethoven, der muaß aa sei, ja, de kenna ja net oiweil den Schockemöhle und de Neuen da immer eisetzn, meines Erachtens, gell, i moan, de laßn ja eh scho heit de Kabarettisten, de derfa ja auch zum Zug kemma, gell, obwohl de jetza im eigentlichen Sinn gar net staatstragend san, und aa d' Religiona, de laßns ja aa zua, Katholiken sowieso, auch Evangelische, gell, und sogar d' Juden und de Gastarbeiter, da hat a jeds sei eigne Sendezeit. I find überhaupts, ma muaß schon an Reschpekt habn vorm Sender, gell, weil i moan, de sendn ja praktisch an ganzen Tag, gell, vierundzwanzig Stunden lang, und dann ham de bloß fünf Minuten Sendepause, gell, des muaß eahna bloß amal oana nachmacha. Und wos hoaßt Einseitigkeit, de ham an Schlager und a leichte Musi, zum Beispui der Heino und d' Vicki Leandros, aber de ham aa d' Regensburger Domspatzen, de laßns aa hi, net, i moan, des is hoit wia ois zu seiner Zeit, des is hoit wia a Potpourri, net, i moan, mit der Politik, des is klar, da hört natürli der Spaß auf, gell, weil in'n Radio mecht doch heitzutog a jeder nei, gell, und do miaßns aufpaßn, daß koaner neikimmt, obwohl, des is logisch, daß der Landesvater sei Sylvesteransprach haltn derf, i moan, dafür hamma 'n ja gwählt, des erfordert ja schließli scho der Anstand, net, des is ja klar, des geht ja a gor net, daß de irgendwelche Politraudi do neilaßn, de dadn ja nix anders, als wia den ganzen Tag den Marx obalesn. Da muaß i scho sagn, da weradn d' Leit bäs, da machas net mit, gell, des geht ja gor net. Ob der russische Radio genau aso gmiatlich is wie der Bayerische Rundfunk, des mecht i bezweifeln, gell, der Radio, und von dem Aspekt miaßdnma des aa amal betrachten, is für mi eigentli bloß ein Geräusch, gell, i moan, weil hinhörn duat ja net immer oiwei oaner, weil es gibt aa Leit, de stellen ihn immer leise, oder manche schalten ihn überhaupt aus, gell, es gibt Leit, de hörn den praktisch überhaupts net, aber gsendet werden muß immer, des is ja ganz klar, i dua ja aa, nach dem Essen, hör i ma so de Musik nach Tisch o, gell, und wenn de Nachrichtn kemma, nacha wach i automatisch auf. Ganz ehrlich gsagt, es gibt aber aa scho Grenzfälle, gell, weil zum Beispui, i war vor vier Wochen im Krankenhaus glegn, Bauchspeicheldrüse, Pankrias, Sie vastehnga, gell, und do is so a oida Mo neba mir glegn, der war praktisch im Sterbn glegn, scho am Obisegln hoid, und a so a junga Kampe, der hod oiwei de Bedrei laffa laßn, des muaß do net sei, daß oana, wann er am Obisegln is, aa no an Bedrei hörn muaß. Mi hod aa oiwei des scharfe Dadüdatüdatüdat gstört. Da hod si bei mir ois zammzogn. Und wenn i überhaupt a Kritik anmelden dad am Bayerischen Rundfunk, dad i sogn, de solln des ruhig schneidig spuin, gell, aber doch vielleicht liaba auf am Hackbrett, wia im Ersten Programm hoid aa. Aber sonst, des muaß i scho sagn, is meines Erachtens nach beim Radio musikalisch und kulturell alles in Butter.

Der Kaiser Nero

Ja, muß das sein, hä? Braucht's das, hä? Braucht es das? Ein Saukerl! Ja, ich rede von meinem Sohn. Das muß man sich vorstellen, und jetzt noch vor Weihnachten. Kommt der Kerl daher und bringt mir im Fach Geschichte einen Fünfer. Einen Fünfer im Fach Geschichte, das ist der Hammer! Geschichte ist doch ein Fach, was einen interessiert, da habe ich keinen Fünfer – zu haben. Geschichte, das ist doch hochinteressant, ich sag, komm, bring ihn in Religion, scheißegal, aber doch nicht in Geschichte. Na, aber in Religion hat er einen Zweier. Das macht er mir zum Fleiß, na ja. Geschichte, ich weiß nicht, wie Sie darüber denken, aber Geschichte ist doch hochinteressant. Warum der einen Fünfer hat? Das kann ich Ihnen schon sagen, warum der einen Fünfer hat. Warum hat der einen Fünfer in Geschichte? Weil er den Kaiser Nero nicht gekannt hat. Nein, der geht auf ein bayerisches Gynmasium und kennt den Kaiser Nero nicht. Weil er ihn verwechselt hat mit diesem Schwarzenegger. Wo doch heute in ganz Europa ein jedes Kind weiß, daß der Kaiser Nero der Peter Ustinov ist. Es ist traurig. Geschichte ist doch ein Fach, ich weiß nicht, das war doch hochinteressant, was man da gelernt hat. Menschlich auch, gell? Wie man diese Jahrtausende und auch diese Antike, also, enorm. Dieser Ding zum Beispiel, dieser Hur, nicht. Wenn dieser Hur, durch die Arena da mit Pferdegetrappel durchgeprescht ist, trumtrumtrum, nicht wahr, dann ist wieder einer runtergefallen, von den Pferden zerstampft worden, daß das Blut nur so gespritzt ist, daß man sogar im Kino: »Hä!« Aber das ist Geschichte, hochinteressant, hochinteressant! Oder wenn diese armen Schweine da, diese Sklaven, wenn man diese Sklaven verchristet hat, nicht wahr. Ja, die wurden verchristet und dann zu Fackeln verarbeitet. Das hat man gemacht, weil die Straßenbeleuchtung in Rom so miserabel war. Also nein, das ist traurig, das ist ekelhaft. Traurig, hähä, aber ich meine, hochinteressant. Vom geschichtlichen Standpunkt her hochinteressant. Schauen Sie, ich kann von mir reden, ich weiß nicht, wie es Ihnen geht, aber ich habe, das kann ich mit Fug und Recht sagen, ich habe die gesamte Französische Revolution, die habe ich noch auf Schwarzweiß gesehen. Ja sicher, die ganze Französische Revolution. Brrrrrum, Trommelwirbel, brrrrrrum! Und dann: pftsch. Das war die Guillotine, der Vorläufer der Friteuse. Na ja, ich sage, wenn ich diese Nero-Filme nicht gesehen hätte, wüßte ich heute noch nicht, daß dieser Ustinov zum Beispiel Rom angezündet hat.

Gegen Hitler

A: Ich bin ja selber auch gegen den Hitler – keine Diskussion ...

B: Aber?

A: Nein, aber das Kind – der Bub ist vielleicht sechs Jahre alt. Wenn der sagt, der Hitler ist ein Verbrecher – ich meine, das kann man ja sagen, aber mit sechs Jahren weiß er es ja eigentlich nicht ...

B: Aber – und?

A: Wenn er zwölf ist, dann vielleicht ist er als Kind glaubwürdig mit so einer Behauptung.

B: Aber der Bub ist halt erst sechs ...

A: Drum sag ich's ja, mit sechs schon gegen Hitler ...

B: Ist das Ihrer Meinung nach verfrüht?

A: Nein – oder doch, weil man sieht ja – er ist gegen den Hitler und so, obwohl der ja schon lange nicht mehr lebt.

B: Ja, aber mit sechs Jahren ...

A: Eben: Der Bub kennt ja den Hitler gar nicht und noch nicht einmal die Schandverträge von Versailles und so ...

B: Hintergründe ...

A: Mit sechs Jahren – die fangen sonst schon an, über den Holocaust zu diskutieren. Das kommt vom Fernseher – die informieren einen heute, und es ist ihnen scheißegal, wie alt man ist ...

Bildung

Kennen Sie den jungen Neumeier? Kennen Sie den nicht, den jungen Neumeier? Den kennen S' schon, das ist der – der hat ja noch den Bruder, aber der ist ja jetzt, glaub ich in – ich weiß nicht, wo der ist –, der ist, glaube ich, in Südamerika oder so. Nein, ich mein den jungen Neumeier. Jetzt hat er ja das Abitur, hat er ja endlich geschafft, mit 3,6 – ja, keine Glanznummer, nein, das kann man gewiß nicht sagen, nein, keine Glanznummer, aber jetzt kann er, er hat halt das Abitur, jetzt hat er sich's verdackelt, jetzt hat er halt die Berechtigung, daß er die Zulassung kriegt für die Prüfung, damit er das Examen machen kann als – Bademeister in städtischen Schwimmbädern. – Wissen Sie, ich sag halt immer, man muß halt, gerade in der heutigen Zeit, muß man, wie soll ich sagen, immer wieder neu lernen. Man kann den alten Stiefel nicht einfach so weitermachen, das geht nicht. Ich meine, heute – sag jetzt ich einmal – kommt es vielmehr drauf an – sagen wir mal – oder umgekehrt –, kommt es nicht so sehr drauf an, was man kann, sondern was man gelernt hat. Und sagen wir mal – wissen Sie – so Talente, so offensichtliche Talente bei einem Kind, daß man gleich frühzeitig erkennt bei einem Dreijährigen oder, sagt man, der wird einmal Zahnarzt oder Steuerberater – die sind selten, ganz selten. So wie der russische Präsident, den habens als Kind gefragt, was er werden will. Dann hat er gesagt: Spion. Er ist aa Spion geworden, aus Leidenschaft. Und ich sag jetzt mal, der hat ja eine solide Ausbildung. Jetzt wenn er als Präsident einmal abgesetzt wird oder erschossen wird oder was, spionieren kann er dann immer noch. – Also, ich sag halt . . . Wissen Sie, und Bildung – es geht ja auch ein bißchen um die Bildung –, Bildung als solches. Also, schauen Sie, ich bin – wann war denn das? Ich bin vor ein paar Tagen, bin ich von Miesbach nach Darching gefahren. Sitze also im Zug drin, sitzt neben mir ein junger Mensch – und was macht er? Er tut ein Kreuzworträtsel lösen, das heißt, er probiert's. Also, die Frage war: An welchem Fluß liegt Frankfurt am Main? Vier Buchstaben. Ja, glauben Sie, der hätte des rausbracht? Nicht ums Verrecken. Sag ich: »Schauen S' mal: Main.« Sagt er: »Ja, das stimmt.« Sag ich: »Gell, wir haben kein Abitur, aber wir haben auch was gelernt.« Und dann hat er halt ein bißchen erzählt, er sagt – er ist ein Fahrschüler –, er sagt, es hat ihn durch – also, er ist durchgefallen. Und er muß, – sagt er, das ganze nächste Jahr muß er wieder Latein und Griechisch – und Physik und Chemie und Geschichte und Erdkunde und so weiter – und Religion, das muß er wieder lernen. Da sag ich: »Ja, sind Sie denn da so schlecht?« Da sagt er, nein, nein, das hat er ja alles bestanden, aber in Mathe hat er einen Sechser, da ist er durchgefallen. Dann sag ich: »Ja, warum müssen Sie denn das ganze nächste Jahr das noch einmal machen, was Sie schon studiert haben, was Sie ja schon können.« Da sagt er, er muß jetzt so lange wieder Latein lernen, bis er endlich in Mathe gut ist. Er sagt, das ist das bayerische Bildungssystem. Er sagt, da kommt man nicht drum herum. Und ich sag – wissen Sie . . . Nein . . . Es wird auch sehr viel verlangt, grad bei uns, das hört man immer wieder, grad in Bayern. Also, das ist nicht mehr so – ja, wie soll ich sagen . . . Einer wie der Shakespeare – ob sich der bei uns durchsetzen würde, heute . . . Ich mein, der hatte ja gar kein Abitur, der Shakespeare – kein Abitur! Und wenn er es gehabt hätte, hätte er ein englisches Abitur gehabt, und da würde es in Bayern ausbeißen, das wär gar nicht anerkannt, nein . . . Der Shakespeare war halt irgend so eine Sonderbegabung – ein Sonderling. Ja, der Ding hatte auch kein Abitur, der Leonardo da Vinci – kein Abitur! Während der Scharping – der hat's. – Ja, nicht das bayerische, aber irgendeins halt. Oder, wissen Sie, ich sag halt nur, es wird heute, zum Beispiel bei dem, was heute verlangt wird. Ob selbst solche Genies, wie – sagen wir mal der Mozart –, ob der, also, durchfallen würde er vielleicht nicht. Aber ob der bei uns in Musik ein Einser gekriegt hätte, da hätte ich meine Bedenken. Wahrscheinlich kriegt er einen guten Dreier. Weil die täten sagen, ganz nette Ideen, aber in der Durchführung schlampig. – Oder auch der Ding, wie heißt er, Michelangelo – kein Abitur! Das heißt, ich weiß ja nicht, was er für eine Ausbildung hat. Aber daß der damals so schnell eine Baugenehmigung für den Petersdom gekriegt hat – das wär bei uns nicht möglich. Ich mein, in Italien heute, Vitamin B. Das weiß man ja, wie es ist. Und die Italiener, sie bauen ja ganz gefällig, das kann man nicht bestreiten. Aber kaum kommt ein Erdbeben daher, bröselt alles zusammen. Da ist das in Deutschland schon anders. Bei uns muß man Architektur studieren, da kann man sich nicht einen Doktor kaufen wie in Italien. Das geht nicht, oder einen Architekt. Bei uns muß man auf die TU – und dann darf man bauen. Wie in München, das sieht man ja. Das sind alles stabile Sachen. Anders geht's ja auch nicht. Ich tät in München auch mal, wie in Rom, ich tät auch das Licht ausmachen und bloß die Sachen anstrahlen, die sie vor dreißig Jahren gebaut haben. München leuchtet, aber das trauen sie sich nicht. Ich weiß auch nicht, warum. Aber keiner traut sich das. – Und, wissen Sie, Bildung ist ja auch generell eine Herzensangelegenheit. Bei der Bildung ist ja nicht bloß ... daß man irgendwie gebildet ist, sondern die Bildung bringt den Menschen dazu, daß er wieder auf das Einfache kommt. Nicht auf das Hochgestochene. Das ist der Sinn der Bildung. Schauen Sie, einen Strauß, Franz Josef Strauß, ein gebildeter Mann, aber dem hat man einen Obatztn gegeben, da war er zufrieden. – Und Goethe hat Frankfurter Würschtl und so ... Ich sag's nur ... diese Leute sind zwar alle sehr ge... Schauen Sie, wir haben doch den Nachbarn, den Doktor Brezner. Der ist beim Siemens zweifacher Doktor, ein gescheiter Mann – der Mann ist ja ganz vergeistigt! Aber eins muß ich auch sagen, es gibt so Leute, so Akademiker ... Also, sie sind gescheit, müssen sie ja sein, aber für gewisse Sachen haben sie dann doch ... Irgendwie was übersehen sie. Sagt der Doktor Brezner, daß der Schwamminger Sepp, sagt er, das wäre eine natürliche Persönlichkeit. Sag ich: »Jetzt hören Sie auf! Herr Doktor Brezner, der Schwamminger ... Was heißt denn hier natürlich, das ist ein gescherter Rammel. Sehen Sie das nicht? Ein Mensch, der, wenn er sich schneuzt, da ein Nasenloch zuhält und einem dann a so ein Glachl vor d' Füß rotzt.« Aber das sieht er nicht, nein, das sieht er nicht. Manche Leute, die sind so gebildet – und aber wieder ... Aber es gibt auch andere Sachen, Leute, die keine Schulbildung haben. Zum Beispiel der Hitler, den haben sie aus jeder Schule rausgeschmissen – jede Schule! Und er hat trotzdem seinen Weg gemacht! – Also, man sieht, es geht auch ohne Schule, Gott sei Dank gibt's noch Möglichkeiten ...

Mittelalter lernen

A: Darf der Rudi jetzt mitkommen zum Spielen?
B: Nein! Der muß noch lernen.
A: Was?
B: Das Mittelalter.
A: Das ganze?
B: Genau. Das ganze Mittelalter. Morgen muß er's können.
A: Das Mittelalter sind aber bloß neun Seiten.
B: Kann sein, aber die Kreuzzüge muß er auch noch – und die Päpste!
A: Ach so, die auch. Und die Französische Revolution?
B: Die noch nicht! Jedenfalls noch nicht bis morgen.
A: Gott sei Dank! Die kommt aber bestimmt auch noch daher.

Vor und am Ort

A: Und?
B: Wie und?
A: Ja und?
B: Warum und?
A: Ja, weil – äh – waren Sie gestern vor Ort?
B: Wo?
A: Ja, vor Ort?
B: Nein.
A: Nein?
B: Nein!
A: Sie waren nicht vor Ort?
B: Nein, aber ich war da.
A: Na also!
B: Wieso na also?
A: Sie waren also vor Ort?
B: Nein!
A: Aber Sie haben doch gerade . . .
B: Nein. Ich war direkt anwesend.
A: Eben! *Vor Ort!*
B: Blödsinn! Ich war da! Am Ort!
A: Ja, sag ich doch!
B: Am!!! Ich war *am* Ort! Nicht vor!
A: Haha – *vor* heißt *am!*
B: Seit wann?
A: Seit der neuen Denkreform, haha.
B: Wissen Sie was?
A: Was?
B: Lecken Sie mich *vor* Arsch!

VERKEHR UND MOBILITÄT

München–Frankfurt

A: Und?

B: Nichts und. München–Frankfurt zwei Stunden fünfundzwanzig Minuten! Natürlich. Klar. 280 km/h. Sicher, ich belaste die Natur. Hart, aber kurz. Aber die Natur kennt doch auch kein Erbarmen. Die Natur entzieht sich doch jeglicher Verantwortung! Die kennt doch nicht einmal einen Kat! Ich frage Sie: Was bin ich gegen einen Vulkanausbruch?

Der Stau

Kurz vor Sonnenaufgang auf der Autobahn, normaler Verkehr, im Auto von Familie Löhlein: Oskar, Ingeborg und Heinz-Rüdiger. Oskar Löhlein ißt am Steuer ein »Raider«. Aus dem Radio die übliche fröhliche Musik bis zum frühen Morgen.

OSKAR Wenn ma guat san, na samma no vor elfe da.

INGEBORG Mei, hoffentlich, weil ab Mittag werd's oiwei so hoaß. *Hält Oskar einen Thermosflaschendeckel mit Kaffee hin.* Magst no an Schluck . . .

OSKAR Mhm . . . *Schlürft.*

INGEBORG Obacht! *Man sieht stehende Autos auf der Fahrbahn.*

OSKAR Ja, was is des . . . *Bremst scharf.*

Der Wagen steht. Man hört quietschende Bremsen von Wagen, die hinten auffahren. Fast zwanzig Sekunden nur Motorenstandgeräusch.

BAYERN-DURCHSAGE Hier ist Bayern drei, die Servicewelle von Radio München. Auf der Autobahn Salzburg im Raum Hofolding stehender Verkehr infolge mehrerer Auffahrunfälle. *B3-Zeichen.*

INGEBORG Weil s' allweil so rasen.

Oskar bläst Luft durch die Backen und sieht auf die Uhr.

9 Uhr vormittags, gleiche Stelle, gleicher Stau. Oskar Löhlein steht mit Feldstecher im Auto und schaut aus dem Schiebedach nach vorne. Ingeborg steht neben dem Wagen und schaut zu Oskar auf. Heinz-Rüdiger spielt im Straßengraben mit zwei Spielzeugautos Autorennen.

HEINZ-RÜDIGER Tatü, tataa, brrmmbrmm . . .

Alle Motoren ringsumher sind abgeschaltet. Von fern undeutlich verschiedene Autoradios; Leute, die neben ihren Autos stehen, es scheint ein heißer Tag zu werden.

OSKAR I siehg nix.

Man hört entfernt ein Auto anlassen, alle steigen in ihre Wagen, einer nach dem anderen läßt sein Auto an, der Lkw vor Löhleins bläst Oskar eine schwarze Dieselwolke ins Gesicht, Oskar setzt sich, Ingeborg und Heinz-Rüdiger steigen ein, allgemeines Türenklappern, Wagenanlassen, Oskar kann fast eine Wagenlänge vorwärts fahren, eine Zeitlang Motorenstandgeräusch, dann allmählich allgemeines Motorenabschalten.

11 Uhr, gleiche Stelle. Die Bayern-3-Durchsage wird wiederholt. Es wird allmählich heiß. Eine provisorische gedeckte Tafel am Boden des Löhleinschen Wohnwagens, die Türen sind geöffnet, Ingeborg und Oskar sitzen auf Campinghockern auf der Straße davor, Heinz-Rüdiger hockt daneben auf der Leitplanke.

VOM NEBENAUTO Na, schmeckt's?

OSKAR Ja mei, was sollma 'n sonst machn . . .

INGEBORG Heinz-Rüdiger, iß schön anständig!

OSKAR Salz!

Ingeborg reicht ihm das Salz. Der Mann vom Nebenauto wienert seine Motorhaube.

13 Uhr, flirrende Hitze. Familie Löhlein sitzt erledigt im Auto und brütet vor sich hin. Die rechten Seitentüren sind geöffnet. Oskar raucht eine Zigarette. Eine Fliege surrt an der Windschutzscheibe, von weiter weg hört man den folgenden Dialog.

STIMME I Was, in acht Stunden nach Italien? Donnerlüttchen!

STIMME II Freilisch. In sechs Stund fahr isch nach Venedisch. Isch hab jetz die hundertsechzisch Pe-Es-Maschin, des genücht eichendlich, frailisch, isch main, fizzisch Pe-Es mehr, in de Ti-Ausführung, is scho noch spürbar bessä, vor allem im middleren Beraisch un baim Übeholle, abe isch main, wann fährt ma so was scho mal rischdisch aus, nä. Obwohl, mai Vedda, der hat de Ti – nä, der schafft Venedisch in fünf Stunne.

STIMME I Donnerlüttchen.

STIMME II Un im Verbrauch is braktisch kai Unnerschied, bloß im Raifeverschlaiß, aber wisse Se, isch bin kai Schbrinde, nä, isch fahr maine hunnerdachzisch Sache, un des muß genüche. Des is a soliede Raisegeschwinnichkaid un kai so Hedzerai. Un ma kommd doch züchich voran, nä. Also isch kann aufs Fluchzeuch direkt verzischte. Isch main auf Kurzschdregge, ned im Inderkondinendalvakehr . . .

STIMME I Komplett meine Meinung.

STIMME II Schaue Se, isch fahr jetz für vier Dag nunne nach Kalabrie, nä, des sin hin un redur je zweidausend Killomedä. Am Middwoch had mai Eldesde Gebottsdach, da mus isch zurück sai, weil, wisse Se, mai Frau, die liecht noch im Krangehaus, die hat an Audounfall gehabd, also schaue Se, mid am nomale Fahrzeuch da schaff isch des niemals. Mid a nomale Bleschkisde brauch isch da gar nisch erst antrede.

Zwei vollbeladene Tramper marschieren zwischen den beiden Autobahnschlangen in Richtung Süden. Sie alten an Löhleins Pkw.

TRAMP Ey, Mann, haste ma Feuer?

Oskar hält wortlos seine Zigarettenkippe zum Fenster hinaus, der Tramp bedient sich. Okay dann, schön' Tach noch. *Die beiden Tramper gehen weiter.*

STIMME II Sache Se mal, wie schbäd hammen Sie?

STIMME I Dreizehnuhrdrei.

STIMME II Aah, is gud, dann wedd isch amal de Weddeberischt aischalde. Alsdann, a gude Rais noch.

STIMME I Vielen Dank, und Ihnen eine gute Fahrt.

Zwei Autotüren knallen, die Fliege an der Windschutzscheibe nimmt einen neuen Anlauf.

16 Uhr: Auf der leeren Gegenfahrbahn fährt ein junger Mensch mit seinem Cabriolet vorbei, aus dem laute Musik dröhnt; er beobachtet mit Genuß und Interesse den Stau. Familie Löhlein und andere Staumenschen schauen ihm mißbilligend nach. Oskar sieht auf die Uhr.

OSKAR Jetz waar was z' Essen recht.

INGEBORG Magst an Schwedenhappen . . .

OSKAR Ja, is recht.

Ingeborg fängt zu suchen an, entdeckt ein zerlaufenes Eis, sucht weiter.

INGEBORG I find's net.

OSKAR Schaug halt unter de Tomaten, bei de Pfirsiche . . .

INGEBORG Hab i scho.

OSKAR O mei . . . *Geht zum Wohnwagen.*

Oskar und Ingeborg suchen jetzt gemeinsam. Heinz-Rüdiger spielt Auto.

HEINZ-RÜDIGER Tatü tataa, brmm, brumm . . .

Oskar und Ingeborg räumen verbissen den ganzen Kofferraum und den Wohnwagen aus.

OSKAR Am Schluß hast as vergeßn.

INGEBORG Da ist's ja.

OSKAR Wo war's jetz?

INGEBORG Zwischen de Zwiebeln.

Die beiden beginnen wieder einzuräumen.

19 Uhr: Familie Löhlein sitzt auf Campingklappstühlen an einem Campingklapptisch vor dem Wohnwagen beim Abendbrot.

HEINZ-RÜDIGER Bappa, wann fahrn mir denn wieder?

OSKAR *haut ihm plötzlich unbeherrscht eine runter* Frag net so saudumm. *Von Ferne Abendglockenläuten.* Salz!

Ingeborg reicht das Salz. Allgemeines Anlassen, Familie Löhlein sitzt im Dieselqualm des Lkw.

Schnell, pack zamm.

Ingeborg kramt hastig das Essen zusammen, Oskar eilt ans Steuer. Läßt an. Der Stau fährt schon ein wenig. Oskar will losfahren.

INGEBORG Halt, halt, no net!

Oskar wartet, ein Sportwagen mit Pirmasenser Nummer schert aus der linken Spur aus und klemmt sich zwischen den Lkw und die Löhleins. Die Autos stehen wieder.

OSKAR Ja, Sie, wie hamma's denn!

INGEBORG A so ein Büffel . . .

Oskar hupt. Daraus entsteht ein kurzes allgemeines Hupkonzert. Dann schalten alle die Motoren wieder ab. Ingeborg räumt das Essen wieder her.

OSKAR Weilst allweil so trietschelst.

23 Uhr 30: Die Autobahn im Mondlicht. Familie Löhlein sitzt im Auto, gedämpftes Innenlicht. Oskar studiert den Autoatlas, Ingeborg schaut zu, Heinz-Rüdiger döst vor sich hin.

OSKAR Und dann fahrma da bei Vicenca, fahrma links weg, auf der Landstraßn. Und da, beim Trasumener See fahrma wieder auf d' Autobahn. Na sparma an Haufn Zeit und Gebührn.

INGEBORG Genau, so machma's. *Gähnt.*

OSKAR Un nachert, dad i sagn, fahrma vier Dag eher wieder zruck, daß ma net in'n Stau neikemman.

INGEBORG Genau.

OSKAR Weil, durch den Stau hier, da ham mir jetz schon fast an ganzen Dag verlorn.

Ein Ostblockplayboy

Mir samma heier nach Ungarn gfahrn, weil des Italien und des Spanien, des macht ein wirklich müde. Na samma nüba. Mir warma zwoa Porsche und drei BMW. Also, mir warma insgesamt an Haufn Kubik. Der Ede hat glei amal an Christbaum angezündet und hat de ganzn Wartburg weggscheicht, geht ja net anders, weil de blockiern ja alles. Na samma in den Ort nei, wia hoaßt des glei wieder, ah ja, Budapest, genau, na sog i zu oam dadorten: Sog ama Chef, wos soll des sei, a Großstadt? Des soll a Großstadt sei? Des zerbräselt ja ois, des is ja wia a Sandkuacha. Habts es koa Geld zum Investiern, oder wia is des da bei eich? Nacha samma obi zu dera Drecklacka, Plattensee, oder wia der hoaßt. Da war an unserm Tisch aso a Ostmensch ghockt, a Ostdeitscher, a ganz a gebildeter Typ, irgendwie Kernforscher oder so was war er. Na sog i zu eahm, sag amoi, Meister, wiavui Scheine machst du so im Monat? Weil kannst du von dem, was du vadeanst, bloß an Trabant oder so an Scheißdreck kaffa? Des is ja gar koa Auto. Sog i, schaug mi o, i fahr jetzt an neun achtundzwanziger, weil des is ja vui rationaler, i fahr ja mit Normalbenzin. Und sonst, mir ham gor net bsonders aufgedreht. Ab und zu hat der Ede an Scheinwerfer gspuit, damit s' buckelt ham, aber den Hummer und den Kaviar und den ganzen Baaz hab i scho boid nimma sehng kenna. Die Weiba, de san da wia de Fleischfliagn, weil 's nur auf Devisen aus sand, und des Kracherl, der Krimsekt, i hab 'n scho nimma oschaugn kenna, mir hamma 'n unterm Tisch abigschütt, weil, glaubts as, i hab 'n scho nimma derbrunzn kenna.

Der PS-Rock

1. STROPHE

Mir ham an Acht-Zylinder-Reihenmotor
und an Doppelscheinwerfer Halogen davor,
hab an Doppelvergaser, zwoa Rallyestreifen,
Aluminiumfelgen und Stahlgürtelreifen,
ham a Quarzuhr, a Drehstromlichtmaschin
und a Einspritzpumpn, daß ma schneller sind
als 180 PS, des is net zvui
und mir ham alle dasselbe Ziel:

REFRAIN

Fahrma abi in Süden, wo's wärmer is,
brechma nei in des Ferienparadies,
fahrma alle miteinanda zu gleichen Zeit
an des Alljahrwiederplatzl, des uns so gfreut,
fahrma abi in Süden, wo d' Sonne scheint,
fahrma alle mit'm Auto, des is uns a Freud,
fahrma alle miteinanda zum selben Strand,
nachert samma im Urlaub wieda alle beinand.

2. STROPHE

Mir ham an Superradio Vier-Kanal
mit sechs Programmtasten, frei nach Wahl,
ham a Sportlederlenkrad und Schalensitz
und a Klimaanlag, daß ma net aso schwitzt,
ham an Amperemeter und an Drehzahlmesser
und a Dreiklanghupen, damit fahrt si's besser.
Unser Weg zurück zur Natur führt heut auf einer breiten Spur:

. . . und glei no moi! Haha, scho wirkli, gell, aba scho ehrlich!

Die Wegbeschreibung

Das Telefon klingelt. Udo Kaiser hebt ab.

Kaiser?! Ja, die Hilde. – Habts unsre Karte gekriegt mit der neuen Nummer? Des is aber nett, daß d' anrufst. Was? – Ja, hähähä. Hilde, naa, mir wohna scho lang nimmer in der City. Nanaa, mir wohnen jetz da heraußt im Grünen. Ja . . . also naa, also, Bauern sind mir keine gewordn. Was? Was is? Ja komm doch amal raus. Kommts halt amal raus, Hilde. 's is wunderbar hier. Wies d' rauskommst? – Des is ganz einfach, Hilde, paß auf. Du mußt die Nordspange, die Zubringerstraße – Autobahn, ja da mußt runterfahrn. Ja, des is jetz noch a bisserl kompliziert, weil da wird noch gebaut, weil in a paar Jahr ham mir die Autobahn dann praktisch direkt vor der Haustür – aber jetz mußt halt dann die Nordspange bei dem, äh, mußt runter fahrn bei der Mülldeponie. Aber erst die zweite Ausfahrt, praktisch wo die Sondermülldeponie is. Da kommt dann aso a Schnellstraße. Dann an dieser Sondermülldeponie vorbei. Die konn ma gar net verf. . . Des is . . . Kläranlagen sind da und diese . . . ja, ja. Dann hältst dich links an der Autofabrik vorbei, die machen hauptsächlich so Lkws. – Diese lange, riesige Mauer und dieser hohe Drahtzaun mit dem Stacheldraht und dahinter die ganzen Laster. Gell, also diese Schnellstraße fahrst du immer hart entlang, bis du zur Möbelfabrik kommst. – Heißen die? – Ja, des siehst schon, des is nicht zum Übersehn, ein Riesengebäude . . . Mit so Fahnen heraußt, ja, genau. Gradaus an dem Discount vorbei, da kommt noch a Discount, die ham so Zubehörhandel. Also, da is wieder so a Möbelhaus, net – Möbelhaus Lila. So violett, so a großer lila Bau. Scharf links, und da siehgst dann auch schon die ersten Hochhäuser. Da ist dann die, Zaunkönigstraße heißt die, gell, Hilde. Da mußt also abbiegen, noch mal links. Also, links rein, gell. – Auf der andern Seite is ja aso a Schretteranlage, da kann ma gar net reinfahrn. Des siehst. Und dann siehst du schon a zweite Garnitur Hochhäuser. 's sind also schon ganz schöne Waschel, also, gell, große, äh, Dings. De siehst schon, die sind am Ende. Des is so a Industriestraße. Dann . . . Jetz muaßt aufpaßn. Direkt neben de Hochhäuser ist ein Umspannungswerk. Des sieht ma wieder an dene Hochspannungsmastn, die dann weggehn – die gehn nach alle Seitn weg. Muaßt schaun, da sind auch so a paar Bäume drumrum, und da sind riesige Strommastn, gell. Und unter dene Strommastn am Umspannwerk vorbei fahrst in Richtung zu diesem Müllverbrennungskraftwerk, ja. Diese Müllverbrennungsanlage, ja, so a großer blauer Berg mit'm Mordsschornstein oben drauf, net. Des is des Wärmekraftwerk, des is dahinter, aber da fahrst davor schon wieder rechts weg. Vorm Wärmekraftwerk, wie gsagt, wieder rechts und da siehst du dann, des is so a kanariengelber Bau – des is wieder a Möbelhaus. Untn is so a Schild von ara »Trauerhilfe«. Halbrechts nei. Auf der andern Seite is aso a Squash-Center, ja. Dann kommt eine dritte Garnitur Hochhäuser, und dann bist nimmer weit. Dann die Wiedehopfstraße. Genau, net. Hinter diesen Hochhäusern da sind dann ungefähr so circa vierzig Bungalows. Da is noch mal so a großes Einkaufscenter und dann kommen diese Bungalows. Ja, vierzig, a paar sind noch im Bau, ja. Is a ganz schöne Baustelle. Und mir sind da mittendrin, da muaßt reinfahrn, weil des geht da so im Kreis durch die ganze Siedlung durch, ja, so a Kreisverkehr. Also in der Mitte. Des is Nummer 27, gell. Des kannst ganz leicht finden. Mir ham an Messingknopf an der Tür, gell, ja . . .

Ein Energiesparer

Herbert Einweg fährt an eine Bahnschranke, die Schranke geht gerade herunter.

Sieht zum Fenster raus. Herrschaftseitn, scho wieder zu. Wissen Sie, ich fahre jeden Morgen präzise zur selben Zeit weg, und jedesmal is hier die Schranke zu. Des is doch eine Energieverschwendung ersten Ranges, wenn man ständig bremsen muß, was da Energie verschwendet wird. Man muß doch heute scho mehr bremsen, als was ma fährt, dabei heißt's doch, freie Fahrt für freie Bürger. Oder? Ich bin ja durchaus energiebewußt. Ich fahr ja nur Normalbenzin. Is ja viel rationaler. Da spar ich vier Pfennig pro Liter, und was des Gute is, je mehr ich verbrauch, desto mehr spar ich dabei. Ich brauch pro Kilometer ungefähr an halben Liter, das heißt, ich spar zwei Pfennig pro Kilometer, des san, bei 30 000 Kilometer im Jahr san des 600 Mark, und in zehn Jahren san's 6000 Mark, also drei Waschmaschinen und zwei Farbfernseher. Am sparsamsten wär mei Karrn ja bei achtzig Kilometer, da braucht er bloß 38 Liter, aber ma derf ja bloß fuchzig fahrn. Was da Energie weggedrosselt wird. Genauso, wenn i an ara Schui vorbeischleich, im ersten Gang, weil ma nur dreißig fahrn derf, was da an Energie verpufft! Überhaupt, dieses Drosseln is doch ein Wahnsinn. Schaun Sie, ich hab die Acht-Liter-Maschin, damit könnte man locker 350 Pferde frei machen, und so muaß i jetzt mit 212 PS haushalten. Da steckt doch a energiefeindliche Ideologie dahinter. Genauso, schaun Sie, dieses Fahrzeug is optimal geeignet fürs Gelände, so zum Fahrn, amal in am Naturschutzgebiet, an Berg nauf oder so, aber wo gibt's denn des heut noch? Wo kann ma denn seinen Wagen heut no gscheit ausfahrn? Sie sehn ja, wie's heutzutag ausschaut, ma steht scho bald mehr umanand, als was ma fährt.

Der Motor geht aus. Herrschaftseitn, is scho wieder soweit. *Steigt aus, geht zum Reservekanister.* Schad ums Benzin . . .

Die Schranke geht hoch. Einweg füllt Benzin nach. Ein kräftiges Hupkonzert setzt hinter ihm ein.

Der 750-Kubik-Ledertyp

Einer der letzten Abenteurer, der kompromißlos die Freiheit lebt. Einer, der bereit ist, für diese Freiheit Opfer zu bringen.

LEDERTYP *kommt mit einer Kawasaki angefahren, bremst, spielt mit dem Gashebel, hupt* Auffüllen, Meister!

TANKWART Tut mir leid, Benzin ist leider aus.

LEDERTYP Hast wenigstens an Schoko-Schocker da für mei Sozia?

TANKWART Wie? Schalten Sie doch bitte den Motor ab, man versteht ja nichts!

LEDERTYP Spinnst du, Meister, naa, nix. Ich mach grad a Aufwärmritt mit meine neian Slicks, wei mir müaßn heit no nach Murnau reitn, in des Unfallkrankenhaus, da liegt a Kamerad. Da Pat. A astreiner Ledertyp, 750 Kubik. Er hat an kloana Crash ghabt, gell. Mir san auf am Ritt durch an Naturschutzpark, na is eahm so a Birkhuhn ins Mai neigflogn, bei satte 160. Da Pat, gell, hat as Mai voller Bluat und Federn ghabt, Sendepause, gell, no more sightseeing, na hat er an Lichtmast mitgeh laßn. Zwoa Lendenwirbel brocha, Schädelbasisbruch, mei, halt des Übliche, gell, also in 0,3 Sekunden fast im Jenseits, gell, hahahaha. Jetz bsuach ma 'n. I moan, er selber hat wenig davon, weil er hat ja kein Bewußtsein zur Zeit, er liegt im Koma seit September vorigs Jahr. Aber, was bei uns zählt, des is a astreine Kameradschaft, und des full power, gell, also, wenn da Pat aufwacht, nachert stellt eahm da George, woaßt, unser Leader, der stellt eahm glei a neie 1000er Kawa sauber eigfahrn direkt vors Krankenhaus. Service, verstehst? Na wittert er Morgenluft, wenn er aufwacht. Mei, vielleicht is da Pat beim Herbstspeedway scho wieder dabei. Also, was ist jetz mit dem Schoko-Schocker?

TANKWART Tut mir leid, aber hier ist geschlossen.

LEDERTYP Ah ja, macht nix. Sie werd sonst eh z' fett. Wei, mächst net glaubm, wia schwaar des is, astreine 45 weibliche Kilo herzkriagn, da derlebst Sachen, ihre Vorgängerin – *deutet aufs Wammerl* – war genau des gewesen, aber wir fahren auf Nürnberg aufi, hats mir glei dreimal gespiebm; jedesmal hab ich s' kurz absteigen lassen müssen, da war mei persönliche Bestzeit im Eimer, verstehst; aber a fetts Wammerl, wennst hint drauf hast, des nimmt dir glei sämtliche Beschleunigungswerte, und ma merkt's aa sofort im Verbrauch. Wei, ma muaß ja heut aa ans Benzinsparn denka. Des is derselbe Schwachsinn wia des mit de gedrosselten Motoren. So a gedrosselte Maschin des is ja ein Schub ins Leere, a richtige Energieverschwendung, wenn so a Maschin satte 220 Sachen macht, und nachert schafft's nur noch müde 180. Woaßt, Meister, i bin a astreiner 1000-Kubik-Rider, bei an so am Blödsinn, da mach i net mit. Des is doch a Wahnsinn. Also, habe d' Ehre Meister. *Fährt donnernd los.*

As Abblendlicht

An einem Wirtshausstammtisch.

MANN Ja, heit hot's oan dabazt.

FRAU Geh wos, dabazt hot's oan?

MANN Jaja – a so an Ausflügler. Net. Er ist beim Schnapperwirt, is er vorbeigfahrn, ins Leitzachtal, gell, na hod er d' Kurvn nimma dawischt, na hod's 'n obiloßn.

FRAU Ah, geh, obiloßn?

MANN Jaja, na hod's as dabazt, gell. Zwoa Kinda san dringhockt, net, de warn praktisch hi, net, d' Frau, de wo dringseßn is, de hod's praktisch aa vollkommen dabazt.

FRAU Geh, naa, des is ja furchtbar!

MANN Jaja, mei, wos soist sogn – er hod an Ding, ghabt, einen, aah – Schädelbasisbruch, ge', oiso es war nicht mehr vui los mit eahm, aba vier, fümf Meta, boi's di obilaßt, net, nacha, na schaugst schlecht aus, gell.

FRAU Ja, des is ja klar, vier, fümf Meta, wann's di obilaßt, na bist ja praktisch dabazt.

MANN Jaja, er hod aa a ganz scheene Gschwindigkeit draufghabt, ge'. Er is obigsaust wie ein Propeller, ge'. Unten nachert hod's 'n aufgschlogn, ge', nachert, direkt am Baam vorbeizischt, richtig neibohrt hod er si in'n Erdbodn, net, und na hod's as praktisch ziemlich dabazt.

FRAU Ja, oiso, is ja klar, i moan, des is ja wie ein Geschoß förmlich.

MANN Jaja, genau. Net. Obwoi, i muaß sogn, interessant is jetza: I hob's genau gsehng: As Abblendlicht bei dem Wogn, des hod no vollkommen funktioniert, net. Der Blinka, da rechte und da linke Blinker, de san no ganga. Ge'. Des Wesentliche an dem Wagn war noch in Ordnung.

Die Auskunft

Ein offensichtlich Einheimischer ist auf seinem Fahrrad mit Anhänger unterwegs. Eine Dame fährt in ihrem Pkw langsam an den Einheimischen heran und will von ihm offensichtlich etwas wissen.

DAME Hallo, Verzeihung. Hallo, wissen Sie, wo hier die Désirée-Beauty-Farm ist?

Der Einheimische radelt ungerührt weiter. Die Dame holt ihn wieder ein.

Hallo? Ah, Sie ...

Der Einheimische radelt ungerührt weiter, die Dame holt ihn wieder ein.

Entschuldigung, Sie, ich hätte eine Frage ... *Schnauft* Hach ...

Der Einheimische radelt ungerührt weiter, die Dame holt ihn wieder ein.

Laut Hallo, Sie, Verzeihung!

Der Einheimische bringt sein Fahrrad zum Stillstand.

Entschuldigen Sie bitte, ich habe eine Frage. Kennen Sie sich hier aus? Ich suche die Désirée-Beauty-Farm ...

EINHEIMISCHER Ha, wia?

DAME Die Désirée-Beauty-Farm ...

EINHEIMISCHER Was?

DAME Die Désirée-Beauty-Farm. Wissen Sie, wo das ist?

EINHEIMISCHER Wem?

DAME Ich suche die Désirée-Beauty-Farm. So eine Art Schönheitsinstitut. Die muß hier irgendwo sein.

EINHEIMISCHER Ah so. Wo?

DAME Das muß hier ganz in der Nähe sein. Wissen Sie, wo das ist? Die Désirée-Beauty-Farm. Hier irgendwo ...

EINHEIMISCHER Der Mellinger, der waar da, aber der is ja wegkemma, weil den hat ja der Großberger aufkauft. Des is ja scho drei Jahr mindestens her. Aber der Großberger, der hat ja dann aa pleite gmacht. Großberger Eisenwaren, net.

DAME Soso, ja, nein, ich möchte, ich suche die Désirée-Beauty-Farm.

EINHEIMISCHER Der alt Großberger hat si ja derrennt, und da Junior hat si net auskennt, net, no hat's kemma miaßn, wia's kemman ist. Da huift aa koa Spendiern, de scheinheilige Bruat, de miserablige ...

DAME *merkt, daß nicht viel zu holen ist* Ja, dann vielen Dank, Wiedersehn.

EINHEIMISCHER Der Ammesmeier Sepp hat aa gsagt, koan Kreuzer gibt er eahna, weil s' alle ausgsackelt ham vorher, und nachert kamadn sie daher, hat er gsagt . . .

DAME Ja, vielen Dank. Sie wissen also nicht, wo die Beautyfarm ist. *Will anfahren.*

EINHEIMISCHER Ja, i wer's doch wissen, ja i war ja scho da, wo de alt Großbergerin, de Mistamsel, de verreckte, de hat ja des Ganze aufbracht. Da Mellinger hätt ja nia net verkauft, i war ja persönlich bei Gericht, i muaß's doch wißn . . .

DAME Ja, schön, schön, guter Mann, ja dann, Wiedersehn.

Die Dame will anfahren, der Einheimische schiebt seinen Kopf noch tiefer in den Pkw und rollt mit seinem Fahrrad mit.

EINHEIMISCHER Ja, na san Sie die Kusine?! Da Maxl hat mir scho verzählt . . .

DAME Ja, vielen Dank, Wiedersehn . . .

EINHEIMISCHER Ja, warum ham denn Sie dann nix gsagt?! Und was is mit'm Martin? Sie ham doch des aa gwußt, wie s' 'n eigliefert ham, Sie hättn ja was sagn müaßn, und der Gunnetsrainer, der hat si ja net auskennt in dem Sach. I war praktisch aa bloß als Zeuge, net.

DAME Soso, ja, also nochmals vielen Dank.

Die Dame fährt langsam, aber bestimmt an. Der Einheimische muß seinen Kopf zurückziehen und stürzt fast.

EINHEIMISCHER Sie! Ja, was is des! *Droht ihr nach.* Des hätt i mir glei denka könna, daß de Großbergernichtn aa so oane is. De wann ma no moi kimmt! . . .

Ein Autofachmann

Eine Straße. Parkende Autos. Eine gutgekleidete Dame besteigt ihr Auto und will es anlassen. Anlassersurren. Nichts. Längeres Anlassersurren. Wieder nichts. – Ein grau gekleideter schmächtiger Mann geht vorbei, bleibt stehen, sieht zu.

MANN Springt er nicht an?
FRAU Ich weiß nicht, was da los ist, vorhin ging er noch.
MANN Machen Sie mal die Motorhaube auf.
FRAU Sie kennen sich mit Motoren aus?
MANN Ein bißchen.

Die Frau versucht, die Motorhaube zu öffnen, es geht nicht, der Mann hilft ihr dabei. Der Mann wirft einen Blick in den Motorraum.

MANN Lassen Sie ihn noch mal an . . .

Die Frau geht ins Auto, läßt den Wagen an – nichts. Ein bayrischer Mensch kommt hinzu, der behäbig die Situation beobachtet. Die Frau steigt wieder aus dem Wagen.

BAYER Also, des kann ich Ihnen gleich sagen, dieser Herr vasteht von an Motor überhaupts nichts.
MANN Also, hören Sie!
BAYER Der hat doch keine Ahnung, wia der scho higlangt, genga S' amal auf d' Seiten, genga S' weg. Weg da! Haben Sie ein Werkzeug da?
FRAU Werkzeug . . . ich seh mal nach, Augenblick.
BAYER Des wernma glei ham . . .

Die Frau holt aus dem Auto einen kleinen Schraubenzieher, der Bayer beugt sich in den Motorraum.

Ah, geh! Wahnsinn! *Er zieht ein Kabel aus dem Motorraum. Die Frau bringt den Schraubenzieher.*

FRAU Schaun Sie mal, ist das richtig?
BAYER Des soi a Werkzeug sei? Des is ja a Zahnstocher! Mit dem Nasenbohrer wollts es repariern? Es seids doch Schnapsler. *Zum Mann* Aber ois bessa wißn. *Wirft den Schraubenzieher in hohem Bogen weg.* Ham S' a Werkzeug da? – Wenn i's als Fußgänga scho dabeihab.

Die Frau hebt den Schraubenzieher wieder auf. Der Bayer zieht einen großen Schraubenzieher aus der Hosentasche, beugt sich ins Auto.

BAYER O mei, da schaugt's aus. Schaugn S' her, da schaugt's schlecht aus.

Er rupft ein Teil aus dem Motor.

FRAU Was machen Sie denn da?!

BAYER Da! Da! Da schau her. Was is denn das? Was is denn das?

MANN Weiß nicht.

BAYER Eben. Er woaß's net. Aber mitreden. Ois bessa wißn. Da! *Rupft noch ein Teil aus.* Des kenna S' wegschmeißen. Des is's gfeit. Sagn S' amal, wo haben S' denn den Wagen kaaft?

FRAU Beim Händler. Warum?

BAYER Sauber, sag i – ja, ja, was is denn des? Um Gottes willen, schaun S' amal da nei! Sehng S', was is denn des? Halten S' amal!

Der Mann hält, der Bayer rupft ein großes Teil aus dem Motorraum.

BAYER Da schaugn S' her, da hamma den Salat. *Er wirft das Teil weg.*

FRAU Hören Sie sofort auf, Sie machen ja den ganzen Wagen kaputt!

BAYER Hahaha! Und so wolln Sie Auto fahrn?

MANN Das Drehmoment stimmt nicht.

BAYER Er! – Drehmoment. Da schau her. Was verstehn Sie von am Drehmoment! Ham S' an Drehmomentschlüssel da?

MANN Natürlich nicht.

BAYER Natürlich net. Ja, da kannt ma lang warten. Schaugn S' her. *Zieht Drehmomentschlüssel aus der Tasche* So. Jetz schauma halt amal. Ja, Wahnsinn! Und so fahrn Sie durch die Gegend? Des is ja fahrlässig. Alles marode. Ho Ruck! *Er reißt ein riesiges Teil aus dem Motor. Die Frau hebt protestierend das Teil auf.*

BAYER O mei, des is ja furchtbar. So. Jetzt wernma amal schaun, da – die Verbindung zum Verteiler, ja, da, ah, ah. *Wirft kleine Teile hinter sich.*

FRAU Hörn Sie doch auf, um Gottes willen!

BAYER Aha. Soweit samma scho. Ma macht sich dreckig, weil ma de Leut helfen will, und nachert des saudumme Gred!

Der Mann will eingreifen.

Gengan doch Sie weg, du Kasperl, blinder! So. Glei hamma's. Au weh! Des aa no. A Wunder, daß der Kahn überhaupts ganga is.

Er wirft einen langen Schlauch aus dem Motorraum, zieht eine Zange heraus, knipst mit lautem Krachgeräusch ein weiteres Teil ab.

I sag's ja, heutzutag hat keiner mehr eine Ahnung. Halt amal, Spezi – da, halten sollst!

Der Mann ist dem Bayern behilflich . . . Der Bayer gibt ein Ge-

räusch der Anstrengung von sich, unten rinnt eine Flüssigkeit aus dem Auto.

BAYER *zur Frau* Sie, mit dem ham S' an Fang gmacht.

MANN Also, ich bitte Sie!

BAYER Geh, sei stad, Dilettant!

FRAU Lassen Sie sofort meinen Wagen in Ruhe, ich rufe die Polizei!

BAYER Soo kamad se daher, de motorisierte Goaß! Des kimmt davo, wenn ma de Leit hilft. *Er schmeißt noch ein Teil aus dem Motorraum. Ein anderes Teil wirft er geräuschvoll wieder in den Motorraum.* Machen S' amal zu, und lassen S' 'n amal an.

FRAU Was mach ich mit diesen Teilen hier?!

BAYER Des kennan S' ois wegschmeißen, macha S' zua und lassen S' an.

Die Frau geht ins Auto, Anlassergeräusch. Nichts.

BAYER Ja, *anlassen,* hab i gsagt! Verstehngan Sie schlecht?!

FRAU Können Sie nicht vielleicht den Wagen mal anschieben?

BAYER Geh weida, Schnapperer, schiab o, i hab gmoant, du wuist helfan?

Der Mann versucht den Wagen anzuschieben.

FRAU Bitte, helfen Sie ihm doch mit.

BAYER Ja, bin i denn a Schieber, da, der Herr, der woaß doch ois bessa, der soll oschiabm. I bin doch koa Schiaba!

FRAU Bitte, helfen Sie, Sie sehen doch, er schafft es nicht.

BAYER Hätt er halt mehr Spinat essen solln, der Windbeutel, es duat ma leid, i hab koa Zeit mehr, i muaß zu meim Bus. Da, der Herr, dieser Herr, der huift Eahna scho. Also, guate Fahrt, Wiederschaugn.

Er geht zur Bushaltestelle gegenüber, der Mann versucht noch mal, den Wagen anzuschieben.

MANN Ja, es tut mir jetzt leid, so alleine schaff ich das auch nicht.

FRAU Was mach ich dann?

MANN Tut mir leid, ich hätte gerne, ich würde gerne . . . ich wünsche Ihnen noch alles Gute. Wird schon klappen.

Er geht zur Bushaltestelle, steht neben dem Bayer. Die Frau läßt noch mal den Wagen an, ein Knall, der Motor explodiert, die Motorhaube fliegt auf. Knall, Feuer und Rauch.

BAYER *gönnerhaft zu dem Mann* O mei, des san Autofahrer . . .

Die Zukunft der Bahn liegt in der Luft

Eine stillgelegte Bahnstrecke, ein Prellbock, eine Bahnschranke, daneben ein Streckenwärterhäuschen, aus dem ein Streckenwärter kommt.

Gell, hinterm Prellbock ist die Welt für Schienenreisende zu Ende. *Deutet auf den Prellbock.* War ja auch höchste Zeit, weil wenn die Eisenbahn hier im Streckenabschnitt 14 weitergfahrn wär, hätts ja gar koa Zukunft mehr ghabt. Die Eisenbahn muß doch auf andere Verkehrsmittel ausweichen, wenn s' heutzutag mithalten will. Ich sage nur, Omnibus, Flugzeug, von mir aus auch Luftballon oder Zeppelin, aber eins steht doch fest: Runter von der Schiene! Die Eisenbahn is der Tod von der Bundesbahn. – Schaun S', die Züge müssen doch nur noch fahren, weil's immer no Leut gibt, die wo damit fahrn. Die vielen Senioren zum Beispiel, des war eine ruinöse Idee. Ma kann ja gar nimmer in Ruhe stillegen, weil nur wenn mir beweisen können, daß niemand mehr fahrt, kann man die Strecke auch einstelln. Aber die Leut san ja wahnsinnig, die fahren um jeden Preis. Was glauben Sie, was mir ham kämpfen müssen, bis die Strecke hier stillglegt worn is. Ich bin ein leidenschaftlicher Bahnbeamter, und ich kenn mich in der Materie aus! Natürlich, es wird hier und dort rationalisiert, bitte, die Strecke hier is eingstellt wordn, und da, schaun S', die Schranke, die wird jetzt auch auf Vollautomatik umgstellt, des is natürlich schon eine Erleichterung, aber im Endeffekt is des doch alles nur Flickwerk. Die Zukunft der Eisenbahn liegt doch eindeutig in der Luft! Schaun Sie, die Bundesbahn is heutzutage praktisch eine soziale Institution mit einer eigenen Eisenbahn für ihre Angestellten. Aber welcher auch nur halbwegs normale Bundesbahnbeamte fährt heut noch mit der Eisenbahn? Er fliegt, net! Bitte, mir san jahrelang nach Sylt oder so gfahrn mit der Bahn. Was des uns belastet hat! So was verträgt kein Unternehmen. Diese Defizite, des müssen Sie sich amal vorstelln. Schaun Sie, ich würd gern amal, also, ich wär gern bereit, auf Bahnkosten auch amal nach Ceylon zu fliegen, als Sparmaßnahme, des würde dann die Bundesbahn entlasten. Weil Fliegen is doch zeitgemäßer und preiswerter. Obwohl, mit dem Verreisen hab ich's nimmer so. Ich hab's ja hier inzwischen recht schön, seit diese lauten Züg nimmer fahrn. Und jetz, wo's Haus renoviert wird, is ja logisch, nach der Beförderung steht mir ja eine standesgemäße Unterbringung schließlich zu. Da, gleich hinterm Prellbock, da bau ich jetz mein Swimmingpool hin. Am liebsten fahr ich gleich gar nimmer weg. Ich versteh des sowieso nicht, wie die Leut allweil umanandfahrn . . .

BAUEN UND UMWELT

i.A. Deutelmoser 1

Ja was hamma denn da? Herrschaftseitn, das ist also auf Seite . . . Ding – das ist die Akte Seattle. Jawohl. Aha.

Herrn Seattle – Komma – Häuptling.

Sehr geehrter Herr Seattle – Ausrufezeichen. Wir bestätigen hiermit den Erhalt Ihres Schreibens vom 3. Juli 1846 und erlauben uns, auf Ihre Anmerkungen folgendes zu erwidern – Doppelpunkt.

Sie haben sich zu unhaltbaren Beschuldigungen und ehrverletzenden Äußerungen hinreißen lassen. – Machen wir da ein Ausrufezeichen? Na ja, das is, machen wir da an Punkt. – Die Behauptung – Anführungszeichen – die Erde würde zunehmend verbaut – verbaut unterstrichen – und durch die zunehmende Verdrahtung gebe es keine Adler mehr, möchten wir mit folgendem Hinweis entkräften – Doppelpunkt; vorher Anführungszeichen – Schluß.

Der Autobahnausbau München–Altötting – Strich – Simbach ist durch weiter geführte Verkehrszählungen gerechtfertigt – Komma – aber durch die Heranziehung von Fachkräften aus dem bayerischen Umweltministerium ist der Transit für mehrere Froscharten und Amphibien zu ihren Laichplätzen – Laich mit ai – so gut wie gesichert – Punkt. In Absprache mit dem bayerischen Verkehrsministerium ist für den Ausbau von eben diesen Autobahnüberquerungsdrainagen für Lurche – Komma – Frösche usw. ein Etat von DM 2800 in Aussicht gestellt. Das angeblich rückläufige Flugaufkommen des Steinadlers wird durch erheblich zunehmenden Flugverkehr unserer Maschinen der Bundesluftwaffe – Waffe mit zwei f – mehr als kompensiert – Punkt. Außerdem als Wappentier – Komma – sowohl als Bundesadler – Komma – wie auch Tiroler Adler – Komma – erfreut der Adler sich zunehmender Beliebtheit – Punkt. Sie behaupten ferner – Komma – in Ihrer Eigenschaft als Indianer – Komma – sowie auch Ihre restlichen Mitglieder – Komma – Sie benutzen hier den vereinsrechtlich nicht relevanten Begriff Stamm – Komma – jeder Teil der Erde wäre mit Ihnen identisch – Komma – und glitzernder Tannenduft sowie das Summen von Insekten wäre Ihnen heilig – Punkt.

Dr. jur. Alfons Zeidelmeier, Sachbearbeiter für das Sektenunwesen in Bayern – Komma – wird sich mit dieser Ihrer Aussage beschäftigen und Sie auf den Tatbestand der Blasphemie – mit B, weichem B – Tatbestand untersuchen – Punkt. Ihr Vorwurf, daß die Abfallbeseitigung ungenügend sei – Komma – entbehrt jeglicher Grundlage. Ich verweise nur auf das vom Umweltministerium in Auftrag gegebene Gutachten von Prof. Hutzlinger – Punkt. – Na ja, denen werden mir's zeigen. – Wir fordern Sie hiermit auf, Ihre steinzeitlichen Schmähungen aus der Peripherie ab sofort zu unterlassen – Komma – oder wir sehen uns gezwungen – Komma – gerichtliche Schritte gegen Sie zu unternehmen.

Gerichtsstand ist das Landgericht Miesbach.

Hochachtungsvoll
i.A.
Deutelmoser

Ein Umweltschützer

Der Hausbesitzer Nepomuk Schwamm kommt mit einem Fuchsschwanz in der Hand auf den sauber ausbetonierten Hof seiner Mietskaserne. Auf dem durch Maschendraht getrennten Nachbargrundstück blühen Pflanzen und Bäume und Gräser.

HERR SCHWAMM San denn de Leit narrisch, des ghört doch bestraft, so eine Sauerei. Eine gigantische Form von Umweltverschmutzung. Na ja . . .

Die Mieterin Centa Gruber kommt mit einer Gießkanne in den Hof getrippelt.

FRÄULEIN GRUBER Grüß Gott, Herr Schwamm.

HERR SCHWAMM Ja, grüß Sie Gott . . .

Fräulein Gruber geht auf eine Topfpflanze zu.

Schaugn S' Eahna des amal an, Fräulein Gruber. De spinna doch, oder?

FRÄULEIN GRUBER Ja, da habn S' recht, Herr Schwamm.

HERR SCHWAMM Jetzt hamma den Salat.

FRÄULEIN GRUBER Ja mei.

HERR SCHWAMM Da, ein Ahorn! Des werd ein echter Ahorn, ein Monstrum von einem Ahorn, des ko koa Mensch nimma aufhalten.

FRÄULEIN GRUBER Ja, schön hergwachsen is er letzts Jahr.

HERR SCHWAMM So kann ma's auch nennen. Schaugn S' hin, wie's da herumsprießt! Des Unkraut.

FRÄULEIN GRUBER Ja, is scho a Plag. *Rupft die Gräslein aus.*

HERR SCHWAMM So a Baum is doch a Umweltverschmutzer ersten Ranges. Im Frühjahr, der Blütenstaub, was mir im letzten Jahr für Pollen ghabt ham, des geht auf koa Kuhhaut. Da, schaugn S', wia sich des einnistet. Des wuchert förmlich. Un nachert, der Ozon. Wer soll's denn verkraften? Im Fernsehn hams es bracht: a gewisse Dosis Ozon, und Sie san hinüber!

FRÄULEIN GRUBER Ja mei, is schon a schöner Anblick, so a Baum.

HERR SCHWAMM Wer's mog. Aba im Sommer, diese Insekten. Scharen von Insekten, Ungeziefer, auf oamal hamma de Motten herin, lauter Schädlinge! Im Herbst, na laubt er, zentnerweise Laub, des fault nachert und zersetzt alles – und was des kost! Schaugn S' her da, des is scho wieder a Grasnarbe, mir samma doch koa Naturschutzgebiet.

FRÄULEIN GRUBER Ja, da habn S' recht, also, Wiederschaugn, Herr Schwamm.

Fräulein Gruber geht zu ihrem Blumentopf und gießt. Schwamm monologisiert weiter.

HERR SCHWAMM Ja, Wiederschaugn. Da redns allweil von Umweltschmutz, aba getan werd nix! Zefix, muaß i scho wieda ausbessern. *Bückt sich nach einer schadhaften Stelle im Beton.* Hab i's doch letzts Jahr erst chemikalisch ausgmerzt. *Sieht Fräulein Gruber beim Gießen.* Ja, Sie! Was macha Sie denn da?! Ja san Sie narrisch worn? San Sie deppert?!

FRÄULEIN GRUBER Aba, Herr Schwamm, des sand doch meine Tomaten.

HERR SCHWAMM Soweit kimmt's. In meinem eigenen Hof!

FRÄULEIN GRUBER Aba, des san doch nur de ganz winzigen Zwergtomaten.

HERR SCHWAMM San Sie wahnsinnig? In fünf Jahr is des a Baum! Für was, glaubm Sie, ham mir des ausbetoniert? So ein Leichtsinn.

FRÄULEIN GRUBER Aber, Herr Schwamm, ich paß doch auf, da passiert nix, da kann doch gar nix passieren!

HERR SCHWAMM Schaugn S', daß S' weiterkemman, des is doch ein Unfug. Im Hof hat so ein Umweltschädling nix zum Suchen.

FRÄULEIN GRUBER *nimmt ihre Gießkanne* Herr Schwamm, jetzt habn Sie doch ein Herz, schaugn S' her, so klein ... *Deutet.*

HERR SCHWAMM Ja, hearn Sie schlecht? Naus! Naus, aussi mit dem Zeug! Des is ein grober Unfug.

Fräulein Gruber nimmt mümmelnd ihre Pflanze und geht beleidigt aus dem Hof.

Koa Gspür für eine Gefahr. *Ruft Fräulein Gruber nach* Dahoam kennan S' es im Wohnzimmer pflanzen, des is Ihr Privatrisiko, aber gega so was bin i net versichert!

Fräulein Gruber ist verschwunden.

O mei, de Leit, mit eahnara Fahrlässigkeit erzeugen direkt die Naturkatastrophe. Dieser Umweltschmutz, da wernma einschreiten müaßn.

Schwamm geht auf den Baum an seiner Hofgrenze zu, setzt die Säge an einen überhängenden Ast an.

Ja, es duat ma leid, jetzt sagld i's weg. Da is die Grenze. *Er sägt den Ast ab.* De ghörn doch ozoagt, Saubande, Naturapostel, depperte – grüne Gefahr. Aba, mir paßn auf!

Herbstgespräche

Heinz Gschwerl, Makler, Bauunternehmer und Finanzier, sitzt, in seinem 911 Turbo geparkt, an einem landschaftlich reizvollen Platz, herrliche Aussicht, umgeben von Natur. Er kippt den Rest eines Magenbitters, wirft die leere Flasche ins Gebüsch. Aus dem Wageninneren eine Discowolke, dazu Vogelgezwitscher. Ein Goldmetallic-Sportcoupé rauscht an. Gschwerl benutzt ein Mundspray, macht die Musik aus, strafft sich und öffnet galant die Tür. Constanze Schäles und ein warm angezogener Rehpinscher steigen aus.

FRAU SCHÄLES Tach, Herr Jeschwerl, hoffentlich ham Se nit allzulang jewartet. Aber Se wissen ja selbst, wie dat is mit de Verkehr, man kommt nit dursch. Kreti und Pleti hat heutzutach 'n Auto.

HERR GSCHWERL Des macht nix, Frau Schäles, i wart scho a bißl, aber da heraußt kann ma's doch sehr gut aushalten. Es is scho a einmaligs Platzerl.

FRAU SCHÄLES Da ham Sie rescht. Dat findet man heutzutage kaum mehr. Überall nur Industrie und diese Abjase. Entsetzlisch.

HERR GSCHWERL Ja, Abgase ham S' hier keine, nur den blanken Ozon. Rechen S' amal.

Gschwerl und Schäles atmen tief durch.

FRAU SCHÄLES Ah, das tut jut für de Lungen.

HERR GSCHWERL Und schaun S' amal, dieses Panorama ...

FRAU SCHÄLES Tja, man möschte rischtisch besinnlisch werden.

HERR GSCHWERL Und alles unverbaubar. Schauen Se sich amal diese Buchn an. Des dauert dreihundert Jahr mindestens, bis so a Baum amal aso herwachst.

FRAU SCHÄLES Tschja, wat is der Mensch im Anjesischt der Natur ...

HERR GSCHWERL Da ham jetz Sie wieder recht, und Sie müssen bedenken, des is ois Naturschutzgebiet. Landschaftlich eine Rosine. Also, es war nicht einfach.

FRAU SCHÄLES Ham Se jut jemacht, Herr Jeschwerl.

HERR GSCHWERL Wenn der Bürgermeister net so flexibel gwesen waar, na wär da gar nix gangen.

FRAU SCHÄLES Hatten Se große Unkosten?

HERR GSCHWERL Nanaa, er hat selber a Bauunternehmen, er is da einsichtig. Und de Verschalungen und des Fundament, des macht ja praktisch er dann.

FRAU SCHÄLES Dat is jut. Aber sachen Se mal, de Terrasse, die soll doch hier hin. Da sitz isch ja dann den janzen Nachmittag im Schatten.

HERR GSCHWERL Nanaa, gnä' Frau, da brauchen Sie nichts zu befürchten, de ganze Baumgruppen da, des kimmt ois weg.

FRAU SCHÄLES Und an de Doppeljarasche ham Se schon jedacht?

HERR GSCHWERL Selbstverständlich. Da werd da der Froschweiher zugschütt und trockenglegt, na kimmt a anständigs Sechziger-Fundament nei, da könnan S' nachert an Panzer drauf parken. Und wo wollten Sie jetz nachert den Swimmingpool ham?

FRAU SCHÄLES Ja, isch dachte, mehr da unten, wo et jeschützt is. Die Stahldachkonstruktion, dat jeht in Ordnung?

HERR GSCHWERL Selbstverständlich. Wenn's fertig is, moana S', Sie san am Mittelmeer.

FRAU SCHÄLES Nää, da hab isch bereits zwei Häuser, isch hätte mehr jedacht, friesisch mit 'n Schuß rustikal.

HERR GSCHWERL Geht genauso. Machma Eahna auch. De Landschaft paßt eh bsonders guat zu dem Friesischen.

FRAU SCHÄLES Sachen Se, Herr Jeschwerl, wo kommt der Tennisplatz hin?

HERR GSCHWERL Da ham mir a sehr elegante Lösung: A bißl sprengen müaßma, und da, de Fichtn, de hauma naus, und umfrieden deanma des Ganze mit einer Mauer.

FRAU SCHÄLES Dat klingt vernünftisch. Auch jejen de Spazierjänger.

HERR GSCHWERL Eben. Sie san ja eh bloß amal am Wochenende da, aber zwoa Meter fuchzig sollten's scho machen, da müaßadn S' a bißl Strafe zahln, aber es lohnt sich auf alle Fälle.

FRAU SCHÄLES Dat is auch 'n juter Schutz jejen Einbrescher und Vojöre, nä.

HERR GSCHWERL Und Sie sehn dann auch nix von der neuen Siedlung, de wo da der Dr. Rohr hinstellt.

FRAU SCHÄLES 'ne Siedlung? Da hält dann wohl der Pöbel Einzuch, oder wie seh isch dat?

HERR GSCHWERL Naa, da brauchen S' koa Angst ham, nur besser gstelltes Publikum, und Sie ham dann auch durch die Siedlung an optimalen Lärmschutz gega de neue Autobahn, de wo da hintn neikommt. Und danebn ham S' aa no a Einkaufscenter mit am Teppichlager. Des kommt da hin. *Deutet.*

FRAU SCHÄLES Wo?

HERR GSCHWERL Da, sehn S' des Wäldchen? Des is am Herrn Dandler sein Revier. Was er sonst noch hinstellt, weiß ma no net, jedenfalls, des kommt aa ois weg.

FRAU SCHÄLES Na ja, herrlisch is dat jedenfalls hier draußen, rischtisch ursprünglisch. *Man hört eine Krähe.* Hörn Se mal, Herr Jeschwerl, wat is dat, 'n Bussard oder 'ne Kleber?

HERR GSCHWERL Ja, a Vogel is's.

FRAU SCHÄLES Gucken Se mal, dat einer von den Bäumen übrischbleibt, dann machen wer 'ne Futterkasten hin.

HERR GSCHWERL Gell, Sie san a Naturmensch.

FRAU SCHÄLES Tschja, Tiere un' Flanzen sin der einzije Freund des Menschen.

HERR GSCHWERL Da ham jetz Sie wieder recht. I hab jetz meiner Tochter zum Geburtstag an Hamster gschenkt. Des schönste Gschenk, was ma einem Kind antun kann, is, wenn's mit Viechern aufwachst.

FRAU SCHÄLES Himmel, sehn Se mal, Herr Jeschwerl, dat is doch 'ne Seidelbast. Den hat jemand einfach ausjerupft. Is dat nit ein Verbreschen? 'ne eschte Seidelbast. Der is doch jeschützt!

HERR GSCHWERL Ja. Rohlinge gibt's. Der größte Schädling is scho der Mensch. *Ein VW-Bus kommt angefahren.* Ah, Frau Schäles, den Vorhof, den deanma na asphaltiern. Oder platteln?

FRAU SCHÄLES Jeplattet, und vergessen Se nit 'ne Aussparung für mein Asperagos und dat Tulpenbeet . . .

Zwei Männer mit Motorsägen steigen aus dem VW-Bus.

MANN Servas, Heinz, wo sollma 'n ofanga?

HERR GSCHWERL Da, bei dene Buachn. Aber systematisch, gell. Ja, also Frau Schäles, as Wesentliche ham S' ja gsehn, i dad sagn, fahrma zu mir ins Büro, da könnma uns in Ruhe weiter unterhalten.

Die Motorsägen heulen auf.

FRAU SCHÄLES Igitt, dat is ja ein abscheulisches Jeräusch. Meine Nerven. *Beruhigt das Hündchen.* Roswitha und isch, wir halten dat nit aus.

HERR GSCHWERL Ja mei, leider, des muaß sei. Aber Sie wern sehn, as nächste Mal, wenn S' kemman, wern S' es nicht mehr wiedererkennen. Sie ham sich da scho a feins Platzerl ausgsucht.

FRAU SCHÄLES Ja, isch jlaub auch, dat wird en herrlisches Fleckchen Erde. Jut, dat et noch 'n Naturschutz jibt.

Die beiden besteigen ihre Fahrzeuge, die Motorsägen röhren ein Duett.

Der Ensemble-Schutz

Gerda Sawitzki bepflanzt gerade ihre neu gebaute Pergola mit wilden Weinpflänzchen. Eine Nachbarin am Zaun, Frau Strasser, evtl. mit Fahrrad, schaut zu. Die Kinder spielen im Garten.

SAWITZKI . . . und da drüben an dem Pfeiler pflanzma vielleicht noch an Knöterich. In zwei Jahren wächst der mit'n Wilden Wein zamm. Dann blüht's es ganze Jahr. Erst die Clematis, dann der Knöterich und dann der Wilde Wein.

NACHBARIN Ja, es is wirklich sehr schön worn.

SAWITZKI Auch bei Regen kann ma jetz im Freien a bisserl sitzen bleibm, am Abend wird's net so schnell kalt – i sag's Ihnen, Frau Strasser, des war wirklich die beste Idee, die mein Mann seit Jahren ghabt hat.

NACHBARIN Ja, so a Pergola, des waar schon was. Mir ham's uns ja auch scho überlegt. Also Wiederschaun, Frau Sawitzki!

SAWITZKI Wiederschaun, Frau Strasser! *Zu einem Kind, das an der Pergola herumklettert* Sven, Obacht! Ich weiß fei net, ob die Farb scho ganz trocken ist.

Herr Baller, ein Beamter, läutet.

SAWITZKI Ham Sie gläutet?

BALLER Ja.

SAWITZKI Kommen S' ruhig rein, 's is offen.

BALLER Ich such den Herrn Sawitzki.

SAWITZKI Mein Mann is net da.

BALLER San Sie die Frau Sawitzki?

SAWITZKI Ja, warum?

BALLER Mein Name ist Baller von der Lokalbaukommission. Ich komme in einer dienstlichen Angelegenheit.

SAWITZKI Kann ich Ihnen da auch weiterhelfen?

BALLER Sie müßten da nach meinen Unterlagen eine Art Pergola errichtet haben . . .

SAWITZKI Ja, hier. Da schaun S' doch! Is noch net ganz fertig, aber mir benutzen s' schon.

BALLER Schaun Sie, hier ist mein Ausweis. Äh . . . Frage: Ham Sie da eine Baugenehmigung?

SAWITZKI Äh . . . wieso?

BALLER Sie haben da einen Baukörper erstellt, der der Genehmigung bedarf.

SAWITZKI Aber des san doch nur ein paar Steckerl mit'm Dacherl drauf . . .

BALLER Ja, genau. Durch das Dach handelt es sich um umbauten Raum, der genehmigungspflichtig ist.

SAWITZKI Ja, des hat uns doch kein Mensch gsagt – Doris, gehst da raus aus de Pfingstrosen!

Ein Kind spritzt Herrn Baller mit einer Spritzpistole an.

Hör halt auf mit dem Schmarrn, Reinhard . . .

BALLER Lassen S' ruhig, 's san halt Kinder. Äh, Frau Sawitzki, ich mach Sie darauf aufmerksam, daß dieses nicht genehmigte Bauvorhaben den Belangen des Umweltschutzes und des Landschaftsschutzes entgegensteht und nicht dem Ensemblecharakter der hiesigen Bauordnung hier im Innenbereich entspricht.

SAWITZKI Machen S' sich doch nicht lächerlich! Die Pergola, die sieht scho gar koa Mensch, und außerdem schaut des Haus jetzt mit Pergola viel netter aus wie vorher. Was meinen S', wenn des erst bepflanzt is . . .

BALLER Des kann scho sein, die tragenden Teile können S' ja stehnlassen, wenn Sie das Dach innerhalb von vierzehn Tagen entfernen, is für uns der Fall erledigt.

SAWITZKI Aber schaun S' doch selber – ohne Dach is doch die ganze Pergola ein Schmarrn.

BALLER Im Falle der Zuwiderhandlung mach ich Sie darauf aufmerksam, daß Sie mit einem Bußgeld von 3000 Mark zu rechnen haben. Sollten Sie dann Ihrerseits immer noch auf der Weigerung bestehen, müssen Sie mit einem Zwangsabbruch auf Ihre Kosten rechnen. Des wird fei ganz schön teuer, Frau Sawitzki.

SAWITZKI Ja, Sie – jetz muß ich direkt scho amal dumm fragen, da schaun S' amal, und so was da . . . *Sie deutet auf ein paar häßliche Industriebauwerke* . . . des derf gebaut werden, so was werd genehmigt, des stört an Ensemblegeist net und Ihre Belange vom Landschaftsschutz und dem Schmarrn.

BALLER Frau Sawitzki, erstens können S' davon ausgehen, daß diese Gebäude alle ordnungsgemäß genehmigt san . . .

SAWITZKI Ja, des glaub ich Ihnen sofort, Sie . . . Sie . . . *Sucht nach einem passenden Schimpfwort.*

BALLER Und zweitens kämen die sicher niemals auf die Idee, da eine überdachte Pergola wild aufzustellen. Des tät ja auch gar net dazupassen.

Der Bohemien

Im Wohnzimmer von Frau Kerzl. Herr Faltermair sitzt am Erdnuß-Flips-Chips-Tischchen. Frau Kerzl steht am Fenster.

KERZL Herr Faltermair, schnell, kommen Sie mal. Schaun Sie mal, da ist er. Von hier kann man ihn gerade sehn.

FALTERMAIR *steht auf.* Wo? Zoagn S' her?!

KERZL Da, da unten, mit der Plastiktüte.

FALTERMAIR Der mit dem indischen Kappi?

KERZL Nee, der mit der Baskenmütze. Da, er sperrt gerade zu.

Man sieht den Bohemien, der gerade eine Mietskaserne verläßt und zu seinem Fahrrad geht.

FALTERMAIR Wos, des is a Bohemien, a echter?

KERZL Ja, ein ganz seltener. Ham wir lang gesucht, bis wir was Ordentliches an Land gezogen haben.

FALTERMAIR Ah, und der wohnt jetzt praktisch über mir.

KERZL Ja, genau über der Hausmeisterwohnung.

FALTERMAIR Ja, na hat er's ja schee.

KERZL Nenenee, das war gar nicht so einfach, den hier rauszubekommen.

FALTERMAIR Ja, aber er wohnt doch umsonst, der soll ja froh sein.

KERZL Was glauben Sie, wie schwer das ist, so einen Bohemien aus seiner gewohnten Umgebung herauszuschälen. Außerdem gibt's kaum mehr welche. Die sind heute so selten wie ehrliche Menschen.

FALTERMAIR Ja, und was soll der jetz nachert da macha?

KERZL Wohnen.

FALTERMAIR Da kannt er ma doch nachert allweil beim Hecknschneidn a bisserl helfn, oder?

KERZL Herr Faltermair, wo denken Sie hin. Der Mann ist Bohemien, der rührt keinen Finger.

FALTERMAIR Ja, aber ...

KERZL Pst, schaun Sie mal, wie altmodisch. Er benützt noch Hosenklammern – süüß, finden Sie nicht?

FALTERMAIR Ja, aber was soll denn der nachert da machn?

KERZL Atmosphäre verbreiten. Wir waren uns auf der letzten Eigentümerversammlung einig, hier muß was passieren, kulturell und auch atmosphärisch. Und überhaupt, verstehen Sie – Lebensqualität.

FALTERMAIR Ja, aber mir ham doch da jetz da de neie chemische Reinigung kriagt . . .

KERZL Ach was, Großstadt haben wir hier, aber Flair, Savoir-vivre.

FALTERMAIR Wem?

KERZL Ach. Äh, Herr Böhm von der Cafeteria hatte diesen glänzenden Einfall. Wir haben das alles gleich vertraglich ordentlich geregelt – wir, die Wohnungseigentümer, übernehmen sechzig Prozent der Kosten, und Herr Böhm finanziert den Rest vom Bohemien. Außerdem hat der Bohemien täglich einen Freitrunk in der Cafeteria.

FALTERMAIR Na werd der boid a wieder so bsoffn rumhänga wia der, den S' davor ghabt ham. Der wo immer ois vollgspiebm hat.

KERZL Nee, das war 'n Penner, 'n Wermutbruder.

FALTERMAIR Da ham S' aber aa gsagt, daß er a Künstler ist.

KERZL Na ja, Herr Faltermair, das ist manchmal schwer zu unterscheiden, ob einer ein Penner oder ein Künstler ist. Aber der hier ist fleißig, der malt wie am Fließband. Wir machen jetzt auch vierteljährlich 'ne Vernissage unten in der Cafeteria beim Herrn Böhm.

FALTERMAIR Un', was hat er sich jetz da grad kafft?

Man sieht den Bohemien aus einem Supermarkt kommen. Kerzl greift zum Fernglas. Schaut.

KERZL Ich glaub, einen Rotwein.

FALTERMAIR Der sauft aa.

KERZL Nenee, der benutzt den Wein nur als Stimulanz. Er ersetzt sich dadurch Italien, sagt er, aber er malt wirklich. Schaun Sie, ich habe hier schon zwei Bilder von ihm erworben.

FALTERMAIR Ah, des is vo eahm?

KERZL Was macht er denn da?

Man sieht den Bohemien, wie er ordinär ein Nasenloch zuhält und aus dem anderen rotzt und dann sein Fahrrad besteigt.

FALTERMAIR Schneizn duada.

KERZL Sehn Sie, jetzt radelt er. – Ich sage Ihnen, wir werden die Buschröschen-Allee systematisch kultivieren. Wir von der Eigentümergemeinschaft und Herr Böhm, wir sind uns einig, wir holen noch 'nen Bohemien. Wir setzen noch 'nen zweiten aus, verstehen Sie. Dazu hat Herr Böhm Straßencafé-Lizenz beantragt, und diese Bohemiens haben jeder auch noch 'nen Bekanntenkreis, die ziehn dann wieder was nach sich, verstehn Sie, da wird dann musiziert ab und an . . .

FALTERMAIR Was, a Musi aa no?!

KERZL Ja, hier entsteht 'n richtiges Geistesleben. Glauben Sie mir, Herr Faltermair, ganz abgesehen von der atmosphärischen Verbesserung, die vier Wohnungen, die ich hier hab, kann ich dann ganz anders vermieten. Ein paar Bohemiens, vielleicht noch 'n Schauspieler und der Quadratmeterpreis steigt hier um dreißig Prozent, Minimum.

FALTERMAIR Aha, verstehe, Sie wolln a neies Schwabing . . .

Wohnseminar

1. TEIL

Es läutet. Man sieht durch die Zerrlinse eines Türspions Professor Tabasaran aus Isfahan. Ernst und Ilse Ramböck – potentielle Vermieter – öffnen. Ilse schaut auf ihrer Liste nach.

ILSE Des is jetz wahrscheinlich der Professor.

TABASARAN Guten Tag, bin ich hier richtig bei Familie Ramböck? Ich komme wegen die Wohnung. Ich habe schon geschrieben.

ILSE Ja, geschrieben ham da sehr viele. *In die Kamera* Mir ham uns gar nimmer retten können.

ERNST *in die Kamera* Was glaubm Sie, was da los war. Da war der Teufel los nach dem Inserat.

ILSE *in die Kamera* Des is jetzt eh schon die engere Wahl.

ERNST *in die Kamera* Was sagn jetz Sie zu dem? Des soll a Professor sein.

ILSE Kommen S' rein, Herr, äh, Professor Tabasaran.

ERNST *in die Kamera* Jetz werns auf amoi alle Professoren. Na ja.

ILSE So, ja, ah. Des is jetz hier die Wohnung. Ähm, da ham mir die Küche. Is alles erst vor fünf Jahren gründlich renoviert worn.

ERNST Mir ham des ois total renoviert. *In die Kamera* De do druntn, de handeln praktisch mit so Doktortiteln.

ILSE Da, die Spüle, Herr, äh – die war vom Vormieter. Der würde großen Wert drauf legen, daß sie abgelöst wird. Wie gsagt – Sie müssen s' nicht nehmen, aber sagn mir mal, jemand, der jetz die Wohnung wirklich will, net, dann hat er halt auch gleich schon a Spüle.

TABASARAN Wieviel kostet die Spüle?

ILSE Ja, äh, zweitausend Mark sind veranschlagt.

ERNST Neu hat de wahrscheinlich noch viel mehr kost.

ILSE *in die Kamera* I find, wenn er scho die Wohnung nehmen will, na soll er auch die Spüle nehmen ... *Zu Tabasaran* Da Wohnzimmer, da drüben Schlafzimmer ...

ERNST Sie können auch da drüben schlafen. Des wär prinzipiell egal, und da wär dann noch ein Zimmer. *In die Kamera* Die schlafen dann sowieso, wo s' wollen.

ILSE *in die Kamera* Irgendwie is er a komischer Vogel ... *Zu Tabasaran* Äh, sind Sie alleinstehend, oder haben Sie Familie?

TABASARAN Meine Familie lebt zur Zeit in Vancouver.

ILSE *in die Kamera* Aha, zur Zeit. *Zu Tabasaran* Jaa, ah, Herr, äh ... Haben Sie Kinder?

TABASARAN Ja, schon, habe drei Söhne und eine Tochter.

ILSE *in die Kamera* Vier Kinder! – Da brauchma ja gar nimmer weiterreden.

TABASARAN Mein einer Sohn studiert schon, und Tochter is verheiratet in Amerika.

ERNST *in die Kamera* Des is mir Wurscht. Der muaß sowieso a anständige Kaution hinterlegen, und an Mietvertrag machen mir vo Haus aus nur noch befristet – ein Jahr maximal. *Zu Tabasaran* Da hintn noch a Balkon und da eine Abstellkammer.

ILSE Ja, Herr, äh ...

TABASARAN Tabasaran.

ILSE ... Tabasaran. Sie ham's ja gsehn im wesentlichen. Preis ist Ihnen bekannt. Sie ham ja dann auch gleich die U-Bahn vor der Nase, gell. Haustiere, des is eh klar, äh, mehr kann ma im Augenblick noch net sagen – Sie überlegen sich's ...

TABASARAN Ich würde die Wohnung schon nehmen.

ILSE *übergeht den Satz* Und mir überlegen's uns dann ja auch noch. Ähm, Ihre Adresse ham mir ja. Kaution wär übrigens vier Monatsmieten.

ERNST Die vier Monatsmieten, des mag Ihnen jetzt a bisserl hoch vorkommen, aber es hat sich bewährt.

ILSE Also dann, Wiederschaun!

TABASARAN Wiedersehen und, äh, ich hoffe dann schon, das wird klappen.

ERNST Ja, Wiederschaun.

Tür zu.

ERNST *in die Kamera* Der kann lang hoffn.

ILSE *in die Kamera* Is Ihnen des aa aufgfalln? Der hat doch irgendwie was verheimlicht. Der is net gradaus. Vielleicht is der politisch irgendwie ... Wissen Sie, mit diesem internationalen Terrorismus und diese ganzen Gestalten ...

ERNST Ja, jetz beruhig dich nur wieder, es kommen ja noch andere.

2. TEIL

Es klingelt. Im Spion sieht man den nächsten Anwärter. Ilse öffnet die Tür. Adam Pfaff steht in der Tür.

PFAFF Ja, grüß Gott, mein Name ist Pfaff. I komm da wega dera Wohnung.

ILSE Schön, Herr Pfaff. Äh, leider war vor Ihnen grad a Professor da, a sehr netter Herr, der hat die Wohnung genommen. *In die Kamera* Aussichtslos!

PFAFF Weil i wohn praktisch nur vier Tag in der Woch hier. I bin ja praktisch a Pendler.

ILSE Schön, Herr Pfaff, aber wie gsagt: Die Wohnung is wirklich schon vergeben. Müssen S' Eahna leider anderweitig bemühen. Wiederschaun. *In die Kamera* Mir gebn doch net an jeden Grattler die Wohnung. Ham Sie de Schuh gsehng? Des san oft so Saufbrüder.

ERNST *in die Kamera* Da schickens oan vor, der dann an Brückenkopf bildet, und scho hat ma 's Gschwerl da herin.

ILSE Es is unglaublich, auf was für Tricks die heutzutage alles kommen.

3. TEIL

Es klingelt. Iris Künicke steht in der Tür. Ilse schaut auf ihre Liste.

ILSE Des is jetz die Chefsekretärin.

ERNST Ja, vielleicht daugt die was.

ILSE *öffnet* Grüß Gott. Sie san, vermute ich, es Fräulein Künicke?

KÜNICKE Richtig. Und Sie sind dann wahrscheinlich Frau Ramböck. Wir haben telefoniert.

ILSE Ja, richtig. Ramböck. Des san mir. Kommen S' rein, schaun Se sich's an. Sie wissen ja, worum's geht.

Ilse geht mit Künicke in die Küche. Im Off hört man das bekannte »Spüle-Sprüchlein«.

ERNST *schaut ihr nach, dann in die Kamera* Zu dicke Haxn. Mir ham amal, wie mir noch untervermietet ham, so a blonde Studentin ghabt, die hat an Busen ghabt, des war, äh . . .

Er hört schlagartig auf und dreht sich wieder weg. Ilse kommt mit Künicke zurück.

ILSE Also, wie gsagt: Zweitausendfünfhundert die Spüle, dann vier Monatsmieten Kaution. Überlegen Sie sich's, und mir überlegen's uns dann halt auch noch derweil. Also, äh, wiederschaun, Fräun, äh ... Dings ...
Komplimentiert Künicke hinaus.
Dann zu Ernst Hast es gsehn ...?

ERNST Naa ...

ILSE Ja, hast es net gsehn? Ja, wo schaust denn du hin? Mei ... *In die Kamera* Mei – Männer sind halt oft ... *Zu Ernst* Die war doch schwanger!

ERNST Schwanger? Naa, des hab ich net gsehn, i hab bloß gsehn, daß s' dicke Haxn ghabt hat. Solche Stampfer.

ILSE *in die Kamera* Ham Sie des net gsehn? Die war schwanger. Eindeutig! Des seh ich einer Frau sofort an. Die will hier rein, damit's dann hier a Kind austragen kann. Die kann von mir aus gebären, so viel s' mag, aber nicht da herin.

ERNST Pst, sei stad, i glaub, jetzt kommt wieder oaner.

4. TEIL

Es klingelt. Im Spion erkennbar ein Neger. Ilse will öffnen.

ERNST *winkt ab* Pssst, a Neger!
Beide stehen an der Tür und rühren sich nicht und lauschen. Es klingelt nochmals.

ERNST *in die Kamera* Ganz ruhig bleiben.

ILSE *in die Kamera* Der geht scho wieder.
Es klingelt nochmals. Diesmal sehr heftig. Dann hört man, wie sich der Läutende entfernt.

ILSE *schaut auf der Liste nach* Komisch, Ismeier Winfried war das.

ERNST Des kann net sein, des waar doch dann a Deutscher.

ILSE *vergleicht ihre Uhr* Trotzdem, des kann nur der Ismeier Winfried gewesen sein.

ERNST A deutscher Neger halt.

ILSE Was ois gibt!

5. TEIL

Es läutet. Im Spion ist nichts zu sehen. Ilse schaut in ihre Liste.

ILSE Des is jetz der Gynäkologe.
ERNST *schaut nach* Naa, niemand. Des warn wieder die Kinder.
ILSE Diese Sau-Fratzen.
ERNST *in die Kamera* Wissen Sie, ich muß zugeben – ich mag Kinder eh net bsonders. Aber wenn s' dann auch noch so schlecht erzogen san, also keine Manieren.
ILSE Aber man darf s' ja heut gar nimmer anlangen ... Aber dieser Gynäkologe. Jetz is es doch schon ... *Sie schaut auf die Uhr* ... der müssad doch schon längst da sein, dieser Gynäkologe, sonst kimmt doch schon gleich diese Stewardeß.
ERNST Mei, die ham halt immer viel zu tun, der kimmt scho noch. *In die Kamera* Wissen Sie, ob der in einer Klinik oder a eigene Praxis – so an Arzt kann ma a Wohnung immer vermieten.
ILSE Mei, a Arzt is halt a Arzt. In so am Fall ließ sich auch wega der Spüle noch mit mir redn, oder?!
ERNST Naa, a Arzt da herin braucht die Spüle net nehmen, der soll sich einrichten, wia er mag.
ILSE A Arzt ist halt a Arzt!

6. TEIL

Es klingelt. Im Spion steht Isabelle DeKoy, eine aufgetakelte Frau. Ilse öffnet.

DEKOY Hallo.
ILSE *skeptisch* Hallo.
DEKOY Hallo, wir haben telefoniert – Isabelle DeKoy.
ERNST Ja – wega der Wohnung, net.
ILSE *schaut in ihre Liste* Und Sie san a Stewardeß. Da san S' wahrscheinlich viel unterwegs. Da steht die Wohnung oft leer.
DEKOY *geht an den beiden vorbei* Nee, zur Zeit arbeite ich mehr als Model. Ich darf mich doch mal umsehen? ... Der Schnitt an und für sich, jaa, gar nicht schlecht. Wo is 'n das Bad, bitte?
ILSE Ja, na, Sie ... können sich's zwar ruhig anschauen, aber so wie's

ausschaut, ist die Wohnung schon so gut wie vergeben. *In die Kamera* Des is doch ane von, äh – des is doch a Gewerbsmäßige, des is ja allerhand, so jemand da herin.

DEKOY Wollt ihr vielleicht schon mal, daß ich 'ne kleine Anzahlung rüberlasse?

ILSE Nanaa, wie gsagt. Äh . . .

ERNST Ja, warum net?

ILSE Nein, die Wohnung is praktisch schon vergeben.

ERNST Wieso? An wen denn?

ILSE Des geht dich gar nix an.

DEKOY Schade, die Bude wär so an und für sich gar nicht schlecht. Ich zahl euch zweihundert mehr im Monat.

ERNST Ja, warum net? Machma doch.

ILSE Nein. Sie brauchen sich gar nicht zu bemühen, Fräulein. Leider, es is halt amal so.

ERNST *in die Kamera* Mei Frau is da irgendwie kleinlich, weil i muaß ehrlich sagn, bei der, i waar da gar net aso, äh – mei . . .

ILSE *in die Kamera* Bevor ich so jemand hier reinlaß, da laßma die Wohnung lieber leerstehn.

DEKOY Tja, schade, dann is wohl nichts zu machen. Also, tschau, ihr alten Spießer!

DeKoy geht.

ERNST *in die Kamera* Mei, so sans, die Frauen.

7. TEIL

Es klingelt. Im Spion ein Mann mittleren Alters. Ilse öffnet die Tür. Ernst und Ilse schauen. Man sieht im Treppenhaus eine Frau mit drei Kindern, die offensichtlich zu dem Mann gehören.

MANN Guten Tag, ich komme wegen . . .

ILSE Wiederschaun! *Schließt die Tür.*

ERNST Ham Sie des gsehng? Des is ja, des is ja direkt . . .

ILSE *in die Kamera* Wissen Sie, Sie hams ja selber gsehn, was da heutzutag alles a Wohnung sucht. So jemand reinzubekommen, des is koa Problem – also überhaupts net. Aber so jemand dann wieder rauskriegen is nahezu unmöglich. Und den idealen Mieter gibt's ja gar net. Weil diese Typen, die da rumtanzen, die kommen ja nur, weil s' a Wohnung suchn, weil s' selber koane ham. A anständiger Mensch, der wo a Wohnung hat, der braucht ja gar koane mehr suchn, weil er ja selber oane hat.

Ein Geschäftsbrief

Hildegard Gruber sitzt in einer feudalen Villa in ihrer Bibliothek in einem üppigen Ledersessel und diktiert in ein Diktiergerät.

Feldafing, den Soundsovielten, Datum, und so weiter, Einschreiben an Herrn Peter Krause, Wallensteinstraße 21, rückwärtiger Eingang, 8 München 90, betrifft Ihr Schreiben vom 23.2.86, Poststempel 25.2., 16.00 Uhr, 1986.

Sehr geehrter Herr Krause,

da ich mich aus beruflichen und persönlichen Gründen nicht immer in München aufhalte, beantworte ich heute Ihr Schreiben. Ich danke Ihnen für den Hinweis, daß Räume erst ab 2,2 m² Größe bzw. 2 m lichter Höhe vermietet werden dürfen. Dieses Gesetz ist noch nicht lange in Kraft getreten. Ich war davon ausgegangen, daß die Vermietung von Räumen bereits ab einer lichten Höhe von 1,90 m erlaubt ist. Bei Vertragsabschluß und bei Besichtigung waren Sie mit dem eigenen Eingang, mit dem Abstellplatz für Ihr Ölfaß, mit der Einrichtung der Räume – Schlaf- und Wohnraum mit Teppichboden, goldenem Lichtschalter, Teppichboden, umrandet mit teuren Eichenleisten – hochzufrieden. Ebenso mit dem ersten Raum, in dem Sie sich immer etwas warm machen können, da ein Gasherd daist und eine neue Nirosta-Spüle und neu verlegter PVC-Boden. Sie können auch immer die Türe zum Hof wegen der Belüftung so offenlassen, daß niemand hereinkann, da wir diese Türe mit einem sehr langen Haken ausgestattet haben. Auch der fast neu erstellte Ölofen gibt so viel Wärme ab, daß die gefangenen Räume bestens temperiert sind. Noch dazu das schöne, lange weiße Ofenrohr mit dem genau ausgerechneten Gefälle. Am Waschbekken und über der Spüle befinden sich Durchlauferhitzer. Daß Sie keine Dusche haben, wußten Sie bei der Besichtigung. Es mache Ihnen nichts aus, da genug Bäder in der Nähe sind, sagten Sie damals. Die Be- und Entlüftung im WC ist erstklassig und wurde von der namhaften Firma »Trosti« eingebaut. Ich habe selbst zwölf Jahre in einer Toilette mit Familie ohne Fenster verbracht.

Zur Quadratmeterzahl der Räume: Ich habe neunundzwanzig Quadratmeter aufliegen, beweisen Sie mir auf Ihre Kosten durch einen vereidigten Sachgutverständigen (BDA) das Gegenteil. Wie Sie, sehr geehrter Herr Krause, die Quadratmeter ausmessen, interessiert mich nicht. Sie sind laut Ihren Angaben Sozialpädagoge und nicht ein Architekt.

Sie sagten auch, das wichtigste ist für Sie sowieso, daß Ihre beiden kleinen Kinder laufend zu Ihnen kommen, um Sie zu besuchen. Nach Ihren Angaben wollen Sie jetzt statt DM 319,– plus Nebenkosten nur DM 159,50 plus DM 81,– Nebenkosten, insgesamt DM 240,50, bezahlen. Wie kommen Sie dazu, für April nur DM 221,14 zu bezahlen? Ich hatte zum Besichtigungszeitpunkt zwei sehr interessierte Wochenendheimfahrer, welche die Räume liebend gerne wollten. Nein, ich gab sie Ihnen aus reiner Sympathie.

Sie hält das Diktiergerät an, hört hinein und korrigiert:

Nein, ich gab Sie Ihnen aus reiner christlicher Nächstenliebe heraus. Nachdem ich mit Ihnen diese Erfahrung gemacht habe, gibt es für mich im harten Geschäftsleben diese Einstellung nicht mehr. Unter diesen Umständen ist folglich unser Mietvertrag nichtig.

Mit dem Ausdruck vorzüglicher Hochachtung

Hildegard Gruber

Sie schaltet das Diktiergerät aus, schaut ins Freie und stöhnt:

Ah, is des a Wetter. Jetz muaß i no zwoa . . . Glaubst es, nix wie Ärger hast mit dera Bagage.

Frau Gruber nippt an ihrem Campari und schaltet das Diktiergerät wieder ein:

Feldafing, den, Datum und so weiter . . .

Ein Protestanruf

Herr Waechter geht ans Telefon.

Jetz muß amal was gschehn. Des is jetz scho der dritte Baum in meim Gartn, der verreckt. *Er zeigt Fotos.* Schaugn S', des war de Stechfichtn, de is vorigs Jahr, innerhalb von drei Monaten is de zammbröselt wie ein Zwieback.

Dann is unser Rotbuche, is so braun worn, und jetz die Blautanne. Die is jetz praktisch mehr gelb – kanariengelb! Des is doch koa Farb für a Blautanne. Also, jetz ruf ich an, des laß ich mir nimmer gfalln. Jetz muß was passiern.

Er wählt die Nummer.

Jaa, Bayerische Staatsregierung? Sie, ich brauch jemand vom Umweltministerium, ja, aber dringend. Des is praktisch ein Notfall! Ja, is gut, ich warte.

Waechter wartet circa eine Minute, dann hängt er ein.

Der Grünwald-Spaziergang

Herr und Frau Röhring befinden sich auf einem Abendspaziergang. Ein Chauffeur hält einer Dame die Tür auf, die Dame steigt ein, der Wagen fährt los. Ein Schäferhund bellt.

ACHIM Na, ich würd mehr für den Bodybuilder plädieren.

INGRID Ja, aber der Schmächtige ist lang net so auffällig. Der muß ja überall mit.

ACHIM Ja, irgendwann spricht sich's eh rum, daß mir an Wächter haben.

INGRID Dem Schmächtigen siehst des aber nicht an.

ACHIM Der Bodybuilder dad a Gartenarbeit mit übernehmen.

INGRID Ja, aber der Schmächtige kann kochen.

Eine Alarmanlage brüllt auf.

ACHIM Wem sei Anlag is 'n des?

INGRID Ich glaube, beim Dr. Mechow. Die sind doch zur Zeit in São Paulo.

ACHIM Is aa leichtsinnig, daß die niemand im Haus lassen haben. Ob ma amal nachschaun soll?

INGRID Bist deppert, am Schluß kriagst no oane drauf. De san doch versichert ...

Drei Schäferhunde kläffen, einer nah und laut.

ACHIM So a Hund war übrigens aa net schlecht.

INGRID Ja, aber des ewige Gassigehn.

ACHIM Ja, der Bodybuilder dad des jederzeit mit übernehmen.

INGRID Ja, und während die Gassi gehn, wern mir überfalln, außerdem machad des der Schmächtige aa ...

EIN LEIBWÄCHTER *spricht in ein Walkie-Talkie* Biene Maja an Alpha drei, was is 'n da los bei euch? Biene Maja an Alpha drei, he, Schorsch!

WALKIE-TALKIE Des war a Fehlalarm vom Gärtner ...

EIN LEIBWÄCHTER Okay, verstanden. Roger.

ACHIM Da, der Dr. Schmidt, der hat gleich drei Leibwächter.

INGRID Der is aa no mehr gefährdet wia mir.

Ein Mercedes parkt gerade langsam in eine Garage ein.

ACHIM Der Bodybuilder hat fei vui mehr Berufserfahrung, der war scho mal Schwarzer Sheriff.

INGRID Ja, an U-Bahnhof überwachen is ja aa schließlich ganz was anders wie aso a Villa.

Ein Gärtner mit Antenne im Genick schneidet eine Hecke.

ACHIM Guten Abend. Na, war irgendwas Besonders?

Ein Rolle rattert herunter.

GÄRTNER Na ja, eigentlich nix.

INGRID Ham S' es net grad ghört, grad eben ...

GÄRTNER Ja, des war bei dera Backsteinvilla, mei, Urlaubszeit, da ham die Einbrecher allweil Hochsaison.

ACHIM Jaja, also dann, guat Nacht.

GÄRTNER Ja, gut Nacht. Aber, i schaug scho allweil bei Eahna a bißl mit.

INGRID Ja, des is sehr nett, Herr, äh ...

GÄRTNER Also dann ...

ACHIM Ja, guat Nacht.

Achim und Ingrid gehen ein paar Schritte weiter.

INGRID Und i sog d' as, mir nehmen doch den Schmächtigen, der hat sogar an Waffenschein.

ACHIM Ja, schiaßn kann der Bodybuilder aa.

Sie kommen an der Haustüre an.

ACHIM Jetzt sei mal stad.

Man hört Grünwald-Abendatmosphäre, dann einen Knall.

INGRID War des a Schuß?

ACHIM Naa, a Rollo.

Achim schaltet per Fernbedienung das Licht an. Das ganze Haus erstrahlt hell.

ACHIM Ja, ich glaub, mir können.

INGRID Sieht so aus.

ACHIM Alles hasenrein.

Die Hobby-Hausbauer

Familie Johannser kommt aus ihrem Haus. Man geht zum Neubau gegenüber.

ER Ja, ich darf's Ihnen mal gschwind zeigen, mir san vorigen Herbst erst praktisch fertig worn …

SIE Grad die Extras in der Küche – Dunstabzug und was ma halt so braucht, mei, d' Handwerker, Sie wissen ja selber, wie sich so was hinziehen kann …

ER Bis die mit der Wärmepumpn in Schwung kommen san, und dann, alles bestens isoliert, des braucht sei Zeit. Man muß ja auch die Angebote prüfen.

SIE Also, bis man die Angebote alle geprüft hat …

ER Es san ja soviel Angebote heutzutag.

SIE Bis ma des alles geprüft hat, werd's scho wieder deirer.

ER Na ja, mir ham allweil auf Festpreisbasis verhandelt.

SIE Beim ersten Haus hamma noch an Fehler gmacht, ohne Festpreise baut, gell, da hat's uns ganz schee neilaßn, finanziell, woaßt as no …

ER Ja, aus Erfahrung werd ma klug, hahaha … Dann gehma mal nei. *Sperrt auf.*

SIE Jetz geh grad zua.

ER Also, schaun S' her, da schaun S' her, gleich Toilette …

SIE Des is es Klo. Waschbecken.

ER Ja, Waschbecken, da, die Küche …

SIE Das ist die Küche. Mir ham gsagt, Einbau, weil wenn, scho was Gscheits.

ER Was anders kimmt gar net in Frage.

SIE Ja, sehn Sie, mir ham alles sauber abgedeckt, weil wer weiß, wann's überhaupt mal in Benützung kimmt.

ER Die Kinder san ja noch praktisch, schaun S' her – *deutet* – und sei Bruada is im Kindergarten.

SIE Also, des dauert sicher noch etliche Jahre, bis von die Kinder mal eins da … Und Mieter nehmen mir prinzipiell koane nei.

ER Scho vo Haus aus net, die verwohnen alles, dann woaß ma net, wer's is – da, es Wohnzimmer mit Bauernstube …

SIE Fernseher, Hifi-Kompaktanlage, alles da, also schon, Sie verstehn …

ER Ja, bei die heutigen Mieter, wer woaß, ob ma s' überhaupts wieder rausbringt bei dene Gesetze, un' mir wohnen gleich eh vis-à-vis, also, mir können des ohne weitres selber warten.

SIE Ich wisch nur einmal im Monat, wisch ich einmal sauber durch, net, und der Fall hat sich, Staubsauger und so ist ja alles da, und dadurch, daß hier keiner wohnt, fällt ja auch kaum was an.

ER Ja Herrschaft, wia kimmt dann der Kratzer da her?

SIE Wo?

ER Da, da, hier, der war vorher no net da.

SIE Jessas naa, wo der herkimmt ... Jetz stelln S' Eahna erst amal vor, wenn da wer wohna dad.

ER Da, Schlafzimmer, ebenfalls rustikal.

SIE Daß's halt zur Bauernstube unten paßt.

ER Da, so a Lampn kann er jederzeit auswechsln, wenn's wirklich ist, daß er a andere will ...

SIE Mir ham jetz die derweil halt amal reidua, wegam Licht.

ER Gehma amal ganz nauf, von oben könnt ma vielleicht an Rohbau ...

SIE Naa, vom Balkon ...

ER Ah ja, vom Balkon ... Oben kann er sich's später amal ausbaun, nach Bedarf, wie er will ...

SIE Oder mir bauen's eahm no aus, des sehngma dann noch.

ER Es is ja auch irgendwie a Geldfrage ...

SIE Also, des Haus, des is für *ihn* gedacht, natürlich erst, wenn er amal soweit ist, daß ma sagad, hahaha, net ... *Deutet auf ein Kleinkind.*

ER Sie ham beide a Doppelgarage, d' Fraun san ja meistens a berufstätig. Seins is ja erst im Rohbau. *Deutet auf ein anderes Kleinkind.*

SIE Mir selber ham fei bloß a einfache Garage, aber es glangt eigentlich aa ...

ER Und wenn's wirklich is, na baunma halt noch eine dazu. Jetzt schaun S' her, da, von da sieht ma des, da, des is der Rohbau. Unten kimmt wieder a Toilette, Küche praktisch, auch a Bauernstube, im Grunde wie hier auch.

SIE Drüben deanma aa net vermieten.

ER Naa, Mieter auf gar koan Fall. Wer woaß, was des für Leit san. Ma wissad ja gar net, wer da reinkimmt.

SIE Und dann verwohnens alles. Und naus bringt ma s' glei zwoamal net.

ER Im Grunde san beide Häuser gleichwertig, er hat a paar Quadratmeter mehr Grund ...

SIE Aber unwesentlich ...

ER Während er dafür an offenen Kamin neikriagt. Und sei Kellerhöhe is zehn Zentimeter mehr. Gut, des is ein Vorteil, aber ich hoff, daß sich deswegs die Ehefrauen später amal nicht ...

SIE Obwohl ma des mit die Ehefrauen nie so genau weiß. Die Häuser san ja eigentlich weit gnua ausanand, oder?

ER I pflanz eahna jetz scho a Fichtenhecken, bis die soweit san, san die Baam so hoch, da brauchen sie sich gar nimmer sehn.

SIE Er is ja der Bauherr – *deutet auf Kleinkind* –, also aus steuerlichen Gründen ...

ER Mir ham ja unsre Steuervorteile scho bei dem Haus – *deutet* – und bei unserm Haus aufbraucht, also da geht nix mehr, steuerlich, aber für eahm ham mir scho wieder an Bausparvertrag abgeschlossen, weil wissen Sie, schaun Sie, was is es Geld, Wertpapiere, mei ... Aber so a Haus is nach menschlichem Ermessen wertbeständig, ganz egal, was ma damit macht.

SIE Und wenn's fertig is, sieht ma, was ma hat. Da hintn, schaun S', da ham mir fei aa no an Bauplatz. Da könnt ma vielleicht auch amal ...

ER Ja, nicht so voreilig, alles zu seiner Zeit. Sie wissen ja: Gut Ding hat Weil' ...

Beide lachen.

Die Garage

Und? Gefällt sie Ihnen? Sicher, es war für den Architekten, den Bachmeier Toni, eine Herausforderung an dieser Stelle, also topographisch, eine Garage zu erstellen, wo man mit Fug und Recht von einer Garage sprechen kann. Das Wort Garage kommt ja aus dem Französischen. Und der Bachmeier Toni ist aber auch ein international erfahrener Garagendesigner, ein Garagist, oder, wie sagt man eigentlich, Garagier. Der Toni hat ja auch schon in Oberösterreich Garagen erstellt. Vom Finanziellen will ich lieber gar nicht reden. Aber vom Stil her, weil der Toni mich noch gefragt hat, wie willst du die Garage haben, vielleicht postmodern? Da sage ich, Toni, du bist doch der Künstler und Architekt. Machen wir sie halt postmodern, aber das einzige, wenn du mich schon fragst, ich habe zu Hause eine korinthische Säule, daß man die vielleicht in die Garage integriert. Ich finde, das Postmoderne und diese korinthische Säule, das ist ästhetisch durchaus ein Volltreffer, bloß meine Frau fährt immer an die Säule hin, schon zum vierten Mal jetzt. Also, ich bin der Meinung, wenn man will, kann man aufpassen, wenn man will. Also wenn sie mir noch mal hinfährt, dann kassier ich ihr den Führerschein. Aber die Garage selbst ist schon ein Bauwerk, was sich sehen lassen kann. Ich bin so begeistert von dieser Architektur – wenn ich Luft schnappen will, dann geh ich gar nicht mehr spazieren, sondern stell mich vor meine Garage und schau sie mir an. Das ist halt Architektur, jedenfalls nicht so ein Fertigbetonwürfel, so ein Betonklotz, wie si 'n mein Nachbar, der Dr. Brezner, hingestellt hat. Also, mißverstehen Sie mich nicht, bitte, ich habe persönlich nichts gegen den Dr. Brezner, er ist durchaus ein feiner Mensch, sogar ein Akademiker, also schon ... irgendwie ... auch ... Letztes Jahr haben wir sogar miteinander im Sommer, im August, glaube ich, war's, da haben wir gegrillt. Aber dieser Mann bringt's tatsächlich fertig, der grillt eine Weißwurscht. Na ja, jedem Tierchen sein Plaisierchen, aber solche Menschen gibt's. Der Mann ist schon ein Sonderling. Ich meine, obwohl er auch wieder großzügig ist. Im Winter, wenn ich Schnee fräse, und ich fräse sehr gerne Schnee, dann läßt er mich meinen Schnee auf sein Grundstück drauffräsen. Also das schon. Aber sonst, zum Beispiel, bringt er es fertig, und das bringt er tatsächlich, wenn's saukalt ist – minus zehn, zwanzig Grad –, es kann ihm gar nicht kalt genug sein, dann begibt er sich in seine eiskalte Garage, vollkommen unbeheizt, besteigt sein eiskaltes Auto, dann fährt er weg und läßt das Tor der Garage sperrangelweit offen und riskiert dabei voll, daß ihm dabei die Hunde reinscheißen. Auf deutsch gesagt, das ist der Dr. Brezner. Sie wollen wissen, was der für ein Auto fährt? Einen Japaner, mehr brauch ich nicht hinzuzufügen. Meines Erachtens bräuchte der doch gar keine Garage, was der bräuchte, wäre eine Schredderanlage. Zum Recyclen. Aber was meine Garage angeht, muß ich sagen, war meine Frau von Anfang an etwas obstinat, ja, weil sie immer lamentiert hat. Ich habe aber gleich gesagt, bitte, wir können die Sache diskutieren, aber ich habe gesagt, klare Verhältnisse, eines muß für alle Mal klar sein. Ich baue in meinem Leben nur noch einmal eine Garage, ich baue keine zweite Garage mehr. Aber wenn ich schon eine Garage baue, dann ist das auch eine Garage. Und eine Garage, die dem Namen Garage gerecht wird, das geht bei mir los bei der Ausstattung. Beim Equipment. Ja, wenn ich schon eine neue Garage baue, da kommt mir doch beispielsweise keine Billigfliese herein. Sondern da kommen mir Fliesen hinein, wo man sagt: *Hallo, das sind Fliesen!* Und deshalb habe ich auch diese portugiesische Fliese installiert, mit diesem arabischen Muster. Freilich 640 Mark der Quadratmeter. Aber bitte, das sind Fliesen, die kann ich mir dann in zwei- oder dreihundert Jahren auch noch anschauen, und dann habe ich zu meiner Frau gesagt, weil sie da auch wieder herumgenörgelt hätte, da habe ich gesagt, Moment amal, bitte, wenn ich schon eine 640-Mark-Fliese von dieser Qualität in meine Garage installiere, dann kommt mir selbstverständlich auch eine Bodenheizung in meine Garage. Warum eine Bodenheizung? Das kann ich selbstverständlich erklären. Erstens einmal, wenn man ehrlich ist zu sich selbst, wenn man aufrichtig ist, wenn man wirklich aufrichtig ist, dann wird man zugeben, man ist im Grunde seines Lebens viel häufiger in seiner Garage, als man zuzugeben bereit ist. Mal was einladen, mal was ausladen, oder auch sonst, es gibt immer Gründe, sich in einer Garage aufzuhalten. Außerdem bin ich selbst sehr empfindlich für Erkältungskrankheiten. Wenn es irgendwo ein bißchen zieht, schwupps, hab ich schon wieder rheumatische Beschwerden. Was habe ich nicht an Ascorbinsäure gefressen, was habe ich nicht an Vitamin-C-Tabletten geschluckt, was habe ich nicht Geld in die Apotheke geschleudert. Bitte, sagen Sie einmal Kartarrh, sagen Sie ruhig einmal Karrtarrh. So, jetzt sage ich Ihnen einmal etwas – Katarrh – was ist das, ein Karrrtarrrh? Aber das sage ich erst, seitdem ich eine Bodenheizung in der Garage habe. Außerdem habe ich zu meiner Frau noch gesagt, weil sie auch da schon wieder so ein Gesicht gemacht hat, nein, wer Alpha sagt, der sagt auch Omega. Auf die sechzig Quadratmeter Auffahrt vor meiner Garage kommt es mir nicht mehr drauf an. Da kommt mir ebenfalls eine Bodenheizung rein. Warum eine Bodenheizung unter die Auffahrt? Das kann ich Ihnen leicht erklären. Unsere Jasmin fährt jetzt seit zwei Jahren mit einem Führerschein herum. Und unser Jüngster, der Jean-Claude, der ist jetzt elf Jahre alt. Also dann rechnen Sie mal mit. Sehen Sie, noch sieben Jahre, dann hat der Jean-Claude ebenfalls den Führerschein. Ja, wir wissen doch heute noch nicht, was diese Jugend morgen vorhat. Was geht durch die Köpfe dieser jungen Menschen? Wir können doch von jetzt nicht gleich auf die Zukunft schließen. Was wollen diese jungen Menschen einmal? Wohin geht der Trend? Und überhaupt diese Jugend. Wohin geht diese Jugend? Vielleicht wollen sie einmal das Auto gar nicht in die Garage stellen? Bitte! Dann sage ich, verdammt noch mal, dann laßt doch das Auto einfach vor der Garage stehen! Scheißegal, aber dann habt ihr auf alle Fälle einmal die Reifen warm. Ich habe die Logistik für die Garage wirklich durchgecheckt. Nur damit Sie einen Vorgeschmack haben: Also, in meiner Garage, da habe ich eine Stereoanlage, aber *das* ist wirklich eine Stereoanlage. Wenn einmal Festivitäten sind oder Firmungen, und die Garage hat eh schon eine gute Akustik – eine Kassette rein, mit diesen Musikantenstadl, und ab geht die Post. Ich habe in meiner Garage eine Espressomaschine, ich habe in meiner Garage ein Urinal, mit dieser Leifheit-Schnellspülung, ja bitte, wenn es mich zwickt, geh ich doch nicht vor die Tür und piesle meinem Nachbar Dr. Brezner vor die Haustüre, und dem seine Frau schaut dann zu. Ich habe eine Wand der Garage verspiegelt, das gibt der Garage räumlich noch eine Dimension. Meine Frau sagt, ein Hauch von Versailles, aber sie übertreibt ja immer. Aber letztes Jahr habe ich in meine Garage einen Adventskranz gehängt, um etwas adventliche Stimmung zu verbreiten, nicht schlecht, nur dieses Jahr kommt mir mit Sicherheit ein Christbaum in die Garage, fünf Meter hoch, eine Nordmanntanne, die wird total elektrifiziert, und wenn ich dann nach Hause fahre, dann switche ich vom Auto aus, der Bewegungsmelder meldet mich, der Sensor, und langsam öffnet sich das Tor meiner Garage, ich fahre langsam in meine Garage hinein, der Christbaum brennt, aus der Stereoanlage tönt »Vom Himmel hoch, da komm ich her«, da weiß ich dann, jawoll, in dieser Garage, da ist Weihnachten. In dieser Garage, da bist du daheim.

Der neue Mieter

Herr Vögele geht im Treppenhaus, Frau Humpel öffnet ihre Haustür einen Spalt.

FRAU HUMPEL Pst, Sie, Herr Vögele . . .

HERR VÖGELE Ja?

FRAU HUMPEL Ham S' an Augenblick Zeit?

HERR VÖGELE Ja, wieso?

FRAU HUMPEL Sie ham S' aa scho ghört, oder?

HERR VÖGELE Ja, was 'n?

FRAU HUMPEL *deutet nach oben* Dritter Stock . . .

HERR VÖGELE Ah so, der neue Mieter, jaja, ein leidiges Kapitel.

FRAU HUMPEL Können S' sich scho gleich auf an Dauerknoblauchgeruch eistelln. Am End riechma selber danach.

HERR VÖGELE Ja, ich derf ja gar net, scho wegam Gschäft, i muaß ja ständig mit Leut umgehn.

FRAU HUMPEL Ja, da wern S' spitzn, da nehmen die keine Rücksicht, die essen nix anders.

HERR VÖGELE Ich hab ja an und für sich gar nix gegan Knoblauch einzuwendn, aber permanent dann dieser Geruch da herin.

FRAU HUMPEL Aber Sie wern sehn, des kimmt auf uns zu. Und Kinder sollens ham.

HERR VÖGELE Ja, des hams ja alle, und net zwenig.

FRAU HUMPEL Da wern S' schaugn, da werma no was erleben, und de san doch vollkommen unerzogn, weil die san doch alle so kindernarrisch.

HERR VÖGELE Dann ham mir zum Gstank noch den Radau. Und de san dann wahrscheinlich erst die Vorhut, wer woaß, was dann noch alles nachkimmt.

FRAU HUMPEL Ja, ma liest's ja ständig mit dene Großfamilien, und keiner von dene kann dann ein Wort Deutsch, und die grüßen auch gar net . . .

HERR VÖGELE Und diese Musik, dieses Gedudel rund um die Uhr, mir samma doch hier kein Basar.

FRAU HUMPEL Ja, Herr Vögele, wenn S' mich fragn, des dürfn mir gar net erst einreißn lassen, d' Frau Kuschmelka hat auch schon gsagt: Wehret den Anfängen. Sie hat gsagt, nur noch energisch bei der Hausverwaltung protestiern, und zwar namentlich und schriftlich.

HERR VÖGELE Ja, jetzt muß was passiern, weil sonst is's passiert. Ah, Frau Humpl, da soll doch scho so a Unterschriftenaktion im Gang sein, hab ghört . . .

FRAU HUMPEL Ja, genau, desweg hab ich Sie ja, des is doch der Grund, warum ich mit Ihnen, ah, Herr Vögele, ich hab's grad da.

HERR VÖGELE Was?

FRAU HUMPEL Da, Brief und Liste . . .

HERR VÖGELE Ah, da, dankschön . . . *Liest.*

FRAU HUMPEL Die Kusine von der Frau Kuschmelka is doch Sekretärin in ara Anwaltskanzlei, die hat den Brief aufgsetzt, die kennt sich da aus.

HERR VÖGELE Mhm . . . und aus oben angeführten Gründen untragbar. Sehr gut, ja, sehr gut formuliert, jedenfalls deutlich. Ham S' was zum Schreibn da?

FRAU HUMPEL Da. – Familie Stuhlmann hat auch unterschrieben, nur der Herr Opitz net.

HERR VÖGELE Warum unterschreibt 'n der net, der Feigling?

FRAU HUMPEL Naa, er sagt, des san bei ihm persönliche Gründe, er war doch im KZ.

HERR VÖGELE Ja, aber ma muß doch amal vergessen können. Des is doch hier ganz was anderes.

FRAU HUMPEL Ja mei . . .

HERR VÖGELE Des geht doch hier schließlich um unser, ah, ah, mir samma doch hier in Deutschland, es gibt doch aa Deutsche, die wo a Wohnung suchn, sollens doch erst amal an die Deutschen vermietn, statt an diese anatolischen Berg. . .

FRAU HUMPEL Pst . . .

Herr Ötztürk, gut gekleidet, geht an den beiden vorbei.

HERR ÖTZTÜRK Grußgott.

HUMPEL/VÖGELE *zögernd* Ja, grüß Gott . . .

Frau Humpel und Herr Vögele beobachten stumm Herrn Ötztürk, bis er, ein Stockwerk höher angelangt, eine Wohnung aufsperrt.

HERR VÖGELE *unterschreibt eilig* Ja, Sie, da müaßma uns aber sputen mit der Aktion, de san ja scho so guat wie herin. Der schaugt sich ja schon um da drobn. Ich hab gmeint, de kommen erst.

FRAU HUMPEL Ja, ich bin selber überrascht, aber Möbel hams no koane herin. Geben S' her, i schick's nachert glei weg per Einschreiben.

HERR VÖGELE Ja, höchste Eisenbahn ...
Herr Ötztürk kommt wieder zügig zurück.

HERR ÖTZTÜRK Ja, 'tsuldigung, wann ich unterbrechen, Ötztürk mein Name, ich habe diese Haus gekaufen, wohnen hier schon und hoffen schon, daß gutt Nachbarschaft haben.

FRAU HUMPEL Ah geh, Sie san des, Sie ham des Haus kauft? Ja, des is aber nett.

HERR VÖGELE Ja, ah, angenehm, Vögele ...

Die Exoten

Schauspiel in elf Bildern

MICHAEL BERZELMEIER	*Bauunternehmer*
MARIA BERZELMEIER	*dessen Gattin, Maklerin*
NEPOMUK BERZELMEIER	*ehem. Landwirt, Michaels Vater*
THERES BERZELMEIER	*dessen Gattin, Bäuerin*
ADELHEID GSCHWENDTNER	*Wirtin*
SEBASTIAN ERHAMER	*Forstarbeiter*
VITUS STROBL	*Veteran*
BENEDIKT HOFER	*Hausmeister*
KATHARINA HOFER	*dessen Gattin*
TRUDI HOFER	*deren Tochter*
FLORIAN »GIG« HOFER	*Musiker im St.-Öd-Trio*
WILLI BEITLER	*Musiker im St.-Öd-Trio*
CHRISTOPH MEINDL	*Musiker im St.-Öd-Trio*
JOSEPH STADLER	*Nebenerwerbsbauer*
GEORG NEUCHL	*Jungbauer*
ALFONS SCHUCKER	*Bürgermeister von St. Öd*
ELFRIEDE SCHUCKER	*dessen Gattin*
HELGA KRATOCHWIL	*Bedienung*
MONSIGNORE HÖPFL	*Pfarrer von St. Öd*
DR. GERD ZECK	*Importkaufmann*
FRANZISKA GÜSTROP	*Zecks Lebensgefährtin, Hobbymalerin*
DR. UWE BENNINGSEN	*Zahnarzt*
ULI HÜSCH	*Studienrat mit alternativen Ansichten*
MAJA HÜSCH-NOWOTTNY	*dessen Gattin*
HORST JÜSSEN	*Friese, Hausmeister*
EMILIO	*Sarde, Hausmeister*
HERR GYARAM	*Pakistani*

Handwerker 1
Handwerker 2
ein norddeutscher Gast mit Frau und Kind
Einwohner von St. Öd

1. BILD: WIRTSHAUS

Ein Gastraum mit Schanktisch, mehrere Tische, ein Stammtisch ohne Tischdecke, ein Nebenraum mit einer kleinen Bühne, die wie eine typische Volkstheater-Bauernstube dekoriert ist.
Im Gastraum sitzen am Stammtisch: Erhamer, Strobl, Hofer, Stadler. Die Wirtin steht hinter der Theke; Helga, die Bedienung, wartet gerade auf ein Bier, das die Wirtin zapft. An einem der Nebentische sitzt ein Handwerker. Im Nebenraum sitzt Monsignore Höpfl im Zuschauerraum, auf der Bühne spielt das St.-Öd-Trio gerade eine Art Vorspiel. Das Vorspiel ist zu Ende . . .

NEUCHL *stürmt auf die Bauernbühne.* Wo is sie? Wo is sie? Ich muß sie jetzt glei sehn! Wenn i sie jetz net glei find, dann weiß ich nicht, was dann passiert. *Unterbricht sein Pathos.* So, jetzad brauchad ma d' Helga. I konn ja sonst net aso weidamacha . . .

HÖPFL Ja, jetzt bräuchten wir das Fräulein Helga. *Steht auf, ruft in die Gaststube* Ah, Fräun Helga, wie sieht's denn aus?

HELGA I kimm glei, Hochwürdn.

HÖPFL Machen wir vielleicht einstweilen noch mal das Vorspiel . . .

GIG *ist aufgestanden* I muaß amoi kurz . . . spuits dawei gschwind ohne mi, i kimm glei wieda. *Ab.*

HÖPFL Neinnein Florian, wir warten dann solange.

HELGA *stellt dem Handwerker das Bier hin* Kriagt vo eich no oana a Bier, wei i muaß jetz umi zum Spuin.

ERHAMER Kimmt's Fernsehn?

HELGA Ah geh, Schmarrn. Kriagt wer no was?

STROBL A Weiß.

HELGA Ein Weizen!

WIRTIN Ein Weizen . . .

ERHAMER I hab gmoant, du wuist jetz aa nei ins Fernsehn, so wia er, unser Fernsehstar. *Zum Handwerker* Wenn S' a Autogramm wolln, da sitzt er. *Deutet auf Hofer, Gelächter.*

HOFER Hör auf mit dem Kas.

ERHAMER Eahm sei Hand war fei scho im Fernsehn, ehrlich, drei Sekundn lang, ohne Schmarrn. *Gelächter.*

STROBL War jetz des dei linke oder dei rechte Hand, Beni?

HOFER Ah geh, Schmarrn, jetz hörts auf.

ERHAMER Naa, er is unser Fernsehstar. Da warns da, de vom Fernsehn, hams gsagt, er soll Schnee fräsn, und na kimmt er im Fuim vor –

fünf Stunden hat er gfräst, da war scho gar koa Schnee nimmer da, uns alle hat er nachert rebellisch gmacht, daß mir's uns oschaugn solln, na ham mir uns extra den Schmarrn ogschaugt, denk i mir, wann kimmt er denn, wann kimmt er denn, na siehcht ma oamal ganz am Rand so a Hand, des war's dann, des war dann er, persönlich, der Beni.

HELGA So, einmal Weizen, Strobl ...

STROBL Danke.

ERHAMER Also, gspuit war's fei nicht schlecht, Beni. *Gelächter.*

STADLER Mir aa no a Hoibe ...

HELGA Des fallt da aa früah ei ... Eine Halbe!

WIRTIN Eine Halbe ...

STROBL Seitdem hat der Heinz Rühmann oiwei Angst, daß eahm da Beni die Rolln wegnimmt. *Lacht alleine.*

HOFER Ah, hörts auf mit dem Kas.

ERHAMER Nanaa, des is scho wahr, mir ham da an Prominenten unter uns, Benedikt Hofer, Schauspieler und Weltmann, wei der war fei aa scho in Australien. Oan Tog, in Quarantäne, na is er wieder hoam. *Gelächter.*

HOFER Geh, sei stad ...

ERHAMER Sie ham eahm net neilaßn.

HOFER Geh, Schmarrn, des war ganz anderst!

STROBL In Australien san fei vui Engländer, aber aa vui Deitsche ...

HELGA Da hast dei Bier, Stadler, so, jetz muaß i umi.

STROBL In Australien brauchas de Deitschn zum Arbatn.

ERHAMER De Deitschn scho, aba net an Beni. De ham net gwußt, daß er a Schauspieler is, sonst hättns 'n net desinfiziern müßn. *Gelächter.*

HOFER Jetz hörts doch endlich amal auf mit dem oidn Schmarrn, i konn's nimmer hörn!

STROBL Der Deitsche is in Australien sehr beliebt, fast wia da Japaner.

STADLER Ja, weil er was arbat ...

STROBL Sonst is der Deutsche nur noch in Südafrika beliebt.

STADLER Ja, Windhuk ...

Gesprächspause, allgemeines Brüten; inzwischen im Nebenraum:

HÖPFL So, Fräun Helga, schön, daß Sie jetz Zeit ham, da wolln wir gleich mal ...

HELGA Also, geh her, Schorsche, packma's.

HÖPFL Ah, vorweg, Fräun Helga, und, ah, Georg, ich habe mir das überlegt, diese Kammerlfensterszene is doch a bißl läppisch, des laß mir vielleicht am bestn weg, und dann gehn wir gleich rüber zu der Szene, wo der Burggraf mit dem Vater redet.

HELGA Naa, wieso, Herr Pfarrer, de Kußszene, de waar scho wichtig, des is ja des Ärgernis quasi.

HÖPFL Moment, wir prüfen das ... *Liest in seinem Text.*

STADLER Ja mei, so is des ...

ERHAMER Was spuits da eigentlich?

STADLER »Flucht durchs Hintertürl«. So a Schwank.

HOFER I zahl dann. *Trinkt sein Bier aus.*

ERHAMER Paß auf, daß net zvui Promille in dei Schauspielerbluat neikemman ...

HOFER *winkt ab* Geh. Zahln!

WIRTIN Des macht d' Helga.

HOFER Guat, na geh i umi derweil. *Geht in den Nebenraum.*

HÖPFL Neinnein, liebes Fräun Helga, unser Autor, der Adam Nestvogel, läßt es hier durchaus offen, wie konkret der Anlaß zum Hinauswurf ist. Ah, der Herr Hofer, Sie sind doch heut gar net dran, morgen machen wir die Burggrafenszene. Haben S' Ihren Text am End schon gelernt?

HOFER Jaja, so ungefähr, ah, Helga, i möchad zahln.

HELGA Mei, siehst ja, i hab jetz koa Zeit.

HOFER Na schreibst as auf derweil. Wiederschaugn, Hochwürden. *Geht, im Gastraum:* Also, pfüats euch, servus ...

STADLER Ja was is 'n Hofer, gehst du scho?

HOFER Ja, warum net?

ERHAMER Mei, as Reisefieber. Australien kennt er scho. Vielleicht muaß er jetz nach Brasilien, wega ara Filmrolle ... *Gelächter.*

STROBL Ja, da kennas sei Hand gwiß no net. *Gelächter.*

WIRTIN Wiederschaugn, Hofer ...

Hofer ab.

NEUCHL *im Nebenraum* Ja, aber Hochwürden, de Kußszene, mei, da kann ma durchaus geteilter Meinung sein, aber i dad sagn, probierma's doch erst amal aus.

HÖPFL Nicht daß Sie glauben, Herr Neuchl, weil ich jetzt der Pfarrer bin ... Die Szene ist einfach schwach, das verlangt nicht unbedingt nach einer Realisierung.

HELGA Aber, probierma's doch zerscht amal ...

HÖPFL Probiern wir doch erst das übrige, und wenn uns dann die Szene fehlt, können wir sie immer noch probieren.

HANDWERKER *zur Wirtin* I glaub, der kimmt net so schnell, no a Halbe . . .

WIRTIN Helga! *Michael Berzelmeier betritt mit Schwung den Gastraum.*

MICHAEL Servus, beinand, wie schaugt's aus? 's Gott Frau Gschwendtner. *Setzt sich an den Stammtisch.*

WIRTIN Ah, der Herr Berzelmeier, grüß Gott. Helga!

HELGA I kimm! I komm glei wieder, Hochwürden. *Rennt ins Lokal.*

HÖPFL Jaja, wir warten . . .

WIRTIN Da, a Bier für den Herrn da . . .

MICHAEL Helga, bringst ma an Nikolaschka!

HELGA Was?

MICHAEL Halt wia allweil. *Zu Joseph Stadler* Du, Sepp, hast an Moment Zeit, na hockma uns an an Tisch. I hätt was z' redn mit dir.

ERHAMER Derfen mir des net wißn, was es zum Reden habts?

MICHAEL Des erfahrst scho no früah gnua, Erhamer, mit Forstwirtschaft hat's jedenfalls nix zum Doa. Was is, Stadler, kimm . . . *Die beiden setzen sich abseits an einen Tisch.*

ERHAMER Aba mit Landwirtschaft wahrscheinlich aa net!

MICHAEL Wahrscheints . . .

ERHAMER Könnts in Beichtstui geh derweil, der Pfarrer is net drin. Der duat Theater spuin, nebenan.

MICHAEL Halt dei Mai, Erhamer, is gscheiter. Helga, bringst am Sepp und am Erhamer an Schnaps, und am Strobl aa no oan.

ERHAMER I konn mir mei Schnaps oiwei no selber zahln! – Der wenn oan auf d' Seitn nimmt . . . I möchad wettn, wenn am Stadler net de Bleichwiesn ghörn dad, na waar er jetz net kemma, wei bisher hat der no nia was mit'm Stadler z' redn ghabt.

STROBL Ja, aber i hab ghört, der Bürgermoasta laßt jetz d' Sonnleitn zum Siedlungsgebiet ausweisn . . .

ERHAMER Er möchad gern, und der Berzelmeier möcht d' Bleichwiesn. Oder, besser gsagt, sei Oide. De is auf an jedn Quadratmeter Bodn aus wia da Teifi auf d' arme Seel . . .

STROBL Ja, aber wann da Bürgermoasta d' Sonnleitn ausweist, na konn er auf der Bleichwiesn Salat opflanzn.

ERHAMER Tua fei as Vitamin B net unterschätzn. Was is 'n gwesn mit dem Hochhaus? Des hat er direkt neba eahnan Hof higstellt. Des hätt doch koa Mensch nia net denkt, daß er des jemals derf. Den Scheißkastn, wann i bloß siehg. Des ghört weggsprengt. Jetz warn scho oa da zur Besichtigung, lauter so Preißn.

HELGA Da, Wastl, reg di net auf, da hast dein Schnaps.
ERHAMER Hab i an Schnaps bstellt?
HELGA Vom Michi is er . . .
ERHAMER I hab doch scho gsagt, i nimm koan Schnaps vo dem. *Ins Publikum* Wissen S', der moant, er konn an jedn eikaffa, aba mi kafft er net ei, und scho gar net mit am Schnaps. – Helga, bring mir an Schnaps, heit leist i mir oan . . . *Helga bringt einen Schnaps.*
ERHAMER So, und den kost wieder mitnehman.
HELGA Naa, der is scho zoit.
STROBL Geh, woaßt, aso zwider is der junge Berzelmeier aa wieda net.
ERHAMER Na konnst ja du sein Schnaps saufn, i mog 'n net.
MICHAEL *heftig* Überleg da's. Überleg da's! I sag ja nur, überleg da's, Sepp! Freili hab i aa an Vorteil, aba du scho aa . . .
HELGA So, einmal Nikolaschka, ein Schnaps.
MICHAEL Also nachert, prost! Ois in Ordnung, ois in bayrischer Hand! Samma wieder guat!
ERHAMER Oida Gangster. Paß fei guat auf, da Stadler Sepp is fei a Fuchs . . . *Alle lachen.*
MICHAEL Na, Helga, was macht 's Theater, werd's was Jugendfreies? *Greift nach ihr.*
HELGA Scho recht, i muaß weidermacha, mir probiern grad.
MICHAEL Was machst 'n heit hinterher?
HELGA Wahrscheinlich Disco-Dream . . .
MICHAEL Mit'n Schorschi? Jetz sag amal, wennst mit dem mitfahrst, wer zoit 'n nachert vo eich as Benzin?
HELGA Ja, i gwiß net . . .
MICHAEL Am Schorschi seine Sprüch kennst doch allmählich.
HELGA De deinan scho aa . . .
MICHAEL Paß auf: Draußt steht er, einhundertsiebenunddreißig Kilometer hat er drauf, grün metallic, knusprig frisch von der Firma Porsche. Mit eins a Liegesitze . . .
HELGA Hast 'n jetz, wie is er 'n?
MICHAEL Spitze! Also, überleg da's, des is fei a Angebot.
HELGA Du, i muaß jetz . . . *Läuft in den Nebenraum.*
MICHAEL *siegessicher* Bis nachert! – Also Sepp . . . *Mauschelt wieder mit Stadler.*

Gig kommt vom Pieseln, Helga besteigt die Bühne.

HÖPFL Aah, endlich, jetzt sind wir wieder vollzählig, da können wir wieder probieren. Fangen wir doch am besten noch mal ganz von vorne an, bitte die Herrn Musici an die Instrumente, und nochmals das Vorspiel . . .

Ein zweiter Handwerker betritt den Gastraum.

HANDWERKER 1 Na endlich, wo bleibst 'n de ganze Zeit?

HANDWERKER 2 Mei, ein Stau, sag i dir, Wahnsinn. Kimm, deanma's glei eina.

Die Musiker beginnen zu spielen.

STROBL Aba i moan, da Bürgermoasta kriagt d' Sonnleitn eher durch wie da Berzelmeier de Bleichwiesn.

ERHAMER Sag des net, sei Oide soll si mit'm Landrat recht guat steh . . .

STROBL Ja, aber im Endeffekt kimmt's auf 'n Heinzel drauf o, vom Wasserwirtschaftsamt.

HANDWERKER 1 So, Frau, ah, Sie, wo deanma's 'n hi?

WIRTIN Da, neba da Tür hab i extra freigmacht . . .

Die beiden Handwerker bringen eine Musikbox.

ERHAMER Aha, de Musi kimmt . . . *Laut zu Stadler* Laß di fei net druckn vo dem Bazi, du hast so scheene Maulwürf in deiner Wiesn, da kost für an jedn was extra verlangan.

MICHAEL Da Stadler woaß scho selber, was er zum Doa hat.

HANDWERKER 1 Wo is 'n a Steckdosn?

WIRTIN *deutet* Da.

HANDWERKER 1 Ah ja, also, was is? Probierma's glei aus?

WIRTIN Ja, sowieso, Sie waarn guat . . .

STROBL Deats ma aba fei ja koa Negermusi nei, des ham mir scho im Radio an ganzn Tag, des Gedudel. Kunntn doch aa amoi deitsch singan aa . . .

Die Musikbox beginnt leise zu spielen.

HANDWERKER 1 Da, schaun S' her, und da ko ma dann de Lautstärke stufenlos regeln . . .

WIRTIN Wo?

HANDWERKER 1 Da. *Dreht zur Demonstration allmählich voll auf, die Musiker im Nebenraum hören irritiert zu spielen auf.*

WIRTIN *laut gegen den Musikboxlärm zum Publikum* Wissen S', wenn S' mich persönlich fragn, ich kann diese Musik eigentlich aa net leidn, aba des hat ma heut aso. Bei uns im Landkreis macht oa Disco nach da andern auf und oa Wirtschaft nach da andern zu. Ma muaß halt a bißl mit der Zeit geh, sonst geht d' Zeit über oan weg, oder, findn S' net?

2. BILD: ZWEI SCHLAFZIMMER

Im Schlafzimmer 1 befinden sich Michael und Maria Berzelmeier, im Schlafzimmer 2 Alfons und Elfriede Schucker.

ALFONS Also dann, Elfi, guat Nacht.

ELFRIEDE Gut Nacht, Alfons, und denk jetzt nimmer soviel nach, sonst schlafst mir wieder d' halbe Nacht net.
Macht das Licht aus.

MARIA Heut war des Berliner Rentnerehepaar da zur Besichtigung.
Richtet sich zur Nacht.

MICHAEL *schon im Bett* Und, kaaffas?

MARIA Sie san noch unentschlossen, aber als immer größeres Handicap stelln sich de Fichtn vom Strobl raus. Heit, aa wieder, hat die Frau gfragt: Wo ist denn da der Wilde Kaiser? Na hab i wieder sagn müssn: Gnä' Frau, da, hinter dene Fichtn, aber de kommen weg, de Fichtn, gnä' Frau, na fragt sie: Ja, wann, na sag i: Ja, bald, gnä' Frau. I sag dir's, die Leut, die wolln einfach alle an Gebirgsblick habn, des muaß ma aa versteh, de müaßn an Haufn Geld hilegn, da kann ma dann scho aa an Gebirgsblick verlangen, zumal mir's ja mit Gebirgsblick inseriert ham . . .

MICHAEL De solln si net a so ham, scho wenn ma aus der Tiefgaragen rauskimmt, siecht ma an Wildn Kaiser.

MARIA Ja, von der Tiefgaragen, aber von der Wohnung aus net, wega dene Scheißfichtn, des is doch direkt a Geschäftsschädigung.

MICHAEL Aba, Maria, du woaßt doch genau, i hab im Strobl seine Fichtn in a jede a paar Kupfernägel neighaut, no vor der Hebweih, werst as sehng, a halberts Jahr, höchstens a Jahr no, na san de Baam kaputt, de nadeln jetz scho.

MARIA Naa, des muaß schneller geh, irgend a Mittel, an WC-Reiniger oder Rohrfrei, na geht's schneller. A halbs Jahr, wenn mir no wartn, san mir pleite. Der Verkauf geht grad dermaßen schleppend. Und derweil kaaft uns a anderer aa no d' Bleichwiesn weg.

MICHAEL Nanaa, nix, i hab heit mit'm Stadler gredt, der Hund is ja so blöd, des haut scho hi.

MARIA Ja, hoffma's, aba woaßt, Michi, i hab ma halt heut no mal überlegt, mir müaßn jetz dein Vater ins Penthouse neisetzn, des is einfach des beste Verkaufsargument, wei wenn sogar der ehemalige

Bürgermeister vom Ort im Penthouse wohnt, des überzeugt die Leut.

MICHAEL Ja, aber du wuist doch net an Bab ins Penthouse einidoa, und d' Mam scho glei gar net.

MARIA Mei, warum net? Sie is doch eh nimmer so guat auf de Fiaß, da hams eahna Lift, eahna Heizung, warms Wasser, a guate Luft, an jedn Komfort und an herrlichen Alpenblick, was woins denn mehr?

MICHAEL Den Alpenblick hams dahoam aa.

MARIA Andere müssen a halbe Million hilegn, daß s' so was kriagn, de solln froh sei!

MICHAEL Aba i sag da's, da Bab geht ma nia nei.

MARIA Der muaß nei! Der Hof is ja scho so guat wie verkaaft, und wenn mir den Hof jetz net schnellstens verkaffa, na san mir vollends restlos pleite! Außerdem habts ihr des alle mitanand gwußt, des war fest in die Finanzierung mit eingeplant.

MICHAEL *seufzt* Und da wuist du de Bleichwiesn aa no kaafa.

MARIA Müaßma, müaßma. Des is des Geschäft in de nächstn fünf Jahr, mindestens, mir brauchen ja irgendwie a Perspektive, Mann!

MICHAEL Der Schucker möcht d' Sonnleitn durchdruckn, und er is immerhin Bürgermoasta, und do waar aa wos verdient ...

ALFONS Siebenundvierzig Wohneinheiten bringt ma mindestens unter, sagt der Graber.

ELFRIEDE *im Halbschlaf* Wer?

ALFONS Der Graber, Dieter, der Architekt. Er sagt, mir können ja die Vorgärtn alle a weng kloana macha, dafür scheint ja d' Sonn hin.

ELFRIEDE *im Halbschlaf* Jaja ...

ALFONS Und die Gemeinde hab ich praktisch scho hinter mir, jetz kimmt's praktisch nur noch auf'n Landrat an.

ELFRIEDE Des woaßt ja, daß sie mit'm Landrat per du is ...

ALFONS Macht nix, mir beteilign an Berzelmeier am Bauauftrag, na halt er scho stad. Muaß er ja praktisch, wei finanziell is er ja grad ganz schee am Paddeln. Jedenfalls diesmal macht unser Rest-KG as Geschäft und net der Berzelmeier. – Entscheidend is eh der Heinzel vom Wasserwirtschaftsamt, ob der mitzieht.

MARIA Der Schucker wenn mit seiner Sonnleitn in der Gemeinde durchkimmt, schalt i an Otto ein. Landratsamt geht vor Gemeinde.

MICHAEL Der Otto konn aa net alles durchsetzn, sonst fallt des auf.

MARIA Na laß i sei Beteiligung an der Rest-KG auffliegen, er als Bürgermeister derf des nämlich gar net, dann kann der Otto was macha.

MICHAEL Ah, des huift gar nix. Des woaß eh a jeder, daß er in der Rest-KG drinsteckt, aber beweisn kost as eahm schlecht. Außerdem hat uns ja die Rest-KG aa scho einiges bracht.

MARIA Na pack mir 'n übern Heinzel vom Wasserwirtschaftsamt.

MICHAEL Ja, genau, der Kanal is eh überfüllt.

MARIA Aber ham mir net bei der Bleichwiesn, is des net derselbe Kanal?

MICHAEL Ach, mit'm Heinzel fahr i heuer wieder nach Alaska nauf zum Fischn. Wo ein Wille ist, ist auch ein Weg.

MARIA Geh, der Heinzel fahrt aa genauso zum Schucker seim Ferienappartement an d' Riviera, also, da waar i net so sicher.

MICHAEL Ah ja, mit'm Heinzel kann ma redn.

ALFONS Also, je länger i nachdenk, de Bleichwiesn, de hat koa Chance, desmal ham se si verrechnet. I hab's aa am Stadler scho gsagt, de konnst eahm ruhig verkaffa, hab i gsagt, wei da geht eh nix. Wasserwirtschaftlich waar des ja a Wahnsinn, des moant aa der Heinzel.

ELFRIEDE Und wenn der Heinzel jetz doch net mitzieht?

ALFONS Elfimaus, er is doch heuer im Juli wieder drunt bei uns, also mit'm Heinzel, mit dem kann ma scho redn. *Dreht sich im Bett in eine angenehmere Position.*

3. BILD: STRASSE

Strobl und Nepomuk Berzelmeier kommen von einer Beerdigung, bleiben beim Kriegerehrendenkmal stehen.

STROBL *seufzt* Jetz hat's den Greppmeier aa derwischt. Mei, am Schluß hat er's eh nimmer schee ghabt, er hat ja nix mehr beißn könna, aba i moan, daß er liaba dahoam gstorbn waar.

NEPOMUK Mei, so geht alles seinen Gang. Gega 's Schicksal kost nix macha. A jeds muaß halt amal sterbn, so schaugt's aus.

Von der anderen Seite kommen Michael Berzelmeier und Helga.

HELGA Jessas, dei Vatta.

MICHAEL Wo? *Helga deutet.* Kimm, schleichma uns, er muaß uns ja net mitanand sehn . . . *Beide ab.*

STROBL Jetz samma praktisch mir de letztn zwoa Aktiven vom Veteranenverein. Ob mir 'n auflösn?

NEPOMUK Ah, des löst si ois von selber auf.

STROBL Oder sollma vielleicht a paar Junge dazuanehma? Z' Dirling hams a paar Junge gnomma von der Bundeswehr.

NEPOMUK Ah geh, was wuist 'n mit dene ...

STROBL Hast scho recht, des hat koan Wert nimmer. Mir zwoa haltn des net auf. Schaug da's o, bei mir hinterm Haus, de Baam varecka jetz aa.

NEPOMUK Was, de scheena Fichtn?

STROBL Ja genau. Neba dem Kastn, den wo dei Bua higstellt hat. Oane nach da andern nadelt. Des kimmt vo dera Umwelt. Mei, was wuist da macha?

Studienrat Hüsch und Gattin Maja kommen in alternativer Aufmachung.

HÜSCH Im Kern scheint der Ort noch voll intakt zu sein. Ah, da is jemand. Entschuldigense bitte, wenn ich Sie hier störe, ich suche Froschanger 3a ...

MAJA Froschanger 3a, hier in der Nähe irgendwo.

NEPOMUK Froschanger? Wo soll des sei?

HÜSCH Das sind so Eigentumswohnungen ...

STROBL Ah, de Appartements, da, nicht zum Übersehn ...

HÜSCH Ah ja, vielen Dank, komm, Maja, gehn wir ... Also, tschüs.

MAJA Vielen Dank auch, tschüs ...

NEPOMUK *schüttelt den Kopf* Froschanger, daß mir agrad mei Bua des oduat und an solchanen Kastn da einistellt, des wenn i vorher gwußt hätt, na hätt i an Hof nia net übergebn. Aba des is, wannst mi fragst, is des sie, die wo dahintersteckt. Mei Michi is ja vo Haus aus a so a guata Bua, aba sie is a ganz a Ruachate, die riacht as Geld wia d' Katz an Ratz.

STROBL Da werd eich jetz scho so a Zeugl eiziagn in des Haus. Gestern warn scho oa da, da werd's doch unter dene eppa aa no oa gebn, de wo vielleicht wenigstens a bißl irgendwie ...

NEPOMUK *seufzt tief durch* Mei, gega 's Schicksal, da kost halt amal nix macha ...

4. BILD: MILLIONÄRSVILLA. SOUTERRAIN-HAUSMEISTERWOHNUNG

Familie Hofer sitzt beim Mittagessen. Benedikt Hofer ist sichtlich nervös; er ißt hastig und unkonzentriert.

HOFER Jetz halt mir as Eßn derweil warm, i moan, jetz kemmans.
KATHARINA Immer grad, wenn mir beim Eßn san.
TRUDI Wieso ißt 'n net fertig, Bappa, de solln halt wartn.
HOFER Ah, halt du di da raus, du woaßt genau, um was's geht. A so a saudumms Gred.
KATHARINA Wenn der Bappa net übernommen wird, na müssen mir alle naus.
GIG De san net auf uns ogwiesn, sondern mir auf die.
Hofer ist aufgestanden und macht sich auf den Weg.
KATHARINA Steck dei Hemad gscheit nei ... *Hofer ab.*
TRUDI Also, ich kann's mir nimmer mit anschaun, wie sich der Bappa bei diese Leute prostituiert, bloß weil s' a Geld ham, diese Anbiederei ...
KATHARINA Trudi, des sagst net no mal!
GIG Aber da herin wohnen wolln.
TRUDI Nimmer lang, keine Angst, nimmer lang ...
KATHARINA Lernts es in der Schui überhaupts nimmer denka ...

Die Millionärswohnungstür geht auf, Maria und Michael Berzelmeier, Dr. Benningsen, Dr. Zeck, Franziska Güstrop und Benedikt Hofer treten ein.
MARIA So, Herr Doktor, da wärn mir jetz, alles wie auf'm Foto, schaun S' sich nur in Ruhe um ...
MICHAEL Ah ja, übrigens, des is der Herr Hofer, der hat bisher dieses Anwesen betreut, der Herr Hofer wohnt im Augenblick noch in der Einliegerwohnung druntn ...
GÜSTROP Hach, diese Bilder, entsetzlich ... Wie kann man nur so einen Raum ...
HOFER De Buidln ham fei a Heidngeld kost ...
MARIA Herr Hofer, was die Bilder für a Qualität haben, des können die Herrschaften sehr gut selber entscheiden.
MICHAEL Der Herr Konsul war, soweit ich informiert bin, oiwei recht zufriedn mit'm Herrn Hofer. Es steht jetz die Frage, ob S' 'n über-

nehmen wolln oder nicht, i moan, die Räumlichkeiten vom Herrn Hofer wern Sie ja wahrscheinlich eh net benutzen wolln, is eh Souterrain, und insofern waar's dann ganz praktisch.

ZECK Ja, schön, wern wir mal sehn . . .

MARIA Herr Hofer übernimmt auch kleinere Reparaturen, die so anfallen . . .

MICHAEL Und im Winter tut er Schnee fräsn.

ZECK Ah so, ja, Schnee fräsen . . .

HOFER Ja, beim Baron Unterberg hab i aa Schnee gfräst, der war oiwei zufriedn . . .

MARIA Das tut hier aber nichts zur Sache, Herr Hofer, gell?

MICHAEL Ja, und der Hofer macht Eahna aa as Brennholz fürn Kamin.

ZECK Ah ja, hier, dieser Kamin hier war schon.

MICHAEL Jaja, aber im Vertraun, da drübn waar er wahrscheinlich geeigneter. Des Haus is von der Rest-KG gebaut wordn, und dene ihr Architekt, der Herr Gruber, hat da meiner Ansicht nach an kloana Wurm, also an Fehler, neibracht.

MARIA *rempelt Michael* Aber so, von der Bausubstanz her ham die des sehr solide gemacht.

MICHAEL Den Kamin kannt i Eahna ja amal bei Gelegenheit umsetzn.

ZECK Ja, bei Gelegenheit können wir das ja mal machen. Wenn ich grade nich da bin, also nur nicht an Weihnachten und Neujahr, wissen Sie, Weihnachten suche ich immer die Berge. Und vielleicht mal im Sommer 'ne Woche. Herr Dr. Benningsen, was meinen Sie nu?

BENNINGSEN Kein schlechter Griff . . .

HOFER Ja, aber wenn Sie praktisch as ganze Jahr fast nia da san, na waar's im Grund doch as beste, wenn i bei Eahna aa wieda mit der Hausmeisterei . . .

GÜSTROP Also nee, wirklich, diese Bilder, ich kann gar nich hinsehn, Schnubbel . . .

ZECK Jaja, Knipsi, überhaupt das ganze Interieur ist grauenvoll, was war denn dieser Konsul für 'n Mensch?

HOFER De Sachan ham fei alle an Haufn Geld kost . . .

MARIA Halten Sie sich da raus, Herr Hofer.

MICHAEL Herr Hofer, ham S' 'n kaltgstellt?

HOFER Den Sekt, wo Sie mir gebn ham?

MICHAEL Naa, an Champagner. Ham S' 'n?

HOFER Ah so, jaja . . .

MICHAEL Also dann, sst . . . *Hofer eilt.*

MARIA Und, san S' jetz zufriedn, Herr Dr. Zeck?
ZECK Na ja, man muß schon noch hier einiges dran drehn.
MICHAEL Aber so im Prinzip? Des waar doch jetz eigentlich ein gegebener Anlaß für ein Gläschen . . .
ZECK Jaja, schon gut.
GÜSTROP Nein, diese Bilder . . .
ZECK Laß ma, Knipsi, kriegn wir schon . . .

Im Souterrain.

HOFER Schnell, an Sekt, dua den Sekt her . . .
KATHARINA *läuft* Und, was is, haut's hi?
HOFER Schaugt guat aus . . .
KATHARINA *kommt mit Champagnerflasche* Mei, hoffentlich . . .
HOFER I glaub, i habn scho im Griff. Mit so Leit muaß ma redn können . . . *Ab.*

Oben.

GÜSTROP Iih, was is 'n das hier?
MARIA Ich glaub, des is a Skulptur.
ZECK 'ne Skulptur? – Ist doch erstaunlich, wie manche Leute leben. Schauen Sie, Leute wie Ernst Barlach, Henry Moore, Warhol oder Le Corbusier, so was belebt einen Raum, das vitalisiert, aber das hier . . .
MARIA Ja, da ham Sie recht . . .
MICHAEL Genau . . .
ZECK Oder, was finden Sie, Herr Dr. Benningsen?
BENNINGSEN Ja, ich kann da leider nicht so mitreden, ich liebe nun mal mehr das Einfache, Bäuerliche, das Rustikale.
MARIA Übrigens, weil S' grad von rustikal redn, Herr Dr. Benningsen, der Sandhof, der waar jetz frei. Ich mein, weil S' neulich so interessiert waren, also meine Schwiegereltern ham sich also doch entschlossen, in des Penthouse umzuziehn, das mir für sie gebaut haben.
MICHAEL Sie, mit so oide Leit, des war fei gar net so einfach.
BENNINGSEN Respekt. Da haben Sie recht, ich kenne die Bauern. Wenn Bauern einmal ihren Hof verlassen, da gehört allerhand dazu, da gehört allerhand dazu. Ich habe das im Münsterland erlebt, bei meinem ersten Bauernhof, nichts als Ärger, nichts als Schwierigkeiten, ich kann Ihnen nur sagen: Ich kenne meine Bauern. So was von

dickköpfig, aber ich habe gelernt, mit ihnen umzugehn. Bauern sind scheu. Glauben Sie mir, Herr Berzelmeier, aber wenn ein Bauer Sie mal in sein Herz aufgenommen hat, dann haben Sie einen treuen Freund, bis zum Ultimo, glauben Sie mir.

MICHAEL Ja, des glaub ich Ihnen.

MARIA Ja, da ham Sie recht, Herr Dr. Benningsen, also, es san ungefähr viertausend Quadratmeter Grund dabei und a ausbaufähiger Stadel.

BENNINGSEN Na ja, ich freue mich jedenfalls, daß es doch noch geklappt hat.

MICHAEL Sie sand no net ganz draußn, aber sie haben's jedenfalls fest vor.

BENNINGSEN Also, wenn's dann soweit is, unternehmen Sie die notariellen Schritte, natürlich nur, wenn es bei dem Preis bleibt. Hier ist meine Karte, Frau Berzelmeier, Sie können zu jeder Tages- und Nachtzeit anrufen, meine Sekretärin richtet's mir immer aus.

MARIA Aber, mir macha des scho, wie ma gsagt ham, mit Unterverbriefung . . .

BENNINGSEN Wie? Ach so. Na klar, is alles schon auf dem Sperrkonto.

Schwarzgeld-Geste.

Hofer steht schon eine Weile mit dem Champagner herum.

HOFER Aaah, der Sekt waar jetz da.

ZECK Ach so, ja, machen Se . . .

HOFER I habn glei aus'm Kühlschrank raus, also mei Frau hat extra no a bißl mehr aufdraht.

Hält Zeck die Flasche hin, die Flasche ist total vereist.

ZECK Ja, aber sagen Sie mal, was haben Sie denn mit der Flasche gemacht, guter Mann? Die is ja total vereist.

HOFER I hab 'n ins Eisfach neidoa, weil doch der Herr Berzelmeier gsagt hat, von wegen . . .

MICHAEL Geh, Hofer, der is ja total vereist, so konn den ja koa Mensch trinkn.

HOFER Soll i an Tauchsieder holn?

ZECK Nein, nein, lassen Sie mal . . .

HOFER Mit'n Tauchsieder geht des rasant . . .

MARIA *zum Publikum* Mei, is des ein Depp . . .

ZECK Schon gut, schon gut . . .

MARIA Ja, also, Herr Dr. Zeck, ich bin jetz im Augenblick scho wieder a bißl im Streß, ich hab wieder a Wohnungsbesichtigung, in unserm Penthouse drübn, Sie wissen . . .

ZECK Jaja, das versteh ich, und hier wären wir ja auch soweit klar.

GÜSTROP Und nicht vergessen: am Dreizehnten Einweihung, da kommen Sie doch alle!

ZECK Und bringen Sie vielleicht noch 'n paar zünftige Leute mit, so Einheimische und so was.

MICHAEL Jaja, des geht in Ordnung, des kriegn mir schon, also dann ...

BENNINGSEN Herr Doktor, das mit dem Sekt war ja nett gemeint, aber ich glaube, ich werde mich den Herrschaften dann auch gleich anschließen, jedenfalls fein, daß wir nu Nachbarn werden. *Schüttelt Zeck die Hand.* Gnä' Frau, auf Wiedersehn.

GÜSTROP Tschühüs.

ZECK Tschüs.

MARIA Tschüs.

MICHAEL Tschüs.

HOFER Also. Tschüs dann, Herr, ah, Herr Doktor ...

Benningsen, Maria und Michael Berzelmeier ab.

ZECK Äh – was wollten Sie noch hier, guter Mann?

HOFER Ja, äh, naa, i hab jetz bloß gmoant, wega der Schneefräsn, und wer des dann irgendwie ...

ZECK Jajajaja, das kriegen wir schon. Apropos, weil Sie schon da sind, Herr Steindl ...

HOFER Naa, Hofer hoaß i.

ZECK Verzeihung, Herr Hofer, Sie wissen nicht gerade zufällig jemand, der vielleicht Verwendung hätte für diese Einrichtungsgegenstände hier?

HOFER Des kommt oiwei auf'n Preis drauf o.

ZECK Nönönö, raus, raus, raus. Das kostet gar nüscht, ich will diese Sachen hier nich mehr sehn.

HOFER Ja, aber des Sach hat fei narrisch vui Geld kost.

ZECK Das interessiert mich nich, schaffen Sie diese Utensilien weg, da, diese Sessel, diesen Tisch da, diesen Pseudobarock ...

HOFER Den Sessel da?

ZECK Natürlich. Alles, alles ...

GÜSTROP Nö, Schnubbel, die Teppiche kann er man dalassen.

ZECK Ja, also, die Teppiche lassen Sie man da.

HOFER Gell, des waar doch schad. Des san echte. – Ah, waar's Eahna recht, wenn i jetz dann glei ...

ZECK Je eher, desto besser, machen Sie, machen Sie ...

HOFER Also, i fang dann glei o . . .

ZECK Ja. Holen Sie sich Hilfe, wenn Sie brauchen.

HOFER Naa, des kriag i schon alloa. Also, i nimm an dann. *Nimmt einen Sessel.*

GÜSTROP Mann, ist der schwerfällig.

ZECK Soll ich's Ihnen schriftlich geben?

HOFER Naa, also, dann nimm i 'n glei. *Geht mit dem Sessel ab.*

GÜSTROP Mensch, das is 'ne Pfeife . . .

ZECK Laß ma, Knipsi. *Ans Publikum* Wissen Sie, ich muß sagen, diese einfachen Leute, da braucht man schon manchmal Geduld, aber sie haben 'ne Originalität am Leib. Ohne solche Leute wäre die Alpenregion 'n Stück ärmer. Wissen Sie, ich liebe solche Menschen. Das, was unserer Zeit heute fehlt, ist Originalität. Schauen Sie, zum Beispiel Kenia, das einzige, was die Leute da noch sind, ist schwarz, also Hautfarbe, sonst sind se total versaut. Komm, Knipsi, fahrn wir mal rüber nach Tirol, hier kann man ja nirgends anständig essen . . .

GÜSTROP Okay, Schnubbel, der soll man alleine räumen. *Beide ab.*

HOFER *kommt mit dem Sessel* Haut scho!

KATHARINA Ja, was machst 'n mit dem Sessel, sollst den repariern?

HOFER Naa, der bleibt jetz da herin. Schnell, kimmts alle schnell gschwind mit nauf, des is a Mo, a feiner Mo, der hat uns die ganze Einrichtung gschenkt, bis auf die Teppiche!

KATHARINA Geh!

HOFER Wenn i da's sag. Ois, ois, was am Konsul ghört hat, bis auf die Teppiche!

TRUDI Und du möchtst jetz des ganze Glump da bei uns neistelln?!

HOFER Dir gib i glei a Glump! Was moanst, was des wert is?! Des san Wertobjekte!

TRUDI A schiachs Glump is's!

HOFER Halt 's Mai, teier is's!

5. BILD: PENTHOUSE

Familie Berzelmeier junior und senior stehen im Penthouse herum, am Boden ein paar Kartons. Eine lange, drückende Pause.

MARIA Sollma euch as Gschirr auspackn helfn?
NEPOMUK Naa, des könn mir scho selber.
MICHAEL Mögn mir was zum Trinkn, zur Einweihung?
NEPOMUK Naa, i hob koan Durscht.
MICHAEL Mam?
NEPOMUK D' Muatta mog aa nix.
MICHAEL Jetz seids halt net aso. Des hat ois seine zwoa Seitn. Schaugts, es seids doch aa nimmer de Jüngstn, da, da geht a Lift rauf, Zentralheizung, fließend heiß und kalts Wasser, jeder Komfort, des habts drübn ois net ghabt …
MARIA Und da Fernsehempfang is da herin aa vui bessa, wei des is a Hochantenne.
MICHAEL Jetz ham mir eich de ganzn scheenan teiern Möbel herdoa, aber wenn eich de Garnitur net gfallt, de könn ma fei jederzeit umtauschn in 'n andern Farbton …
MARIA Jetz machts es eich doch a bißl schee da herin, schaugts, es habts da herobn an so an scheena Blick naus, nach alle Seitn …
NEPOMUK Ja, da, am Strobl seine Fichtn …
MICHAEL Ja, genau …
NEPOMUK De kemman aa weg.
MICHAEL Geh, was, wia des?
NEPOMUK De san vergift.
MICHAEL Ja, wie konn der Strobl so was behauptn?
NEPOMUK De san jetz scho braun, de kemman weg.
MARIA Aber, Bappa, dann hast doch dafür an scheena Blick auf'n Kaiser.
NEPOMUK Geh, red doch koan Schmarrn …
MICHAEL Da, und da drunt hast an herrlichen Blick auf'n Hof.
NEPOMUK Ghört ma nimma.
MARIA Ja, aba as Haus is ja no da und kommt aa net aso schnell weg.
MICHAEL Mei, innen werd's halt a weng hergricht …
MARIA Da kimmt da Dr. Benningsen nei, des is fei a sehr netter Herr, den werds aa amal kennalerna bei Gelegenheit.
Pause.
MICHAEL Mei, Bappa, mir lebn halt davo …

NEPOMUK Ja, des hab i gmerkt.

MICHAEL Ich woaß scho, es brauchts a bißl Zeit, bis es eich eigwohnt habts, aba des werd scho ... *Ans Publikum* Jaja, so oide Leit, des is oiwei schwierig. Aba, was wollns denn, i find, de solln si net so ham. De san ja im selben Ort, und so hams es doch wirklich net schlecht da herin, oder? Und mir san doch schließlich aa no do. Mei, und mir leben halt in einer Zeit der Verdichtung, und des hat halt ois seine Konsequenzen, und i muaß ja schließlich aa lebn, da schaut sich manches leichter an, wia's in Wirkichkeit is. Und des is manchmal schwierig, bis ma des jemand klarmacha ko. Verstehn S' mi?

MARIA Mei, jetz seids halt net aso, es is halt amal aso, wie's jetz is. Und des is für euch net des Schlechteste, glaubts mir des.

MICHAEL Der Gruber, der Architekt, woaßt scho, Bab, der wohnt fei aa in am Penthouse, der sagt, eahm bringen koane zehn Pferde mehr naus.

MARIA Mei, und, ah, was i no sagn wollt, es konn jetz in nächster Zeit ab und zu amal sei, daß Leut vorbeikommen, de wo si des oschaugn wolln. Na seids net aso. Machts eahna halt auf und zoagts as eahna a bißl, und wenn mir net da san, gebts eahna halt unser Telefonnummer. Übrigens, wenn da wer was sagt, daß er net gscheit nausschaugn ko, na könnts es dene Leut ruhig sagn, daß de Fichtn wegkommen, weil s' da Strobl wegmacha wui.

MICHAEL Ja, ah, also, ah, mir gehngan jetz derweil. Laßts es euch guat geh, und, ah, mir samma ja net aus der Welt. *Aufbruchsgeste zu Maria.*

MARIA A Telefon kriegts es jetz bald aa no, und übrigens, a Kelleranteil steht euch aa no zua ...

MICHAEL Also dann, pfüat di derweil, Mama. – Bab, pfüat di. Also, pfüats euch ...

MARIA Also dann, pfüats euch, und – laßts euch guat geh ...

Maria und Michael gehen verlegen ab, Mutter Resl fängt leise zu schluchzen an.

NEPOMUK *legt den Arm um sie* Geh weiter, Muatta, was is, soll i an Sekt aufmacha? ...

6. BILD: WIRTSHAUS

Im Gastraum sind inzwischen auf allen Tischen bis auf den Stammtisch Tischdecken. Am Stammtisch sitzen Hofer, Stadler, Strobl, Erhamer. Am Nebentisch sitzt eine norddeutsche Familie, die gerade gegessen hat. Im Nebenraum wird wieder Theater geprobt.

NEUCHL *stürmt auf die Bühne* Wo ist sie? Wo ist sie?! Ich muß sie jetzt gleich sehen. Wenn ich sie jetzt nicht finde, weiß ich nicht, was passiert ...

HELGA Xaver, mein Xaver, schau doch, hier bin ich!

HÖPFL Schön, halt. Halt, ihr Lieben. Äh, Neuchl, Sie müssen etwas stürmischer herausbrechen, und Fräun Helga, bitte etwas später. Er sucht ja noch ...

NEUCHL Also guat, glei no moi. *Verschwindet, stürmt wieder herein.* Wo ist sie? Wo ist sie? Ich muß sie jetzt gleich sehn. Wenn ich sie jetzt nicht finde, weiß ich nicht, was dann passiert ...

VATER Fräulein, wir wollen zahlen.

WIRTIN Ja, ist guat, i sag's ihr. Helga!

HELGA Xaver, Xaver, schau doch, hier bin ich! – I kimm scho! Es duat ma leid, i muaß gschwind naus. I kimm glei, Hochwürden ... *Geht in den Gastraum.*

NEUCHL Ha, so werd des nia wos ...

HÖPFL Schon gut, Fräun Helga, wir warten ...

WIRTIN Lang schaug i da fei nimmer zua, daß i da wega an jedn Schmarrn hinterherlaffa muaß. Dafür brauch i koa Bedienung.

HELGA Es is ja nur no zwoa Wocha, Frau Gschwendtner, na ham mir Premiere.

WIRTIN Des geht einfach amal net, mir samma hier a Dienstleistungsgewerbe.

VATER Zahlen, bitte!

HELGA Ja, guat, also ...

VATER Wir hatten einmal Pfeffersteak und dieses Schweinelendchen indisch sowie einen Kinderteller.

HELGA Ja, und den Salat extra.

VATER Jaja, richtig, dann 'n Bier, 'n Spezi un' 'ne Cola ...

HELGA Brötchen?

VATER Hattest du 'ne Semmel, Kerstin?

MUTTER Nö. Petra auch nich.

VATER Kein Brötchen.

HELGA I hab aba oa Brezn herbracht.

VATER Ah ja, ja, richtig, ja, 'ne Brezel, richtig, die Brezel, ja, das war's dann ...

HELGA Siebenunddreißig vierzig die Herrschaftn. *Zum Stammtisch* Kriagt vo eich no oana was?

STADLER Bring mir no a Weiß. San mir bald dro?

HELGA Ein Weizen! – Mir probiern grad die Liebesszene ...

WIRTIN Einmal Weizen ...

ERHAMER Was is Helga, bist du dann oben ohne?

HELGA Des dad dir so paßn. *Kassiert.* Danke schön.

VATER Wiedersehn.

WIRTIN Wiederschaugn, hat's gschmeckt?

MUTTER Ja, war klasse ...

VATER Glauben Sie, Frau Wirtin, das Wetter hält noch für 'n paar Tage?

WIRTIN Ja, der Wetterbericht sagt, es bleibt beständig, mei, so genau woaß ma's nie, aber ich glaub schon, es sei denn, es kimmt a Schlechtwetterzone daher, aber mir ham jetzt grad Holländer daghabt, und die ham gsagt, in Holland war's heuer furchtbar, nichts wie Regen ...

VATER Tja, dannwollnwirmal hoffen. Alsdann vielendankunschöntachnoch.

WIRTIN Ja, hoffma's Beste, Wiederschaugn, und kommen S' wieder, gell ...

Familie geht.

ERHAMER Und i sag da's Strobl, i kimm net mit, i geh net aufi zu dem. I mog s' net, de Preißn. Da, da ander Preiß, sei Spezi, der wo an Sandhof kaaft hat, woaßt scho, was duat er? Der is no gar net eizogn, na hat er scho am Bichler Sepp per einstweilige Verfügung untersagt, also vabotn, daß er sei Schweinezucht hoit.

STROBL Ja, aba woaßt, beim Bichler da wachelt's fei oft ganz schee außi.

ERHAMER Am Bichler seine Säu warn eher da wia der Preiß, und da Bichler muaß davo lebn. Mir gangst mit dene geldign Hund.

STROBL Jaja, halt, halt, de san aa net alle gleich. I moan, da Ding, dieser, wia hoaßta, Hofer?

HOFER Zeck, Dr. Zeck ...

STROBL ... dieser Zeck, der hat fei ganz schee was springa laßn, fürn Veteranenverein, fürn Trachtnverein und für d' Feierwehr ... Und im Schütznverein, hat er gsagt, werd er aa Mitglied, passiv natürlich.

ERHAMER Wann des a Schütz werd, na könnts mi streicha.

HOFER Geh, Erhamer, jetz sei net aso zwider, des is a ganz a gwandter Mo.

ERHAMER Guat, daß du des sagst, Hofer . . .

HOFER Glaab ma's, der hat mir, und des hätt der fei aa net doa miaßn, der hat mir de ganze Möbeln vom Konsul, ois hat er mir gschenkt, bis auf die Perserteppiche.

ERHAMER So, na lebst jetz du wie ein Konsul. Aber sag amal, was hast 'n du da o? *Zupft an Hofers Trachtenanzug.* Is des jetz dei neie Hausluniform beim Millionär?

HOFER Geh, red doch koan Kas. Des is de oide Tracht vo St. Öd. Manchmoi ko ma mit dir wirklich net redn.

ERHAMER Moment amoi, Mandei, was is 'n do jetz beispielsweise oid?

STROBL Des is oana vo de Anzüg, de wo da Zeck spendiert hat . . .

ERHAMER Naa, jetz sag ma's, was is da oid an deim Gwand? Da, de Knöpf, de san doch aus Blech. A ganz a miese Qualität. Oda? Und da, des is ja ois Plastik. Sogar da Stoff is aus Plastik.

HOFER Des hams heit in an jedn Stoff drin, a bißl an Kunststoff.

ERHAMER Ja, Mensch, du laafst ja umanand wia ra Plastiktütn. Aso is doch früher in St. Öd koa Mensch net umanandergroast . . .

STROBL Ah geh, woaßt, de Tracht is doch ganz guat nachempfundn.

ERHAMER Jaja, scho recht, deats es nur recht schee nachempfindn . . .

STROBL Mei, woaßt, mit dir is heit aba aa nix zum Ofanga. Was is, Hofer, geh mir derwei umi zum Hochwürdn, jetz wern ma bald dro sei . . .
Hofer und Strobl gehn.

ERHAMER *ruft ihnen nach* Deats nur recht schee nachempfindn, es Komiker.
Steht auf, geht aufs Klo.

HÖPFL Das ist aber nett, daß ihr schon da seid, da können wir gleich mit der Burggrafenszene beginnen. Zieht euch vielleicht schon mal um, bis auf das Fräulein Helga, die muß ja immer wieder mal hinaus.
Uli und Maja Hüsch, er in Bundhose, sie indisch, betreten die Wirtschaft.

HÜSCH Glaub mir, Maja, die Integration, das ist das wichtigste, wenn man langfristig zu 'ner guten Kommunikation gelangen will. Feedback, verstehste, das fängt schon bei ganz einfachen Dingen an. *Am Stammtisch* Entschuldigen Sie, is da noch frei?

STADLER Jaja, i glaub scho . . .

WIRTIN Helga!

HELGA Mei, Hochwürdn, i hab's glei ... *Am Stammtisch* Bitte, was derf's sein?

HÜSCH Ich hätte gern en Moaß ...

HELGA Bittschön, was?

HÜSCH Ein Moaß Bier.

HELGA Ah, a Maß. Mir ham bloß Hoibe. Trinka S' halt zwoa. Und Sie?

HÜSCH Maja, du?

MAJA Ham Se 'ne Schorle?

HELGA Ein Helles! Rot oder weiß?

WIRTIN Ein Helles.

MAJA Weiß.

HELGA Eine weiße Schorle!

WIRTIN Eine weiße Schorle.

HÜSCH Weißt du, man muß sich am Ortscharakter orientieren. Und am Ortsleben auch mal aktiv teilnehmen.

MAJA Aber du willst doch nich 'n Vereinsmeier werden.

HÜSCH Nee, darum geht das nich, das geht darum, daß man den Leuten das Gefühl gibt, daß man sie irgendwie akzeptiert, nich wahr ...

MAJA Nee, Uli, ich glaube, du stellst dir das zu idealistisch vor.

Maria Berzelmeier betritt das Lokal, setzt sich an einen Seitentisch.

MARIA 's Gott, Frau Gschwendtner ...

WIRTIN 's Gott, Frau Berzelmeier, er war heut no gar net da.

MARIA Ah so, jaja, is scho recht ...

HELGA So bitte, ein Bier, eine Schorle, wenn S' noch was brauchn, ich bin nebenan, mir müaßn nämlich grad fürs Theater üben.

HÜSCH Was, Sie spielen hier richtig Theater?

HELGA Ja, in vierzehn Tag is Premiere ... *Geht.*

HÜSCH Nu schau dir diese Leute an, die sind hier richtig kreativ auf'm Land, und die machen das hier noch ohne Kommerz.

HELGA Grüß Gott, Frau Berzelmeier, kriegn mir was?

MARIA Worauf Sie sich verlassen können. Hocken Sie sich amal her, ich möcht was mit Ihnen besprechen. Also, Sie wissen wahrscheinlich ganz genau, warum i da bin.

HELGA Naa, wieso?

MARIA Mir brauchen da gar net lang Versteck spieln. Ab heute ist mein Mann für Sie tabu. Ham S' mich verstandn?

HELGA Aber des is doch ...

MARIA Haben Sie mich verstanden?!

HELGA Ja, aber i wui ja gar nix vom Michi, ah, von Ihrem Mann, wenn überhaupts, dann is des er . . .

MARIA Guat, wenn des so is, des macht die Sache noch wesentlich einfacher. Also, was kost des, wenn Sie mein Mann nimmer belästigen?

HELGA Ich und belästigen!

MARIA Wolln S' an Skandal? *Erhamer kommt zurück, grinst, geht wieder zum Stammtisch.* Ich hab gfragt, was kost des, wenn mein Mann für Sie ein für allemal tabu ist?

HELGA Ja, was glaubn denn Sie? I laß mi doch von Eahna net kaffa.

MARIA Ich biet Ihnen tausend Mark.

HELGA *zögert kurz* Wenns so is, fuchzehnhundert.

MARIA Gut, fuchzehnhundert. Aber dann is ein für allemal a Ruah. Is des klar? *Schreibt einen Scheck aus, wendet sich dabei ans Publikum* Wissen Sie, ich laß mir doch von so einer net meine ganze Ehe ruinieren. Ich bin grad dabei, so was wie a Familie aufzubaun, und na kamad sie daher. Mei Michael is a bißl a schwacher Mensch, aba mir lebn halt zamm. Glaubn S' mir, ich hab mir des alles, also alles, was ich heut hab, mühsam aufbaun müssen. Mir hat koana was gschenkt. Mir warn dahoam vier Madln, und mei Vatta war a kloana Beamter, da hat's ghoaßn: Vogel friß oder stirb. Wenn mi a so oane wia de da ausbootn wui, na muaß de fei scho früher aufsteh. Vui früher. *Zu Helga* Also, Sie wissen Bescheid. *Überreicht den Scheck.* Wenn jetz noch was vorkimmt, dann lernen S' mich kennen . . .

HELGA *steckt Scheck in ihren Ausschnitt, geht . . . Zum Publikum* Wenn si oane aso aufführt wia de, na solls aa zahln. Bei so was, da kenn ich dann keine Hemmungen.

MARIA *steht auf* Also, Wiederschaun, Frau Gschwendtner.

WIRTIN Was is, gehn Sie scho wieder?

MARIA Ja, i muaß, leider, i hab wieder a Wohnungsbesichtigung drübn . . .

WIRTIN Und, wie geht's voran?

MARIA Danke der Nachfrage, fast alles verkauft. Aah, der Herr Hüsch. Grüß Gott, ham S' Eahna scho recht guat eiglebt?

HÜSCH *prostet zu* Tja, Sie sehn ja . . .

MARIA Sitzt er scho am Stammtisch. Gratuliere. Also dann, Wiederschaugn.

WIRTIN Wiederschaugn, Frau Berzelmeier. *Maria ab.*

HÜSCH Also dann, zum Wohle allerseits. *Prostet.*

STADLER Prost . . .

ERHAMER Ja mei, des kost du vielleicht net wißn, Mo, drum sag i da's aa ganz in aller Ruhe, gell, aba des, schaug amal her – *hebt Stammtischschild* –, des is der Stammtisch. Also da hockn de da, de wo da oiwei dahockan.

HÜSCH Ah ja, so . . .

ERHAMER Und jetz sei ma net bös, aba di hab i do no nia hocka sehng.

HÜSCH Ja, aber der Herr hier sagte mir eben, hier wäre noch alles frei.

ERHAMER Da schaug hi, da hams dir, an jedn Tisch hams dir a scheene Tischdeckn aufglegt, da kost di überall hihocka, gell, ham mir uns verstandn? Compris?

HÜSCH Oh, das tut mir aber sehr leid. Komm, Maja. Äh, darf ich Ihnen vielleicht dafür 'n Bierchen ausgeben?

ERHAMER Jetz no was, Mandl: Zahl du mir koa Bier, weil i zahl dir aa koans. Host mi? . . .

HÜSCH Komm, Maja, setzen wir uns vielleicht besser hier rüber.

MAJA Du mit deiner Kommunikation. *Die beiden ziehen um.*

HOFER *erscheint in Rüstung* Hochwürdn, mir waarn soweit.

HÖPFL Ja, dann bitte die letzten Takte des musikalischen Präludiums und dann die Burggrafenszene.

Eine kurze Musik.

HOFER Und ich sage dir, Tochter, nie und nimmer sollst du diesen Tölpel heiraten.

HELGA Mein Vater, bitte, verstoßet mich nicht.

HOFER Du hast hier das Schloß, und so weit dein Auge schauet, alles ist mein. Bedarfst du etwas, so soll es dir an nichts fehlen, es sei dein, doch vergiß diesen . . . Wie hat des Wort gheißn?

HÖPFL Tunichtgut.

HOFER . . . diesen Tunichtgut.

HELGA Vater, gehet nicht zum Äußersten. Was hilft mir alles Geld dieser Welt, wenn ich mein Herz verkaufen muß? Der schnöde Mammon schnürt mir den Busen zu, hinweg mit ihm, ich will ihn nicht haben.

HOFER Elende, ich verstoße dich!

STROBL *zaghaft* Kimm jetzad ich, Hochwürdn?

HÖPFL Jaja, los, Strobl.

HOFER Wer hat dich gerufen, greiser Feldmarschall?

STROBL Es ist der Jammer deiner Tochter, der meine Seel beleidigt.

HOFER Halt Er sich da raus. *Privat* Wo is 'n da Stadler? *Geht von der Bühne zum Gastraum.* Mensch, Stadler, wo bleibst 'n?!

STADLER Ah, bin i scho dro? *Rennt in den Nebenraum.* Soll i mi no gschwind umziehn?

HÖPFL Nein, nein, gleich weiter.

STADLER Ja, wo samma nachert grad?

STROBL Es ist der Jammer deiner Tochter, der meine Seel beleidigt. Er sagt: Halt Er sich da raus, und nachert kimmst du mitn Neuchl einiglaffa . . .

STADLER Naa, also, es duat ma leid, Hochwürdn, i konn des nur spuin, wenn i mei Gwand ohab.

HÖPFL Also gut, Stadler. *Seufzt.* Ziehn Sie sich um, wir warten solange . . .

Ein Pakistani steht schüchtern im Gastraum.

WIRTIN Aha, Sie san wahrscheinlich der Herr Gyaram?

PAKISTANI Yes.

WIRTIN Da herkommen. – Gehnga S' halt amal her. *Winkt.* Küche, kitchen . . . *Pakistani zur Theke.* Du immer alles schön sauber machen.

PAKISTANI Yes.

WIRTIN Kitchen clean, spülen, und abspülen, und was so noch anfallen . . .

PAKISTANI Yes.

WIRTIN Haben schon Wohnung?

PAKISTANI Woning nix.

WIRTIN Des kriegn mir schon. Wir kriegen. Unterkunft ich erledigen. Rest ich erledigen mit Herrn Wolfbauer, Arbeitsamt.

PAKISTANI Ah, Mr. Wolfbauer, yes.

WIRTIN Also dann, hergehen, da hinein, anfangen, alles clean.

PAKISTANI Guttgutt. *Verschwindet in der Küche.*

WIRTIN *ans Publikum* Wissen S', ich hab mir des knallhart durchgerechnet, weil ma muß ja rechnen heutzutag, also, aso a Pakistani kimmt mir im Endeffekt fei ehrlich billiger wie a Gschirrspülmaschin. Ehrlich, Sie, des möcht ma nicht glaubn, aber es is aso. Schaun Sie: In der Küch bräucht ich total neue Wasseranschlüsse, as Elektro waar aa z' schwach, müaßad ma aa ois neu installiern, in der Küch müaßad i ois rausreißen, dann die Ausfalltage verdienstmäßig, während dem Umbau, und so a Großraumgschirrspülmaschin, de kost fei aa allerhand, gell, dann der enorme Wasserverbrauch, sodann brauchad i aa total neues, maschinenfestes Gschirr, Wartung, Reparaturen, Verschleiß und so weiter. Ois zamm, da konn i mir für desselbe Geld ohne weiteres mindestens sechs Jahr lang so an Pakistani leistn, des holt die Maschin einfach net schneller rein, und der Pakistani konn dann für dasselbe Geld aa no nebenher d' Küch sauberhaltn, Zwiebeln schneidn, Abfall ausleern, kleine Botengänge, und was halt so anfällt. Bei unserm System is de heut gar nimmer andes zu machen.

PAKISTANI Where is de Butzmittel?

WIRTIN Wartn S', ich schon kommen. *Ans Publikum* Er kennt si no net aus. *Ab in die Küche.*

STADLER *hat sich umgezogen, sieht aber fast genauso aus wie vorher.* So, jetzad, auf geht's . . .

HÖPFL Na endlich. Also . . .

STROBL Also, mir warn bei: Es is der Jammer deiner Tochter, der meine Seel beleidigt.

HOFER Halt Er sich da raus.

STADLER Wo ist der Burggraf, ich muß ihn sprechen!

HOFER Wer hat diesen Nichtswürdigen hereingelassen?

STADLER Graf, in bin zwar nur ein einfacher Bauersmann, doch meine Scholle nährt auch Eure Landeskinder. Verachtet mir nicht den Bauernstand, denn nimmer weicht der Bauer von seiner Scholle.

NEUCHL *kommt hereingestürmt* Ha, trutzger Graf, hier stehe ich!

Wirtin kommt wieder ins Lokal.

ERHAMER No a Halbe . . .

HELGA Xaver!

WIRTIN Helga!

HELGA Jaa! Hochwürdn i muaß wieda gschwind nüber . . .

HÖPFL Jaja, wir warten solange . . .

HOFER *auf der Bühne* Übrigens, was is 'n, Stadler, hast du jetz eigentlich die Bleichwiesn verkaaft?

STADLER Sowieso. I woaß gar net, was der Berzelmeier mit dera sauern Wiesn wui, wei des geht nia durch als Baugrund, des woaß i vom Bürgermoasta persönlich, und der woaß's wieda vom Heinzel, Wasserwirtschaftsamt, Beziehungen, vastehst . . .

7. BILD: ZWEI SCHLAFZIMMER

MICHAEL Also dann, guat Nacht.

MARIA Hast wieder recht viel gsoffn?

MICHAEL Was hoaßt vui, des Übliche halt. Aa net mehr wia sonst aa.

MARIA Des glangt scho.

MICHAEL Mei, ganz kimm i amal net aus. I muaß ja repräsentiern, da werd da da was eigschenkt und da, des läppert si halt so zamm.

MARIA Mir brauchst nix verzähln, oiwei desselbe, i woaß scho, und wennst bsoffn bist, na steigst wieder de Weiber nach. Also, daß da du net z' schad bist für diese Schlampe von ara Bedienung.

MICHAEL Was für a Bedienung? Wovon redst denn du überhaupt?

MARIA Und noch dazu in aller Öffentlichkeit, des is so gemein, du weißt ganz genau, wovon i red!

MICHAEL Naa, ehrlich, i woaß's net.

MARIA Wieso, gibt's am End sogar mehrere?! Aber da mach ich nicht mehr mit. D' Leut schaugn oam scho nach auf da Straß, ma werd ja richtig ausglacht.

MICHAEL Haha, wieso?

MARIA Aber da mach ich nicht mehr mit. Nicht mit mir! Also: Einmal, wennst mit dera Schlampn no zammbist, wenn ab heute noch mal auch nur das geringste vorkimmt, na kannst ausziehn.

MICHAEL Wieso, na ziag doch du aus, wenn da was net paßt, du konnst doch genauso ausziagn.

MARIA Ich möcht dich hier amal nur drauf aufmerksam machen auf die Tatsache, daß unser Vermögenssituation laut Notar Dr. Rötenbeck eindeutig geklärt is. Des hat fei nicht nur steuerliche Konsequenzn.

MICHAEL He, wia kimmst ma 'n du auf oamoi daher?

MARIA Wolln mir amal nur festhaltn: Dir ghört von unserm Sach gar nix! Rein gar nix mehr! Net amal der Porsche ghört dir, mit dems d' deine Bedienungen aufreißt.

MICHAEL Du, gell!

MARIA Net amal der Dreck unterm Fingernagel ghört dir, und i sag dir aa, mit Recht. I derfad an ganzn Tag rackern, daß i de Scheißlöcher an de Preißn verkauf, und der Herr, was macht der Herr? Sekt, Champagner, Porsche fahrn und mit Bedienungen umanandziagn. Sag amal, bist du aso pervers, daß du's nur no mit Bedienungen konnst? Was hast 'n du für an Gschmack, des is doch unnormal, daß oana nur no mit Bedienungen, du ghörst ja zum Psychiater! *Michael will zuschlagen, Maria geht in Deckung, Michael trifft die Bettkante und verletzt sich.*

MICHAEL Autsch! Zefixsakramentscheiß, aua . . .

MARIA Des hast davon, du rabiater Kerl, schleich di doch, zieh doch aus, fahr Taxi mit deine Bedienungen!

MICHAEL Aua, du, i glaub, i hab mir d' Hand brochn.

MARIA Geh, sei net so wehleidig. Wo, zoag her?

MICHAEL Aua, zefix, paß doch auf.

MARIA Jessas, du bluatst ja richtig. Moment. *Steht auf und holt Verbandszeug.*

ALFONS Du, Elfi, in der Gemeinde is d' Sonnleitn so guat wie durch, und mit'm Heinzel hab i aa scho gredt. Und der Heinzel moant aa, des müaßad durchgeh.

ELFRIEDE Jaja, schön, also, guat Nacht.

ALFONS Ja, Mensch, Elfriede, woaßt du, was des bedeut?! Mir wern reich. Dieser Schritt hat quasi Dimensionen.

ELFRIEDE Ja, schön, also dann, guat Nacht.

ALFONS Der Graber fangt scho an . . .

ELFRIEDE Wer?

ALFONS Der Graber, der Architekt, fangt scho an mit de Pläne.

ELFRIEDE Ja, na is ja recht, aber jetz schlaf doch amal . . .

ALFONS Herrschaft . . . *Wälzt sich im Bett.*

MARIA So, dua dei Hand her. Des kimmt von der Grobheit.

MICHAEL Autsch!

MARIA Sei net aso wehleidig! *Verbindet.*

MARIA Du, Maria, mit'm Heinzel hab i gredt, und der Heinzel moant aa, des müaßad hihaun.

MARIA Unterschätz fei an Schucker net, der möcht's jetz wißn. Des gspür i. Du moanst oiwei, des geht ois aso von selber. Der Schucker steht aa mit'm Heinzel zamm, der Heinzel is a schwache Figur.

MARIA Naa, aber mit'm Heinzel ko ma durchaus redn. Des kriagnma scho, glaub ma's, woaßt, aber der Heinzel hat mir unter der Hand scho angedeutet, er bräucht halt aa amal a Verlustzuweisung . . .

MARIA Siehgst as, geht's scho los. Naa, was mir müaßn, des is, an Schukker selber packn, und i woaß aa scho, wia.

MICHAEL Sag amal, Maria, wia moanst 'n des?

MARIA Paß auf: Mir laßn durchsickern, daß mir in des Penthouse lauter Asylantn neidoa, eine Art Wohnheim . . .

MICHAEL Bist deppert, Asylantn?!

MARIA Laß mi doch ausredn. Mir sagn ja bloß. Des genehmigt uns as Landratsamt, und der Schucker als Bürgermoasta muß es praktisch dann aa genehmigen, weil's a soziale Angelegenheit is, und wenn der Schucker a Asylantnwohnheim genehmigt, na konn er si in ganz St. Öd nimmer sehng laßn, na spuckns eahm ins Gsicht.

MICHAEL Ja, na ist er erledigt, des is guat, Maria, brillant, ehrlich.

MARIA Gell. Und den Lehrer hab i scho ogspitzt, daß auf der Sonnleitn seltene Käfer und Blumen und so Zeugs umanandwachsn, der is doch so a Naturdings, werst as sehng, de macha Schwierigkeitn, da werd de Rest-KG spitzn.

MICHAEL Ja riesig. Und beim Heinzel bleib i dro. Der Heinzel moant eh scho, zu neunzig Prozent, an Graber hob i aa scho ogspitzt, der macht scho die erstn Planentwürfe, und des, des sag da i: Mit'm Heinzel kann ma redn.

ALFONS Paß auf, Elfriede, was i dir sag: De Berzelmeier mit eahnara Bleichwiesn, de gehn buchstäblich badn. Wei mit'm Heinzel hab ich's wassertechnisch schon geklärt. Er sagt, zu neunzig Prozent, er sagt, wenn der Grünbach gstaut werd, und des muaß er bei unserer Variante praktisch werdn, na steigt as Grundwasser, und de ganze Bleichwiesn werd ein Sumpfgebiet. Also, a richtig wertvolles Biotop, des kimmt vielleicht sogar noch unter Naturschutz, also von Bauland is dann keine Rede mehr. Und der Heinzel moant scho, also zu neunzig Prozent . . .

ELFRIEDE Ja, jetz gib halt amal a Ruah . . .

ALFONS Naa, i wollt an und für sich nur no sagn, also mit'm Heinzel, mit dem kann ma ganz guat redn.

8. BILD: STRASSE

HOFER *wendet sich an die Zuschauer* Sie, i muaß amal loswern, nein, es ghört amal gsagt, wissn S', ich halt des nicht mehr aus. Des Gsindl auf deutsch gsagt, und bloß, weil 's a Geld ham. Und vor solchene Deppn muaß i buckeln und schee doa, an ganzn Tag, vastenga S'. Vor ihr. Sie, diese Güs-Güs-Dings, wia s' hoaßt, de Goaß. De hob i bsonders gfreßn, diese Schoaßwiesn, aso a Blunzn. »Herr Hofer, könntn Sie mal im Kamin nachkucken, das raucht so.« A Feuer raucht doch, oder? Also. A Hirn wia a Spatz. Und er ... *Während der Szene kommt Zeck dazu, sieht Hofer und hört zu* ... er selber is ja a Depp. Er is ja der totale Batsch. Sie laßt eahm umanand wia ra Scheißbürschtn, und wei s' eahm aso schikaniert, laßt er's nachert an unseroan wieder naus. A so eine arrogante Sau, sag i Eahna, der red mit mir wie mit am Lausbuam. Sie, der duscht am Tag viermal, und na saufans Rotwein, und von wega nia da, de hocka scho de dritte Woch bei uns umanand, nachert nix wia freßn, und mei Frau derf an ganzn Tag bügeln und macha und doa für de Bagage, de san also ... also, wie soll i des ausdrückn, des san aso, ah, des san aa dermaßen unangenehme Saupreißn, daß i ...

ZECK Das is ja interessant, Herr Hofer, mal Ihre Ansichten so frisch von der Leber weg kennenzulernen. Ob das allerdings die geeignete Grundlage für ein weiteres Beschäftigungsverhältnis ist, na ja, wir werden sehn ...

HOFER Ah, der Herr Doktor, ah, Zeck, ah ...

ZECK Ach, übrigens, Hofer, es ist Ihnen vielleicht entgangen, die Dachrinne an der Nordseite, das leckt so 'n bißchen, das ist alles schon ziemlich angerostet ...

HOFER Jaja, da ham Sie recht, da ghört amal was gmacht.

ZECK Äh, wenn Sie vielleicht bei Gelegenheit ...

HOFER Naa, Herr Doktor Zeck, des mach i glei. So was gehört immer sofort gmacht. *Eilt ab.*

ZECK *ans Publikum* Wissen Sie, solche Leute brauchen auch ab und zu mal 'n Ventil.

9. BILD: MILLIONÄRSVILLA SOUTERRAIN-HAUSMEISTERWOHNUNG

In der Villa: Zeck, Güstrop, Benedikt Hofer, Horst Jüssen, Emilio, das St.-Öd-Trio, Wirtin, Höpfl, Dr. Benningsen, Michael und Maria Berzelmeier, Schucker, Uli und Maja Hüsch, Erhamer, Strobl. Alle singen »Happy birthday to you«. Gelächter und Applaus. Man gratuliert Franziska Güstrop.

ZECK Tja, und nun, meine Damen und Herrn, ich habe noch etwas Bemerkenswertes für Sie: Ich habe nämlich heute meine drei guten Hausgeister an einem Ort versammelt, hier sind sie: Emilio, hier ist Emilio, Emilio betreut mein Haus in Sardinien, dann da, das ist Horst, Horst Jüssen, Horst verwaltet meine Bauernkate auf Sylt.

HORST Jau . . .

ZECK Und unsern lieben Hofer brauche ich ja nicht weiter vorstellen. Wir leben ja heute in einer zunehmend anonymen Gesellschaft, und da dachte ich mir, bringste mal die Menschen zusammen, die mit meiner Lebenssituation doch irgendwie verbunden sind. Nich wahr, Emilio?

EMILIO Sì.

ZECK Hofer?

HOFER Ja.

ZECK Horst?

HORST Jau.

ZECK Horst ist schon mein ältester Getreuer. Horst, wann war das, war das nicht 1964?

HORST Jau.

ZECK Oder war es nich schon 63?

HORST Jau.

ZECK Na, jedenfalls in diesem Zeitraum war's irgendwann . . .

HORST Jau.

ZECK Wissen Sie, ich kann ziemlich genau datieren, das war 62, da wurde ich mit Taiwan handelseinig. Ich importiere nämlich Bohrmaschinen aus Taiwan über Hongkong, tja, und seitdem ist ein Hausmeister nach dem anderen dazugekommen. Ich behandle sie alle gleich. Alle. Ich bin leidenschaftlicher Demokrat. Alle Menschen sind doch irgendwie gleich, meiner Meinung nach, nicht wahr, im Prinzip natürlich nur, also ich meine, gleich, aber nicht amorph, denn wie sagt schon der Franzose: »Vive la différence«, es lebe der Unterschied. Und die Franzosen verstehen weiß Gott was von Demokratie. Tja, also dann, liebe Gäste, unsere liebe Franziska hat heute nicht nur Geburtstag, sondern sie hat auch noch 'ne andere Art von Premiere. Sie hat nämlich ein Bild gemalt.

GÜSTROP Das ist das Kloaschautal, 'ne Art Alpenidylle.

ZECK Horst, willste mal das Bild enthüllen?

HORST Jau. *Enthüllt das Bild, dünner Applaus.*

ERHAMER Aha, des is as Kloaschautal, ja vareck.

Allgemeines Mmm und Aah zum Bild.

Zu Hofer Geh weider, Herr Ober, bringen S' mir mal a Bier.

HOFER Dua di zammreißn.

ERHAMER Ah so, bist du net zuständig, na macht's da Kollege. He, du, bringst mir du vielleicht a Bier?

HORST Jau.

WIRTIN Sagn S' amal, Frau Güstrop, wo ham Sie die schöne Kettn her?

GÜSTROP Das is 'ne Erbskette. Hier im Alpenraum tragen das die Bäuerinnen.

WIRTIN Ah geh, daß ma da bei uns no nia was gsehng hat.

HÜSCH Ja, doch, doch, die Erbskette ist ganz typisch hier im Alpenraum.

WIRTIN Also, i siehgs heut zum erstn Mal, i muaß sagn, wirklich sehr schön, so schee gfaßt. Aba, daß ma davo no nia was ghört hat bei uns. Sagn S', wia hoaßt des?

HÜSCH Erbskette, sagen die Bäuerinnen, nich wahr, Maja?

MAJA Ja, Erbskette.

MARIA Sie, Frau Gschwendtner, ham S' an Augenblick Zeit . . .

WIRTIN Ja, um was geht's, Frau Berzelmeier?

MARIA Ah, Sie, Frau Gschwendtner, was dad des kostn, wenn Sie der Helga, also Eahnara Bedienung, kündigen?

WIRTIN Ja, wieso nachert des?

MARIA Glaubn S' mir's, Frau Gschwendtner, ich hab so meine Gründe, glauben S' mir des . . .

WIRTIN Jaja, i konn ma's scho denka . . .

MARIA Wieso?

WIRTIN Ja mei . . .

MARIA I zahl Eahna zweitausend Mark.

WIRTIN Naa, des . . . I wui Eahna was sagn, Frau Berzelmeier, bhaltn S' Eahna des Geld, i konn Eahna da was anvertraun, aber des bleibt vorläufig unter uns, gell? I mist den ganzn Ladn aus, wei so is des koa Weitermacha. Ich plane ein Spezialitätenrestaurant gehobenen Stils, aber durchaus alpenländisch, mit ara vernünftigen Gastronomie und für Leut halt, de wo auch gewisse Ansprüche ham irgendwie, gell, wei in so a Boazn geht ma a solches Publikum ja net nei. Und solche Leut, de ham a Zukunft. Schaun S', solche Leut, wie s' in Eahnam Penthouse eiziagn, da san ja so nette Menschn dabei. Und san S' doch ehrlich, Frau Berzelmeier, Sie nehmen doch aa net Krethi und Plethi, oder?

MARIA Ja, da ham Sie vollkommen recht, Frau Gschwendtner. Übrigens, wenn des amal in die konkrete Planungsphase ...

WIRTIN Des san mir schon, desweg wollt ich Ihnen auch amal, also, ich hab mir denkt, des Grobe, des macht die Rest-KG, und Ihr Mann macht dann nachert den Innenausbau, weil der hat ja viel mehr Gschmack. Nix gega 'n Schucker, aber da hat er net des Know-how.

MARIA Ja, bei solche Sachen, da is mei Mann wirklich Spitze.

MICHAEL No, Schucker, wia schaugst's oiwei aus?

ALFONS Ah ja, mei, muaß scho, woaßt eh ...

MICHAEL Ja mei, bei uns is im Moment halt aa a bißl, woaßt scho, wega da Bleichwiesn, hamma uns vielleicht a bißl vergaloppiert, und im Penthouse, woaßt ja, des geht aa oiwei no a bißl zach, aber da ham mir jetz an Lichtblick, wei mir ham mit'n Landrat gredt, wei mir woin halt jetz da, wo no frei is, woi ma dawei Asylantn neidoa. De Regierung dad de Kostn übernehmen, da Landrat is extrem dafür, und du werst als Bürgermoasta doch da aa nix dagegen ham woin, es is ja schließlich ... und auch a soziales Anliegn, oda?

ALFONS Was? Was hast gsagt, Asylantn?!

MICHAEL Ja, so Neger, Asiatn, wo s' halt herkemman ...

ALFONS Jetz paß amal auf, Berzelmeier, jetz mach i dir an andern Vorschlag: Du kennst doch an Heinzel.

MICHAEL Ja, klar.

ALFONS Und i sag da's, der Heinzel, des is unser Mann. Aa wega deiner Wiesn ...

MICHAEL Ja, des klingt net schlecht. Des is guat.

ALFONS Mit'm Heinzel, da ko ma redn.

GÜSTROP A Table! Mesdames, messieurs ...

ERHAMER Wia, wos?

Alle außer Erhamer setzen sich.

GÜSTROP Erst mal 'n kleines Horsd'œuvre ...

Die drei Hausmeister servieren. Allgemeines Mmm und Aah. Alle sind mit Essen beschäftigt.

Souterrain.

Trudi hat ihre Sachen gepackt.

KATHARINA Ja, Madl, was duast 'n?

TRUDI Mama, i mach des nimmer mit, du, woaßt, es is net wega dir.

KATHARINA Ja aber, was machst 'n da um Gottes wuin?

TRUDI Mama, i geh furt. Nach Berlin.

KATHARINA Nach Berlin?!

TRUDI Ja, nach Berlin, Mama, und dir gib i d' Adreß. Aber bittschön gibs' net am Bappa. Bittschön, verrat mi net. I konn ma's nimmer mit oschaugn, Mama.

KATHARINA Ja, was denn, Deandl, es feit da doch an nix?

TRUDI Naa, des is's net, aba ois mitanand, des is irgendwie unwürdig. Des mit'n Bappa, ois was da passiert, des duat mir weh . . . Pfüat di, Mama, sei ma net bös. I laß scho wieda von mir hörn.

KATHARINA Ja aber, Trudi, Madl, was . . .

TRUDI Pfüat di, Mama, pfüat di. *Geht eilig ab.*

KATHARINA Ja aber . . . O mei, des is ein Kreuz.

Oben.

GÜSTROP Nu, Herr, aah . . .

MICHAEL Erhamer . . .

GÜSTROP . . . Herr Erhamer, was is mit Ihnen? Nehmen Se Platz.

ERHAMER Scho recht, i kimm scho. Wieso hat 'n der Ober – *deutet auf Hofer* – koane weißn Handschuah o?

Alle lachen, Erhamer kommt zum Tisch.

ZECK Haha, köstlich, der Mann hat Mutterwitz, sehr gut, Berzelmeier, an so was dachte ich . . .

ERHAMER *setzt sich* Herr Ober, einmal Menü! *Gelächter.*

GÜSTROP Gucken Se mal, Herr Erhamer, das is was ganz Leckeres, das is Brennesselspinat, und das ist obendrein gut fürs Blut.

ERHAMER Da werd doch net a Hund higsoacht ham.

Alle lachen wieder.

ZECK Toll, der Mann, das is 'n Echter.

ERHAMER An Brennessel ham mir als Kinder oiwei vom Zaun rupfn müaßn, wei sonst hat's net vui anders gebn.

GÜSTROP Hahaha, ja, und da, schaun Sie, das is 'n Löwenzahnsalat, mit Sauerampfer, angemacht wie bei Bocuse. Das kriegen Sie nur in ersten Delikateßgeschäften, höchstens in München oder Köln oder Berlin, jedenfalls nur in Großstädten.

ERHAMER Mir ham's vo der Wiesn obazupft. Da san mir net extra auf Minga gfahrn. Da, wo da Kuahscheiße is, is aa da Löwenzahn.

Alle lachen schallend.

ZECK Hahahaha, sagen Sie mal, Erhamer, wie machen Sie das? Sie sind ja 'n echtes Original!

ERHAMER *ans Publikum* A so ein Arschloch . . .

GÜSTROP Und zum Finale, Herr Erhamer, als Dessert haben wir uns was ganz Spezielles ausgedacht, das wird Sie sicher interessieren, wir serviern 'nen original echten Holzfällerschmarrn. Nur Wasser, Mehl . . .

ERHAMER *unterbricht Güstrop wütend* Jetz leckts mi am Arsch. Ja, seids jetz narrisch worn? Spinnts es jetz ganz, es geldigs Gschwerl?! Herr Pfarrer, san S' ma net bös, aber des muaß i jetz sagn. Mei ganze Kindheit hab i nix anders gfreßn wia an Sauerampfer, an Löwenzahn und am Freitag an Schmarrn. Wei's nix anders gebn hat. Bei uns hat d' Not dringwohnt vom Fuaßbodn bis zum Dach. I racker de ganze Zeit, mei ganz Lebn rackad i wia ra Depp, und de baun Häuser, stelln a solchane Hausstöck hi, und i hab net amal a gscheite Wohnung! Na werst da eigladn, un' na gebn da de an Löwenzahn zum Freßn und hinterher an Schmarrn. I wui eich net vui mehr sagn, i sag's eich nur, wei sonst sagt's eich eh koana, aba auf solchane Leit, auf Leit wia eich, auf Leit, wia's es seids, is ganz schee gschißn.

Geht.

ZECK Na also so was . . .

GÜSTROP Ganz schön ordinär, der Mann.

MICHAEL I hab's Eahna glei gsagt, Herr Doktor, ich hab Sie gewarnt.

ZECK Also, ich muß schon sagen, mit Originalität hat so was wirklich nichts mehr zu tun. Oder, wie siehst du das, Horst?

HORST Jau.

Ein Stein fliegt klirrend durch eine Fensterscheibe.

10. BILD: PENTHOUSE

Nepomuk, Michael und Maria Berzelmaier in Trauerkleidung, Strobl ist gerade am Gehen.

STROBL Also, Nepomuk, mei Beileid no moi, dei Reserl war a guate Haut, mei, was soi ma no vui sagn, woaßt as eh, mir is aa net anders ganga, i hab de mei aa eigrabn müaßn, was soi ma do sogn. Woaßt eh . . .

NEPOMUK Jaja, i woaß scho, Strobl, gega 's Schicksal kost halt einfach nix macha. Es kommt oiwei aso, wia's kimmt, wia's kemma muaß.

STROBL Ja, na pack i's, oiso nachert, pfüats eich . . .

MARIA Wiederschaugn, Herr Strobl.
MICHAEL Pfüat di, Strobl.
NEPOMUK Pfüat di, Strobl, und dank da schee . . .
STROBL Aah, kannt i mi'm Lift fahrn?
NEPOMUK Freili, brauchst bloß an Knopf drucka.
STROBL Also nachert, pfüats eich. *Geht.*
MICHAEL Ja mei, Bab, jetza, mei, jetzad, ah . . .
NEPOMUK Jaja, i woaß scho, gehts grad zua.
MICHAEL Woaßt, Bab . . .
NEPOMUK I woaß scho, is scho recht, Bua.
MARIA Du hast ja 's Telefon, Bappa.
NEPOMUK Jaja . . .
MARIA Du kost uns jederzeit . . .
NEPOMUK Scho recht . . .
MICHAEL Also dann, mir laßn di jetz alloa, Bap.
NEPOMUK Jaja . . .
MARIA Also, pfüat di, Bappa.
MICHAEL Pfüat di, Bap.
NEPOMUK Pfüats eich. *Michael und Maria ab.* So, jetz samma soweit. Ois da. Telefon, Warmwasser, Lift . . . Grad as Resei is furt. Werd wohl beim Herrgott sei, hoffentlich, mei, so hat halt ois amal an End. – Da, Blick auf'n Kaiser, der is eh scho länger da wia mir, der Berg hat scho ganz anderne gsehng, mei, es kunnt ja ois vui schlimmer sei. Da, da Sandhof. Von dene, de wo heit da drin hockan, da denkt heit koana mehr dro, wer do ois drin ghaust hat. Koana. Den Hof gibt's seit vierhundert Jahr. Jetz ko ma obischaugn auf'n Hof. Des hättn si de nia net traama laßn, de wo 'n baut ham. Aba de Leit, de wo da heit obischaugn könnan, de müaßn fei an Haffa Geld ausgebn für des. Und i moan, für des, daß de Leit aso vui Geld ham, hams fei wenig Gaudi beim Obischaugn. De Leit, de wo da drunt warn, de ham des Geld zum Obischaugn net ghabt, aba mir kimmt vür, da drunt war mehra Gaudi ois wia da herobn. Obwoi oam do nix feit, da herobn. Aba, bal da nix feit, brauchst di aa um nix mehr z' kümmern, und ob des des Wahre is? I woaß net. Bal i da obaschaug, na siech i ganz St. Öd. Und trotzdem kimmt ma's aso vür, als waar i jetz a Fremder.

11. BILD: WIRTSHAUS

Einweihungsfeier des Siedlungsprojektes Bleichwiese-Sonnleite. Das Wirtshaus ist total neorustikalisiert, das ehemalige Bauerntheaterbühnenbild dient als Kulisse für ein reichhaltiges Buffet. Zwischen Scampi, Ananas und Waldorfsalat sitzt Strobl und spielt Zither (aber nur als Hintergrundgeräusch). An der Rest-KG-Festtafel sitzen Familie Berzelmeier jun., Familie Schucker, Monsignore Höpfl, Dr. Zeck, Güstrop, Dr. Benningsen mit Frau, Uli und Maja Hüsch, die Wirtin, Architekt Gruber.

GÜSTROP *enthüllt ein neues Alpenstilleben* Das ist der Tegernsee!
Applaus und Bravos.
ZECK Knipsi, haste da noch was dran gemacht? Das is ja phantastisch geworden, wirklich phänomenal.
MARIA Herr Ober, kannt i no a bißl was von dene Scampi habn?
BENNINGSEN Und mir 'n bißchen Lachs!
KELLNER Sofort.
BENNINGSEN Sehr stilvoll eingerichtet, Frau Gschwendtner, Respekt. Das ham Se sehr geschmackvoll hingekriegt, da wern wa wohl öfter vorbeigucken, nich wahr, Ulla-Maus? *Frau Benningsen nickt.*
WIRTIN *gerührt* Dankschön, vielen Dank auch, Frau Güstrop, des paßt hier sehr gut rein.
HÜSCH Tja, ich würde also auch sagen, Frau Wirtin, das is 'ne gekonnte Balance zwischen Geschmack und Rustikalität, also, ich meine, ich meine, rustikalen Geschmack.
WIRTIN Dankschön ...
ZECK Übrigens, Herr Berzelmeier, wenn Sie mal irgendwie was, so Dreschflegel, Wagenrad oder so, aber wirklich echte Sachen, also nur was mit Niveau, kein Trödel, nich wahr, dann können Sie ...
MICHAEL I woaß scho, was Sie wolln, Herr Doktor, des kriagn ma scho.
MARIA Mei Mann is für so was Spezialist!
STROBL *beginn währenddessen zu singen*
Es habts ja de Oberlandler Bauern nia kennt,
De ham si beim Schiaßn an Schnurrbart verbrennt.
Ja, de ham halt a Schneid
und zum Schiaßn a Freud,
Holleraiduliööh ...
ZWECK *während des Gesangs* Sagen Sie mal, Frau Gschwendtner, muß

der singen? Kann er sich nich instrumental irgendwie, dieser Gesang ist, also ich weiß nich ...

WIRTIN Jaja, des mach i scho, Moment. *Geht zu Strobl.* So, jaa, aber jetz hörst bittschön auf, a Gast hat sich beschwert.

STROBL Ja, aba wieso?

WIRTIN Jetz gib a Ruah. I wui jetz koan Auflauf, gell, jetz machst a Pause.

STROBL Ja, aber i hab doch grad erst ...

WIRTIN I hab gsagt, jetz is Pause, und wenn i sag, Pause, na hoaßt des aa Pause.

STROBL Ja, Deandl, jetz wui da i moi was sagn: I war da herin, wia dei Voda des no ghabt hat, und sogar dein Großvatta hab i no kennt.

WIRTIN Mir san jetz aba net bei meim Großvatta, mir samma koa Boazn mehr da herin, des hat jetz a ganz andere Atmosphäre ...

STROBL Des hab i gmerkt ...

WIRTIN Und wenn da des net paßt, na kost ja ...

STROBL I geh scho. I kimm aa nimmer. Gwiß net. *Packt seine Zither zusammen und geht.*

WIRTIN Wei 's aa net lerna wollts. Es seids doch alle mitanand Exoten. Für solchane Exoten wia eich is da koa Platz mehr da herin.

ALFONS *klopft an sein Glas* Ja, ich glaub, ich soll auch a paar Worte, es is heut also der erfreuliche Anlaß, ah, mir ham ein größeres Projekt für unsere Gemeinde verbuchen können. Deshalb sind wir ja auch alle hier versammelt. Wie Sie wahrscheinlich alle wissen, die Bleichwiese und die Sonnleite sind baureif geworden. *Applaus.* Und das besonders Erfreuliche an dieser Situation ist, daß zwei Neubürger unserer Gemeinde ein ebenfalls erstaunlich großes Interesse an der Strukturverbesserung von St. Öd gezeigt haben und damit auch ein investitives, äh ... titives ... *Kann sein Manuskript schlecht lesen.* ... äh ja, und aber auch intensives Signal gesetzt haben, auch für unsere Nachbargemeinden, es werden ja immerhin Akzente gesetzt, gell, hahaha, die sicherlich bis ins nächste Jahrhundert hineinreichen werden, und deshalb möchte ich diese kleine Feier zum Anlaß nehmen und mich einmal ganz herzlich bedanken beim Herrn Dr. Benningsen – *Benningsen steht auf, Applaus* – sowie beim Herrn Dr. Zeck – *Zeck steht auf, Applaus* – für ihr freundliches Engagement für unser St. Öd, und natürlich last not least auch bei der Rest-KG, die das ganze Projekt mit größter Wahrscheinlichkeit sozusagen durchziehen wird, selbstverständlich auch bei der Familie

Berzelmeier, ohne deren unermüdliche Tatkraft, ja, des muaß ma scho sagn, ohne deren Tatkraft ein Projekt von solcher Dimension wahrscheinlich so nicht zur Realisation gekommen wäre. *Applaus und Bravos.* Jaja, Frau Berzelmeier, wundern S' Eahna net, es gibt bereits Anregungen im Gemeinderat, daß die neue Zubringerstraße Bleichwiese-Sonnleitn amal als Berzelmeierweg benannt wird. *Wieder Bravos.* Dann möchte ich mich in Abwesenheit beim Herrn Landrat Otto Gröschl bedanken, der immer ein offenes Ohr für die Sorgen unserer Gemeinde gehabt hat, und ganz besonders noch bei Herrn Wasserwirtschaftsingenieur Heinzel, ohne dessen Augenmaß unser ganzes Projekt buchstäblich ins Wasser hätte fallen können. *Hahas und Bravos.* Ja, wie schaut's aus? Is die Musi soweit?

Das St.-Öd-Trio (hat sich selbst inzwischen umbenannt in »Die drei Urviecher«) hat während der Rede eine Verstärkeranlage aufgebaut.

URVIECHER Ja, mir können . . .

ALFONS Ja dann, auf geht's, Buam . . .

URVIECHER Jaja.

ZECK Gut, dann wern wir mal Stimmung in die Bude bringen. Paßt mal auf, Jungs: Ich singe jetzt 'n Stimmungslied, und ihr, ihr müßt mich begleiten, könnt ihr das?

URVIECHER Jaja, schauma halt amal . . .

ZECK Also, paßt mal auf. *Singt:*

Bubi, Bubi noch einmal, es war so wunderschön,
Bubi, Bubi noch einmal, es war so wunderschön . . .

Das Lied hat drei Strophen. Zeck versucht die Gesellschaft zu animieren, aber niemand singt mit.

ZECK Na, was is? *Singt weiter.* Müde Tassen. *Singt weiter.* Na, was is 'n los? *Singt weiter.* Ab hier wird geschunkelt . . .

Zeck versucht vergeblich, die Gesellschaft mit seinem Lied zum Mitmachen zu stimulieren. Allmählich beginnende Privatgespräche, dabei geht langsam das Licht aus.

Das Beton-Lied

Beton, Beton, Beton –
Beton, Beton, Beton, Beton.
Waschbeton,
Mischbeton,
Fein-Stahl-Fertig-Beton.

Mir baun uns a haltbare Welt,
die in fuchzgtausend Jahr aa no hält.

Beton, Beton, Beton –
Beton, haltbarer Billig-Beton.

De Kirch, as Rathaus, Ton in Ton,
ois aus gediegenem Farbig-Beton.

Farbig-Beton, Billig-Beton,
haltbarer Fertig-Beton.

Vier eigene Wänd aus Fertig-Beton,
mit an Loch drin, des duat's nachert schon.

Beton, Beton, Beton –
Beton, a kloans Paradies aus Beton.

In der Nachbarschaft hams es fei alle schon
eahna gmüatlichs kloans Häuserl aus Stahl-Beton.

Beton, Beton, Beton –
Beton, Bett, Zaun, Zukunft: Beton.

Kaum graut der Morgen, na siehgst 'n schon,
phantasievoll und praktisch glänzt er in der Sonn,

da Misch-Beton, das Stahl-Beton,
da Fein-Wasch-Klar-Sicht-Beton.

Wartungsfrei, sauber, keimfrei und schön,
ma ko si glei gar net gnua an eahm sehng,

am Misch-Beton, am Stahl-Beton,
am Fein-Wasch-Klar-Sicht-Beton.
Beton, Beton, Beton –
Beton, Paradies aus Fertig-Beton.

Hoagascht urban

Straßenschlucht in einer Hochhaustrabantenstadt. Zwei kleine Figuren mit Instrumentenkoffern kommen aus der U-Bahn und fragen nach einer Adresse. Niemand antwortet.

ER Karl-Marx-Ring! Samma scho richtig.
SIE Muaß ja da Rosa-Luxemburg-Weg aa glei abzweign.
ER Samma scho richtig.
Die beiden sind auf der Suche nach der richtigen Adresse. Abendstimmung in Neuperlach. Dann am Klingelbrett, circa 400 Klingeln.
ER Do is a Maier mit *ai.*
SIE I hättn Meier mit *eie.*
ER Halt, da is noch oaner mit *ay.*
SIE Da is ja noch a Meier mit *eie*, noch amal, was machn mir jetzt?
ER Hast die Nummer dabei, da könntn mir 'n anrufen?
SIE Na, hab i net. Was machn mir jetzt?
ER Mei, i woaß a net, probiern mir's.
SIE Ja, probiern mir.
Die beiden klingeln bei allen vier Maiers und warten.
ER Jetz bin i gspannt.
Aus der Klingelanlage ein Geräusch, »Hallo«.
ER Ah, guten Abend, äh, Sepp, bist es du?
SCHNARRSTIMME Was heißt hier Sepp? Unverschämtheit!
SIE Also, der war's net.
»Hallo«, wieder Schnarren, eine türkische Sprechanlagenantwort, »Hallo«, Grummeln.
ER Des is er net, der Sepp.
SIE Na, des is er net.
Zwei Punks kommen zur Tür heraus.
ER Sie, entschuldigen S' . . .
Die beiden gehen weiter, ohne sie zu beachten.
SIE Herrschaft, was machn mir 'n jetzt?
Noch zwei Leute kommen aus dem Haus.
A Es war jeden Tag Sonne.
B Nein!
A Wenn ich's Ihnen sage. Buchstäblich jeden Tag. Nur im Service fällt's etwas ab, aber das haben Sie ja im gesamten Ostblock.

B Aber Wetter war schön?

A Ich kann nur noch mal betonen, jeden Tag Sonne, von früh bis spät.

ER Sie, entschuldigen S', mir suchen da eine Familie Maier.

SIE Da is nämlich heut so a Stubenmusi da herin.

A Tut mir leid, ich kenn hier niemand. Hier wohnen so viele Leute, fragen Sie am Einwohnermeldeamt.

SIE Ah ja, danke.

ER Vielen Dank.

A *wieder zu B* Hier, neulich im dritten Stock, is jemand verwest, erst der Geruch hat dann die Behörden auf den Plan gebracht.

B Ah ja, interessant, und Sie sagen also, der Service is weniger . . .

A Ja, ja, machen Sie sich beim Service keine Illusionen, aber das Wetter, ein Traum.

Die beiden sind weg.

ER Geh weiter, hilft ja nix. Suachma halt drin.

SIE Aber die Nummer stimmt doch.

Ein Schwarzer und ein Japaner kommen.

ER Sie äh, 'tschuldigung, äh, Verzeihung äh, is hier Haus Nummer neun?

SIE Peschelanger neun?

JAPANER Yes, nine, neun A.

SCHWARZER Neun A, neun A.

ER Was? A? Mir suachn jemand.

SCHWARZER *deutet auf Instrumentenkoffer* Music!

ER Genau, Musik.

SCHWARZER Good luck!

SIE Danke. Was is mit dem A? *Sie schaut auf das Schild.* Jessas, des is neun A, un' da miaßma – da samma verkehrt, mir, wissen S', die wohnen neun. Peschelanger neun.

ER Ah, suachma halt weiter.

Die beiden sind wieder unterwegs. Die nächste Station ist vor dem Haus Nummer 9.

ER Da is ja überhaupts koa Meier.

SIE Mei, vielleicht hams nur koa Namensschildl.

Man sieht ein ziemlich verwüstetes Klingelbrett, wo die Hälfte der Namensschilder fehlen.

ER Mei, gehma halt amal nei un' suchma s'.

SIE Ja, versuchma's.

Er klingelt wahllos an ein paar Klingelknöpfen. Aus dem Klingelkasten kommt also ein Stimmensalat.

ER Ja, ja Entschuldigung, äh, ah, können Sie vielleicht bitte aufmachen?

Tür geht auf. Die beiden warten vor dem Lift. Lifttür geht auf. Im Lift stehen ein Zuhälter und eine Prostituierte.

ER Nauf?

ZUHÄLTER Na, obi.

Die beiden fahren gemeinsam im Lift. Der Zuhälter kratzt sich permanent im Genitalbereich. Dann steigen Zuhälter und Prostituierte aus.

ER Wiederschaun.

Keine Antwort.

Jetza fahrma nauf.

Man sieht die beiden im Hausflur suchen.

SIE Da is wieder koa Name.

ER Und?

SIE Da macht koaner auf.

ER Herrschaft, der Lift kimmt wieder net.

SIE Gehma halt z' Fuß übers Stiegenhaus.

Neben dem Lift ist eine Tür, die ins Treppenhaus führt. Die beiden gehen ins Treppenhaus und wollen ein Stockwerk höher wieder in den Hausflur hineingehen, aber die Tür läßt sich nur von einer Seite öffnen. Von der anderen Seite braucht man einen Schlüssel.

ER Herrschaft, jetzt hamma uns ausgsperrt.

SIE Mei, was machma jetzt?

ER Mei, schauma halt amal.

Die beiden gehen ein vollkommen ramponiertes Treppenhaus hinunter und landen unten in der Tiefgarage. In der Tiefgarage sieht man den Zuhälter, wie er gerade die Prostituierte verprügelt.

SIE Da is's net.

ER Also, fahrma wieder nauf.

Wieder in einem Hausflur, viele Türen. Die beiden irren herum.

ER Da is wieder a Maier.

Eine Griechin macht auf.

ER Verzeihung, äh, mir suchen, ähm, Familie Maier.

GRIECHIN Nix Maier, Timo ... *Gemurmel.*

Timo kommt und redet griechisch. Er geht schon wieder zum Lift und holt den Lift. Im Lift steht die Prostituierte, die sich gerade notdürftig wieder herrichtet.

SIE Ham S' Eahna weh doa?

PROSTITUIERTE Diese widerliche Drecksau.

ER Sie, kennen Sie vielleicht sich hier aus? Mir suchen eine Familie Maier, er heißt Josef, Maier-Josef, also Sepp.

SIE Und sie Notburga, Burgel oder Burgi.

PROSTITUIERTE *schminkt sich die Lippen nach* Dreizehnter Stock, des san Nachbarn. Können S' gleich mitfahrn.

13. Stock.

Da, gehn S' her.

Ein verklemmter Mann steht an einer Haustür herum.

Ah, Herr Doktor Lentitsch. Wie lang ham S' heut Zeit?

LENTITSCH *hüstelt verklemmt* Aber, ich bitte Sie!

PROSTITUIERTE *zu den beiden* Da is es.

SIE Vielen Dank.

ER Dankschön.

PROSTITUIERTE So, Herr Doktor Lentitsch, gehmma glei nei. *Links ab.* A Glasl Schampus?

Sperrt ihre Tür auf. Die Prostituierte und Doktor Lentitsch verschwinden. In der anderen Tür ist »Kaspar-Melchior-Balthasar« auf die Tür gemalt und ein gemaltes Namensschild mit »Maier«. Er klingelt. Burgi macht auf.

BURGI Ja, da sans ja.

SEPP Ruckts eina. So jetzt kann's aufgeh.

SIE Mei, bis mir euch gfundn ham.

SEPP Ja, wieso?

BURGI Also, gehts her. Packts aus. Fangma glei o.

SEPP Girgl, jetzt sans da.

Im Zimmer sitzt Georg in einer geschnitzten Bauernstubenecke mit Herrgottswinkel und stimmt seine Zither.

ER Es habts es wirklich griabig da herin.

SEPP Ja, i woaß scho. Des hat fei ois an Haufn Geld kost.

BURGI Ois scho zahlt.

SIE Wirklich sehr nett, reizend, entzückend.

GIRGL Also, was is jetz, fangnma o, i hab net lang Zeit.

BURGI Ja, Girgl, was is 'n?

GIRGL I hab um neune in der Disco a Date. *Spielt das Zitherintro. Sie singen: »Auf de Alma, da gibt's Kalma ...« Ein Flieger fliegt über das Wohngebiet und deckt den Gesang zu.*

BURGI Herrschaft! *Sie geht ans Fenster, schließt das Fenster und läßt das Rollo herunter. Das Rollo bleibt in der Mitte hängen.* Herrschaft!

SEPP Halt's auf, des hamma glei.

ER *hilft ihr* Kann i euch was helfn?

SIE Der Beni kennt si aus mit so Zeug.

SEPP Des is oiwei ganga, zefix!

SIE Huif eahna halt.

ER Warts gschwind, i huif euch.

Die vier machen am Rollo herum

GIRGL Oiwei asselbe. *Schaltet den Fernseher ein. Im Fernsehen kommt eine Volksmusiksendung. Girgl zündet sich eine Zigarette an. Die vier machen weiter am Rollo herum. Dazu Fernsehmusik und Dialogfetzen:*

Ja, Herrschaft, des is doch bisher oiwei ganga.

Warts gschwind, i huif euch.

Da, des muaß oaner da rumgspuit ham.

Das is, seit der Ottmar dawar.

Hat der eigentlich a Haftpflichtversicherung?

I woaß net, aber der war's, weil davor is es no ganga, der hat mit seim Buam . . .

Da Ottmar?

Ah so, beim Ottmar.

Ja, der Ottmar.

Ja mei, jetzt miaßen's ma schaun.

Kruzifix, halt, jetzt hab i's scho fast.

Man sieht die Landschaft von Neuperlach, und die vier werden verschwindend klein.

Großbrand

Die Häuserfront eines Wohnblocks. Man hört Martinshörner eines Löschzugs. Fenster gehen auf. Anton Bemmerl öffnet sein Wohnzimmerfenster. Innen Fernsehlicht und -ton.

ANTON Anni! – Anni!

ANNI Ja, was is des?

ANTON Es brennt.

ANNI Des werd bei dene Gastarbeiter sei, de da eizogn san.

ANTON So ein Leichtsinn. Weil s' oiwei mit'm Tauchsieder kochen.

ANNI Da, schaug, de Flammen gehnga schon nauf bis zum Herrn Rösner. Ob der dahoam is?

ANTON Der is doch um de Zeit nie dahoam.

ANNI Vielleicht ist er doch dahoam, na muaßma 'n warnen.

ANTON Na ja, er is ja wahrscheinlich doch net dahoam. A so ein Leichtsinn.

ANNI De Feuerwehr laßt si aa Zeit. Daß da gar nix vorangeht . . .

ANTON De laßn des brenna, wega der Altstadtsanierung.

ANNI Vielleicht findens koan Wasseranschluß.

Man hört neue Martinshörner.

ANTON Da kimmt no a Löschzug.

ANNI Du, wer steht denn da?

ANTON Wo?

ANNI Da obn im Fenster. Des is doch die Frau Mitterwieser.

ANTON Ja, des is d' Frau Mitterwieser. Ja, furchtbar, die alte Frau Mitterwieser. Is der Maxl net dahoam?

ANNI Naa, de san heuer nach Südtirol.

ANTON So, i hab gmoant, de san heuer in Kärnten.

ANNI Nanaa, Südtirol.

ANTON *blickt nach oben* Grüß Gott, Frau Sontheimer. Brennt ganz schee. *Deutet* D' Frau Mitterwieser!

ANNI Wettn, die ham koa Sprungtuch dabei.

ANTON *laut nach oben* De ham wahrscheinlich koa Sprungtuch dabei, und der Maxl is in Südtirol!

ANNI De arme Frau Mitterwieser, daß die auf ihre alten Tag no hupfn muaß.

ANTON Naa, wettn, de hupft net. De verbrennt lieber, bevor s' hupft.

ANNI Da, schaug hi. Der Rösner.

ANTON Is er doch daheim.

ANNI Obwohl der sonst um die Zeit nie daheim is.

ANTON A so ein Pech. Durchs Stiegenhaus kommt der nimmer.

ANNI Schaug dir doch amal diese Rauchentwicklung an. Daß des aso raucht. Was ham denn de für Möbel?

ANTON Des san de Teppichböden, de wo so rauchen. Also durchs Stiegenhaus kommt der nimmer.

ANNI De müaßn doch amal a Leiter herdoa, de alte Frau kann doch net abihupfn.

ANTON Ja, des is unzumutbar. De is doch scho guate siebzig Jahr, de halt so an Sprung nimmer aus, des san doch mindestens elf Meter.

ANNI Wenn's glangt. Elf Meter san's mindestens.

ANTON Da, de Gastarbeiter stehnga scho drunt.

ANNI Typisch. De ham si in Sicherheit bracht.

ANTON Mei, de ham nix zum Verliern.

ANNI Wie die den Schaden wiedergutmacha wolln, is mir auch schleierhaft.

ANTON Ja, bei dene werd net viel zum Holen sei. Schaug, jetz löschens mit der Schaumkanone.

ANNI Mein Gott, de macha ja ois kaputt. Da, de Vorhänge, de könnas wegschmeißn.

ANTON Mei, vielleicht sans versichert.

ANNI Jetz hams de alt Mitterwieser in Sicherheit bracht.

ANTON Der Rösner is aa scho herunt. *Martinshörner und Blaulicht.* Da, jetz kamad as Rote Kreuz daher, wo s' alle in Sicherheit san.

ANNI Mei, die schaugt vielleicht aus in ihrm Morgenmantel. Wo de heut nacht schlafn?

ANTON Mei, irgenda Hotel oder a Nachtasyl.

ANNI Oder vielleicht bei Verwandte.

ANTON Jetz hams es eh gschafft. Des bißl Rauch macht nix mehr.

ANNI Des war ja gar koa Großbrand. *Laut nach oben* War ja gar koa Großbrand.

ANTON *ebenfalls laut* Des, wenn a Großbrand gwesn waar, hättens es nicht so leicht in Griff kriagt.

ANNI Na dad's jetz no brenna. Na ja, i schaug wieder a bißl. *Weg vom Fenster.*

ANTON Geh weiter, Anni, mach a weng lauter, vielleicht bringens es in de Nachrichten.

ANNI *erscheint noch mal* Des glaub i net, wenn, na bringen de nur an Großbrand.

ANTON Na ja, es kimmt drauf o, was s' sonst für Nachrichten ham . . . *Schließt das Fenster.*

Ausgehvorbereitungen

Ein gutbürgerliches Schlafzimmer. Otto und Rosa Stoiber machen sich gerade ausgehfertig.

OTTO Herrschaftseitn, Rosa, wo hast du 'n wieder den Peacemaker hidoa?
ROSA Ja, ich weiß doch net, du hast 'n ja zletzt anghabt. Nimm halt derweil die Walter.
OTTO De is zu schwer.
ROSA Naa, ich mein die Sechsschuß.
OTTO Ham mir da noch a Munition?
ROSA De is doch noch geladn, von wie mir in der Philharmonie warn.
OTTO Ah ja, na nimm i die derweil. *Summt eine Opernmelodie vor sich hin.* – Du, Rosa, hilf mir gschwind, de Kugelwestn zuamacha.
ROSA Sofort, Moment. *Hilft.* Mein Gott, du werst aa oiwei dicker, da brauchst jetz bald a neue ...
OTTO Ich versteh des net, daß du immer noch ohne Kugelweste rumläufst.
ROSA Mei, für Frauen gibt's da nix Gscheits. A Weste über dem Kleid, wie schaut 'n des aus.
OTTO Des is a falsche Eitelkeit. Bis mir daheim san, is es mindestens elf Uhr nachts, und mir ham dreihundert Meter zu Fuß durch die Fußgängerzone, da geht koa Taxi und nichts ...
ROSA Daß de Ströbels auch immer so gefährliche Lokale aussuchen.
OTTO Mei, ma ißt halt gut. Aber du woaßt ja, was um die Zeit für a Gsindl unterwegs is.
ROSA Ja, vor dene Diskothekn, da stehngas regelmäßig umanand, lauter so Jugendliche und Kriminelle ...
OTTO Da wenn ma net aufpaßt, is's scho zu spät. *Prüft seinen Totschläger.*
ROSA D' Frau Ströbel hat jetz an Karatekurs angfangen, weil sie sagt, diese Jugendlichen wern ja immer mehr, die nehmen ja dermaßen überhand, sie sagt, ma möcht nicht glaubn, wie viele Jugendliche daß es gibt.
OTTO Und de ganzn Ausländer und Arbeitslosn, da wennst net aufpaßt, is es schon zu spät.
ROSA Mein Gott, Otto, was mach ich jetzt? Schau, zu dem Kleid paßt nur die Perlentasche, und da paßt jetz de Gaspistole net nei. I hab schon an Deospray rausgnommen, aber es geht net!

OTTO Zieh halt a anders Kleid an, wo de Krokotaschn dazupaßt.

ROSA Naa, de Zeit ham mir nimmer, mir san eh scho knapp.

OTTO Dann nimmst an Tränengasspray mit, weil unbewaffnet gehst du mir nicht aus dem Haus . . .

Es läutet, Otto und Rosa zucken zusammen, schauen sich an.

ROSA Wer kann des sein?

OTTO Weiß net, schau mal . . .

Gemeinsam schleichen sie zur Eingangstür, Rosa öffnet zwei Sicherheitsschlösser, hängt Sichtkette vor, Otto entsichert seinen Revolver und steht schußbereit da.

ROSA Hallo, wer da?

Stimme ruft von draußen Unverständliches.

ROSA *öffnet die Tür einen Spalt* Hallo, wer ist da, bitte?

STIMME As Taxi für Stoiber!

ROSA Ah ja, san S' scho da? Moment, mir kommen glei. *Tür wieder zu.* As Taxi is's.

OTTO Der Stimme nach is der Fahrer a Deutscher. *Steckt Revolver in das Schulterhalfter.* So, Rosa, ham mir alles? Is der Safe zu?

ROSA Sowieso. Halt, mein Tränengas. – Alarmanlage?

OTTO Jaja, scho eigschaltn. Schlüssel?

ROSA Hab ich.

OTTO Kartn?

ROSA Hab ich.

OTTO So, na gehn mir. Was gibt's denn eigentlich heut, was spuins 'n?

ROSA »Entführung aus dem Serail«.

OTTO Des aa no, sperr fei guat ab.

Die Okkupanten

Herr Reitmoser und Frau Güstrop entsteigen einem 500 SE. Sie nähern sich einem Gehöft.

FRAU GÜSTROP Der Mann ist quasi in Rente. Es reicht vorn und hinten nicht, nebenbei verdient er sich noch 'n paar Mark mit so Holzschnitzereien und so 'n Zeug. Drum hab ich auch zum Herrn Ranftl gesagt, das ist der Bürgermeister . . .

HERR REITMOSER Is er Bürgermeister?

FRAU GÜSTROP Nee, nee, er heißt auch Ranftl. Die heißen hier alle Ranftl oder Breitenberger. Bei den Verwandtschaftsverhältnissen hier blickt ja kein Aas durch. Also, ich sage: Der Mann muß hier raus. Das is 'n Sozialfall, das, das, das geht doch nicht . . .

HERR REITMOSER Jedenfalls net auf Ihre Kosten, Frau Güstrop . . .

FRAU GÜSTROP Ja eben, eben, der Mann sitzt ja sonst praktisch auf der Straße, das ist doch kein Zustand, nicht wahr . . .

HERR REITMOSER Ja, aber ich muß schon sagen, sonst ham S' es fei sehr schön derwischt, es hat was Unberührtes.

FRAU GÜSTROP Ja eben, das is es. Ich bin ja auch sehr glücklich, daß Dr. Frank dieses Idyll für mich aufgetan hat. Schaun Sie, hier wohnt der Breitenberger, da bekomme ich meine Milch direkt von der Kuh, und Eier jede Menge . . .

HERR REITMOSER Ja, richtige Landeier quasi . . .

FRAU GÜSTROP Gucken Sie sich mal an: Das is hier alles noch so richtig intakt. Herrlich einfache Leute, keine Spur von Überfremdung, wo findet man das heute noch . . .

HERR REITMOSER Da müssen S' fei im Bayerischen Wald heut scho weit suacha. Weil wenn die Autobahn amoi fertig is, dann hams mehr Zahnärzte wie Bauern da. I moan, da, wo's schee is da drunten . . .

FRAU GÜSTROP So, Herr Reitmoser, da wären wir. Was sagen Sie nun?

HERR REITMOSER Ja, ja, kein schlechter Griff, Frau Güstrop. Auf'n ersten Blick jedenfalls. Schauma amal, was mir noch an Bausubstanz vorfinden . . . *Prüft Fundament.* Schwamm scheint keiner drin zu sein . . .

FRAU GÜSTROP Nee, nee, das is alles trocken. Darauf hab ich schon geachtet.

HERR REITMOSER Des is scho die halbe Miete. Dad i sogn, gehma mal nei. Ham S' an Schlüssel dabei?

FRAU GÜSTROP Nee, is offen. Sie wissen ja, dieser . . .

HERR REITMOSER Ah ja . . .

FRAU GÜSTROP Sagen Sie mal, Herr Reitmoser, was is 'n das hier! *Deutet auf KMB.* Hat das mit Maul- und Klauenseuche zu tun? Das habe ich hier schon überall gesehen . . .

HERR REITMOSER Naa, des hoaßt Kaspar, Melchior, Balthasar . . .

FRAU GÜSTROP Is das irgend'ne Firma?

HERR REITMOSER Naa, des san die heiligen drei Könige.

FRAU GÜSTROP Ach so, ja. Also, kommen Sie . . . *Beide gehen ins Haus.* Also hier dachte ich, das Gästezimmer. Wissen Sie, von den Kontakten mit der hiesigen Bevölkerung kann ich ja nicht leben. Ich brauche ja ab und zu mal jemanden, mit dem man sich unterhalten kann.

HERR REITMOSER Ja, Natur, an und für sich okay, aber ohne Kontakte verkümmert der Mensch. Sie san ja sonst praktisch aufgeschmissen.

FRAU GÜSTROP Nee, nee, ich versauere hier nich, keine Sorge, hier dachte ich, mehr für gute Bekannte, und aus der Scheune mach ich dann später ja noch 'ne Einliegerwohnung.

HERR REITMOSER Ja, da ham S' recht, und steuerlich stehn S' ja dann auch ganz anders da. Ham S' noch irgendwelche Sonderwünsche für da herin? Weil S' was von 'nem offenen Kamin gesagt ham . . .

FRAU GÜSTROP Nee, hier Kachelofen. Ja, und hier dachte ich an 'ne Art Kreativitätsraum, daß ich mal male oder modelliere oder irgend so was, hab ich mir gedacht, der Raum hier hat nämlich 'ne unheimliche Atmosphäre. Finden Se nich? Sie müssen sich nur dieses Gerümpel hier mal wegdenken, aber ich brauche hier Licht.

HERR REITMOSER Machma a Fenster zusätzlich rein. Von der Statik her dad's gehn, und vielleicht a paar Studiolampen.

FRAU GÜSTROP Ja, so irgendwie.

Die beiden gehen in die Küche. In der Küche sitzt Ranftl und schnitzt.

HERR RANFTL Grüß Gott!

FRAU GÜSTROP Guten Tag, Herr Ranftl! Herr Reitmoser, das ist Herr Ranftl, von dem ich Ihnen schon erzählt habe. Das ist Herr Reitmoser, mein Architekt.

HERR RANFTL 's Gott.

HERR REITMOSER Angenehm.

FRAU GÜSTROP Behalten Sie Platz, Herr Ranftl. Wir gucken uns grade mal um. Also, hier dachte ich, den offenen Kamin.

HERR REITMOSER Ja, schön, aber da, moan i, werd's schwierig ... *Klopft an die Wand* ... wei so wia des Haus ausschaugt, ham die wahrscheinlich Stützbalken in den Kamin neigmauert, und da sagt die Feuerpolizei sofort nein ...

HERR RANFTL Naa, des miaßad scho geh. Wei wia mei Vater seinerzeit an Speicher umbaut hat, da ham mir seinerzeit ...

HERR REITMOSER Ja, ja, des kennma scho. Naa, da miaßma was macha, weil die ham damois noch koa Feuerpolizei ghabt, weil des Haus schätz ich so approximativ auf zweihundert Jahr, leicht ...

FRAU GÜSTROP Nee, das reicht nicht. – Herr Ranftl, äh, äh, wie lange sitzt Ihre Familie schon hier auf diesem Hof?

HERR RANFTL Ja, mir san urkundlich as erste Mal erwähnt 1602. Der Name Ranftl is praktisch ...

HERR REITMOSER Und was machma mit de Böden, gnä' Frau?

FRAU GÜSTROP Tja, da hab ich, äh, was Tolles gesehen. Ich hab mir das auch schon zugelegt. In der Provence hab ich das in meinem Haus, das hat sich sehr bewährt. Das is so wie gebrannter Lehm irgendwie, ganz bäuerlich urig, aber 'n warmer Ton, und darüber 'n Perserteppich. Sieht fabelhaft aus.

HERR REITMOSER Ja, und zum Perser a Eichenparkett?

FRAU GÜSTROP Nee, ich habe Täbris. Das is 'n fabelhafter Kontrast.

HERR REITMOSER Wie Sie meinen.

FRAU GÜSTROP Tja, Herr Reitmoser, jetzt hab ich aber noch 'n ganz spezielles Problem, ich würde gerne diesen ländlichen Geruch in diesem Raum erhalten.

HERR REITMOSER Sie meinen die Aura da herin. Des wird natürlich, äh, am Geruch können wir leider noch nichts konservieren, da machen S' halt des Fenster auf, da is doch glei a Bauernhof ...

FRAU GÜSTROP Nee, da zieht doch der Dr. Frank ein. Mit Landwirtschaft hat der nichts am Hut.

HERR REITMOSER Ja, aber a guate Luft ham S' hier auf alle Fälle. So, i dad sagn, des ham mir jetzt gsehng derweil, schauma uns doch mal oben um, wia ma des mit der Galerie machen ... *Geht, steht am Gang.*

FRAU GÜSTROP *leise* Herr Ranftl, also es tut mir leid, aber am Ersten ist nun endgültig ultimo.

HERR RANFTL Ja, aber ich hab ja noch gar nix.

FRAU GÜSTROP Das ist Ihre Sache. Sie wissen seit drei Monaten Bescheid . . .

HERR RANFTL Ja, aber ich muß doch auch irgendwo . . .

FRAU GÜSTROP Ich habe hier zweitausend Mark Verbindlichkeiten pro Monat, es geht nicht anders.

HERR RANFTL Ja, schon, aber . . .

FRAU GÜSTROP Am Ersten nächsten Monat, da ist nichts mehr dran zu rütteln. Herr Reitmoser, wann fangen wir an? Wann kommen die Handwerker?

HERR REITMOSER Am Dritten san die Maurer bestellt. In vierzehn Dog geht's auf . . .

FRAU GÜSTROP Sehn Sie, Sie ham's gehört, also dann, schönen Tag noch.

Sie gehen, Herr Ranftl schaut.

Ein Sanierer

I sag Eahna ganz ehrlich, der Mieter is wie ein Hausschwamm. Der, wenn amal drinsitzt, kriegst 'n nimmer raus. Also, i sag's Eahna, was ich an Aufwand ghabt hab, bis i die Bagage draußt ghabt hab, finanziell und ideell, Sie, des vergütet mir koa Finanzamt. Steuern derf i scho zahln, gell, und was draus macha aus dera Bruchbude – wissen S', des is des, was uns Unternehmer müde macht. Alloa wega der oida Schäsn, de wo da drin war – wie ein Blutegel. De hat si direkt festgsaugt. Weil sie gsagt hat, i soll wartn, bis sie nausgstorbn is. Naa, sag i, ja Sie san guat, Frau, Sie wohnan jetz seit vierzig Jahr da herin bei am Mietpreis, wo i mir net amal a Essiggurkn kaffa ko, ja, da könnan Sie no lang lebn, aba i ko net davo lebn, vastehnga S'. I gunn Eahna ja a langs Lebn, aba net auf meine Kostn und net da herin. I hab dera Frau nachert fünf Braune unter d' Nasn ghaltn, schau her, Oide, des is doch des, was du brauchst, hab i gsagt, na hats es Woana ogfangt, wei so vui Geld hat ja de in ihrm Lebn no nia auf oam Haufn gsehng, na hab i mir denkt, guat, i bin zwar net der Weihnachtsmann, aber den Umzug ins Altersheim zahl i ihr aa no, ma is ja schließlich a Mensch irgendwie. Guat, na war de Oide draußt, na is's erst losganga. Im ersten Stock a Familie mit vier Kinder. Sie, des is ja wie ein Tabu. Findn Sie für solchane Krattler amal a Ersatzwohnung. Praktisch aussichtslos. I hab dene gsagt, Leut, as Nymphenburger Schloß konn i euch natürlich net mietn. A ganze Jahresmiete hätt i dene erlaßn, nix. I hab's nachert an meine Anwälte übergebn, wei mit gutm Zuspruch is nix ganga. Sie, wenn S' amal an guatn Anwalt brauchen, i hab oan, der find Eahna oiwei a Gesetzeslücke. Der is wia a Marder. Guat, also zufällig hat si nachert der Familienvater von dene umbracht, na sans a Fürsorgefall worn, un' na is doch wenigstens a weng schneller ganga. Überall, wo was frei worn is, hab i a paar Türken nachgschobn, des san guate Verwohner, hat's ghoaßn, dabei ham de Hund dann heimlich as Renoviern ogfangt. Na hab i de aa wieder nausdoa müaßn, und in dem Stil waar des also weiderganga, na hab i as Dach abdeckt, d' Haustür ausghängt und im Stiagnhaus as Liacht abdraht. Da drin hat's pfiffn wia in am Windkanal. Aber, Sie wern lacha, nur so geht's. Nur so. Schaun Sie, i hab den Häuserblock g'erbt, von meim Bappa, aber wie sagt so schön der Meister Goethe: Was du ererbt von deinen Vätern ... *Entdeckt einen*

Penner. Ah, was duat 'n der da? Ja, schaug, daß du weidakimmst, oda muaß i d' Polizei rufn? Ja, hörst du schlecht? Schleich di! *Penner verzieht sich.* Ja, sagn S' amal, de san ja schlimmer wie de Ratzn. Sie, wenn man so Leut siehgt, dann fragt ma sich doch wirklich: In was für am Staat lebn mir denn eigentlich? . . .

Die Bunkerführung

Ferdinand Weitel steht vor seinem fast fertigen Einfamilienhaus und erklärt:

Also, wenn's heuer noch zum Atomkrieg kommen sollte, dann bin ich gefeit. Weil in drei Wochen is er fertig, mei Bunker. Ich mein, eigentlich hätt er ja scho im Mai oder Anfang Juni fertig sein sollen, aber des hat sich dann doch a bißl hinzogn wega dene Zuschüsse und wega de Extras. Der Bunker is auf siebzehn Jahre konzipiert für vier Erwachsene und zwei Kinder, des heißt, die Kinder san ja dann am Schluß aa scho erwachsen. Weil normalerweise planens es ja nur auf acht bis zwölf Jahre. Und mir ham des dann auch optimal kombiniert, Sicherheit und doch a bißl an Komfort. Schaugn Se sich's an! *Winkt und geht voran in die Kellerräume.* Mir ham a Sauna drin, Gesellschaftsspiele, Brettspiele, so Mikado, Monopoly, is ja klar, weil in dieser langen Phase der Enthaltsamkeit, da muaßma ja was für die Psyche tun, sonst werst ja trübsinnig. Dann ham ma so Musikkassetten, Stereo, an Heino hamma, d' Vicky Leandros, für festliche Stunden, an Weihnachten sagn mir amal, an Mozart oder an Beethoven, für die Kinder dann an Frank Zappa. Ganz wichtig, die Lebensmittel. Mir ham vier Parzellen randvoll gestaffelt mit Grundnahrungsmitteln, Mehl, Trockenei, Milchpulver, gell, in meiner Familie sans alles leidenschaftliche Mehlspeisenesser, und ich mein, wichtig ist auch dieses Wasserumwälzgerät. Aber ein echter Kostenfaktor ist dieser Luftfilter. Der is hundert Prozent seuchensicher, ich mein, des muß er auch sein, weil sonst kann ich ja gleich draußn bleiben. *Zeigt auf einen Umgebungsplan von München.* Der Bunker is in Taufkirchen, also genau 18,3 Kilometer von meinem Arbeitsplatz entfernt. Und, ich hab auch an Schleichweg, mußma ja auch. Weil wenn der Ernstfall kimmt, irgendeine Panik, und na zerstrahlt's es alle. Da kimmt zerscht amal diese Druckwelle, die haut se alle amal umanand, weil d' Leut san ja so unvernünftig, und den Rest zerstrahlt ja dann der Pilz selber. Also, ich bin ein regelmäßiger Bayern-drei-Hörer. Bevor da überhaupt a Sirene pfeift, bin ich schon drunten. Des heißt, ich und meine Familie. Und zwar ausschließlich, es sei denn, es is jemand ganz stark blutsverwandt. Also, wenn da irgenda Bsuch kamad, na müaßtma sich grad verabschieden, gell? Wenn jetzt der Atomkrieg an am Wochenend stattfinden sollte, dann entfalladn natürlich diese Anfahrtswege, na gangad i glei abi in'n Bunker. Wie gsagt, mir allein, weil sie müssen nämlich bedenken, allein eine einzige Person, die haut uns ja gleich drei bis vier Jahre zruck, proviantmäßig, und na samma am Schluß alle mitanand hin. *Zeigt eine Statistik.* Nach diesen expertenstrategischen Sicherheitsüberlegungen platzt die Bombe im Münchner Norden, genauer: zwischen München-Nord und München-Mitte. Der Vernichtungskoeffizient hängt jetzt natürlich von der Großwetterlage ab. Ich mein, bei Föhn, da machad's mir weniger aus, weil daß s' nach Tirol eine neischmeißen, des halt ich für unwahrscheinlich, des waar ja direkt nausgschmißn. Nein, die Bombe kommt zwischen dem Raum Garching bis Ismaning zur Zündung, und zwar in einer Höhe von 800 bis 1200 Meter Höhe, weil das is ja der optimale Vernichtungsradius einer Wasserstoffbombe heute. Bei einer Steuerfunktionsstörung, kann sein, daß s' nach Ottobrunn oder Landshut treffen, weil die wolln ja den Raum Ingolstadt aa no mitnehmen. Wenn s' ins Erdinger Moos neitreffen, na müaßns glei no oane nachschickn. As einzige, wos, sagma mal, schlecht ausschaugad, is, wenn die Bombe direkt, also direkt über Taufkirchen, detoniert. Aber des halt i für sehr unwahrscheinlich, des is äußerst unwahrscheinlich. Also, davon geh ich net aus. Davon kann ich gar nicht ausgehn.

Diese unsere Welt

1. TEIL

Petra Zitzl-Dumont (Z. D.), Moderatorin, Gerold Boschinger, Staatssekretär im Umweltministerium, Doktor Böse, ein Wirtschaftsfachmann, sowie Herr Matthias Spitzer, Soziologe und Sprecher von wechselnden Minoritäten, sitzen in einer Talk-Show-Runde zusammen.

Z. D. Einen schönen guten Abend, meine Damen und Herren. Ich begrüße Sie wieder einmal zu unserer neuesten Ausgabe von »Diese unsere Welt«. Wir hoffen, wir haben wieder ein paar interessante Themen auf Lager, und als Experten haben wir diesmal zu Gast – und darf ich Ihnen vorstellen: Hier zu meiner Rechten sitzt Herr Professor Doktor Gerold Boschinger. Guten Abend, Herr Professor!

BOSCHINGER Ja, guten Abend! *Greift nach Chips.*

Z. D. Herr Doktor Boschinger ist stellvertretender, äh ...

BOSCHINGER Ja, genau.

Z. D. *lacht* Hähä, richtig, ja im Bayerischen Umweltministerium.

BOSCHINGER Ja, genau, das kann man so sagen, aber was ich als Umweltsprecher zu sagen hätt, das können S' eh alles nachlesen, da habe ich hier ein Umweltpapier mitgebracht. Außerdem repräsentiere ich neben der Altherrenriege der ehemaligen Faschingsprinzen den Humoristika-Verlag Jokus sowie ...

Z. D. Ja, darauf kommen wir noch, Herr, äh, Boschinger, hochinteressant, und, äh, aber zu meiner Linken sitzt hier Doktor Arnulf Böse, der Wirtschaftsexperte in unserer Runde.

BÖSE Jawohl.

Z. D. Herr Doktor Böse, Sie sind Chefredakteur der Zeitschrift »Vollgas« und dem einen oder anderen unserer Fernsehzuschauer noch bestens bekannt aus unserem Ratgeber »Der sichere U-Bahn-Schacht«.

BÖSE Guten Tag, Frau Zitzl-Dumont, ja, ich bin aber in erster Linie hier als Obmann der Tarifrundenkontrollkommission der deutschen Zubehör- und Zulieferindustrie des deutschen Automobilverbandes in meiner Eigenschaft als Sprecher der Aktion »Rettet das Automobil«.

Z. D. Schön, Herr Dr. Böse, auch das wird noch zur Sprache kommen, äh, aber ich habe hier noch einen Gast, und zwar Herrn – *liest ab* – Matthias Spitzer. Herr Spitzer, Sie haben – *liest ab* – nach vergeblichen Anläufen, im Rundfunk unterzukommen, äh, sich einen Namen machen können als Sprecher wechselnder Minderheiten. Das kann man doch so sagen, oder?

SPITZER Ja, guten Tag, äh, ich bin aber Sprecher von wechselnden Minoritäten, wenn ich gleich eine kleine Korrektur anbringen darf. Wir haben ...

Z. D. Herr Doktor Böse, um gleich spontan zum Thema zu kommen, was meinen denn Sie nun dazu?

BÖSE Ja, Frau Zitzl-Dumont, Sie sprechen im Grunde nur das an, was uns schon lange bewegt.

BOSCHINGER *kriegt gerade eingeschenkt* Ja, gerne.

SPITZER Ja, aber ich wollte eigentlich noch kurz ...

BÖSE Ich darf doch bitte ausreden?! Also, wie gesagt, es handelt sich im Grunde doch um bekannte Phänomene, die wir nun auch einmal von der anderen Seite betrachtet wissen wollen, sonst artet das aus in Fachidiotie.

BOSCHINGER Genau.

BÖSE Schauen Sie ... Gottlieb Daimler hatte das Automobil als Ganzes im Auge und nicht bloß den Vergaser.

BOSCHINGER Genau, oder 'n Turbolader.

SPITZER Ja, aber ...

Z. D. Könnten wir also vielleicht dahingehend Übereinkunft erzielen, daß einige technische Raffinessen erst im Laufe der Zeit erfunden werden mußten?

SPITZER Ja, aber ...

BOSCHINGER Genau.

BÖSE Völlig d'accord.

2. TEIL

Z. D. Nun, Herr Doktor Böse, Sie gelten als intimer Kenner der Materie. Würden Sie uns vielleicht einmal kurz aus Ihrer Sicht erläutern, was nun konkret das Problem ausmacht?

BÖSE Schauen Sie, es ist doch so, daß dem Auto heute zunehmend Straßen vorenthalten werden, die bei etwas gutem Willen gebaut werden könnten. Mit andern Worten, der Lebensraum des Automobils wird regelrecht eingeschnürt.

BOSCHINGER Aus der Sicht vom Umweltschutz heraus, wenn mir koane Straßen ham, ham mir auch koane Böschungen zum Begrünen. Schaut doch wunderbar aus, so a grüne Böschung. Und das natürliche Biotop der Autobahnkrähe is halt amal die Autobahn.

BÖSE Sehr richtig.

Z. D. Ein interessanter Aspekt in der derzeit so hochgespielten Umweltdiskussion. Aber was meint man dazu in Umweltschützerkreisen? Herr Spitzer, bitte!

SPITZER Ja, das sehen Sie doch schon an dem Zynismus, mit dem ein Großprojekt wie Wackersdorf ...

Z. D. Herr Spitzer, der Wert oder Unwert von Großprojekten zeigt sich ja doch meist erst nach Jahrhunderten. Auch Schloß Neuschwanstein beispielsweise galt während seiner Bauzeit als äußerst umstritten. Würden die Neunmalklugen von damals heute noch leben, würden sie wohl auch anders denken, meine Damen und Herren.

BOSCHINGER Genau. Des können S' alles in unserem Umweltpapier nachlesen.

BÖSE Wir haben in unserer Zeitschrift »Vollgas« ...

SPITZER Ja, aber, was hat Neuschwanstein mit Wackersdorf ...

BÖSE Ja, wenn Sie uns das bitte mal erklären wollten!

SPITZER Sag ich doch!

Z. D. Ja, dann sind wir ja wieder mal einer Meinung, meine Herren.

3. TEIL

Z. D. Nun zu Ihnen, Herr Professor Boschinger, Sie sind ja nun Naturfachmann von Berufs wegen, äh ... kann man so sagen?

BOSCHINGER *kriegt gerade eingeschenkt* Ja, danke.

Z. D. Aus dem Kreislauf der modernen Natur ist der sogenannte Baum als Ökofaktor im Grunde doch kaum mehr wegzudiskutieren.

BOSCHINGER Da ham Sie recht, vollkommen recht, schaun Sie, 's is ja im Grunde gnommen recht einfach, können S' ois in unserm Umweltpapier nachlesen. Schaun Sie hier, ich zeig Ihnen amal des Grundprinzip von so am Zellverband. *Er steht auf, geht zu einer braunen, toten Fichte in einem Pflanzkübel.* Hier haben wir Stamm und unten das Wurzelwerk ...

SPITZER Ja, aber der Baum ist ja vollkommen . . .

BOSCHINGER *redet weiter, als ob Spitzer nichts gesagt hätte* . . . das Wurzelwerk is hier im Erdreich verborgen, es gibt verschiedene Wurzln, a Pfahlwurzl, a Herzwuchswurzl, a Flachwurzl, das, was sich hier so wegspreizt, das nennt man Äste oder das Geäst, und am Geäst befinden sich wieder je nach Phänotyp Blätter oder Nadeln. Die Spitze wird im allgemeinen als Krone bezeichnet, und das Ganze nennt man dann Baum. In diesem Fall haben wir Nadeln, es handelt sich also um einen Nadelbaum. *Er streift dabei sämtliche Nadeln von dem Bäumchen ab.*

Z. D. Also, Wurzeln, Stamm, Geäst und Blätter oder Nadeln, je nachdem, ergeben als Gesamtheit das Ökosystem Baum, meine Damen und Herren.

BOSCHINGER Ja, des können S' ois nachlesen in unserm Umweltpapier.

BÖSE Is ja interessant.

4. TEIL

Z. D. Herr Doktor Böse, in der freien Marktwirtschaft gibt es ein Sprichwort: »Die Freiheit des Machbaren ist unantastbar.« Was spricht der Wirtschaftsfachmann?

BÖSE Tja, kann ich nur voll unterstützen. Schaun Sie, wir von der Artenschutzkommission für bedrohte Automobile müssen heute bereits die bange Frage stellen: Wo bleibt der Doppelvergaser? Wo finden Sie heute noch 'nen akzeptablen Parkplatz in der Innenstadt? Sehn Sie, der Lebensraum des Automobils steht auf dem Spiel.

BOSCHINGER Genau, des können S' ois in unserm Umweltpapier nachlesen.

BÖSE Wir von der Zeitschrift »Vollgas« fordern daher: Schluß damit! – Danke! *Ihm wird gerade eingeschenkt.*

Z. D. Ja, ja, da wird es manch böses Erwachen geben, wenn nicht schleunigst einiges geschieht. Unsere Mobilität ist schließlich der adäquate Ausdruck unseres abendländischen Lebensgefühls.

SPITZER So ein Quatsch. Die Autolobby läßt sich doch sowieso nicht die Butter vom Brot . . .

BÖSE Jetzt werden Sie nicht polemisch, junger Mann!

Z. D. Ich sehe auch nicht ganz den Zusammenhang, Herr Spitzer.

SPITZER Wie brutal Staat und Industrie vorgehen, sieht man doch an Wackersdorf, da ...

BOSCHINGER Jetzt begeben S' sich auf eine Ebene, wo mir net weiterreden können. Mit Unsachlichkeit is da nichts getan. Informieren S' sich doch erst amal. Des können S' doch ois nachlesen in unserm Umweltpapier. – Danke. *Ihm wird gerade eingeschenkt.*

SPITZER Ja, aber ...

BOSCHINGER Ja, lassen S' mich doch amal ausreden, ja – danke.

Z. D. Ich würde also auch sagen, immer der Reihe nach, Herr Spitzer. *Herr Spitzer schweigt wieder.*

5. TEIL

Z. D. Meine Damen und Herren, es ist nun vielleicht der geeignete Augenblick, um auf eine interessante Neuerscheinung hinzuweisen. Professor Boschinger, der heute abend hier bei uns weilt, ist der Autor. Herr Professor, Ihr neuestes Werk, »Ich war Prinz«, ist das nun mehr eine Art Schlüsselroman oder mehr autobiographisch zu verstehen?

BOSCHINGER Ja, ich tät sagen, beides, weil ich war Prinz, und dieses Büchlein ist aber außerdem auch als Zeitdokument gedacht.

Z. D. *blättert in dem Buch* Ah ja, da haben wir hier zum Beispiel ... Kann die Kamera mal, äh, hier sieht man, wie man sich eine Prinzenmütze oder eine Narrenkappe selbst bastelt.

BOSCHINGER Ja, oder zum Beispiel für Gschäftsleute a praktischer Hinweis: Wie werde ich Mitglied im Elferrat.

SPITZER Ja, aber, wenn man bedenkt, daß in Wackersdorf eine Wiederaufbereitungs. . .

BOSCHINGER Jetzt hörn S' doch amal auf, Sie haben doch keine Ahnung, oder waren Sie schon mal Prinz?

SPITZER Nein, aber ...

BOSCHINGER Also, dann wern S' doch erst amal Prinz.

BÖSE Ich muß also auch sagen, ständig wird ma hier unterbrochen.

BOSCHINGER *zu Böse* Waren Sie schon mal Prinz?

BÖSE Nein, nein, aber ich bin Mitglied im Elferrat.

6. TEIL

Z. D. Herr Doktor Böse, Professor Boschinger, Frage an die beiden Experten: Wie soll's denn nun weitergehen?

BOSCHINGER Ja, es gibt meines Erachtens keine Alternative zur Umwelt, aber Umwelt is ja in erster Linie amal Umfeld, des ham wir in unserer Broschüre eindrucksvoll dargestellt, des können S' jederzeit nachlesen in unserm Umweltpapier. *Ihm wird nachgeschenkt.* Ja, danke.

Z. D. Herr Doktor Böse . . .

BÖSE Also ich bin der Meinung, daß man unsere Umwelt auch mal unter wirtschaftlichen Aspekten, verstehen Sie. Es rechnet sich nicht, wenn Sie jedem Laubfrosch hinterherquaken, das rechnet sich einfach nicht.

Z. D. Sie plädieren also mehr für das Sowohl-als-auch.

BÖSE Ja, eine faire Synthese zwischen Ökonomie und, äh . . .

BOSCHINGER Genau.

SPITZER Das darf doch nicht wahr sein, hier von Synthese zu sprechen. Wenn man sieht, wie in Wackersdorf . . .

Z. D. Wir kommen noch drauf, Herr Spitzer, da kommen wir noch hin, äh, aber ich möchte doch an dieser Stelle, äh, gestatten Sie mir als Frau, einmal mein Glas zu erheben, wir haben ein kleines Jubiläum, wir haben heute die siebzigste Sendung von »Diese unsere Welt«, und obendrein ist Professor Boschinger vorgestern achtundvierzig geworden.

BOSCHINGER Haha, ja, danke.

Z. D. Wann haben Sie Geburtstag, Herr Doktor Böse?

BÖSE Neunundzwanzigster Oktober.

Z. D. Dann sind Sie 'n waschechter Skorpion.

BÖSE Aszendent Fisch, aber im chinesischen Horoskop bin ich Ratte. *Alle außer Spitzer lachen, Spitzer schaut auf die Uhr.*

7. TEIL

Z. D. Bevor unsere Sendezeit ihrem Ende zugeht, meine Damen und Herren, dachten wir, daß jeder Experte noch mal abschließend zu den Fragen unserer Zeit Stellung nehmen kann. Professor Boschinger, wollen Sie den Anfang machen?

BOSCHINGER Ja, ich will eigentlich nur noch amal darauf hinweisen, wir haben hier extra für diesen Zweck unser Umweltpapier konzipiert, da können S' alles Wesentliche nachlesen, und im übrigen kann ich jedem jungen Mann nur auf den Lebensweg mitgeben: »Werden S' amal Prinz!« Des ist ein unvergeßliches Erlebnis. Ja, danke. *Ihm wird eingeschenkt.*

Z. D. Vielen Dank, Herr Professor Boschinger.

SPITZER Also, ich möchte jetzt . . .

Z. D. Herr Doktor Böse, Sie sind an der Reihe.

BÖSE Tja, Frau Zitzl-Dumont, mir bleibt an dieser Stelle nur, einem Berufeneren das Wort zu erteilen. Lassen Sie mich Karl Jaspers zitieren: »Alles, wovon wir sprechen, trifft zusammen im Menschen. Natur, Geschichte, das Umgreifende, das Wesen des Menschen ist unvergleichlich.«

Z. D. Besser kann man das wohl kaum ausdrücken, Herr Doktor . . .

SPITZER Also ich möcht jetzt doch auch noch amal die Gelegenheit wahrnehmen und an dieser Stelle betonen, daß ein Projekt wie Wackersdorf . . .

Z. D. *nimmt den Hörer ab* Ja . . . *Zu Spitzer gewandt* Moment . . . *Wieder ins Telefon* Ja, ah so, ja . . . ja . . .

8. TEIL

Z. D. Meine Damen und Herren, Sie kennen das geflügelte Wort, immer wenn's am schönsten ist . . . Auch bei uns ist es wieder mal soweit. Meine Herren, ich danke Ihnen, daß Sie bei uns im Studio zu Gast waren. Wir haben wieder ein paar heiße Eisen anpacken können, natürlich, bei der Kürze der Zeit konnten wir nicht alle Themen erschöpfend behandeln, mir bleibt nur noch, Ihnen einen guten Abend zu wünschen.

Saniererlied

Was gsund is, des hoaßt ma saniert,
aber gsund is bloß, was si rentiert.

A jeds Abbruchhaus is der Übergang
zu am marktwirtschaftlichen Neuanfang.
Da Vogel auf'm Baum zahlt koa Mieten,
also volkswirtschaftlich is er a Nieten.

Refrain

Unsere Kinder, die ham zum Beschwern koan Grund,
unsre Kinderspielplätz san kerngesund.
Alte Leute, die wolln sich am Leben gfreun,
aber gsund is des bloß im Seniorenheim.

Refrain

A paar Leut ham's bei uns jetzad gspannt:
Gmüatlichkeit is finanziell uninteressant.
Am End rentiert si 's ganze Leben net,
na werd's langsam Zeit, daß d' ganze Menschheit geht.

Refrain wird wiederholt, dazu Frau Glöckerl:

Der Computer hat mir gekündigt,
dabei kennt er mich gar nicht,
weil er schreibt Glöckerl mit oe,
und ich schreibe mich ja Glöckerl mit ö.

Daraufhin hab ich dem Computer einen Brief geschrieben,
aber das liest der Computer ja gar nicht,
weil ich selber schreibe ja noch altdeutsch.
Und erst kürzlich habe ich vom dritten Bürgermeister
ein Freßpaket geschenkt bekommen,
weil ich achtzig Jahre alt geworden bin, aber
das ist dem Computer scheißegal,
er schreibt Glöckerl mit oe und kündigt.

Was gsund is, des hoaßt ma saniert . . .

Die Verantwortungsnehmer

Günter Leim, Herr Rösner und Herr Sittich in einem feudalen Büro. Rösner serviert gerade einen Sekt.

LEIM Naa, Rösner, koan Sekt, an Champagner. – Wissen Sie, dieser Rösner, der kimmt aus kleinen Verhältnissen, eine gewisse Großzügigkeit muß er erst lernen da bei uns. – Herr Rösner, ich bitte Sie, ma kann doch net alles saufen, was eim angeboten wird.

RÖSNER Ja, aber das hier ist ein Qualitätssekt, ein Werbegeschenk.

LEIM Ja, eben, den können S' weiterverschenken oder am Bsuch anbieten, aber doch net mir. Jetzt bringen S' an Champagner, mir ham ja schließlich an Grund zum Feiern, oder, Herr Sittich?

SITTICH Jawoll.

LEIM Es ist doch heutzutage so. Schaun Sie: Staat, Länder, Kommunen, Verwaltung, große und kleine Konzerne, Privatwirtschaft, überall geht's in'n Graben, und kein Mensch will die Verantwortung übernehmen. Vierzehntausendachthundert Konkurse allein letztes Jahr; was von der öffentlichen Hand geleistet wird, läuft praktisch aufs selbe raus. – Es wird halt besser verschleiert. Eine gigantische Mißwirtschaft zu Lasten des Steuerzahlers, einer muß ja zahlen. Aber keiner ist bereit, auch einmal zu sagen: Gut, die Sache ist schiefgegangen, ich war's, ich bin verantwortlich. – Und das ist die Marktlücke, in die wir hier praktisch hineingestoßen sind. Wir, die Schilda-Respons GmbH & Co. KG, wir übernehmen jedwede Verantwortung ideeller Art, allerdings natürlich ohne finanzielle Konsequenzen, mir sin ja koa Versicherung. Des macht, wia gsagt, ja der Steuerzahler. Wir übernehmen Verantwortung en gros für große, tragische Fehlspekulationen. Da ham mir zum Beispiel diesen Superflop, diesen schnellen Brüter da in der Nähe bei Karlsruhe. Der kostet den Steuerzahler zwei Millionen Mark pro Tag, und das seit Jahren, für nichts, verstehen Sie, für rein gar nichts. Wenn ma da Konsequenzen fordern würde, müßte a ganze Ministerriege ihren Hut nehmen. Einige sogar rückwirkend, aber a Minister, der Rechenschaft ablegt und zurücktritt, is heutzutage unverantwortlich, des macht ma heit nimmer so. Heute geht die Tendenz dahin, daß man den Verursacher trennt vom Verantwortungsnehmer. Verursacher san praktisch diese maroden Administrationen, und Verantwortungsnehmer sind dann in diesem Fall wir. Weil an Schuldigen braucht ma ja, schon allein für die Presse. Und so ham mir halt zum Beispiel die Verantwortung für diesen schnellen Brüter übernommen, also der Herr Sittich und ich, gell, gegen ein dem Schaden angemessenes Entgelt natürlich, weil auf a Million kimmt's bei sieben Milliarden Schwund aa nimmer drauf zamm. Zumal die Akzeptanz von staatlicher Mißwirtschaft in der Bevölkerung zunehmend wächst. Gut, der Politiker, er könnte die Verantwortung für seine Schweinereien auch nach oben oder nach unten abschieben, aber der Spielraum ist begrenzt. Schiebt er nach oben, kriegt er eins auf'n Deckel, schiebt er nach unten, wird er nicht mehr gewählt. Jetzt steht er allein da mit seiner Schweinerei und dem Damoklesschwert der Verantwortung. Wohin damit? Ganz einfach, hier zur Schilda-Respons GmbH & Co. KG, mir machn des. Unser Herr Sittich zum Beispiel, er is praktisch eine Art professioneller Watschenmann, stimmt's, Herr Sittich?

SITTICH Jawoll, stimmt.

LEIM So groß kann die Sauerei gar net sein, daß er nicht dafür gradestehen würde, oder, Herr Sittich?

SITTICH Sowieso.

LEIM Da zum Beispiel, Flurbereinigung, ein ganzer Landstrich is praktisch federführend von der Staatsregierung kaputtsaniert worden, Tausende von Prozeßdrohungen, ökologisch is der Landstrich am Kippen, ja, die Regierungsbeamten ham für Konsequenzen gar kei Zeit, die müssen ja neuen Schaden anrichten. Ich sag nur: Großflughafen, Wiederaufarbeitungsanlage, Verseuchung der Weltmeere, Nebelflughafen, Autobahnen. Ja, was glauben Sie, was es da zu tun gibt? Und da braucht man einen satisfaktionsfähigen Partner wie unsern Herrn Sittich. Gell, Herr Sittich?

SITTICH Jawoll.

LEIM Der Herr Sittich hat scho als Kind Prügel kriagt für Sachen, wo er gar net schuld war, stimmt's, Herr Sittich?

SITTICH Ja, des stimmt.

LEIM Und des macht 'n Herrn Sittich für diesen Beruf so qualifiziert. Weinskandal haben Sie doch auch übernommen?

SITTICH Ja.

LEIM Oder so a Landesbank bricht zusammen. Zigtausende geprellte Kleinsparer; die sehen natürlich keine müde Mark mehr. Der Vorstand hat koa Zeit, weil er grad eine neue Bank gründen muß, wer leistet den Offenbarungseid? Unser Herr Sittich.

SITTICH Ja, jederzeit!

LEIM Oder junge Offiziere werden in Pension geschickt, grad wenn 's mit der Ausbildung fertig sind. Des kann man doch nicht einem Verteidigungsminister anlasten, bloß weil er des entschieden hat, net, da braucht ma halt Männer vom Schlag eines Herrn Sittich. Schaun S' da, ein ganzer Waschkorb mit Drohbriefen. Ich greife wahllos einen heraus, da zum Beispiel – *er nimmt einen Brief aus einem Korb, liest* – »Sie Drecksau, Sie, Sie gehören aufghängt.« Man sieht, in der Bevölkerung ist durchaus eine moralische Kraft vorhanden. Da, des schreibt jetzt ein Professor Doktor med., äh, a Oberarzt aus'm Schwarzwald. Also, diese Flut von Aggression und berechtigter Wut kann man natürlich nur durchstehen mit einem gewissen Rückhalt. Der Herr Sittich zum Beispiel ist parteilos, also nicht direkt in der Partei, aber er steht der Partei doch so nahe, daß er neutral sein kann, oder, Herr Sittich?

SITTICH Jawoll.

LEIM Wenn's irgendwo brennt, dann sin mir da. Großklinikum: Der Patient ist zum Krüppel operiert, bedauerlich, kommt halt amal vor. Chefarzt ist Alkoholiker, kann man nicht zur Verantwortung ziehen. Der sagt natürlich, des liegt am Patienten, weil er nimmer gscheit zammgwachsn is. Der Patient kann sich dieser Interpretation nicht anschließen, Staat lehnt die Verantwortung ab – wer bleibt übrig? Wir. Der Patient kriegt zwar koa Geld von der Versicherung, aber moralisch ist er aus'm Schneider und kann zum Beispiel am Herrn Sittich an Drohbrief schreiben.

SITTICH Naa, des hat der Rösner verantwortet.

LEIM Ah ja, in dem Fall am Rösner, der ist zuständig für Bagatellversagen und Fehlleistungen minderer Art.

Rösner kommt mit einer Champagnerflasche.

LEIM Ah, da ist er ja, wenn ma an Esel nennt, hahahaha, ham S' 'n jetzt? Wir feiern grad an Großauftrag von der Bundesregierung, mir derfad's ja eigentlich noch gar net sagen, aber im Vertrauen: Der deutsche Wald is hinüber. Keiner will's gewesen sein, es handelt sich immerhin um eine der größten Naturkatastrophen der letzten Jahrtausende, aber mir ham schon an Verantwortlichen. Schaun S' hin, da steht er, der Herr Sittich, gell? Prost, Herr Sittich!

SITTICH Ja, prost.

LEIM Gell, Sie verantworten dieses Waldsterben?!

SITTICH Jawoll, jederzeit.

FAMILIE UND ERZIEHUNG

Mai Ling

Herr Grundwirmer und Mai Ling sitzen in einer Möbel-Krüger-Sofaecke.

Sag amal schön grüß Gott, Mai Ling, grüß Gott! – Ich hab s' erst seit drei Wochen. – Mai Ling hoaßts, des is, des hoaßt, ich heiß ja eigentlich Grundwirmer, und sie natürlich jetzt eigentlich aa. Oiso sozusagen Mai Grundwirmer, geborene Ling. – 2758 Mark und a bißl was, ab Bangkog Airport, hab ich bezahlt, ah, hab ich kommen lassen. Ich muß sagn, des is relativ preiswert, wenn man bedenkt, ah, sie is aus der Provinz. Weil in Bangkog selber kauft net amal mehr der Amerikaner ein. Des is alles zu verseucht, zu rein marktmäßig. Fünfhundert D-Mark mehr, und ich hätt a Fitnamesin ham kenna – de san noch etwas robuster –, des mag sein, da gehen jetzt die Meinungen auseinander, aber, schaun S' es an, de is doch net schlecht, oder? Also ich bin sehr zufrieden. Sie ist äußerst sauber, sie schmutzt nicht, wie der Asiate an und für sich überhaupt nicht schmutzt. Ich mein, ich bin sehr zufrieden, wissen Sie. – Ge', Mai Ling, simma zufrieden, hahaha, ge', ja . . . Freilich, Anpassungsschwierigkeiten lassen sich nicht ganz vermeiden. Rein küchenmäßig betrachtet, ich vertrag ja des Chinesische net aso, mir ham ja da ganz andere Vorstellungen, schon beim Besteck . . . I hab glei gsagt, Mai Ling, diese Staberl da – ich hab s' dann eingschürt, ich hab s' verbrennt, a paar hab ich ihr glassen, da kanns dann Mikado spuin damit. Nix dagegen. Und ich muß sagen, sie is da sehr flexibel und anschmiegsam. Überhaupts des Schlafzimmer, da sans ja berühmt, die Asiatinnen, da kanntns Deitsche sei. Ich hab ein Schleiflackschlafzimmer, wissen Sie, und ich muß sagen, picobello, es spiegelt sich alles darin. Und sie is auch ausgesprochen leise. Wenn's irgendwo knarzt oder so ein kleines Pochen, ge', könnt ma moana, des is a Mäuserl, des is sie. Sie tritt ja fast kaum auf, sie schwebt förmlich, weils aa nix wiegt. – Sie is a bißl gelb ankommen, ah, i moan, des woaß ma ja vom Asiaten, aber sie is scho sehr gelb ausgfallen, obwohl, sie paßt hier sehr gut rein. Geimpft is s' aa, geht ja net anders, ich mein, bei Importen is des immer so, da wird sehr drauf gschaut. Obwohl, es hat geheißen: ein Meter neunundvierzig is sie groß. Sie is aber drei Zentimenter länger ankemma, als ma zerscht gedacht hätt, weil ich hab gemeint, a Verwandte von mir, de Anni, de hat a Kinderbett ghabt, da hab i glaubt, daß ich s' reinbring, na ja, vom Mobiliar her hab ich halt a bißl – umdisponieren müssen. Des sind halt amal Kosten, mein Gott, die kann man halt sozusagen als Anschlußkosten, äh, ich muß überhaupt sagen, diese Kosten, Taxi vom Flughafen, Anfahrtswege, Standesamt, Gesundheitspaß, Ausweisgebühren, sie wird ja nachert a Deitsche, des wird extra berechnet. Ich sag des nur für weitere Interessenten – es gibt da Leute, die sind dann doch überrascht, was für eine Kostenlawine sich da auf sie zubewegt. Ich möchte auf alle Fälle sagen, ich bin sehr zufrieden, obwohl ich Einzelabnehmer bin. Auch diese Flitterwoche, die sozusagen absolviert worden ist, hat eigentlich unsere Erwartungen durchaus . . . Sie verstehen. Ich war sehr überrascht, diese enorme Exotik, die da plötzlich auf einen zukommt, und drum hat der Asiate auch diese Nachfrage, äh, diese Resonanz in breitesten Kreisen der Bevölkerung. Jetzt passen S' amal auf: Ah, Mai Ling, hol amal Zigaretten, da drüben sinds, Zigaretten – gell, sie versteht schlecht –, Zigaretten und Zündhölzel, die da am Tisch liegen, hol s' amal her, da bring s' her, Mai Ling . . . Die Zigaretten sollst holen, Zigaretten . . .

Mai Ling steht auf und holt Zigaretten und Zündhölzer.

Schaun S', ich hab früher an Ding ghabt, an Schäfer, der is ungern ins Wasser ghupft, ge', wenn ma ihm an Stecka neigschmissen hat, is er auch . . . Mai Ling, Zigaretten. Ja, also, sehen Sie, es geht, es ist ein Geduldspiel, die ham ja ein ganz anderes Zeitgefühl. Ma muaß a Geduld haben und a gewisse praktische Psychologie, nachert geht ois. Mai Ling, jetzt derfst die wieda hinsetzen. Samma sehr zufrieden. Ja, ich kann's nicht anders sagen: eine runde Sache rundherum.

Punk in der Bank

Evi Zapf und Gerti Meier, beide in wilder Punk-Aufmachung, sitzen im Bank-Betreuungsséparée von Herrn Klaus Röder.

EVI Weil im Februar, ham mei Verlobter und ich uns gedacht, soll die Hochzeit sein, des is a guter Termin, wei da kennen mir uns dann genau drei Jahre.

GERTI Am 19. Februar war's.

HERR RÖDER Ja, Fräun Zapf, Herr Meier, da darf man ja wohl gratulieren.

EVI Ja, dankschön, ja ...

GERTI Und im Spätherbst kimmt dann was Kleines.

HERR RÖDER Ja, was hört man da? Da kann man ja gleich noch mal gratulieren. Moment mal. *Zieht Sparschwein aus der Schublade.* Hier, für den neuen kleinen Erdenbürger.

EVI Ja, dankschön, gell, vielen Dank.

HERR RÖDER Tja, Herr Meier, auf was tippt denn der angehende Vater, 'n Junge oder 'n Mädchen?

GERTI Mir waar a Bua liaba, damit der Name erhalten bleibt.

EVI Ja, aber a Madl waar schon auch süß, und ich hab ghört, da gibt's doch dieses Baby-Sparen ...

HERR RÖDER Sehr richtig, fünfzig Mark pro Monat, praktisch das Kindergeld. Vater Staat spart mit, hahaha ...

EVI Ja, genau, und da ham mir uns dann gedacht, daß ma des Baby-Sparen vielleicht kombinieren könnt mit'm 624-Mark-Gesetz ...

HERR RÖDER Tja, Fräun Zapf, 'n sehr guter Vorschlag, könnte direkt von mir sein, haha, Baby-Sparen und 624 Mark, da kommt schön was zusammen.

EVI Ja, und dann hättma doch a Frage ...

HERR RÖDER Bitte, dazu sind wir ja da ...

EVI Wei da Gerti hat von seiner Oma a Baugrundstück g'erbt ...

GERTI Fünfhunderteinundreißig Quadratmeter in Lochham ...

HERR RÖDER Ja, da kann man ja nur noch gratulieren. Herr Meier, was hört man da ...

EVI Ja, und Sie ham doch damals gsagt, daß ma die Lebensversicherung, die wo mir bei Ihnen ham, auch für so was kapitalisieren könnte.

HERR RÖDER Natürlich nur teilweise und unter den entsprechenden Voraussetzungen. Sie meinen, wegen Ihrer Hauspläne?

EVI Ja, genau.

HERR RÖDER Sicher geht so was, aber ich würde dann aber doch auch vorschlagen, auf alle Fälle 'n Bausparvertrag.

EVI Des ham mir scho, zwoa.

GERTI Beide scho fast zuteilungsreif.

HERR RÖDER Ja, wunderbar, sehr schön, alles paletti, da nehmen wir noch 'ne kleine Hypothek, und dem Häuschen steht nichts mehr im Wege.

GERTI Weil mir ham uns gedacht ...

EVI Der Gerti hat si dacht ...

GERTI Halt dei Mai, wenn i red. Ah, mir brauchn a Doppelgaragn, wega meiner Maschin.

HERR RÖDER Na prima ...

GERTI Und in'n Keller kimmt a Hobbyraum.

HERR RÖDER Ja, fabelhaft ...

EVI Ja, da is jetz no was: De Raten für das Motorrad, de san ja im März abbezahlt, da kannt ma doch glei mit demselben Betrag in an Prämiensparvertrag eisteign, des waar ohne Risiko, wei da Gerti möchte ja auf alle Fälle im Angestelltenverhältnis bleibn.

GERTI Wei, wissen S', selbständig gangad im Augenblick zwar mehr, aber i wui mit sechzig schuldfrei in d' Rente geh, wer woaß, was no ois kimmt.

HERR RÖDER Sehr vernünftig, Herr Meier, da haben Sie vollkommen recht, aber so vernünftig, wie Sie an die Sache rangehn, kann ja eigentlich nichts mehr schiefgehn. Vorausgesetzt natürlich, Sie bleiben gesund, toi, toi, toi. Apropos: Ist in Ihrer Lebensversicherung Invalidität mit einbegriffen?

GERTI Ja Himmiarschundzwirn, vareck, wo is 'n mei Ohrring?

HERR RÖDER Äh, wie bitte?

GERTI Hast ma 'n wieda net gscheit higmacht, du blöde Sau! Des is jetz scho da dritte Ring!

EVI Weist oiwei z' feig bist, daß i da ra Loch ins Ohrwaschl bohr ...

GERTI Zefix! Wiar i einikemma bin, war er no dro. *Sucht.* Jetz suach halt mit, gefälligst! *Evi sucht auch.*

HERR RÖDER Kann ich irgendwie behilflich sein?

EVI Naa ...

HERR RÖDER War der Ring sehr kostbar?

GERTI Naa, a ganz a billigs Glump ...

HERR RÖDER Äh, ja, noch was. Haben Sie schon mal was von 'nem Familiendarlehen gehört?

EVI Naa ...

HERR RÖDER Das wäre doch genau das Richtige für Sie. Das würde ich mir an Ihrer Stelle aber wirklich mal überlegen. Ich darf Ihnen einstweilen hier auf diesem kleinen Merkblatt die Bedingungen mitgeben, das schaun Sie sich dann zu Hause in Ruhe mal durch ...

GERTI Kruzifix, grad hab i 'n no ghabt ...

EVI Ja so eine Scheiße, oiwei de deppertn Ring ... Ah, da is er ja!

HERR RÖDER Na also, Gott sei Dank.

GERTI Da hast a Massel ghabt. Himacha!

EVI *befestigt den Ohrring wieder an Gertis Ohr* Ja, also, Herr Röder, des Familiendarlehen, des machma doch auf alle Fälle, dad i sagn.

HERR RÖDER Ich schlage vor, direkt nach der Heirat, das sind wirklich traumhafte Konditionen, glauben Sie mir.

EVI Ja, dann hättma noch a letzte Frage, ah, gibt's net auch noch so was wie a Versicherung für die Versicherungen, die wo mir bei Ihnen abgschloßn ham?

HERR RÖDER Ja, aber zu was denn?

GERTI Mei, ma woaß ja nie, mir ham uns halt denkt, für alle Fälle ...

HERR RÖDER Ja, aber Fräun Zapf, ein kleines Restrisiko läßt sich im Leben doch nie ganz ausschalten, aber ich an Ihrer Stelle würde doch nicht ganz so pessimistisch in die Zukunft schauen.

EVI Mei, mir ham uns denkt, nur nix am Zufall überlaßn.

Piercing

Sicher, sag ich. Ich versteh dich schon. – In der Ehe mit der Jessica, wenn's nicht mehr läuft, dann läuft's nicht mehr. Ich hab gesagt: Sepp, das versteh ich schon. Es ist ja keine Tragik dahinter, sie haben ja keine Kinder. Fifty-fifty, Haushaltsauflösung – wär alles normal gelaufen: sie einen Löffel, er eine Gabel. An und für sich kein Problem! Und dann fangt er an, und sagt, er möcht – das Piercing hat er bezahlt bei der Jessica. Und das Geld möchte er raus. Es geht nicht um ein Loch, die Frau ist wie ein Emmentaler. Und jetzt hat ihr Anwalt gesagt: Wenn man's nicht mehr zubringt – Schadensersatz. Brutal. Ich hab ja gesagt: Sepp, spinnst du, jetzt hör auf! Das bringt ja nichts. Hauptsache, es ist friedlich. – Mit dem Piercing: Gut, Schwamm drüber, sagt er. Mit den Kosten. Man hat auch Verluste in einer Ehe. Aber – die Tattoo, das verwindt er nicht. Nein, er sagt, die Tattoo bei der Jessica hat auch er bezahlt. Er hat ja sie nach Hamburg geschickt zu dem Chinesen. Und ihr Anwalt hat gesagt, seitdem sie die Drachen droben hat, ist sie ein lebendiges Kunstwerk. Dann sagt er, sagt der Sepp, wenn das der Fall ist, dann ist sie mehr wert. Und dann möchte er wenigstens die Mehrwertsteuer. Ich hab gesagt, Sepp, jetzt spinn dich aus. Was willst du denn? Die Jessica ist vorne und hinten sowieso voller Drachen. Willst du dein Leben lang nur Drachen anschauen? Eure Ehe . . . das hätte ja eh keine Fjutscher mehr gehabt, weil irgendein anderes Viech wär auf die Jessica gar nicht mehr draufgegangen.

Der Schubidu

Sag doch nicht immer wieder Schubidu zu mir,
Sag lieber Schabidawai.
Wenn du mich liebst,
Sag Schnibbeldabu,
Aber niemals Schubidubidu.
Schabidawai und Schnibbeldabu,
Aber niemals Schubidubidubidu.

gesprochen
»Baby, als du von mir gingst,
waren deine letzten Worte:
Schnibbel Schnabbel Schnibbel dabbel Schubidu.
Du standst in der Tür
mit Tränen in den Augen und sagtest:
Schnibbel Schnabbel Schnibbel dabbel Schubidu.
Du hast mir so weh getan mit deinem
Schnibbel Schnabbel Schnibbel dabbel Schubidu.«

Wenn du mich liebst,
Sag Schnibbeldabu,
Aber niemals Schubi dubi dubi duu . . .
Oh no.

Liebe Trudl

Karl und Gudrun Bäumel sitzen in einer Wohnküche, ein Kassettenrecorder steht aufnahmebereit auf dem Küchentisch. Heinz-Rüdiger sitzt mürrisch daneben.

KARL Also, hörn mir uns amal an, was mir scho ham. *Schaltet Band ein.*

STIMME KARL Liebe Trudl, wir machen jetz amal ganz was Neues, mir schicken euch amal statt am Brief eine von uns besprochene Kassette nach Australien.

STIMME GUDRUN Zuerst amal, liebe Trudl, alles Gute zum Geburtstag . . .

STIMME KARL Ja, alles Gute zum Geburtstag . . .

STIMME GUDRUN Bleib gesund und munter . . .

STIMME KARL . . . und laß amal wieder von dir hören, wenn du diese Kassette . . .

STIMME GUDRUN Also, liebe Trudl, uns . . .

STIMME KARL . . . abgehört hast. Im Zeitalter der Technik is des ja direkt a Erleichterung, ich war ja sowieso kein großer Briefschreiber, wie du weißt. Hahaha . . .

STIMME GUDRUN Also, uns geht's allen gut, und wie geht's euch so? Unser . . .

STIMME KARL Es is scho a echte Erleichterung, man muß diese neuen Techniken bloß ausnutzen . . .

GUDRUN Da, hörst as selber, du laßt mich nie zu Wort kommen . . .

KARL Pst! Hör zu . . .

STIMME KARL Mir ham bisher immer nur diese Musikkassetten gehabt, aber so a eigene Bandaufnahme, des is halt amal ganz was anders . . .

STIMME GUDRUN As wichtigste is doch, daß ma gsund is, und weil mir schon bei der Gsundheit sind, hoffentlich seid ihr auch gesund.

STIMME KARL Wenn ihr jetzt das Band gehört habt, könnt ihr uns dann ja auch eine besprochene Kassette zurückschicken . . .

STIMME GUDRUN Der Heinz-Rüdiger hat bis vorige Woche die Masern ghabt, aber er hat's jetz gut überstandn.

STIMME KARL . . . des hat den Vorteil, daß ihr uns dann keinen Brief schreiben müßts.

STIMME GUDRUN Die ersten Tage danach hat er noch . . .
STIMME KARL . . . und mir können des dann auch hier wieder abhören . . .
GUDRUN Also, nie laßt er mich ausredn . . .
KARL Pst, horch amal, i glaub, des eiert . . .
STIMME KARL . . . also, es is scho gigantisch, wenn ma sich vorstellt, deine Stimme geht dann um die halbe Welt, und unsere jetzt dann praktisch auch.
STIMME GUDRUN Jedenfalls, der Heinz-Rüdiger is wieder wohlauf.
STIMME KARL So, da hab ich jetz auch den Heinz-Rüdiger neben mir sitzen, und der will dir auch noch was sagen . . . *Nichts kommt.*
GUDRUN Du hättst ruhig was sagn können, Stoffel!
STIMME GUDRUN Sag halt was!
STIMME KARL Ja, was is denn?!
STIMME GUDRUN I glaub, er geniert sich a bißl . . .
STIMME KARL Da is des Mikrofon, da wird neigredt!
KARL Irgendwie eiert des.
GUDRUN Aber ma versteht eigentlich ois.
STIMME KARL Ja Herrschaftseitn, Malefiz . . . Hörst du schlecht, du sollst der Tante Trudl zum Geburtstag gratulieren!
STIMME GUDRUN Schalt as Band aus.
STIMME KARL Du elender . . . *Bandaufnahme reißt ab.*
KARL Des löschn mir am Schluß.
GUDRUN Weilst aber auch einfach net neigredt hast!
KARL As nächste Mal sagst was! So, Achtung, Band läuft wieder. Ja, jetz hab ich mir's grad anghört, wahrscheinlich eiert des bei euch a bißl . . .
GUDRUN Aber mir hoffen, ihr versteht alles . . .
KARL Wenn's eiert, liegt das nicht unbedingt an euerm Recorder, sondern vielleicht am Band. So, aber der Heinz-Rüdiger is wieder neben mir und will unbedingt auch was sagen.
GUDRUN Sag halt was.
KARL Saubua. – Ja, der Heinz-Rüdiger kommt mit den neuen Techniken noch net so ganz klar, ah, mir nehmen halt derweil was anderes auf.
GUDRUN Aber er läßt auf alle Fälle schön grüßen, und er bedankt sich sehr für den schönen australischen Medizinmann. *Heinz-Rüdiger bohrt in der Nase.* Laß des!
KARL *schaltet das Band ab* So, und du derfst jetz nix mehr auf des Ton-

band sagn, daß d' es gnau woaßt, Saubua. – Ja was kannt ma eahna no aufnehmen?

GUDRUN Mei, nimm doch de neue Geschirrspülmaschine auf, des is für die Trudl sicher interessant, weil sie selber hat ja koane, so was ham de net in Australien.

KARL Ah ja, des is a Idee. Also paß auf! Du gehst jetz an die Maschine, und wenn ich dir a Zeichen geb, dann laßt as laufn, und ich nehm s' auf.

GUDRUN Da, iß den Sandkuchn vollends auf, weil wenn ma s' scho laufn laßt, na spülma auch glei was.

Gudrun nimmt den Sandkuchenteller und räumt ihn in die Spülmaschine, Karl präpariert das Mikrofon und beißt in den Sandkuchen.

KARL Achtung, Aufnahme!

Gudrun schaltet Maschine ein.

KARL Halt, halt, no net, erst wenn ich Zeichen geb!

GUDRUN Naa, jetz laufts scho . . .

KARL *laut* Liebe Trudl, was du jetz hörst, des is unsere neue Geschirrspülmaschine, die hat sogar einen eingebauten Trockner.

GUDRUN Den Trockner hört ma aber net.

KARL Die Maschine spült zehn Geschirreinheiten komplett in siebzehn Minuten.

Eine Trambahn fährt vorbei.

GUDRUN Aus, mach's aus, d' Trambahn . . .

KARL Naa. Ah, Trudl, des Nebengeräusch, was du jetz grade gehört hast, des war die Trambahn.

GUDRUN Des is unsere Linie vier.

KARL Aber ich hoffe, du hast doch an Eindruck, wie so a Geschirrspülmaschine ungefähr funktioniert, obwohl dieses Modell nicht nach Australien exportiert wird. – Jaa . . .

GUDRUN Uns geht's Gott sei Dank allen recht gut . . .

KARL Des ham mir schon. *Schaltet ab.* Ja, was könnt mir denn noch . . .

GUDRUN Wieviel ham mir denn scho auf'm Band?

KARL Ungefähr fünf Minutn.

GUDRUN Wieviel hat 'n so a Band insgesamt?

KARL Neunzig Minuten.

GUDRUN Was, so vui? Des wird ja nie voll . . .

KARL Ja, so schnell net . . .

GUDRUN Weißt was? Schreib mir ihr halt derweil zum Geburtstag noch amal an Brief und schicken ihr die Kassette as nächste Mal.

KARL Obwohl, des reicht doch derweil, da hats dann aa scho an Eindruck.

GUDRUN Naa, fünf Minutn, des is zwenig, da müßma scho an Begleitbrief dazuschickn.

KARL Also gut, aber auf den Brief schreibt dann er auch an Gruß drauf. *Deutet auf Heinz-Rüdiger.*

Eine Entdeckung

ALTER I Sie, jetz schaun Sie da rüber, sehn Sie es?

ALTER II Wo?

ALTER I Ja, da schaun Sie doch amal. Sehn Sie nich? Da bewegt sich doch was.

ALTER II Was?

ALTER I Ja, sehn Sie's denn nicht?

ALTER II Ja, ich seh gar nix.

ALTER I Ja, pst, pst, ganz still, da hinten bei dem Busch, da rührt sich was.

ALTER II Ich kann nix entdecken.

ALTER I Ja Herrschaft, pssst, ganz leise, jetzt schaun Sie amal hin. Sehn Sie's? Was da rauskommt?

ALTER II Ja, jetz seh ich was.

ALTER I Pst, Sie, das is ja, das is ja a Kind.

ALTER II Ja, a Kind, genau.

ALTER I Ja, pst, ja, ruhig, Sie, da is ja noch eins, da sind ja zwei.

ALTER II Ja, richtig, da sind ja zwei.

ALTER I Zwei Kinder, gibt's denn das aa?

ALTER II Ja, genau, zwei.

Fredis Geburtstag

Oma Hienrainer trägt ein kleines Schächtelchen herein, stellt es auf einen gedeckten Tisch neben die Geburtstagstorte; Opa Hienrainer kommt mit einer Schachtel, stellt die Schachtel neben Omas Schächtelchen, will hineinschauen; Oma kommt mit einer Kerze.

OMA Laß doch, setz dich her, jetz muß er gleich kommen.

OPA Ja, er kimmt gleich, unser Bub. Was hast denn du eahm gschenkt? Laß mi neischaugn.

OMA Naa, jetz is scho zuabackelt. – Is des von dir? Sag?

OPA Ja, des is fürn Bub.

OMA So. Was hast denn drin? Ha?

OPA Ja, des werd ich dir jetzt nicht sagn, net, des is ja für dem Fredi.

OMA Des woaß i scho, meinst, des meine is net fürn Fredi?

OPA Es is schon ein erfreulicher Tag.

OMA Ja, da hast recht. *Versucht in Opas Schachtel zu gucken.*

OPA Laß das stehn, da, gell, da wo as hinghört, damit er's gleich hat dann.

Oma räumt die beiden Geschenke in eine symmetrische Reihe.

OPA Damit's auch a Gsicht hat, wenn er kommt . . .

OMA *versucht wieder in Opas Schachtel zu schauen* Mit was fangt denn deins an?

OPA Da werd net neigschaut, gell, des ist eine Überraschung für dem Fredi.

OMA Sag halt wenigstens die Anfangsbuchstaben . . .

OPA Eigentlich ist es ein, eigentlich ist es ein – ein K.

OMA Mit K?

OPA Mhm.

OMA Kasterl?

OPA A Kasterl, i wird so blöd sein und in des Kasterl a Kasterl reintun, net. Da kann er ja nix anfangen. Nein, es ist etwas Nützliches, net.

OMA Kugelschreiber . . .

OPA Nein, etwas Nützliches und beginnt mit K.

OMA Kugelschreiber!

OPA Wo er doch fast nie schreibt, der Bub. Er hat doch ganz andere Interessen, net.

OMA Ja, des is wahr, gschriebn hat er uns nie, wie er so lang weg hat müßn, seinerzeit.

OPA Ja, schreiben tut er wirklich sehr ungern.

OMA Aber durchsetzn, des kann er sich.

OPA Er hat an Appetit, den hat er immer ghabt, aber schreiben, naa.

OMA Scho gut, wenn ma a selbständigs Kind hat.

OPA Es ist schon ein erfreulicher Tag. – Jetzt sag amal, was is jetz da drin?

OMA Da?

OPA Sagst as net?

OMA Mit R fangt's an.

OPA Mit Er fangt's an, aha, er . . . Ein er . . . ein ernstes Buch?

OMA Ah geh, lesn tut er doch auch net.

OPA Ja, des stimmt auch wieder. – Ein Radioteleskop?

OMA Geh, wo kann da a Radio drin sein?

OPA Ja, heutzutag, wo die Technik aso fortschreitet, net, des woaß ma nie. Aber vielleicht ist es ein . . .

OMA R – i . . .

OPA Hackbrett!

OMA Warum, des fangt doch mit H an.

OPA Ja, aber Brrrett, ah so, ja, da hast jetz du wieder recht. – Des geht fei net, also, so ham mir des net, gell, es is doch ein Krampf, wenn der Bub reinkommt und sieht die Sachen, und nachert muß er erfahren, daß mir die Sachen selber noch net gsehn ham, net.

OMA Ja eben, genau.

OPA Was macht denn des für an Eindruck? Ha?

OMA Hahaha, a Ketterl hat er.

OPA Finger weg!

OMA Du, i hab fei a Ringerl.

OPA So.

OMA Komm, jetz zeigst es ganz.

OPA Aber mir schaun gemeinsam. Müßma aber aufpassen, daß mir nix, daß mir's genauso wieder hinlegen.

OMA Gell, net daß er merkt, daß mir's scho wißn, net. Also, aufdiebläze, feertig . . .

Man hört ein schweres Motorrad näher kommen. Opa geht zum Fenster, Oma springt auf, holt Streichhölzer und zündet die Kerze an.

OMA Mei, schnell, schnell . . .

Man hört Krachen und Fluchen von draußen.

OMA *zündet Kerze an* Hörst 'n?

FREDI *stürmt herein* Servas. *Setzt sich an den Tisch, packt die Geschenke aus. Omas Päckchen: ein Schlagring.* Do habts aba aa net den teiersten kaaft. I hätt doch den aus Mangan wolln. *Haut mit dem Schlagring auf den Tisch.* Der da is a Glump. *Wirft ihn auf den Boden, Oma hebt ihn wieder auf. Fredi packt Opas Päckchen aus: eine Motorradkette. Er strahlt.* Siehgst, Oma, da Opa woaß, was unsaoana braucht. *Haut mit der Kette in die Geburtstagstorte.* Geh weida, Oma, hast nix Gscheits zum Eßn da?

OPA Geh, also naa . . .

OMA Jaja, unser Fredi . . .

Fredi schmeißt die verstümmelte Torte aus dem Fenster.

Zukunftsaussichten

ERNST Als Kunstmaler könnt er an Haufen Geld verdienen.

HILDE Ja, aber bloß, wenn er berühmt is. De meisten von dene verhungern. Ich bin der Meinung, der soll sei Abitur machen, am besten humanistisch, weil des is immer noch ein Fundament. Und dann auf alle Fälle ein Studium. Malen kann er dann immer noch als Hobby, wenn er was Ordentliches gelernt hat.

ERNST Aber dann is's vielleicht für seine Entwicklung schon zu spät. Als Kunstmaler muß er ganz früh anfangen, sonst wird er nix.

HILDE So weit dadst as du kemma laßn, daß der an ganzen Tag im Bett liegt und auf a Idee wartet. Da mach ich net mit. Warum soll er denn kein Jurist werdn? Oder Zahnarzt? Des san Spitzenverdiener.

ERNST Mei, aber wenn er Kunstmaler im Blut hat, dann befriedigt ihn des alles net. Dann muß er malen, sonst is er unglücklich.

HILDE Zerscht muß er mal was leisten, wie alle andern auch. Weil am Numerus clausus, da scheiden sich die Geister. Beim Staat nehmens heut nur noch Einserabgänger, und de wissen, warum.

ERNST Und was is, wenn er Malerei studiert?

HILDE So schaugst du aus. Du dadst des Kind total verlottern lassen.

ERNST Mei, wenn mir uns net einigen, macht er vielleicht eines Tages einfach des, was er will. Am Schluß wird er Politiker.

HILDE Mach koane Witz, des Kind kommt zum Staat, als Beamter. Da kann er dann durchaus aa Künstler werdn, aber nur fest angestellt beim Staat, A 13 oder so was. Dann meinetwegen.

ERNST De Künstler gehen aber net gern zum Staat, und der Staat nimmt s' aa gar net gern.

HILDE Eben, drum verhungerns ja alle.

ERNST Der Albrecht Dürer war aa net beim Staat, und er hat gut glebt.

HILDE Vielleicht hat er a Metzgerei nebenher ghabt, des weißt ja du net. Und so, wie der gmalt hat, hat der sicher a Studium hinter sich ghabt.

ERNST Ja, Malerei ...

HILDE Ach! *Fast weinend* Ich find des so gemein, daß du dem Kind alle Zukunftschancen nimmst. Wie soll er denn so amal a ordentliche Existenz aufbaun? Du singst ja aa bloß im Hobbyraum drunten und hast kein Beruf draus gmacht.

ERNST Ich hab ja auch schließlich was anders glernt. *Ein Säugling quäkt.* Hilde, dein Kind schreit.

HILDE *geht zur Wiege, beugt sich beruhigend hinein* Ja, Buzele, der Hansi, jaja, gell, des tust du deiner Mami nicht an? Du wirst mir amal kein Kunstmaler, gell, jaja . . .

Kinderdressur

Karl und Gudrun Bäumel sitzen im Wohnzimmer in zwei Sesseln. Tochter Yvonne steht unbeteiligt herum.

GUDRUN Yvonne, jetz mach amal schön deinen Purzelbaum . . .
KARL Jetz machts gleich an Purzelbaum, jetz passen S' auf . . .
GUDRUN Purzelbaum!
KARL Mach 'n amal, mach amal schön den Purzelbaum.
GUDRUN Sie kann ihn nämlich.
KARL Kimm jetza, Yvonne, mach amal den Purzelbaum.
GUDRUN Mach schön hoppihopp . . .
KARL Sie macht 'n glei, jetzt warten S' . . .
GUDRUN Hoppihopp!
Yvonne bohrt in der Nase.
KARL Ja, was is jetz? Mir ham doch gsagt, Purzelbaum. Ham mir net gsagt, Purzelbaum? – Gell, mir ham gsagt, Purzelbaum.
GUDRUN Sonst machts 'n immer mit Begeisterung, Yvonne, schön hoppihopp.
KARL Manchmal braucht ma a Geduld. Yvonne, Purzelbaum. Purzelbaum!
GUDRUN Vielleicht liegt's am Föhn . . .
KARL Geh, heut is doch gar koa Föhn.
GUDRUN Freilich ham mir heut an Föhn . . . Tu amal pfeifen . . . Schön pfeifen . . .
KARL Wie geht denn pfeifen?
GUDRUN Pfeifen!
KARL Sie pfeift aa gern. – Tu amal pfeifen!
Gudrun beginnt zu pfeifen.
Net du, as Kind soll pfeifen.
GUDRUN I mach's ihr ja nur vor, wie's geht.
KARL A geh, sie kann's doch schon . . .
GUDRUN Manchmal muß ma's ihr vormachen. *Pfeift wieder.*
KARL Wenn s' pfeift, des is goldig. Ehrlich . . .
GUDRUN So, Yvonne, jetzt wird's aber Zeit, jetz machst amal endlich dein Purzelbaum. Herrschaft, Yvonne, hoppihopp, mach gefälligst dein Purzelbaum! Hoppihopp!
KARL Befehlen hilft gar nix. Befehlen hilft gar nichts.

GUDRUN Also, i versteh des Kind net. Sonst machts 'n doch auch immer . . .

KARL I gib ihr jetzt, passen S' auf – wo ham mir denn die Keks?

GUDRUN Keks ham mir koa mehr, bloß noch an Schoklad.

KARL Hol ihn!

Gudrun steht auf und holt Schokolade.

Jetzt gibt's Guti. – As Wort Schoklad verstehts no net. Sie sagt zu allen Süßigkeiten Guti. Aber, wissen S', was sie scho sagn kann? Blätterteig. – Sag amal Blätterteig. – Sagst du Blätterteig . . .

GUDRUN *kommt mit Schokolade* Da, Yvonne, feines Guti, aber dann machst an Purzelbaum.

KARL Naa, Blätterteig solls sagn.

GUDRUN Nanaa, an Purzelbaum solls machen.

KARL Geh red koan Schmarrn. Zerscht solls Blätterteig sagn. Du bringst ja des Kind ganz durchanand.

GUDRUN *Du* bringst as durchanand. Da, Yvonne, tu schön Schokolade eßn. Feines Guti . . .

KARL Wissen S', was s' aa scho sagn kann? Des Wort Finderlohn.

GUDRUN Wo s' es nur herhat . . .

GUDRUN Schön Purzelbaum, Yvonne, schön Purzelbaum – hoppihopp! Hoppihopp . . . Ja, was is denn, hoppihopp!

KARL Pst, sei stad, machma's anders. Jetz paß auf, schau her, Yvonne . . .

GUDRUN Jetz paß auf, was der Papi macht.

KARL Soo . . . *Macht Purzelbaum.*

GUDRUN *dazu* Hoppihopp. So is's schön.

KARL So geht's. Sie kann ihn fei aa.

GUDRUN Sie macht 'n scho genauso guat . . .

KARL Wissen S', sie soll amal Eiskunstläuferin werdn.

GUDRUN Oder Paarlauf.

KARL Oder Ballett.

GUDRUN Nein, nicht Ballett, Eiskunstlauf.

KARL Spezialisieren kann sie sich ja dann immer noch.

GUDRUN As wichtigste is, daß ma mit so was ganz früh anfängt.

KARL Wissen S', so Pirouetten drehen und so . . .

GUDRUN An Trainer ham mir schon.

KARL Es is a Kindertrainer, der trainiert nur Kinder.

GUDRUN Der hat aa gsagt, man kann gar nicht früh genug anfangen.

KARL Kost fei a Heidngeld.

GUDRUN Fuchzig Mark in der Stund . . .

KARL Und d' Stund hat nur fünfavierzig Minuten bei de Kindertrainer. Fuchzig Mark muaß ma scho hilegn, unter fuchzig Mark geht gar nichts.

GUDRUN Aber der Trainer hat auch gsagt, daß sie sehr begabt is. Gell, Yvonne, mir sind sehr begabt – wo is 'n?

KARL Ja, wo is 'n?

GUDRUN Yvonne? Yvonne, wo bist du?

KARL Yvonne, wo bist du?!

GUDRUN Yvonne, hallo? – Is s' nausganga . . .

KARL Geh, hol s' wieder rein. Sie hat no koan Purzelbaum gmacht . . .

GUDRUN *geht* Sie is nausganga . . .

KARL *wartet* Herrschaft, wartens S'. *Geht raus.*

Leere Sessel. Nebenan Stimmen.

KARL Yvonne, jetz gehma wieder da nei . . .

GUDRUN Du sollst doch hoppihopp machen. Du hast doch dein Hoppihopp noch gar net gmacht.

KARL Und Blätterteig hats aa no net gsagt.

GUDRUN Sie wui aa den Schoklad net, i woaß gar net, was is 'n mit ihr los . . .

KARL So, Yvonne, jetz geh wieder nei ins Wohnzimmer, und dann machst schön dein Hoppihopp.

GUDRUN Purzelbaum, schön Purzelbaum . . .

KARL Und Blätterteig, schön Blätterteig . . .

KARL So, Yvonne, jetz mach amal endlich dein Purzelbaum! Des Kind is heut wie verstockt.

GUDRUN Hoppihopp! Zum letztenmal, Yvonne, mach deinen Purzelbaum! – Sonst derfst heut nicht fernsehn.

KARL A ganze Woch derfs nimmer fernsehn. Eine ganze Woche darfst du nicht mehr fernsehen. Daß d' as genau woaßt.

Yvonne macht einen Purzelbaum.

KARL Ja endlich.

GUDRUN Is ja aa Zeit worn.

KARL Sehn Sie, es geht.

GUDRUN Sie is halt a begabtes Kind.

KARL Gell, mir hams immer gwußt, sie kann des. Mühelos.

YVONNE *völlig unbeachtet* Finderlohn.

Gericht

Im Gerichtssaal

Personen: Staatsanwalt, Richter, Zeugin (Klägerin)
Es ist eine Filmleinwand aufgebaut mit unscharf projiziertem Bild.

STAATSANWALT Frau Zeugin, äh, Frau Mitterer, Sie können inzwischen draußen Platz nehmen. Wir warten, bis dem Gericht die Beweismaterialien ordnungsgemäß vorliegen.
Zum Richter Herr Vorsitzender, wie lange dauert denn das noch?

RICHTER Ich hab leider keine Ahnung, aber es gibt, glaub ich, technische Probleme.

STAATSANWALT *leise* Ich nehme, wenn's möglich ist, heute den ICE.

RICHTER Den ICE? Den wollte doch ich nehmen! Ich hab neulich schon den Personenzug nehmen müssen.

STAATSANWALT Nein! Ich hab mich so auf den ICE gefreut. Ich muß heute spätestens um achtzehn Uhr dreißig zu Hause sein.

RICHTER Warum so früh?

STAATSANWALT Weil meine Mutter macht heute Paprikaschoten, gefüllte Paprikaschoten, meine Leibspeise. Und wenn ich da zu spät komm, das kann ich nicht bringen.

RICHTER Mmmh – gefüllte Paprikaschoten! Also dann nehmen Sie halt den ICE. Übrigens, das wollt ich noch sagen: Der Angeklagte hat sich geäußert – und im Protokoll steht . . . Moment . . .

STAATSANWALT Ja?

RICHTER Moment – ja, hier! . . . Wichelwachel, schnorchgazong!

STAATSANWALT Wie?

RICHTER Wichelwachel, schnorchgazong!

STAATSANWALT Aha – seltsam!
Das vom Projektor unscharfe Bild wird immer unschärfer.

STAATSANWALT Also, dieses Bild ist ja vollkommen unscharf. Da kann doch der Herr Vorsitzende nichts entziffern. Nicht wahr, Herr Vorsitzender? *Leise zum Richter* Eisenbahn!

RICHTER *laut* Wenn das so ist, daß die Technik noch Zeit benötigt, dann vertagen wir die Sache auf morgen. Die Zeugin bitte dann aber auch auf morgen bestellen! – Also dann.

Zum Staatsanwalt leise Ich glaube, wenn Sie um achtzehn Uhr dreißig zu Hause bei Ihrer Mutter sein müssen, dann ist es jetzt höchste Eisenbahn.
Beide ab.

Eisenbahn

Personen: der Staatsanwalt, der Richter
Sie spielen mit einer Eisenbahn, machen Geräusche und sind begeistert.

STAATSANWALT Schön, ich stelle dann noch die Weiche für den Güterzug, ich geb's gleich an die Zentrale weiter. *Am Telefon* Achtung bitte, Zentrale! – Weiche 1314 bitte auf Grün.

RICHTER Achtung, Achtung, es fährt ein der Personenzug aus Ingolstadt, Ankunft 17.08 Uhr. Bitte Vorsicht auf Bahnsteig vier, bitte Vorsicht auf Bahnsteig vier.

Es klingelt an der Tür.

STAATSANWALT Wer ist denn das?

RICHTER Das ist bestimmt Dr. Premeischl.

STAATSANWALT Die haben beim Siemens immer so früh Schluß. Daß die schon so früh Schluß haben . . . Mensch, der will bloß mit meinem ICE spielen. Letztes Mal, wie ich beim Dr. Premeischl war, da wollte ich den Speisewagen rangieren, mit der Rangierlok. Er hat mich aber den Speisewagen nicht rangieren lassen! – Und jetzt hab ich den ICE!

RICHTER Keine Angst, ich mach einfach nicht auf.

Es klingelt nochmals.

Pst.

Staatsanwalt und Richter horchen an der Tür.

RICHTER Pst! – Er haut schon ab.

STAATSANWALT Ich muß aber auch bald gehen, weil – wegen der Paprikaschoten.

RICHTER Der Premeischl geht. Ja, ja, er ist schon weg.

STAATSANWALT So, ich laß jetzt noch den Güterzug los.

RICHTER Chtsch, chtsch, hüihuijuuuuuut. Achtung, Achtung!

STAATSANWALT Was war das da noch im Protokoll? Was hat der Angeklagte geäußert?

RICHTER Ich glaube, äh, wichelwachel, schnorchgazong, oder so.

STAATSANWALT Ah ja – genau!

RICHTER Und Sie kriegen jetzt dann gefüllte Paprikaschoten?! – Beneidenswert.

STAATSANWALT Und Sie, Ihre Frau, was kocht die?

RICHTER Nichts, gar nichts! Bei mir gibt's nichts mehr.

STAATSANWALT Wieso . . . warum?

RICHTER Weil – na ja! Meine Frau hat mich vor die Alternative gestellt, quasi: Entweder ich entscheide mich für sie – hat sie gesagt – oder, äh . . .

STAATSANWALT Oder?

RICHTER . . . für die Eisenbahn.

STAATSANWALT Und?

RICHTER Ich habe mich entschieden. *Setzt Eisenbahnmütze auf.*

STAATSANWALT Ach . . . dann nehm ich Sie mit heim zu meiner Mutter.

RICHTER Nein, vielen Dank, gehen Sie ruhig, ich bleib hier bei der Bahn.

STAATSANWALT Also dann, bis morgen.

RICHTER Genau, also dann, Abfahrt!

Zuggeräusche.

Die Pädagogen

Personen: Lehrer Dietz, Lehrerin Zischka, Direktor Balde

DIETZ *vor der Schultafel* Also, das hier ist die Schlacht von Salamis im Jahre, äh ... Die Boote, also die Perser kommen hier herein, und ihre Ahnungslosigkeit wurde von den Griechen mit Arglist belohnt, weil aber, gehen wir auf die Schlacht von Tsushima, für diese Schlacht seid ihr noch zu jung, aber die in Trafalgar ist ein Juwel unter den Seeschlachten im Jahre ... Bitte, die Zahlen merken wir uns – dazu ist wichtig, aber das lernen wir erst, wenn wir Descartes' Scientismus mit ihm Kopf haben, aber die Zahl – also Jahreszahl – 1403 müssen wir uns merken, so wie Hermann Hesse oder Helmut Zöpfl, wir können aber auch Böll nehmen und dann Don Carlos: »Die schönen Tage von Aranjuez sind vorüber – Seine Majestät sind nicht heiterer geworden.« Also mir ist es egal, ob ihr des könnt oder nicht, aber 1214 die Machtergreifung, dann 1621 die Machtergreifung, 1803, die eigentlich keine Machtergreifung war, und sämtliche Machtergreifungen vor Christi, die müssen sitzen. Dann, der ganze Zyklus vom Chitinträger bis zu den Delphinen und die Staubblütler – und als Hausaufgabe machen wir heute die Präposition a – ab – de – ex – coram – de – ut – sine – pro und prae ...

Es klopft.

DIETZ Herein!

ZISCHKA Ach, entschuldigen Sie, sind Sie noch ...

DIETZ Nein, bitte – wahrscheinlich haben wir das Klingeln nicht gehört.

ZISCHKA Ich wollte noch mal mit Ihnen darüber reden, Herr Dietz, denn die Sache wird akut.

DIETZ Ja, ja, der Direktor ist windelweich. Ich bin so gut dieses Halbjahr mit dem Stoff durchgekommen, das ist doch ein ganz anderes Arbeiten.

ZISCHKA Sicher, wenn ich allein an den Wandertag denke, einfach geruhsam, am Schliersee und dann noch ein Lokal ...

DIETZ Oder die Pausen – das ist die reinste Erholung!

ZISCHKA Bei mir war erst der Schulrat da, und er war zum ersten Mal, zum ersten Mal von meinem Unterricht überzeugt, zum ersten Mal!

DIETZ Mein Gott, man sieht, was die Schule auch sein kann.

ZISCHKA Aber dieser Hausmeister, der ist auch durch nichts zu überzeugen.

DIETZ Das ist die Geldgier, die diesen Kerl treibt.

ZISCHKA Er hat gute Beziehungen zum Wirtschaftsminister – und der hat dann . . . Und ich glaube, das geht nur von oben, das wird alles von oben manipuliert. Und da gibt dann das Kultusministerium nach. Die ziehen den Schwanz ein.

DIETZ Bei Bildung gegen Geld obsiegt immer das Geld.

ZISCHKA Der Hausmeister will natürlich seine Würste verkaufen.

DIETZ Der ist doch selber eine Wurst. Hähä, eine Hanswurst, hähä.

ZISCHKA Die ganze Süßigkeitenlobby dreht doch dran mit. Ich hab noch zu ihm gesagt: Wissen Sie, was Sie sich da einhandeln, wenn's hier losgeht?

DIETZ Und was sagt er?

ZISCHKA Wenn der Staat ihm den Ausfall subventioniert, dann bitte! Aber er verspricht sich natürlich einen Boom.

Direktor Balde erscheint.

BALDE Ach, gut, daß ich Sie treffe!

DIETZ UND ZISCHKA Guten Morgen, Herr Direktor.

BALDE Guten Morgen! Ich muß Ihnen etwas mitteilen, was Sie betrifft.

DIETZ UND ZISCHKA Ja.

BALDE Die schönen Tage von Aranjuez sind vorüber!

DIETZ Eure Majestät sind nicht heiterer geworden!

BALDE Unsere Schule bekommt wieder Schüler zugeteilt. Das heißt, unsere Zeit der Schülerlosigkeit ist zu Ende. So effizient wir hier auch gearbeitet haben – auf Druck des Wirtschaftministeriums . . .

DIETZ Aber unsere Schule hat doch prächtig funktioniert – auch ohne Schüler!

ZISCHKA Wir können doch mit Leistungen aufwarten, die können sich sehen lassen, kein Krieg mit den Eltern, keine verschmierten Wände . . .

DIETZ Keine Krankmeldungen bei Lehrern, kein Verkehrsstau jeden Morgen und Mittag . . .

BALDE Ich weiß! Das größte Problem für die Schule ist der Schüler.

Man hört ein zunehmendes Geräusch von Kindern – die Lehrer verfallen in hektische Zuckungen.

DIETZ *schreiend* Ich will nicht, ich habe es satt! Ich war im Kindergarten, dann Volksschule, dann Gymnasium, dann Universität, dann wieder Gymnasium. Ich, ich, ich wollte Lehrer werden. Ich will in der Schule sein. Ich komme mein ganzes Leben nie aus einer Schule heraus, mein Leben, das ist Schule, Verschulung, Abfragen, Auswendiglernen, ich habe alles gelernt, was man mir vorgesetzt hat, alles auswendig, wie ein Schwein alles frißt, habe ich alles gelernt, was man mir vorgesetzt hat, wie ein Schwamm alles aufsaugt – wie ein Staubsauger alles in sich reinzieht. Ich bin immerzu geprüft worden, jede Woche zigmal, Monate, Jahre, Jahrzehnte, ich habe es für mich getan, für mich! Ich brauche keine Schüler, ich will keine Affen dressieren.

BALDE Ruhe! Ich verbitte mir diesen Lärm. Das Kind ist ein Ens educandum, ein zu erziehendes Seiendes. Was ist ein Kind?

ZISCHKA UND DIETZ *unisono* Das Kind ist ein Ens educandum. Ein zu erziehendes Seiendes.

BALDE Was ist das Kind, Dietz?

DIETZ Ein Ens educandum, ein zu erziehendes Seiendes.

BALDE Setzen! Was ist ein zu erziehendes Seiendes?

ZISCHKA Ein Ens educandum.

BALDE Gut, setzen! Dietz, was ist ein Ens educandum?

DIETZ Ein Kind.

BALDE Falsch, Idiot, also, hopp!

DIETZ Ein Ens educandum ist ein . . . äh . . .

BALDE Hopp, also, hopp! Hopp – hopp!

DIETZ Ein zu erziehendes Seiendes.

BALDE Setzen. Morgen frage ich wieder.

ZISCHKA UND DIETZ Jawohl, Herr Direktor – auf Wiedersehen, Herr Richter.

Balde ab.

DIETZ Und schuld an der ganzen Scheiße ist diese Drecksau von einem Hausmeister.

Ungenügend/Mangelhaft I

BATSCH Wahnsinn! – Das ist doch verrückt!

LÖHRS Was haben Sie denn?

BATSCH Wahnsinn! Mein Sohn Leonhard! – Hier! In Religion! Ein glatter Fünfer!

LÖHRS Na, also, in Religion, das ist aber schon eine Leistung!

BATSCH Nein, der Irrsinn ist . . . schauen Sie, hier, schreibt mein S. . . Also schreibe ich: »Freuen dürfen sich alle, die brennend darauf warten, daß Gottes Wille geschieht!« Da streicht dieser Religionslehrer »brennend« durch mit der Bemerkung: »Da geht dem Kind die Phantasie durch!« Oder hier schreibt mein Sohn: »Wer eine Geschiedene heiratet wird zum Ehebrecher!« Da schreibt dieser Mensch: »Blödsinn!«

LÖHRS Sein S' mir nicht bös, Herr Batsch. Des ist aber auch ein Blödsinn.

BATSCH Ja sicher! Aber das ist original Bergpredigt – Lukas 16,18! Mein Sohn hat das auswendig gelernt!

LÖHRS Schon gut – aber eigentlich müßt er an Sechser drauf kriegen. So a Schmarrn!

BATSCH Wer? Mein Sohn?

LÖHRS Nein – der Christus.

Vor der Beweisaufnahme

Im Gerichtssaal

Personen: Zeugin (Klägerin)
Zeugin (Klägerin) hält ein Tonband in der Hand, außerdem hat sie einen Mundschutz bei sich.

Hörn S' es? Da – jetzt wieder, da – jetzt noch mal. Des is doch eindeutig ein Purzelbaum, das heißt, das sind mehrere Purzelbäume, eine Orgie von Purzelbäumen. Dabei ist dies ein kleines Tonband, bei einem größeren Tonband, mit Lautsprecher, würde man sehr, also viel intensiver merken, wie laut der Krüppel in Wirklichkeit ist. Die Familie Eder, die nebenan wohnt, hat es auch aufgenommen. Und dann – hören Sie sich das an ... *Man vernimmt ein amorphes Geräusch.* Das ist die Eisenbahn, der Schraz spielt mit einer Eisenbahn, aber so, daß bei mir – ich wohne ja unterhalb –, daß der Leuchter schaukelt. Für mich sind das schon keine Mieter mehr, sondern das sind Vandalen, und die – sollens doch unter einer Brücke vandalieren! Aber was diese Frau und dieses Kind hier veranstalten – das hat mit Wohnen nichts mehr zu tun! Ich habe mir nur noch mit einer Räumungsklage zu helfen gewußt. Diese Frau ist hier eingezogen, damals in dieses Haus, und hat wissentlich diese Wohnung überhaupt nur kriegt, weil sie eidesstattlich versichert hat, daß sie nicht schwanger ist und nichts hier austrägt, aber natürlich fällt man darauf herein. Ich hätte sie damals noch untersuchen lassen sollen, aber man ist einfach zu gutgläubig. Wissen Sie, jeder weiß doch heute, daß diese Kinder ständig Mumps und einen Scharlach, Pocken, Blattern und vor allem diese gefährliche Diphtherie hereinschleppen – als Erwachsener ist man doch besonders gefährdet! Benutzt diese Person diese Wohnanlage, um hier ihr Kind reinzusetzen! – Seit Jahren prozessier ich, seit Jahren, aber ich glaub, jetzt gibt's doch noch eine Gerechtigkeit.

Die Beweisaufnahme

Im Gerichtssaal

Personen: Richter, Zeugin (Klägerin), Staatsanwalt, Mutter
Der Projektor wirft ein unscharfes Bild an die Leinwand.

RICHTER Wo ist der Fleck? Aha, da. Das sind Kratzer.

STAATSANWALT Von wegen Kratzer, Herr Vorsitzender, das stammt von einem Fahrrad. Der Angeklagte lehnt sein Fahrrad an die Hauswand mit oft derartiger Wucht, so daß hier keine Kratzer, sondern Risse und tiefe Schrammen im Außenputz der Außenmauer entstehen.

ZEUGIN Verbotsschilder sind doch angebracht! Überall sind Verbotsschilder. Ich hab s' zählt. Es sind insgesamt siebenunddreißig Verbotsschilder angebracht. Und ich hab s' extra niedrig hängen lassen, daß der Schraz des lesen kann.

STAATSANWALT Herr Vorsitzender, Hohes Gericht, erlauben Sie, wir haben hier eine Dokumentation der Hausbewohner der Daiserstraße 114a. Diese Dokumentation beweist eindeutig: Es handelt sich hier um eine Form von Terrorismus, die mit Vandalismus einhergeht. Ein Extragutachten, die Dezibel und deren Wirkung auf die Hausbewohner, liegt bei. Am 14. 4. gegen 6.44 Uhr vernimmt die Wohnpartei Eder, das ist die Wohnpartei vis-à-vis, folgende Geräusche. *Man vernimmt Tonband.* Dieselben Geräusche, also deckungsgleich, hat die Klägerin zur selben Zeit . . . stimmt doch, Frau Mitterer?

KLÄGERIN Ja sicher, es ist ja ein Inferno.

STAATSANWALT . . . aufgenommen. Bitte hören wir uns das Ganze einmal an.

Man vernimmt die Purzelbäume.

RICHTER Das klingt wie . . . ja, purzelbaumähnlich.

STAATSANWALT Exakt. Diese Purzelbäume beziehungsweise das Geräusch dieser Purzelbäume, wie wir es hier vernehmen, entspricht nicht ganz der Realität. Sondern wir müssen uns auf Geräusche gefaßt machen, wie sie uns eben nur ein Akustiker eben hörbar machen kann – Berechnung von Dezibel etcetera. Und – Hohes Gericht – ich bitte Sie, zur Kenntnis zu nehmen, daß Belästigungen immer subjektiv nochmals anders aufgenommen werden.

Man vernimmt Geräusche der Spielzeugeisenbahn.
Dieses Geräusch stammt von einer elektrischen Eisenbahn, welche von dem Beklagten gehalten und betrieben wird.

RICHTER Allerhand!

KLÄGERIN Eine Zumutung is des. Bei mir bewegt sich dann immer der Luster.

STAATSANWALT Ich fahre fort. – Einen Tag später, am 15. 4. um exakt 14.11 Uhr, haben wir Geräusche, welche die Familie Beizel, ebenfalls wohnhaft im Anwesen Daiserstraße 114a, aufgenommen hat. *Man vernimmt klopfende Geräusche.* Diese Geräusche stammen aus dem Treppenhaus. Offenbar hat der Angeklagte hüpfend unter Auslassung von einer oder mehreren Treppenstufen einen derartigen Lärm erzeugt. Dieser Lärm hielt mindestens neunundzwanzig Sekunden bis zu einer halben Minute an, so lange halt, bis der Verursacher das Treppenhaus verlassen hat. Wiederholt an selben Tagen gegen 17.20 Uhr, registriert die Familie Beizel ähnliche Geräusche, welche sie dann auf ein Tonband aufgenommen hat, um diese zu dokumentieren. Und jetzt bitte ich, Herr Vorsitzender, das Hohe Gericht – diese Aufnahmen wurden am 7. 5., am 8. 5. und am 13. 5. von der Familie beziehungsweise dem Mieter Frank Bygdosch gemacht. Herr Bygdosch wohnt in der Parterrewohnung des Anwesens Daiserstraße 114a. Herr Bygdosch ist bereit, eidesstattlich zu erklären, daß er selbst diese Aufnahmen gemacht hat. Wie wir hier sehen, kann man eindeutig erkennen, daß das Kind von Frau Fröschl hier fremde Kinder, also nicht hier wohnhafte Kinder, in den Hof des Anwesens Daiserstraße 114a lockt. Ich glaube, hier sieht man ganz genau, hier, die Handbewegung des Angeklagten, mit der er Kindkollegen einlädt, sich in diesem Hof aufzuhalten. Ist doch gut erkennbar, nicht?

RICHTER Sicher, die Bilder sind klar.

STAATSANWALT Die Angeklagte, vielmehr die Mutter, also Frau Fröschl, mußte wissen, daß ihr Kind andere Kinder anzieht, welche dann das Anwesen Daiserstraße 114a frequentieren, und dies dann zu einer unkalkulierbaren Augmentation von Kindern führt, welche das Level der Dezibel weiter nach oben steigen läßt. Daß es sich bei den dann von außen hereinströmenden Kindern auch um bereits von Kinderkrankheiten infizierte Kinder handeln könnte, ist sowieso nicht auszuschließen.

KLÄGERIN *hält sich den Mundschutz vors Gesicht* Mumps, Scharlach, Diphtherie . . .

STAATSANWALT Bitte, jetzt noch die Bilder von den Abdrücken am Garagentor der Daiserstraße 114a im Innenhof. Hohes Gericht, hier sieht man eindeutig, das sind Flecken – bitte, das Bild schärfer machen –, das sind Flecken, die von einem nassen Ball herstammen, wir haben die Tat dokumentiert. Die Familie Weber hat, die Familie Weber sind Betroffene, also Bewohner des nämlichen Anwesens Daiserstraße 114a, die Familie Weber hat mit einer Sofortbildkamera festgehalten, wie der Täter den nassen Ball mehrfach an das Garagentor schleuderte. Hier kann man auch erkennen, daß der Angeklagte gleichgesinnte, wohnungsfremde Kinder zu dieser Tat stimulierte. Herr Weber hat, um diese Aufnahmen machen zu können, über mehrere Tage den Angeklagten observiert und diese Aufnahme aus nächster Nähe gemacht. Dazu auch mit Hilfe seiner Ehefrau, Else Weber, Tonbanddokumentationen angefertigt sowie Bilder mit einem Teleobjektiv gemacht. Der Ball – hier ist er – wurde von ihm persönlich sichergestellt, um weitere vandalierende Akte zu verhindern. Herr Weber hat diesen Ball ja auch dann der Polizei ausgeliefert.

RICHTER Hat sich der Angeklagte denn je zu diesen Vorhaltungen geäußert?

STAATSANWALT Ja, Herr Vorsitzender. Das Protokoll liegt vor. Dementsprechend wurde er von Herrn Bygdosch zur Rede gestellt. Auf Vorhaltungen, die Herr Bygdosch dem Angeklagten gemacht hatte, reagierte der Angeklagte kaum, soll aber gesagt haben, so wie es im Protokoll steht – ah ja, Moment hier steht's: »Wichelwachel, schnorchgazong.« Damit wollte der Angeklagte sicherlich die ganze Sache ins Lächerliche ziehen.

RICHTER Ja, genau, das ist ja hier alles protokolliert.

STAATSANWALT Ich erlaube mir nun fortzufahren. Wie wir hier gezeigt haben, zeigt eine bedrückende Beweislast, daß Frau Fröschl des öfteren ihr Kind alleine in der Wohnanlage gelassen hat, wo Menschen wohnen. Nicht auszudenken, was passieren hätte können, wenn Sie sich, Hohes Gericht, noch dieses Bild betrachten.

RICHTER Zündhölzer!

KLÄGERIN Des san Zündhölzl. Des san doch ois Pyromanen.

STAATSANWALT Zündhölzer, richtig. Es handelt sich um Zündhölzer, die Herr Weber am selben Tag entdeckt hat. Um die Gefahr zu verdeutlichen – es handelt sich hier um achtlos auf dem Boden liegende Zündhölzer, der Angeklagte hätte nur zugreifen müssen.

RICHTER Ja, jetzt muß ich schon auch sagen, Frau Fröschl, was sagen Sie zu diesem Tatbestand?

FRAU FRÖSCHL Herr Richter ... ich meine ... mein Gott! – Ich meine ... ich wollte ja im Grund gar kein Kind. *Schluchzt.*

RICHTER Ja, dann meine ich, dann zieht sich das Gericht einstweilen zur Beratung zurück.

Das Spiel

Frau Meisinger führt ein Spiel vor.

Ich hab hier für den Jean-Claude ein Spiel erworben. Hoffentlich rümpft er nicht wieder die Nase. Weil der Jean-Claude fragt immer gleich, wenn er ein Spiel geschenkt kriegt: Ist das pädagogisch wertvoll? Der hat ein derartiges Mißtrauen, daß er bei einem Spiel was lernen muß, ohne daß er's merkt. Er sagt immer, er möchte bloß ein Spiel, wo man bloß spielt. Aber dieses Spiel, hoffe ich, ist schon geeignet. Es ist ab sechs Jahren, und man lernt nur sehr indirekt dabei. Es heißt *Megaludo*. Also – *sie zückt ein dickes Regelbuch* – zum Beispiel hier, wenn man diese Regeln liest, ich mein, sicher, da muß man sich durchbeißen, aber . . . also hier, das sind die Ereignisfelder. Wenn man sich hier mit dem gelben Chip aufhält, dann braucht man – das ist der Start – erst einmal eine Unbedenklichkeitsbescheinigung vom Finanzamt, und die kriegt man, wenn man eine Sechs würfelt, sonst muß man eine Ereigniskarte ziehen und geht damit zum Steuerberater, oder man flüchtet auf die grünen Felder, weil die Fahndung droht. Man kann aber auch die Emergency-Bremse ziehen und fliegt nach Bolivien. Da muß man aber hier einzahlen, sonst, wenn man nicht zahlt, wird man operiert und verliert ein Auge. Na ja! Man kann aber auch einen Alarm auslösen und dann, wenn man einen Pasch wirft, nach Acapulco, oder man zieht eine Schicksalskarte – aha, hier steht: Rücke vor bis Wildbad Kreuth, und du kriegst eine kostenlose Mitgliedschaft in der CSU. Das hier sind die gelben Felder, da heißt's: Du bist im Paragraphendschungel, schieße dich frei! – Da! Achtung! Drogenkontrolle! Nimm den Passepartout und . . . was steht da? Rücke zwei Felder zurück, drrr – ui, das Börsentelefon: Bei Crash wirst du reinkarniert als Fleischfliege in einer Metzgerei. Hier auf dem schwarzen Feld dann – ach ja: Gratulation, du kannst das Spiel beenden, die anderen müssen weiterspielen. Es ist schon toll, was es heut alles gibt! Jetzt bin ich gspannt, wie er reagieren wird, der Jean-Claude . . .

Wem gehört das Kind?

Im Restaurant zwei Tische, je ein Ehepaar, ein Kellner.

Tisch 1

AUGUST *zu Britta* Pst! Horch! War das nicht ein Kind? Hast du's gehört?

BRITTA Nee, hab ich nich.

AUGUST Aber das war ein Kind, Mensch!

BRITTA Bist du sicher?

AUGUST Natürlich ... Verdammt! *Zu Tisch 2* Sie! Hallo, Sie! Sagen Sie, haben Sie ein Kind bei sich?

CHRISTOPH Ein Kind? Nö, wieso?

AUGUST Ja, aber bei Ihnen war doch ... war da nicht gerade ein Kind? Ich habe ... äh ...

CHRISTOPH Nein – solange ich ... Also, solange wir hier sitzen, war hier kein Kind – und wir selber haben keins.

AUGUST *zu Britta und zu Tisch 2* Also, ich könnte schwören ... Da! Ich hör doch was! Das ist *Ihr* Kind!

CHRISTOPH Sie haben ja wohl Halluzinationen! Ich sagte doch schon, wir haben kein Kind. Wir mögen nicht mal welche. Wir haben gute Gründe dafür, stimmt's, Dora?

DORA *mit dünner Stimme* Ja, Christoph, wir haben gute Gründe, Christoph.

CHRISTOPH Wir lassen uns doch von niemandem vorschreiben, wohin wir in Urlaub fahren müssen.

DORA Nein. Und Christoph ... Es ist doch auch wegen dem Investieren.

CHRISTOPH *zu Tisch 1* Brav, Dora. Richtig, Dora. Man muß seinem Geld ja nicht so Feind sein, daß man es in ein Kind investiert. Ha, ha!

KELLNER *zu Britta* Haben Sie schon gewählt, gnädige Frau?

BRITTA Nein. Ich kann hier nichts essen. Wenn hier ständig Kinder rumstrolchen.

KELLNER Aber bitte, gnädige Frau, hier sind doch gar keine Kinder.

BRITTA Das müssen Sie schon mir überlassen.

AUGUST *deutet zu Tisch 2* Die da, die haben Kinder!

CHRISTOPH Werden Sie nicht unverschämt! Wir haben keine Kinder!

AUGUST *empört* Geben Sie's doch endlich zu! Ich hab doch gesehen, daß ... Wieso haben Sie eigentlich einen dritten Stuhl da?

CHRISTOPH Der war schon da. Herrgott! Warum begreifen Sie nicht? Wir haben kein Kind, wir haben keins und wir werden keins kriegen, stimmt's, Dora?

DORA *schüchtern, traurig* Und wir werden keins kriegen ...

AUGUST Begreifen Sie doch! Ich habe da hinten auf dem Parkplatz einen niegelnagelneuen 600 SL Cabrio! Zwölf Zylinder, weißes Leder ... Mahagoni ... silbermetallic ... Und ich sage Ihnen, wenn Ihr Kind mir irgendeinen ... Kratzer, irgendeine Macke ... Wenn dieses Kind von Ihnen an meinen Wagen geht, dann kenn ich mich nicht mehr!

CHRISTOPH Ach, hören Sie doch endlich auf, Sie Irrer! *Zu Dora* Unterstellt uns ein Kind, nur weil er seinen Wagen hier geparkt hat! *Zu August* Wenn Sie schon Kinder hier vermuten, wieso parken Sie dann hier? *Zum Kellner* Wenn ich schon sicher bin, daß sich hier Kinder tummeln, dann stell ich doch mein Auto nicht hier ab!

KELLNER Also bitte, meine Herrschaften! Bitte, ich ...

AUGUST *zum Kellner* Haben Sie Kinderstühle?

KELLNER Wieso?

AUGUST Haben Sie Kinderstühle oder nicht?

KELLNER Äh ... ich weiß nicht.

AUGUST Aha! Dann verkaufen Sie also auch Kindermenüs, was? Kinderschnitzel oder so, wie?

KELLNER Ja, aber ...

Von draußen ertönt Kindergeschrei.

AUGUST Da! Was sag ich? Was hab ich gesagt? Ich bin doch nicht gaga – und ich schwöre ... *Zu Tisch 2* Das ist Ihr Kind!

CHRISTOPH Also jetzt reicht's! *Springt auf.*

DORA *weint* Ich hab kein Kind.

CHRISTOPH Nein, reg dich nicht auf – ich weiß, du hast keins. In einer Welt voller Zündhölzer werden wir doch nicht Pyromanen züchten. *Zu August* Außerdem glauben Sie nur nicht, Sie sind der einzige, der einen 600 SL fährt!

AUGUST *im Hinauseilen* Ich hör, was ich hör, und weiß, was ich weiß!

BRITTA *zu sich selbst* O Gott, August! Deine Allergie! Sei vorsichtig! Diese verdammte Kinderallergie, jedes Jahr dasselbe!

Man hört zwei Schüsse.

CHRISTOPH Ihr Mann hat geschossen! Drei Schüsse!

BRITTA Zwei!

DORA Drei! Drei waren es!

BRITTA Zwei!

CHRISTOPH *zum Kellner* Drei waren es, nicht wahr?

KELLNER Zwei, ich hab nur zwei gehört.

CHRISTOPH *zu Britta* Sehen Sie, wie ruhig wir sind? Wenn wir wirklich ein Kind hätten, wären wir da so ruhig?

AUGUST *kehrt zurück* So, das hätten wir erledigt! *Wohlgelaunt zum Kellner* Also dann, was haben Sie denn heute Schönes auf der Karte?

KELLNER Heute hätten wir Ente, eine frische Flugente, sehr zu empfehlen. Mit Semmelknödel und Rotkohl . . .

Rumtumtum

Herr Kögl sitzt da und erzählt. (Statt dem Vespasian kann es auch die Carmen sein, die Violine spielt.)

Wir sind von Rimini nach Cabicce Mare – aber nicht die alte Straße, sondern da gibt's eine ganz neue, eine herrliche Schnellstraße, die wenn ... Moment, ich hör doch nichts, hören Sie was? *Kögl geht ab nach hinten.* Komm, Vespasian, tu noch üben, gell? Noch fünf Minuten tust noch üben, gell? Weil du mußt dich dann umziehen, weil ... *Hinten beginnt das Geräusch auf der Quetsche ... Rumtumtum.* Weil der muß sich dann gleich umziehen, weil er muß ja dann zum Tennis. Er hat ja Tennistraining, und anschließend hat er Mathematiknachhilfe, und dann muß er noch lernen, weil morgen hat er Schulaufgabe in Physik. Es ist schon eine Menge, was sie heute leisten müssen, aber die Musiklehrerin sagt, daß er enorm begabt ist, wirklich eine Sonderbegabung, da ist etwas Musikantisches drin. Und deshalb ... *Rumtumtum läßt nach.* Ja, Herrschaft! *Hinten.* Komm, Vespasian, jetz tu noch etwas üben, vier Minuten noch, gell. Hast doch so a schöne Quetschn kriagt, gell, also. *Vorn.* Er muß halt aber auch dabei bleiben, gell? Also jeden Tag gleich nach der Schule, wenn er heimkommt, dann, zack, Hausaufgaben, dann eineinhalb Stunden Quetschn, weil wenn er dann nicht dahinter ist, dann wird's nix. Wie gesagt – dann hat er Tennis, und im Schießclub ist er auch, also, es wird ihnen nichts geschenkt, aber mir wären froh gwesen, wenn wir solchene Möglichkeiten ghabt hätten. Mir ham ja diese Möglichkeiten gar net ghabt. *Rumtumtum läßt nach.* Also, Mensch, Herrgott! *Hinten.* Vespasian, was is denn? Noch drei Minuten, dann hast es gschafft, gell. Aber jetzt übst noch. Hast so a schöne Quetschn – und dann gleich umziehen! *Vorn.* Des mit dera Ziech war natürlich ein Glücksfall, weil normal kost so a Quetschn tausendvierhundert Mark, a normale halt. Aber mein Schwager hat, des heißt, der ist bei der Allianzversicherung, und da hat der einen Kollegen, der wo zwei Kinder hat, des heißt, der eine, der wo Quetschn gspielt hat, hat die Quetschn letzte Weihnachten neu kriegt, aber dann hat er Drogen gnommen und ist in einer Klinik gstorben. Ob des ein Selbstmord war oder ärztliches Versagen, des weiß ma net genau, aber auf diese Weise ist die Quetschn halt unheimlich günstig herganga, wie halt die Umstände oft so san. Für dreihundert Mark hab i s' gleich fürn Vespasian kauft und ... *Rumtum-*

tum läßt nach. Hinten. Ja, Herrschaft noch einmal, jetzt spiel halt noch – wenn ma dir des scho sagt, net. Hopp! Da kriagst a Quetschn für tausendvierhundert Mark, und dann spielt er nicht, was is denn des? Üb wenigstens noch die Siegerehrung, daß die sitzt, gell, net daß es dann hoaßt, der ko net amal a Siegerehrung spuin. *Hinten ertönt Dada-dada-dada. Vorn.* Am Samstag spuit er die Siegerehrung. Ich find's halt schön, wenn jemand Musik spuit. Da is ma gleich beliebt, und es is halt einfach a Freud, wenn a schöne Musik hergeht. Bevor die Kinder auf blöde Gedanken kommen – mit Drogen und so am Scheißdreck – sollns lieber Musik machen! *Hinten läßt Dada-dada-dada nach. Hinten.* Was hab 'n i gsagt? Was hab denn i gsagt?! *Patsch. Man vernimmt laut das Klatschen einer ansehnlichen Ohrfeige.* Ich sag's nicht noch einmal. Noch einmal sag ich's nicht mehr! *Vorn.* So! Sie schreien förmlich danach, manchmal wollns es einfach nicht anders. *Hinten beginnt wieder Dada-dada-dada.* Aber mei, vielleicht sinds jetzt noch zu jung dazu. Aber später, wenn s' es amal begriffen haben, wenn s' amal erwachsen san, dann sinds einem dankbar. Hörn S' es. Er spielt doch schön. *Dada dada dada.*

Eine Bilanzierung

Frau Beischel erzählt.

Wissen Sie, unser Vati war immer ein leidenschaftlicher Frühstücker. Man kann sagen, ein Frühstücker von Gottes Gnaden. Amal a Müsli, aber durchaus auch ein Tatar. Und *ham and eggs*. Aber von heute auf morgen frühstückt er nicht mehr. Unser Vati ist halt psychisch ein Spinnweberl, er verzehrt sich, das heißt, er verzehrt nichts mehr, weil er das Ganze in sich hineinfrißt. Unser Vati ist durchaus ein zügiger Kraftfahrer, aber – er kann es nicht überwinden, daß man ausgerechnet bei ihm eine Bremsspur hat errechnen können. Er sagt, eine Bremsspur kann man doch nur errechnen, wenn etwas bremst, aber bei ihm hat ja nichts gebremst, er ist ja über diese Stolperschwelle frömlich drübergeschwebt. Und ich weiß nicht, wie Sie darüber denken, aber die Kinder heutzutage, die gehören doch nicht in die Großstadt, sondern aufs Land, die gehören aufs Land, da können sie auf der Wiese spielen, da gibt's noch Bäche, oder sie können sich amal a Baumhaus bauen, aber in der Großstadt, da hams doch nichts verloren. Und außerdem, die Kinder sind halt einmal unberechenbar, da kommens plötzlich von oben, von der Seite, von irgendwoher, und dann – batsch. Es ist schon eine Tragödie – so ein Kind ... Aber unseren Vati, den hat es auch ganz schön mitgenommen. So daß er nichts mehr unternimmt. Der Vati sitzt nur noch da, frühstückt nichts mehr und schildkrötet vor sich hin, es ist schon schlimm, furchtbar, so ein Kind. Aber ich hab halt versucht, dem Vati ... ein Wort des Trostes – Sie verstehen mich schon! Ich hab gsagt, Vati, vielleicht kannst du irgend etwas Positives auch sehen, weil ich sag, des Kind hat wenigstens nicht lang leiden müssen. Und die Familie von dem Kind hat drei Kinder ghabt, also, zwei sind ihnen wenigstens noch geblieben. Sie verstehen mich schon, wie ich's meine, gell? Bei allem, was passiert ist – und dann muß ich sagen, unsere Versicherung hat prompt bezahlt für des Kind. 145 000 Mark. Ich mein, sicher, das Kind wird davon auch nicht mehr lebendig, das weiß ich auch, aber 145 000 Mark, das ist wenigstens ein Zeichen der Anerkennung. Weil die Familie von dem Kind – so dick ham's die auch wieder nicht, da können sie sich vielleicht ein Appartement kaufen – vielleicht nicht in München grad, aber im Bayerischen Wald an der tschechischen Grenz. Ich sag des nur, weil ein Bekannter meines Mannes, der ist Kraftfahrer von Beruf, der sagt, wenn sie einem heutzutage ein Kind zusammenfahren, zum Beispiel in Portugal oder in Griechenland oder so, also 145 000 Mark zahlen die nicht für ein Kind, obwohl s' in der EU sind. Ich weiß net, warum sie's nicht zahlen. Sicher, ich mein, das ganze ist eine Tragödie – des schon. Aber auf der anderen Seite find ich's empörend von der Familie von diesem Kind, weil die wollen, glaube ich, jetzt ein Geschäft aus dem Unfall machen. 145 000 Mark, das reicht ihnen nicht, obwohl 145 000 Mark, das ist doch kein Schmutz. Aber diese Leute wollen jetz an Anwalt nehmen, sie wollen vielleicht eine Million, oder wollens zwei Millionen? Ich weiß es nicht, wieviel sie wollen. Aber irgendwo muß doch stehen, was so a Kind kost, weil wenn einer heut an Haxn verliert oder an Finger, dann weiß man doch auch, was die Versicherung dafür zahlt. Und wissen Sie, wenn man mir – und des find ich auch so empörend –, wenn man mir ein Kind zammfährt, dann trauer ich doch – da denk ich doch net immer ans Geld und wieviel ich krieg. Wissen Sie, ich frag mich überhaupt, was sind denn das für Menschen, was ist des für eine Zeit, wo wir heute leben? Schauen Sie, man könnte die Sache doch auch ganz anders sehen. Was wäre denn gewesen, wenn ihnen das Kind beispielsweise an Leukämie eingegangen wär – dann hättens überhaupt kein Geld kriegt, oder? Also dann – auf Wiedersehen . . .

Das Urteil

Der Angeklagte liegt in einem Kinderwagen und wird hereingefahren.

RICHTER Führen Sie den Delinquenten vor. – Angeklagter, was glauben Sie denn, wer Sie sind?

ANGEKLAGTER Bäh, bäh.

RICHTER Sie sind doch nur ein ganz kleines Licht. Und wir werden Ihre Machenschaften, darauf können Sie sich verlassen, unterbinden. Mit Subjekten wie Ihnen werden wir noch fertig.

ANGEKLAGTER Bäh, bäh.

RICHTER Ihre ungeheuerliche Dreistigkeit, mit der Sie sich hinter arglistiger Infantilität verstecken, ist durchschaut. Wir werden Sie, darauf können Sie sich verlassen, mit der ganzen Härte des Gesetzes bestrafen!

ANGEKLAGTER Bäh, bäh.

RICHTER Mäßigen Sie sich! Sie sind hier nicht unter ihresgleichen! Sie stehen hier vor Gericht! Wir verlangen von Ihnen Respekt! Was glauben Sie denn, wir werden doch nicht zulassen, daß ein Windelträger die Justiz in den Schmutz tritt. Was wir verlangen, das ist Achtung vor der Realität, und wenn Sie, Angeklagter, glauben, auf diese keine Rücksicht nehmen zu müssen, dann werden Sie erleben, daß die Realität auf Sie auch keine Rücksicht nimmt. Nehmen Sie gefälligst den Diezel heraus. Im Namen des Volkes ergeht folgendes Urteil ...

ANGEKLAGTER Bäh, bäh.

RICHTER Der Angeklagte wird wegen säuglingsbedingter Bedrohung im Zusammenhang mit möglicher Sachbeschädigung, Neigung zur Pyromanie und dezibelbedingter Geräuschbelästigung zum Entzug von Kindheit, beschleunigter Adoleszenz, Schulbesuch und anschließendem sofortigen Berufsleben verurteilt. Der Angeklagte trägt die Kosten des Verfahrens. Die Sitzung ist geschlossen.

ANGEKLAGTER Bäh, bäh.

Ungenügend/Mangelhaft 2

LÖHRS Ach, Herr Batsch ...

BATSCH Es ist zum Verzweifeln!

LÖHRS Hat Ihr Sohn schon wieder eine schlechte Note?

BATSCH Ich! Ich habe einen Fünfer!

LÖHRS Was haben Sie denn, das ist doch nicht so schlimm.

BATSCH Nein? Ich habe ... Passen Sie auf: Mein Sohn soll dichten. Ja also, er dichtet, er ... er reimt ...

LÖHRS Und? Was hat er denn fabriziert?

BATSCH Schwachsinn! Irgendeinen Schwachsinn, so was wie ... äh: »Bin allein daheim und glotz – ARD, ZDF, RTL, SAT.1 und Vox!«

LÖHRS Na ja, wie alt ist Ihr Sohn denn jetzt?

BATSCH Dreizehn. Trotzdem. Ich hab ihm eine geschmiert. Weil so geht's natürlich nicht. Dann habe ich ihm ein Gedicht diktiert.

LÖHRS Und?

BATSCH »Wer das Dichten will verstehn, muß ins Land der Dichter gehn. Wer den Dichter will verstehen, muß in Dichters Lande gehen!«

LÖHRS Und?

BATSCH Fünf.

LÖHRS Einen Fünfer?

BATSCH Jawohl. Einen Fünfer. Das Gedicht ist von ...

LÖHRS Das ist doch von Goethe.

BATSCH Genau. Johann Wolfgang, 1819!

LÖHRS So ein armes Schwein.

BATSCH Wer? Mein Sohn?

LÖHRS Nein, Goethe.

Longline

Ich find's ja ganz nett, wenn jemand a bißl musiziert, aber – *lacht etwas gönnerhaft* – na ja, 's is a Geschmackssache, net. A jeder hat seine Musik, die er mag, hahaha, ich hab auch meine, net, meine, die geht nur anders, die geht: »P – p, p – p – p.« *Ahmt das Geräusch von aufschlagenden Tennisbällen nach.* Hahahaha. *Klatscht in die Hand.* Ja, also, na aber ich muß sagen, ich weiß nicht, wie's is – ich war wieder so fasziniert, wie ich jetzt wieder diesen Becker gesehen habe. Nicht, dieser Boris Becker, der Mann ist für mich ... *Das* ist Symphonie, nicht wahr. Das is ... Wie der Mann Tennis spielt, das ist eine geballte Ästhetik, nicht wahr, das ist ... Der Mann hat ein Charisma! Wenn Becker ... ah ... großartig, dieser Mann, obwohl ich ihn ja fast noch lieber habe, wenn er verliert. Nein, das mein ich jetzt nicht zynisch, ich mein das wirklich, nicht – es gibt keinen vitaleren Loser als Becker, nicht wahr. Schaun Sie mal dieses Gesicht an, wenn der verliert: wie der sterbende Gallier, na ja, also großartig! Ich mein, es gibt auch andere Tennisspieler, nicht, 's gibt den Agassi, oder dieser Sampras, der is nicht schlecht, is klar. Net, Sampras ist aber mehr ... Der Mann hat was Animalisches, nicht wahr, während der Muster is auch, der Muster, ich weiß nicht, wie Sie Muster einschätzen, nicht wahr, der Mann is, äh, is halt Österreicher, na ja – äh, ein Gladiator, ein Fighter, nicht, wenn man ihn sieht, dann riecht man den Schweiß, nicht wahr, aber ... net? Also, diesen Leuten fehlt dieses – Beckerhafte, verstehn Sie! Dieses ... was? Ja freilich, Sie sehn, ich bin ein Tennisfreak, klar. *Lacht.* Ja, i schau mir alles an, is ja klar, und das Paris Open, das Australian Open, Filderstadt Open, BMW Open, nicht wahr, Bayern Open, mir kann's nicht *open* genug sein, des is klar. *Lacht.* Aber schaun Sie, jetzt is wieder Advent, nicht wahr, die Kerzen brennen, ich bin mit meinen ganzen *sentiments* sowieso schon wieder im *paradise* für Tennisspieler. Ja klar, ich bin nächstes Jahr wieder in Wimbledon, na ... *the same procedure as every year* ... *Lacht.* Ja klar, nicht wahr? Schaun Sie, für einen Tennisfreak wie mich, nicht wahr, is Wimbledon, das is, was für Katholiken der Vatikan is, oder, nicht? Da muß man ... ja, aber man sagt auch ... die Engländer sagen auch: *Wimbledon it's a must,* nicht wahr, net! England is auch *the masterland of tennis,* das können Sie ... Tennis in England, das können Sie mit Deutschland nicht vergleichen, das ... da geht kein Weg, das is a *different world,* nicht wahr. England, das ist ... da ist Tennis ... das ist, äh, vollkommen was anders. Die Leute, die da Tennis anschaun, das ist – *culture!* Nicht, das ist Kultur, *culture,* das ist, die ham ein ganz andres *level,* nicht? Auf deutsch *Niveau,* das is . . . net? Das können Sie nicht vergleichen, diese Leute, das sind nicht wie in Deutschland *underdogs,* nicht. In England, in Wimbledon, diese Leute, das sind, das ist, äh, *upper class,* nicht, das sind *nobles! Aristocratic* – keine Krattler wie in Deutschland, nicht? Na, wissen Sie, ich muß das . . . Einmal, muß man auch sagen, einmal in seinem Leben, einmal . . . das is ein singuläres *event,* das muß man, einmal in seinem Leben muß man das erforscht, erlebt haben, gespürt haben, im *center court* von diesem Wimbledon, nicht? Wenn Sie da drinsitzen, im Zentrum, auf Tuchfühlung, so wie Sie vor mir sitzen, dann da diese *royals,* ein Duke von Windsor, ein Duke von Wellington, ein Royal nach dem andern – und sauft sein Cola vor Ihren Augen! Dem können Sie auf die Büchse spucken, verstehn Sie? Großartig! Ich habe einmal in meinem Leben unseren Ministerpräsidenten erlebt, wie er eine Leberkässemmel gegessen hat, das was *shocking!* Na, nein, verstehn Sie mich nicht falsch, unser Ministerpräsident, der Mann ist politisch ein Genie, aber so braucht er keine Leberkässemmel zu essen, nicht wahr? Aber ich will jetzt . . . Reden wir vom Tennis, nicht wahr. Wissen Sie, ich sage, Tennis, England, nicht wahr, England und Tennis, Wimbledon, das is . . . häh! *Lacht leicht ekstatisch.* Das können Sie . . . das ist *lifestyle,* nicht wahr, das ist . . . das kann man mit Deutschland . . . Wenn ich an Deutschland und Tennis denke . . . hihihi. Nur weil sich bei uns heute jeder Arsch weiße Schuhe kaufen kann – das hat doch mit Tennis nichts zu tun! Sie wissen doch selber, nicht wahr, in Deutschland . . . Es ist doch bei uns wirklich so, nein: Heute spielen doch Leute Tennis, die hätte man vor zwei, drei Jahren aus dem Bierzelt rausgeschmissen, nein? Nein? Aber wem sage ich das, net? *Kichert.* Nein, wissen Sie . . . ich wollt . . . wissen Sie . . . Tennis . . . schaun Sie . . . ich, glauben Sie . . . wenn Sie Tennis, wenn Sie das, diesen Untergang, nicht wahr, wenn Sie das, äh . . . äh . . . könnt ich Ihnen *stories* erzählen, *stories,* jahaa, net. Bis hier, schaun Sie, 's ist nicht lange her, nicht wahr, bei uns noch in Bad Hausen, wir ham unser Bad Hausener Open gespielt, nicht wahr, und mein Sohn, der Noël, nicht wahr, spielt gegen einen Partner, net wahr, und 's is ein Kindkollege von ihm, nicht wahr und . . . und . . . dem seine Mutter – Sie hätten schon diese Mutter sehen solln, diese Mutter . . . also . . . tz . . . *Findet keine Worte.* Daß überhaupt so was . . . hähä . . . eine Matrone, nicht wahr, ich weiß nicht, wie aufgebrezelt, aufgemaschelt wie ein Weihnachtsbaum, verstehn Sie? I kenn die Viecher nicht, die die da anhat, ja? Ja? Natürlich verboten, Jaguar, Leopard oder . . . Ich kenn sie nicht! *Jemand flüstert: »Ratz.«* Bitte? Ratz? Nein, er meint, äh, er meint Bisam, na ja, das glaub ich nicht . . . A jedenfalls, diese Frau mottenkugelt vor sich hin, nicht wahr? Hängt wie ein Orang-Utan da in diesen Gittern, nicht wahr, und während die Tennis spielen, ja, während die Tennis spielen, schreit diese Frau immer rein: »Oliver, Oliver, paß auf, er spielt longline!« Sag ich: »Bitte, gnädige Frau, mäßigen Sie sich, ja? Das können Sie doch nicht machen – Tennis, hier wird . . . hier wird Tennis gespielt, ja? Das können Sie doch nicht einfach . . . da rein . . . Lassen Sie die *youngsters,* die jungen Leute Tennis spielen, die sollen das lernen! Tennis von der Pike auf, das ist das Erlernen von, nicht wahr, das is, eine Niederlage mal verarbeiten, *psychologically,* ja – oder *victory – fair play – shake hands!* Das ist Tennis, gnädige Frau, bitte, nicht wahr, *turn off,* nicht wahr!« Aber diese Frau: »Oliver, Oliver, paß auf, er spielt longline!« – »Gnädige Frau, bitte, das können Sie doch nicht machen, Sie können doch Ihr Kind nicht während eines Matches *coachen!* Man *coacht* doch niemand während eines Matches! Das macht man nicht, gnädige Frau«, sag ich, nicht wahr. Tennis, das is, nicht wahr, *fundamental basic education!* Nicht? Das ist das Studieren von *social behaviour!* Ja, ich sag: »Bitte gnädige Frau, tranquillo jetzt«, ja? Aber diese Frau: »Oliver, Oliver, paß auf, er spielt longline!« Wissen Sie, ich bin ein gutmütiger Mensch, mit mir kann man Pferde stehlen, ja? Aber bei dieser Frau ist mir der Kamm geschwollen! Diese Frau hat mich dann dazu animiert, daß ich selber runtergerufen hab zu meinem Sohn, sag ich: »Noël, komm, blas den Krüppel weg vom Platz.« Na, bitte, bitte mißverstehn Sie . . . ich hoffe, Sie mißinterpretieren mich nicht, ja? Tennis, das ist . . . das Erlernen von Selbstbeherrschung. Ja, das ist Selbstdisziplin. Ja? Hab mir gedacht, hätt halt die Frau a vernünftiges Kind dahergebracht und nicht so ein Spasti, da . . . nein . . . nein, nein, natürlich sag ich das nicht, sagt man nicht, ist doch klar . . . 'tschuldigung, nicht, das sag ich natürlich nicht, aber man hat doch seine Gedanken. Wissen Sie, ich kenn, ich kenn, entschuldigen Sie den Ausdruck, entschuldigen Sie bitte den Ausdruck, aber ich kenne diese überambitionierte Bagage, ja, ich kenn die! Ich kenn die auswendig, ich kenne diese Rasse von Leuten! Da kommen die daher mit ihrem Schraz an der Hand, nicht? Führen ihn zum Schlächter, nicht, auf Deutsch sagt man jetzt Trainer dazu, ja – da weiß ich doch, des Geld is rausgeschmissen, des können Sie doch im Kamin räuchern! Das wird doch nie was da, mit diesem genetischen Sondermüll, nicht wahr. Und dann schreit diese

Frau: »Oliver, Oliver, paß auf, er spielt longline!« Da sag ich: »Gnädige Frau, bitte! Jetz mäßigen Sie sich, ich zeig Ihnen hier ... ich war in Wimbledon, sagt Ihnen das was? Das können Sie doch nicht machen! Wir haben eine Verantwortung vor den *kids,* wir Erwachsenen ... Die jungen Leute brauchen Idole! Wir müßten uns ... *correctness* im Verhalten, *responsibility,* gnädige Frau! Nicht wahr, Sie werden nicht erleben, daß mein Sohn da rumproletet! Ja? Und Schläger schmeißt und vielleicht auch noch *fuck* schreit! Der schreit nicht *fuck!* Der – schreit – nicht – *fuck!!* Und wenn der *fuck* schreit, schreit der nur einmal *fuck!* Ja? Weil wenn er *fuck* schreit, bin ich der erste, der drunten ist, und pack ihn an den Ohrwascheln und zieh mit ihm den Platz ab, ja?!« Und dann schreit die immer: »Oliver, Oliver, paß auf, er spielt longline!« Sag ich: »Gnädige Frau, jetzt, bitte! Ja? Sie dumme Gans! Ja?! Mir san doch da net im Wirtshaus! Sondern auf einem Tennisplatz! Du Amsel, du blöde! Du blödes Grachal, sag i, du Matz, du verreckte, hoit dei Fotzn, sag i, du Schoaßwiesn, gell, du mistige, sag i, du Schoaßblattern, gell, du Brunzkachl, du ogsoachte, so was wie du ghert doch mit der Scheißbürstn nausghaut!« Dann fängt sie an: »Ich werde mich beschweren, ich geh zur Turnierleitung, ich werde mich beschweren!« Aber, wissen Sie, die Frau soll sich beschweren. Nein, die soll sich beschweren! Die soll sich ruhig beschweren, weil, was so eine Hämorrhoidnbritschn sagt, so etwas ist einfach unter meinem Niveau.

Ungenügend/Mangelhaft 3

Herr Batsch hat einen Stoß Bilder bei sich.

LÖHRS Und?

BATSCH Mein Sohn hat ...

LÖHRS So wie Sie ausschauen, haben Sie schon wieder einen Fünfer bekommen.

BATSCH Herrgott, ja. Ich würd ja nichts sagen, aber ...

LÖHRS Haben Sie das gemalt?

BATSCH Sicher. Ja, warum?

LÖHRS Aha!

BATSCH Mein Sohn hat solche Krixi-kraxi-Dinger abliefern wollen, da konnt ich mich nicht bremsen und hab selbst ein Bild gemacht – hier! Auf dieses Bild – »Morgenland« – einen Fünfer!

LÖHRS *schaut in den Bilderstapel* Und das Bild hier? Auch fünf?

BATSCH Ja, auch ein Fünfer. »Waldlandschaft« – eine glatte Fünf!

LÖHRS Lauter Fünfer?

BATSCH Ja. Das ist ja der Wahnsinn! Ich kann machen, was ich will. Ich krieg nur Fünfer. Das gibt's doch nicht ... das darf doch nicht ... das ...

LÖHRS Lassen Sie Ihren Sohn halt amal ein Bild maln, vielleicht kriagt er doch a bessere Note.

BATSCH Nein. Kommt nicht in Frage. Jetzt will ich's wirklich wissen, ob ich in der Lage bin, noch einmal eine bessere Note als einen Fünfer zu schreiben. Das ist doch ein Irrsinn! Dieser Zeichenlehrer! Diese ganze Schule gehört doch in die Luft gesprengt! Aber der soll sich traun! Noch einen Fünfer – dann kracht's!

LÖHRS Bei wem? Beim Lehrer?

BATSCH Nein, bei meinem Sohn. Lauter Fünfer. Wahnsinn! Schaun Sie sich doch die Bilder an. Hier: »Küstenlandschaft« – fünf. »Wüste mit Kamel« – fünf. »Eine Kirche« – Wahnsinn! Vier bis fünf! Ha. Ha! Und hier ein Selbstportrait! Sechs! Ein Sechser! Wahnsinn, glatter Irrsinn!

Batsch geht ab. Frau Löhrs hinterher.

LÖHRS Herr Batsch! Herr Batsch!

BATSCH *schreit im Hintergrund* Wahnsinn! Wahnsinn – Wahnsinn!

Schuldirektor

Verehrte Trauergemeinde, liebe Angehörige des Verstorbenen.

Es ist immer erschütternd, am Grab eines jungen Menschen zu stehen. Als Leiter des Dr.-Hundhammer-Gymnasiums sehe ich mich nun schon zum dritten Mal in diesem Jahr vor der Aufgabe, dem Freitod eines Schülers mit der Anteilnahme unserer Schule zu begegnen. Andreas Pirkl *(auf einem Kranz steht allerdings der Name David Beil)* ist nach Aussage des Lehrerkollegiums bis jetzt eigentlich niemals unangenehm aufgefallen. Sein Betragen gab nie zu Tadel Anlaß. In Fächern wie Geographie und Biologie konnte er stets befriedigende Ergebnisse aufweisen. Die Mathematik bewältigte er mit im ganzen gesehen ausreichenden Leistungen. Die lateinische Sprache verfolgte er beständig, und seine Gabe, Texte zu übersetzen, war ausreichend. Der Schriftsteller Livius schien ihm nach Aussagen von Herrn Dr. Bremser, seinem Lateinlehrer, leichter zu fallen als beispielswiese ein Horaz oder Ovid. Es sind zwar im Frühjahr seine schulischen Leistungen insgesamt etwas abgefallen, aber dies erklärt der plötzliche Tod der Eltern. Dem Geschichtsunterricht folgte er mit Interesse, war aber doch manchmal verführbar. Besonders bei bestimmten Themenbereichen wie zum Beispiel der Inquisition ließ er sich hin und wieder zu Albernheiten hinreißen. Ansonsten gab sein Äußeres nie zu Beanstandungen seitens der Schulleitung Anlaß. Eine kürzlich von der Schule durchgeführte Fahndung nach dem Verbleib der Geldbörse eines Mitschülers stand ebenfalls in keiner Weise im Zusammenhang mit der Person des Verstorbenen. Auch in unserer schulischen Drogenszene spielte er keine einschlägige Rolle.

Verehrte Trauergemeinde, das tragische auch an diesem Freitod ist seine Sinnlosigkeit. Sollte er sich auf Gründe beziehen, die außerhalb des schulischen Lebens liegen, so können wir die Motive natürlich nicht ergründen, sollte es aber sein, daß der Suizid wegen einer drohenden Fünf in Deutsch der Anlaß war, so muß ich hier sagen, daß bei einem Notenstand von 4,52 der pädagogische Ermessensspielraum sicherlich zu seinen Gunsten ausgefallen wäre, so daß er das Klassenziel gewiß erreicht hätte.

Als Schulleiter und sein Klassenlehrer möchte ich Ihnen, verehrte Angehörige, mein tiefstes Beileid ausdrücken – im Namen des Dr.-Hundhammer-Gymnasiums und seiner sämtlichen Mitschüler.

Anteilseigner

Frau Mangold, Dr. Läppli, Herr Scheps
Sie tragen Namensschilder.

MANGOLD Haben Sie die Prospekte?

SCHEPS Ja, ja – ich hol sie, ich hab sie noch im Kofferraum.

MANGOLD Ja, dann gehen Sie doch, Beeilung! So, ich glaub jetzt sind alle Leut da ... ich meine, wir könnten dann anfangen. Wenn noch jemand kommt ... ich meine grundsätzlich ist ja schon bekannt, worum es geht! Also, letztes Mal, meine Damen und Herren, haben wir Ihnen ja die Pro-Reibach-Invest-Beteiligung angeboten, bei lebhaftem Interesse, und ich weiß aus vielen Briefen und Telefonaten, meine verehrten Damen und Herren, Sie waren mit der Kaufentscheidung zufrieden. Heute bieten wir ebenfalls eine monetäre Delikatesse – für einen kleinen Interessentenkreis mit Investitionsmöglichkeiten von DM 25 000 bis DM 100 000. Was wir zu offerieren haben? Da ist unser Projekt! Oliver Matschl. *Zeigt Bild.* Oliver wird im August dreizehn Jahre alt, spielt Tennis seit zehn Jahren und wird seit dem vierten Lebensjahr gecoacht von Sepp Snyder. Er verbrachte sein bisheriges Leben im Tennislager Deutsch-Weinsberg in der Steiermark, dann Tennsicamp Portschic in Slowenien, anschließend Tennisakademie Oldenthal. Dort erhielt er als Cupwinner bereits den Oldenthaler Jammy und wurde von der SPTM unter Vertrag genommen. Er erfüllt die Bestimmungen nach den internationalen Tennisvereinbarungen von Sydney. Die ersten Sponsoren ermöglichten ihm das BBSD-Training in Halifax. Zu den Sponsoren zählen – Neil FG und Computers und Rambock United.

SCHEPS Darf ich kurz?

MANGOLD Bitte, Herr Scheps, die Prospekte!

SCHEPS Hab ich.

MANGOLD Ja, dann bitte, Herr Scheps.

SCHEPS Wir haben, verehrte Damen und Herren, den Sportarzt, Dr. Läppli, hierhergebeten, der Ihnen wegen der leider termin- und spielbedingten Abwesenheit von Oliver Matschl alle notwendigen Auskünfte über unser Objekt geben wird. Herr Dr. Läppli, bitte sehr.

DR. LÄPPLI Ja, verehrte Damen und Herren, ich weiß, es ist manchmal nicht einfach herauszufinden, wo der liebe Gott noch eine Dividende versteckt hat, aber – Spaß beiseite – als Sportmediziner kann ich nur sagen, Oliver Matschl ist – wie man so schön sagt – kerngesund. Eine genetische Analyse liegt vor. Ebenfalls wurde der Killerinstinkt bei Oliver eindeutig verifizient bewiesen. Seine Ernährung ist nach modernsten physiologischen Gesichtspunkten und Erkenntnissen ausgerichtet. Psychologisch wurde rechtzeitig darauf Wert gelegt – in Konkordanz mit den Eltern –, diese soweit wie nur irgend möglich von Oliver Matschl fernzuhalten. Wenn wir jetzt dann mit den Anteilen, die Sie an ihm erwerben werden, sein Trainingsjahr in Florida finanzieren, wird Oliver die elternlose Zeit über psychologisch und pädagogisch-edukativ naturidentisch rund um die Uhr betreut. Die Eltern haben, notariell beurkundet, darauf verzichtet, den Buben zu disturbieren. Oliver Matschl wird in Floriada das Tenniscamp kaum verlassen, er wird – wie man so schön sagt – am Ball bleiben.

MANGOLD Danke, Dr. Läppli. Der Prospekt, meine Damen und Herren, verspricht, daß Sie selbstverständlich als Anteilseigner vierteljährlich ein sportmedizinisches Gutachten über Oliver erhalten; sodann wird garantiert, daß Oliver härteste Trainingsbedingungen erfüllt, und wir rechnen damit, daß schon sehr bald nach Florida die ersten Ausschüttungen fällig werden. Aber bitte nicht verwechseln, meine Damen und Herren, Sie beteiligen sich nicht an einer Wette, sondern Sie sind mit der Summe, die Sie investieren, Anteilseigner an Oliver Matschl. Sie finanzieren Lebenslauf, Training, mentale Fitneß, Ernährung, Förderung des Killerinstinkts. Der kalkulierte Gewinn bei diesem Projekt liegt bei fünfzehn Millionen Dollar in einer Laufzeit, die der Spielzeit von vier Jahren entspricht. Oliver ist steuerlich absetzbar, kann aber auch als Verlust verwertet werden. Seine Versicherungssumme ist derzeit 800 000 Dollar. Bei Wertsteigerung durch Investment erhöht sich diese dann selbstverständlich proportional. Bitte, meine Damen und Herren, steigen Sie jetzt mit ein. Noch ist Oliver Matschl ein Schnäppchen mit dreizehn Jahren. Sehr schnell ist er vierzehn. Im Prospekt, den Sie gleich erhalten werden, ist übrigens der Verzichtsvertrag der Eltern teilweise enthalten. Ja dann – wie wär's mit einer Tasse Kaffee oder etwas Erfrischendem? Dort ist das Buffet. Ich stehe natürlich weiterhin gern für Fragen und Informationen über die bestehenden Facts zur Verfügung.

Das Abitur

FRAU GSCHWENDTNER Guten Tach, Frau Fitztum.

FRAU FITZTUM Ja, grüß Gott, Frau Gschwendtner, was kriegen wir denn?

FRAU GSCHWENDTNER Geben Sie mal zwei Eier und ein Viertel Butter. Wie geht's sonst, Frau Fitztum?

FRAU FITZTUM Ja mei, es muaß schon, Sie wissen ja, mei, unser Anni, wissen Sie, wir schwitzen, weil unser Anni macht jetzt das Abitur, net, mir haben gsagt, mei, bitte mir haben gsagt, gell, mir habn jetzt einen Perserteppich, net, wir haben einen Farbfernseher, gell, also, aufs Abitur kommts jetzt auch nicht mehr drauf zamm, habn wir gsagt, gell.

Mensch-ärgere-dich-nicht

Karl und Gudrun spielen mit ihrem Sohn Heinz-Rüdiger Mensch-ärgere-dich-nicht.

KARL *würfelt* Sechs. Eins, zwei, drei, vier, fünf, sechs. *Würfelt.* Drei. Eins, zwei, drei, haha, jetzt muaßt naus, Heinz-Rüdiger. *Setzt ein Spielhütchen wieder an den Anfang.*

GUDRUN *würfelt* Vier. Eins, zwei, drei, vier. Haha, no mal naus. *Setzt ein Spielhütchen auf Anfang.* So, jetzt bist du dran, Heinz-Rüdiger.
Heinz-Rüdiger will nicht.

KARL Da wird schön anständig gewürfelt!

GUDRUN Des Spiel heißt Mensch-ärgere-dich-nicht. Gell, komm, jetz spiel schön anständig.

KARL Ja, was is denn? Wird da gspielt oder net?! *Wütend* Des muaßt von der heiteren Seite nehmen, is doch a Spiel! Da, jetzt würfel gefälligst!
Heinz-Rüdiger bockt.

GUDRUN Ja Herrschaftseitn, hörst du schlecht?! Du bist dran! Malefizkrippl, jetzt wird gewürfelt!

KARL Jetz wennst net glei würfelst, na würfel ich für dich!

GUDRUN Hast des ghört? Tu an Bappa net reizen. Jetz spiel schön ordentlich, sonst spielt der Bappa für dich!
Heinz-Rüdiger bockt.

KARL Gut, dann spiel ich für dich. *Würfelt.* Eins ... Haha, bloß an Einser.

GUDRUN Siehst, des hast jetzt davon.

KARL Jetzt hast dann verloren. So, und jetzt komm ich ... *Würfelt.* Drei ... Da schau her! Jetzt bist ganz draußen.
Karl und Gudrun lachen.
Heinz-Rüdiger räumt das Spiel ab.

GUDRUN Ja, spinnst jetzt du?!

KARL Du Rotzlöffel! *Haut Heinz-Rüdiger eine runter.* Dir werd ich's Spielen no beibringen, mei Liaba! Jetzt baust es wieder auf, genauso wie's war, und dann wird anständig gspielt! Ja, wo samma denn?

GUDRUN Dir wernma's Spielen no beibringen, du Saukerl. Des machst net no mal!

KARL Und des sag i dir glei, wenn mir jetz nach Italien fahrn, na wird des Spiel mitgnommen. Na wird so lang gspielt, bis du den Ernst von so am Spiel begreifst, du Hundsbua!

GUDRUN Daß des Kind aso infantil is. Der hat zum Spielen einfach koa richtige Einstellung.

Muttersorgen

Frau Dillinger erzählt in Begleitung von Heinz-Rüdiger.

Mein Gott, wissen Sie, was man da so mitmacht, mit so einem Elendskerl. Da schon wieder, Heinz-Rüdiger, pfui, Finger weg! Du sollt die Finger weg tun, nicht anglangen, nicht anglangen. Du sollst diese Sachen nicht anglangen, sonst müssen wir die Sachen kaufen.

Also, ich könnte Bücher schreiben, was man da so mitmacht. Wissen Sie, ich hab einfach das Nervenkostüm nicht mehr für so Eskapaden. Allein jetzt im Urlaub, wir waren nicht in Italien, wir waren in Frankreich, weil unser Vatti sagt, siebenundzwanzig Jahre hintereinander Jesolo, das muß einmal genügen, und außerdem, sagt der Vatti, diese Italiener sollen sich gefälligst einmal selber ausrauben. Also sind wir nach Frankreich. Also um sechs Uhr sind wir weg von München, weil wir wollten ja noch bei Tageslicht noch das Meer sehn. Aber kaum waren wir in Karlsruhe, da fängt er schon an, der Heinz-Rüdiger, er möchte raus zum Bieseln. Da hat aber der Vatti gleich gsagt, nein, kommt nicht in Frage, du wartest jetzt, bis wir in Marseille sind. Aber in Lyon hat er wieder angefangen, der Heinz-Rüdiger. Und ich hab auch noch gesagt: Warum fährt denn unser Vatti so schön Vollgas? Na ja, aber kaum waren wir in Avignon, da haben wir dann sowieso tanken müssen, dann ist er rausgsaust wie eine Rakete, der Heinz-Rüdiger, und wir sind aber gleich weitergefahren, weil wir wollten ja noch bei Tageslicht das Meer sehen. Aber dieses Marseille ... Kennen Sie Marseille? Drei Stunden Stau, dieses Marseille ist architektonisch total versaut, daß man da nichts wegreißt oder eine Brücke drüberbaut. Also, wie wir dann am Meer waren, war es bereits zappenduster, vom Meer nichts zu sehen, bloß so ein Leuchtturm hat geblinkt. Dann sind wir in ein Lokal hinein, und der Vatti hat einen Pastis zu sich genommen, und ich hab einen Café au lait bestellt. Ein sehr gutes Lokal, bloß, es war so still da drin, wahrscheinlich ist es recht teuer, hat der Vatti gesagt, weil es so still ist. Aber warum ist es denn so still, wo ist denn der Heinz-Rüdiger? Stellen Sie sich vor, haben wir den Heinz-Rüdiger in Avignon vergessen! Jetzt haben wir wieder zurückfahren müssen, wieder diese Mautgebühr zahlen müssen, diese Franzosen sind ja unverschämt, und dann finden Sie einmal so ein Kind mitten in der Nacht in Avignon, kein Mensch spricht Deutsch, jetzt wird's aber Zeit, daß sie's einmal lernen.

Zu Heinz-Rüdiger. Pfui, Finger weg, tu die Finger weg, nicht anglangen, nicht anglangen, sonst tun wir's müssen kaufen, mein Gott, ist der begriffsstutzig, ich rede doch Hochdeutsch mit ihm, weil im Deutschen hat er auch einen Fünfer. Ich hab das Nervenkostüm nicht mehr für so einen Kerl, wissen Sie, ich hab ihn einfach zu spät gekriegt, mit vierzig Jahren, das mach ich nie wieder. Allein die Geschichte mit dem Oktoberfest, das war eine Gaudi, aber schuld war ja der Onkel Beppi, der Bruder meines Mannes, der wo in der Pschorrbrauerei arbeitet. Kommt dieser Unglücksmensch von einem Beppi daher, mit 37 Liter Freibiermarken, wie gesagt, er ist bei der Pschorrbrauerei so eine Art Schef. Ich habe aber gleich gesagt, Vatti, nein, mit siebenunddreißig Liter Freibiermarken bewaffnet gehst du mir nicht allein aufs Oktoberfest, weil da gehen wir mit. Aber wissen Sie, unser Vatti ist so einer, der trinkt sich immer so eine Art Potpourri, kaum, daß er so zehn, zwölf, dreizehn Maß Bier intus hat, dann fängt er an mit einem Marillenlikör, dann trinkt er gern einen Obstler, Zwetschgenwasser, dann Williamsbirne – Sie kennen sicher diese Sprüche, wo ein Wille ist, da ist auch ein Weg –, und dann trinkt er vor allem diesen Jägermeister, und den verträgt er nicht. Er trinkt dann immer einen Fernet Branca, weil der hilft ihm gegen den Jägermeister. Auf alle Fälle, plötzlich in dieser Situation, sagt der Heinz-Rüdiger – er hat den Vatti aufgehetzt –, Vatti, gehen wir ins Spiegellabyrinth. Ich hab sofort gesagt, Vatti, nein, bleib da, mit so viel Flüssigkeit, unser Vatti war ja angezuzelt wie ein Schwamm. Aber mit unserem Vatti war nichts mehr zu machen. In seinem Suri, der Mann war ja schon gaga, war er nicht mehr zu bremsen, und es ist auch genauso gekommen, wie ich es vorhergesehen hab. Unser Vatti geht in dieses Spiegellabyrinth, tapst darin umeinander, findet nicht mehr heraus, und dann plötzlich dieser Druck. Man macht sich keine Vorstellungen, wieviel Öffnungen ein Mensch auf einmal hat. Aus unserem Vatti ist es herausgespritzt aus allen Rohren, wie bei einem Hydranten. Und vor dem Spielgellabyrinth stand eine Menschentraube. Das Spielgellabyrinth ist ja durchsichtig, und die Leute haben das gesehen und haben gejohlt vor Begeisterung, weil unser Vatti so gespritzt hat. Daß man sich da so erheitern kann, das sind doch die niedrigsten Instinkte, aber so ist er halt, der Mob. Ich hab auf alle Fälle jetzt unserem Vatti helfen müssen und bin rein in das Spiegellabyrinth. Ich bin genauso umhergetapst und hätte unsern Vatti nie gefunden, aber ich bin halt immer dem Geruch nach, und wie ich ihn dann endlich gefunden habe, habe ich dem Vatti die Wäsche gewechselt. Die Leute draußen haben dann immer »Zugabe!« geschrien. Auf einmal ist der Heinz-Rüdiger weg. Wo ist er? Jetzt hab ich den überall gesucht. Beim Toboggan war er nicht, beim Hypodrom war er nicht. Einer, den ich gefragt hab, ein Polizist, hat gesagt, ich soll bei den Alkoholleichen schaun, aber ich hab gesagt, nein, soweit sind wir noch lange nicht.

Jetzt wieder zu Heinz-Rüdiger. Heinz-Rüdiger, bitte tu die Sachen nicht anglangen, wenn du sie nicht anglangen tust, dann tu ich dir vielleicht ein Spielzeug kaufelen. So, und jetzt tu das Fingerle raus aus dem Nasi. Komm, tu das Fingerle raus aus dem Nasele. Mein Gott, jetzt frißt er ihn auch noch. Nein, mein Nervenkostüm ist nicht mehr das beste. Am verkaufsoffenen Donnerstag, das war eine Schererei, das kann ich Ihnen sagen. Da war ich in der neuen Verkaufsabteilung für Lebensmittel beim Hertie in Schwabing. Kennen Sie die neue Lebensmittelabteilung beim Hertie? Die ist einmalig. Die machen die Krebserl, die Scampis, die Hummern, die Langusten und den Lachs in einer Sauce, wo nur ein Joghurt drin ist und nicht wie beim Feinkost-Käfer eine Majonäse. Und da hab ich mir gedacht, nimmst dir überall hundert Gramm mit, und dann bin ich noch schnell in die Möbelabteilung, aber wissen Sie, dieses skandinavische Möbelzeugs, das sollns an die Ostdeutschen verkaufen. So ein Glump. Und in der Rauchwerkabteilung war ich auch, und da hab ich mir noch so Seehundstieferl mitgenommen. Ich bin dann gleich heim mit dem Traxi, kaum war ich in der Wohnung, hab ich mir gedacht, wo is er denn, hab ich den Heinz-Rüdiger beim Hertie vergessen? Ich hab sofort angerufen, aber da war dann schon geschlossen. Ich hab die halbe Nacht kein Auge zugemacht, weil man macht sich doch Sorgen als Mutter. Am andern Tag ham sie ihn dann dahergebracht. Mittags um zwei. Diese Johanniter, aber da hab ich mir schon erlaubt, denen zu sagen, ihr bringt ja den Heinz-Rüdiger auch jeden Tag später.

Heinz-Rüdiger hat ein Spielzeug in der Hand. Dieses macht ein Geräusch. Doidoidoidackdack I kill you, I exterminate you doidoidoidackdack I kill you. I exterminate you doidoidoidackdack. Was hat er denn da, Heinz-Rüdiger? Ach, das ist ein Monsterl aus Plastik, mei, das ist nett, ach, wissen Sie was, das kauf ich ihm jetzt, weil ein bisserl was Pädagogisches soll er schon kriegen, der Heinz-Rüdiger.

GESELLSCHAFT UND GESELLIGKEIT

Servus, Erwin

Hubert döst und schwadroniert in seinem Wohnzimmer vor sich hin. Das Telefon schrillt auf. Er nimmt ab.

Ja hallo? – Ja, der Erwin, wie geht's dir? – Ja? – Schön, gell, ja, wie war's im Urlaub? – Ja, ja, schön. – Ah so, ja, ja – Ja so – Ja, also – Jaja, also dann – Ja? Jaja, klar, also – Hahahaha, sehr gut, also – Ja, okay dann, also – Jaja, also dann okay. – Danke, ja – Okay, ja – Also dann – Okay. Ja, ich ich ruf dich an. – Können wir machen, ja also, okay dann – servus, Erwin! – Jaja, okay dann also, Erwin – Ja, okay – Ja so, okay, Erwin, also dann – Ich würde folgendes – Ja, ich würd folgendes vorschlagen – Mhm – Ja, ich ruf dich auf alle Fälle an, ja, okay, also dann, nett, daß d' angrufen hast. – Ebenfalls – Gut, ja dann also, servus, Erwin, servus, ja, servus, Erwin. *Legt den Hörer auf.* Blöde Sau!

Leberkäs Hawaii 1

Alfons Schweinberger sitzt in seiner Wohnküche. Neben ihm ein unbesetzter Stuhl. Aus dem Radio die charakteristischen Töne und Klänge von Bayern 3.

Ja, einen schönen guten Abend allerseits – ah, an Moment noch. *Gießt sich Tee ein und sieben Löffel Zucker.* Wissen S' ich hab 'n gern süß. So, also: einen schönen guten Abend. Ich bin jetzt praktisch, ah, mir fangen jetzt an. – Ja, mein Bekannter, der Rudi Löhlein, der wollte Sie auch begrüßen, ich wart noch auf ihn, aber er muß, er muß jeden Augenblick eintreffen. Er hat mir sein Erscheinen persönlich zugesichert. Aber wie Sie sehen. *Geste auf leeren Platz.* Na ja, mir fangen halt derweil an. Also nochmals ein herzliches Grüßgott beisammen. – Ja, das wär's dann eigentlich schon gewesen. *Bayern-3 – Verkehrsdurchsage über Unfall bei Wasserburg.* Moment. *Hört zu.* Naa, des betrifft an Rudi net, er wohnt in Unterschleißheim. Also, wie gesagt – ah – net. *Blickt auf die Uhr.* Herrschaftseitn, daß der no net da is, der Löhlein Rudi. Es wird eahm doch nix passiert sei. Sie wissen's ja selber, wia's is heute. Bis ma schaut, hat's ein dabröselt, net. – Na ja. *Geheimnisvoll* Wissen S' was? Jetz passen S' amal auf. *Steht auf, geht ans Büffett und holt eine Zweiliterbilligweinflasche und ein Glas, setzt sich wieder.* Da, schaun S' amal. Ein Spitzenwein. Den hab ich entdeckt. Beim Supermarkt hab ich 'n rauszogn. A Sonderangebot. Zwei Mark zwounddreißig. Ein echter Südtiroler. *Schraubt die Flasche auf.* Bauerntrunk heißt er. Ein Tafelwein. Also nix Ordinäres. Und was des Gute is, der is in Deutschland abgefüllt, hier, bei uns, also nicht in Italien. Bei de Italiener weiß ma ja nie ... *Schenkt genüßlich ein, riecht. Schlürft, schmeckt.* Exquisit. Ein Jahrhundertwein is des. Den muaß ma richtig beißen. Schad, daß der Löhlein no net da ist. Der versteht auch was von am guten Tropfen. *Schweinberger hat sich einen Schweinsbraten aufgetan. Er ißt und meditiert zwischen den Bissen und Schlucken.* Wenn natürlich ... verstehen Sie ... wissen Sie ... man könnte auch ... oder wie sollte ich ... weil – *winkt einem eventuellen Einwand ab* – die in sich oder an und für sich ... oder Gelegenheiten ... deuten darauf hin, daß ... daß beide ... beide Möglichkeiten ... sowohl als auch ... in, ah, in Betracht kommen ... Ja, es ist Ihnen sicher schon aufgefallen, dieser Löhlein is immer noch net da. Na ja, wissen S', der Rudi, der Pünktlichste war der ja noch nie. Aber trotzdem, ich muß sagen, ich wunder mich, weil das ist einfach allerhand.

Mir warten, und der kimmt einfach net. Wenn i an Rüdiger Wolf eingladen hätt, der waar sicherlich kemma. Na ja, vielleicht is eahm was passiert? – Ich hab ihn kennenglernt, an einem Kiosk hab ich ihn kennenglernt, den Rudi, und zwar, ich weiß nicht, wie er halt . . . Der Rudi hat Ding geßn, a Cörrywurscht und ich a Rindsbratwurscht, ge', weil ich weiß nicht genau, wie das gangen is, ich hab zu dem gsagt, ich krieg dasselbe, zu dem im Kiosk, und hab gemeint, ich krieg auch ein Nierenschaschlik, und dann haben mir die eine Rindsbratwurscht gebn, und da sind wir dann so ins Gespräch gekommen übers Essen im allgemeinen, und da hab ich gmerkt, daß der Rudi, der versteht was vom Essen, und da hat er mir ein Rezept verraten, ge', das hab ich mir also gmerkt. Das is Leberkäs Hawaii, es is, sagen wir, kei Schnellgericht in dem Sinn, aber es is, sagen wir, doch a Sach, die was hermacht, wenn man entsprechende Beilagen dann dazu verwendet, also man kann dann, sagen wir mal, also Red Beans kann man dazu nehmen oder a Cörryreis, Pommes frites sind auch gut. Da nehmen S' hundert Gramm Rindsleberkässcheibe, in die Pfanne rein mit sehr viel Rinderfett, gell, durchbräunen, daß er also schön schwarz ist, dann kein Ei drauf, da müaßn S' aufpassen, daß kein Ei draufkommt, kein Eiweiß irgendwie, da darf gar nix rein, dann wenden Sie den Leberkäs herum auf die andere Seite, gell, wiederum bis er ganz schwarz is, und dann eine Scheibe Ananas drauflegen, gell, und man kann dann a bißl a Ketschap oder so was nehmen, übrigens würzen mit Thymian, mit Oregano oder ein Thymian, des is sehr gut, und wer, sagen wir mal, von Ihrem Besuch a bißl was Pikantes mag, der kann ja diese Mixed Pickles nehmen, die kann man sich . . . da braucht man net extra, die gibt's ja in Büchsen und so . . . Also des Rezept is vom Rudi Löhlein, gell. Sie werden lachen, ich hab's noch in keinem Restaurant bis jetzt so richtig kriegt. Sie, jetzt bin ich aufrichtig in Sorge. Was is 'n los? Dieser Löhlein Rudi – heut is doch Samstag?! Mein Gott, wie schnell ist ein Menschenleben verwirkt. A Autounfall, irgendwas Unvorhergesehenes, und schon geht's dahin. Schaun Sie, ich gelte als Tierfreund. Aber was ich da schon Verluste hab hinnehmen müssen. Ein Hamster von mir, ein echter syrischer Goldhamster, der Hansi – in der Nacht, ich geh hinaus auf die Toilette, mach die Schlafzimmertür zu, ein Quieken, ich mache Licht – also, grauenvoll. Weil s' immer so neugierig sind, diese Syrer. – Ein anderer Hamster aus meinem Besitz sitzt in der Zuckerdose. Der Besuch erscheint, ruft: Pfui Deifi, a Ratz – eine Ratte quasi, ich will noch sagen: Halt, des is doch mein Lothar – is er schon derschlagen. Und die Zuckerdose war auch hin. Wissen Sie, Hamster graben halt so gern. Es ist grauenvoll, wenn man Tiere so liebt wie ich, und dann so was. – Schaun Sie, unsere Nachbarn geben mir immer, ah, vielmehr haben mir immer ihre Sittiche in Pflege gegeben. Koko und Kuku. Wie's der Teufel will, es war Hochsommer, ein Fenster bleibt offen, huiit, waren sie schon davon. Wohin, weiß kein Mensch. Ich bin dann in eine Tierhandlung gegangen und hab gsagt, bitte no mal dasselbe, oder haben S' so was Ähnlichs, na ja. *Seufzt.* Ganz schön peinlich is so was. A Schildkröte hab ich ghabt, eine griechische Landschildkröte, net. Sie will überwintern, die Dorothee, hat sich zurückgezogen. Im Frühjahr schau ich nach hinter der Zentralheizung – trocken wie ein Knäckebrot. Also, des hätt ich auch nicht gedacht. Nix mehr z' machen. – Mein Aquarium, gell, die Pumpe is immer gut eingestellt. Eines Tages liegens auf dem Teppich. Die Zierfische, der Perserteppich, alles verkleckert. Aber wissen Sie, ich geb nicht auf. Ich mag die Viecherln halt so. Ich schaff mir jetzt a Katz an. Weil meine weißen Mäuse sind ja jetzt perdu – die ham so a Seuche kriegt, net, und a Katz is doch relativ robust. Da muß scho einiges daherkommen, daß da was schiefgeht. – Aber der Rudi, wo der nur bleibt? *Schüttelt den Kopf.* So was, naa . . . Wissen Sie, der Löhlein, dieser Löhlein, wie soll ich ihn beschreiben, mei, schad, daß er net da is. Er is so a blonder, bleicher. – Er is ungefähr an Meter neunundsiebzig groß. Oder eins achtzig. Sei Onkel hat ein Elektrogeschäft in der Innenstadt. Er selbst is beim Siemens oder so a Großfirma. Auch so was Elektrisches jedenfalls, aber seim Onkel geht's glaub ich, finanziell überhaupt net gut. Na ja, Einzelhandel, Sie verstehn. – Ich muß sagn, ich hab da vorgsorgt. Ich bin jetzt sehr gut versichert, mir kann nix passieren. Muß ma ja auch machen, gerade heute im zwanzigsten Jahrhundert. Weil neulich war dieser Versicherungsagent da, und ich hab mich überzeugen lassen. Weil ich war ja auch wirklich total unterversichert. Schaun Sie, mein Mobiliar, das wird ja immer wertvoller. Weil wenn heute was passiert und ich wäre gezwungen, mir dasselbe noch mal zu kaufen, ich könnt mir's gar nimmer leisten. – Dann hab ich noch eine Lebensversicherung, Haftpflicht sowieso, Hausrat, wie gesagt. Wenn heute irgendwie was is, Erdbeben, ein Wirbelsturm – in Japan und Amerika sind die ja gang und gäbe –, da wenn S' nicht versichert sind, is der Arbeitseinsatz von Jahrzehnten praktisch vernichtet. Also, gegen Wasser, Sturm und Diebstahl bin ich gewissermaßen gefeit. Schaun Sie, auch wenn sich heute ein Dieb meiner Schrankwand bemächtigt, krieg ich s' anstandslos ersetzt. Wenn mir was zustoßen sollte, ist alles in besten Händen. Ich habe eine erstklassige Sterbeversicherung. Jetzt. – Man muß schließlich bis zuletzt denken. Es passiert ja heutzutage dermaßen viel, daß's eigentlich a Wunder is, wenn einem nix passiert. – Sie, der is fei oiwei no net da, wahrscheinlich is ihm was zugstoßn, sonst gibt's des gar net. *Das Telefon läutet.* Augenblick. *Nimmt ab.* Ja, hallo? Ja, Rudi, bist es du? – Der Rudi Löhlein. – Ja, mir ham gmeint, dir is was passiert. – Dem is gar nix passiert. – So, ja heut hättst kommen solln, du Schlafhaubn. – Er hätt gmeint, morgen. – Ja, da kann ma nix machen, mach's gut. – Im Stüberl. – Ja, ich werd's ausrichten. – Er sagt, as nächstemal ganz bestimmt. – Ja, also dann, servus, ja, servus, Rudi. *Hängt ein.* Also, er läßt sich entschuldigen, er hat sich geirrt, er hat gmeint, morgen, daweil war's heut. Dieser Löhlein, also so was, naa, dem werd i was verzähln. – Ja, Sie, ich sag derweil Wiederschaugn, gell, und daß der Löhlein net kommen is, des steht nicht in meiner Macht. Gott sei Dank is ihm nix passiert. Gell, aber er sagt, as nächste Mal kommt er dann ganz sicher. Er sagt, es sei denn, es passiert ihm was, aber sonst kommt er. – Also dann, also, Wiederschaun, ja, das wär's dann eigentlich schon gewesen, net, also, Wiedersehn, ja also, auf Wiedersehn.

Net vui

Herr Knut trifft Herrn Meier zufällig an einer Straßenecke.

HERR KNUT Ja, grüß Gott, Herr Meier, wie geht's oiwei?

HERR MEIER Ah ja, es geht scho. Mei, was soll ma sagn, net vui los, net . . .

HERR KNUT Ja, und, ah, was machan S' immer aso?

HERR MEIER Ah ja, net vui eigentlich, ah, mei – mei, was soll i sagn, mei, es is, i kannt net sagn irgendwas Bsonders, gell. Mei, ja mei, eigentlich nix.

HERR KNUT Ah geh? Aso?

HERR MEIER Naa, eigentlich net vui.

HERR KNUT Und was dean S' sonst so? I moan, sonst, die ganze Zeit aso?

HERR MEIER Na ja, mei, i bin amal dahoam, gell i bin meistens dahoam, gell.

HERR KNUT Ja, riesig, ha! Und? Ah . . . was ham S' jetz so vor, was macha S' so die nächste Zeit? Überhaupts? Was, was steht im Busch?

HERR MEIER Ja – o mei, net vui. Gell. Amal, i woaß net, gell, also, vui net. Net? I wer dahoam bleibn, dua ab und zu mal fernsehn, gell . . .

HERR KNUT Ja, sagenhaft!

HERR MEIER Ah ja, und manchmal schaug i net amal nei, gell. I woaß aa net, in der letztn Zeit hab i praktisch net amal ferngsehn, vui, gell, i woaß aa net, es, es is ja – es is ja . . . fad, gell.

HERR KNUT Ja, ha! Ja, toll, na machan Sie solchane Sachen?!

Im Wirtshaus

Ein Wirtshaus, aus der Musikbox Musik. Stopherl, Mike und Richard sitzen trist an einem Tisch, Gertie steht an der Bar.

MIKE Gehma?

STOPHERL Ja, gehma. Gertie, zahln!

GERTIE I kimm glei!

RICHARD Mir bringst no a Halbe, und dene Buam bringst an Schnaps und mir aa no oan.

STOPHERL Naa, i trink koan Schnaps! Mir gehngan.

RICHARD Es bleibts da und trinkts an Schnaps!

MIKE Naa, mir müaßn geh.

GERTIE *bringt ein Bier und einen Schnaps* So, Richard, da, dei Bier und dei Schnaps, und es habts ghabt zwei Spezi, vier Mark achzg.

MIKE *zahlt* Stimmt scho.

RICHARD Ja, und was is mit dem Schnaps für de Buam?

GERTIE Geh, Richard, dua de Buam net verführn, de wolln geh.

RICHARD So, es gehts scho, ja wo gehts es denn hi?

STOPHERL Hoam.

RICHARD Hoam?! Haha, da kennas eich doch scho, was wollts 'n es dahoam?

MIKE Mei ...

RICHARD Jetz um de Zeit?! Hoam?!

MIKE Mei, warum net ...

RICHARD Was wollts 'n es dahoam? Wia i in eierm Alter war, so alt wia es, da hätt mir oana was sagn solln, vo wega hoamgeh! Mir! Haha! Mei Voda, mei Voda, wenns Mai aufmacht hätt, der hat froh sei miaßn, daß i eahm koan Spitz gebm hab. Ab dem vierzehnten Lebensjahr, da war Sense, mit mir net, aba scho wirkli net. Jetz bringst dene an Schnaps, was waar denn des sonst für a Jugend.

STOPHERL Naa, i mog koan Schnaps net, ehrlich.

RICHARD Da hoaßt's oiwei, die Jugend waar so rebellisch, diese Jugend da, dabei sans zahme Hund ... Schaug da s' o. Hoamgeh wollns. Jetz trinkts an Schnaps, na vazähl i eich, was früher los war ...

STOPHERL Naa, a andermal, mir wolln hoam.

RICHARD O mei, es habts ja koa Mark in de Knocha, kein Mark. Habts es übahaupts scho mal gvegelt?! Habts es übahaupts scho mal eine Frau ghabt, wia ma so sagt? Ha? Gertie, was is mit de Schnäpse?!

GERTIE Jetz laß doch de Buam grad hoamgeh!

RICHARD Naa, zwoa Schnaps für unsere Jugend! Und no oan für mi! Des is eine Bestellung! – Ja, habts es jetz scho mal gvegelt oda net? – Mein Gott naa, diese Jugend . . .

Stopherl und Mike ziehen sich ihre Anoraks an und richten sich zum Aufbruch.

Wißts was? I zahl eich as Puff. Daßt 's amal as Leben kennenlernts. Was is, gehts mit, trauts eich? I zahl eich as Puff. Ehrlich. Ich war scho in Marseille. Von wegn hoamgeh . . .

GERTIE *bringt die Schnäpse* Da. Trinkts halt den Schnaps gschwind aus, der gibt heit sonst koa Ruah nimmer. Er zahlt's ja eh . . .

MIKE Naa, mir gehngan hoam.

STOPHERL I mag koan Schnaps.

RICHARD Dann bring doch de jungan Herrn eine Buttermilch! Prost! *Trinkt seinen Schnaps.*

MIKE Also, servus, Richard . . .

RICHARD Jetz bleibts halt da. I zahl eich as Puff. Mei Liaba, i war scho in Marseille . . .

STOPHERL Kimm, Mike, jetz packma's. Also, Richard, pfüat di.

RICHARD Geht's es scho? Was is nachert mit dene Schnäps? Jetz sans doch scho da.

STOPHERL Mei . . . oiso, servus . . .

RICHARD Jetz bleibts halt no da, i zahl doch ois! I zahl eich as Puff! He, habts net ghört? I zahl eich as Puff! Bleibts doch no a weng da . . .

Stopherl und Mike sind gegangen.

RICHARD Jetz san de einfach hoamganga. Mit dera Jugend is nix mehr los. Oda?!

Gertie reagiert nicht, zuckt mit den Achseln; Richard kippt noch einen Schnaps. Gertie sucht an der Musikbox.

I war ja scho in Marseille . . . Stimmt's net? Oda? *Kippt den dritten Schnaps.* I hätt dene vui von Marseille vazähln könna . . .

GERTIE O mei, Richard, des kennma doch scho ois . . .

Die Musikbox setzt ein.

Der Witz

Herr von Bornstedt erinnert sich.

Ah, wir warn da gestern eingeladen bei diesen, ah, Schmitzberger, da hat's also so Erdnüsse gegeben und solche Chips, ah, ich vertrag s' ja an und für sich nicht, aber es war ein reizender Abend. Da war so ein, ah, Herr da vom Siemens oder irgend so einer Großfirma, glaub ich, oder so ähnlich, und der hat dann einen Witz erzählt, also, wir ham uns gebogen vor Lachen. Meine Frau und ich. Also wirklich, es hätte uns beinahe zerrissen – so ein Vergnügen, nein, und es gibt ja Situationen, wenn man einenWitz, ah, und der Herr konnte diesen Witz wirklich phantastisch erzählen, also, wie er ihn vorgetragen hat schon, nicht, und dabei dieses Gesicht, diese Mimik, einfach phänomenal. In diese sowieso schon heitere, lockere Atmosphäre, wenn dann jemand noch mit einem solchen Witz hereinprasselt, und auch die anderen, die haben – also gelacht wurde da, man möchte es nicht für möglich halten, eine solche Bombenstimmung, wirklich wahr. Wissen Sie, es gibt Witze, die entbehren nicht an Hohlheit, aber dieser Witz war an und für sich anspruchsvoll und doch obszön, also, wenn Sie verstehn, was ich meine. Ich muß sagen, auch ich, ich habe fast geweint vor Lachen – und, ah, wir sind aber dann doch früh gegangen.

Karnevalisten

Also, mir mögn an Fasching sehr gern. Also, wir sind ausgesprochene Karnevalsanhänger, net, weil – wenn ma's irgendwie managen können, dann fahrn mir schon am Rosenmontag runter nach Bardolino, gell, am Gardasee. Und da setzen mir uns dann immer so Hauben auf und a Nasn, und nachher wird gekocht, net, und mir ham auch dann, mir reden so über Motoren. Ich selber hab an Johnson-Motor, net, also, wir reden dann über diese Motoren, da wird a bisserl rumgebastelt, also, wir sind begeisterte Karnevalsanhänger. Mir mögen an Fasching sehr gern.

Das Ereignis

Ernst und Elfriede Weitel stehen vor einem Geschirrschaufenster. Elfriede zeigt Ernst ein Service, Ernst ist wenig begeistert.

ELFRIEDE Weißt, und die Kanne könntma dann auch gleich kombinieren mit unserm Rosenservice, und dazu dad dann sehr gut de Tischdecke von der Tante Marga paßn.

ERNST Mhm . . .

ELFRIEDE Mir könnten natürlich auch da des da hintn, siehst as, des spinatgrüne . . .

ERNST Mhm.

ELFRIEDE Da tät dann wieder das Erbsenmuster hervorragend dazupaßn.

ERNST Jaja, komm jetz gehma.

ELFRIEDE Jetz sag halt was!

ERNST Ja, spinatgrün, sehr schön.

ELFRIEDE Mit dir kann ma einfach nix planen! Daß du jetz überhaupts kein Interesse hast, du benutzt es doch dann genauso! Da. Mei, schau mal, mei, süß! *Zeigt auf neues Service. Ein Mann fliegt rückwärts zur Tür neben dem Schaufenster heraus. Ein zweiter Mann springt ihm nach und schlägt auf den Mann 1 ein. Mann 1 wehrt sich.*

MANN 2 Du Sau!

ERNST Ui, schaug, Elfriede, schaug, da . . .

ELFRIEDE Also so was, naa, daß's des gebn derf.

ERNST *begeistert* Schaug her, jetz hat er 'n!

MANN 2 Du elende Sau!

Mann 1 hat sich hochgerappelt; die beiden raufen.

ERNST I glaub, für den Kloana schaugt's schlecht aus. Hahaha, der hat gseßn!

ELFRIEDE Geh, also naa.

MANN 2 *trommelt mit den Fäusten auf Mann 1 ein.* Du Sau!

Mann 1 bricht zusammen.

ERNST Haha, ja sagenhaft, ja, der haut nei. Allwei desselbe: De Kloana provoziern, und dann schaugns bled. Jetza, jetz bluat er aus der Nosn. Selbst schuld.

Die beiden wälzen sich ringend am Boden.

ELFRIEDE Geh, Ernst, sag eahna doch amal, de solln aufhörn. Da muaß ma einschreiten ...

ERNST Jaja ...

ELFRIEDE Des kann i nimmer mit anschaugn, der bringt den ja um ...

ERNST Naa, so schnell net, er hat 'n halt am Krawattl.

PASSANT *im Joggingdress, im Vorbeigehn* Kinders, seid doch friedlich, das hat doch keinen Sinn ...

ERNST *zum Passanten* Schaun S', der hat 'n ganz schön am Krawattl, ha?

PASSANT *geht weiter* Is unsportlich so was ...

ERNST Haha, satt! Und no oane – hahaha, batsch ...

ELFRIEDE Jetz, Ernst, sag dene, de solln aufhörn, sonst hol i d' Polizei.

ERNST Ah geh, Polizei, red doch koan Schmarrn ...

ELFRIEDE De solln sofort aufhörn, i hol d' Polizei. Ernst!

ERNST Jaja, is scho recht. *Geht zu den Raufern, tippt Mann 2 an, der gerade auf Mann 1 eindrischt.* Ah – ah, hallo, Sie, ah, hallo ...

MANN 2 Du Sau! *Schlägt auf Mann 1 ein.*

ERNST Ah Sie, Sie solln jetzt aufhörn. Laßn S' doch, der duat Eahna doch nix mehr ... *Greift Mann 2 an der Schulter.* Sie, jetz hörn S' doch auf.

Mann 2 läßt von Mann 1 ab, richtet sich auf und schlägt Ernst. Zwei knappe Schläge, Ernst fällt zu Boden. Mann 2 richtet seine Kleidung und geht. Mann 1 bleibt blutend am Boden liegen, steht dann auch auf und geht hinter Mann 2 her.

ERNST Elfriede, halt 'n fest! Hol d' Polizei! Der hat mir oane neighaut!

ELFRIEDE Halt! He, Sie, stehnbleibn! Mir holn d' Polizei!

ERNST Haltets 'n fest! Polizei!

MANN 1 *matt* Halt 's Maul, du Arsch ...

ELFRIEDE Haltet ihn! He, stehnbleibn, Polizei!

ERNST Da hat er mir herghaut, und da. Für was ham an mir a Polizei ...

Der Willi

Klaus entdeckt seinen Spezl Willi in einem Lokal.

KLAUS Hargottsakrament, wen siehg i denn da? Da Willi, haha, der Willi. Ja, servus nachert, Willi, ja was is des, ha, ja bist es du?

WILLI Griaß di nachert.

KLAUS Ja, hahaha, ja, der Willi, ja, wos is, ja des gibt's ja gar net, ha, ja, Hargott, wo bist jetz du allweil gwesen? Seit vierzehn Dog hab i di scho gar nimmer gsehng.

WILLI Ja, wieso, i war allweil dahoam.

KLAUS Ja, haha, ja, der Willi, ja, Willi, ja, hahaha, ja, Willi, sag amal, ja, der Willi, i hab ma denkt, gehst amal rein, kaafst dir a halbe Bier, wen siehg i do, der Willi! Hahahaha! Der Willi sitzt da herin!

WILLI Ja, wieso soll jetz i nachert do net do herin sitzn, oder?

KLAUS Haha, der Willi, ja, du, was is, Willi, sag amal, was is, is da frei, na setz i mi glei her?

WILLI Naa, do is bsetzt.

Aktion Misereor

Herr Waschke sitzt im Wirtshaus und liest Zeitung. Ein Ersatzdienstler schiebt einen Behinderten im Rollstuhl an den Tisch.

BEHINDERTER Ist da no frei?

Waschke reagiert nicht

BEHINDERTER Verzeihung, ist da no frei?

WASCHKE *zum Ersatzdienstler* Jaja, stelln S' 'n ruhig da hin ... *Liest weiter.*

BEHINDERTER Verzeihung, wie hat denn Bayern gspielt?

WASCHKE *zum Ersatzdienstler* Interessiert er sich fürn Sport?

ERSATZLER Jaja, sehr.

WASCHKE Des findet ma fei häufig, daß sich Leut a grad für Sachen interessiern, die für sie gar nimmer so in Frage kommen. Aber i find's guat, daß er sich für was interessiert. Was hat er denn? War er net geimpft?

BEHINDERTER Ich bin querschnittsgelähmt.

WASCHKE Des Impfen is fei unheimlich wichtig. Da wenn ma net aufpaßt, macht ma sich a ganzes Leben lang hinterher Vorwürfe. Drum kann ma's gar net oft genug sagen: Leut, laßts euch impfen!

BEHINDERTER Ja, aber ich bin vom Garagendach runtergefalln.

WASCHKE *zum Ersatzdienstler* Und Sie pflegen eahm praktisch?

ERSATZLER Ja, doch ...

WASCHKE San Sie a Kriegsdienstverweigerer oder so was, Haferlschiaber hams bei uns allweil gsagt, hahaha ...

ERSATZLER Ja.

WASCHKE Respekt, da ghört fei allerhand dazu her. Also i mechad's net machen, des muaß i zugebn. Aber, da schaun S' her, heut wieder, in der Zeitung steht, da a Crash am Irschenberg, Autobahn. Aa oana schwer verletzt, und zwoa Dode, also, da muaß jetz i sogn, sagnma mal, in am solchen Fall, also i wiaßad fei net, ob ich den Lebensmut aufbringen dad zumWeiterleben, i kannt ma fast vorstelln, daß's besser waar, wenn ma glei hi waar, und für die andern oder Angehörigen is es vielleicht eher a Erlösung.

BEHINDERTER Ja, aber Sie, ich hab doch auch noch was vom Leben, ich kann doch ...

WASCHKE Obwohl ma natürlich scho sagn muaß, ma muaß so an Lebenswillen, also, so a Lebensmut ghört scho aa irgendwia reschpektiert, also, ob is könnt, ich wissad's fei net . . .

BEHINDERTER Mein Gott, diesen Schwachsinn hör ich fast jeden Tag, komm, Fritz, gehen wir . . .

WASCHKE Was is, mag er a Bier? Derf er's trinken? I zahl eahm a Bier.

BEHINDERTER Naa, vielen Dank, da hintn is jetz frei worn . . .

WASCHKE Nanaa, bleibts es ruhig da, er kann ruhig da bleibn, Emmi, bring dem Herrn da a Halbe!

Leberkäs Hawaii 2

Alfons Schweinberger sitzt endlich mit seinem Besuch Rudi Löhlein in seiner Wohnküche.

SCHWEINBERGER Ja, also, es is soweit, mir fangen an, ich hab Ihnen hier heute meinen Bekannten, den Rudi Löhlein, mitgebracht. – Also, wenn ich vorstellen darf: Das is der Herr Löhlein, und des . . . ah ja, ja ah, net, also – des war's dann soweit . . . Also, der Rudi, gut, daß er jetz da is, weil er hat immer so interessante Gschichten auf Lager. Wenn der loslegt, des müaßadn S' amal hören. Also Wahnsinn. Der hat Witze auf Lager . . . wo er s' nur immer herkriegt, möchte ma net glauben. Dabei is der auch noch so gebildet. Ma sieht's eahm gar net o, was er ois draufhat. Naa, er is scho a Pfundskerl, a richtiger Hundling is er, der Rudi, gell, Rudi?!

Löhlein reagiert nicht.

Geh weiter, Rudi, jetz sag amal was. Red doch amal. – Sag halt amal was, Rudi. – Er sagt jetzt nur nix, weil er hat irgendwas im Sinn. Irgendwas führt er im Schilde, sonst hätt er scho längst was gsagt. Wissen Sie, der sagt lang nix, aber wenn er was sagt, dann . . . mein lieber Schwan! Gell, Rudi?!

Löhlein sitzt schweigend da.

Ja, mei . . . Geh weiter, Rudi, jetz sag halt amal was. Sie, i woaß net, was mit eahm los is, weil er is sonst eher a richtiger Schwerenöter, a echter Aufreißer, wissen S', bei de Weiber, wie der die oredt, des hat er drauf. Also, unnachahmlich, gell, des macht eahm koana nach. Gell, Rudi, des macht dir keiner nach? Magst an Schluck? Magst was trinken? – I woaß net, aber heut is er wie verstockt. Jetzt warten S' amal, vielleicht wenn er was trinkt. Jetzt gebm mir eahm mal was. Da, Rudi, trink amal! – Prost Rudi!

Löhlein trinkt.

Da, jetzt trinkt er . . . Sie, des tut mir jetz aufrichtig leid, wer hätte des denkt, also, entschuldigen S' scho, gell, aber der is heut irgendwie, Sie sehen ja selber, irgendwie, der hat irgendwas. Vielleicht hängt's mit'm Wetter zamm. Oder, mei, wissen S', a jeder hat amal an schlechten Tag. Ich kann mir des überhaupt net erklären. Finanzielle Probleme hat er eigentlich auch net, aber er is anscheinend in einer Art Formkrise. Also, tut mir leid, aber vielleicht taut er doch noch auf, ha, Rudi? *Zeigt ein Foto.* Schaun S' amal her, des is a Foto, des is vor zwei Jahren, des war in Griesbach. Jetz schaun S' her – da, da is er auch drauf. Da bist du auch drauf, Rudi! Also, des is jetz er, der Rudi, er hat sich kaum verändert, gell. Der da hinten, des bin ich. Und das is sei Schwester, die Margret. Und des – wer is jetz des glei wieder? Ich glaub, des is eine Art Verwandter oder a Bekannter. Er is jedenfalls mit drauf auf'm Bild. Des war ein sehr schöner Tag, des woaß i no. Er, der Rudi, war vielleicht in Fahrt. Er hat da einen Witz erzählt, also, was mir da gelacht ham. Eine solche Gaudi. Woaßt es noch, Rudi? – Er war wie ein Feuerwerk, er war nicht mehr zum Bremsen. Am Schluß ist nachert no a Bierglas umgfalln. Mein Gott, war des eine Gaudi ...

Löhlein gähnt.

Sie, des wär doch gelacht, wenn ma den Rudi jetz net in Schwung bringen. Des gibt's doch net. – Woaßt as, Rudi, des find i jetz nimmer lustig. Des wennst dahoam machst, is des dei Privatsache, aber i moan, des geht doch net. A so ein Schmarrn. Was is 'n? Was hast denn, Rudi? Mir kannst es doch sagn. Magst an Schluck Wein? – Er is a Bayernfan. I tendier ja mehr zu Sechzge! – Sie, im Moment is ja grad eh net viel von Belang. Also, i bin glei wieder da. – I kimm glei wieder, Rudi. Brauchst koa Angst ham. I bin glei wieder da. – Bis gleich. *Steht auf und geht.*

LÖHLEIN *schaut auf die Uhr* Wissen Sie, ich halte das nicht mehr aus. Es ist unerträglich. Ich kann's mir nicht mehr anhören. Dieses ständige Geschwätz. Entsetzlich. *Steht auf und geht.*

Schweinberger kommt zurück, stutz, setzt sich.

SCHWEINBERGER Ja, Sie sehn ja selbst, der Rudi is grad gegangen. Schad, gell. Schad, daß mir heut so an schlechten Tag erwischt ham. Der Rudi is nämlich blitzgescheit. Er is an Akademiker. Er hat ja ein Studium hinter sich. Und er hat einen unverwüstlichen Humor. Aber mei, des sieht ma natürlich auch nur, wenn er bei Laune is. Also, sei Stärke is mehr, wenn ma zu mehrern is, wenn mehr Leut beinand san. Dann legt er los. Während, so rein privat, da kann's vorkommen, daß er a bißl abfallt, net, des ham S' ja heut gesehn, aber da kenn i oan, der is da ganz guat. A richtige Stimmungskanone. Also, as nächste Mal, da lad i 'n ei, da wern S' spitzn. Der Breitenberger Manfred, der is a interessante Persönlichkeit, ein echtes Urviech, der bringt a Stimmung her, des sag i Eahna, also sagenhaft. Ehrlich.

Eine Invitation

Anneliese Jacobson und Bertolt Faltermeier sitzen in einem Café.

HERR FALTERMEIER Herr Ober, bitte zahlen ...

FRAU JACOBSON Nein, nein, lassen Sie, das übernehme ich ...

HERR FALTERMEIER Ah geh, lassen S' mi doch ...

FRAU JACOBSON Nein, nein, kommt überhaupt nicht in Frage, hier in München sind Sie mein Gast.

HERR FALTERMEIER Herr Ober ...

FRAU JACOBSON Nein, lassen Sie. Bitte! Wir haben zu dritt bei Ihnen gewohnt, drei Wochen haben Sie uns phänomenal bewirtet, nein, also hier in München sind Sie mein Gast. Wo kommen wir denn da hin ...

HERR FALTERMEIER Ja, aber ...

FRAU JACOBSON Kein Aber – Herr Ober?

KELLNER Also, wer zahlt denn jetzt ...

HERR FALTERMEIER Was macht des, bitte?

FRAU JACOBSON Lassen Sie. Hier in München Sind Sie mein Gast. Herr Ober, wir hatten zwei Tassen Kaffee ...

HERR FALTERMEIER *während Frau Jacobson zahlt* Des hätt's aber net braucht.

FRAU JACOBSON Keine Diskussion mehr, Sie sind eingeladen, das war ich Ihnen endlich mal schuldig.

HERR FALTERMEIER Ja, aber braucht hätt's as net ...

FRAU JACOBSON Bitte, keine Widerrede, hier in München sind Sie mein Gast, das war so ausgemacht.

HERR FALTERMEIER Ja mei, dann danke schön ...

FRAU JACOBSON Keine Ursache. Sie hätten ruhig 'ne Portion nehmen können.

HERR FALTERMEIER Nanaa, a Tasse war scho gnua ... Also, packma's.

FRAU JACOBSON Moment – Herr Ober, ich bekomme noch zwanzig Pfennige von Ihnen!

HERR FALTERMEIER Zum Telefonieren?

FRAU JACOBSON Nein, nein, ich bekomme noch zwanzig Pfennig vom Kellner. Zwei Tassen Kaffee sind doch drei Mark achtzig, Trinkgeld ist da schon inbegriffen.

KELLNER 'tschuldigung ...

HERR FALTERMEIER Aber Sie, ich hätt fei mei Tasse scho aa selber zahlen können . . .

FRAU JACOBSON Aber nicht hier in München, wenn ich dabeibin.

HERR FALTERMEIER Ja, also dann, nochmals vielen Dank.

KELLNER *haut beleidigt zwanzig Pfennig auf den Tisch* Danke schön!

FRAU JACOBSON Bitte, keine Ursache. *Im Aufbruch* Was meinen Sie, zum Bahnhof gehen wir doch zu Fuß?

HERR FALTERMEIER *schaut auf die Uhr* Mei, vielleicht is's a bißl knapp.

FRAU JACOBSON *schaut auf die Uhr* Nein, nein, Ihren Zug schaffen wir noch bequem. *Beide gehen los. Herr Faltermeier trägt die Koffer.*

Der Stammgast

Vor einer Discothek mit Guckloch fährt ein Taxi vor. Hasi und Biggi steigen aus.

HASI Warst scho mal drin?

BIGGI Naa.

HASI Ich verkehr häufig da herin, ich bin ja praktisch so was wie a Stammgast. I sitz allweil beim Giorgio unten an der Bar.

BIGGI Ehrlich, mei, toll . . .

HASI Da trink i mein Zombie. Kennst des?

BIGGI Naa, was is des?

HASI A Zombie, des werst jetz nachert glei sehn. Des is nirgends so gut wie hier. Und eine Musikpower ham de da drin, des bläst dich in den Sessel, ehrlich. Des musikalische Equipment hat an die zwohunderttausend Mark kost.

BIGGI Mei, sagenhaft. Ehrlich?

HASI Vielleicht is der Charlie aa scho da, na lernst amal an Charlie kennan.

BIGGI Der mit dem Stingray?

HASI Ja, genau der. *Läutet, Guckloch geht auf.* Servus, i bin's, is der Charlie scho da?

PORTIER Guten Abend, leider nur für Mitglieder.

HASI Geh, red doch koan Schmarrn . . .

PORTIER Tja, tut mir leid, leider . . .

HASI Was is, kennst mi net, bist du neu da? *Guckloch geht zu.* Des muaß a Neuer sei. Sonst steht oiwei der Adi an der Tür. *Läutet wieder, Guckloch wieder auf.* Is der Adi nimmer da?

PORTIER Bin i a Auskunftsbüro? Geh auf d' Seitn.

Ein poppiges Paar wird eingelassen.

HASI Hol halt an Giorgio rauf, der kennt mi. Ehrlich. *Guckloch wieder zu.*

BIGGI Hasi, was is jetz?

HASI Des ham mir glei.

Ein poppiger Mensch kommt, läutet, wird eingelassen.

PORTIER Servus, Hupsi.

HASI *nimmt Biggi und versucht sich anzuschließen* Kimm . . .

PORTIER Ich hab doch bereits gesagt: Nur für Mitglieder. Die Dame kann jederzeit rein . . .

HASI Aber de is doch aa koa Mitglied.

PORTIER Kanns aber werden.

HASI Und wie wird ma Mitglied? *Zieht Geldbeutel.*

PORTIER Des is meine Sache. *Guckloch zu.*

BIGGI Was mach mir 'n jetzt?

HASI Da wird scho glei einer kemman, den wo i kenn, na gehma nei. Des gibt's ja gar net, des kann's ja gar net gebn.

BIGGI Lang steh ich hier nimmer rum, mir is so kalt da heraußt.

HASI Glei ham mir's. *Läutet wieder, Guckloch geht einen Spalt auf und gleich wieder zu. Tür auf, ein dynamisches junges Paar verläßt angeheitert das Lokal.*

TYP Was is, fahrma zu mir?

SIE Weißte sonst was Besseres?

HASI *zu den beiden* Servus, Heinz, is der Giorgio drunt? *Heinz reagiert überhaupt nicht, die beiden ab. Zum Portier* Geh, sag halt, was dad jetz des kostn, wen i da Mitglied werd?

PORTIER Für Sie ist hier heute geschlossen. *Weg.*

BIGGI So ein Schmarrn, komm, gehma.

HASI Naa, jetz möcht i's wissen. Weil, bin i a Stammgast oder net . . .

BIGGI Geh komm, gehma, mir is saukalt.

HASI Jetz wart halt amal. – Des gibt's ja net. Am Giorgio, wann i des verzähl, na fliegt der Typ da hochkantig, ehrlich . . .
Ein Mercedes mit drei Disco-Typen rollt vor. Die drei gehen zum Eingang, läuten, zwei gehen rein, Berti bleibt stehn.

BERTI Ja, Biggi, was machst 'n du da?

BIGGI Mei . . .

BERTI Kimm, geh mit nei. Heut feiern mir am Giorgio sein Geburtstag. Des werd a Mordsgaudi. – Was is? Kimm doch . . .

BIGGI Okay. Also, Hasi, servus derweil. Komm halt dann nach. Gell? *Verschwindet mit Berti.*

HASI He, was is denn? *Drückt nach, Portier hält ihn auf.*

PORTIER Bitte werden Sie hier nicht lästig, sonst muß ich die Polizei holen. *Schiebt Hasi raus. Tür zu.*

HASI *klingelt wieder.* He, aufmachn! *Guckloch auf.*

PORTIER Kimm, jetz schleichst di, Spezi, wei sonst lernst mi kenna. Hamma uns verstandn, ha?

HASI *kleinlaut* Ja. *Guckloch zu.* A so ein Saftladn. Aber de ham mi gsehng, da geh i so schnell nimmer nei. Mit mir net! Jetz geh i ins Greyhound, zum Robbi.

Der Empfang

GESCHÄFTSFÜHRER *zum Kellner* Herr Krachtowil, koan Zahnstocher servieren S' mehr da herin, bis nicht eindeutig geklärt is, wer das Ganze hier bezahlt.

KELLNER Soll ich derweil schon kassieren?

GESCHÄFTSFÜHRER An Moment warten S' noch, aber bleiben S' auf der Hut. Jedenfalls, Nachtisch streichen, keine Getränke mehr.

GAST I Wo bleibt denn mein Beaujolais?

GAST II Ich weiß auch nicht, ich hatte doch noch etwas Krabbensalat . . .

GAST I Das ist ja 'n Service.

GAST III *flüstert* Ich hab gehört, Schmidt-Pfeil soll verhindert sein, oder Verspätung oder – was ist denn da los . . .?

GAST IV Hm, das dauert wieder . . .

GAST V Wer?

GAST III Schmidt-Pfeil.

GAST V Ach so, Schmidt-Pfeil. Prost!

GAST III Ich habe leider nichts mehr . . .

GAST V Tja . . .

GAST III Irgendwas ist da faul, wenn Sie mich fragen.

GAST I Herr Ober! Herr Ober, ich hatte doch noch eine Flasche Beaujolais . . .

KELLNER Sie wollen zahlen?

GAST I Nee, wie kommen Sie denn darauf? Das ist doch eine geschlossene Gesellschaft . . .

KELLNER Ja, Augenblick.

GAST II Komm, wir haun ab, da ist der Wurm drin . . .

SEINE FRAU Ja, aber . . .

GAST II Da drüben kassiern die schon.

GAST V Ich habe gehört, Schmidt-Pfeil hat abgesagt.

GAST IV Na und?

GAST V Tja, ich meine – Schmidt-Pfeil ist doch immerhin . . . Hier . . . *Geldgeste.*

GAST III Na und?

GAST VII Ja, also, dann wolln wir mal, nicht wahr, Käthe . . .?

KÄTHE *mit vollem Mund* Mmm, sofort . . .

GAST VIII Was, vor dem Dessert gehts ihr schon?

GAST VII Tja, wir müssen noch, Sie verstehn ... Also, Wiedersehn ...

GAST IX *vor einem großen aufgehäuften Teller* Ja, also dann ... *Schnallt Serviette ab.*

GAST X Roland, ich habe das Gefühl, da stimmt was nicht, wir gehen auch besser ...

GAST IX Ach was, wir sind eingeladen, jetz wird gessen.

VORSITZENDER *entfernt, pocht an sein Glas* Meine sehr verehrten ...

Ein paar weitere Gäste brechen auf.

GAST I Herr Ober, könnte ich bitte jetzt schon meinen Kaffee ...

KELLNER Es tut mir leid, mein Herr, aber ich habe meine Anweisungen.

GAST I Ja aber, ich gehöre doch hier dazu, zu diesem Empfang ...

KELLNER Ja eben ...

GAST I Wieso ja eben? *Kellner geht. Zu Nachbar* Verstehn Sie das?

NACHBAR Ja, ich werde dann auch so langsam ...

Weitere Gäste daneben verabschieden sich.

GAST I Ach so, ja, hm, ja, Herr Ober! Herr Ober, dann bringen Sie mir doch den Kaffee bitte ins Foyer, ich trinke dann meinen Kaffee unabhängig von dieser Gesellschaft, als Privatperson, draußen ...

GAST IX Geben S' mir doch bittschön das Brot rüber.

EINER Er soll ja auch den Kulturförderpreis der Stadt Koblenz erhalten haben ... Herrschaft, ich hatte doch noch etwas Kräuterbutter bestellt ...

EIN ANDERER Tja, der Service hat spürbar nachgelassen.

GAST I Schmidt-Pfeil kommt nicht ...

GAST III So ein Schwein ...

GAST IV Mensch, dieser Schmidt-Pfeil, das ist ja das Letzte. Tja, Schnuckimaus, ich glaube, wir werden dann auch ...

GAST V Wie steht dann der Verband da ...?

GESCHÄFTSFÜHRER *zum Kellner* Herr Krachtowil, schnell abkassieren, die gehen ja schon alle ...

GAST X Roland, los, wir packen's ...

GAST IX Jetz laß mich doch grad aufessen. Was hast es denn so eilig?

GAST X Nun schau doch! Wir gehn jetzt endlich. Schmidt-Pfeil kommt nicht. Sagt dir das was?

GAST IX Naa. *Ißt weiter.*

Eine Traube von Gästen drängt sich zum Ausgang. Der Kellner will einen Gast zum Zahlen bewegen.

GAST XI Wo denken Sie hin, ich bin eingeladen. Hier schaun Sie ...

GESCHÄFTSFÜHRER Ja, aber Sie, das ist jetzt was anderes, weil da ist niemand da, der das Ganze hier zahlt.

GAST XI Das interessiert mich doch nicht. Hier, klären Sie das mit meinem Anwalt! Guten Abend. *Reicht Visitenkarte und geht.*

GESCHÄFTSFÜHRER *leise* Scheiße . . .

Inzwischen ist der Saal deutlich leerer, der Vorsitzende redet immer noch.

GESCHÄFTSFÜHRER Das gibt ein Donnerwetter.

GAST X Roland, jetz mach doch endlich, reiß dich los! Wenn du noch Hunger hast, können wir noch was essen gehen. Die sind doch schon fast alle weg.

GAST IX Ah geh, laß mir mei Ruah. *Zum Kellner* Sie, i hätt no gern . . .

KELLNER Gibt nichts mehr.

GAST IX Wieso?

KELLNER Weil's nichts mehr gibt.

GAST IX Holn S' mir den Geschäftsführer! *Nimmt den Rest einer angebrochenen Flasche, gießt sich ein.*

GAST X Na siehste! Los, wir gehen.

GAST IX *ißt weiter* Na geh halt schon derweil.

GAST X Also, Roland, du bist unmöglich . . .

GESCHÄFTSFÜHRER *beim Vorsitzenden* Jetzt hörn S' auf zum Reden, und sagen S' mir endlich mal: Wer zahlt jetzt das Ganze?

VORSITZENDER Ja, ich habe bereits erklärt, eine wichtige Person des öffentlichen Lebens, Herr Schmidt-Pfeil . . .

GESCHÄFTSFÜHRER Was geht mich Ihr Dings an, wir haben über viertausend Mark Außenstände . . .

Kellner tippt den Geschäftsführer an und deutet auf Gast I.

VORSITZENDER Ja, aber, ich . . .

Fast alle Gäste, bis auf Gast IX und Gast X sowie den Vorsitzenden, sind bereits weg.

GESCHÄFTSFÜHRER *zu Gast IX* Sie wollten mich sprechen?

GAST IX Wieso gibt's jetzt nichts mehr? Was soll denn das?

GESCHÄFTSFÜHRER Ja, wollen Sie für das Ganze hier aufkommen?

GAST X Roland, du bist wohl wahnsinnig!

GAST IX *kauend* Wievui waarn denn des?

GESCHÄFTSFÜHRER Wir sind bei zirka vier Komma sechs.

GAST IX *zieht Brieftasche, sucht Scheckbuch* Bringen S' mir doch bittschön noch a Crêpe Suzette und an Himbeersorbet. I richt derweil an Scheck her . . .

GESCHÄFTSFÜHRER Sie kommen also für den ganzen Empfang auf?

GAST IX Ja, warum net?

GAST X Roland!

GESCHÄFTSFÜHRER Also gut, dann ist ja alles geklärt. Wir waren bei viertausendsechshundert Mark ohne Nachtisch.

GAST IX Ah, na machma fünftausend, nachert stimmt der Laden wieder – und zum Sorbet bringen S' ma no an Champagner.

GESCHÄFTSFÜHRER Sehr gern . . .

GAST IX Sie, aber fei ja kein Sekt net, gell?!

GESCHÄFTSFÜHRER Selbstverständlich.

Geschäftsführer und Kellner verschwinden.

GAST X Also, Roland, du bist wohl total übergeschnappt. Willst dich hier wohl als großen Mäzen aufspieln?!

GAST IX *leise* Ah geh, sei stad. *Greift zur Börse.* Da hast zwei Zehnerl. Jetzt rufst sofort an Dr. Noske an, 470 47 40, des is sei Privatnummer. Er soll morgen glei als allererstes ganz in der Früh den Scheck sperrn. *Laut* Prost, Herr Brasch! *Zum Kellner* Und bringen S' mir doch bittschön noch an Espresso.

Ein Airportgespräch

HERR SÖDERBOHM Ja, guten Tach, Herr Schmitz.

HERR SCHMITZ Ach, Herr Söderbohm, na guten Tach, wie geht es Ihnen denn?

HERR SÖDERBOHM Ja, es geht *Lacht.* Na ja, ich hab Geburtstag. Wie wär's? Kommen Sie vorbei?

HERR SCHMITZ Ja, äh, wann haben Sie Geburtstag?

HERR SÖDERBOHM Am siebzehnten April.

HERR SCHMITZ Siebzehnter April, lassen Sie mich mal gucken. Ja, nein, mein Lieber, nein, mein Lieber, da kann ich nicht. Siebzehnter April, da bin ich in Neuseeland.

HERR SÖDERBOHM Ach, da sind Sie in Neuseeland?

HERR SCHMITZ Haben Sie April gesagt, oder war es März?

HERR SÖDERBOHM Nein, April.

HERR SCHMITZ Moment, Moment, April, ja, nein, nein, da hab ich mich geirrt, April geht ganz schlecht, April bin ich in Feuerland, und dann drüben in Brasilien, und dann muß ich mal schnell rüber nach Kapstadt ... Warten Sie mal ...

HERR SÖDERBOHM Und wir wär's, wenn ich, äh, den Geburtstag einen Tag verschieben könnte auf 'nen Samstag, ja, den Achtzehnten?

HERR SCHMITZ Hm, Moment, Achtzehnter, ach, ach, da bin ich auf den Kanarischen Inseln. Tut mir leid, da hab ich 'nen wichtigen Termin, ne, der läßt sich nicht ändern, nein, hab ich voll gebucht, voll gebongt alles ...

HERR SÖDERBOHM Ja, was machen wir denn da?

HERR SCHMITZ Ja, und wie sieht's nächstes Jahr aus? Sie haben doch nächstes Jahr wieder Geburtstag, mein Lieber.

HERR SÖDERBOHM Ja, das schon.

HERR SCHMITZ *blättert in seinem Teminkalender* Hm, oder wie wär's, sagen wir, Moment, am siebzehnten Oktober? Können Sie doch auch feiern. Wir wär's?

HERR SÖDERBOHM Ja, das ginge schon. *Blättert in seinem Terminkalender.* Siebzehnter Oktober, aber da hab ich 'nen Termin.

HERR SCHMITZ Na, den sagen Sie ab. *Lacht.* Mein Lieber, freut mich. Wo fliegen Sie denn hin?

HERR SÖDERBOHM Meine Maschine geht um siebzehn Uhr zehn.

HERR SCHMITZ Na, wohin denn?

HERR SÖDERBOHM Weiß gar nicht, hm, ja, also dann, ich muß mich beeilen. Wiedersehen. Tschüs dann.

HERR SCHMITZ Ja, also, tschüs, ich freue mich, bis bald, mein Lieber, bis bald. Tschüs.

HERR SÖDERBOHM Tschüs.

Das Mitbringsel

OTTO Da, die Zuckerdosn. Wie waar's mit der?

ERIKA Geh, Schmarrn! Er is doch Diabetiker, des wäre taktlos.

OTTO Oder da, die Vase?

ERIKA Die is doch von eahna selber!

OTTO Was, die is vom Rüdiger Wolf?

ERIKA Freilich is die vom Rüdiger Wolf.

OTTO Greislich gnua is s' ja, aber des hätt ich jetz nimmer gwußt.

ERIKA De hams uns doch mitbracht damals, gleich as erste Mal, wie ma s' ham eiladn müßn.

OTTO Ah so, damals, wegam Andy.

ERIKA Ja, genau, damals, wie s' mit'm Andy kommen sind, und da hams uns die Vasn mitbracht.

OTTO *schaut sich um* Mei, schwierig ...

ERIKA Warum hast 'n die Einladung überhaupts angenommen? De Beziehung war so schön eingschlafn, des hätt's doch jetz wirklich net braucht.

OTTO Mei, es ist nimmer anders ganga. Die bohren und bohren, sie vor allem. I hab ja scho viermal abgsagt. Irgendwann waarn mir eh nimmer auskemman.

ERIKA Oder a Buch? *Sucht.* Da: »Sein bester Freund, Geschichte eines Schlittenhundes« ...

OTTO Naa, des hab i selber no net glesn, des bleibt da. Eher scho des da: »Allein ums Kap der guten Hoffnung«.

ERIKA Des hat an Fettfleck. Schad. Sonst schaugad's noch aus wie neu.

OTTO Und da, wie waar's mit dem Zinnteller?

ERIKA Ja, gib her, der ist guat, i packn ei.

OTTO Gell, der macht was her, also, i mach mi vollends fertig ...

ERIKA Jessas, Otto, da, schaug her, des geht net.

OTTO Wieso?

ERIKA Da is doch as Zeichen von der Sparkasse eingeprägt.

OTTO Was? Wo? Zoag her!

ERIKA Da.

OTTO Von wem ham mir denn den Teller?

ERIKA Den hat uns der Seiser mitbracht.

OTTO Ah so, na hat er 'n selber gschenkt kriegt.

ERIKA Des werd ich ihr aber bei Gelegeneheit amal hinreibn. Jessas, wie spät ham mir's denn?

OTTO Ja, jetz müßma nachert gehn, sonst schaut's blöd aus, wenn mir scho so bald wieder hoamgeh.

ERIKA Ja, hoffentlich gehma bald, du hast doch allweil so a Sitzfleisch . . .

OTTO Aber net beim Rüdiger Wolf, mit seine sauren Diabetesweine . . . Also, was schenkma eahna jetz?

ERIKA Ja mei, ich weiß auch net, du hättst ja schließlich dro denka müaßn, daß mir heut abend eigladn sin.

OTTO Ja, jetz is es zu spät. D' Lädn san zua, jetz kriegnma nix mehr.

ERIKA Des Tischfeuerzeug?

OTTO Naa, des kennens, des hams bei uns scho gsehn.

ERIKA Schad.

OTTO Des schaugt doch nach am Verlegenheitsgschenk aus, wo er doch jetz in Bauausschuß neikomma soll. Und wenn mir dann wirklich noch anbaun wollen, dann brauchma mir 'n.

ERIKA Gell, aber den Anbau bringst heut amal wirklich zur Sprache? Net daß d' 'n wieder vergißt.

OTTO Naa, heut denk i gwiß dro.

ERIKA As Wichtigste vergißt allweil.

OTTO Jaja, i mach des scho. Da, des Zierkerzerl?

ERIKA Z' kloa. Und vor am Nachtisch sagst as, gell?

OTTO Mei, der mit seine Nachtisch, wie kemman mir bloß dem Nachtisch aus . . .?

ERIKA Laß 'n halt steh. Da . . . de Spieluhr?

OTTO Bist du wahnsinnig! De hat hundertfuchzg Mark kost, de kriagt er net.

ERIKA Irgenda Bild?

OTTO Ham mir koans. Du, i hab's! A Rasierwasser. Da hab i no oans. So a 4812 von der Oma, den Geruch mog i eh net. Herrschaft, wer hat 'n des jetz scho wieder obazt? Was machma 'n?

ERIKA Füll halt a bißl Eau de Toilette dazua.

OTTO Moanst, des merkt ma net?

ERIKA Naa. Außerdem steht ja da Firmenname drauf.

OTTO Genau, des riacht halt aso. Ham mir irgendwo an kloana Trichter vielleicht?

ERIKA In der rechtn Badschublad.

OTTO Ah ja, da, guat, na füll i's auf.

ERIKA Aber für sie ham mir dann immer no nix.

OTTO Jetz schaug halt a bißl . . .

ERIKA Aber bevor er wieder seine Film auspackt, samma spätestens ganga. Er hat am Telefon angedeutet, daß er uns sei Urlaubsfilm vom letztn Jahr aa no zoagn wui.

OTTO *seufzt* Des aa no, mir glanga scho de Dias. Aber was sagn mir 'n nachert?

ERIKA Du redst vom Föhn, und dann merk i, daß i Kopfweh hab. – Bist fertig?

OTTO Ja, glei hab i's. – Und nachert kannst du no sagn, daß des wahrscheinlich von dieser Umwelt kimmt. Und i kannt dann sagn, daß i vielleicht as Licht am Auto hab brenna laßn, und dann kanntn mir uns zruckziehn.

ERIKA Ja, so ungefähr machma's. Schaug, für sie hab i jetzt aa was gfundn . . . *Zeigt Pralinenschachtel.*

OTTO Oje, die oidn Hund von Pralinen, de san ja scho guate zwoa Jahr alt.

ERIKA Aba noch originalverpackt, de kann ma durchaus noch eßn.

OTTO Ja, pfui Deifi, na ja, is ja Wurscht. Wer hat 'n uns damals eigentlich de Pralinen bracht?

ERIKA Warn de net vom Dr. Kerstens?

OTTO Ah ja, vom Dr. Kerstens san die. Wer woaß, wo der die Pralinen wieder herghabt hat . . .

ERIKA Kaaft hat er die sicher net . . .

OTTO Ja, aber wer schenkt 'n am Dr. Kerstens solchene Pralinen . . .?

Beim Sauerbraten

Rosa und Ernst Lichtblau und der Besuch Alfons Beizel sitzen im Salon um einen festlich gedeckten Tisch. Arnfried Eller von Ecksteyn versucht einen Sauerbraten mit herkömmlichen Mitteln zu tranchieren.

BEIZEL D' Bayern steigen ab.

ERNST So . . .

Von Ecksteyns Bemühungen scheitern, er geht in die Küche.

BEIZEL Bayern steigt heuer ab.

ROSA Also, mir warn neulich wieder in der Oper drin, an Lohengrin hams gspielt, as Bühnenbild, schauderhaft, mit so Laserstrahlen und so, gell, und statt am Schwan hams an Pinguin verwendet . . .

ERNST Naa, des war ein Flamingo.

ROSA Geh, red doch net, a Pinguin war's, weil die werden immer moderner da drin, und dieser Rodriguez, der hat an Ding, an Telramund gsungen, also, des war kein Ohrenschmaus. Dem sein hohes C hat einfach keinen Pfiff. Der hat sich anghört, wie wenn er an Schnupfn ghabt hätt.

ERNST So an Stockschnupfn . . .

ROSA Mei, er kommt vom Süden, da hams a ganz a anders Klima, die singen da meistens mehr im Freien, gell.

ERNST Obwohl, bei so ara Starbsetzung ko ma eigentlich scho was verlangen, gell, mir ham über hundertzwanzig Mark zahlt pro Kartn, Premierenabonnemaa.

ROSA Ja, aber nimmer lang, weil wenn die so weitermachen, na kündigen mir. Schaugn S', mir warn im Ballett . . .

ERNST An Nußknacker . . .

ROSA . . . und na ham mir 'n uns angschaugt, diesen Nurejew, gell, also, er ist ja schon eine Spitzenkraft, schon ein Könner, aber ich hab den Eindruck, der hupft auch nimmer so hoch wie früher.

ERNST I glaub, der hat des auch gar nimmer nötig.

Von Ecksteyn tranchiert jetzt den Braten mit einem lauten Elektromesser.

ERNST Sehr schön, Arnfried. Sehr schön machen Sie des. Des macht er gut, gell?

BEIZEL *nickt* Jaja, aber ich glaub, Bayern steigt heuer ab.

ERNST Ja, scho möglich, aber mir warnma heuer in Algerien in Urlaub, mir ham in am First-class-Hotel gewohnt, also, servicemäßig einwandfrei, mir ham an Blick aufs Meer ghabt, und auf der andern Seitn von der Terassn an Blick aufs Armenviertel . . .

ROSA Also, sehr malerisch . . .

ERNST Da hat ma s' dann auch genau gsehn, wie s' da gebettelt ham und so, also, wirklich, sehr malerisch.

ROSA Aber die Gerüche . . .

ERNST Ja mei. Die Gerüche. Da steigen also diese Gerüche auf, und dagegen unternehmens nix.

ROSA Daß ma da net irgend an Spray oder so was einsetzt . . .

ERNST Also ich muß sagn, da fahrn mir nimmer hin. Danke, Arnfried. Des kann er gut, des Servieren. Er ist aus bestem Hause, fast a Herzog.

ROSA Er is a echter Edler von Ecksteyn.

ERNST Mei, aber total verarmt. Zerscht hams eahm sei Burg weggnommen, und an Rest hat eahm as Finanzamt zwickt. Vom Ismeier Winfried ham mir 'n übernommen. Der hat 'n vor uns ghabt.

BEIZEL Der Ismeier is doch pleite?

ERNST Genau, sonst hätt ma 'n gar net kriagt . . .

ROSA Der Ismeier hätt ihn nie hergeben, weil er is so treu.

ERNST Arnfried, krieg ich noch a Krokette, und geben S' am Herrn Beizel aa no oane. Sie mögn aa no, oder?

BEIZEL Mhm. Danke. Also, wenn S' mich fragen, Bayern steigt heuer ab.

ROSA Tatsächlich? Also, mir ham uns extra wegen am Arnfried lauter Meißen kemma laßn, weil, was anderes rührt er gar net o. Er is a ganz a Feingsponnener.

ERNST In seiner Freizeit geht er immer ins Museum, weil er is klassisch gebildet. Ah, Arnfried, geh, legen S' was auf, aber was Leichts.

ROSA Und dann bringen S' as Sorbet.

ERNST Wie er sich bewegt . . . unnachahmlich! Der hat scho Manieren. Entfernt is er mit de Mittelsbacher verwandt. Er hat scho an Stil, gell? A bißl lauter, Arnfried! Er selber mag's lieber klassisch. Morgen gibt's wieder an Mozart, gell, Arnfried?!

ROSA Er hat's scho gut bei uns. Er kriegt fast tausend Mark im Monat, und essen darf er umsonst.

BEIZEL Jaja, das glaub ich. Aber eins is ganz klar: Bayern steigt heuer ab.

Der Groschen

Ein paar Nachzügler verlassen die Oper, darunter Horst und Anke Söderbohm. Ein Bettler kauert am Treppenhaus zur Tiefgarage.

ANKE Wo bleibt denn Dr. Schmitz?
HORST Der is noch auf der Toilette.
ANKE Also, Othello im Frack . . . ich weiß nich.
HORST Aber der Tenor war Klasse, ne.
ANKE Na ja, ich weiß nich . . .
HORST *sieht den Bettler* Anke, hast mal 'n Groschn?
ANKE Nee, wozu?
HORST Na ja, hier . . . *Deutet auf den Bettler.*
ANKE Nee, 'n Groschn hab ich nich.
HORST *Geste zum Bettler* Moment. *Sucht.*
DR. SCHMITZ *eilt herbei* 'tschuldicht, Kinners, aber das lange Sitzen . . .
ANKE Also, wohin gehen wir denn nu? Französisch oder vietnamesisch?
DR. SCHMITZ Egal, Hauptsache gute Küche.
HORST Ach, Herr Dr. Schmitz, haben Se nich grade was Kleingeld bei sich?
DR. SCHMITZ Moment. *Zieht eine pralle Geldspange heraus.* Hier, Zehner, genügt das?
HORST Nenee, um Gottes willen, viel zuviel.
DR. SCHMITZ Ja, wozu denn?
HORST Na, hier . . . *Deutet.*
DR. SCHMITZ Ach soo . . .
ANKE Also, Kinners, nu macht doch endlich, ich schlag hier ja man Wurzeln . . .
BETTLER Gehnga S' ruhig weita . . .
HORST Nenee, das kriegen wir schon. Das wär doch gelacht.
BETTLER Macht doch nix, gehnga S' zua . . .
DR. SCHMITZ *hat auch gesucht* Hier, zwei Mark?
HORST Nee, zwei Mark is zuviel, 'n Groschen oder so.
DR. SCHMITZ Tja, 'n Groschn . . .
BETTLER Is scho recht, laßn S' . . .
ANKE Nu laß doch diesen Mann in Ruhe! Äh, sagen Se mal, hier soll so 'n französisches Lokal sein, Le Brasserie Bertier, gleich um die Ecke . . .

BETTLER Ja mei, naa . . .

DR. SCHMITZ Nee, Groschen is nich, tut mir leid. Habe nur Scheine . . .

BETTLER Des macht nix.

HORST Tja, Pech. Also los, gehen wir. Ich würde vorschlagen Da Pipo . . .

ANKE Ach nee, die ewigen Italiener kann ich nicht mehr ab.

DR. SCHMITZ Dann gehen wir doch wieder ins Le Gourmet, essen wir provençale.

ANKE Au klasse, aber da kriegt man doch nie 'n Platz.

DR. SCHMITZ Ich kenn Jean Claude. Der kriegt zwanzig Mark, und die Sache is gebongt.

HORST Tja, dann man ran, wir nehmen aber 'n Wagen, würd ich sagen . . .

Der Heimweg

Heinz Bindel und James Grützner stehen im Eingang einer Villa. Frau Dr. Käfer verabschiedet die beiden. Von innen Kammermusik.

FRAU KÄFER Finde ich aber wirklich schade, daß Sie schon so früh . . .

HERR BINDEL Ja, leider, Frau Dr. Käfer, aber ich muß an Herrn Grützner noch zum Flughafen nausbringen.

FRAU KÄFER Um diese Zeit – fliegt denn da überhaupt noch was?

HERR GRÜTZNER Des is a Sondermaschine, gnä' Frau.

FRAU KÄFER Ja, aber da könnte ich Ihnen doch auch ein Taxi rufen . . .

HERR GRÜTZNER Naa, gnä' Frau, des is mir zu unsicher.

FRAU KÄFER Oder Arnfried könnte sie doch genauso . . .

HERR GRÜTZNER Vielen Dank, gnä' Frau, aber des is wirklich net nötig.

HERR BINDEL Wissen S', wir können dann unterwegs auch noch das eine oder andere besprechen. Des is wirklich schad, Frau Dr. Käfer, aber jedenfalls, vielen herzlichen Dank für diesen schönen Abend, also wirklich . . .

HERR GRÜTZNER Gnä' Frau, dem kann ich nur beipflichten. Sie haben das alles so fabelhaft arrangiert.

FRAU KÄFER Ja, aber Sie haben doch kaum etwas gegessen.

HERR BINDEL Ja mei, gnä' Frau, aber zur Zeit, wissen S', meine Linie.

FRAU KÄFER Aber, Herr Bindel, gerade da ist doch Naturkost das Allerbeste . . .

HERR BINDEL Ja, schon, aber auch nur in Maßen.

HERR GRÜTZNER Helmut, ich glaub, mir müssen jetzt dann schön langsam . . . Gnä' Frau, es hat mich sehr gefreut. *Gibt Handkuß.*

HERR BINDEL Ja, es war wirklich, Sie verstehn . . .

FRAU KÄFER Nein, nein, das Vergnügen ist ganz auf meiner Seite. Aber vielleicht kommen Sie bald mal wieder vorbei? Wie wär's nächsten Dienstag? Da geben wir eine Soiree. Rüdiger Wolf liest aus seinem neuen Gedichtband . . .

HERR GRÜTZNER Ah, der Rüdiger Wolf.

FRAU KÄFER Ja, und dazu haben wir noch 'ne anatolische Volkstanztruppe eingeladen, das wird sicher hochinteressant, auch für Sie, Herr Grützner.

HERR GRÜTZNER Ja, das glaub ich.

FRAU KÄFER Da kommen Sie beide doch einfach wieder vorbei.

HERR BINDEL Ja, schön. Wann haben Sie jetzt noch amal gsagt, gnä' Frau, nächsten Dienstag?

FRAU KÄFER Ja, nächsten Dienstag, so ganz zwanglos, gegen neunzehn Uhr beginnen wir.

HERR BINDEL Soviel ich weiß, gnä' Frau, is des doch der Vierzehnte ...

HERR GRÜTZNER Ja, das ist der Vierzehnte. Genau.

HERR BINDEL Auauau, da sieht's ganz schlecht aus. Wissen S', wir baun jetz doch auch in Ibiza, verstehen Sie, also, ich kann's versuchen, aber ...

FRAU KÄFER Und Sie, Herr Grützner, mit Ihnen kann man doch wohl rechnen?

HERR GRÜTZNER Gnä' Frau, Messe, Sie wissen, was das für uns bedeutet.

FRAU KÄFER Na ja, Sie werden ja sehen, ich würde mich jedenfalls freun.

HERR GRÜTZNER Also dann, Frau Doktor, nochmals Dank für Speis und Trank ...

FRAU KÄFER Oder kommen Sie doch am Achtzehnten zu unserem Hausmusikabend, das is 'n Wochenende ...

HERR BINDEL Ja, äh, sehr gern, äh, wenn sich's einrichten läßt, des kann ich Ihnen so aus'm Hut nicht so genau sagen. Was war am Achtzehnten? Ja, is, äh, ja, aber prinzipiell sehr gern, gnä' Frau.

HERR GRÜTZNER Ich wer's mir auf alle Fälle vormerken, aber entschuldigen S', gnä' Frau, daß ich jetzt a bisserl drängeln muß, aber mein Flieger ...

FRAU KÄFER Oder, Sie können auch mal einfach so spontan vorbeischaun, das werden oft die nettesten Abende.

HERR BINDEL Jaja, des machma amoi, äh, ich hab, glaub ich, nix vergessen ...

HERR GRÜTZNER Heinz, jetz müßma's dann aber wirklich packen ...

FRAU KÄFER Tja, also, ich will Sie nicht länger aufhalten.

HERR GRÜTZNER Gnä' Frau, es war mir ein Vergnügen. Noch mal vielen herzlichen Dank.

HERR BINDEL Frau Dr. Käfer, ebenfalls, also vielen tausend Dank für diesen unvergeßlichen Abend ...

FRAU KÄFER Na, nu übertreiben Sie mal nicht ... Äh, Arnfried, begleiten Sie bitte noch Herrn Bindel und Herrn Grützner zum Ausgang.

HERR BINDEL Naa, also, des braucht's doch net.

HERR GRÜTZNER Vielen Dank, aber, also dann ...

FRAU KÄFER Nun beeilen Sie sich, sonst versäumen Sie noch Ihren Flieger.

HERR GRÜTZNER Ja, genau, also dann, Wiederschaun ...

FRAU KÄFER Tschüs, bis bald.

HERR BINDEL Jaja, also, Wiederschaun, äh, und, äh, wir bleiben auf alle Fälle in Kontakt. Also dann, Wiederschaun ...

HERR GRÜTZNER Wiederschaun ...

FRAU KÄFER Tschüs ...

Arnfried geleitet Grützner und Bindel zum Gartentor, hält das Gartentor auf, die beiden bedanken sich, Arnfried geht zurück zum Haus, Bindel und Grützner sehen Arnfried nach, Bindel rülpst, Grützner gibt einen Leibeswind frei. Beide stellen sich an die Gartenhecke und entleeren sich.

HERR GRÜTZNER I hab's am Schluß einfach nimmer ausghalten. I sog d' as ganz ehrlich, a so a gspinnerte Goaß ...

HERR BINDEL Und de Deppen, die allweil bei ihr umanandhocka.

HERR GRÜTZNER A so a bleede Hennen.

HERR BINDEL Na ja, aber jetz hamma uns amoi wieder sehng lassen, jetz brauchma so schnell nimmer hi.

HERR GRÜTZNER Mir ham jedenfalls des Unsrige getan. Den Auftrag hamma so guat wia im Kasten.

HERR BINDEL Mei, aber ganz kimmst ihr halt net aus, aber des Fressen bei ihr is für mi allweil des schlimmste. Zerscht diese roten Ruam, pfui Deifi ... *Rülpst erneut* ... und dann der braune Gsundheitsbaz. Was war denn des?

HERR GRÜTZNER Irgendso a Sojapampf. Aber des hab i ja scho vorher gwußt. I hab ma davor no zwoa Hamburger eipfiffen.

HERR BINDEL Ja, aber i sog d' as, i hab jetzt einen Kohldampf beinander, des is nimmer feierlich.

HERR GRÜTZNER Ja, bestens, i hab im Greyhound an Tisch bstellt. Da freßma jetzt an Mozart-Toast und an Salade niçoise, und na schwoabmma den Sanatoriumsfraß wieder owa.

HERR BINDEL Genau. I brauch jetzt auf alle Fälle zerscht amoi an Schnaps.

Die beiden gehen zum geparkten American-Car.

FRAU KÄFER *steht noch im Eingang und winkt* Tschüüüs.

HERR BINDEL Gnä' Frau ...

HERR GRÜTZNER Ja, äh, nochmals ... äh ... *Beide steigen ein und fahren davon.*

Herr Tschabobo

Hanna und Egon Stoiber sowie Bubi, Opa Stoiber und Besuch Romy und Herbert Schwalbe sitzen vor einem gedeckten Kaffeetisch.

HANNA Na ja, mir ham ihn dann doch gnommen, weil er is ausgesprochen sauber. Also, er wäscht sich, und er schwitzt auch gar net.

EGON Obwohl ma ja sonst vom Neger im allgemeinen sagt, daß er immer so transpiriert.

HANNA Nein, des is also jetz bei unserm gar net der Fall. Also, ma riecht fast gar nix. Er ist auch aus bestem Hause. Sei Vater is irgendwie a König oder so, in Tschurangrati.

OPA Eine Art Häuptling oder Stammesfürst.

ROMY So. Und er is mitten aus Schwarzafrika?

EGON Ja, aber des war früher mal a Kolonie.

HANNA Obacht, i glaub, jetz kimmt er. Kommen S' rein, Herr Tschabobo, gleich gibt's an Kaffee ! *Tschabobo erscheint.* Also, des is Herr und Frau Schwalbe, und des is der Herr Tschabobo, unser Untermieter.

HERBERT Angenehm.

ROMY Sehr nett.

TSCHABOBO Guten Tag.

HANNA Nehmen S' doch Platz, Herr Tschabobo, mögen S' amal an Gugelhupf probiern? Des wern S' wahrscheinlich no net kenna, des is eine Spezialität.

EGON Des werns net kenna da druntn, des gibt's da gwiß net bei dene.

HERBERT Na, an Gugelhupf kennens sicher net, woher sollns 'n auch kennen, an Gugelhupf.

HANNA Gell, an Gugelhupf kennen Sie nicht, Herr Tschabobo, aber so was wie a Gebäck, des gibt's doch sicher auch bei Ihnen da drunten.

TSCHABOBO Ja, wir haben schon Gebäck, aber Gugelhupf gibt es nicht.

EGON Gell, an Gugelhupf kennens net. Er sagt's ja selber.

OPA Obwohl der Neger ja zeitweise mit der deutschen Küche in Berührung kam, unter Lettow-Vorbeck. Speziell als Küchenpersonal. Davor wurde ja dort noch Menschenfleisch verzehrt. Nich war, Herr, ah, Tschabobo, bei Ihnen werden ja die Gerichte sagen wir mal, mehr auf der Basis von Bananen entwickelt und diesen Kokosnüssen, oder?

HANNA Jetz laßts halt amal an Herrn Tschabobo in Ruhe sein Gugelhupf probiern. *Schiebt ihm ein Stück hin.* Da, jetz beißen S' amal nei. *Herr Tschabobo beißt.* Es is koa Zucker drin, sondern nur a Süßstoff. Schmeckt's?

Herr Tschabobo würgt den trockenen Kuchen hinunter.

HERBERT Für an Neger muß des doch hochinteressant sein, amal so an Gugelhupf probiern.

EGON Vor allem, wenn er 'n no net kennt hat vorher.

HANNA Essen S' ruhig auf, mir ham scho noch. Sie kriegen gern noch a Stückl, wenn S' wolln. Mei Mann vertragt 'n net, ich eß sowieso kein Kuchen, und der Bubi hat zur Zeit seine Hamburgerphase. Was is, Herbert, Romy, mögts ihr no a Stück?

HERBERT Naa, dankschön.

ROMY Später vielleicht.

HANNA Aber an Hamburger kennen Sie schon, Herr Tschabobo?

TSCHABOBO *mit vollgeklebtem Mund* Mhm.

EGON Freilich kennt er an Hamburger, an Hamburger kennt heut a jeder, außer am Ostblock vielleicht. Aber de da drunten, de ham sicher an Hamburger.

HERBERT Natürlich hams Hamburger, sogar Cheeseburger. Ich kenn doch die Verhältnisse da drunten. Mir ham vorigs Jahr doch diese Pauschalreise nunter gmacht. Neinhundatzwoarazwanzg Mark, nach Kibi. Da hams 'n immer am Strand serviert. Vom Hotel aus. Kennen Sie vielleicht zufällig as Hotel Elfenbein? *Herr Tschabobo schüttelt den Kopf.* Da is's sehr nett, da müaßadn S' direkt amal hifahrn. De Schwarzen, de da bedienen, san sehr freundlich. Freilich, im Landesinneren, da hams keine Hamburger. Mir ham so a Safari gmacht, in so an Kraal, und da hams keine Hamburger ghabt, weil der Hamburger muß ja tiefgefroren sein, und de ham ja kein Strom, drum essen ihn dort nur Leute aus besseren Kreisen.

OPA Also die Volksgrundnahrung is nach wie vor Kokosnuß und Banane.

EGON Bananen san doch nix Schlechtes, oder, Herr Tschabobo?

TSCHABOBO *würgt noch am Kuchen* Mmm ...

EGON Da, er sagt's selber, Bananen sans gwohnt, de mögns.

HANNA Aber jetz is er scho mal da bei uns, der Herr Tschabobo, und bei uns, da kriegt er jetz an Gugelhupf. So, da nehmen S' jetz noch a Stück.

TSCHABOBO *macht abwehrende Geste* Mmm ...

HANNA Sie brauchen Eahna nix denken, es is genug da. *Legt ihm noch ein Stück auf den Teller.* Er is ja so bescheiden, unser Herr Tschabobo. – Is er gut?

EGON Es is halt amal was anderes, gell?

TSCHABOBO *kaut mühsam* Mhm.

HERBERT Was s' aa sehr gern essen da druntn, des is a so a grünes Ding, aso rund . . .

HANNA Des san Kiwi.

HERBERT Naa, Mango.

EGON Ah, Mango . . .

HANNA Naa, Kiwi.

OPA Ach so, Mango und Hirse . . .

HERBERT Naa, aso rund und grünlich is es. Aber mehr rund.

HANNA Kiwi.

EGON Rohe Orangen oder Zitronen vielleicht.

HERBERT Naa, de essens net. Mango heißens.

HANNA Naa, Kiwi!

HANNA Fragts halt an Herrn Tschabobo, der muß es doch wissen. Ah, Herr Tschabobo, wie heißen jetz diese Früchte? Grün sans und rund.

EGON Is des jetz Mango oder Kiwi?

TSCHABOBO Beides ist möglich.

EGON Ja, da hat er recht. Gar net blöd.

HANNA Trotzdem warn's Kiwi.

HERBERT Naa, Mango.

HANNA Ah, Herr Tschabobo, Ihr Herr Vater is doch König, oder?

TSCHABOBO Ja, so könnte man sagen.

HANNA Da hat er's sicher auch net leicht. Weil früher war des was anders, aber heut is schwierig wordn.

EGON San Sie auch irgendwie politisch tätig?

TSCHABOBO Ja, etwas schon.

EGON Gell, ma muß allweil auf'm laufenden sein . . .?

OPA Politisch ist man da unten lange nicht so interessiert wie bei uns.

EGON Ma hört ja selten was Gscheits von da druntn. Im Fernsehn, wenn s' was bringen, is des meistens nix Gscheits.

HERBERT Aber des Hotel, Elfenbein hat's gheißn, des war so gut organisiert. Gell, Romy? Der Strom is halt zweimal ausgfalln, aber des Hotel so an und für sich, ja . . . es is auch unter a deutschen Leitung.

OPA Ist Ihre Region schon christianisiert, ich meine, sind Sie bereits missioniert?

TSCHABOBO Wir haben einen katholischen Bischof.

HANNA Ah geh! Und die Protestantn sin auch vertreten?

TSCHABOBO Wahrscheinlich . . .

HANNA Ah, jetz amal ganz was anders, Herr Tschabobo: Was treibt Sie denn eigentlich hier her zu uns, ich mein, was machen Sie so, beruflich, ich mein, genauer . . .?

TSCHABOBO Tja, äh, ich war längere Zeit in Cambridge und Yale, habe dann eine Assistentenstelle in Frankfurt angenommen bei Professor Horrowitz, und zur Zeit promoviere ich gerade über molekulare Spektralanalyse.

EGON Ah so, des is sicher hochinteressant. Da müssen S' wahrscheinlich viel arbeiten . . .

TSCHABOBO Es geht.

HANNA Ah, Herr Tschabobo, mir ham da an ganz an persönlichen Wunsch. Wissen S', unser Bubi, der hat a neue Trommel kriegt. Und wie er ghört hat, daß Sie heut kommen, hat er gmeint, ob Sie net amal ihm a bißl was vortrommeln könntn. Könnten S' net so a bißl Urwaldatmosphäre . . . fürn Bubi wär's halt a Mordsfreude. *Hält ihm eine Trommel hin.* Könnten S' net a bißl drauf musiziern, weil Sie können doch des . . .

EGON Sonst hört ma's ja bloß noch im Radio.

HERBERT Im Hotel ham mir's Tag und Nacht ghört. Mir ham as Fenster zugmacht, sonst hätt ma net schlafn können. Gell, Romy . . .

TSCHABOBO I'm sorry, Madame, aber ich bin nicht vom Busch . . .

HANNA Da, bitte, Herr Tschabobo, fürn Bubi . . .

TSCHABOBO . . . bitte, wenn Sie meinen . . . *Nimmt die Trommel.*

HANNA So, Bubi, jetz paß auf, jetz geht's los.

EGON Jetz hörst as Tamtam.

Herr Tschabobo trommelt matt.

OPA Hochinteressant . . .

EGON Sehr gut. Des hat er halt im Blut, der Neger.

Foulheit muß sich wieder lohnen

Wenn ein Fußballer recht foul ist, kriegt er zwar bisweilen eine gelbe oder rote Karte, und er braucht dann längere Zeit gar nicht mehr Fußball zu spielen. Und als foules Schwein bekommt er auch ein Schweinegeld. Aber gesellschaftlich steht der Foule ziemlich alleine da. Und da sind wir doch alle gefordert!

Ja, aber

MANN Es ist doch so, daß das Hochland von Peru mit diesen Inkas, die haben ja Erstaunliches geleistet, also man muß wirklich sagen, dieses Matschupiktschu, diese Festung, wie die das Ganze überhaupt ohne Eisen, wie die das zusammengebracht haben, das ist wirklich, also, Hut ab, muß man da sagen.

FRAU Ja, da haben Sie scho recht, aber, aber wissen Sie, ich hab zu mei Mann gsagt, wenn er, wenn er drauf insistiert, wenn er so weitermacht, hab ich gsagt, des laß ich mir nicht mehr bieten, weil des is eine Niveaulosigkeit.

MANN Jaja, Niveau, aber wissen Sie, und der Inka hat an und für sich, ich meine, diese Leute waren syphiliskrank, das weiß man heute, diese Leute waren geschlechtskrank, und trotzdem diese Kultur, es ist erstaunlich, wie sie's hingebracht haben.

FRAU Ja, da haben Sie recht, des is hochinteressant, aber mein Mann, wissen Sie, wenn der so weitermacht, dann, hab ich gsagt, eine Scheidung ist nicht ausgeschlossen. Ich hab gsagt, die Kinder kriegst du, du kannst dann schaun, wo s' ihre Bildung herkriegen, du Gloifel, gell, hab ich zu meinem Mann gesagt.

MANN Ja, aber, da haben Sie vollkommen recht, Sie haben vollkommen recht, ich gebe Ihnen da vollkommen recht, aber ich sag Ihnen, dieses ganze Südamerika ist, ich meine, rein zivilisatorisch betrachtet, schon so interessant, also, diese Phänomene, die . . . von Brasilien wollen wir gar nicht reden, weil da ist mehr der Buschindianer zu Hause, während im Hochland, ich spreche mehr vom Hochland.

FRAU Ja, des schon, ich versteh des sehr gut, aber, weil mein Mann, weil er halt überhaupt keine Ruhe gibt, verstehn Sie, er läßt's einfach nicht sein, und außerdem, wie war's denn früher, da hat er ja auch schon angfangt. Vorm Krieg, hab ich gsagt, wie war's 'n da?

MANN Ja, also Kriege, Sie haben recht, aber Kriege führten auch diese, also, dieser Cortez, jetzt weiß ich nicht mehr, Fernandez Cortez oder so ähnlich hieß dieser Spanier, imponierend, er hat also dann das fabelhaft organisiert, ist dann hinein nach Kusko, Cuzco oder so, und hat die Kinder und Frauen erschlagen. Es war grauenhaft, kann ich Ihnen sagen.

FRAU Grauenhaft, ja, aber wissen Sie, mein Mann gibt halt keine Ruhe. Ich glaub, der macht des schon bald absichtlich, bloß um mich zu ärgern, ich hab gsagt, ich wander aus, nach Südamerika, oder so wohin, hab ich gsagt, dann kannst schaun, wo ich bleib.

MANN Ja, Südamerika ist sowieso, da haben Sie vollkommen recht, Südamerika ist sozusagen das Ursprungsland der Emigration.

Grüß Gott, Herr Polt!

Im Kolonialwarenladen. Ein Kunde mit reichlichem Warensortiment steht an der Kasse. Frau Schmelzer addiert.

FRAU SCHMELZER So, vierunddreißig Mark achtzig alles zusammen. Ham mir's dann, der Herr?

KUNDE Könnt ich bittschön eine Tüte haben . . .

FRAU SCHMELZER Des kost aber zwanzig Pfennig.

KUNDE Ja, dann muß es so gehen . . . *Lädt sich seine Waren auf. Gerhard Polt steht mit einem Joghurt als nächster an der Kasse.*

FRAU SCHMELZER Ah, grüß Sie Gott, Herr Polt.

POLT Ja, grüß Gott . . .

FRAU SCHMELZER Wie geht's 'n immer, Herr Polt?

POLT Ja, dankschön, geht scho.

FRAU SCHMELZER Machen S' wieder mal was im Fernsehn, wann kimmt 'n wieder amal was?

Der Kunde geht.

KUNDE Wiederschaun . . .

FRAU SCHMELZER Ja, Wiederschaun. Ich hab's mir neulich erst wieder anghört, oder naa, im Fernsehn war's, fei sehr nett . . .

POLT Ah ja, das freut mich . . .

FRAU SCHMELZER Gestern hab i a wieder neigschaugt. Irgenda Krimi war's, war fei großartig.

POLT Ah so . . .

FRAU SCHMELZER An Schluß hab i nimmer ganz mitkriagt, weil mir gengan um zehne spätestens ins Bett, außer am Wochenend, da nehmen mir solche Sendungen ganz mit, aber meistens is es dann Sport . . .

Eine weitere ältere Kundin geht auf Polt zu.

KUNDIN Ah, sagn S' mir amal, äh, san Sie's, oder san Sie's net?

POLT Jaja, i bin's.

KUNDIN Gell, i hab ma glei denkt, daß Sie's san.

FRAU SCHMELZER Jaja, er is es.

KUNDIN I hab ma glei denkt, wia i Sie gsehng hab: Is er's jetzt, oder is er's net, aber i hab recht ghabt, oder? Sie san's.

POLT Jaja, i bin's scho.

FRAU SCHMELZER Jaja, er is es, leibhaftig. Rosa, Gusti, schaugts amal her, da is er! So, Herr Polt, was ham mir denn jetzt, Herr Polt?

POLT Ein Joghurt, bitte.

SCHMELZER Ah ja, ein Joghurt fürn Herrn Polt, macht vierundsiebzig Pfennige, Herr Polt, brauchma a Tütn, Herr Polt?

POLT Naa, des kann i aso nehmen.

SCHMELZER Dean S' es her, i dua's Eahna in a Tütn, na tragn S' es leichter. Ham mir's dann, Herr Polt?

POLT Ja, des wär's.

Rosa und Gusti schauen in den Laden.

SCHMELZER Da schaugts her, des is er.

GUSTI Ah, wer?

SCHMELZER Da, des is er, den mir neilich im Fernsehn, hab ich 'n euch zeigt.

GUSTI Ah ja, im Fernsehn, genau ... *Verschwindet wieder.*

ROSA Sehr nett ... *Verschwindet ebenfalls.*

POLT Also dann ...

SCHMELZER So, Herr Polt, hättma's dann?

POLT Ja, dann ham mir's.

SCHMELZER Also dann, Herr Polt, bis zum nächsten Mal, Herr Polt, da herin, oder im Fernsehn mal wieder, hahaha.

Alle lachen. Polt geht.

SCHMELZER *zum nächsten Kunden* Wissen S' wer des war? Des war fei der Herr Polt.

KUNDE Welcher Herr Polt?

Wiedersehn

ALTER 1 Ja, wen seh ich denn da?

ALTER 2 Ja, Sie sind's?

ALTER 1 Ja, daß man Sie einmal wiedersieht ...

ALTER 2 Ja, jetzt hamma uns schon lang nimmer gsehn, gell ...

ALTER 1 Ja, gleich wie Sie reingekommen sind, hab ich mir denkt, äh, da schau her, hab ich mir denkt, seh ich jetzt richtig oder ...

ALTER 2 Ja, nein, nein, hä, Sie haben schon richtig gsehn, ich bin's.

ALTER 1 Ich glaub, daß wir uns schon nicht mehr gesehen haben, seitdem der Ding gstorben is. Na ja, Sie wissen schon ...

ALTER 2 Ach ja, der, der, der Ding, aber den hab ich aber auch schon lang ... also bevor er praktisch gestorben ist nicht mehr gesehen ...

ALTER 1 Ja, so, ja, so lange haben wir uns schon nimmer gsehn.

ALTER 2 Jaja, das letzte Mal, wo wir uns gesehen haben, da hat er, da hat er noch gelebt.

ALTER 1 Man sieht, in der Zwischenzeit ist halt doch wieder was passiert.

ALTER 2 Ja, also dann, gell, auf Wiedersehen, vielleicht sehen wir uns amal wieder.

ALTER 1 Ja, lassen Sie sich halt amal wieder anschaun, net.

ALTER 2 Ja, ich, ich bin nur da, äh, weil ich mich halt wieder a bissel umschauen möchte.

ALTER 1 Da haben Sie recht, also, Wiedersehen.

ALTER 2 Wiederschaun.

GESUNDHEIT UND SOZIALES

Spritztour

A: Der Herr Neu. . .
B: Nieder. . .
A: Neumaier.
B: Nieder. . . äh . . .
A: Ostermagen!
B: Nein, Neumeister.
A: Ja, traurig.
B: Wahnsinn – weil jetzt ist das Haus fertig, und sein Schlafzimmer ist oben . . .
A: Im ersten Stock?
B: Nein, Galerie . . .
A: Galerei . . .
B: Er schläft auf der Galerie, weil er unten nicht schläft . . .
A: Er will rauf . . .
B: Genau, aber er schafft's nicht mehr . . .
A: Mit dem Fuß . . .
B: Ja, mit dem einen Fuß – mit dem anderen schon, aber . . .
A: Mit einem allein, aber . . .
B: Genau, und deshalb hat er anfänglich, damit er hinaufkommt, eine Spritze gekriegt.
A: Eine Spritze – vom Arzt . . .
B: Ja sicher, aber mit einer Spritze allein war's nicht getan, weil er muß ja, wenn er schlafen will . . .
A: Nicht nur hinaus, sondern auch . . .
B: . . . wieder runter, genau, und mit einer Spritze am Tag hat er's nicht geschafft, dann hat er sich zwei geben lassen . . .
A: Ja, aber dann schlaf ich halt unten, wenn es so ist.
B: Nein, er kriegt jetzt noch eine Spritze verpaßt vom Dr. Pöschl.
A: Drei schon – am Tag?
B: Genau, aber jetzt hat er doch angefangen zu rechnen . . .
A: Drei Spritzen am Tag – das kostet ein Vermögen . . .
B: Eben.
A: Und?
B: Er läßt sich einen Lift installieren. Der Neumeister sagt: Für das Geld ist leicht ein Lift drin, und mit dem kann er dann, sooft er will, in sein Schlafzimmer . . .

A: Sicher, sagenhaft, und mit den Spritzen, die er nicht braucht, finanziert er sich den Lift. War die Idee von ihm?

B: Nein.

A: Vom Dr. Pöschl?

B: Nein, nein – der baut sich doch ein neues Haus. Die Idee war von mir.

A: Super!

Der Keferloher

Ein Gast sitzt vor seinem Keferloher.

Ich rate Ihnen dringend, trinken S' nie aus einem Krug, net, wenn S' nicht wissen, was sich drin befindet. Nehmen S' einen Krug aus Glas, dann sehen S' es doch, net. Schaun Sie, net, neulich, Maibock, die Musi spielt grade ein Prosit der Gemütlichkeit, i ziag o, das heißt, ich trinke quasi . . . also mit am Steinkrug, net, plötzlich vermerke ich so a Gschlader, hab ich so a Gschlader im Hals, also so einen Schleim, so an . . . so einen Auswurf, net. Ich selber hab ihn nicht gesehn, aber ich vermute, daß er grün war, net. Jetzt ist mir dieser mir persönlich anonyme Schleim zentimeterweise langsam den Hals abikrocha, wie eine Schnecke. Ich war selber überrascht, wie lang des gedauert hat, bis er praktisch unten angekommen war, net. Ich hab dann noch an Schnaps getrunken, des hat überhaupt nichts genützt, net, weil ich hab dann a Mundfäule bekommen, net, drum rat ich Ihnen dringend, trinken S' nie aus einem Krug, wenn S' nicht genau wissen, was sich drin befindet. Also nachert, prost.

Die Notaufnahme

1. PHASE

An einem Nebentisch hinter dem Notaufnahmeschalter sitzen Hermann Böhm, Nachtportier, ein Wach- und Schließmann namens Skipp, Hassan, ein Pfleger, und Herr Retzer, ein Patient, und spielen Karten.

BÖHM Und Schelln und Schelln und no mal Schelln und an Unter. Also, her damit. Des war jetzt Schellnsolo mit fünf Schneider, pro Nase eins zehn, meine Herren.

Professor Maiwald verläßt im Smoking die Klinik.

BÖHM Ah, Herr Professor, san S' unterwegs? – Skipp, du gibst. Also, viel Spaß auf'm Medizinerball.

Professor Maiwald grüßt mit der Hand. Eine besorgte Frau zupft den Professor am Ärmel.

FRAU Hat ma scho was ghört?

PROFESSOR Ja, ja, is alles, äh, Wiederschaun. *Geht.*

BÖHM *zur Frau* Der Professor hat jetzt koa Zeit, aber des is alles, äh, warten S' halt noch . . .

PFLEGER Hermann, heb ab!

BÖHM Bin scho da.

RETZER *in Schlafanzug und Morgenmantel* Hat no oana a Zigaretten für mi?

Böhm gibt Retzer eine Zigarette.

RETZER Merci.

Während Skipp austeilt, dringt aus dem Lautsprecher eine Durchsage:

STIMME Herr Abdul Rachmann, bitte dringend auf Zimmer hundertsiebenundzwanzig. Herr Abdul Rachman, bitte dringend auf Zimmer hundertsiebenundzwanzig.

BÖHM Hat die Oide wieder ins Bett gschißn. Hast des ghört, Hassan? Nauf!

SKIPP Aber die Runden wird no fertiggspuit.

BÖHM Ja, des oane Spui lauft scho allweil no.

Die vier spielen Karten. Ein Rotkreuzwagen kommt mit Blaulicht und Sirene angefahren. Fahrer und Pfleger steigen aus, reißen hinten die Tür auf und schieben einen schwerverletzten Motorradfahrer in die Notaufnahme.

PFLEGER Hallo!

BÖHM *ins Kartenspiel vertieft* Jetzt bin i spannt, ob er die Herzsau hat.

PFLEGER Hallo!

SKIPP Und her damit.

PFLEGER Hallo!

BÖHM Mechst net glauben ...

PFLEGER Hallo, Sie, wir haben hier einen ...

BÖHM Hassan, du gibst.

PFLEGER Ja, hallo, hier, Sie ...

BÖHM Ah, gar so pressiern wird des aa wieder net. Also, was gibt's?

PFLEGER Wir haben hier einen akuten Notfall, vermutlich Schädelbasisbruch.

BÖHM *geht ans Telefon, wählt, dabei* Auauau, des is ... ja ... ja, Frau Doktor Brinkmann, kommen S' gschwind owi. Mir ham grad an Notfall reinkriegt. Ja, i glaub, is scho dringend. – Is guat! *Hängt ein.* Ja, der Professor is auf'm Medizinerball. Die meisten san heut auf'm Medizinerball. Heut is's schlecht. Wo is er denn versichert?

PFLEGER Weiß ich doch nicht! Ich weiß ja nicht mal, wie der heißt.

BÖHM Ja, aber irgendwo muß er doch versichert sein!

SKIPP *ruft* Hermann, was is, jetzt kimm halt!

BÖHM Ham mir glei. I kimm scho. Jetzt stellts halt derweil amal fest, wie er heißt und wo er versichert is, äh, d' Ding kimmt gleich. *Er geht zum Kartenspielereck zurück, schaut seine Karten an.* I hab a Weiter.

PFLEGER Ja, aber, Sie, hallo, he!

BÖHM Sie kimmt scho, sie is scho unterwegs.

RERTZER I dad mit der Blauen ...

SKIPP Mit der Blauen, der Genauen. *Spielt an.* An Trumpf hat a jeder.

Frau Doktor Silvia Brinkmann erscheint und sieht sich um.

DR. BRINKMANN Ja, Herr Böhm?

BÖHM *zu den Mitkartenspielern* Glei. *Legt seine Karten ab.*

SKIPP Jetz, he, des is doch koa Spui net ...

Die besorgte Frau geht zu Frau Doktor Brinkmann.

FRAU Hat ma scho was ghört?

DR. BRINKMANN Ach, jaja, das is, ja, äh, ja, was is jetzt?

BÖHM Da. *Deutet.*

Pfleger fährt den Schwerkranken näher.

BÖHM Da, Motorradunfall, Schädelbasisbruch.

DR. BRINKMANN *zu Böhm* Haben Sie schon mit Maiwald selber gesprochen?

BÖHM Der is doch auf'm Ball!

DR. BRINKMANN Ach ja, richtig. Wo is er denn versichert?

BÖHM Unbekannt.

PFLEGER Jetzt schaun S' 'n sich doch amal an, der is ja scho bald am Wegschnappn.

DR. BRINKMANN Tja, der müßte vor allem reanimiert werden, aber unser Reanimationsaggregat ist seit vorgestern defekt. Sie, das tut mir furchtbar leid, aber . . .

PFLEGER Ja, was solln mir denn mit dem machen?

DR. BRINKMANN Oben haben wir zwar schon ein neues, amerikanisches Modell . . .

PFLEGER Ja, dann schließen S' 'n doch da an.

DR. BRINKMANN Ja, das hat seine Schwierigkeiten, tut mir leid, aber das is noch nicht vom TÜV abgenommen, des kann ich unmöglich verantworten.

PFLEGER Ja, aber . . .

DR. BRINKMANN Das Gerät hat in den Staaten schon manches Leben gerettet, zugegeben, aber wenn da irgendwas passiert, ohne TÜV, dann is der Teufel los, tut mir leid. Ehrlich.

BÖHM Bringt S' 'n doch nach Murnau, de san auf ois eingestellt. De nahn eahm zamm, aa wenn er koan Kopf mehr hat.
Der Patienet stöhnt.

DR. BRINKMANN Nein, das dauert viel zu lange, nein, nein, nein, den müssen Sie gleich hier . . . versuchen Sie's links der Isar, die sind für solche Sachen ausgezeichnet . . .

PFLEGER Ja, und Sie können gar nichts . . .

DR. BRINKAMNN Nein, ich sag es Ihnen doch, unser Reanimationsaggregat ist defekt. Beeilen Sie sich, der Mann sieht nicht mehr allzu gut aus. Schnell, beeilen Sie sich!

SKIPP Ja, Hermann, was is denn?

BÖHM Ja glei, i kimm ja scho.

DR. BRINKMANN Herr Retzer, was machen denn Sie noch da herunten? Sie gehörn doch ins Bett. Marsch, marsch!

RETZER Mei, i hab halt, hm . . . *Brummelt irgendwas.*

DR. BRINKMANN Herr Böhm, wie können Sie zulassen, daß hier die Patienten mitten in der Nacht so rumsitzn?!

BÖHM Ja, des ham mir glei. Jetzt schaun S', daß S' naufkommen! Sie ham da herunten nix verlorn.

Retzer geht raus. Frau Dr. Brinkmann läuft dem Pfleger nach.

DR. BRINKMANN Äh, hallo, junger Mann, äh, wenn sich bei dem Patienten irgend etwas, ich meine, man hofft ja sowieso nur das Beste, aber sollte, ich meine, Sie verstehen, äh, wir suchen hier händeringend eine Niere, also, im Fall des Falles, im äußersten Falle, äh, denken Sie an uns, ja?

PFLEGER Wie bitte?

DR. BRINKMANN Ja, ich meine, sollte der Patient, äh, was ihm ja niemand wünscht, äh, wir suchen dringendst eine Niere.

PFLEGER Ah so. *Schiebt den Motorradfahrer in den Wagen und macht die Tür zu.*

BÖHM *gibt Retzer eine Zigarette und sein angebrauchtes Bier* Da, Pauli, kimmst halt nachher wieder, gell?

RETZER Jaja, is scho recht. De Goaß! *Er geht.*

SKIPP Ja, was is jetzt? Spuin mir derweil an Dreier? *Er sortiert die Siebener und Achter aus dem Kartenspiel heraus.*

DR. BRINKMANN Herr Abdul Rachman, vor einer halben Stunde hab ich Sie schon nach Zimmer hundertsiebenundzwanzig gerufen. Ham Sie das denn nicht gehört? Die Patientin hat wieder eingekotet. Die können Sie doch nicht einfach so liegen lassen – ja, was is denn da los?

HASSAN *blickt auf Frau Dr. Brinkmann, die wartend neben ihm steht.* Muß!

Die beiden gehen ab.

SKIPP Jetzt geht ja da goa nix mehr zamm.

BÖHM Dean mir halt derweil wattn.

2. PHASE

Mitternacht, Radiomusik, eine Putzfrau, Herr Böhm, Skipp, eine Nachtschwester, der Hausmeister, Frau Dr. Brinkmann und Herr Retzer sitzen herum. Es ist Mitternachtspause. Böhm hat sich gerade einen Kaffee eingeschenkt.

BÖHM Sie aa an Kaffee, Frau Doktor?

DR. BRINKMANN Ja, bitte, schwarz und zwei Stück Zucker.

BÖHM Ja, i woaß scho, wia allweil halt.

Ein Notarztwagen kommt mit Blaulicht angebraust. Hassan und Skipp kommen mit drei großen Plastiktüten eilig aus dem Notarztwagen.

DR. BRINKMANN Herr Retzer, wenn Sie hier immer noch herumgeistern, könnten Sie wenigstens in meiner Gegenwart das Rauchen einstellen.

RETZER Ja, äh, 'tschuldigen S', Frau Doktor.

BÖHM Da hast an Aschenbecher, Pauli.

SKIPP So, da san die Cheesburger, und des san Hamburger.

BÖHM Und wo san die Pommes frites?

SKIPP Die hat der Hassan.

HASSAN Und Ketchup.

BÖHM Sie habn oan Hamburger und oan Cheesburger ghabt, Frau Doktor?

DR. BRINKMANN Ja, danke, und Pommes.

BÖHM Hassan, fssst.

Die Hamburger, Pommes frites, Cola etc. werden verteilt. Im Hintergrund kommt wieder ein Krankenwagen mit Blaulicht angefahren. Die bekümmerte Frau geht wieder zu Frau Dr. Brinkmann.

FRAU Hat ma schon was ghört?

BÖHM Frau Doktor, hat ma scho was ghört?

DR. BRINKMANN Wo?

BÖHM Da, die Frau Dings.

DR. BRINKMANN Nö.

BÖHM Na, aber mögens S' an Hamburger? Mir hättn no oan da. Er is no fast hoaß. No net kalt.

FRAU Naa, i kriag jetzt koan Bissen nunter.

BÖHM *zur Putzfrau* Frau Dings, mögen Sie oan? Noch nicht kalt.

Die Putzfrau hebt ihr mitgebrachtes Brot hoch und winkt ab. Die beiden Pfleger von vorhin kommen wieder.

PFLEGER *hört den Schluß* Ich könnt jetzt einen gebrauchen.

BÖHM Ja, aber wen habt S' 'n jetzt dabei?

PFLEGER *ißt den Hamburger; mit vollem Mund* Immer noch derselbe. 's is nicht zu fassen.

BÖHM Zwei achtzig.

DR. BRINKMANN Was?

BÖHM Der Hamburger macht zwei achtzig.

PFLEGER Ah ja. *Er zahlt und erzählt dabei* Links der Isar, Barmherzige Brüder, Vierter Orden, Kreiskrankenhaus, Privatklinik Doktor Schönböck, nichts zu machen, überall Medizinerball.

BÖHM Ja, heit is's schlecht. Heit is's ganz schlecht. Heit hät er si net derrennen solln.

SKIPP Hermann, hast du an Senf?

BÖHM An Senf? An siaßn oder an scharfn?

SKIPP An scharfn.

BÖHM In der Zeit hättets 'n aa leicht nach Murnau gfahrn.

PFLEGER Frau Doktor, können Sie nicht vielleicht doch irgendwas . . .?

DR. BRINKMANN *mit vollem Mund* Ja, ich kann ihn mir ja noch mal anschaun, aber ich kann Ihnen jetzt schon versichern, das überschreitet meine Möglichkeiten hier. Zumal unsere Reanimationsmaschine . . . hab ich Ihnen doch bereits gesagt.

PFLEGER Können S' ihn nicht wenigstens provisorisch a bisserl . . .

DR. BRINKMANN Mit ein bißchen ist das nicht getan, das Risiko kann ich nicht eingehen. Waren Sie schon im Großklinikum?

PFLEGER Ja, des stimmt eigentlich. *Zu seinem Kollegen* Wieso sind mir da nicht draufkommen?

DR. BRINKMANN Das Großklinikum, das ist für solche Fälle optimal eingerichtet. Ich versteh gar nicht, daß Sie da nicht gleich ins Großklinikum . . . Wie geht's dem Mann denn überhaupt?

PFLEGER Ganz schlecht.

DR. BRINKMANN Ja, dann beeilen Sie sich doch. Los, los, fahren Sie!

BÖHM I ruaf derweil scho o, daß es unterwegs seids.

DR. BRINKMANN *geht dem Pfleger nach und hält ihn noch mal auf* Aber, äh, wie gesagt, äh, sollte der Fall eintreten, dem wir niemandem wünschen, Sie verstehen, dann denken Sie doch bitte an mich.

PFLEGER Ja, wieso denn?

DR. BRINKMANN *sieht sich um* Die Niere!

PFLEGER Ach ja, natürlich.

3. PHASE

Morgennebel, vier Uhr früh, die bekümmerte Frau schläft auf einer Bank, Böhm liest eine Illustrierte, aus dem Radio kommt noch die leise Musik von Jaroslav Proschek. Ein Kioskmann kommt mit Zeitschriften, Obst usw.

BÖHM Morgn, Heinz.

KIOSKMANN Griaß di, Hermann. *Weckt die Frau.*

FRAU *reflexartig beim Erwachen* Hat ma scho was ghört?

KIOSKMANN Ja, Sie können da net umanandflackn, i muaß jetzt da her.

FRAU *zu Böhm* Hat ma scho was ghört?

BÖHM Naa, no nix.

Der Rotkreuzwagen fährt wieder vor, ohne Blaulicht. Pfleger steigt aus und winkt Böhm. Böhm nimmt den Telefonhörer ab und wählt. Die beiden Pfleger laden den Patienten aus, der jetzt eine Decke über dem Kopf hat.

BÖHM Ja, äh, Frau Doktor Brinkmann, Eahna Niere waar jetzt da.

Patientenvermietung

DR. HIRL *schaut in die Akte, nicht auf den Patienten* Na bitte ... äh ... Sie sind der Herr ...

RÖSNER Rösner.

DR. HIRL Der Herr Rösner ...

RÖSNER Ja, Rösner – Manfred.

DR. HIRL Sie waren noch nie bei uns?

RÖSNER Nein, leider ...

DR. HIRL Ich seh schon, Herr Rösner, Sie sind beruflich ...

RÖSNER Versicherungskaufmann, aber zur Zeit, äh, ohne ...

DR. HIRL Sie haben Ihre Mandeln noch?

RÖSNER Ja, ich glaube schon.

DR. HIRL Wir werden gründlich an die Sache herangehen, Herr Rösner. Wir werden Sie amal röntgen. Bitte gehen S' auf Zimmer zwei oder drei, das Fräulein Matusek wird sich um Sie kümmern, gell.

RÖSNER Ja, aber ...

DR. HIRL Und dann kommen S' noch amal. *Rösner ab. Hirl telefoniert.* Bitte, den Doktor Fragiadakis. – Ja schön, hier Hirl – Herr Kollege, ich hab da was für Sie – ja – kann sicher – nein, nehmen S' ihm die Mandeln – und die Polypen – gell – ach so, freilich, sofort – soo, Sie fahren in die Karibik? – Ja sicher – ich will auch mal ein bißchen weg – Neuseeland mit meinen – ja genau – und danke für die Vermittlung von dem Abszeß – ja – gerne – ich nehm den Abszeß und – wir verrechnen das später – gell, als Dank – viel Spaß in der Karibik. *Hirl wählt noch mal.* Den Doktor Täuschl bitte – ja – ah ja – grüß Sie, Herr Kollege – gratuliere – ja, ich hab einen Blinddarm für Sie, und vielleicht können S' sonst noch a bißl was machen – aber ich brauch ihn wieder, gell – weil da sind ein Haufen Syndrome – ja, ich weiß, der Dr. Butz – diese Urologen sind wirklich nervend – ich schick ihm sowieso ständig Leute – aber ich sag immer – bitte bringts mir die Leute nicht um – ich will ja auch noch a bißl – genau – ach, Sie fahren auch in die Karibik, so? – Ja weil der Fragiadakis auch – also Sie kriegen jetzt den Blinddarm, und dann schaun wir noch, gell – vielleicht orthopädisch ist auch noch was drin – also, ich will selbst auch noch – also, Herr Kollege, viel Spaß in der Karibik – danke ...
Rösner tritt ein.

DR. HIRL Rösner – Sie sind der Herr Rösner. Also, ich hab schon einmal einen vorläufigen Befund. Der Dr. Täuschl selbst wird Ihnen den Blinddarm entnehmen. Wir müßten nur koordinieren – Mandeln, Blinddarm – und dann müßen S', wenn S' die draußen haben, dringend noch mal kommen . . .

RÖSNER Na, aber ich hab eigentlich gar keine Beschwerden . . .

DR. HIRL Genau, und deshalb müssen wir vorbeugen. Also, einstweilen . . . Die Adressen der jeweiligen Ärzte kriegen S' draußen. Auf Wiederschaun.

RÖSNER Auf Wiedersehen.

DR. HIRL Ja, und das Gutachten, gell . . .

RÖSNER Danke.

DR. HIRL *telefoniert* Fräulein Weizen hat den Professor Semniod angerufen – nicht – bitte sagen S' ihm – ich hab ihm den Patient – den Herrn Mahlke, glaub ich – ja, Mahlke – den hab ich ihm nicht geschenkt, sondern – genau – und rufen S' den Täuschl noch amal an, und sagen S' ihm, mein Rösner ist auch gut für – a Galle oder Blase zusätzlich, aber – bitte zurück – keine Einbahnstraße.

RÖSNER Grüß Gott . . .

DR. HIRL Grüß Sie, Herr Rösner – na, jetzt sind wir aber um einiges erleichtert worden. Und, wie geht's?

RÖSNER Na, nicht schlecht, eigentlich, aber ich hab . . . äh . . . keine Beschwerden.

DR. HIRL Herr Rösner, meistens sind die Zähne ursächlich für viele Symptome. Ich habe Ihren Bericht genau studiert. Der Zahnarzt Dr. Seif ist da Ihr Mann. *Telefoniert* Ja, bitte Fräulein Matusek, tun S' den Herrn Rösner gleich amal mit der Praxis Dr. Seif verbinden. *Zu Rösner* Gell, also, Herr Rösner, und kommen S' wieder, weil mir wollen doch, daß Sie wieder auf Vordermann gebracht werden – also dann, Wiedersehen . . .

RÖSNER Wiederschaun. Aber . . . ich hab eigentlich gar keine . . .

DR. HIRL Der Dr. Seif ist ein hervorragender Mann, Herr Rösner, der hat auch in Amerika studiert, also . . . *Telefoniert* Ah – Herr Dr. Seif – Hirl, ja – schön, Herr Kollege – ja, ich Sie auch, gell – ja, der Herr Rösner, der jetzt kommt, ist von mir – na ja, zehn Prozent, das geht in Ordnung – ja, ich fahr jetzt dann auch ein bißchen weg, vielleicht amal was anderes – in die Karibik – schön, und Sie schicken ihn dann zurück, gell – sicher, ich sag auch immer, zuerst auf den Zahn fühlen, und dann – ach, diese Urologen – danke – Wiederhören . . . *Telefoniert* Fräulein Matusek, wann wird denn in der neuen Klinik Dr. Ringkaff wieder was frei – sagen S', sie sollen sich drauf einstellen – ja, der Rösner – aber vorher, das heißt nachher möchte ich ihn noch mal haben, und dann, ja dann in Urlaub, dann bin ich in der Karibik.

Der Organspender

Als es geheißen hat an dieser Stelle, wer ein Interesse hat an einem Existenzminimum, der soll sich im zwoten Stock bei Amtmann Deutelmoser melden, nicht wahr, habe ich mich prompt gemeldet, und man hat mir mein Existenzminimum auch sofort bestätigt, nicht wahr. Der Durchschuß, nicht wahr, den ich am Dnjepr in Rußland erlitt, war praktisch aktenkundig und ist auch medizinisch einwandfrei – praktisch – nicht wahr, nur, ich muß heute sagen, das sag ich heute, also praktisch rückblickend, wenn ich in Rußland meine Milz gelassen hätte, also, ohne Milz stünde ich doch heute ganz anders da. Das wären ja pro Monat siebenunddreißig Mark achtzig, nicht wahr, pro Milz, also, die man praktisch, nicht wahr, mit einhundertundachtzig Mark Invaliditätsrente plus diesen paar Notscherln Sozialhilfe, nicht wahr, die ich erhalte, kann ich keine großen Sprünge machen, das kann ich Ihnen glaubhaft versichern, das heißt, da hüpft man nicht sehr weit. Und ich habe dann auch mich als Organspender im Klinikum angemeldet, und man hat auch meinen Körper prompt in Zahlung genommen. Ich habe die zwotausend Mark praktisch blanko entgegengenommen, nicht wahr, nur daß ich in der Gefangenschaft schon diese zwei Vorderzähne verloren habe, plus den Verlust etlicher Innereien habe ich natürlich verheimlicht. Aber wenn es soweit ist, dann werden die Herren Mediziner schon noch draufkommen, weil denen entgeht ja sowieso nichts, oder? Hahahaha . . .

Ein wirksames Heilpräparat

Wissen Sie, es gibt ja Leute, die sind so wehleidig, nicht, die also sich bei jedem, ich möchte schon fast sagen, bei jedem Furz, sich schon ins Bett legen, net wahr. Ich mein, diese Hypochonder, ich . . . na ja, wissen Sie, weil ich sag das nur, weil ich hab ja doch da am Knie, es ist scho seit längerer Zeit, es zieht immer so, jetzt bin ich dann doch zum Arzt gegangen. Es gibt Sachen, wissen Sie, da derfma dann nicht selber rumdoktern, da muß ma dann schon gleich, da geht ma net zum Schmiedl, sondern gleich zum Schmied. Der hat ma jetzt da was verschrieben. Jetzt schauma mal, was ist denn des, aha, da hamma's, genau. Entzündungen der Sehnen, jawohl. Nebenwirkungen: Magen-Darm-Störungen wie Magenbeschwerden, Übelkeit, Erbrechen, Völlegefühl, Durchfall, Magengeschwüre mit und ohne Blutungen, in Einzelfällen mit Durchbrüchen (Perforationen). Die Häufigkeit dieser Störungen wächst mit der Steigerung der Tagesdosis – na ja –, Überempfindlichkeitsreaktion wie Hautausschlag, allergische Ödeme des Gesichts und der Hände, Stevens-Johnson-Syndrom, Lyell-Syndrom, Schock und seine Vorstadien, Steigerung der Lichtempfindlichkeit der Haut (Jucken, Rötung, fleckiger bis blasiger Ausschlag), Mundschleimhautentzündungen, Haarausfall, Nagelwachstumsstörungen, Kopfschmerzen – na ja, also Kopfschmerzen lehne ich persönlich grundsätzlich ab, net –, Schwindel, Müdigkeit, Sehstörungen, Blutzellveränderungen (Leukopenie, Agranulozytose, aplastische Anämie – ah geh, das sind Nebenwirkungen? –, Panzytopenie bzw. Knochenmarksdepression, Trombozytopenie). Die Blutplättchenaggregation wird verzögert, wodurch die Dauer von Blutungen verlängert – ja – (z. B. Henoch-Schoenlein-Purpura) – kenn i net –, Erniedrigung des Blutfarbstoffs (des Hämoglobins oder des Hämatokritwertes), Erhöhung von Leberwerten (Serumtransaminasen, oder wie heißt das – und alkalische Phosphatasen), Gelbsucht – Gelbsucht . . . *Lacht* Da schreibens Gelbsucht, man kann doch auch Hepatitis sagen – (cholestatisches Syndrom), Störungen der Niere und Harnwege (Anstieg des Blutharnstoffs, akutes Nierenversagen – da schau her –, Hämaturie, Blasenbeschwerden, Wasseransammlungen, die als Ödeme meistens im Bereich der Unterschenkel oder als Herz-Kreislauf-Störungen (Blutdruckanstieg, Kreislaufdekompensation – aha, ja –, akute Herzschwäche) auftreten können. Dieses Arzneimittel kann auch bei bestimmungsgemäßem Gebrauch das Reaktionsvermögen so weit verändern, daß jedwede Fähigkeit zu einer aktiven Teilnahme am Straßenverkehr oder zum Bedienen von Maschinen beeinträchtigt wird. Dies gilt im verstärkten Maße im Zusammenwirken mit Alkohol – na ja, nimm i net, aber ich nehm jetzt auf alle Fälle, nehm ich vielleicht so a Vitamin C . . . *Sprudel- und Glucksgeräusche.* Wissen Sie, weil das kann überhaupt nie schaden. *Trinkt genüßlich.* Ahhhh!

Besuch am Krankenbett

Beppi Zapf liegt im Bett eines Krankenzimmers und scheint krank zu sein. Zur Tür herein kommen Herr und Frau Zapf und Zapf junior. Frau Zapf hält einen verpackten Strauß Blumen in der Hand.

FRAU ZAPF Grüß dich, Onkel Beppi, wie geht's dir denn?
BEPPI Ja mei, es muaß. Nett, daß 's amal vorbeischaugts.
FRAU ZAPF *zum Junior* Sag schön grüß Gott zum Onkel Beppi.
BEPPI Was macht er in der Schule?
JUNIOR Wann gehen wir denn?
Herr und Frau Zapf setzen sich, der Junior stöbert unruhig im Zimmer herum.
BEPPI Da Professor Hasenböck hat gmeint, ich halt mich sehr gut. Wenn ich so weitermach, kann ich in . . . fünf, sechs Wochen kann's dauern, na kann ich scho wieder a Knäckebrot essen, hat er gsagt. Ich hab's ja noch gut. Erst vorgestern hams ein eingliefert, Kunstmaler, glaub ich, war er, der hat a Totalobstipation ghabt. Fast blind war er obendrein, er war chronisch obstipiert quasi. Er hat sich selber scho mit Fuchsleber und solche Präparate behandelt ghabt, alles umsonst, des hat sich rasant auf die Organe ausgebreitet, Milz, Leber, Nieren, alles angegriffen, ma sieht also, ma muß immer gut kauen.
JUNIOR Mutti, wann gehen wir jetzt?
FRAU ZAPF Ja, pst . . .
BEPPI Der Verdauungstrakt is halt doch entscheidend. Grad is a Bett freiwordn – de Dame is gstorbn. Zerscht hats nur leichte Beschwerden am McBurney ghabt, so a Kribbeln am vorderen Darmbeinstachel, sie hat sich noch nix dabei gedacht, na is's a subakute Appendizitis wordn. Die Beschwerden ham zugenommen, na hats es Rote Kreuz kemma laßn, prompt is's scho passiert, war er scho durchbrochen, der Blinddarm, nix mehr z' machen.
JUNIOR Wann gehn wir denn endlich . . .
BEPPI Sonst ein blühender Mensch gwesn, morgen werds beerdigt. Da wennst net aufpaßt, is es meistens zu spät. Prozessieren hilft dann auch nix, wennst hinbist. An Professor Moser hams verklagt, wegen an Kunstfehler, hat's gheißen, weil der Patient is zu ihm gekommen, mit am Pigmentnaevus, a Leberfleckerl halt. Der Professor hat 'n

eahm entfernt – der Naevus hat schon geblutet ghabt, net. Jetzt hat der Professor Moser, er is ja sonst eine Koryphäe, net, hat er versäumt, a Gewebe zur Histologischen einzuschicken, trotz richtiger Diagnose, natürlich nur prima vista, gell, wie ma's halt so macht. Es kam zur raschen Metastasierung des Tumors, Haut, Lunge und so weiter total verkrebst, er verstarb innerhalb weniger Tage, trotz intensiver Behandlung. Die Witwe klagt jetzt gegen den Arzt wega Versäumnis. – In manchen Fällen is's ja offensichtlich ...

JUNIOR Ich will heim. Wann gehen wir denn endlich?

BEPPI ... is einer ins Klinikum reinkemman, mit einer Axt im Schädel stecken, da hat sich keiner hintraut, wegen der Verantwortung, der Chefarzt hat grad an Privatpatienten behandelt, hat ma nix machen können. Des hat Stunden gedauert, bis es ein Operationsteam beinandghabt ham.

Herr und Frau Zapf und der Junior schieben sich heimlich zum Ausgang und verschwinden unbemerkt mitsamt den Blumen.

Des Team hat dann doch sehr gut gearbeitet, der Mann hat's relativ gut überstanden, er is jetzt blind, so Sprachstörungen hat er a bißl, und halbseitig gelähmt. Mei, etwas bleibt immer. Zugangen is's heut schon, ein Mordsremmidemmi, a ganze Gruppe mit verbundne Köpf is ankemman, die warn in an Omnibus dringsessen, der wo sich überschlagen hat. Laufende Meter Kopfschwarte hams genäht, ganz erschöpft sans zur Visite kemman. Aber des san ja Lappalien gegan, in Zimmer dreizehn, da hams ... *Unterbricht sich, sieht sich um* ... Ah, seids scho ganga. So was, naa ...

Er zieht einen Arztroman unter der Bettdecke hervor: »Die weißen Magier«. Er liest und pfeift sich eins.

Benefiz

Also die Frau Dr. Beuschl, das ist die Frau vom Dr. Beuschl, die hat das Milchpulver besorgt, weil ihr Schwager, der heißt auch Dr. Beuschl, der sitzt in so einem Ministerium, wo die das Milchpulver irgendwie, äh ... Weil das ist schon länger her, daß das Milchpulver angeblich verstrahlt war, und ... aber da war nichts, weil ja ein Minister selber das Pulver probiert hat und gesagt hat: Also das Pulver ist einwandfrei, und dann haben sie einen Teil davon nach Norwegen als Lachsfutter – jedenfalls von diesen Beständen ist das Milchpulver. Fein, haben wir gesagt, dann bringen wir jetzt das Zeug persönlich nach Albanien! Weil, was die da drunten jetzt brauchen, ist Eiweiß! Weil bei denen fehlt es ja hinten und vorne an allem. Aber die Frau Dr. Beuschl hat zur Eile gemahnt, weil sie sagt, wenn wir uns nicht schicken, dann sind die vom Lionsclub wieder früher da, und was macht denn das für einen Eindruck! Wir haben dann die Route festgelegt, wir, das heißt, die Frau Dr. Beuschl, ich, die Frau Rechtsanwalt Gebhardt, der Herr Mitschulla von dem Computergeschäft und die Frau Eierling, wir haben dann den Flug angetreten nach Tirana. Jetzt sagt die Frau Dr. Beuschl: Ja aber, wo übernachten wir denn? Weil in Tirana wird's schwierig. Na ja, das macht nichts, hat die Frau Eierling gesagt, dann fliegen wir halt über Italien wieder zurück, und außerdem, die vom Lionsclub können dann ja auch nicht in Tirana übernachten! Der Mitschulla hat das jedenfalls organisiert, daß, wenn wir dann in Tirana sind, ein paar Kinder da sind zum Fotografieren und so, für die Presse, und daß's klar ist, daß das Milchpulver von uns ist. So! – In Tirana angekommen – ein Chaos! Also, das heißt, Kinder waren schon da, aber wo ist das Milchpulver? Die Frau Dr. Beuschl ist gleich zu denen vom Roten Kreuz: Ja, wo ist das Milchpulver? Ja, sagt der, er weiß es nicht! Er hat schon etwas von einem Milchpulver gehört, aber er sagt, seines Wissens nach wurde das Milchpulver in einem Lager verteilt, das vom Lionsclub betreut wird. Wir haben natürlich protestiert: Das ist ja eine Unverschämtlheit! Mir haben gesagt: Das kann ja gar nicht wahr sein! Wo soll denn der Lionsclub plötzlich so ein Milchpulver herbringen? Des ist doch impertinent, sich mit fremden Federn schmücken! Die Frau Eierling hat gesagt: So sind's! Das ist der Lionsclub! Mehr Beweise braucht man nicht! Das ist Erste-Hilfe-Leistungsunterschlagung! Die Frau Dr. Beuschl war ebenfalls völlig außer sich, aber sie sagt, wir können nichts machen, und meint halt, auf alle Fälle haben wir die Fotos mit den Kindern! Und der Mitschulla hat gesagt, er hat über den Mischlaa ein Fünf-Sterne-Hotel bei Florenz gebucht, wo wir dann das Albanienabschiedsbankett abhalten können. Er sagt, die sind berühmt für den Pollo al limone, und außerdem machen sie diese Involtini mit einer Kräuterfüllung, das ist Toscana hoch drei! – Also, will sagen, wir hatten uns beruhigt, und jetzt – halten Sie sich fest! Wir kommen zum Hotel, nach einem Flug über Bürdiz – was war? Das ganze Hotel besetzt, total ausgebucht vom – sagen Sie's –, vom Lionsclub! Die Frau Eierling ist fast zusammengebrochen, kreidebleich der Mitschulla. Er sagt: Das gibt es nicht! Der Hoteldirktor sagt: Ein Versehen. Er hat uns mit denen vom Lionsclub verwechselt. Er hat Albanien gehört und Benefiz und – also nein! Aber warten Sie, es kommt noch dicker! Einer von den Lionskonsorten hat sich herabgelassen, mit uns zu reden. Angeblich tät's ihm auch leid, aber sie wären da, um nach Osttimor zu fliegen, weil . . . Ich hab gsagt: Wollen Sie da etwa auch unser Milchpulver verteilen? Sagt er: Nein, sie wollen ein Kind adoptieren. Die Frau Eierling sagt: Da, die greifen zu allen Mitteln! Die Frau Dr. Beuschl hat gmeint, sie ist grundsätzlich bereit, alles nur Menschenmögliche zu tun gegen diese Leute, aber ein Kind adoptieren – das geht zu weit!

Aber jetzt werden Sie mich kennenlernen! Ich bin so weit! Ich adoptier ein Kind! Mein Mann wird gar nicht lang gfragt. Oder ich adoptier auch zwei Kinder. Und dann ruf ich den Redakteur Scheelmeier vom »Heimatboten« an. Das kommt in die Zeitung! Und wenn das nicht genügt – auch drei Kinder! Und dann werden wir schon sehen wer da wohltätig ist!

Hausmeistersorgen

Wollnschläger kommt mit Blaumantel und einer fast leeren Plastiktüte auf die Bühne. Man hört einen Rotkreuzwagen davonfahren.

Da, jetzt fahrns 'n weg. Der Herr Gansl von der Versicherungsverwaltung. Mei, er hat irgendwie an falschen Huat aufghabt . . . Sie, i hab jetz koa Zeit, weil heut is wieder Montag.

Geht ein paar Schritte, bleibt wieder stehen. Am Montag is immer am schlimmsten . . . Wochenende, diese Langeweile – is aber aa wirklich nix los da heraußt im Block, im Grunde versteh ich's ja, net, und dann passieren diese Sachen . . .

Arbeitsdienst und so hat ma heut nimmer, Stoabruch is aus der Mode, na machens alle Kraftsport, so Bodybuilding, essen diese Kraftnahrung, so Proteine – und irgendwo muß ja die Kraft hin. Mei Frau hat an ganzn Vormittag putzt, alles voller Blut. Der von der Versicherung war da, um den Schaden aufzunehmen, den hams auch aufgmischt. Zu zwölft warns, da hab ich mich lieber im Hintergrund ghaltn. Er, der Herr Gansl, hat an Hut aufghabt, der dene net gfalln hat . . . Manchmal könnt ma meinen, mir san im Krieg. – As Blut putzts no lieber weg, wie wenn s' alles vollspeibm und vollscheißn. Da, diese Wand da, die is jetz innerhalb von vier Monaten siebenmal gweißlt wordn, das heißt, jetz wieder as siebte Mal, i woaß aa net, was an der Wand is. Irgendwas gfallt dene net, is doch a ganz a normale Wand. Da sprühens umanand und schmierns an Scheiße hin, dabei is's a Wand wie jede andere, oder? – Sie, da war a Blutlachn, da muaß oana an Liter Blut verlorn ham, i woaß net, was s' mit dem gmacht ham, geht mi aa nix o, nur, mir müssen halt immer hinterherputzn. Dabei hat d' Versicherung, dene ghörn hier diese Blöcke, jetz hams extra diese vandalensicheren Aborte her. Mir hat noch der Herr Gansl von der Versicherungsverwaltung da, den wo s' jetz grad weggfahrn ham . . . »Wenn's so schlimm is«, sagt er. »Herr Wollnschläger, tun mir halt diese vandalensicheren Toiletten her.« Die ham ein Schweinegeld kost. Aber irgendwas hat dene an dene net gfalln. Na hams es, mit Spezialfeilen und so Zeug hams as probiert. Zweimal sans irgendwie neikemman, na hab i mir denkt, jetz fangst dir oan von dene. Na hab ich a Falle gebaut. Wissen S', da is am Schloß so a Spezialhakerl, was nur in oa Richtung aufgeht, und sonst muaß ma an Schlüssel ham. Des Schloß hab ich umgedreht, verstehn Sie, also, wenn er drin is, schnappt's zu, und er kimmt nimmer raus, praktisch wie a Hauseingang, bloß umgekehrt, Einbahnstraße, Sackgasse sozusagen. Gut, bei mir geht der Alarm, denk ich mir, haut scho, jetz hab ich ihn. Hab i mir noch zur Sicherheit mei Kleinkaliber mit, ich war noch im Lift, na hör ich einen Schnalzer, wie im Krieg. Ham ihn seine Kollegen, ham ihn rausgsprengt. Feuerwehr war da, acht Löschzüge, a guate Stund bin ich im Lift gsteckt, sämtliche Sicherungen, Panzersicherung, ois hat's nausghaut, sogar im E-Werk war was kaputt. Der Kerl selber war natürlich auch halbert hi. Verbrennungen dritten Grades, und beide Trommelfelle platzt, obwohl des fast Wurscht is, weil de san eh alle halb taub. Sie, es war, wie s' as im Fernsehn zur Zeit oiwei in de Nachrichtn bringan. Aber bei solchane Schäden dieser Kategorie, des macht dann der Gansl mit seim Bautrupp, den wo s' grad weggfahrn ham, während des Gschmier an de Wänd, solche Sachen . . . Oder neulich, hab i a Fehlgeburt gfundn, im Radkeller. Kimm i in'n Radkeller, denk i ma , da riacht doch was – *schnüffelt* –, irgendwas riacht da. Flackt da a Fehlgeburt! Glei ogruafn und gsagt, Sie, bei uns im Radkeller flackt meines Erachtens a Fehlgeburt. Sans kemma und ham gsagt, ja, ja, des is a Fehlgeburt . . . Und mei Frau muß wieder hinterherwischen.

Ist fast am Gehen. Wissen S', wenn s' hinten de Mülltonnen abfackln, des macht der Toni vom Komplex E, des berührt mich weniger, i schaug halt, daß as Feuer net daher übergreift, weil die arbeiten ja mit Molotowcocktails und alle Schikanen, und d' Leut, weil s' an Rauch sehn, wenn s' d' Polizei rufen oder d' Feuerwehr, geht nix, weil die Zellen net gehen. Jetz ham mir scho extra diese vandalensicheren Telefonhäusln, i woaß aa net, was gega de ham, de san heut so ausgerüstet, de ham vom Vorschlaghammer bis zum Preßlufthammer, ham die ois dabei. Jetz hat des brennt, jetz hab i mit der Schaumkanone neimüaßn, obwohl, da wart ich jedsmal, bis's wirklich gscheit brennt, weil des is hinterher immer eine furchtbare Sauerei, der Müll und der Baz und der Schaum und des is ois durchanand, zum Putzen kein Vergnügen, sag ich Ihnen. Es dauert eh immer, bis ich hingeh, weil ich setz oiwei mein Helm auf. Weil manchmal schießens von die Dächer mit ihre Zwistln, so Stahlschleudern, des san solchane Kaliber!

Also, vor dreizehn Jahr, wie mir da einzogn san, hätt des koa Mensch denkt, daß des sich so entwickelt, da warns noch so kloa, hams in d' Windln gschissen, und jetzad . . . Oana hat erst d' Frau Niedermeier d' Treppn obilaßn. Obwohl, bei der Frau Niedermeier wundert mich des gar net, weil ich hab's ihr a paarmal gsagt, also mehrmals hab ich ihr gsagt, Frau Niedermeier, sag ich, tun S' sich mit dene nicht anlegen, diese jungen Leute sind Argumenten nicht zugänglich. – De Wohnung wird grad renoviert, da kommen jetzt, so a Zivilwache soll neikemma, wird aa höchste Zeit, weil, schaung S', am Samstag, nach'm Fußballspiel, ein Mordstumult, sans halt amal aufanander selber losgangen, da heißt's, Herr Wollnschläger, an die Front! I nimm mei Kleinkalibergwehr, setz mein Helm auf, sans scho alle davo, nur oana is no umanandgschlichn und hat bluat wia d' Sau, na sag i, schaug, daß d' weiterkimmst, da wird net umananderbluat, sag i, i hab dann wieder de Sauerei da herin, na sagt er, naa, er suacht sei Ohr. Kaafst dir halt a neue Uhr, und jetz schleichst di, sog i, sagt er, naa, sei Ohr, sei Ohrwaschl moanta, is abhanden, des hat eahm da anda obigrißn, denk i mir, wuist aa net aso sei, huifst eahm suacha. Mir suachan so umanand, er wird oiwei nervöser, kimmt d' Familie Sönkes mit eahnam Hirtenhund. Der Hund hat gschnufflt, und de ham so a lange Ausziehleine, de so länger wird, wissen S', na sag i, Frau Sönkes, gehnga S' nauf mit Ihrm Barri, haltn S' Ihren Barri fest, weil mir suchen hier ein Ohrwaschl. Der ander is natürlich kasweiß wordn, wie er 'n Hund gsehng hat. Es war dann unklar, hat der Hund jetz des Ohrwaschl derwischt oder net, mir ham's jedenfalls nimmer gfundn. Der ander is na gangen, der hat noch a Verabredung ghabt, d' Frau hat natürlich wieder hinterherputzt, und heut find ich das Ohr unter der Gummimattn bei de Briefkästn. Ich hab gmoant, a Orangenschalen, und jetz hab ich's. *Schaut in die Plastiktüte.* Aber ich glaub, des kann ma nimmer verwenden. *Schnuppert, hält dann die Tüte in Richtung Publikum.* Da, riechen S' amal. *Richt selber noch mal.* Des ko ma nimmer verwenden, i glaab, i hau's in'n Abfall. *Geht los, hält noch mal an.* Aber i sag Eahna des oane: Der Wohnwert in dieser Anlage is in de letzten Jahre beträchtlich gesunken.

Die Verteidigung der Gummibären

Es war der zweite Samstagabend im Advent. Ein grauer Tag war's. Leichter Schneefall. Ausflugsverkehr war nicht mehr viel, da hab ich mir gsagt, nein, heute sperrst du deine Tankstelle früher zu, weil wenn wirklich einer noch ein Benzin will, dann soll er doch auf die Autobahn fahren. Müssens nicht immer bei mir tanken. Wie gesagt, Advent war's, und ich hab die Notbeleuchtung eingeschaltet und bin dann gleich rein ins Haus. Samstagabend, meine Frau war schon im Bett, und wenn im Fernsehen nichts ist, dann nimmt sie ein Pulverl, und – ssssst – dahin gehts. Im Haus war eine himmlische Ruhe. Ich hab mich dann hingesetzt und habe dann mit dem Schnitzen begonnen, weil ich schnitze sehr gerne, und Sie wissen, wenn Advent ist, dann ist der heilige Abend unvermeidlich. Irgendwas soll ja doch unterm Baum sein, hab ich gedacht. Also hab ich ein Kripperl geschnitzt und einen Stall von Bethlehem, Ochs und Esel, auch einen kleinen Jesi, den Stall hab ich selbst elektrifiziert. Natürlich hätt ich auch ein fertiges Kripperl kaufen können im Kaufhaus, ein Bethlehem-Set, aber ich hab mir gesagt, nein, das schnitzt du selber, das ist doch viel persönlicher. Und wie ich da so beim Schnitzen bin, dem Herodes hab ich gerade die Ohrwaschl herausgeschnitzt – da muß man schon sehr sorgfältig sein, sonst schaut der Herodes aus wie eine Fledermaus –, da vernehm ich plötzlich so ein Geräusch, so gleichmäßig, so klackklackklack ... Ich denke noch, ja Herrschaft, das ist ja ein Geräusch! Jetzt bin ich neugierig geworden. Ich steh auf, geh zum Fenster und schau hinaus – was seh ich da? Nichts. Jetzt schau ich deutlicher, da auf einmal, da seh ich, wie zwei Gestalten schemenhaft an meiner Tankstelle am Gummibärliautomaten herummachen. Ich denke noch, das gibt's doch nicht, da machen zwei Gestalten an meinem Gummibärliautomaten an meiner Tankstelle rum, daher das Geräusch, klackklackklack. Na ja, ich bin dann in den Keller runter, weil, das können Sie nicht wissen, ich habe ja meinen Gewehrschrank unten im Keller, seit wir diese Asylanten da haben, vorne an der Türe, und bin langsam hinuntergegangen, weil ich noch sinniert habe: Welches Kaliber nimmst? Ich habe mich dann für das Gewehr mit dem kurzen Lauf entschieden. Das hab ich dabeigehabt vor zwei Jahren, als ich mit dem Alischer Bebs in Kenia war. Das hat eine gute Streuung, und da kann man zwei Elefanten zusammenspannen, und es schießt durch wie durch Marmelade. Ich bin dann wieder zurückgegangen zum Fenster und habe hinausgeschaut. Da waren die Gestalten immer noch am Gummibärliautomaten. Auffallend war für mich, auch im nachhinein noch – einer von diesen Gestalten hat eine weiße Jacke oder einen weißen Anorak an, so daß ich mir noch gedacht habe, komisch, wenn ich schon bei fremden Leuten Automaten knacke, dann zieh ich doch keine weiße Jacke an. Für mich selber war es aber von Vorteil, weil ich ihn gut gesehen habe. Den mit der weißen Jacke habe ich voll im Visier, ich zieh durch, patschbumm, Blattschuß, Volltreffer, den hat es gleich einahalb Meter in die Höhe geschnalzt, und dann ist er wie ein Sandsack runtergefallen. Der war erledigt, der war perdu, der hat keinen Pfiff mehr gemacht, nicht so wie der andere, weil der hat dann geschrien, der hat geplärrt wie ein Jochgeier. Das wird mir unvergeßlich bleiben, wie der geschrien hat: Mami, Hilfe, Hilfe! Da hab ich mir gedacht, ja, mein Freund, dir helf ich schon. Und bin mit dem Gewehr hinunter. Da wollt der sich verstecken, der Kerl. Hinter einem Ford-Kombi wollt er sich verstecken. Da hab ich gesagt, Freundchen, mich ziehst du nicht an der Nase herum. Aus mir kannst du keinen Affen machen, da mußt du früher aufstehen. Da schieß ich durch den Motor durch, und dann schauma weiter. Und ich hab auch abgedrückt, und es hat ihn auch erwischt, aber nur einen Lungenstreifschuß, und er hat's auch überlebt am Ende. Sie können sich vorstellen, was dann los war. Polizei und das üblich Pipapo. Aber nur damit Sie Bescheid wissen, was da heute los ist, was da vor sich geht. Der mit der weißen Jacke, der Kerl, sage und schreibe noch keine fünfzehn Jahre, und der andere noch keine sechzehn. Jetzt kommen Sie . . . Aber der Hammer kommt erst. Passen Sie auf, es vergehen zwei Wochen, drei Wochen, bitte legen Sie mich nicht fest . . . Jetzt bekomm ich einen Schrieb vom Landgericht, meine Frau legt ihn mir noch vor. Ich denke noch, klar, das ist jetzt die Vorladung in dieser Angelegenheit, daß ich erscheinen soll als Zeuge, das hab ich gedacht. Krieg ich doch glatt eine Anklage, und es findet sich tatsächlich ein Richter, was heißt Richter, ein Richterlein, ein junger Kerl noch, wahrscheinlich hat er gerade ausgelernt gehabt, der mich zu sage und schreibe achtzehn Monaten, zwar mit Bewährung, aber verurteilt. Natürlich geh ich in Revision, aber ich frage mich, wo befinden wir uns denn, was ist denn das für eine Gesellschaft, wo wir heute sind?! Ist das ein Rechtsstaat, ist es das Deutschland, das wir gemeinsam aufgebaut haben? Ich weiß es nicht, vielleicht wissen Sie's. Ich nicht.

Reste-Essen

In Tante Marias Altersheimwabe. Waltraud und Tochter Magda räumen zusammen. Zwei Packer tragen gerade ein Möbelstück weg.

WALTRAUD Do, de Bücher duast alle auf oan Haufn, de soll der Heinz mitnehmen, wenn er mag. De Illustrierten aa. Des oide Radio duast am eh aa no dazua.

MAGDA Obwohl, kanntma des net ins Bad dua?

WALTRAUD Ah, laßn am Heinz, so a Glump brauchen mir net. Und na hat er aa was.

MAGDA Naa, Mutti, wenn mir ihm den Radio dalaßn, na fragt er glei, wo is 'n der Fernseher?

WALTRAUD Na nehman mir 'n halt mit und schmeißn an dahoam weg.

MAGDA Da, der Stuhl?

WALTRAUD Aa weg damit.

MAGDA *stellt den Stuhl weg* Du, Mutti, aber schaug amal, ob des net vielleicht a Antiquität ist?

WALTRAUD Der Stuhl? Ah geh.

MAGDA Sog des net. Des liest ma jetz immer öfters, in der »Carmen« hams an ganzen Artikel bracht, nur über so alte Möbel.

WALTRAUD Ja, alt is er, aber d' Maria hätt ja nie a Geld ghabt für an wertvollen Stuhl. Der da is doch a alts Glump.

MAGDA Sog des net, die Leut erkennen des oft net, was für Schätze daß s' ham. Da, schau dir des Ornament an, Mutti ...

WALTRAUD Ja, da fallt ma aa ei, d' Maria hat se nie draufgsetzt, die wollt 'n schonen.

MAGDA Vielleicht hats es gwußt, daß er wertvoll ist.

WALTRAUD Wenn d' Maria gwußt hätt, daß der wertvoll is, hätts es fei niemand gsagt.

Die beiden begutachten den Stuhl jetzt genauer.

WALTRAUD Weißt was? Mir nehmen den Stuhl jetz auf alle Fälle mit und laßn ihn amal begutachten.

MAGDA Und wenn er dann wirklich nix is, dann könnma 'n allweil no am Heinz schenken.

HEINZ *in der Tür* Was könnts am Heinz schenken?

WALTRAUD Ah, grüß dich, Heinz, naa, mir ham grad gsagt, weil du ja scho de Bücher kriagst von der Tante Maria, praktisch die gesamte

Bibliothek ... *Deutet auf armseligen Bücherhaufen.* Jetz ham mir uns denkt, ob du den Stuhl aa no wuist, und sovui is der wahrscheinlich eh net wert.

HEINZ Was? Der Stuhl? Des is a Antiquität. Des is a Jugendstil oder a Barock. Oder von de Fiaß her könnt's aa a Empire sein. Oder zwoa gemischte Stilrichtungen.

WALTRAUD Du kannst an ja eh net brauchen, jetz ham mir dir schon de ganze Bücherei lassen ...

MAGDA Du, Mutti, i find, des Radio gebm mir eahm aa no, am Onkel Heinz.

HEINZ Warum wollts ihr den Stuhl? I kann den Stuhl scho brauchen. Übrigens, wo is mei Regulator?

MAGDA Welcher Regulator?

HEINZ Mei Regulator, des war a Leihgabe.

WALTRAUD Red doch koan Schmarrn, den hat d' Tante Maria mir schon zu Lebzeiten versprochen. Den hab i scho lang einpackt. Da, des ghört aa no zu de Bücher. *Legt einen Schmöker auf den Bücherhaufen.*

MAGDA War de Lampn scho da herin, ober ghört die aa der Maria?

HEINZ Deanma s' derweil runter. Wo san d' Sicherungen? *Sucht, schaltet Sicherung ab.* Guat, daß i a Werkzeug dabeihab. *Zieht Schraubenzieher heraus, beginnt zu montieren.*

WALTRAUD Heinz, brauchst du an Eisschrank?

HEINZ Naa ...

MAGDA Na laßn mir 'n da, dad i sagn.

WALTRAUD De wern doch an Sperrmüll oder so was ham. Und was machen mir 'n mit'm Vogel?

HEINZ Jessas, der Vogel.

MAGDA Tierschutzverein ...

Ein Pfleger kommt zur Tür herein.

PFLEGER Kann man hier jetz schon saubermachen? Ja, Sie, was machen Sie mit der Lampe?

HEINZ Ah so, die ghört zum Heim? *Geht vom Stuhl.*

WALTRAUD Ah, Sie, Herr, ham Sie vielleicht a Verwendung für diesen Eisschrank da?

PFLEGER Mei, laßn S' 'n halt amal da.

WALTRAUD Ja, und, äh, Sie, äh, Herr, Sie ham doch den Vogel da von meiner Tante allweil ... können S' den vielleicht aa brauchen?

PFLEGER I nimm an scho. Ist sonst no was?

HEINZ Ach, was halten Sie von dem Stuhl?

PFLEGER Naa, den kann i nimmer brauchen, dean S' den auf'n Sperrmüll.

WALTRAUD Dankschön, mir ham's dann aa glei.

Pfleger ab.

HEINZ Der Mann hat keine Ahnung.

MAGDA Gott sei Dank, sonst hätt er 'n der Tante Maria vielleicht scho abgluchst.

HEINZ *untersucht den Stuhl* Also guat, i hab ma's überlegt: Behaltets es meinetwegen den Regulator, i nimm mir halt dafür dann den Stuhl da.

WALTRAUD Ja, he, he, he, du hast ja scho de ganzen Bücher und an Radio . . .

MAGDA Und an Eisschrank hättst aa ham können . . .

HEINZ Und ihr? Ihr habts as ganze Gschirr. Und die Bilder san aa scho weg.

WALTRAUD Ja, du bist ja aa viu spater kemman.

HEINZ Des is mir jetz egal, i nimm jetz den Stuhl, mit'n Rest könnts macha, was wollts.

WALTRAUD Naa, na machma's ganz anders: Na gehen mir jetz gleich alle mitanander zum Kunsthändler und laßn den Stuhl schätzn, und der Gewinn geht dann in drei Teile . . .

HEINZ Naa, Moment, Moment, durch zwei teilen mir, ihr seids ja bloß eine Partei! *Geht mit dem Stuhl voraus.*

WALTRAUD Naa, durch drei werd teilt . . .

MAGDA *hat einen alten Fußschemel unterm Bett vorgezogen* Du, Mutti, schau mal!

WALTRAUD Pst . . .

Magda schiebt den Schemel wieder unters Bett.

WALTRAUD *laut* Also gut, Heinz, machma's aso . . .

Stronzo-Stronzata

Ein Mann – M – hält einen Brief in der Hand, der noch ungeöffnet ist. Er doziert über Geldmangel – er kann das Öl für die Heizung nicht zahlen, schon die dritte Mahnung! (»Ich heize doch sowieso nur, wenn's saukalt ist.«) Den Elektriker zahlt er sowieso nicht, weil dieser ein Pfuscher ist. Das Auto draußen steht – es bräuchte eine neue Batterei, aber es ist leider auch kein Benzin drin, und ohne Geld kann er nicht tanken. Die Kreditkarte und ihr Wert ist, weil ein Komplott der Bank vorausgeht, umstritten.

Endlich öffnet er den Brief – liest schnell hinweg und bleibt plötzlich stehen. Der Brief ist vom Nachbarn, und dieser bezeichnet ihn als einen Scheißhaufen. M ist begeistert: Eine Beleidung! Scheißhaufen – das bringt auf dem Klageweg Geld. M rechnet – wieviel kann es werden: 10 000, 15 000 oder 50 000? M ist enthusiasmiert: »Ich bin ein Scheißhaufen« – toll –, »und ich hab es schriftlich.« M ist ein gemachter Mann.

M doziert über die menschlichen Schwächen seines Nachbarn, der beispielsweise Laub auf seinem Grundstück einfach liegen läßt, und M folglich ein versautes Grundstück hat. Ms Ehefrau bringt einen Brief herein und geht dann ab. M liest dem Publikum den Brief vor, der von Verbalinjurien nur so sprüht. M ist begeistert: Er ruft seine Frau, sie soll den Anwalt anrufen und fragen, was eine Beleidung wie »Scheißhaufen« kostet . . .

Ms Frau erkundigt sich.

M liest noch einmal die Beleidigungen und läßt sie sich im Munde zergehen.

Ms Frau muß noch mal Erkundigungen einziehen.

B tritt ein, und M liest ihm den Brief vor.

M ist begeistert, er ist ein gemachter Mann. Er stößt mit B an – eine Flasche Sekt auf den Nachbarn. Ms Frau kehrt entzückt zurück und nennt wieder eine neue Summe, die ihr der Anwalt genannt hat – man denkt darüber nach, was man mit dem Geld alles unternehmen wird.

Plötzlich: Tatütata, ein Krankenwagen – es stellt sich heraus, daß der Nachbar gestorben ist.

M und Ms Frau schimpfen und verunglimpfen den Nachbarn, dessen Brief nun nichts mehr wert ist – der Nachbar ist ein Scheißhaufen.

Zeitzeichen

Würden Sie mir verzeihen? Die Devise der Zeit heißt doch: *Verzeih mir!* Verzeihen liegt voll im Zeitgeist. Dieser Geist ist einer alten Geisterbahn entlaufen und vermutlich nicht soviel wert wie ein Himbeergeist. Diesen braucht man nicht zu beschwören, aber andere Geister, die jetzt Zeichen setzen, wie die Justizministerin a. D. Sie *weint,* weil ihr ständig die Dankbarkeit ausgekommen ist. Tränen sind ein Zeichen der Rührung, und unsere Zeichner haben leider, und das ist ein historisches Manko, versäumt, die Berghofer-Weichner zu karikieren, wie sie stets einen Anlaß für Dankbarkeit abgegeben hat. Ein dankbares Objekt für Karikaturisten haben wir schon lange kaum mehr in unserer Politikermenagerie gehabt. Hoffentlich verzeiht man uns die Schlamperei.

In der Mode, als Zeichen großer Aufgeschlossenheit, hat sich der Sommerstoiber durchgesetzt, ein Signal für Tradition und Bodenverwurzelung. Man ist mit absoluter Mehrheit davon überzeugt, jedem zu verzeihen, wenn er das Maul hält und beschließt, Majorität zu bleiben.

Sicher wird bald einen Tarif eingeführt für ordnungsgemäßes Verzeihen. Ich wollte auch schon anfangen zu verzeihen, als Zeichen des guten Willens, nämlich dem Bayerischen Rundfunk, weil er sein Sendezeichen mit einem Synthesizer ins Traditionsgebiet hineinbieselt, aber ich habe ein Hackbrett vor dem Hirn und denke mir – nein, dem Bayerischen Rundfunk verzeihe ich nichts, jedenfall nicht diesen akustischen Urin, der ein Zeichen der Zeit ist.

Der neue Wirtschaftsminister Wiesheu hat uns aber schon verziehen, daß wir alle keinen Bayerischen Verdienstorden haben. Aber den kriegt halt wirklich nicht jeder, sondern nur wer chronische Verdienste aufzuweisen hat. (Zum Beispiel, wenn man frühzeitig Grundstücke erwirbt, wo dann später ein Flughafen hinkommt.) Es heißt zwar, unerbittlich sucht der Orden seinen Träger, aber ein gutes Leumundszeugnis ist die Voraussetzung, und das kriegt man *nur,* wenn man nicht vorbestraft ist.

Jedenfalls mit den Spitzen im Wirtschaftsministerium *(Ökonomie* und *Gastronomie)* ist ein Zeichen gesetzt worden. Verzeihen Sie, wenn mir gleich die Tränen der Rührung kommen bei so viel Dankbarkeit. Die Zeichen der Zeit liegen herum wie Konfetti im Rinnstein am Aschermittwoch, wenn es regnet, und unaufhaltsam werden sie in den Gully gespült.

Dem Karl Valentin, glaube ich, haben sie schon längst verziehen, daß er kein Mitglied der Narhalla war, und die Stadträte gehen auf den Viktualienmarkt und spielen Liesl Karlstadt und Karl Valentin, um zu beweisen, daß diese Narren waren, sie selber aber deren Freiheit hätten. Herrgott, das ist doch ein Zeichen für Volksnähe. So urig und originell wie die städtischen Friedhöfe, sind sie doch auch ein Zeichen dafür, wohin uns die Zeit schon gebracht hat. Ich hoffe schon, daß ich mich korrekt ausdrücke, wenn ich sage, die Zeit hat uns im Griff.

Ist es nicht so, daß, wie unser Bundespräsident es formuliert hat, einmal eine dunkle, schwere Zeit über uns gekommen. Daß er selber auch über uns gekommen ist, wollte er damit sicher nicht sagen. Die Zeit kommt und geht wie der Föhn – manche kriegen Kopfweh, andere merken's nicht, und die Karikaturisten malen immer wieder einen Wetterbericht.

Der nächste Winter kommt bestimmt, und beim Loden-Frey wird schon der Wintertrachtenstoiber in die Kollektion aufgenommen. Was Warmes mit Tradition.

Gerade wollte ein Sportclub für ein Sommerfest eine Negerband engagieren, »amal was anderes«. Ein Sportfreund riet, dies gleich in der Zeitung zu annoncieren, aber ein anderer, der die Zeichen der Zeit erahnte, warnte: »Nein, schreibts es nicht in die Zeitung, daß wir eine Negerband mit echten Negern haben, sonst kunnt's ebba sei, daß des a Skinhead liest und uns dann unser Sportheim ozündt.«

Und weil Verzeihen heute so im Trend liegt, möchte ich Ihnen versichern, daß ich Ihnen – jedenfalls bis zum nächsten Mal – verzeihe, außerdem vermute ich, ja ich verfüge über eine beinahe abgesicherte Ahnung, daß wenn Sie den ausstellenden Karikaturisten ein Bild abkaufen für echtes Geld, diese Ihnen Ihr Vorhaben durchaus verzeihen.

Wer sich in diesen Zeiten ein Bild kauft, der hat die Zeichen der Zeit verstanden.

PS: Übrigens, der Kulturreferent hat versichert, daß er sich jede Nacht demonstrativ mit einer Fackel in der Hand vor einen städtischen Friedhof stellen wird, um gegen die bestehende Friedhofsordnung zu demonstrieren.

KULTUR

Morgenpromi

Radiomoderator und Promi

RM: Schön, daß wir Sie antreffen!

P: Wie? Was ist? Ist es nicht noch sehr früh?

RM: Genau! Haha. Deshalb erwischen wir Sie ja auch, haha! – Wir brauchen ein Statement!

P: Waaas?

RM: Egal . . . für unsere Hörer! Sie sind doch ein Promi!

P: Aber – ich weiß nicht – über wie – oder was?

RM: Sie hören noch ein paar Takte Musik, und dann geht's los!

P: Aber . . .?! Verdammt!

(Musik)

RM: Wir begrüßen jetzt unseren ersten Morgenpromi. Guten Morgen. Also dann! Was erzählen Sie uns Schönes?

P: Äh – ja – bin ich auf Sendung?

RM: Ja natürlich. Noch müde. Noch müde, stimmt's?

P: Ja.

RM: Toll, toll – und?

P: Wie und?

RM: Und? Frühstück?

P: Ja.

RM: Wir haben's gewußt! Haha!

P: Was?!

RM: Vielen Dank! Jetzt wissen wir mehr.

P: Was?!

RM: Toll! Vielen Dank. Sie waren toll. So, und nach diesem Statement wieder Musik! Es ist jetzt 5.33 Uhr, und gleich haben wir wieder einen Promi, liebe Hörer!

Kulturelles

Olaf Sven Unzengruber und Dr. Antje Perzborn-Legewie sitzen auf Unzengrubers Terrasse in der Abendsonne.

O. S. UNZENGRUBER Dieses globale Elend, diese schrecklichen Ereignisse von heute, der Hunger, auf der anderen Seite der Überdruß, das Übermaß, die Hybris des Homo sapiens heute – das muß einem sensiblen Beobachter doch zu denken geben.

DR. PERZBORN-L. Herr Unzengruber, soweit wir mit der Materie Ihres neuen Stückes vertraut sind, spielt sich aber die Geschichte des Bodo von Wetterstein doch im Mittelalter ab.

O. S. UNZENGRUBER Unbestritten. Gerade weil wir das Stück ins Mittelalter verlegt haben, wollten wir besonders einen heutigen Bezug herstellen, insbesondere, was die Ökonomie betrifft. Schauen Sie: Melzer oder auch die schwangere Magd Theres, das sind vollblütige Menschen von heute, die gerade durch ihre Verlegung ins Mittelalter – oder in irgendeine Epoche halt – an Attraktivität und konkreter Aktualität gewinnen.

DR. PERZBORN-L. Ihr Stück subsumiert ja auch allerhand Themen der Jetztzeit. Also, im hic et nunc werden heiße Eisen wie Schwangerschaftsabbruch und Eigentumsverteilung kritisch erörtert, und andererseits ...

O. S. UNZENGRUBER Ich glaube, Sie haben mich falsch verstanden, Frau Dr. Perzborn-Legewie, was heißt hier: »subsumiert«, hier wird überhaupt nichts subsumiert, hier werden Konflikte ausgetragen.

DR. PERZBORN-L. Aber realitätsbezogen, modern.

O. S. UNZENGRUBER Selbstverständlich realitätsbezogen modern. Wir haben uns gefragt: Ist Tragik heute noch tragbar? Oder anders gesagt: Trägt Tragik heute überhaupt noch?

DR. PERZBORN-L. Eine hochinteressante Fragestellung. Diese Tragikthese könnte schon fast wieder Thema eines Ihrer nächsten Theaterstücke sein ...

O. S. UNZENGRUBER Ja, ich bearbeite diesen Stoff, äh, seit zwei Jahren arbeitet dieser Stoff in mir, Sie wissen ja ...

DR. PERZBORN-L. ... aber mir scheint doch in Ihrem jetzigen Stück vor allem kurz vor der Peripetie – bei aller Tragik – doch ein gewisses gerüttelt Maß sozialen Engagements im Vordergrund zu stehen.

Melzer, der Taglöhner, wird quasi zur Hauptfigur, zum Thesenträger.

O. S. UNZENGRUBER Melzer steht praktisch für das Elend der arbeitenden Bevölkerung, und wie Sie wissen, Frau Dr. Perzborn-Legewie, ist dieses Elend eines meiner Hauptanliegen, insbesondere im Kontext von Abhängigkeit, Verfall, Dekadenz und Miserabilität en gros, im metaphysischen Sinn, versteht sich.

DR. PERZBORN-L. Jaja, metaphysisch. Herr Unzengruber, in der Literaturszene gelten Sie ja schon länger als einer der großen leidenschaftlichen Vorkämpfer für die Unterjochten, Unterdrückten, Zukurzgekommenen, die, ich will es kurz sagen, leidende Spezies Mensch überhaupt.

O. S. UNZENGRUBER Sie haben recht. Ich bin der Advokat dieser Leidenden. Im Leiden steckt für uns sinnliche Menschen, uns Menschen mit Theaterblut, eine besondere Attraktivität. – Herrschaft, wo bleibt denn mein Whisky?! – Ah, durch die leidende, durch Unterdrückung abhängige Kreatur, die sich durchs Leben quält . . .

DR. PERZBORN-L. In Ihrem Stück die schwangere Magd Theres, Herr Unzengruber . . .

O. S. UNZENGRUBER Und nicht zu vergessen Melzer, ebenfalls lohnabhängig – die Unterdrückten lassen Symptome aufflackern, wie ich sie aus meinem Alltag nur zu gut kenne. Glauben Sie mir, ich weiß, wovon ich schreibe . . .

DR. PERZBORN-L. Der kategorische Imperativ Kants zieht sich ja wie ein roter Faden durch all Ihre Werke. Man kann also sagen, diese einfachen Menschen setzen eine Art Katharsis in Gang.

O. S. UNZENGRUBER Katharsis im Sinne von Abschreckung einerseits, und andererseits der Mut zum Durchhalten. Mein Herz schlägt für die arbeitende Bevölkerung, ich mache da keinen Hehl daraus.

Ein Butler serviert Whisky und Campari-Soda.

O. S. UNZENGRUBER . . . auch wenn – danke –, auch wenn dies unbequem erscheint.

DR. PERZBORN-L. Und die Zukunftsperspektive liegt ja schon – vielen Dank – in der Gestalt des Edlen von Mornac.

O. S. UNZENGRUBER Achim! Verdammt, ich habe doch ausdrücklich angeordnet, drei Eiswürfel! – Diese Domestiken sind heutzutage gnadenlos dumm. Und dreist obendrein. Was stehn Sie hier noch herum?! Drei Eiswürfel, Sie hören wohl schlecht! In Worten: drei, los, los, Mann, laufen Sie.

BUTLER Verzeihung, sehr wohl. *Geht.*

O. S. UNZENGRUBER Und um so eine Kreatur sollte man dann noch froh sein. Der einzige überhaupt akzeptable von siebenundzwanzig Bewerbern.

DR. PERZBORN-L. Ich kenn das, Herr Unzengruber. Ich habe in den letzten vier Monaten dreimal die Putzfrau wechseln müssen – entsetzlich. Dienstleistungspersonal heute ist eine einzige Katastrophe.

O. S. UNZENGRUBER Sehen Sie, Frau Dr. Perzborn-Legewie, auch unser Jahrhundert der sozialen Errungenschaften birgt Schattenseiten in sich. Glauben Sie mir: Daß ich gewisse gesellschaftliche Prozesse ins dreizehnte Jahrhundert verlege, hat seine Gründe.

DR. PERZBORN-L. Wie wahr, Herr Unzengruber. Nun zu Erfreulicherem . . . Was man so hört, arbeiten Sie an einem neuen, globaleren Werk. »Weltall, Erde, Mensch« ist dem Literaten Unzengruber anscheinend thematisch zu eng geworden.

O. S. UNZENGRUBER Ja. Der Reibungsverlust, Materie an sich, Sie verstehn, Kosmos, Eschatologie, das Endgültige, das Universum, Totalität im Globalen, Sie verstehn, das Gigantische im Zwergenhaften, und das wiederum ambivalent, nicht wahr . . .

DR. PERZBORN-L. Sie meinen Mikrokosmos im Makrokosmos, das Universum im Sandkorn.

O. S. UNZENGRUBER Ja, genau, und umgekehrt, glauben Sie mir . . .

BUTLER *serviert neuen Whisky* Bitte, drei Stück Eis.

O. S. UNZENGRUBER Frau Dr. Perzborn-Legewie – jaja, schon gut – was ist der Mensch? Der Mensch ist ein Krümel im Angesicht des Universums. Dies hier ist ein Jammertal, um einmal den Prediger Kohelet zu zitieren.

DR. PERZBORN-L. Der Themenkreis klingt vielversprechend . . . Also, auf ein gutes Gelingen Ihres neuen Werkes. Chin-chin.

O. S. UNZENGRUBER Glauben Sie mir, ich mache es mir nicht leicht . . . Also, Prösterchen. Übrigens, waren Sie schon mal surfen?

DR. PERZBORN-L. Nein, nein, aber in meinem Bekanntenkreis . . . Henzelberger surft auch schon.

O. S. UNZENGRUBER Henzelberger surft?

DR. PERZBORN-L. Ja, Henzelberger surft. Er hat mir auf den Mainzer Literaturtagen zwei Stunden lang vom Surfen vorgeschwärmt. Das muß toll sein.

O. S. UNZENGRUBER Ich will es mal so sagen: Surfen entschlackt uns Kulturschaffende vom literarischen Ballast, äh, wenn Sie verstehn . . .

DR. PERZBORN-L. Und wie ich Sie verstehe. Wir kreativen Menschen haben doch die schwersten Bürden zu schleppen.

O. S. UNZENGRUBER Wie wahr. Äh, noch einen Campari?

In der Buchhandlung

KUNDE Grüaß Gott, Fräulein! Ich hätt gern ein Buch.

BUCHHÄNDLERIN Ja, guten Tag, was hätten Sie sich denn da gedacht?

KUNDE Ja, es is aso, wissen Sie, mei Kusaa, der Alysi, er hat Geburtstag, jetz hamma uns gedacht, mei, Sie verstehn? Ein Paperback, des is halt doch – äh – zu dünn, net? Des macht doch net viel her. Jetz hamma uns gedacht, halt doch irgend etwas, was etwas hermacht, verstehen Sie?

BUCHHÄNDLERIN Ja, also, haben Sie irgendeine Vorstellung von einem Inhalt?

KUNDE Ja mei, es is aso, also, der Alysi hat ja die Zeit nicht, verstehen Sie, also wenn er reinschaugt – äh –, nachhert sogn mir amal, er möchad lacha ... Lachen, verstehen Sie?

BUCHHÄNDLERIN Ja, also gut, da hätte ich hier zum Beispiel eine Jubiläumsausgabe von Wilhelm Busch.

KUNDE Hähähä, ja mei, hähä! ... Na, der Alysi is scho vierzg Jahre, wissen Sie! Nein, nein, kein Kinderbuch, hähä, ja der Struwwelpeter und so ... ich kenn mich aus, hähä! Nein, nein, es soll etwas sein, sagn mir amal, etwas Repräsentatives. Der Alysi ist altdeutsch eingerichtet. Jetza sagn mir mal so: Wenn man hereinkommt, man kommt beim Alysi, von der Diele kommt man herein, jetzt wenn man ins Wohnzimmer kimmt, daß man es vielleicht auf einen Tisch legen kann oder so, daß man halt dann gleich das sieht, und bevor ma Kaffee trinkt oder so, daß ma's halt auch sieht. Verstehn Sie, das waar's gewesen.

BUCHHÄNDLERIN Ja, also, hier – da hätten wir noch etwas anderes, das wäre ein Ausgabe von Immanuel Kant, das wären sozusagen 1300 Seiten, ein Buch, das durchaus zeigen würde ... das Niveau verbreitet, nicht wahr? Und das sofort demonstriert, in welcher Haushaltung man sich befindet.

KUNDE Hä, ja, äh, ja, des klingt net schlecht, net? Emanuel Kant, ja, jetzt, was sagt dieser, äh, Kant, dieser Emanuel Kant aso?

BUCHHÄNDLERIN Immanuel Kant beschäftigt sich mit der hermeneutischen Fundamentalonthologie als Analytik der Existenzialität des Denkens, des Wesens vom Sein, nur in etwas anderer Art als Heidegger ... aber ich würde doch sagen, in einer etwas spezifizierten Art und Weise.

KUNDE Hä, ja, hähä, ja, da wird, hä, da wird er schaugn, der Alysi! Ja, ob er jetz natürlich, äh, hm, vielleicht ham S' doch was anderes, sagn mir mal, ein Tierbuch, hähä, oder so was, wissen Se' schon, gell, Tierbuch oder so, äh. Aber wissen S', Fräulein, genauso schwer, net? Also, und auch so an grünen Einband.

BUCHHÄNDLERIN Ja, also, da hätte ich, an Tierbüchern hätten wir hier ein Buch, äh, das ist eine Beschreibung der Fauna und Flora der letzten fünfhunderttausend Jahre, in einigen Passagen sehr elektrisierend beschrieben, mitreißend sozusagen und sehr veranschaulichend.

KUNDE Ja, ja, des klingt net schlecht, net?

BUCHHÄNDLERIN Ja, wissen Sie, also hier wird zum Beispiel eine Beschreibung des Aussterbens des Mastodon sehr spannend beschrieben. Ich würde sagen, also durchaus ein gewichtiges Werk, das über die letzten fünfhunderttausend Jahre geschrieben wurde.

KUNDE Ja, ah, ja, Fräulein, wie sagen Sie, äh, wie hoaßt der Mast. . . der Mast. . . äh, der Mastdarm . . . äh, Mast. . .?

BUCHHÄNDLERIN Mastodon! Mastodon, das war sozusagen der Flegel der ausgehenden Eiszeit . . .

KUNDE Ja, hahaha, also Sachen, ein Treibauf, gell? Hähähä, Mastodon, ein Treibauf, hähähä, ja, das klingt nicht schlecht! Fräulein, wissen S' was? I glaub, des nehm i . . .

Folterkammerführung

FÜHRER Meine sehr verehrten Damen und Herren, wenn Sie bitte folgen wollten, wir betreten jetzt die Folterkammer, äh, Ladies and Gentlemen, if you follow me, we are entering, äh, the chamber of torture, äh, here in the middle, wenn Sie hier im Mittelpunkt schauen wollten, hier ist das Rattenverlies, bitte, wenn Sie hier mal hinunterschauen wollen. Der Delinquent wurde dort hinabgelassen, verbrachte dort mehrere Monate, manchmal auch Jahre, je nachdem, wie die Konstitution war. The delinquent had to spend a lot of time in this, äh, in this hole of rats. The rats accompanied him and sometimes it could happen that he was eaten up by themselves. Hier zur Linken, wenn Sie mal schauen wollten, äh, das ist eine der interessantesten und größten Peitschensammlungen Mitteleuropas: Nilpferdpeitschen, Peitschen aus Hölzern aller Schattierungen, bis zur ganz ordinären Haselnußstaude. Äh, ganz da oben auf der rechten Seite sehen Sie ein Prokrustes-Bett, benannt nach dem berühmten Erfinder Prokrustes. Ja, es tut mir leid, meine Damen und Herren, mit Elektroschock kann ich Ihnen natürlich nicht dienen, äh, aber bitte, wenn Sie hier noch auf die linke Seite schauen, noch, äh, eine Möglichkeit: teeren und federn. Das war doch, eh, der Schlager des fünfzehnten Jahrhunderts. Äh, to tar and to feather was one of the most popular, eh, äh, ways of torturing. Äh, ja, das wär das Ende gewesen, meine sehr verehrten Damen und Herren, äh, äh, sollten Sie sich . . .

TOURIST Ja, was is denn dieser Pfahl da?

FÜHRER Dieser Pfahl ist zum Pfählen, eine Uraltmethode, die bei den Assyrern angewendet wurde. Wir kommen zum Ende, meine Damen und Herren, äh, unser Folterstüberl steht Ihnen nach Beendigung der Führung, äh, bereit. Äh, dort gibt es Leberkäs, eine kleine Erfrischung, wenn Sie etwas zu sich nehmen wollen. – Na ja, das muß net sein, nicht nötig, no, ja. *Münzen klimpern.* Vielen Dank, ha, thank you very much, thank you, thank you, haha, danke schön, sehr nett, sehr freundlich, danke schön.

Schauspielunterricht

Ein betuliches Wohnzimmer: Herr Rösner und Herr Mechow in Probenkleidung, Rösner als Apiani, Mechow als Marinelli, Frau Menschel-Tietze beobachtet, souffliert und sortiert Rechnungen.

MARINELLI Man hat Exempel, Herr Graf, daß sich Hochzeiten aufschieben lassen.

APIANI Daß ich mit Ihnen darüber stritte! Genug, sagen Sie dem Prinzen, was Sie gehört haben: Daß es mir leid tut, seine Gnade nicht annehmen zu können; weil ich eben heut eine Verbindung vollzöge, die mein ganzes Glück ausmache.

MARINELLI Wollen Sie ihn nicht zugleich wissen lassen, mit wem?

APIANI Mit Emilia Galotti.

MARINELLI Der Tochter aus diesem Hause?

APIANI Aus diesem Hause.

MARINELLI Hm! Hm!

APIANI Was beliebt?

MARINELLI Ich sollte meinen, daß es sonach um so weniger Schwierigkeiten haben könne, die Zeremonie bis zu ihrer Rückkunft auszusetzen.

APIANI Die Zeremonie? Nur die Zeremonie?

MARINELLI Die guten Eltern werden es so genau nicht nehmen.

APIANI Die guten Eltern?

MARINELLI Und Emilia bleibt ihnen ja wohl gewiß.

APIANI Jawohl gewiß?! Sie sind mit Ihrem Jawohl ja wohl ein ganzer Affe!

MARINELLI Mir das, Graf?

APIANI Warum nicht?

MARINELLI Himmel und Hölle! Wir werden uns sprechen.

APIANI Pah! Hämisch ist der Affe; aber . . .

MARINELLI Tod und Verdammnis! Graf, ich fordere Genugtuung!

APIANI Das versteht sich.

MARINELLI Und würde sie gleich itzt nehmen; nur daß ich dem zärtlichen Bräutigam den heutigen Tag nicht verderben mag.

APIANI Gutherzig Ding! Nicht doch! Nicht doch! Nach Massa mag ich mich heut nicht schicken lassen; aber zu einem Spaziergang mit Ihnen habe ich Zeit übrig. Kommen Sie, kommen Sie!

MARINELLI Nur Geduld, Graf, nur Geduld!

FRAU TIETZE Ja, das war im Ansatz schon mal nicht ganz verkehrt, ja, es schmeckt schon etwas nach Lessing. Aber jetzt müssen wir natürlich die Szene mal gründlich durcharbeiten.

HERR MECHOW Er muß mehr Druck machen.

HERR RÖSNER Das war ja erst 'ne Kaltprobe.

FRAU TIETZE Jajajaja, gut, also Kinders, jetz gleich mal ran an den Speck, also auf Position . . .

APIANI Freundschaft und Freundschaft um das dritte Wort, mit wem red ich denn? Des Marquese Marinelli Freundschaft hätte ich mir nie träumen lassen.

MARINELLI Ich erkenne mein Unrecht, Herr Graf, mein unverzeihliches Unrecht, daß ich ohne Ihre Erlaubnis Ihr Freund sein wollte. Bei dem allen, was tut das?

APIANI Allerdings.

MARINELLI Nun, so kommen Sie. – Naa, Herr Rösner, des is unfair, wenn sie so weit hinten stehn, dann muß ich alles nach hinten sprechen.

FRAU TIETZE Jaja, Herr Mechow, die exakten Positionen legen wir noch fest, aber wir müssen erst noch einen tieferen Einstieg in den Text . . . Herr Mechow, Sie haben Ihre Figur noch nicht, Sie müssen sich diesen Marinelli einverleiben, nicht nur Text abliefern . . .

HERR MECHOW Ja mei.

FRAU TIETZE Wir müssen uns fragen, was will hier Apiani einerseits, und was will Marinelli?

HERR RÖSNER Apiani will heiraten.

FRAU TIETZE Ja, richtig, sehr gut, Herr Rösner, Apiani will heiraten. Was will Marinelli?

HERR MECHOW Ja, i wui's verhindern.

FRAU TIETZE Ja eben! Übrigens, nicht wui, sondern will, will, Herr Mechow.

HERR MECHOW Jaja, will. Des wui is ma so rausgerutscht.

FRAU TIETZE Lessing war kein Bayer, also, auf, auf, ich würde sagen, noch mal von Anfang . . . *Sortiert wieder Rechnungen.*

MARINELLI Man hat Exempel, Herr Graf, daß sich Hochzeiten aufschieben lassen.

APIANI Daß ich mit Ihnen darüber stritte! Genug, sagen Sie dem Prinzen, was Sie gehört haben: Daß es mir leid tut, seine Gnade nicht annehmen zu können; weil ich eben heute eine Verbindung vollzöge, die mein ganzes Glück ausmache.

MARINELLI Wollen Sie ihn nicht zugleich wissen lassen, mit wem?

APIANI Emilia Galotti.

FRAU TIETZE Eine herrliche Szene, so dicht komponiert. Aber hier muß es knistern, Herr Rösner . . .

HERR RÖSNER Ja, hat es das nicht?

FRAU TIETZE Nein, nein, das muß viel intensiver, aus der Tiefe, von innen, hier, schaun Sie, hier, Lessing verlangt hier den ganzen Schauspieler, das ist, verstehen Sie . . .

HERR MECHOW Jaja, da haben Sie recht, Frau Menschel-Tietze, aber schaun S' her, er steht scho wieder so weit hinten. Ich muß alles nach hinten sprechen.

HERR RÖSNER Hö, wieso . . .

FRAU TIETZE Jaja, das ist schon gut so, an dieser Stelle führt Apiani die Szene . . . Apiani, straffen Sie sich! – Mensch Rösner, Haltung!

Herr Rösner strafft sich.

FRAU TIETZE Jaa, nein, nein, doch nicht so . . . Also bitte.

MARINELLI Sie müssen noch heute abreisen.

APIANI Wann sagen Sie, noch heut? *Geht zwei Schritte zurück.*

MARINELLI Lieber noch in der nämlichen Stunde als in der folgenden. Die Sache ist von der äußersten Eil. – Jetzt steht er scho wieder da wo ich hinsprechen muß.

FRAU TIETZE Herr Rösner, seien Sie doch etwas nett zu Ihrem Partner.

HERR RÖSNER Ja, aber Sie haben doch gesagt: »Was, noch heute« – zwei Schritte zurück.

FRAU TIETZE Jaa, aber mehr zur Seite.

HERR MECHOW Ham S' es gehört, zur Seite, net nach hinten, sonst red ich mir noch hier an Wolf.

FRAU TIETZE Die Choreographie kommt ganz von selbst, wenn die Szene sitzt, wenn ihr die Situation ganz gefressen habt, Kinders.

HERR MECHOW Ich hätt eigentlich auch lieber an Apiani gspuit.

HERR RÖSNER Nein, jetz hab ich ihn schon gelernt.

HERR MECHOW Ja, aber mir dad er vui mehr liegen, des is eigentlich mei Rolle.

FRAU TIETZE Er würde Ihnen viel mehr liegen, Herr Mechow, doch bitte etwas mehr Sprachsensibilität . . .

HERR MECHOW Ja, ich hab's noch drin, von wie ich bei »Die kleinen Verwandten« gspuit hab, Thoma . . .

FRAU TIETZE Hach, Mensch, vergessen Sie endlich Ihre Laienspielvergangenheit, hier sind wir bei Lessing.

HERR MECHOW Jaja, Lessing, des scho.

FRAU TIETZE Na also!

Sie spielen eine Zeitlang weiter.

Stütze, Herr Rösner, Stütze, mehr Stütze. Apiani ist doch hochgradig erregt. Sie müssen diese Erregung mehr aus dem Zwerchfell nehmen, äh, aus dem Zwerchfell, mit Stütze, sonst bleibt der Griff zum Degen wirkungslos. Das verpufft dann: Körper und Sprache müssen eine Einheit sein. Felsenstein hat immer zu mir gesagt – Hildegard, merk dir eins: Stütze ist das A und O.

HERR MECHOW Ja genau, er greift an, aber er muß mehr da vor zum Angriff, weil – mir gehört ja dann praktisch auch der Szenenschluß . . .

FRAU TIETZE Egal, von wo er angreift, er muß gut stützen . . . Also, etwas weiter zurück, daß Apiani in Rage kommen kann.

HERR RÖSNER Bis wo?

FRAU TIETZE *sieht im Text nach* Genug, sagen Sie dem Prinzen . . .

HERR RÖSNER Genug, sagen Sie dem Prinzen, was Sie gehört haben . . .

HERR MECHOW Wollen Sie ihn nicht zugleich wissen lassen, mit wem?

Das Telefon läutet

HERR RÖSNER Mit Emilia Galotti . . .

FRAU TIETZE *hebt ab* Menschel-Tietze . . . Jaja, 'nen Antonius, ja, ja, jaja, soo, in Dinkelsbühl, ja, fabelhaft, ja, ich werde mal nachsehen . . . tja, ich denke drüber nach. Jaja, ich melde mich, hahaha, einstweilen, vielen Dank . . . *Hängt ein.* 'tschuldigt, Kinders, ich habe den Schluß nicht ganz mitbekommen. Also, wo fangen wir an?

HERR RÖSNER Beim Prinzen.

HERR MECHOW Nein, ich brauch den Satz davor, sonst komm ich nich rein. Er is weiter hinten gstanden . . . *Schiebt Rösner nach hinten.*

HERR RÖSNER Genug, sagen Sie dem Prinzen, was Sie gehört haben.

HERR MECHOW Wollen Sie ihn nicht zugleich wissen lassen, mit wem?

FRAU TIETZE Herr Mechow, das geht nicht.

HERR MECHOW Was?

FRAU TIETZE Schaun Sie doch, wie Sie dastehen. Das ist unmöglich. Marinelli ist Kammerherr. Kammerherr! Das ist nicht irgendwer, das ist, das ist . . . was machen Sie gleich wieder beruflich?

HERR MECHOW Datenverarbeitung . . .

FRAU TIETZE Tja, schaun Sie, Sie müssen wachsen, in diese Rolle hineinwachsen, atmen sie mal tief durch.

HERR MECHOW *schnauft* So?

FRAU TIETZE Gründgens hat immer ganz richtig zu mir gesagt: Atmen, atmen, atmen und nochmals atmen. Schaun Sie, ein, aus, und ein, und aus . . . Fühlen Sie mal.

HERR MECHOW Meinen Sie, des wird was?

FRAU TIETZE Der Atem ist der Sitz der Seele.

HERR MECHOW Jaja, des schon.

FRAU TIETZE Marinelli ist ein Schurke, aber ein Herr, ein Schurke von Kammerherr.

HERR MECHOW Ich weiß schon, ich müßt alles beides spielen.

FRAU TIETZE Ja, aber bisher seh ich weder noch . . .

HERR MECHOW Ich glaub, des wird nix mit mir. Des hat koan Sinn.

FRAU TIETZE Aber, Herr Mechow, Sie mit ihrer Begabung . . .

HERR MECHOW Meinen S'?

FRAU TIETZE Übung macht den Meister.

HERR RÖSNER Faust.

FRAU TIETZE Nein, Tell. Jaja, Herr Rösner, ja, also, Kopf hoch! Solche Krisen macht am Theater jeder durch, das macht das Theater erst eigentlich aus.

HERR RÖSNER Ja, des stimmt.

Herr Mechow seufzt tief durch.

FRAU TIETZE *begeistert* Jaa!

HERR MECHOW Was war jetz?

FRAU TIETZE Jetzt haben Sie richtig geatmet, ganz spontan, von unten nach oben. Also, können wir wieder?

HERR MECHOW Ja, machma weiter . . . Himmel und Hölle, wir werden uns sprechen.

HERR RÖSNER Pah, hämisch ist der Affe, aber . . .

HERR MECHOW Tod und Verdammnis, Graf – Sie ham ihr Hosentürl auf.

HERR RÖSNER Was?

HERR MECHOW Ihr Hosentürl . . .

HERR RÖSNER Ah ja, danke . . .

FRAU TIETZE Ja, was ist denn los?

HERR MECHOW Nanaa, nix.

FRAU TIETZE So geht das nicht. Hier wird gearbeitet, Kinders. Sie schmeißen die ganze Szene, Herr Mechow . . .

HERR MECHOW Nein, nein, also, Tod und Verdammnis, Graf, ich fordere Genugtuung.

HERR RÖSNER Das versteht sich.

HERR MECHOW Und würde sie itzt gleich nehmen ...

FRAU TIETZE Jetzt greift er zum Degen, Marinelli ein Schritt zurück, Ausfallschritt Apiani, Apiani zieht, Marinelli Deckung. Jaa, nein, das ist noch zu zäh, nein, das braucht viel mehr Feuer, da müssen wir noch viel üben, Herr Rösner, also, gleich dieselbe Stelle noch mal ...

Die Streitszene Marinelli/Apiani auf dem Höhepunkt, es klingelt.

Tja, Kinders, um mit Brecht zu sprechen: Immer wenn's am schönsten wird ... Also, wir machen hier das nächste Mal weiter. Übrigens, Kinders, denkt auch an Meister Lessing: Kunst geht nach Brot, da kann ich auch nich drumrum.

HERR MECHOW Jaja, da ham S' an Fünfziger ...

FRAU TIETZE *quittiert* Herr Rösner, was ist mit Ihnen?

HERR RÖSNER Ja, entschuldigen Sie, des ist heute im Augenblick ...

FRAU TIETZE Was, schon wieder?! Also, nun muß ich Ihnen sagen, jetzt ist meine Geduld am Ende.

HERR RÖSNER Ich hab gedacht, das nächste Mal ganz bestimmt ...

FRAU TIETZE Nein, nein, so geht das nicht! Ich kann so nicht arbeiten. Sie sind jetzt die vierte Doppelstunde im Verzug.

HERR RÖSNER Aber ich könnte doch ...

FRAU TIETZE Nein! Aus! Vorbei! So geht das nicht. Es tut mir leid, Herr Mechow, aber Sie verlieren jetzt Ihren Partner, unter diesen Umständen habe ich keinen Apiani mehr für Sie.

HERR RÖSNER Aber ...

FRAU TIETZE Aus! Vorbei! Das haben Sie vorher gewußt, Herr Rösner. Es tut mir nur so leid für Sie, Herr Mechow ...

HERR MECHOW Ja mei, wissen S' was? I leg's eahm halt derweil noch amal aus.

FRAU TIETZE Nein, nein! Nicht schon wieder. Das kommt doch nicht in Frage! Sie können doch nicht schon wieder für Herrn Rösner mitbezahlen.

HERR MECHOW Mei, er kann's mir ja dann zurückzahlen, wenn mir engagiert san ...

Zieht Geldbeutel, Rösner nickt beschämt.

Der Auftritt

Auf der Bühne sitzt die Königin auf einem Thron, vor ihr steht ein Statist.

KÖNIGIN Sagt dem Herzog von Wellington, ich werde nicht eher ruhen, bis den ruchlosen Fallsboroughs sein Schicksal ereilen wird. Ich habe Nachricht von Engeland, Sir Douglas befinde sich auf dem Wege hierher, mit neuer Zeitung in diese Sache ...
Das Geschehen auf der Bühne nimmt seinen Fortgang. Einmal eine heftige Unterbrechungssequenz. Der Ruf: Wache! Herr Mechow in historischem Gewand ist gerade in ein intensives Gespräch mit dem Feuerwehrmann verwickelt.

MECHOW Diesen Einfall hatte ja Fehling von Gründgens geklaut, und Pallmann fällt nun nichts Dümmeres ein, als diese Idee nochmals zu verbraten. Das weiß keiner mehr, aber das ist Plagiat.

FEUERWEHRMANN Jaja ...

MECHOW Überhaupt, diese Newcomer Dorn, Flimm, und wie sie alle heißen, da muß ich doch fragen, wo bleibt hier der Schauspieler? Wir sind es doch, die den Thespiskarren ziehen.

FEUERWEHRMANN Ja, und wie lang machen Sie des schon beruflich?

MECHOW Kortner, Hilpert, Nölte, meinetwegen auch Pütz, das verstehe ich unter Schauspielregisseuren.

FEUERWEHRMANN Sie san also praktisch in dem Geschäft scho länger dabei?

MECHOW Ich erinnere mich an eine Probe unter Pütz, es war »Danton«, nein, warten Sie, nein, es war »Minna«, es ging damals um die Frage: Tellheim und das Preußentum, aber Pütz hat sich nie am Schauspieler vorbeigemogelt.

FEUERWEHRMANN Gell, Sie san scho a alter Hase, Herr Mechow? Sie ham scho a Routine drauf, des bewunder ich so an Ihnen.

MECHOW Sagen Sie das nicht. Mit Routine ist das nicht getan, man muß jeden Abend sein Publikum aufs neue kriegen. Wissen Sie, das sind Schwingungen zwischen Zuschauer und ... Augenblick ...
Mechow rennt los und stürmt auf die Bühne.
Majestät, hier ist der Brief. *Überreicht einen Brief.*

KÖNIGIN Ist gut, entfern Er sich. – Mein guter Graf, verweilen Sie doch noch einen Augenblick. Gar zu selten weilt ein Gast von solcher Artigkeit in meiner Runde. Das Gemeine macht sich breit ...

Das Geschehen auf der Bühne nimmt seinen Fortgang. Mechow strebt dem Ausgang zu.

FEUERWEHRMANN So, Herr Mechow, na hättma's wieder für heut. Sie ham's guat, Sie können scho hoamgeh. Der Schinken dauert noch drei Stunden.

MECHOW Wo denken Sie hin, ich habe noch zwei Sätze im vierten Akt.

Der Individualist

Herbert Einweg, Individualist, liegt in einer idyllischen Waldlichtung unter seinem Chevy-Blazer. Die Motorhaube und die Heckklappe sind geöffnet. Einweg angelt mit der Hand nach einem Schraubenschlüssel.

Ächzt So. – Machma 'n wieder zua. *Kriecht unter dem Wagen vor.* Der Ölwechsel waar scho seit viertausend Kilometer überfällig. Im Winter hab i a 10/30er ghabt, jetz nimm i wieder a 20/50er, des kaaf i allweil in so am Großeinkaufscenter, so a Discountladen. Sie, da spart ma fei doch allerhand. *Füllt Öl nach.* I bin ja schließlich koa Ölscheich, oder? Diese Araber, die machen Kohle, da bist als einfacher Angestellter direkt a Depp, ein Waisenknabe. Jetz hams wieder Oberwasser, da drunt im Orient. Weil, a paar tausend Jahr war ja da druntn Ebbe, gell? A paar Kameltreiber, a paar Dromedare, und sonst zuadraht. *Schließt Motorhaube.* Obwohl s' früher ja a Hochkultur warn. Mecht ma net glaubn, aber da war scho was los da drunt, gell, i hab ma's angschaut, diese Ausstellung von dem Tutenchamun, so a Kaiser, des hoaßt, er war ja eigentlich nur a Prinz, aber i muaß sagn, des warn Hundling, de ham Kultur ghabt. *Ächzt.* Des war a Stil, des war damals direkt, kannt ma sagn, epochemachend. *Wirft alten Ölofen in Wassertümpel.* I hoaz jetz nur noch mit Holz und Brikett, die Ölofenzeit ist restlos passé. Dann hams so kloane Figurn aus Gold und so Käfer, so Skarabäus, ois echt Gold, ham die scho gmacht. *Fegt seinen Wagen aus.* Und dann hams so Schalen ghabt, auch aus Gold, da warn dann de Innereien drin von de Opfertiere und von de Prinzen. Und dann hams so Weiber ghabt, angeblich Priesterinnen . . . Sie, da war was los. Des sieht ma ois an dene Abbildungen, direkt pornographisch. *Wirft Matratze dem Ofen hinterher.* Des is dann alles ausgstellt, in de Vasen hauptsächlich. So a kloans Sofa hams auch ausgstellt, auch vom Tutench selber, des war sei Lieblingssofa, sein Lieblingskanapee, obwohl er wahrscheinlich nie draufglegn is, weil des war aa ois aus purem Gold. Ja, de ham scho glebt, de Hund, obwois immer Zahnweh ghabt ham, damals. Schmerztabletten hat's no koane gebn, gega solchene Sachen warns hilflos. *Leert Aschenbecher aus.* Was s' damals geßn ham, mei des is auch kaum überliefert, wahrscheinlich mehr Obst und so Südfrüchte. Nüsse ab und zu . . . *Sieht sich um.* So, na hamma ois. Naa, hoit, hoit, de hätt i fast vergeßn. *Wirft vier abgefahrene Reifen aus dem Wagen.* De ham guat ghoitn. Mit dene hab i sechzigtausend

Kilometa owigradelt . . . Jetz fahr i dann nach Italien nunter. Um diese Jahreszeit – herrlich! Schaug i mi a bisserl um. Auf den Spuren Roms, Venedig, Florenz und so, mei, i mag halt diese alten Kulturvölker, weil de ham echt was drauf ghabt, ehrlich. Wissen S', da bin ich ein Individualist, i schaug mir des gern o, diese Paläste und so. Kirchen weniger, aber so Paläste. *Steigt in sein Auto.* So, na ham mir's wieder. Aber Sie, wenn diese Tutenchamun-Ausstellung amal bei Eahna in der Nähe is, ein Tip: Genga S' nei. Des is was für Individualisten, des is sagenhaft, wirklich brillant, ehrlich . . .

Fährt los, wirft im Wegfahren eine leere Fanta-Büchse aus dem Fenster.

Zeitschriftenvertreter

VERTRETER Ja, wieso ham Sie die Zeitung so weit da hinten? Da sieht s' ja koa Mensch. Koa Wunder, wenn's dann net kauft werd. Ham S' as selber scho mal glesn? Des is fei hochinteressant. Weil, da kommen auch de anderen Tatsachen mal ans Licht. Sonst, sagens, sieht ma's bloß im Fernsehn, und da, sagens, is des eine primitive Greuelpropaganda. De sagen, des is zwar schon auch bedenklich irgendwie, daß es Opfer gegeben hat, irgenwie, aber no vui schlimmer is des doch dann, wenn des aa no dargestellt wird und wenn s' es dann aa no ausposaunen, und des no im Fernsehn, wo's a jeder sieht. Daß des einseitig is, des is doch überhaupts keine Frage für an intelligenten Menschen, schreibens, weil de zeigen des ja immer nur aus der Sicht von de Opfer. Ma müaßad des doch auch amal aus der Sicht der SS sehn, weil de hams ja aa net leicht ghabt, und de warn ja aa direkt betroffen irgendwie. Weil was de geleistet ham, davon redt koana. Außerdem is ja des koa deutscher Film, sondern des is ja a amerikanischer. Daß sie de oiwei nur mit unserer Vergangenheit beschäftigen, des verstehn die gar net, de ham doch selber eine. Weil die Vorgänge damals, de warn sehr kompliziert. Des soll ma doch de Leut überlassen, de wo was verstehn. Zum Beispiel der Begriff »Reichskristallnacht«, den hat's ja im Dritten Reich gar net gebn, schreiben de. Des is eine nachträgliche Erfindung. Und außerdem heißt des auch net Nazi, sondern Nationalsozialist. Da sieht ma, wie die mit der Sprache umgehn. Außerdem beleuchten diese Filme nur mehr das Private, und des is aa no erfunden. Des, was wirklich passiert is, davon redt gar koana. Und des is jetz aa interessant, de schreibm da zum Beispiel, daß des Auschwitz, des is ja gar net in Deutschland, des is ja in Polen, des is in Polen, net in Deutschland, wer weiß denn des denn? Daß da Fehler gmacht wurden, des gibt ja jeder zu, aber, bitte, und des schreiben die auch – was war denn im alten Rom? Oder in Babylon? Davon redt koa Mensch mehr, bloß bei uns wird ständig im Dreck gewühlt. Da sagens, da muaß jemand dahinterstecken, weil sonst tät des ja koan Mensch mehr interessieren, weil erfreulich is des nicht. Und fürn Fasching, sagens, is des Programm denkbar ungeeignet und geschmacklos, wenn ma so was bringt, grad im Fasching. Und sie sagen auch, sie sagen auch, sie san auch de einzigen, die so was Ungeheuerliches schreiben, ja, wieviel nehmma jetzad?

HÄNDLER Brauche nichts, kein Interesse.

VERTRETER Ja, dann nehmen S' doch wieder Pornos, die gehen immer. Besonders de aus Skandinavien und de vo de Linken. Des san de besten.

Gebrauchslyriker

Im Regieraum eines Tonstudios sitzen Hupsi und Berti, daneben ein Tonmeister. Im Aufnahmeraum steht Désirée vor dem Mikrofon und singt.

DÉSIRÉE *singt* Bis dahin, bis dahin war mein Leben ohne Sinn, bis dahin war mein Leben so leer . . .

BERTI Is doch sinnlos mit dem Wammerl! Die bringt doch keinen vernünftigen Ton raus. Null Groove, echt zum Vergessen.

HUPSI Nanaa, also, i find, des is im Ansatz scho recht dufte. Und mir liegen damit aa voll auf dem derzeitigen Trend. *Drückt Sprechtaste.* Ah, Désirée, an kleinen Moment.

DÉSIRÉE War das gut so?

HUPSI Jaja, Desie, alles okay bei dir.

DÉSIRÉE Is was nicht in Ordnung?

HUPSI Naa, Desie, bei dir is alles okay. Einfach riesig. Ehrlich. Es war wega uns.

BERTI Wie die des »Leben ohne Sinn« singt, des hat koan Drive, glaub ma's.

HUPSI Geh, Berti, mir ham doch no koan Hall drauf. Und de Public Relation lauft scho fullpower auf Hochtouren. Da Alfredo sagt, er macht uns den Markt heiß. Jetz müaßma de Sache nauspushen. Und wenn's ganz Scheiße wird, na deanma's auf de B-Seitn.

DÉSIRÉE Was ist denn, Kinder, ich habe heute noch 'n Date, ich muß 'n Interview geben.

HUPSI Jaja, mir können wieder. Ah, wennst beim »Leben ohne Sinn« a kleines bißl mehr Power gibst . . .

DÉSIRÉE Aber dann kommt das lonely feeling nich so raus.

BERTI So eine Arschgeige . . .

HUPSI Des macht nix, Desie, a kleins bißl mehr Drive, dann is es top. Ehrlich. Also, mir können . . .

DÉSIRÉE Okay, ready . . .

TONMEISTER Band läuft.

DÉSIRÉE *singt* Doch dann kamst du, ja duuu, mit deinem Bausparvertrag daher, und du, ja duu, sagtest zu mihier . . .

BERTI Des geht doch net. Des haut naus.

HUPSI Was?

BERTI Des »Bausparvertrag«, des bremst, vom Text her. Des kannst beim Grand Prix net verkaufn.

HUPSI *drückt Sprechtaste* Halt, Desie, an kleinen Moment . . .

DÉSIRÉE Was'n jetzt schon wieder?

HUPSI Glei. – Naa, des find i net, Berti. Woaßt, i find, des bringt eine neue Dimension. Und des liegt genau auf'm Trend. De meisten Texter weigern sich, aus am romantischen Dings heraus, des Heutige praktisch zu bringen. Des sagt der Alfredo auch, woaßt, er sagt, du muaßt bedenken, mir ham heute zwanzig Millionen Bausparer, daran kann der Musikmarkt net einfach vorbeigehen.

BERTI Aber »Bausparvertrag«, des is so, i woaß net . . .

HUPSI Wieso, des geht doch. *Summt* Bausparvertrag . . . Astrein. *Drückt Sprechtaste* Du, Desie, kannst du des »Bausparvertrag« ein kleines bißchen softer bringen?

DÉSIRÉE Aber, Hupsi, das ist doch die Message. Das muß knallen!

HUPSI Des schon, aber es braucht a bißl an Groove, verstehst . . .

DÉSIRÉE Okay, I try it . . .

HUPSI Also, Lady, come on, Band läuft . . .

Die Tür geht auf, und Alfredo federt herein.

ALFREDO Hi, Männer, na, wie läuft's?

HUPSI Klasse. Servus, Alfredo. Knockt ehrlich satt.

BERTI A Riesenidee, des mit dem Bausparvertrag.

ALFREDO Nich wahr? Männer, ich sag's euch, diese Scheibe läuft auf der glasklaren Profitour. Voll auf'm Trend. Fünfzigtausend Singles würgen wir damit mindestens rein.

DÉSIRÉE Was is, Kinders? Macht mal, denkt an mein Interview. – Alfredo, Bussi!

ALFREDO Bussi, Darling.

HUPSI Okay, mir ham's wieder, Desie, und denk an »Bausparvertrag« – soft, aber mit a bißl Groove.

DÉSIRÉE Wo steigen wir ein?

HUPSI Bei »Du mit deinem Bausparvertrag«, okay?

DÉSIRÉE Okay, I'm ready . . .

TONMEISTER Band läuft . . .

DÉSIRÉE *singt* Doch dann kamst du, ja duu,
mit deinem Bausparvertrag daher,
und du, ja duhuu, du sagtest zu mir:
Wir bauen uns ein Häuslein fein,
Häuslein klein, Häuslein mein,

dann ziehn wir in unser Häuslein ein,
Häuslein fein, Häuslein mein,
soll niemand andres drinnen sein,
wie du allein, wir zu zwein,
wir wohnen in dem Häuslein fein,
Häuslein klein, Häuslein mein,
hey hey hey hey, Häuslein fein,
Häuslein mein, Häuslein dein,
Häu-Häu-Häuslein klein, klein, aber mein ...

HUPSI Des pfeift ein, ha?

BERTI Aber sie kann doch net »mein« singen, des muaß »unser« heißen.

HUPSI Geh, Berti, du redst daher wie a Oberlehrer. De Betonung liegt doch auf »ein«! »Unser Häus*lein*« klingt doch net. »Häuslein *mein*«, des fetzt ganz anders. »Häuslein mein« hat an ganz andern Drive.

BERTI Aber 's is unlogisch.

ALFREDO Da hat er recht. Logischer wäre »*unser* Häuslein«.

HUPSI Halt, Desie, mir ham grad an Trouble, geduldige dich ...

DÉSIRÉE Aber, Kinders, die Zeit ...

HUPSI I woaß, dei Interview. Glei ham mir's.

ALFREDO Sag mal, Desimaus, hast du irgendn Problem mit dem Text?

DÉSIRÉE Nee, der Text is Klasse. Weißte, ich brauch diesen internationalen Touch, und der is hier voll da.

ALFREDO *zu Hupsi und Berti* Na also.

DÉSIRÉE Wieso?

ALFREDO Neenee, is alles okay, Darling.

HUPSI *in einem kreativen Anfall* Na, machma halt aus »Häuslein mein« »Häuslein klein«.

BERTI Ja, des geht. Mach ma »klein«, dann is's logisch.

ALFREDO Aber »Häuslein klein« klingt so nach wenig ...

HUPSI Geh, Alfredo, von dene zwanzig Million Bausparern san mindestens neunzehn Mio Kleinsparer, vergiß des net, und außerdem groovt's ...

ALFREDO Okay, machen wir »Häuslein klein«!

HUPSI *drückt Sprechtaste* Ah, Désirée, a winzige Textkorrektur. Mir machen statt »Häuslein mein« jetzt »Häuslein klein«, gell.

DÉSIRÉE Okay, »Häuslein klein«. Vor oder nach »Häuslein fein«?

HUPSI *an Alfredo und Berti* Davor oder danach?

ALFREDO Vor ...

BERTI Vor, natürlich!

HUPSI Vor »Häuslein fein« natürlich.
DÉSIRÉE Also »Häuslein klein, Häuslein fein«?
HUPSI Baby, you got it. Riesig! Also, okay, so machma's. Ready?
DÉSIRÉE Okay, ready . . .
TONMEISTER Band läuft . . .
DÉSIRÉE Bis dahin, bis dahin
war mein Leben ohne Sinn,
bis dahin war mein Leben so leer.
Doch dann kamst du, ja duu,
mit deinem Bausparvertrag daher,
und du, ja duu,
du sagtest zu mir:
Wir bauen uns ein Häuslein fein,
Häuslein klein, Häuslein fein.
Dann ziehn wir in unser Häuslein ein,
Häuslein klein, Häuslein fein,
soll niemand andres drinnen sein
wie du allein, wir zu zwein,
wir wohnen in dem Häuslein fein,
Häuslein klein, Häuslein fein
hey hey hey hey, Häuslein fein,
Häuslein dein, Häuslein mein,
hey hey hey hey, Häuslein fein, Häuslein klein, aber fein . . .

Und wieder war ein deutscher Hit geboren.

Nachtstudio

In einem Rundfunkstudio sitzen der Moderator und Professor Sonnblum. Im Senderaum langweilt sich Fräulein Zacharias. Ein Techniker kommt dazu.

TECHNIKER Bitte, da hineinsprechen, in dieses Mikrofon, und ungefähr so viel Abstand ... Hier, wenn dieses Rotlicht aufleuchtet, dann Obacht, weil das wird dann gesendet. Und da ist das Telefon.

MODERATOR Pst, der schlaft no. I sag's eahm dann. Fräun Zacharias, geh, bittschön, machen S' mir doch gschwind a Taß Kaffee, extra stark, schwarz, ohne Zucker, ich hab eine furchbare Nacht hinter mir, ich hab von gestern noch einen solchen Schädl auf ...

ZACHARIAS Erst nach der Ansage. An Augenblick noch ...

MODERATOR Ja, aber dann bittschön gleich. Und Sie? Mögn Sie aa an Kaffee, hallo, Herr, ah ... Herr Professor ...

SONNBLUM *wacht reflexartig auf* Sonnblum.

MODERATOR Herr Sonnblum, auch a Taß Kaffee?

SONNBLUM Ja, bringen S' mir auch a Taßn.

TECHNIKER Achtung, Studio bereit.

MODERATOR Studio bereit.

TECHNIKER Ist der Professor wacht?

MODERATOR Ja.

TECHNIKER Achtung, wir gehen auf Sendung ...

MODERATOR So, Herr Professor, jetz geht's los. *Gähnt.*

SONNBLUM Ja, is denn dies jetz ...

MODERATOR Pst, Ruhe!

ZACHARIAS Meine sehr verehrten Damen und Herren, in unserer Sendereihe »Das Nachtstudio« präsentieren wir Ihnen heute einen neuen Studiogast. Am Mikrofon plaudert mit Ihnen, wie gewöhnlich, Rudi Bückner in unserer Sendung »Zu Gast im Studio«. Wir wünschen gute Unterhaltung.

MODERATOR *plötzlich dynamisch* Einen schönen guten Abend, meine sehr verehrten Damen und Herren, liebe Nachtfalter draußen, unterwegs, zu Hause oder ... ich möchte jetzt hier nichts Anstößiges sagen, also zuerst mal die Zeit: Es ist jetzt genau sieben Minuten nach Mitternacht, und neben mir sitzt als Gast im Studio Professor Sonnblum. Professor Sonnblum wird Ihnen ... guten Tag, Herr Professor ...

SONNBLUM Guten Tag, ich habe . . .

MODERATOR Professor Sonnblum ist Enzyklopädist und wird Ihnen sämtliche Fragen beantworten, die Sie bewegen; Fragen, die Sie heute im Laufe dieser Sendung, in den nächsten vierzig Minuten, an ihn richten. Hier ist unsere Telefonnummer: Neunundfünfzig-nullnull-achtundzwanzig und vierundvierzig, ich darf wiederholen: Neunundfünfzig-nullnull-achtundzwanzig und vierundvierzig. Professor Sonnblum freut sich auf Ihre Fragen. Zunächst aber erstmal ein bißchen Musik!

TECHNIKER Okay, gestorben . . .

MODERATOR *sackt zusammen* Mensch, so eine Scheiße, ich bin no halb blind. Auf der Herfahrt hätt i beinah a Kind zammgfahrn. *Reibt sich die Schläfen.*

SONNBLUM Ah, sagen Sie, is des da der Apparat?

MODERATOR Fräun Zacharias, was macht der Kaffee?

ZACHARIAS Is in Arbeit . . .

Das Telefon läutet.

SONNBLUM *hebt ab* Ja, hallo? – Hallo, hier Sonnblum. Augenblick. – Für Sie, Herr Bückner . . .

MODERATOR Ja? – Du, Schnecki, i hab jetz koa Zeit, i ruf di zruck, wenn der Schmarrn aus is, okay? Servus derwei.

Fräulein Zacharias serviert den Kaffee.

SONNBLUM Mir bitte mit Milch und Zucker . . .

ZACHARIAS Ach, hätten Sie auch einen wollen? Für Sie hab ich jetzt gar keinen . . .

MODERATOR *zündet sich eine Zigarette an.* Rauchen Sie, Herr Professor?

SONNBLUM Danke, nein. Ich bin passionierter Nichtraucher.

MODERATOR *trinkt* Ah, so a Kaffee tut guat.

SONNBLUM Sagen Sie, wie ist denn das Echo so gewöhnlich?

MODERATOR Kommt drauf an, wer da is. An Paul Breitner ham mir as letztemal daghabt, da is uns direkt as Telefonnetz zammbrochn . . .

TECHNIKER Achtung, wir senden!

MODERATOR *strafft sich* Meine Damen und Herren, es ist inzwischen null Uhr elf in unserer Republik, und Professor Sonnblum freut sich auf Ihre Fragen. Bitte denken Sie an unseren Studiogast. Hier noch einmal die Telefonnummer: Neunundfünfzig, nullnull, achtundzwanzig, vierundvierzig, neunundfünfzig, nullnull, achtundzwanzig, vierundvierzig. Ganz einfach anrufen, den Herrn Professor fragen, Professor Sonnblum antwortet zu allen Lebenslagen. Hahaha ... Einstweilen wieder Musik.

SONNBLUM Ja, sagen S' amal, da ruft ja überhaupts kein Mensch an. Was is 'n da los?

MODERATOR Ja mei, Herr Professor, um die Zeit, i sag's Ihnen ganz ehrlich, um diese Zeit, i dad aa nimmer anrufen.

SONNBLUM Ja, aber, wieso bin ich dann überhaupts ...

MODERATOR Mei, wartma's ab, meistens kommt dann doch no oana daher ...

TECHNIKER Achtung, Sendung!

MODERATOR Pst! – Null Uhr vierzehn, meine Damen und Herren, und Professor Sonnblum, unser Studiogast, ist allzeit bereit ...

SONNBLUM Sie könnten mich zum Beispiel fragen ...

MODERATOR Unsere Telefonnummer ist nach wie vor fünf, neun, null, null, zwoacht und zweimal die vier.

SONNBLUM Sie könnten ja zum Beispiel fragen, wie hoch der höchste Berg der Welt ist, des is der Nanga ...

MODERATOR *überrollt Sonnblum* Ich wiederhole: Fünf, neun, null, null, zwoacht und die doppelte vier, meine Damen und Herren ...

SONNBLUM ... oder auch sonst noch einiges, wenn Sie ...

MODERATOR Kontakten Sie Professor Sonnblum!

SONNBLUM Sie, wieso ruft denn da niemand an? Also, ich versteh des nicht, daß da überhaupts kein Interesse besteht von seitn der Bevölkerung.

MODERATOR Ja, heut is Montag, im Vertrauen gsagt, heut is a ganz a schlechter Tag.

SONNBLUM Ich hab jetz extra meinen Urlaub unterbrochen wegen dieser Sendung; ich bin extra vom Gardasee hier in dieses Nachtstudio ...

Das Telefon läutet.

MODERATOR Na sehng S', Herr Professor, da ...

SONNBLUM *hebt ab* Hallo? – Hallo? Ja, hallo, hier Sonnblum.

STIMME Ja ...

SONNBLUM Ja, hier is der Professor Sonnblum.

STIMME Ja ...

SONNBLUM Ja, was ist denn?

STIMME Ah, wie spät ist es denn, bitte?

SONNBLUM Ja, jetz is es ... ja, wie spät?

MODERATOR Null Uhr siebzehn.

SONNBLUM Es is null Uhr siebzehn. Wieso?

STIMME Danke. *Hängt ein.*

TECHNIKER Scheiße, ich hab vergessen, den Anruf zu senden. Aber jetzt: Achtung!

MODERATOR Null Uhr siebzehn, liebe Nachtfalter, neunundfünfzig, nullnull, achtundzwanzig und vierundvierzig, Professor Sonnblum sitzt neben mir und freut sich auf Ihre Fragen. Er hat schon einige beantworten können, und dennoch, es ist die Nummer neunundfünfzig, nullnull, achtundzwanzig und vierundvierzig, wer Fragen hat, wählt diese Nummer ...

TECHNIKER Okay, wieder Musik ...

MODERATOR Ich habe gerade Herrn Professor Sonnblum während der letzten Zwischenmusik eine Frage stellen dürfen, und ich fragte ihn: Was hat denn so 'n Professor für ein Lieblingsgericht? Das würde doch unsere Hörer sicher auch mal interessieren. Und der Professor sagte mir, er hätte eine besonders starke Zuneigung zu Reisauflauf mit Zimt.

SONNBLUM ... und dazu Zwetschgenkompott ...

MODERATOR Ja, meine Damen und Herren, Zwetschgenkompott, Sie haben es soeben selbst gehört. Wenn Sie weitere Fragen haben, nach wie vor neunundfünfzig, nullnull, achtundzwanzig und vierundvierzig, und ab geht's wieder mit Musik: die Appletrees!

SONNBLUM Marillenkompott geht auch ... Sie, ich muß mich doch schon sehr wundern, wieso fragt denn da niemand? Haben denn diese Leute überhaupts keine Fragen?

ZACHARIAS Herr Professor, möchten Sie vielleicht 'n Käsebrot?

SONNBLUM Ja, also, störn Sie mich doch nicht, wenn Sie mich schon so sehen hier! Ich kann doch jetzt kein Käsebrot, ich kann doch hier nicht mit vollem Mund beantworten!

MODERATOR Sie moant's ja net so. Dean S' es mir her, Fräun Zacharias. Mensch, war ich gestern angflaschlt, also dermaßen abgefüllt ... *Beißt in das Käsebrot.*

ZACHARIAS Da is ja 'ne Live-Sendung genau das Richtige ...

MODERATOR Na ja, jetz ham mir's dann bald überstandn ...

TECHNIKER Achtung!

MODERATOR *mit vollem Mund* ... fünf, neun, null, null, zwoacht und die viervier ... die bewährte Nummer, meine Damen und Herren, wenn Sie irgendeine Frage haben, Professor Sonnblum ist unermüdlich für Sie da, und das Telefon läuft heiß. Fragen Sie Professor Sonnblum, wählen Sie fünf, neun, null, null, zwoacht und die viervier ... *Beißt wieder gierig in das Käsebrot*

TECHNIKER Okay, gestorben, Musik ... *Erregt* Achtung, ein Anruf! Ich gehe auf Sendung!

SONNBLUM *hebt ab* Ja, hallo, hier Sonnblum. Hallo, hier Sonnblum!

STIMME Ja, Sie, ich hätt da eine Frage ...

SONNBLUM Ja bitte?

STIMME Weil des hätt mich schon lang interessiert ...

SONNBLUM Ja, also fragen Sie doch ...

STIMME Ah, wieviel verdienen Sie so im Monat?

SONNBLUM Ja, ich habe verschiedene Bezüge. Insgesamt dürfte das ungefähr ... *Wirft wütend den Hörer in die Gabel.* Eine Unverschämtheit! So was fragt ma net. Ich komm hierher in dieses Nachtstudio, und da werd ich gefragt, wie spät es is und was ich verdien.

MODERATOR Null Uhr und ... Pst!

SONNBLUM Diese Leute, nicht, des is ja ...

MODERATOR Meine Damen und Herren ...

SONNBLUM ... eine Ungezogenheit, ein, ein, eine ... ich ...

MODERATOR ... fünf, neun, null, null ...

SONNBLUM ... unterbreche doch nicht extra meinen Urlaub ...

MODERATOR ... zwoacht, viervier ... ist die Telefonnummer ...

SONNBLUM ... um mir dann diese Pöbeleien ... so eine Ungezogenheit ...

MODERATOR *schreit Sonnblum an* Halt's Maul! Maul halten!

TECHNIKER Okay, gestorben, Musik!

Disagissimo

Herr Pflanzl, Direktor der Kreissparkasse
Herr Pfeiffer, Presseheini
Herr Schmitz-Zeiszyk, Künstler
Herr Spitzer, Musiker

DIREKTOR Wenn wir Asylanten und Flüchtlingen einen Bausparvertrag verkaufen, dann können Sie sicher sein, daß wir von der Sparkasse uns dabei etwas überlegt haben. Dieser Kundenkreis ist natürlich etwas mobil – aber selbst nach einer erfolgten Ausweisung hat die Sparkasse doch bewiesen, daß sie auch in ambulante Personen ein hohes Maß an Vertrauen setzt. Es wird unsererseits niemand gezwungen zu bauen. Aber allein der Wille zum Bausparen für sich ist doch lobenswert, aber diese – entschuldigen Sie den Ausdruck –, diese Scheißpresseheinis machen daraus eine Affäre und – ach ja – da sind Sie ja – das ist der Herr Pfeiffer, gell – von der Heimatzeitung . . .

PFEIFFER Ja, Pfeiffer . . .

DIREKTOR Ja gut, Herr Pfeiffer – also es geht um folgendes – in Stichworten – Sie wissen – Deutsche Bank – Dresdner Bank – Hypo haben neben der sattsam bekannten Sportförderung – Kunst und Künstler – aber vor allem auf internationalem Niveau gefördert. Und sie haben ihre Chefetagen mit allem möglichen gepflastert – von Chagall bis Ding . . . na ja, Sie wissen schon, die Modernen halt. Und wir, Herr Pfeiffer, und das ist unsere Philosophie, also die Philosophie der Kreissparkasse – wir wollen ebenfalls eine Förderung ermöglichen, ein Sponsoring, aber, Herr Pfeiffer, für unsere Künstler vor Ort. Wir wollen der Kunst die Wege ebnen – Geld und Kunst, das ist heute kein Widerspruch mehr. Wir wollen, daß hier bei uns der Künstler einen Katalysator findet, einen Freund, der ihn bei der Hand nimmt und ihm sagt: »Ja, es ist jemand da, der weiß, eine lebendige Heimat existiert nur da, wo deine Kreissparkasse mit ihrem Know-how dir ein Signal setzt« – und das Ganze . . . also, die ganze Aktion heißt und steht unter dem Motto: »Kreissparkasse meets art«.

Pfeiffer notiert: »Kreissparkasse meets art«.

Genau, Kreissparkasse meets art.

PFEIFFER Genau.

DIREKTOR Ich werde dann eine kurze Rede halten und unseren Künstler, den Herr Schmitz-Zeiszyk, vorstellen – übrigens müßte der schon längst da sein ... Also, ich stelle sein Werk vor, das heißt, also, er nennt's: »Risse in der Gesellschaft« ...

Pfeiffer notiert: »Risse in der Gesellschaft«.

Haha, mein Gott, na ja, Sie wissen schon, diese Künstler ... also, ich selber hab das Werk noch gar nicht angeschaut, aber ich, für mich ist so was sowieso nichts ... also, in mein Zirbelstüberl kommt so was eh nicht hinein, aber, Herr Pfeiffer – bitte, in Ihrem Artikel wäre es schön, wenn vor allem darauf hingewiesen wird, daß die Aktivität der Kreissparkasse gwürdigt wird, als Mäzen und so – also hervorgehoben wird. Und ich übergebe dann auch den Scheck an den Schmitz-Zeiszyk in Höhe von fünftausend Mark.

PFEIFFER Ja, ich mach dann ein schönes Foto von der Scheckübergabe.

DIREKTOR Genau, der Scheck im Mittelpunkt, und Sie sagen mir dann, wie ich den Scheck halten soll.

PFEIFFER Jetzt hätt ich aber noch eine Frage.

DIREKTOR Bitte, Herr Pfeiffer.

PFEIFFER Warum kriegt der Schmitz-Zeiszyk die fünftausend Mark

DIREKTOR Ja, lesen Sie Ihre eigene Zeitung nicht? Wer hat denn dann den Artikel geschrieben?

PFEIFFER Das war sicher der Chef.

DIREKTOR Natürlich, das war Ihr Chef, der Herr Ammesmeier.

PFEIFFER Da war ich in Urlaub.

DIREKTOR Weil es ist doch so, der Schmitz-Zeiszyk, ob der ein guter Künstler ist, das übersteigt meine Kompetenz – wie gesagt, über Geschmack läßt sich streiten –, aber Schmitz-Zeiszyk ist seit Jahren finanziell am Paddeln – also, ich plaudere kein Bankgeheimnis aus –, er ist ständig unter dem, was wir als Kreissparkasse konzedieren können.

PFEIFFER Steht der so im Wasser?

DIREKTOR Was heißt da: im Wasser stehen? Der ist ein Tiefseetaucher, aber ohne Sauerstoffflasche – haha ...

Pfeiffer will notieren, aber der Direktor hält ihn davon ab.

Aber es war unmöglich, ihn absaufen zu lassen, weil er ist ein enger Verwandter ...

PFEIFFER ... von der Großbäckerei Furtner.

DIREKTOR Sie sind ja doch informiert.

PFEIFFER Ja, der Chef hat mir . . .

DIREKTOR Also, jetzt standen wir vor dem Problem, was tun? Den Furtner fragen, ob er seinen Neffen auslöst, wollten wir diskretionshalber nicht, äh, also, dann, ich habe dann die Idee gehabt – also, wir von der Kreissparkasse haben gesagt, wir machen einen Wettbewerb: »Disagissimo – Kunst im Landkreis«, und mit Hilfe Ihrer Zeitung, also vom Herrn Ammesmeier selbst, der die Jury geleitet hat, war klar, den ersten Platz macht Schmitz-Zeiszyk und kriegt die fünftausend Mark, also den Scheck, und das Geld zahlen wir auf sein Konto bei uns ein, dann ist er wieder frisch, und unsere Kunstpromotion hat eine Öffentlichkeit, imagemäßig. Also, wir haben eine Fliege mit zwei Klappen geschlagen.

Zu Spitzer Herr Spitzer, sind Sie soweit?

SPITZER Ja.

DIREKTOR Der Herr Spitzer gestaltet den musikalischen Teil der Vernissage und spielt eine eigene Komposition – wie heißt Ihr Arrangement, Herr Spitzer?

SPITZER Inkasso.

DIREKTOR Sehr gut. Ah ja, da kommt ja unser Künstler – unpünktlich sinds halt, die Künstler, aber vor allem, wenn's unbekannt sind, weil wenn's berühmt sind, brauchens nicht mehr pünktlich sein – haha. Sind Sie soweit, Herr Schmitz-Zeiszyk?

SCHMITZ-ZEISZYK Ja.

DIREKTOR Also, meine Damen und Herren – bevor wir also jetzt zur Enthüllung schreiten, spielt uns unser Herr Spitzer noch eine eigene Komposition vor – Inkasso . . .

Spitzer spielt. Nach einiger Zeit wird der Direktor nervös und applaudiert.

Danke, Herr Spitzer, für diesen Ohrenschmaus. Also, fangma an . . . Sehr verehrte Damen und Herren, bitte erlauben Sie, daß, daß wir von der Kreissparkasse, Filiale Hausen, Ihnen heute unseren Künstler, den Herrn Schmitz-Zeiszyk vorstellen. Der Herr Schmitz-Zeiszyk arbeitet seit Jahren an dem Projekt mit großer Intensität – das Thema heißt: »Risse in der Gesellschaft«, und dieses Thema hat bei uns in der Kreissparkasse sofort die Alarmglocken klingeln lassen, und wir haben sofort spontan gesagt, jawohl, da ist einer unter uns, der den Finger auf die Wunde legt, was gerade in der heutigen Zeit so wichtig ist, daß einer einen Sensor hat, da wo es brennt und knirscht im Getriebe – der ein Gespür entwickelt hat für diesen erschreckenden Mangel an Mitgefühl, einer, der weiß, wo es hapert am Sozialen, äh, und an der Aufrichtigkeit. Und damit es zwickt, das Gewissen, das veranschaulicht uns der Herr Schmitz-Zeiszyk mit seinen aufwühlenden Darstellungen . . . *Zu Spitzer* Jetzt Tusch . . . und jetzt möchte ich das Kunstwerk enthüllen . . . *Applaus.* Und jetzt überreiche ich Herrn Schmitz-Zeiszyk den Scheck in Höhe von fünftausend Mark. *Zu Schmitz-Zeiszyk* Diesen Scheck brauchen Sie nicht, aber das Geld geht unmittelbar auf Ihr Konto.

PFEIFFER Bitte, den Scheck höher halten – danke.

DIREKTOR Die Kreissparkasse möchte hier noch einmal manifestieren, daß wir hautnah, an der Kreativität, äh – bitte, Herr Spitzer!

PFEIFFER *fotografiert* Ich hätte noch eine Frage, Herr Pflanzl.

DIREKTOR Bitte, Herr Pfeiffer.

PFEIFFER Wie lange geht denn die Ausstellung?

DIREKTOR Ja heute, den ganzen Nachmittag bis siebzehn Uhr dreißig – Schalterschluß . . .

SCHMITZ-ZEISZYK *rastet aus* Was, aber das gibt's doch nicht, das ist doch ein Wahnsinn . . .

DIREKTOR Bitte, Herr Schmitz-Zeiszyk, beruhigen Sie sich – hat Ihnen das die Frau Kuschmelka nicht gesagt? Das war doch vereinbart . . .

SCHMITZ-ZEISZYK Das ist doch ein Irrsinn, eine Provinzposse. *Er nimmt sein Kunstwerk und geht.*

DIREKTOR Aber morgen ist doch der Weltspartag, da muß das Zeu. . . äh, Sie verstehen, an diesen Platz kommen die Sparschweine hin und die Luftballons.

SCHMITZ-ZEISZYK Was ist schon der Einbruch in eine Bank gegen die Gründung einer Bank!

DIREKTOR Ha, ha, jetzt zitiert er den Bert Brecht! Also, sie sind schon sehr sensibel, diese Künstler, aber sie haben einfach ein gebrochenes Verhältnis zum Geld . . . Bevor es jetzt dann gleich ein paar Kanapees gibt und was zu trinken, spielt uns der Herr Spitzer noch was Schönes – wie heißt das Stück?

SPITZER Disagissimo.

Der Cineast

Wissen Sie, ich kann etwas mitreden, ein bißchen kann ich mitreden. Ich sage ja nicht, daß ich den deutschen Nachkriegsfilm gestaltet habe. Den Schuh ziehe ich mir nicht an, nicht wahr, aber ich war dabei. Von Anfang an war ich Komparse. Ich war Komparse der ersten Stunde, nicht wahr. Nennen Sie mir irgendeinen großen deutschen Filmregisseur von Rang, mit dem ich nicht gearbeitet hätte. Da können Sie nennen, wen Sie wollen. Sagen Sie Schlöndorff, kenne ich, Wim Wenders oder Werner Herzog, ich kenne die alle. Wenn ich Ihnen darüber Anekdoten erzählen würde, da würden wir heute nicht mehr fertig. Na gut, wenn Sie mich drängen, dann erzähl ich Ihnen eine. Na ja, passen Sie auf, es war folgendermaßen. Ich drehte einen Film, mit, äh – Fassbinder, ich weiß es noch sehr gut. Fassbinder kam zu mir, nicht wahr, und hat mich gefragt, ob ich mitspielen möchte. Ich sage, na ja, es ist schon scheißegal, nicht wahr. Und ich mußte damals eine Szene drehen, das war eine schwierige Aufgabe. Ich sollte damals spielen mit dieser Schauspielerin Hanna Schygulla. Hanna Schygulla, nicht wahr, und ich sollte eben darstellen, wie diese Hanna Schygulla an mir vorübergeht, nicht wahr. Die Szene wurde aus technischen Gründen dann nicht gezeigt, nicht wahr. Aber ich meine, ich kann mich gut erinnern, wie dann diese Hanna Schygulla damals, nicht wahr, die Frau mußte eine Szene drehen, dann noch eine Rolltreppe rauf, runter, eine Rolltreppe immer rauf, runter, rauf, runter, nicht wahr, von Tagesanbruch an. Und dieser Fassbinder, der Mann war ja ein Monster, der hat diese Frau schikaniert, immer wieder noch mal, diese Rolltreppe rauf, runter. Die Frau war, diese Schygulla war fix und foxi. Weiß ich gut, wie sie dann zu mir kam und zu mir gesagt hat, also, nicht nur, daß sie es gesagt hat, wie diese Frau das gesagt hat, das war, nicht wahr, da sagt Hanna Schygulla, diese berühmte Schauspielerin, sagt zu mir: »Mein Gott«, sagt sie, »diese Rolltreppe.« Das war die Hanna Schygulla. Wissen Sie, ich meine, warum erzähle ich Ihnen das überhaupt? Ich meine, ich kann es einfach nicht haben, daß man den deutschen Film heute so runtermacht. Der deutsche Film, der wird einfach in den Boden geredet, nicht wahr. Ich habe nichts gegen Hollywood, verstehen Sie mich richtig, aber so den deutschen Film als nicht mehr existent zu bezeichnen, das ist infam. Was da behauptet wird. Wir hätten in Deutschland kein Filmstare. Die Filmstare sind doch da, nicht wahr, aber man muß auch einem deutschen

Filmstar auch mal eine Rolle geben, die den Namen Rolle verdient. Wir haben international reputierte Filmstare. Ja, haben wir einen Derrick, oder haben wir ihn nicht? Ja, warum sehe ich einen großen Mimen wie einen Wussow, warum sehe ich den Mann auf internationaler Leinwand nicht mal als Frauenarzt? Ja, und dann, das ist das schlimmste, nicht wahr, da wird behauptet, wir hätten in Deutschland keine Drehbuchautoren, wir hätten keine Erzähler, keine Narrateure, nicht wahr, keine Drehbuchautoren. Die sind doch da! Wie viele Drehbücher habe ich ihnen allein schon geschickt im Laufe meines Lebens? Ja, ich habe sie nicht mehr gezählt, und ich weiß auch gar nicht, was sie mit meinen Drehbüchern gemacht haben. Möchte es gar nicht wissen. Jetzt habe ich noch einmal ein Drehbuch geschrieben, das ist die Vorlage für einen großen deutschen Film. Ein großer deutscher Film mit *international dimension.* Da ist alles drin, was ein großer Film heute braucht. Verstehen Sie, da ist alles drin. Plots, Sweats und Tears, Sex and Crime, Tragedy, Comedy, alles da drin.

Na gut, weil Sie's wollen, ich erzähl's Ihnen, nicht wahr, also hören Sie auf. Aber ich erzähl Ihnen jetzt nur den Plot, nicht wahr, weil so viel Zeit hab ich nicht mehr. Also, passen Sie auf, also folgendermaßen: Kreischke heißt der Protagonist. Kreischke wohnt in München-Haidhausen, zurückgezogen mit seiner Lebensgefährtin, einer etwas ambivalenten Person. Aber er lebt zurückgezogen, nicht wahr, man würde sagen, er amorphelt vor sich hin. Da sehen Sie schon, wie dieser Film interessant beginnt, nicht wahr, ganz ruhig, nicht wahr, ruhige Einstellungen. Und eines Tages entschließt er sich, im Morgenmantel geht er runter, das Treppenhaus, nicht wahr, geht zum Briefkasten, entnimmt einen Brief, öffnet, und da – die Schatten der Vergangenheit. Er soll denunziert werden. Jetzt haben wir eine Rückblende. Ja, wir gehen jetzt zurück, und da ist es, nicht wahr, Kreischke hat damals, vor Jahren, hat er eine Diskussion mit einem Vis-à-vis. Diese Diskussion wurde sehr emotionell geführt und konnte von Kreischkes Seite aus nur gemeistert werden, weil er zufällig einen Peacemaker bei sich hatte, nicht wahr, das Vis-à-vis fiel um und so weiter, Kreischke ging zur Fremdenlegion etcetera, etcetera. Und da, jetzt sind wir wieder in der Jetztzeit, da ist der Drohbrief. Kreischke ist vollkommen konsterniert, panikt, chaotisiert, nicht wahr, mit dem Brief in der Hand im Morgenmantel flieht er von München nach Wien, von dort nach Budapest, von dort nach Bukarest, von dort nach Sophia, dann Istanbul, dann nach Kabul, dann nach, ach, scheißegal halt, er flieht, nicht wahr, hochinteressant, nicht wahr. Wie er im Morgenmantel herumchaotisiert, nicht wahr, trifft aber durch Zufall auf eine Frau – Sie sehen schon das Konzept dieses Filmes –, hochinteressant, nicht wahr, und dann sehen wir diese Frau auf ihn zukommen, eine schöne, eine Euro-Asiatin, ja eine, ich würde sagen, etwas ambivalente Person, nicht wahr. Die Frau kommt auf ihn zu, nicht wahr, man muß auch das ... man muß auch an den Zuschauer denken, nicht wahr, die Frau kommt, öffnet die Bluse, ein Silikonwunder, nicht wahr, also großartig, es kommt zum Tête-à-tête, nicht wahr, da plötzlich, aus dem Ungefähren, kommen diese Drogen-Mafiosi, nicht wahr, kidnappen vor den Augen dieser Frau, äh, vor seinen Augen, Entschuldigung, also, sie kidnappen jetzt die Frau, nicht wahr, vor Kreischkes Augen, bringen diese Frau in einen Helikopter, fliegen mit ihr weg, nicht wahr, über den Pazifischen Ozean, werfen diese Frau ins Meer, nicht wahr, wie Müll, nicht wahr, da kommt der Weiße Hai, schnappt die Frau. Jetzt ist Kreischke vollkommen durcheinander, nicht wahr, sie müssen sich vorstellen, ist ja nur der Plot, da kommen natürlich noch andere Szenen, Sie müssen's sich vorstellen, da kommen die Aliens von einer anderen Galaxie, die in Wirklichkeit keine Menschen, sondern Pommes frites sind, nicht wahr. Aber warten Sie, bleiben wir beim Ding, jetzt erst Kreischke, nicht wahr, dieses Erlebnis hat ihn verwundbar gemacht, nicht wahr, jetzt ein Schrei des Schmerzes. Er flieht, nicht wahr, runter nach Kapstadt, Toronto, von Toronto wieder rauf nach Rosenheim, und dann wieder, nicht wahr, bis wir ihn in Bogota wiedersehen, nicht wahr, wir sehen ihn auf der Plaza und dann immer Folklore, trm-trm-trm-trm, im Morgenmantel, nicht wahr, durch Bogota, nicht wahr, da kommt er wieder auf eine Frau, eine schöne Frau, übrigens eine Euro-Indianerin, ich würde sagen, eine etwas ambivalente Person, nicht wahr, es kommt zum Tête-à-tête, jetzt sind sie schon wieder da, die Drogen-Mafiosi. Jetzt bemächtigen sie sich aber Kreischkes, sie packen ihn, nicht wahr, führen ihn vor den Augen dieser Frau in ein Labor, in einen Keller, implantieren in seinen Körper einen Virus, einen Killervirus, der ihm selber nichts anhaben kann. Er soll nur als Bombe, als Zwischenwirt, benutzt werden, nicht wahr, und immer, wenn eine Musik ertönt, eine bestimmte, daa-ra-raa-raa-ra-raa, dann fängt Kreischke an zu schwitzen, nicht wahr, und über die Schweißperlen aus seiner Stirn stürzt sich der Killervirus heraus, auf jeden nächsten, und vernichtet ihn, nicht wahr, und deshalb ist der Titel dieses meines großen deutschen Spielfilmes: *Der Transpirator.*

Gedanken eines Medienkaufmanns

Sie, ein Freund von mir, der Kreiß Herbert, der hat sich neulich das Knie anghaut, also, mehr privat hat er sich's angehaut. Also, er hat's mir erzählt, außer mir weiß es noch sei Frau, sei Tochter, ja, und *Sie* wissen's jetzt. Diese Information war eigentlich gar nicht top secret, aber es ist nicht durch die Medien gegangen. Ja, ich weiß auch nicht, warum, das wär doch amal eine interessante Meldung gewesen. Während der Peter, der war mit dem Kreiß beim Essen, also der Alexander mit dem Dallidalli, aber des wissen Sie wahrscheinlich, weil des *is* durch die Medien gegangen. Es ist unklar, ob die beiden Suppe gegessen haben oder nicht, es ist aus dem Bericht nicht eindeutig hervorgegangen, also, sagen wir lieber, sie haben halt eine Vorspeise zu sich genommen, dann ein Hauptgericht sowieso, wahrscheinlich eine Nachspeise und dann mit Sicherheit ein Getränk, beide. Also diese Information, daß sie da essen warn, die hat Hand und Fuß, die ist verbürgt. Des hat mir der Kreiß Herbert persönlich erzählt. Er hat's aus der Presse. Also, wir haben das verbreitet, und der Kreiß meint jetzt, das stimmt. Also, mir lassen ihn das meinen, denn wir Medienkaufleute, wir sind der Ansicht: »Meinung ist Macht«. Also nicht Wissen, sondern Meinung. Die Meinung ist unser pekuniäres Fundament, weil Wissen ist ja kein Geschäft, das wissen Sie doch selber am eigenen Leib, wie viele Leute informiert sind und keine Ahnung haben. Wenn einer was weiß, dann braucht der unsere Medien überhaupt nicht und unsere Meinung auch nicht. Oder glauben Sie, daß der Sokrates eine Zeitschrift wie »essen & trinken« abonniert hätte? Der hat selber gegessen und getrunken, der hat seine Symposien halt so abgehalten. Aber er hat dann damals schon selber gesagt, er weiß nix. Drum hat er auch selber nichts veröffentlicht. Er hat auch selber noch gedacht. Des war damals natürlich noch leichter, weil damals hat's ja noch keine Zeitschrift wie »essen & trinken« gegeben oder auch keinen »Stern« oder »Brigitte«, und was wir alles haben. Der Mann war also ideologsich vom Essen und Trinken ziemlich losgelöst. Genau wie unser derzeitiger Bundeskanzler. Obwohl der bei Staatsbanketten inzwischen ein deutsches Grundnahrungsmittel wieder mehr namentlich ins internationale Rampenlicht bringt. Er trinkt übrigens nicht nur, des mag Sie interessieren, an Pfälzer Wein, sondern auch ab und zu an Bocksbeutel oder an Badenser. Das gilt als verbürgt, das weiß man heute, und mir ham des auch schon mehrmals veröffentlicht. Diese knallharten Fakten sind aber publizistisch immer noch unterbewertet. Schad, daß er heute nicht als Festredner da is. Weil er hat immer so amüsante Sprüche auf Lager. Überhaupt die Langeweile, also die Fadheit, diese... substantielle Armut ist doch das, was heute am vitalsten auf dem Vormarsch ist. Und zwar in allen Bereichen. Also eine Totalfadisierung. Und damit diese Poverität wieder ein Geschäft wird, also auch finanziell was hermacht, brauchen wir neue Formen und die neuen Medien. Zum Beispiel wie man einen Wetterbericht amal ganz anders bringt. Also, daß sich der Elmar Gunsch den Bart abrasiert oder daß man die Wetterprognose amal aus'm Raumschiff überträgt, des sind doch Perspektiven, das schmeckt doch förmlich futuristisch, da wird so ein Wetterbericht die reine Mediensensation, wenn man's genial präsentiert, es Wetter selber ist ja eigentlich eh zweitrangig, da ham wir ja keinen Einfluß. Sehen Sie, und genau da liegt die Aufgabe und die Zukunft von einem Medienkonzern. Daß er einen üppigen Formenreichtum entwickelt, wenn die Ideen ausgehen. Des is wie in einem normalen mitteleuropäischen Gasthof: Mit vier Beilagen und drei Instantsoßen zaubert man approximativ neunundvierzig Gerichte. Und wenn man jetzt noch zwei Salate mit zwei verschiedenen Dressings dazunimmt, also wenn man French- oder American-Dressing noch mit einbezieht, dann haben wir auf den Schlag zweihundertfünfundvierzig eigenständige Hauptgerichte. Und genauso ist es in unserer Medienlandschaft. Die Speisekarte in so einem Gasthof ist das Medium zwichen Gast und Wirt, und sie hält meistens, was sie verspricht. Und obendrein kann der Gast dann auch noch Sonderwünsche anmelden. Die werden dann auch noch erfüllt. Also, demokratischer geht's doch kaum. Also, der Gast ist König, aber welcher König geht heute noch in so ein Gasthaus? Und genau so ist es bei unseren Medienkonzernen. Jeder Bürger kriegt die Meinung, die er will. Und er will ja a Meinung. Und wenn er eine Meinung nicht will, dann haben wir eine andere parat. Er kriegt jedenfalls die Meinung, die er meint haben zu müssen. Für so was ham wir eine differenzierte Medienlandschaft. Und da liegt die enorme Verantwortung von uns. Weil wir können ja nicht jeden Tag was Bleibendes bringen oder schaffen. Des würde uns ja alles bleiben. Aber bringen müssen wir ja jeden Tag was. Also, was bleibt uns übrig für die Zukunft? Das Beliebige. Es lebe die Beliebigkeit! Schaun Sie, wir Europäer stöhnen heute unter dem geistigen Ballast früherer Generationen. Eine Handvoll Dichter und Denker hat uns ein riesiges Kulturerbe hinterlassen. Wir sind heute viel, viel mehr, aber wir hinterlassen nichts. Unsere Jugend soll's amal besser haben. Nirgendwo ist die Meinungsfreiheit so garanteirt wie da, wo die Meinungen besonders uninteressant sind. Wir garantieren also durch unsere Programmatik die freiheitlich-demokratische Grundordnung, die steht und fällt also praktisch mit der Fadheit. Es gibt Staatsformen, die *eine* öffentliche Meinung favorisieren wollen, des is dann genauso fad. Aber wo landen sie? Unweigerlich bei der Diktatur. Mir haben keinerlei Meinung, aber die dürfen wir überall und frei äußern. Unser Problem is heute also vielmehr, daß wir jemand finden, den das auch interessiert. Schaun Sie, früher war der natürliche Feind der Demokratie – und damit auch eines jeden Verlegers – der Analphabet. Heute ist es der Anvideobet. Mit seinem asozialen Verzicht auf Meinungsaufnahme über unsere mühsam aufgebauten neuen Medien blockiert er unseren Fortschritt. Und, des sag ich Ihnen, die meisten von denen san net amal in 'nem Bücherclub organisiert, diese Anvideobeten, da schauns schon nicht, und dann lesens auch noch einfach nur des, was ihnen Spaß macht – oder gar nix. Diese Anvideobeten versuchen doch nur, rücksichtslos ihr Privatleben durchzudrücken auf Kosten unserer gewachsenen Medienstruktur. Die sind also nicht nur verantwortlich für die schleppende Geschäftsentwicklung im Kabelfernsehen, sondern auch für unsere Bücherberge. Ein Butterberg läßt sich noch an die Sowjetunion wegsubventionieren, aber einen Bücherberg nehmen uns die ja nicht einmal geschenkt ab. Der Anvideobet ist ein innerer Feind, ein heimtückischer, des abendländischen Bildungskonzepts. Da redens vom Humboldt, dabei sind wir doch eine europäische Schicksalsgemeinschaft. Da sitzen einige angebliche EG-Bürger in der Toskana und ignorieren und boykottieren beharrlich die hoch subventionierte holländische EG-Tomate, und in Frankreich wird heute noch da und dort gespeist, als ob's unsere Zeitschrift »essen & trinken« nie gegeben hätte. Wir Europäer haben heute keine Qualitätsprobleme, sondern Quantitätsprobleme. Mehr Zeitschriften, mehr Schallplatten, mehr Sendungen, mehr Bücher, alles bei höheren Auflagen, die müssen ja von irgend jemand konsumiert werden. Ja, wer soll denn das alles lesen und anhören und anschauen?! Da müssen wir wirklich zusammenhalten. Das braucht Konzentration, also Wettbewerb ohne Konkurrenz, obwohl, Konkurrenz kommt ja von concurrere, also gemeinsam laufen, sagen wir also besser: eine Konkurrenz ohne Risiko, halt die Konzentration. Sonst geht's uns wie dem Isländer, eigenständig, aber peripher. Nirgendwo in der Welt wird so viel Isländisch gesprochen wie in Island, aber was hams davon? Bei 250 000 Einwohnern kann man doch keinen Medienkonzern aufbauen, zumindestens nicht rentabel, diese Isländer sind also heute noch gezwungen, sich persönliche Erfahrungen mündlich mitzuteilen, ohne jedes Medium. Dabei ist der Mensch ein Medium. Person kommt von personare, das heißt hindurchklingen. Der Kreiß Herbert, Sie wissen schon, mein Spezi mit der Fußverletzung, durch den klingt's wirklich hindurch. Der hört im Radio an Bayern 1, während er im ZDF an Sport anschaut, gleichzeitig zeichnet er sich im Video den Spielfilm mit Heinz Rühmann im Dritten auf, nebenbei ißt er, trinkt er, und dabei liest er »essen & trinken«, außerdem hat er noch an Plattenspieler, an Kassettenrecorder, zwei Kinder und a Frau. Also der Kreiß Herbert, Sie wissen schon, der mit der Knieverletzung, ist nicht irgendeine Person, sondern eine Persönlichkeit. Übrigens, der Herbert Kreiß ist auch noch Mitglied von am Bücherring.

Kleines Dialektbrevier

GSCHWENDTNER Sie, Freilein, bin jetz i do richtig do herin, i soid – ah, i soiad eppas üba Kuidur – bei dera Kuidursendung do soi i midmacha.

SEKRETÄRIN Was? Sie? Kultur? Wie ist denn Ihr Name?

GSCHWENDTNER Ja, Gschwendtner hoaß i.

SEKRETÄRIN Soso, äh, ja, zu wem wollen Sie denn um Gottes willen?

GSCHWENDTNER Jo, do – zum Radio.

Glauben Sie, daß dieser Mann in einer Kultursendung im Rundfunk jemals zu Wort kommen wird? – Die Signale, die er ausstößt, werden offensichtlich nicht überall verstanden. Der Kulturmensch pflegt ein ganz anderes Grundgeräusch. Vielleicht so:

V. KNIRSCH Guten Tag, gnä' Frau, mein Name ist von Knirsch. Pardon, ich bin hier richtig in der Sendung »Kultur am Nachmittag«?

SEKRETÄRIN Bitte, nehmen Sie Platz, Herr von Knirsch, Sie werden schon erwartet.

In anderer Umgebung muß eine hochdeutsche Ausdrucksweise nicht zwangsläufig zum Vorteil des Sprechenden gereichen:

GSCHWENDTNER Geh weida, Spezi, dua amoi dei Graffe do weggaschiabm, host me, do ko ma si do ned hihocka. Oda?!

V. KNIRSCH Wie bitte? Was meinen Sie?

GSCHWENDTNER Ja, Herrgottzack, du soist dei Gfrast, soist weggadoa do, oda, wei ja si sonst koa Mensch do ned hihocka ko, oda – host as oiwei no ned dagneißt. Ha?

V. KNIRSCH Äh, wie bitte?

GSCHWENDTNER Schleich di, Spezi!

Herr von Knirsch hat nun Herrn Gschwendtner sicher verstanden – akustisch –, aber dergneißt hat er gar nichts. Warum soll er sich schleichen – also von dannen ziehen, wo doch Herr Gschwendtner das »Du« anbietend ihn einen »Spezi« heißt? Hochdeutsch und Dialekt trennen offensichtlich zwei Welten. Aber es gibt Zwischentöne der Verständigung.

V. KNIRSCH Guten Tag, Herr Bierbichler, wie geht es Ihnen?

BIERBICHLER Ja, grüaß God, no, wia schaugt's allwei aus?

V. KNIRSCH Danke der Nachfrage, mir geht es ausgezeichnet.

Bierbichlers moderates Bairisch scheint für Herrn von Knirsch zugänglicher zu sein, aber haben sich die beiden wirklich verstanden? Herr von Knirsch stellt eine präzise Frage: »Wie geht es Ihnen?« Herr Bierbichler antwortet mit einer indifferenten Gegenfrage: »No, wia schaugt's allwei aus?« Wodurch sich Herr von Knirsch bemüßigt fühlt, mit präzisen Informationen über sein Wohlbefinden aufzuwarten. Den verschiedenen Dialektformen entsprechen anscheinend verschiedene Denkmuster. Ist also ein Dialekt wie Bairisch nur ein Dialekt? Ein paar Beispiele – Kolonialwarenhändlerbairisch:

VERKÄUFERIN Dange sehr, Frau Mitterwieser, hammer's dann, nix vergessen? Spekulatius, Gnäckebrod, Kaffee – ja, gut, dann also, Wiedersehn, Frau Mitterwieser, Kasse!

Eine Art Politikerbairisch:

POLITIKER Als entschlossene Demokraten werden wir diesen Unruhestiftern mit aller Entschiedenheit entgegentreten und damit unseren mündigen Bürgern die Sorge um die Zukunft unsers Bayernlandes beherzt abnehmen.

GSCHWENDTNER Richtig.

Ein anderes Politikerbairisch:

POLITIKER Liebe Leut in unserem Lande, das Ursprüngliche soll auch des weiteren ursprünglich bleiben. Und deshalb sag ich euch ein grübiges Prost!

GSCHWENDTNER Bravo!

Oder:

POLITIKER Die Zukunft Bayerns bestimmt die Maxime unseres Handelns. Mit Bayern, für Bayern, in Bayern.

GSCHWENDTNER Wia? Wos sogts?

Dieses Politikerbairisch ist leider etwas hochdeutsch ausgefallen. Ein gestochen klares Chefbairisch:

CHEF Ah, wir haben, ah, unsere Abschlüsse, ah, bereits im Juno, ah, getädigt – ah, und muß ich Ihnen midteilen, Herr Geschwendtner, ah, daß wir Sie nadierlich in dieser Hinsicht jetzt nicht mehr, ah, berügsichtigen könen. Hochachtungsvollundsoweider ...

Ein ländliches Oberbairisch:

BAUER I Bal des aso weidaganga waar, hätt's ebba sei kenna, daß aso wurad, wia's bessa ned hätt sei kenna.

BAUER II Ja.

BAUER I Weil nix gwiß eh koana ned woaß.

BAUER II Genau.

BAUER I Woher hättma's aa gwißt habm solln, weil, ah, bal des aso weiderganga waar, hätt's ebba sei kenna, daß aso wurad, wia's schlechta ned hätt sei kenna ...

BAUER II Genau . . .

BAUER I Weil nix gwiß eh koana ned woaß . . .

BAUER I Do host recht . . .

BAUER I Woher hättma's aa gwißt habm solln, weil, ah, bal des aso weidaganga waar . . .

Die Form des Irrealis wird hier gerne gebraucht, da sie eine ausgiebige konfliktlose Verständigung gewährleistet. Jeder hätte eine Möglichkeit gehabt. Und der Konjunktiv kommt auch nicht zu kurz:

BAYER Sie, Freilein, I dad gern no a Bier trinkn, wenn's gangad.

BEDIENUNG I kimm scho.

Das Hochdeutsche zieht in solchen Fällen gerne den Imperativ vor:

HOCHDEUTSCHER Frollein, bringen Se man noch 'n Bier!

BEDIENUNG Hob koa Zeit!

Wie man sieht, trennt oder verbindet ein Dialekt Menschengruppen, je nachdem, ob sie diesem Dialekt nahe oder fern stehen. Für Herrn Gschwendtner ist also eher das Hochdeutsche eine Fremdsprache:

GSCHWENDTNER Ja, i, i woiad nur, ah, ich wollte, 'tschuldigen S' scho, ned, ah, bedingt also, weil quasi . . . mei, wia ko ma des sogn, ah, sagen . . .

V. KNIRSCH Sagen Sie, was wollen Sie denn eigentlich?

GSCHWENDTNER Jo mei . . .

Der im Wirtshaus so eloquente Herr Gschwendtner verliert rapide an Form, wenn man ihn aus seiner gewohnten Umgebung herausschält. Offizielle Belange werden aber heutzutage immer hochdeutscher abgehandelt. Viele Dialekt sprechende Menschen verschiedener bayrischer Schichten haben sich daher linguistische Überlebensstrategien aneignen müssen:

V. KNIRSCH Ja, was wollen Sie denn eigentlich, guter Mann?

GSCHWENDTNER Da, ah, schaugn S', do, wia's do drinsteht, do, des mecht i. Verstehngan Sie mich?

Übertriebene Anpassungsversuche an die Schriftsprache wirken meist gequält oder scheitern:

LEHRERIN Alles aufpassen. Hinsetzen und nicht schwätzen. Wir fahren fort . . .

MAXL Wos hoaßt des, Frau Lehrerin?

LEHRERIN Des heißt nicht »hoaßt«, Maxl, sondern des hoaßt »heißt«.

Der jedweilige Grad der Anpassung an die Hochsprache entlarvt die soziale Position und das Selbstwertgefühl des normalerweise Dialekt Sprechenden. Der in sich geschlossene Wohlklang des Dialekts ist jeden-

falls zerstört. So schwer es dem Bairisch sprechenden Ureinwohner fällt, sein Anliegen ins Hochdeutsche zu übersetzen, so schwierig ist es auch für den hochdeutschen Heimatsucher, bei der zünftigen Kontaktaufnahme im maßgeschneiderten phonetischen Gewand zu erscheinen.

ULF Grüß di Gott, servus beinanda, i bin der Ulf. I bin vom Tegernsee. I hab da an Bungalof. Habidere. Da Ulf bin i.

ROCKER Ui, eahm schaug o, spinnt da Beppe, ha, Soiznega, breid Suiz, zäfix, da ander, da ganz da anda, da Schwoolä, geh, woaßt, i bin a guada Spezi, aba eahrli, ha, schiali woahr, geh . . .

Dieser Sprachcode ist zwar aus bayrischen Klanglauten zusammenmontiert, genießt aber die Verachtung aller Bairisch sprechenden Dialektgruppen, auch die von Ulf. Den letzten beißen eben die Hunde.

ROCKER Wos host gsogt, wia, ha? Oba scho wiarkli ned. Gei . . . Breida Siedla . . .

Die Pseudorenaissance des Dialekts verdanken wir nicht zuletzt dem Umstand, daß in sich arrivierenden Kreisen gilt, was chic ist, also hierzulande: tümelndes Bairisch mit Bildungs- und Statusattitüden.

ARRIVIERTE Also, mir ham jetza gsagt, es war ein schamanter Abend bei euch. De Schrimps warn ehrlich süperb, gei, des had mich unheimlich angetörnt. Ehrlich, ge'. Muaß ma eich scho konzipiarn. Aba jetzad fahrnma erstmoi full paua hoam. Wei: Wariazio delektad. Kimmt S' doch amoi auf a spontane Visite, nachad machma a kloans Odöva oda wos zum Eßn. Oiso nachad, tschüs.

Innenansichten

Immer wenn der Kunstmaler Holger Bögl seinen Galeristen aufsuchte, blickte er traurig drein.

Er ahnte, daß der Besuch wenig Erfreuliches bringen würde. Der Galerist selber wußte ebenfalls, daß, wenn Herr Bögl kam, es ihm wieder schwerfallen würde, vitale Zuversicht auszustrahlen, die in demselben einen Splitter von Hoffnung aufkeimen lassen könnte.

Anfang des Jahres aber änderte sich diese desolate Grundsituation schlagartig.

Herr Bögl war gekommen, um nach der Nachfrage nach seinen Werken nachzufragen. Natürlich fragte er nicht direkt nach, sondern erfuhr die nackte Wahrheit aus der Tatsache, daß der Galerist wieder einmal lokker, aber trotzdem engagiert mit ihm über Rotweine plauderte, diesmal über einen Chorey-les-Beaune 1985.

Im Gegenzug legte Bögl dem Galeristen eine Röntgenaufnahme seiner Lunge vor.

Das elektrisierte diesen. »Toll!« sagte er.

»Aber, aber . . .!« beschwichtigte Bögl und bemerkte, das Röntgenbild signalisiere Krebs.

»Macht nichts!« erwiderte der Galerist und hängte es an die Stelle von Bögls »Stilleben«.

Sofortiger Verkauf!

Der Galerist wurde hektisch. Er drängte Bögl, schnell alles zu beschaffen, was dieser auf Zelluloid über sich in Erfahrung bringen konnte.

Der Galerist sprudelte.

Holger Bögl jedoch versickerte zunehmend, während der Galerist ihm bei jedem Besuch mehr Röntgenbilder abtrotzte.

»Daß ein Innenleben so progressiv sein kann!« jubelte der Galerist jetzt bei des Malers Beerdigung.

URLAUB UND REISEN

Alles über Jugoslawien

Karl A. Sotbrenner reflektiert.

Auf der Insel Krk ist der Sonnenschirm circa um die, ja, achthundertfünfzig Dinare zu haben, das sind zehn sechzig ziemlich genau, in Deutschland bereits eingewechselt, das Essen, ja, würd ich sagen, Wiener Schnitzel mit Pommes ist auch um die neunhundert Dinar zu haben, Personal etwas unzu. . . also muffig, nicht wahr, durchaus muffig, Beschwerden haben im Sozialismus wenig Sinn, sonst muß ich sagen, tja, das Meer, wir haben wenig gebadet, diese Nackedeistrände sind auch nichts für uns, zur Linken, zwohundet Meter circa, ist so eine Pizzeria, da konnte man ersatzweise mal was zu sich nehmen, auf der rechten Seite, auch so vier-, fünfhundert Meter, war auch 'ne Pizzeria, die hat übrigens 'n Deutschstämmiger geführt, der kommt noch aus dem Banat, nicht wahr, der führt Pizza, ersatzweise auch mal was Einheimisches, wer's will, kann das essen, diese Čevapčići oder so was, sonst touristisch wenig interessant, nicht wahr, gibt zwar 'nen alten Kaiserpalast in der Nähe oder so, aber das haben wir uns diesmal nicht angetan, dafür sehr familiär, da waren auch nette Leute da, unser Nachbar, das war so 'n Audihändler aus Bad-Kleinkirchheim, sehr nette Leute das, nicht wahr, das Meer sehr sauber, sehr sauber, alles kanalisiert heute, nicht wahr, und wir sind dann mit einer wirklich tiefen Bräune nach Hause gefahren, und zwar Krk–Olching haben wir gemacht in circa dreizehn Stunden, gemacht bei einmaligem Tanken nur, ohne Aufenthalt durch Österreich ruckizucki durch, und schon waren wir also mit ganz dunklen Pigmenten zu Hause in Olching.

Campingfreuden

Also, wir fahren praktisch jedes Jahr nach Jugoslawien, dann nach Istrien und auf an Campingplatz, ach, das Camping das is so . . . man hat ein ungebundenes Leben, gell, es is . . . man hat sei Freiheit, man ißt, wenn man will, wie man will, net, man braucht sich nicht umziehn dazu, da schaut kei Mensch danach, gell, bloß, sagen wir halt, diese Campingplätze da drunten, die sind ja schmutzig, also, ein Dreck, es is ja wahnsinnig, also, man glaubt es kaum, net, dieser Sozialismus, es is, ja, also, die Toiletten sind verstopft, und die Leute haben ja, reihenweise hams diese Darminfektionen, alle Touristen praktisch, net, und vor allem die Deutschen, net, also, wir haben's ja schon ghabt, bevor wir überhaupt hinkommen sind.

Im Urlaub

Famile Stadler, Roland und Maria sowie die Kinder Bengt und Carmen, sitzen im Ferienappartement in Jugoslawien. Es regnet. Maria kocht Tee, Roland liest im Reisebüroprospekt, Bengt und Carmen spielen ein Computerspiel

BENGT Babba, wann fahrn mir 'n wieder?

ROLAND Ah, sei stad, mir san doch grad erscht kommen, des hört scho wieder auf.

MARIA Jetz sei net so ungeduldig, Bengt, mir samma hier im Süden.

ROLAND Des is hier der Mittelmeerraum, des Klima is hier mediterran.

MARIA Mir san ja erst an fünften Tag da . . .

Es klopft.

Ja, herein!

Herr Kaschke steht triefnaß mit Schirm und Regenbekleidung in der Tür.

Ah, Herr Kaschke, kommen S' rein, mögen S' a Taß Tee, mir trinken grad an Tee.

ROLAND Mögen S' a Tasserl?

KASCHKE Neenee, lassen Se sich nich aufhalten, ich wollte Ihnen nur sagen, das mit dem Grillfest morgen, das fällt ins Wasser, also buchstäblich . . .

ROLAND Wieso? Des woaß ma net. Vielleicht is morgen scho a tadelloses Wetter. Mir san ja hier im Mittelmeerraum.

KASCHKE Tja, das wollen wir nicht mehr abwarten, wir streichen die Segel.

MARIA Ah geh, fahrn Sie scho? Mei, des is aber schad.

KASCHKE Wir sind jetzt seit zehn Tagen praktisch ständig unter Wasser. Sogar die beiden Holländer fahrn.

ROLAND Was, die auch?

MARIA Mei, jetz hätten die Kinder so nett spieln können mitanand.

KASCHKE Wissen Sie, das ist wie verhext, voriges Jahr in Sylt, vor zwei Jahren Normandie, jedes Mal dasselbe. Also dann, 'n schönen Urlaub noch.

MARIA Ja, Ihnen auch.

ROLAND Mir halten derweil die Stellung.

KASCHKE Ja, und viel Spaß noch.

MARIA Und fahrn S' fei schön vorsichtig bei dem Regen.

KASCHKE In Deutschland ist 'n Traumwetter, jedenfalls laut Wetterbericht.

ROLAND Ja, hier werd's a boid besser, mir san ja hier im Mittelmeerraum.

KASCHKE Ja, da wünsch ich ihnen viel Glück, Wiedersehn.

ROLAND Wiederschaun.

MARIA Wiederschaun.

KASCHKE Also dann ... *Geht.*

MARIA Roland, a Tee zum Aufwärmen?

ROLAND Ja.

MARIA Carmen, laß den Pullover an, sonst verkälst di noch! Daß die net amoi a Heizung da herin ham ...

ROLAND Ja mei, des is der Mittelmerraum ...

Roland sucht im Radio einen deutschen Sender, findet Sender mit Nachrichten, Maria schaltet den Mixer an.

ROLAND Pst, hea auf, Wetterbericht!

Maria schaltet den Mixer ab. Während des Wetterberichts aus dem Radio läßt der Empfang spürbar nach; Roland versucht nachzuregulieren, Wellensalat, es funktioniert nicht.

Wenn ich an Wetterbericht hör, kannst du doch net an Mixer anmachen.

MARIA Und wie is es Wetter?

ROLAND Angeblich schön. *Zu den Kindern* Jetz gehts amal runter vom Bett, Herrschaftseitn, da ist der Tisch, da wird anständig gspielt.

MARIA Mei, weil s' aa net naus können ...

BENGT Babba, wann fahrn mir den wieder?

ROLAND Du, gell!

Ein Gewitter. Der Raum ist fast dunkel. Man sieht einen Mann als Silhouette im Eingang stehen.

ROLAND Hier, alles dunkel, kein Licht, no luce, finster.

MANN In ganz Dalmatien kein Strom, großes Katastroph.

MARIA Ja, un' mit was soll ich hier kochen?

MANN Weiß nicht.

MARIA Gut, daß ma Konserven dabeiham.

ROLAND Ja, aber, de müssen doch irgenwie wieder an Strom herbringen. Des is jetz scho an ganzen Tag!

MANN Tud mir leid. Rijeka kein Strom. Opatija kein Strom, nix Strom.
ROLAND Ja, aber, sagn S' amal, wird denn des Wetter wieder besser?
MANN Jajaja, schon, bald besser.
ROLAND Es muß ja, mir san ja hier im Mittelmeerraum.
MANN Jajaja, Mittelmeer.

Bengt und Carmen kommen durchnäßt zur Tür herein.
MARIA Ja, um Gottes willen, Bengt, wie schaugts 'n ihr aus.
ROLAND Mei, die müssen ja auch amal naus.
MARIA Ja, aber schau dir das an. Des is doch a Sauerei. Wenn s' wenigstens länger draußt bliebm waarn . . .
ROLAND Mei, bei dem Wetter jagt ma net amal an Hund naus. Da könnens gar net länger draußt bleibm. Der oane Däne hat des aa gsagt, er sagt, so a Wetter hat er im Mittelmerraum noch nie erlebt.
MARIA Da, des kriagt ma ja gar nimmer raus, diesen roten Dreck, es nächste Mal ziehts eure Schuh aber draußt aus.
ROLAND Der Däne hat aber gut lachen, weil der hat an Wohnwagen mit Heizung . . .

Familie Stadler sitzt eng zusammengerückt auf dem Bett, es regnet, der Fernseher läuft. Ein jugoslawisches Programm. Roland steht auf, geht zum Apparat, schaltet ein anderes Programm ein, wieder jugoslawisch. Roland schaltet den Fernseher ab.
ROLAND Bei uns waar jetzt Sportschau . . .
MARIA Was is, machma a Spiel?

Es regnet, regnet, regnet. Die Kinder sitzen apathisch herum, Roland liest den Reisebüroprospekt. Maria strickt.
ROLAND Wenn ma jetz a Video hätt . . .
MARIA Was?
ROLAND I sog, jetz wenn ma a Videogerät dabeihätt . . . A*m Fenster* I glaub, des hellt jetz auf . . .
MARIA Was, wo? *Auch zum Fenster.*
ROLAND Da. *Deutet.*
MARIA Wo?
ROLAND Jessas, scho wieder. *Rennt aufs Klo.*
MARIA I siehg da fei nix, daß's heller werd.
ROLAND *aus dem Klo* Doch, doch! Vom Süden her!
MARIA Schmarrn. *Ein Kind niest.* Des hat no gfehlt. Was eßma heit?

ROLAND Mach halt a Bohnenbüchse auf!
MARIA Konserven san fast alle aus!
ROLAND Dann kauf aber fei ja nix mehr ei, vor allem koan Paprika!
MARIA Geht's da scho besser?
Statt Antwort die Klospülung.
Roland, was is, geht's da scho besser?
ROLAND Frag net so blöd.
BENGT Babba, die Dänen san jetz aa weg.
ROLAND Vo mir aus.
MARIA Warum fahrn an mir net?
ROLAND *kommt aus dem Klo* Mir kanntn scho fahrn, aber mir ham doch ois scho zahlt, mit alle Schikanen.
Carmen niest wieder.
MARIA Des hat no gfehlt.

Carmen liegt im Bett, Bengt sitzt apathisch herum, Maria schreibt Urlaubspostkarten, Roland sitzt wieder auf dem Klo.
ROLAND Hast am Rüdiger Wolf scho gschriebn?!
MARIA Sowieso!
ROLAND Was hast 'n eahm gschriebn?!
MARIA Mei, des Übliche: erholsamer Urlaub un' so ...
Klospülung. Roland erscheint.
ROLAND Hast aber scho geschriebn, daß mir's schön ham.
MARIA Sowieso. Und so, mei, hamma's ja eigentlich aa ganz schön ...
BENGT Des stimmt doch gar net, Mami.
ROLAND Du halst di da raus, Saubua! Jessas ... *Verschwindet wieder.*
MARIA Wie geht's? Nimm noch a Kohletablette!
ROLAND Des vergeht scho wieder.
MARIA Soll ich an Dr. Gropper auch an Gruß schicken?
ROLAND Freilich, mach!
BENGT Mutti, schau, da kommen wieder zwei Wohnwägen.
MARIA Du, da kommen wieder zwei neue Wohnwägen!
ROLAND Jaja, werst sehn, des wird jetz dann besser, mir san ja hier im Mittelmeerraum!

Touristikinformation

MODERATOR Und nun, meine Hörer, haben wir Herrn Edenkofler von der Informationsstelle Touristik in Südtirol am Apparat. Hallo, Herr Edenkofler – hallo, Herr Edenkofler?

EDENKOFLER Jaja, ich höre ja schon.

MODERATOR Herr Edenkofler, Frage: Wie sieht's denn aus bei Ihnen unten nach dem schrecklichen Attentat, jetzt?

EDENKOFLER Ja, es isch herrlich. Also, das Wetter ist ganz hervorragend, schon die letzten Tage, wo es auch sehr guet ... und der Herbscht isch hereingebrochen ...

MODERATOR Nein, wir haben doch gehört, Herr Edenkofler, das Krankenhaus bei Meran ist doch in die Luft gesprengt wordn ...

EDENKOFLER Der Wein steht wirklich guet, und das Laub, die Sonne, wo hineinscheint, Zimmerlen sein frei, also, das ganze Eisacktal hat ja jetzt mehrere Zimmerlen frei, seitdem die Autobahn ... da is es gar kein Problem mehr für Stammgäste, e Zimmerle zum Kriege.

MODERATOR Nein, Herr Edenkofler, aber wir haben gehört, deutsche Touristen sollen verletzt worden sein ...

EDENKOFLER Ja, ich han bloß ghert e bissel ganz leicht, aber jetzt isch ja die Zeit, wo man sich an Kachelofen hinsitzen tuet, wo man sich's gmietlich macht und e Weindele trinkt und nachher den Edelkastanien horcht und e bißle Muusig, nid ...

MODERATOR Ja, Herr Edenkofler, aber ich meine, man hat gehört, die Attentäter haben angekündigt, die Bahn in die Luft zu sprengen.

EDENKOFLER Ja, also ich glaube, wenn man pünktlich wegfahrt, dann kemmt man auch pünktlich an. Im Himmel isch no e jeden pünktlich kemmen. Eh, wenn's eso sein soll, aber es isch wirklich herrlich wie selten. Die Temperaturen sein zwischen 18 und 21 Grad. Es isch also ...

MODERATOR Was sagt die Polizei dazu? Die Attentäter planen doch weitere organisierte Verbrechen, Herr Edenkofler?

EDENKOFLER Das Herbschtlaub gibt diese Beschaulichkeit wieder, wie's jetzt im Herbscht isch und das Südtirol eintaucht in ein malerischs, pittoreskes Bild wie mer's sehr selten ... *Detonation einer Bombe.*

MODERATOR Hallo, Herr Edenkofler, hallo, hallo, Herr Edenkofler? Ja, soviel nun aus Südtirol, meine sehr verehrten Damen und Herren, und wir schalten jetzt um in unser Touristikinformationsbüro in San Sebastian im Baskenland.

Italien

A: Und? Sie fahren nach Italien?
B: Ja, zuerst nach Rom, und dann Neapel!
A: Neapel! Sind Sie wahnsinnig?
B: Ich weiß. Aber was will ich machen – meine Frau will. Und außerdem, dieses Pompeji ...
A: Haben Sie wenigstens eine Waffe bei sich?
B: Sicher, ich habe einen Spray.
A: Spray? Wahnsinn, das genügt doch nicht. Spray! Wenn die Sie überfallen, dann haben die eine Kalaschnikow!
B: Sicher, der Spray ist nur gegen die Kinder gedacht, weil die ...
A: Genau, die gehen raffiniert vor. Wenn die Ihnen ein Kind auf den Hals schicken – sofort schauen, ob ein Carabiniere in der Nähe ist!
B: Sowieso, wir haben unsere Sachen unter Kontrolle.
A: Die Geldbörse?
B: ... haben wir mit einem Sensor ausgerüstet. Das geht via Satellit.
A: Verstehe ...
B: Wenn einer die Tasche wegreißt, mit dem Geldbeutel, ist da eine Rückkoppelung da, das geht über Berlin, und dann geht das sofort an die Polizei ...
A: In Berlin?
B: Sicher, aber von dort direkt über Rom nach Neapel.
A: Glauben Sie, daß die in Neapel eingreifen?
B: Nein, das nicht, aber wenn die Geldtasche ...
A: Sie meinen, man kann dann verfolgen, wo das ist?
B: Genau! Selbst wenn sie das Auto klauen ...
A: ... und in die Mongolei verschleppen.
B: ... ich weiß immer, wo es ist.
A: Toll!
B: Außerdem, beim Auto weiß ich einen Trick.
A: Welchen?
B: Unverschämt parken.
A: Wie?
B: Ganz einfach irgendwo hinstellen. Vor der Polizeistation oder mitten auf die Straße.
A: Wie? Alles blockieren?

B: So ist es. Das fällt auf. Dann holt irgend jemand die Polizei, um es abzuschleppen.

A: Und wenn es wirklich abgeschleppt wird?

B: Dann weiß ich wenigstens, dieses Auto ist so lange wirklich bewacht.

A: Sie sind vielleicht ein gerissener Hund!

B: Was will man heute machen? Anders kann man heute nicht mehr verreisen.

A: Vor allem nicht nach Neapel.

Vom Boden essen

Ein italienisches Straßenlokal. Otto und Ute sitzen am Tisch. Am Nebentisch sitzt eine Dame.

KELLNER So, bitte, was darf's ein?
OTTO Prego, vogliamo due Calamarie diabolo, e poi . . .
KELLNER Irgendwas dazu?
OTTO Ja, äh, prediamo una insalata mista e un poco di pane.
KELLNER Also, zweimal Tintenfisch, gemischter Salat und Brot.
UTE Herr Ober, könnten Sie nicht hier ein bißchen abwischen, das ist ja schauderhaft schmutzig. Sehen Sie mal. *Sie fährt mit dem Finger über den Tisch.*
KELLNER Sofort. *Wischt Tisch ab, schüttet Abfälle auf den Boden.*
UTE Wissen Sie, wir sind das nicht gewohnt, solchen Schmutz. Bei uns in Deutschland gibt es Lokale, da könnte man direkt vom Boden essen. Sogar in italienischen Restaurants übrigens.
KELLNER Jaja, schon gut. Wir essen auf dem Tisch, gnä' Frau.
UTE Ich sagte auch nur, man könnte . . .
OTTO Sag mal, Knipsi, welchen Italiener meinste denn bei uns?
UTE Na, zum Beispiel Rosario in der Türkenpassage.
OTTO Na, aber vom Boden essen würde ich bei dem auch nicht unbedingt.
UTE Ich sagte ja nur, man könnte. Außerdem gibt es ja auch noch deutsche Lokale – denk an Brunnhof oder Kirchsteiger.
OTTO Na ja, da haste recht, da blitzt alles.
UTE Igitt, Otto, guck dir das an, dieser Köter, mitten zwischen die Tische, pfui . . .
Ein Straßenköter hat gerade mitten zwischen den Eßtischen sein Geschäft verrichtet.
OTTO Ja, das ist eine Sauerei, dieses Vieh, pfui!
UTE Pfui, pfui, gehst du weg!
OTTO *steht auf und verjagt den Hund* Das ist ja allerhand, das ist ja allerhand. Das gibt es auch nur hier.
UTE Mir ist richtig der Appetit vergangen. *Fährt über den Tisch.* Hier, sieh mal . . .
OTTO Möchte nicht wissen, wie's in der Küche aussieht.
Der Kellner serviert am Nebentisch ein Gericht.

UTE Sieht aber ganz ordentlich aus . . .

OTTO Bon appetito.

FRANÇOISE Merci.

OTTO Ich sagte gerade zu meiner Frau: Hier möchte ich nicht vom Boden essen.

UTE In Deutschland haben wir Lokale, da könnte man direkt vom Boden essen, so sauber ist dort alles.

FRANÇOISE Pardon?

UTE Sie versteht nicht.

OTTO In Germania habiamo restaurante possibile mangare – was heißt Boden?

UTE Terra.

OTTO Terra, hier . . .

UTE . . . das ist hier in Italien nicht möglich, hier muß man auf dem Tisch essen. Tavola.

OTTO In Italia mangare tavola.

FRANÇOISE Pardon?

UTE Das hatse nich verstanden. Speak English? Very dirty here, not clean.

OTTO You must eat from the table.

FRANÇOISE Pardon, je n'ai pas compris.

OTTO French?

FRANÇOISE Oui?

UTE Laß mich mal: Ici al' Italy on n'est peu pas manger la ba . . . *Deutet.*

FRANÇOISE Où?

OTTO La ba . . . *Deutet auf den Boden.*

FRANÇOISE Ah, oui, c'est pas bon.

OTTO Was heißt denn Schmutz?

UTE En Allemagne on peu manger de la terre.

FRANÇOISE De la terre ?

UTE Ouioui . . .

OTTO Nein. No, no. Man muß hier essen, manger la . . . *Klopft auf den Tisch.*

FRANÇOISE Oui, oui, manger de la table, oui.

OTTO Oui. Was heißt den Schmutz – compost?

UTE An Allemagne on peu manger de la terre.

FRANÇOISE Iiii, manger de la terre, uä, là-bas, uä.

OTTO No, no, Germani possibile. Nicht immer, aber manchmal, non sempre.

UTE Das verstehtse nich.

FRANÇOISE Pourquoi vous mangez de la terre?

UTE No, nous ne mangeons pas de la terre, ma nous pouvons.

OTTO Wir müssen hier essen – *klopft auf den Tisch* –, weil es hier nicht möglich ist . . . *Deutet auf den Boden.* Schau mal nach, was heißt denn Schmutz?

UTE Ich hab nur Deutsch-Italienisch.

OTTO Herrgott, wie erklären wir ihr das? Haben Sie 'n Wörterbuch?

UTE Avez vous une dictionaire Française-Italien?

FRANÇOISE Oui, oui.

UTE Un moment. *Sieht im Deutsch-Italienisch-Lexikon nach.*

OTTO *zu Françoise* Gleich, gleich, moment. Moment, Moment . . .

UTE Ah, hier, moment. *Geht zu Françoise an den Tisch, sieht in Françoise' Italienisch-Französisch-Wörterbuch nach.* La . . .

FRANÇOISE *liest* Ah, oui, ici c'est très salle là-bas, oui, c'est vrais.

OTTO Jaja, genau. Impossible manger la ba.

FRANÇOISE Oui, c'est certainement impossible . . .

UTE Ma, on Alemagne on pu manger de la terre . . .

KELLNER So, meine Herrschaften, die Calamari sind da, wo soll ich servieren, wollen Sie auf dem Boden oder . . .?

OTTO Machen Sie keine Witze, Herr Ober.

FRANÇOISE Bon appetit.

KELLNER Guten Appetit.

OTTO Merci.

UTE Merci.

Die beiden probieren.

OTTO Mmh. Sehr lecker.

UTE So frisch kriegste die nur hier in Italien . . .

OTTO Ja, bei uns sind se immer tiefgefroren. Also wirklich, Klasse . . .

OTTO *Seitenblick zu Françoise* Übrigens, in Frankreich sind die, was Sauberkeit anbelangt, auch nicht gerade pingelig . . .

Die Kulturreise

Frau Mitterwieser disponiert um.

Mir samma heuer nach Italien abi, ham mir amal so a Kulturreise gmacht. Gell, aber scho in Bozen ham mir so a Panne ghabt, na ja, irgendwie, a Reifen is uns platzt, ich glaub, vielleicht hams uns neigstochn ghabt, i woaß net. Na warn mir noch in Verona, und da ham mir a sehr gutes Kalbfleisch geßn, na samma runter dann, da, da nach, wie heißt's, Florenz, da ham mir aber nachert schlecht an Parkplatz kriegt, net, is ja alles verbaut da bei dene. Und in Perugia, da hat der Franz dann sein Durchfall kriegt, vom Obst, net, obwohl mir ja sonst die Lebensmittel alle selber dabeiham, weil da drunten des is ja z' gfährlich, net. Aber mei, und dann san mir, mir ham versucht, dieses Carabinieri da zu finden, da sin mir also ständig rumgfahrn, des war auch irgendwie, ich weiß aa net, die ham a schlechte Beschilderung. Und dann in Rom hams am Franz ja die Geldbörse rausgstohln, net – grad in Rom. Na ja, na ja, sonst is's ja net schlecht da drunt, 's nächstemal fahrn mir aber nach Spanien.

Alles über Spanien

Karl A. Sotbrenner resümiert.

Der Sonnenschirm in Calella jederzeit um die circa vierhundertfünfundsiebzig Pesetas, also Peseten, Pesetas, wie man dort sagt, zu haben, das sind, nicht, so um die acht Mark, also, je nachdem, wo man einwechselt, es gibt ja auch Ganoven, nicht wahr, und das Essen, nicht wahr, Wiener Schnitzel, na ja, da muß man auch so um die acht-, neunhundert Pesetas hinlegen, aber alles da, mit Pommes und so weiter, mit Salat, ordentlich durchaus, das Haus wird von einer Deutschen geführt, deshalb kann man auch 'ne Pizza bekommen, mit allem, das ist auch preislich, nicht wahr, so um die sechshundert Pesetas zu haben, auf der rechten Seite ist auch 'ne Pizzeria, ersatzweise auch 'ne Paella zu haben, so auch um die fünfhundert Peseten, Möglichkeit zum Stierkampf haben wir nicht wahrgenommen, wegen dieser Hitze, nicht wahr, aber man kann den Strand in circa vier-, fünfhundert Metern erreichen, da muß man mit dem Gummiboot und so, geht man durch 'ne Autobahn und dann über so 'ne Eisenbahnstrecke rüber, das Meer, nicht wahr, azurblau, sauber alles, nicht wahr, ham da nette Menschen, nicht wahr, da warn Toyotahändler aus Bad Schwertheim, also, sehr freundliche Leute, wir sind dann doch in zwoundzwanzig Stunden bei nur zwomaligem Tanken durch, radebutz, Frankreich haben wir ohne Aufenthalt durchgeschafft, nicht wahr, und damit gut gebräunt von Calella in Olching angekommen, ich hatte diesmal Bestzeit, unser Nachbar, der diesmal mit war, der hat 'ne Stunde länger gebraucht, aber der hat sich noch Avignon angesehen.

Der Überfall

A: Hallo, hallo, ein Neuankömmling, was?

B: Ja, ähm, mei, hehe . . .

A: Na, wie sind Sie denn hier hergefahren? Über Cambodazo oder über Ramazotti?

B: Ja, mir sin, ah . . .

A: Also, ich sag Ihnen, wir sind über Lazaretto und dann Giovanni . . . Sie verstehen. Also, das war unmöglich. Zwei Tage Stau, es war, also wirklich, unglaublich, nicht wahr? Und ich sag Ihnen, äh, wie lange bleiben Sie, wann fahren Sie denn wieder zurück?

B: Ja, mei, mir sin, äh ja, äh, praktisch erst . . .

A: Na ja, aber ich, ich sag Ihnen eines, nicht wahr, passen Sie auf, Monte del Trano, Caso Salles, ummöglich, nicht wahr. Bei Inflamabile, also da, die Polizei. Mann steht stundenlang. Nehmen Sie die Carabiniere Lasagne und Castel Laguna. Links ins Gebüsch und dann weg. Und dann schönen Tag und schönen Urlaub.

Schweden

a: Tunesien, sechshundertvierunddreißig Mark.
b: Das lasse ich mir eingehen. Wir hatten Costa Rica, fünfhundertneunzig Mark.
a: Mit allem?
b: Ja, mit allem.
a: Tunesien war auch mit allem?
b: Letztes Jahr – Kuba . . .
a: Ich weiß – vierhundertachtzig Mark.
b: Nein. Vierhundert. Vierhundert Mark! Mit allem Pipapo!
a: Wahnsinn!
b: Aber Sie werden's nicht glauben.
a: Was?
b: Bulgarien. Zweihundertachtzig!
a: Und alles drin?
b: Und ob. Darauf können Sie sich verlassen.
a: Das darf doch nicht wahr sein.
b: Jetzt kommt's erst richtig.
a: Lassen Sie's raus.
b: Der Dr. Döbel!
a: . . .
b: Schweden!
a: Und?
b: Fünftausend.
a: Mit oder ohne?
b: Ohne irgendwas!
a: Einfach nur Schweden?
b: Nur Schweden, sonst nichts!
a: Typisch Dr. Döbel.

Alles über Frankreich

Karl A. Sotbrenner rekommandiert.

Der Sonnenschirm, nicht wahr, der Parasol, wie sie da sagen an der Côte d'Azur, an der Côte, nicht wahr, das ist ja unter vierzig Francs überhaupt nicht zu haben, nicht wahr, die langen hin, also die Burschen, nach der Abwertung, das sind immerhin noch . . . das sind ja fast zwanzig Mark, ich meine . . . Wiener Schnitzel, nicht wahr, wenn man's überhaupt bekommt, da verlangen die hundert Francs, französische Francs, nicht wahr, das muß man sich mal vorstellen, sage und schreibe hundert Francs, nicht wahr, und dann extra verlangen sie für Pommes, nicht wahr, oder mal 'n Salat, des wird extra berechnet, und auch das Publikum, was soll ich sagen, ich war . . . da war, an unserem Tisch saß immer ein Autohändler, so ein Peugeothändler aus Lyon, aber der sprach nur Französisch, dann hat er's spanisch und englisch versucht, aber das ist ja zwecklos, nicht wahr, und ja . . . am Strand da gab's eine Art Pizzeria, nicht wahr, aber die hat so ein Algerier geführt, dann auch dort die Preise, auf der anderen Seite war auch 'ne Pizzeria, da hatten sie auch so 'ne Quiche, nicht wahr, aber da verlangen die pro Stück zwanzig, dreißig Francs, nicht wahr, das ist ja überhaupt nicht zu machen, ein Cola, das kann ich mir beim Juwelier kaufen, und, nun ja, unterbringungsmäßig, die Betten durchaus im deutschen Stil, so ikeaartig, zum Strand, nun gut, das waren dreihundert Meter, da mußte man so durch 'ne Autobahn durch und dann über die Eisenbahnschwellen, nicht wahr, das ging, das Meer, nu ja, das ist wie immer asür, also der Urlaub war ein Erfolg, Olching–Hyères dreizehneinhalb Stunden, und braun wie die Neger.

Bahli, Balli – Bali

A: Servus!
B: Ja – ah – servus!
A: Ja, Mensch – ha!
B: Ja . . .
A: Und? Was is im – Busch?
B: Mei! Nix – eigentlich.
A: Gar nix?
B: Schon!
A: Was?
B: Na ja . . .
A: Hast a neues Auto?
B: Naa – naa – nanaa – nein.
A: Aber?
B: Ich fahr fort . . .
A: Fort?
B: Ja, a bißl – fort halt.
A: Wohin?
B: Bahli.
A: Balli.
B: Ja – Balli.
A: Direkt – Balli?
B: Möglich – schon möglich.
A: Balli! Da is's warm!
B: Ja – doch.
A: Ziemlich warm! Direkt heiß!
B: Hmmmm – ja.
B: Also dann, viel Spaß.
B: Danke. Genau. – Also – servus.
A: Servus!
(Zwei Wochen später)
A: Griaß de!
B: Servus!
A: Und? Balli?
B: Ja mei . . .
A: Wie war's?
B: Doch! Mei? Schon!

A: War's warm?
B: Ja, schon . . .
A: Und sonst?
B: Mei – was soll ma sagen?
A: Is's eine Insel?
B: Freilich! Sowieso!
A: Ja, ja – Balli.
B: Genau! Na ja, Gott sei Dank, hamma des auch wieder!

Alles über Griechenland

Karl A. Sotbrenner rekapituliert.

Der Sonnenschirm für circa vierhundert Drachmen, jederzeit zu haben, das Essen, Wiener Schnitzel mit Pommes und Salat, um die circa achthundert Drachmen, nicht wahr, Fleischqualität, da muß man natürlich Abstriche machen, aber ein Mückenspray in einer Apotheke, auch um die vierhundert Drachmen zu haben, durchaus gute Qualität, aber nette Leute, das Publikum, nicht wahr, so 'n Mercedeshändler aus Worms, also, sehr angenehm, gleich zur Linken: Pizzeria, wo man alles haben kann, nicht wahr, Pizza mit allen Schikanen, um die zwei- bis dreihundert Drachmen zu haben bereits, drüben, gleich zur Rechten, noch mal Pizzeria, wird von einer original Berlinerin geführt, sehr sauber alles, auch um die fünfhundert Drachmen, zum Strand sind es fünfhundert Meter circa, mit allem Pipapo, Gummiboote und was man so hat, unter der Autobahn durch, dann über die Eisenbahn, Strand – hm, ja hm –, Meer wunderbar, Wolken, nicht wahr, Himmel azur, durchaus gebräunt zurück, nicht wahr, Saloniki–Olching fünfunddreißig Stunden bei nur viermaligem Tanken, ohne, also, in Nonstop schon zu Hause.

Die Nachbestellung

Ehepaar Heinz und Edeltraut Strobel sitzt in einer Autobahnraststätte. Ein Kellner serviert gerade zwei Extraknödel.

KELLNER So. Zweimal Knödel extra.

HEINZ STROBEL Da – stelln S' es her.

EDELTRAUT Ah, Herr Ober, könntn mir doch a große Portion Sauerkraut ham, bittschön?

KELLNER Einmal Kraut extra.

EDELTRAUT *studiert die Karte* Nimm halt die Topfnpalatschinkn oder de mit Schoklad.

HEINZ Qumpf . . .

EDELTRAUT Oder nimmst halt beides.

HEINZ Njoa.

EDELTRAUT Und, mogst des Eis vorher oder danach?

HEINZ *mit vollem Mund* Gleichzeitig.

EDELTRAUT Oder nimm halt a Prinzregententorte zerscht. Du, de Obstkuchn ham fei aa recht ordentlich ausgschaut. Himbeer – oder so.

HEINZ Hmhm.

EDELTRAUT Oder wie wär's mit am Obstsalat?

HEINZ Nänana . . .

EDELTRAUT Oder ein Pfirsich-Melba. Da, heiße Himbeern auf Schlagrahm, hm?

KELLNER *kommt mit dem Kraut* So, einmal Sauerkraut extra. Bitte schön, gnä' Frau.

EDELTRAUT Naa, da . . . *Deutet auf Heinz.*

KELLNER Ah ja.

EDELTRAUT Sagn Sie, Herr Ober, was is 'n bitte des Soufflé Prinz Eugen?

KELLNER Eine Art süßer Eierschaum mit Schokolade, Nüssen und Maraschino und Sahne.

EDELTRAUT Er vertragt keine Nüß, Nüsse rührt er mir nicht an.

KELLNER Sie können auch wahlweise Rosinen dazu nehmen.

HEINZ Umpfqumpf . . .

EDELTRAUT Ah, Herr Ober, bringen S' mir doch bittschön noch a Mineralwasser.

KELLNER Ein Mineral.

EDELTRAUT Magst so an Prinz Eugen? Is amal was anders.

HEINZ Qumpf . . .

EDELTRAUT Oder des is überhaupts die Lösung – vorher ißt a Mokkatorte mit und dann a Fürst-Pückler-Eis ohne Sahne und hinterher noch a Kleinigkeit oder so, vielleicht doch diesen Eugen da.

HEINZ Quampf . . .

EDELTRAUT No, schmeckt de Haxn?

HEINZ Na ja . . .

KELLNER *bringt das Wasser* So, ein Mineral.

EDELTRAUT Äh, Sie, Herr Ober, weil Sie grad da sind, könntn mir noch a bisserl was nachbestelln? Bringen S' ihm doch bittschön einmal Prinzregententorte.

HEINZ Naa, i mog koa.

EDELTRAUT Ah ja, Mokkatorte mit Schlagrahm. Mit Schlagrahm, gell?

HEINZ Qumpf . . .

EDELTRAUT Und dann bringen S' ihm noch an Fürst-Pückler-Eis. Des ohne Sahne.

HEINZ Naa, mit.

EDELTRAUT Ah ja, also doch auch mit Sahne. Und dann wolln wir doch amal dieses Soufflé Prinz Eugen probiern. Allerdings ohne Nüsse, bittschön. Gell, also mit Rosinen.

KELLNER Gut, Prinz Eugen für Sie, gnä' Frau?

EDELTRAUT Naa, wo denken Sie hin, i derf net. I mach zur Zeit a Abmagerungskur, i muaß abnehmen. Er is ja schließlich der Fahrer. Wissen Sie, reisen macht immer Appetit.

Die Weltreise

Wir haben heuer mal eine Weltreise gemacht. Aber ich sag's Ihnen gleich, wie es ist: Da fahren wir nimmer hin.

SAVOIR-VIVRE

i.A. Deutelmoser 2

und teilen Ihnen hiermit fristlos Komma daß der pH-Wert einer Leberknödelsuppe nur in mittelbarer Korrelation steht zur Schadstoffspeicherung von Schwermetallen wie Blei Komma Arsen Komma Quecksilber o. ä. der Leber desjenigen Schlachtviehs Komma dessen Leber bei der Leberknödelsuppenverarbeitung passiv im Knödel zur Anwendung gebracht wurde Komma d. h. Komma es besteht kein – kein unterstrichen – direkter Zusammenhang zwischen dem Vergiftungs Bindestrich Komma Säure Bindestrich Komma als auch dem Geschmackskoeffizienten des in der Leberknödelsuppe verwendeten Leberknödels Komma woraus eindeutig hervorgeht Komma daß die in der Schlachtviehleber gespeicherten Schwermetalle somit als geschmacksneutral einzustufen sind und beim Verzehr der Leberknödelsuppe ergo nur in Form eines kaum quantifizierbaren erhöhten spezifischen Gewichtes des Leberknödels selbst durch die hohen spezifischen Gewichtsanteile der in der Schlachtviehleber abgelagerten Schwermetalle ausgewiesen werden könnten Komma wenn nicht der Schwermetallanteil der im Leberknödel ebenfalls eingearbeiteten Petersilie einer eindeutigen Quantifizierung im Wege stünde Komma d. h. Komma der Gesamtschwermetallanteil des Leberknödels kann wiederum ebenfalls nur bedingt dem Schwermetallanteil der im Leberknödel verarbeiteten Leber zugeordnet werden Komma da die Verwendung von Petersilie im Leberknödel einerseits nach Übereinstimmung aller – aller unterstrichen – relevanten in Bindestrich und ausländischen Leberknödelsuppenrezepte unabdingbar ist Komma andererseits die Petersilie heutzutage über einen extrem hohen Sättigungsgrad von Blei Klammer auf lateinisch Plumbum Klammer zu und Quecksilber verfügt Punkt

Hochachtungsvoll
i.A.
Deutelmoser

Anlagen: 1 Buch, bedruckt
1 Schutzumschlag, abnehmbar

Alles in Butter

A: Haben Sie gestern ferngeschaut?

B: Ja. Wieso? Selbstverständlich.

A: Im Zweiten.

B: Was?

A: Toll, die brachten eine Linsensuppe, spanische Art, mit Sherry und . . . Ding – wirklich super!

B: Nein, habe ich nicht, leider. Aber meine Fischsuppe im Ersten war auch nicht schlecht. Übrigens, der Sauerbraten gestern abend auf SAT.1 wird wiederholt.

A: Na ja, den find ich nicht so – äh –, aber die Serie im RTL, *Alles ist Gulasch*, die ist toll gemacht, finden Sie nicht auch? Weil die bringen nicht nur Gulasch, sondern auch Hintergründe. Majoran – und auch Lauch. Und so . . .

B: Stimmt. Trotzdem werde ich mich jetzt bald einmal beschweren. Nirgendwo sieht man mehr einen guten alten Semmelschmarrn oder auch bloß amal einen Wurstsalat. Das könntens doch wirklich bringen!

A: Da haben Sie vollkommen recht. Mir fällt ein – wissen Sie schon, daß die Mehlspeisengala *Alles in Butter* vom Donnerstag im B drei jetzt schon um neunzehn Uhr gesendet wird?

B: Ja, warum?

A: Wer soll denn da zuschaun? Da kommen doch die Nachrichten!

B: Na ja, das sind doch die Nachrichten!

Der Altstadtliebhaber

Herr Meisinger beißt in eine Bratwurst, hält eine Breze in der Hand.

Ausgezeichnet. Einfach exorbitant. Diese Thüringer Bratwurst, extraterrestrisch, wirklich gut gewürzt, die Wurst schmeckt einfach wurstig. Ein Wunder, daß diese Wurst den Kommunismus überlebt hat. Der ganze Marxismus, und das ist ja das Unglaubliche, hat ja vor allem die Gastronomie gedemütigt. Die bürgerliche Küche, schon der Name »bürgerlich« war ihm ein Dorn im Auge. Und dann haben sie sie bekämpft, aber die Geschichte hat gezeigt, die Idee einer frischen röschen Breze hat obsiegt. Die Russen haben zwar immer das Lied »Kaputie publicki« gesungen, das heißt auf deutsch »Kauft Brezen«, »Horaschi publicki«, »frische heiße Brezen«. Aber im Alltag sans der Brezen gegenüber sehr reserviert gegenübergestanden. Weil die DDR-Führung bekanntlicherweise zuckerkrank war. Aber Schwamm drüber. Diese Sache ist jetzt ausgestanden. Interessant nur noch, daß der Osten schon 1983 pleite war. 83, wohlgemerkt! Bei der Stasi haben sie das genau gewußt, und so haben halt seit dieser Zeit, also 83, Insider rechtzeitig mit dem Räumungsverkauf der DDR begonnen, »GDR for sale«. Ich selber bin erst 1986 eingestiegen. Also, haben gewisse Herrschaften mir demzufolge drei Jahre die Nase im voraus gehabt. Was die Realisation anbelangt, ich bin auch als Sponsor aufgetreten, hab selber qualifizierte Leute freigekauft und denen dann die Möglichkeit gegeben, mit Zins und Zinseszins sich selber wieder zurückzuzahlen. Also, wenn einer beispielsweise ein guter Metzger war und deshalb mit dem System in Konflikt geraten und eingelocht worden ist, dann hab ich die – sagen wir einmal – circa 60 000 Mark aufgebracht, daß er freikommt. Ein Lösegeld quasi. Und hab ihn dann bei mir im Westen eingestellt als Metzger, daß er eine Thüringer Wurst macht. Und so hat er sich dann selbst abbezahlt, indem er sich bei mir amortisiert hat.

Ich hab ihn auch immer motiviert, indem ich ihm erzählt hab, wie schön des is, wenn man ein Geld verdient und man zu einem Besitz kommt. Verstehen Sie mich richtig, ich will mich nicht durch den Besitz bereichern, aber Besitz als solcher bereichert ungemein. Es ist einfach schön als Besitzender. Schon in der Früh, wenn ich aufstehe und frühstücke, und ich weiß, also, mir gehört doch einiges, also bin ich nicht unbesitzend, sozusagen solvent, verstehen Sie, nicht knabbern müssen, sondern im Gegenteil, da ist ein Polster, da ist man als Mensch einfach ausgeglichener.

Manchmal denke ich, wenn ich so nervöse Gispeln, so fahrige Personen sehe, denen fehlt ein Selbstwertgefühl. Wahrscheinlich habens nix. Nicht einmal eine Immobilie oder so was. Besitz beruhigt, das ist ein Lebensgefühl, ich kann's nur weiterempfehlen. Einfach angenehm. Sonst würden's doch gar nicht so viele anstreben, wenn's nicht attraktiv wäre.

Schaun S', jetzt zeig ich Ihnen was. *Zeigt ein Foto.* Das ist die Altstadt von Zittau, gehört mir, na ja, ich bin ein Sammler, aber natürlich keine Briefmarken, schaun S', mit meinen Pratzen, das hätt doch keinen Sinn, nein, ich sammle Schlösser, Villen, Altstädte aller Art. Hier, die Altstadt von Stralsund gehört auch mir, bis auf das, was dem Boris Becker gehört. Cottbus, das da war ein Schnäppchen, Cottbus, ich hab's eingetauscht gegen eine Retortenstadt bei uns. Gegen Neu-Gablonz. Ich hab mit der Treuhand . . . nein, keine Angst, ich nenne keine Preise.

Wenn Sie mich fragen, ich hätte vor ein paar Jahren gar nicht gewußt, daß es so was gibt wie Zeitz, und jetzt hab ich's in meiner Sammlung. Lauter Filetstücke. Jugendstil, Art déco, Renaissance, alles da. Leider immer noch mißbraucht von Bewohnern, die in Juwelen sitzen und gar nicht merken, wo sie sich befinden. Da nisten Mieter in Schmuckstükken, also, das kann doch nicht der Sinn einer Altstadt sein, daß man so eine Notunterkunft zur Verfügung stellt. Ich finanziere gerade ein Alternativprojekt für Altstadtbewohner in den neuen Bundesländern, das heißt Single-Mobil, eine heizbare Unterbringung für Leute, die kein Geld haben, aber trotzdem wohnen wollen. *Er zeigt auf Umzugscontainer.* Und hier ist eine Propangasflasche, das ist die Heizung. Und man wohnt sozusagen mietfrei. Also, jeder Altstädter, der freiwillig auszieht, kriegt dieses Single-Mobil von mir umsonst.

Ansonsten halte ich mich doch gerne in den neuen Bundesländern auf. Nur manchmal macht man noch Erfahrungen, die sind einfach deprimierend, zum Beispiel Rostock. Ich bestelle eine Veuve Clicquot, also, eine echte Veuve Clicquot, und tatsächlich, der Ober bringt eine Veuve Clicquot, einen französischen Champagner. Sapperlot, denk ich, jetzt tut sich was im Osten, Rostock kommt. Aber merkwürdig, ich fühle, da stimmt was nicht, und wirklich, ich hätt's mir denken können, ich steck den Thermometer ins Glas, messe siebzehn Grad, Wahnsinn! Ich sag zu dem Ober, siebzehn Grad, das ist doch eine Veuve Clicquot, Mensch, jetzt wird's aber Zeit, daß ihr einmal umdenkt, das ist doch eine Barbarei, eine Veuve Clicquot muß neun Grad haben, vielleicht in

Ausnahmefällen neuneinhalb, aber siebzehn Grad, das ist deprimierend. Aber ich hab's mir schon angewöhnt, wenn ich hier bin, weil ich weiß, es ist deprimierend. Wähl ich zum Beispiel King Prawns, dann hab ich immer so Farbtafeln dabei, zum Beispiel hier, so schauen King Prawns aus, weil die kennens nicht, das ist deprimierend, oder Trüffel, dann zeig ich's ihnen, hier, das ist ein Trüffel, und wo wohnt der Trüffel? Das wissen sie auch nicht, also zeig ich's ihnen auf der Landkarte. Da schauts her, das ist Perigord, das ist die Heimat vom Trüffel.

Die Menschen sind so verbogen, nur mit Aufklärung geht's. Ich bin gern bereit und zeig ihnen alles. Zum Beispiel Beaujolais oder Languedoc, liegt in Europa, dann zeig ich ihnen eine Karte von Frankreich. Frankreich kennens. Oder Italien, Montepulciano, Barolo.

Na ja, sie werdens schon noch lernen. Man braucht halt a Geduld, wir haben ja auch unsere Zeit gebraucht, bis wir zur Normalität gefunden haben.

Vierzig Jahre Kommunismus zu kompensieren, das ist schon deprimierend.

Mahlzeit

Ein Mann und eine Frau stehen in einer Kantinenschlange. Andere Kantinenbesucher kommen vorbei.

MANN Ah, Mahlzeit . . .
FRAU Mahlzeit.
MANN Ja, was gibt's denn heute, Hackbraten mit . . . *Zu einem Passanten* Mahlzeit . . . Heut gibt's Hackbraten mit gemischten . . .
PASSANT Mahlzeit.
MANN Mahlzeit.
FRAU Mahlzeit.
MANN . . . mit gemischten Gemü. . .
PASSANT Mahlzeit.
MANN Ja, Mahlzeit.
FRAU Mahlzeit.
MANN Heute Hackbraten mit gemischten Gemüse, aber des hat's doch gestern, ham mir doch ghabt, Königsberger Klopse . . .
PASSANT Mahlzeit.
FRAU Mahlzeit.
MANN Mahlzeit.
FRAU Also, Königsberger Klopse, das glaub ich nicht, die gab's doch am Dienstag . . .
PASSANT Mahlzeit.
FRAU Mahlzeit.
MANN Mahlzeit.
FRAU Am Dienstag, da gab's, ah, geschmorten . . .
MANN Naa, da habn Sie nicht recht, weil . . .
PASSANT Mahlzeit.
MANN Mahlzeit.
FRAU Mahlzeit
MANN Des glaub ich nicht, weil geschmorte Rippchen . . . jetz weiß ich's, die geschmorten Rippchen, hat's am Donnerstag gegeben . . .
PASSANT Mahlzeit.
MANN Ja, Mahlzeit.
FRAU Mahlzeit.
MANN . . . wo sie . . . *Zu Passanten* Mahlzeit . . . wo sie, äh, Schweinefleisch chinesisch, des war am Mittwoch.

PASSANT Mahlzeit.
MANN Mahlzeit.
FRAU Mahlzeit.
MANN Heute gibt's ein Eisbein . . .
FRAU Heute gibt's den Hackbraten. Mahlzeit.
MANN Ja, richtig, heute gibt's den Hackbraten. Jetz ham mir's, der Vorige-Woche-Hackbraten, der is ja abgeschafft worden, weil da ham sie doch diese Fleischklöße mit dieser . . .
PASSANT Mahlzeit.
MANN Mahlzeit.
FRAU Mahlzeit.
MANN . . . mit dieser Tomatensoße ham sie dann – Mahlzeit – eingeführt.
FRAU Also, ich weiß nicht, ich kann mich, also meine Galle, ich, ich, ich geh nach meinem Magen, nach meinem Wohlbefinden, nich wahr. Also, mir kommt vor allem Donnerstag, es ist ganz egal, ob das Kaßler ist oder dieses Kabeljaufilet, es ist immer . . .
PASSANT Mahlzeit.
MANN Mahlzeit.
FRAU Mahlzeit.
FRAU . . . gerade Donnerstag kommt mir besonders problematisch vor.
PASSANT Mahlzeit.
MANN Mahlzeit.
FRAU Mahlzeit.
PASSANT Guten Appetit.

Der Mann und die Frau starren entgeistert dem Passanten nach.

FRAU Wer is 'n das?
MANN Mei, a Neuer . . .

Menschenfresser

Wir haben gesagt, Mariele, Mariele, du konntest ja letztes Jahr nicht mit uns mitkommen, weil du warst ja verhindert, du hast ja deinen Pilz ghabt, und außerdem hast du den Führerschein gmacht, gell. Du hast ja den Führerschein gmacht und hast dazu dreiundneunzig Stunden gebraucht, ich mein, du hast jetzt den Führerschein, ham mir gsagt, Mariele, aber es . . . du warst verhindert, du konntest nicht mit uns mitfliegen, außerdem sind wir ja letztes Jahr nur auf die Virgin Islands gefahren, des war wegen diesem Benefizessen, dieses Wohltätigkeitsessen, das war dieses Lobster-Festival . . . äh, äh, zugunsten der Tiramisu-Geschädigten. Und wir haben gesagt, Mariele, dafür kannst du dieses Jahr mit uns mitfliegen, wenn wir diesen Gastronomie-Adventure-Trip machen. Äh, der Gastronomie-Adventure-Trip wurde von der Zeitschrift . . . ähm . . . nicht »essen & trinken«, auch nicht »Der Feinschmecker«, sondern wurde von . . . »Le Gourmeur« veranstaltet – der »Le Gourmeur«. Und die haben des organisiert, und wir sind dann, an dem Donnerstag, wo es so saukalt war, da sind wir dann vom Franz-Josef-Strauß-Airport weggeflogen, nonstop, direkt über Singapur, dann nach Sydney, weil Sydney war unser Headquarter. Und wir sind dann, jetzt warten Sie, des war dann, ich komm immer mit der Zeit durcheinander, weil da war dieser Jetlag; der Vati hat auch gesagt, Jetlag, na, des hättens ja in den Prospekt reinschreiben können, daß da ein Jetlag is, net, weil mir ham ja den Tag bezahlt, aber mir ham ihn nicht gekriegt, net, so ein Jetlag, das ist ungefähr so was wie . . . äh . . . ein Disagio bei der Bank, net, das Geld sieht man auch nicht mehr. Na ja, und dann war der erste Gastronomie-Adventure-Trip, der stand unter dem Motto . . . äh, »Essen . . .«, äh . . . »Wir fliegen zu den Aborigines: Essen wie vor zehntausend Jahren«. Wir haben halt gedacht, na ja, des is halt ein . . . äh . . . das ist halt ein – Motto, wir haben ja nicht gewußt, daß die wirklich wie vor zehntausend Jahren fressen, net; und ich muß auch sagen, was sich diese Aborigines ausgedacht haben, also das ist – mit essen hat das nichts zu tun, gell. Des ist auch kein Abenteuer, sondern ein Skandal. Da ham sie dem Vati – zum Beispiel ham die serviert . . . a so . . . ähm . . . äh, hm, so, so . . . Insektenrouladen, nicht, und dann so Termitenravioli . . . also, grauenhaft, net. Der Vati hat sich wirklich überwunden, daß er überhaupt – es zu sich nimmt, net. Und wie er des wollte, da kommt der Bürgermeister, oder was er ist, von diesen Aborigines und spuckt dem Vati auf diese Ravioli drauf, net. Der Vati hat gleich den Guide kommen lassen, hat gsagt, »Sie, der Kerl, der speit auf meine Ravioli drauf«. Dann sagt der Guide, »na ja, des is bei denen eine alte Tradition, das bedeutet bei denen ›guten Appetit‹«. Und dann hat der Vati gsagt, »ja, sagn Sie dem amal, ob er nicht weiß, daß die zehntausend Jahre jetzt vorüber sind«, net – also fürchterlich! Und der Vati hat sich wirklich, also – überwunden! Es war so ungustiös, gell? So ungustiös! Und trotzdem, der Vati beißt rein, nein, also staubtrocken. Der Vati hätt beinah einen Hustenanfall bekommen, gell – also so trocken. Der Vati hat gesagt, »also, ein – Gugelhopf ist ein feuchter Schwamm dagegen«, net – grauenhaft. Und dann – ham sie ihm eine Sauce gebracht, eine Pfefferminzsauce, und dann sagt der Vati, »na ja, was heißt Pfefferminzsauce! Muß ich zwanzigtausend Kilometer fliegen, daß ich eine Pfefferminzsauce bekomme?« Oder, damit Sie sich's vorstellen können, was die noch serviert ham: Dann ham sie einen Heuschreck serviert – ein Heuschreck, so groß wie ein Dackel. Aber den Heuschreck selber, den verzehren sie nicht, net, sie essen nur seine Exkremente, net, auf deutsch: den Scheißdreck. Also, hören Sie auf! Wir ham drei Kreuze gemacht, wie wir endlich wieder im Headquarter waren. Aber dann, beim »Le Gourmeur«, ham sie sich dann schon angestrengt, sie ham gewußt, jetzt müßten sie sich ins Zeug legen, und im Mainland haben wir dann bekommen, jetzt warten Sie, wir ham gegessen, ein – das war sehr gut, à point, also das Fleisch war à point, ähm –, einen Carpaccio, ein Fleisch vom Koalabären. Nur dann ham sie wieder eine Pfefferminzsauce draufgeschüttet. Die tun auf alles Pfefferminzsaucen drauf. Wissen Sie, weil diese Australier haben das schwere Erbe der englischen Küche angetreten. – Oder wir ham gegessen, das war ein Auflauf, ein . . . ähm . . . Soufflé an Flamingozungen, hat's geheißen. Flamingozungenauflauf an Bordeaux-Wein, nicht. Aber da war gerade diese Mururoa-Sache, diese Gaudi mit diesen Atomtests, Sie wissen schon. Und dann kommt der Guide daher und sagt, ob wir ausnahmsweise statt diesem Bordeaux vielleicht doch lieber einen Trollinger trinken. Und dann hat der Vati gesagt, »na ja, also wenn wir damit dem Chirac eins auswischen, in Gottes Namen, trinken wir auch einen Trollinger dazu«. Und dann kam diese Enttäuschung, so eine Enttäuschung, also, ich hab den Vati noch nie so enttäuscht gesehen. Wissen Sie, aber es ist auch im Prospekt gestanden, es hat ja auch geheißen, wir bekommen einen Tafelspitz vom Riesenwaran. Es ist ja ausdrücklich dringestanden, dann kommt der Guide daher im letzten Moment und sagt, den Riesenwaran können sie nicht mehr servieren, der letzte Waran ist vor drei Monaten ausgestorben, ein Zahnarztehepaar aus Ebersberg bei München hat den letzten gefressen. Also, Sie hätten unsern Vati sehn sollen ... Der Vati war – also, vollkommen desillusioniert. Er hat gesagt, »warum mache ich die Reise, warum mach ich diese Reise«, er sagt, »einmal in meinem Leben hätte ich halt so gern einmal etwas Ausgestorbenes probiert«. Na ja, dann haben sie sich dafür entschuldigt und haben ersatzweise diese Eier serviert von diesen Sch... äh ... Riesenschildkröten, wissen Sie, und der Guide hat gesagt, er geht davon aus, äh ... die sterben auch bald aus. Und dann haben sie sie serviert und haben wieder diese Pfefferminzsauce drauf. Na ja, also jetzt, kurze ... lange Rede, kurzer Sinn, und dann kam der Höhepunkt der Reise: Das Motto hat geheißen »Wir fliegen zu den Papalangi«, das sind diese Man-Eater, wobei ich sagen muß, der Begriff Man-Eater ist mißverständlich, denn sie essen ja Frauen auch. Also, wir sind rübergeflogen mit Transfer und Propellermaschine, und dann – eine Hitze, ich sag Ihnen, eine Hitze, brüllende Hitze, Dreck, Schlamm, Mücken, Schnaken, Bremsen, nicht wahr, fürchterlich, bis man zu diesen Man-Eatern kommt. Stundenlang sind wir mit dem Ranch Rover durch diesen Dreck, weil dieser Stamm ist ja erst vor einem Dreivierteljahr entdeckt worden, aber sie sind bereits ... äh ... katholisch – also den Papst kennen sie. Und einer von ihnen, der Medizinmann, hat sogar diesen Karl Moik, diesen ... äh ... vom ... vom ... Musikantenstadl, hat er schon auf einem Bild dabeigehabt. Und ... äh ... und ich muß auch sagen, diese Man-Eater, sie sind auch ... also ... herrlich in ihrem Benehmen, wie sie uns empfangen ham, mit einer Herzlichkeit und einer Natürlichkeit, mit einer Nonchalance haben sie uns begrüßt, und sie haben getrommelt – sie trommeln ja so gerne –, mit einer Inbrunst haben sie getrommelt, »Stille Nacht« ham sie getrommelt, und ... ähm ... und das Kufsteinlied und »Horch, was kommt von draußen rein«. Also diese Man-Eater! Und dann muß ich noch sagen, ja, als es dann soweit war, bevor wir zu Tisch gebeten wurden, äh ... ist der Guide noch mal gekommen und hat uns gesagt, »wer jetz dann kein Menschenfleisch nicht essen will, braucht es auch nicht zu essen, der kann ersatzhalber auch Maultaschen oder Spaghetti oder ein Tiroler Gröstl bekommen, also keiner muß es essen«. Nur unser Vati hat gesagt, »kommt nicht in Frage, ich hab das Fleisch bezahlt, ich hab's gebongt, und wir essen es auch«. Und wie diese Man-Eater auch den Tisch gedeckt haben, das muß man gesehen haben. Also, und mit einem Geschmack, diese Man-Eater. Sie ham ein Dekor und auch ökologisch, also, zum – alles so schön hergerichtet, keinerlei Plastik, nur Porzellanteller, wunderbar gedeckt, der Tisch, also, man ... man muß zugeben und sehen, diese Man-Eater, sie sind auf der Höhe der Zeit, sie wissen, das Auge ißt mit. Und dann, bevor wirklich serviert wurde, hat unser Vati, weil wissen Sie, unser Vati ist seit diesem Rinderwahn mit dieser BSE-Geschichte, ist unser Vati sehr hellhörig, alles, was Fleisch angeht. Und dann hat er den Guide kommen lassen, hat gesagt, »bitte, sind Sie so nett und verraten Sie mir, woher kommt das Fleisch?« Aber der Guide hat ihn gleich beruhigt und hat gesagt, nein, er garantiert, das Fleisch ist clean, also er gibt ein Zertifikat, sie legen eine Hand ins Feuer, also sie sind da ... also wir brauchen keinerlei Angst zu haben, das Fleisch ist vollkommen in Ordnung. Er sagt, das Fleisch kommt höchstens, er sagt, wenn diese Man-Eater einen erwischen, vielleicht einmal von den Boat people, dann kann es sein, daß er in den Topf kommt, oder in seltenen Fällen, aber wirklich nur sehr selten, wenn er überhaupt hergeht, dann vielleicht einmal ein Blauhelm, aber er sagt, wenn da ein Engländer dabei ist, dann lassen sie ihn sowieso wieder laufen. Also, ich sag's ganz ehrlich, ich bräuchte kein, äh ... kein Menschenfleisch essen, und das Mariele hat auch gesagt, nein, also jeden Tag müßte sie das wirklich nicht haben. Und wir ham's auch nicht mitgenommen, weil sie ham's uns als Suppe in Konservendosen noch verkaufen wollen, nicht? Also man muß es wirklich nicht immer essen, aber auf der andern Seite sag ich halt, mein Gott, man war einmal dabei, man hat's einmal probiert, man kann halt doch einmal mitreden.

Der internationale Feinschmecker

Ein Imbißwohnwagen, daneben ein Resopaltisch zum Stehverzehr. Rauch von altem Öl aus dem Inneren des Wagens. Zwei Herren nähern sich dem Imbißstand in angeregter Unterhaltung.

HERR I Skandinavien, gastronomisch eine Wüste, ich bitte Sie, Knäkkebrot, Seelachs – äußerst einseitig. Was habens denn sonst da droben? Von Finnland möcht ich lieber ganz schweigen. Was diese armen Hunde zu sich nehmen müssen . . .

HERR II Aber vielleicht . . .

HERR I Ach, hören Sie mir doch auf damit! Spanien! Habn Sie mal a Paellia gessen?

HERR II Ja.

HERR I Na also, dann wissen Sie ja, was los is. Und dann diese Weine. Brrr! Entsetzlich. Ich meine, Italien, natürlich, vielleicht gibt's hie und da mal eine Lokalität, wo man speisen könnte, aber insgesamt betrachtet muß man auch Italien ad acta legen. Diese ewigen Teigwaren, ich kanns nimmer sehn. Auch gewürztechnisch is der Italiener noch infantil.

Die beiden sind an dem Wurststand angelangt.

HERR I Ach bitte, geben Sie mir ein Nierenschaschlik. Mit doppeltem Ketschap.

HERR II Mir 'ne Cörrywurst, bitte.

HERR I Auch hier in Deutschland, mein Gott, ein paar Schmankerln, aber sonst, die deutsche Küche is ja praktisch tot. Das heißt, sie is ja gar nicht existent, eigentlich hat es sie ja noch nie gegeben. *Neue Fettwolke aus dem Imbißwagen.* Die deutsche Gastronomie is ja ein Widerspruch in sich, verstehn Sie? Wissen Sie, ich habe mir angewöhnt, wenig zu essen, aber wenn, dann . . . oh, là, là!

HERR II Geben Sie mir 'ne Fanta.

HERR I Ja, mir auch. Wissen Sie, eine Mahlzeit, *kein* Futter, das gibt es doch nur in Frankreich. Eventuell noch was Chinesisches, aber selbst das . . . *Winkt ab.* Ich sage nur: Bocuse, Haeberlin, besser gesagt: Aberlää, Winzigmann . . . Mmmh, diese Sorbets, diese Parfaits, haben Sie schon mal Cuissot au court-bouillon gegessen oder eine Volaille de Bresse à la broche?

HERR II Sie meinen Brathuhn?

HERR I Ach! *Winkt unwillig ab.* Oder Poularde de Bresse truffée mère Brazier, Paupiettes de veau und so weiter und dazu einen 67er Sancerre oder einen 64er Chablis. *Nimmt einen Schluck Fanta.* Zum Wild dann eher Bordeaux. Wissen Sie, hier ernährt man sich. Aber essen, richtig essen kann man nur in Frankreich. *Nur* in Frankreich! *Beißt in sein Nierenschaschlik, mit Kennermiene* Mmh, sehr gut.

Pommes frites

In einer Diskothek läuft in voller Lautstärke der Saisonhit »Baby, Baby, I like it«. Dazu eine kraftvolle Unterhaltung zweier Gäste.

GAST I Früher ha'ts doch gar keine Pommes frites gegeben.
GAST II Wen?
GAST I Pommes frites.
GAST II Wen? Fritz?!
GAST I Nein, Pommes frites hat's doch früher nicht gegeben.
GAST II Ja, des kann schon sein.
GAST I Früher haben die doch gar keine gute Soße, die haben die doch früher . . .
GAST II Ja, ich verstehe, die haben ja, früher gab's ja noch gute Soßen.
GAST I Was?
GAST II Gute Soßen!
GAST I Ja, gute Soßen!
GAST II Jaja, gute Soßen, und nicht immer diese Pommes frites.
GAST I Ja, diese Pommes frites, des is ja . . .
GAST II Das nimmt ja ständig überhand, weil man ständig nur diese Pommes frites hat.
GAST I Ja, genau. Ich kann sie schon nicht mehr sehn, diese Pommes frites.
GAST II Wen?
GAST I Pommes frites.
GAST II Ja.
GAST I Und a gute Soße, könnens gar nimmer machen, gell?
GAST II Nein, eine gute Soße machen sie heut nicht mehr.
GAST I Ja, genau. A gutes Soßerl findet man ja nirgends mehr, weil sie nur Pommes frites machen!
GAST II Ja, genau, Pommes frites. Hähä, Pommes frites, gell?
LAUTSPRECHER Baby, Baby, I like it, do it do it do it do it do it do it again.

Der Softbiß

VERTRETER Ich habe hier ein paar Knäckebrote. Darf ich Ihnen was anbieten? Wenn Sie vielleicht einmal unser Rustikalknäcke versuchen wollen? Bitte.

EINE DAME Danke. Knack, knusper knusper knurpsch.

VERTRETER Hm? Schmeckt's Ihnen gut?

EINE DAME Mhm. Knirsch knursch knurpsch.

VERTRETER Ist nicht schlecht, ja? Oder wir haben unseren Smörrebrödknäck, versuchen Sie doch mal ...

PUBLIKUM Knurpsch kau kau schluck.

VERTRETER Oder unser Lapplandcracker, das ist der Schlager, äh, der sich seit, äh, schon seit Monaten bewährt hat, ein neues Produkt. Darf ich Ihnen mal einen Lapplandcräcker ...

EIN HERR Mhm, sehr gut. Krunsch, krups krups krups.

VERTRETER Dann haben wir hier einen Extraknäck. Die Dame, vielleicht ein Extraknäck?

EINE DAME Danke. Knirsch knursch rumpsch. Mhm, sehr gut.

VERTRETER Finnisches Landknäcke, wenn Sie versuchen wollen? Hier der Herr vielleicht? Ein finnisches Landknäcke, ist sehr gut. Oder ein Bioknäck? Das ist unser Reformschlager. Wenn Sie mal vielleicht versuchen wollen?

EINE DAME Mhm, gern, danke. Krach kruch krucks rucks rucks.

VERTRETER Und dann haben wir ein, ein ...

EINE DAME Mhmmmm ...

VERTRETER ... ein gutes Milchknäckebrot, das auch sehr gut ... schmeckt es Ihnen?

PUBLIKUM Mhm. Mhm. Schlurz, schluck, gülp.

VERTRETER Sind Sie zufrieden?

EINE DAME Mhm, ja, sehr gut.

VERTRETER Vielleicht unser Milchknäcke, wenn Sie mal versuchen wollten?

EIN HERR Knirps knirsch knirsch krach rumps pumps pumps.

VERTRETER Dann hätten wir ein nordnorwegisches Hirtenknäcke, äh, das ist für verträumte Stunden. Wenn Sie vielleicht mal versuchen wollen ...

EINE DAME Krich. Mhm. Krungs, klings, rupsch.

VERTRETER Is gut, gell? Ja?

EINE DAME Sehr gut. Kau kau.

VERTRETER Dann haben wir Seemannstod. Das ist besonders knackfreudig, äh, ein ganz besonders gutes, äh . . .

EIN HERR Seemanns. . .?

VERTRETER Seemanns. . . äh, . . . tod, heißt es, ja. Dann vielleicht ein Holzfällerknäck aus Mittelschweden. Wenn Sie mal versuchen wollten?

EIN HERR Aha. Krach kruch kracks knirsch rumps rumps.

VERTRETER Also unser . . . wir haben, also, uns bemüht, wirklich, mit unseren Variationen . . . Oder für die Kleinen, da, komm mal her, ein Knacki-Knusperle!

EIN KIND Mampf mampf knirps.

VERTRETER Dann haben wir ein bröselfreies Diätknäcke. Wenn Sie mal vielleicht versuchen wollen?

EINE DAME Mhm, danke. Schluck schlürf schlürf.

EIN HERR Darf ich noch so ein Hirtenknäcke haben?

VERTRETER Selbstverständlich, bitte ein Hirtenknäcke. Vielleicht ein Bioknäck?

EIN HERR Danke.

VERTRETER Ja, und dann hätten wir noch aus Dänemark etwas Besonderes, das ist etwas ganz Neues, das ist unser Flauschiknäck, ein smarter Weichknäcker mit dem Softbiß.

EIN HERR Mhm, sehr gut. *Stille.*

VERTRETER Das ist der Weichknäcker . . .

EIN HERR Mhm. *Stille.*

VERTRETER Und das ist der Softbiß. Ist mal was ganz anderes, oder?

Der Kaiserschmarren

KELLNER Buongiorno, signore.

GAST Buongiorno. Äh, prego la . . . la carte.

KELLNER Sì, sì, prego, signore.

GAST Äh, vogliamo, hm, una hmhm, una bistecca, una bistecca con insalata e poi un, hmhm, un, una diserto, prego. Was möchtest du, Schatz? Hm, ja, ja hmhm, vogliamo una . . . vielleicht einen Karpfen? Carpe, aa . . . aveté, avete carpe? Ähäh, poi una . . . vielleicht ein kleines, ein Dessert? Nehmen wir vielleicht Kaiserschmarrn. Wir . . . vogliamo . . . vogliamo narretia del imperatore, sì, ma subito, nicht wahr. Subito, perché abbiamo fame e sete.

KELLNER Also, entschuldigen Sie, mein Herr, aber isch so, weil die Kucherl hat schon geschlossen, gell, kemma gar nix mehr machen, nur noch Getränke gibt's.

Der Hobby-Feuerwerker

Elmar Heiduk in seinem Wohnzimmer vor dem Fernseher.

Ah, was war jetz gestern? I woaß jetz gar nimmer – oder war's vorgestern? Des war ganz gut. Er is noch, mit einer Hand is er noch an der Dachrinne vom Kirchturm ghängt. Zerscht mit der ganzen Hand und dann noch mit drei Finger und dann mit zwei, und dann is der kommen mit de Lederstiefel und is ihm aso auf die Finger – so, äh . . . und na hat man untn aufpflatschen sehn. Des war toll, obwohl's nur schwarzweiß war.

Na ja, und dann, was war denn dann noch? Dann war nimmer viel los – ah ja, Ding hab i noch gsehng, Karl Moik und Carolin Reiber mit'm Musikantenstadl – unterwegs in die innere Mongolei mit'n Ding, am Urviech – des war auch recht nett.

Na ja, und dann war nimmer viel los.

Was hab i dann noch gschaugt? Nachtgedanken mit'n Kulenkampff. Mei – nicht mehr viel los. Mir is dann richtig fad worn.

Ich bin dann noch a bisserl spaziern ganga – wissen S', da, glei da draußn, wo s' des neue Möbelcenter hingstellt ghabt ham.

Na ja – also wenn der Telefonmast aus Holz net da gwesen wär, ich hab dreimal hinspritzen müßn, mit'n Spiritus, bis anbrennt is.

Es is aber dann doch anbrennt, weil a bisserl a Wind aufkommen is. Ich hab's mir dann angschaut bis zum Schluß, wia des brennt hat. Hab ich mir von daheim, vom Fenster aus hab ich's mir angschaut. Jaja, genau, des war am Freitag, weil am Samstag da war doch der Dallas im Österreicher, den s' im Schweizer scho wiederholt ghabt ham. Ich habn aber im Deutschen a scho gsehng, und auf Video hab ich 'n auch.

Und dann, was war dann noch?

Ach ja – Besucher aus dem All. Des war toll. Da wo de Marsmenschen, oder was des warn, die ham doch da dem andern die Händ abghackt, und die Eingeweide hams eam rausgrißn, und dann hams es in a Friteuse nei und hams geßn. Des war so rösch, des hat so geknuspert – wie so Chips. Aah, des war toll. Ich hab's auch gleich aufgnommen auf Video.

Und was war jetz dann noch?

Dann war eigentlich nimmer viel los. Irgendwas über Tomaten in Brüssel, dann Nachtgedanken vom Kulenkampff, und dann is ma eigentlich fad worn.

Ich bin dann noch a bisserl spazierengangen, da draußen, wo s' des neue Teppichland hingstellt ham. Ich hab an Spiritus mitgnommen. Aber wie ich hinkommen bin, hat's scho brennt. Da is so a netter älterer Herr auf mich zukommen mit am Benzinkanister.

Mir ham uns dann auf a Bankerl gsetzt und ham's gemeinsam angschaut, wie's brennt hat. Der Herr hat gmeint, mir wern uns jetzt dann wahrscheinlich öfters sehn.

Jaaa, was gibt's denn heut noch? *Schaut in die Programmzeitung.* Miami Vice – und da . . . *Deutet ins Fernsehen.* Bunt ist die Welt. Wissen S' was, die ham doch da hinten – hams an neuen Baumarkt-Hobbycenter hingstellt. Sie, wissen S' was? I geh noch a bisserl spaziern, weil des is ja irgendwie fad. *Er deutet aufs Fernsehen. Geht mit seiner Spiritusflasche ab.*

Der NS-Sammler

Also, ich bin jetzt amal, im letzten Fasching, nicht wahr, bin ich jetzt amal als SA-Mann gegangen, hähä, na ja ... man möcht's ja nicht für möglich halten, nicht wahr, aber ab und zu eckt man noch an, net wahr? Jaja, wissen Sie, des ... ich hab natürlich eine private These dafür, nicht wahr, des hat natürlich nicht zuletzt schon auch damit zu tun, meines Erachtens, net wahr, weil bei der SA warens früher natürlich auch schon mehr so Plebs da, warn da schon mehr dabei, solche Proleten, net wahr, solche Underdogs, net wahr. Während natürlich bei der SS warens schon mehr die bürgerlichen Kräfte, net? Also ... haha ... jetzt im kommenden Fasching hab ich mir gedacht, jetz geh ich amal als Sturmbannführer, schauma mal, wie's nausgeht, net? *Lacht.* Na ja, ich mach gern amal an Scherz. Aber, ganz im Ernst, wissen Sie, ich bin ein Sammler, ich sammle ja das Dritte Reich, ja sicher, net, ich hab jetzt, jetzt warten S' amal, ich sammle jetzt doch schon seit circa ... seit circa zehn Jahren hab ich mich aufs Dritte Reich versiert. Ich hab auch die ganzen Nahkampfspangen, die Eisernern Kreuze, nicht wahr, die Blutorden, die Orden, wo Sie sich im Generalgouvernement verdient ham, des hab ich alles. Ich hab mich ja erst neulich in Zürich, auf der Börse, hab ich mir die Originalreitpeitsche vom Himmler ersteigert, mit Originalspuren drauf. Die is aufgerufen gewesen mit siebenhundertfünfzig Schweizer Franken und is dann hinauf auf ... äh, sage und schreibe tausendfünfhundert Schweizer Franken. Warum? Ja geh, die Frage ist berechtigt, das kommt daher, weil der Amerikaner unwahrscheinlich auf den Markt drückt, net wahr, der Amerikaner drückt schwer herein, gell. Trotz der Dollarkrise, net wahr, aber auf alle Fälle: Ich hab s'. Ich hab mir bei der Gelegenheit, hab ich mir noch ein Ding ersteigert, eine spanische Garrotte, ich weiß net, ob S' des kennen, wissen S', was des is, eine Garrotte? Nein? Des is so eine ... wie soll ich's Ihnen erklären ... des is eine Vorrichtung, so eine Apparatur, da wird praktisch der Kopf, der Schädel, samt Genick eingefädelt. Und da befinden sich links und rechts solche Schrauben dran, da wird dann langsam zugedreht. *Macht ein Würggeräusch.* Des is praktisch ein Erstickungstod. Wahrscheinlich haben sie's in Spanien abgeschlagen wegen dieser Demokratisierung, net, und die ham dann gedacht, na ja, wenn's in Spanien amal wieder einen Rückschlag geben sollte, da brauchen sie's wahrscheinlich wieder selber. Da is's schwierig, daß man's kriegt. Also auf alle Fälle, ich hab's. Schauen Sie, ein guter Bekannter von mir, der sammelt ja das Dritte Reich schon sehr lange, der hat ja schon, damals in der Korea-Zeit hat der . . . äh, hat sich der . . . der hat frühzeitig a Nase dafür ghabt, verstehn Sie? Der hat gewußt, wo . . . hähä . . . net wahr? Der wohnt da draußen in München . . . Geiselgasteig . . . Grünwald draußen, ich weiß nicht . . . da, wo der Heinz Rühmann draußen gwohnt hat, wunderbar. Tausend Mark der Quadrat. . . äh, . . .zentimeter, sehr schön. Der hat da, der hat sich jetzt so ein Haus gebaut, auch sehr schön, wissen Sie, so im Salzburger Landhausstil, mit so einem Reetdach, so friesisch, also, sehr schön. Und der hat . . . auch das Grundstück ist eine Rosine, net? Der hat, vorn hat der so einen alten Baumbestand, und dann hat der, vor dem Haus hat der einen Mordstrumm Schwimmingpool. Des Haus ist L-förmig angelegt, und in die Ecke von dem Haus hat der sich einen Originalofen aus Dachau reingstellt. Ja, da fragt man sich natürlich, woher hat er den? Das wird er uns aber nicht sagen, nein . . . haha . . .! Der fährt häufig zum Beispiel – nach Warschau, net wahr, geschäftlich, da bringt er mir immer diese Dinger mit . . . jetzt müaßad i schaun, dann zeig ich Ihnen einen, vielleicht hab ich einen da . . . *Er sucht.* Da ist er nicht, da hab ich auch keinen. Der sammelt auch schon. Der fährt häufig nach Warschau, da bringt er mir diese Ding mit, diese gelben Sterne, die kennen S' schon, nein? Aus dem Ghetto, nicht? Die warn also so . . . die ham sie sich früher da – *deutet auf Brustmitte* – angeheftet, oder auf der Seite. Die Kinder hams auf der Mütze getragen, gibt's auch so kleine. Zu einem Preis bringt der mir mit, nicht wahr . . . Schwamm drüber, net . . . haha . . . Dann bringt er mir mit diesen polnischen Wodka, der is sowieso besser wie der russische. Und dann bringt er mir noch mit diese, wie Pyjama schauens aus, die Original-KZ-Uniformen, ganze Wagenladungen voll. Auch zu einem Preis . . . hahaha . . . ja, was soll ich da sagen? Wissen Sie, der hat mich übrigens draufgebracht, des wird Sie interessieren, der sagt, dieses Auschwitz, Sie wissen schon, nein, des Dings da, da sagt er, das ist ja in Polen! Des is ja gar net in Deutschland, ham Sie des gwußt? Nein? Wissen Sie, ich sag des Ganze nur deshalb, jetzt san's über vierzig Jahre, jetzt ist der ganze Zauber doch vorbei, net wahr? Jetzt kommt der Karinhall-Stil. Ganz neue Dinge. Ich kann Ihnen nur einen Tip geben: Wenn Sie an Antiquitäten interessiert sind, steigen S' ein, kaufen S' sich, net, dann liegen S' im Trend. Ich sag Ihnen des, weil ich hab a . . . hähä . . . a Nase für des, ich hab einen Riecher, glauben S' mir's!

Die Fleischfliege

Wolf-Br. Buzifal narratiert.

Ja, in meinem Restaurant sind eigentlich ganz wenige Gäste gestorbn, genauer gesagt, bloß oana, und da is des dann doch eine Gemeinheit, wenn da ständig behauptet wird, daß mir die Gäste daherin nur so wegsterbm, weil s' immer sagn, wega meina Gulaschsuppn. Sollte eine Gulaschsuppn jemals an Oguu ghabt ham – a bißl a Wasser, net, etwas Zitrone, ja, da hab ich noch jeds Supperl auf Vordermann bracht. Wenn einer an so ana Suppn stirbt, na muaß er scho vorher was ghabt ham. – Überhaupts, mit dem Sterbm, des is so eine Sache. Ich erinnere mich genau, mir ham in Niederbayern gwohnt, in der Nähe vom Friedhof, net – es war ein heißer Sommertag, Augusthitze, mir ham gspielt, ich und meine Spielkollegen, na denk ich mir, schaust amal nei in d' Auslag. Vom Leichenschauhaus. – In einem herrlichen Eichensarg liegt er drin. Da Grünäugl. Ringsumher war's ganz stad. Auf einmal seh ich's... bssssrrrrsssrrr – so groß, grünlich schillernd, unappetitlich, eine Fleischfliege, ein Brummer, is se am Grünäugl auf d' Prat... auf d' Händ naufgflogn, de wo er gefaltet ghabt hat zum letzten Gebet. Jetzt kimmt's: Brrrsssoorrroroorr... is s' am Grünäugl ins Mai neigflogn. Der Grünäugl hat überhaupts keinen Muckser net getan. Sie, des san fei scho Sachn, wenn einem amal a Fleischfliege im Mai umanandfliegt und es is einem gänzlich Wurscht. – Überhaupts, alles woins ham heutzutage: Geschirrspülautomat, Farbfernseher, Schwimmingpool – bloß sterbm, des woins net. Aba da beißt's aus. – Da werdns noch spitzn...

Ein Lebenskünstler

Zwei Herren sitzen sich an einem Tisch in der Kantine des Allianz-Versicherungskonzerns gegenüber. Der eine Herr spricht den anderen an.

Na, schmeckt's? Ja, also, ich muß auch sagn, also, die Debrecziner sind ja drüben bei der BMW besser. Gestern ham mir ja, gestern, am Dienstag war des, ja, da ham mir Kalbsragout bürgerlich ghabt, des hab ich aber drübn geßn, in der Münchner Rückversicherung. Des war ganz gut durch, also, es geht. Aber des Tiroler Gröstl bei der AGFA, des is Spitze. Also des is einwandfrei. Gell. Und so, sagn mir mal, was Deftiges, Wollwürste und so was, da würd ich sagn, nur zum Siemens. Da würd ich gar net woanders hingehn, net. Spaghetti napolitain, des kann ma mal am Mittwoch oder so eßn, da geht ma halt amal ins Kultusministerium rein oder zur Stadtverwaltung, nicht schlecht, aber sagn mir mal, auch net des . . . Kaiserschmarrn am Freitag oder Forelle frisch, da würd ich ja unbedingt versuchen, zur Landesbausparkasse reinzugehn, weil die sind nicht zu schlagen. Diese Forellen, die sind also wunderbar, die zergehn auf der Zunge, gell. Aber Weihnachten, da eß ich dann doch lieber daheim.

Olé

Der Harry – ja, das war so: Die Wohnung gehört ja dem Harry, nicht wahr? Oder hat ihm auch gar nicht gehört. Der Harry war ja bloß der Mieter. Die Wohnung hat der Frau gehört. Die Frau war ja die Eigentümerin. Eine Eigentumswohnung. Und jetzt hat die Frau ... die wollte wieder in ihre Wohnung hinein – wie sagt man da, Eigentumsbedarf –, und drum ist sie schwanger geworden. Da hat der Harry gesagt: »Ja, sind S' mir nicht bös, aber ich hab den Mieterschutz. Was kann ich dafür, wenn Sie einen Braten im Rohr haben. Wenn Sie in die Wohnung wollen«, sagt der Harry, »zahlen S' fünfzigtausend Mark – cash –, dann können Sie die Bruchbude wieder beziehen. Dann kriegen Sie s' besenrein – oder Sie prozessieren.« Sagt er: »Dann prozessieren S' halt. Aber das sag ich Ihnen gleich. Dann ist Ihr Kind ein Student, bis Sie da drin sind.« Der Harry – der Harry hat ja der Frau gar nicht gesagt, daß er sowieso ausziehen will. Der Harry – der wollte doch sowieso nach Spanien auswandern. Der hat die Fünfzigtausend von der Frau genommen, dann ist er sowieso in Frührente – bei der Telekom –, mit sechsundvierzig Jahren in Frührente, hat die achtzigtausend Mark mitgenommen, und jetzt ist er in Spanien. Viva Espagna. Der ist in Spanien forever. Der kommt nicht mehr zurück. Und ich sag's ganz ehrlich: Wenn jetzt ich in Rente gehe, wo gehe ich hin? – Spanien. Ja, freilich geh ich nach Spanien – ich bin ja nicht ... Entschuldigung ... Spanien/Deutschland, machen wir mal ein Preis-Leistungs. . . Ding. Wollen wir's mal vergleichen? Ich hab's genau durchgerechnet. Ich hab's genau durchgerechnet. Wenn ich zum Beispiel, vom Kostenfaktor ... wenn ich in Spanien bin, nur ein Beispiel: Brauche ich in Spanien ein Nasivin? Brauche ich in Spanien ein Bronchoritard? Ein Anorak oder ein Blimeau? – Nein! Eine Badehose und eine Unterhose. Also, wesentlich günstiger. Da geht's schon mal los. Und was willst du in Deutschland? Ich sage: »In Germany no future.« Allein bei uns heute, dieser Urlaubsterror. Was das kostet! Ich kann doch nicht jedesmal, bloß weil ich schon wieder Urlaub hab, schon wieder nach Spanien hinunterfahren. Ja, wer soll denn das zahlen? Und so bin ich schon drunten. Und, Entschuldigung, wenn ich das sag – mir haben's da auch nicht ins Hirn geschissen. Wenn ich in Spanien drunten bin, glaubst du, daß ich nach Deutschland in Urlaub fahre? Nein, nein, also, man muß wirklich die Kirche im Dorf lassen. Spanien ist Spanien, und Deutschland ist Deutschland. Du, paß auf, s' ist gar nicht lange her, da war ich in einem Wirtshaus drin, und da sitzt mir einer vis-à-vis, einer . . . und zwar . . . der sagte, daß er mal Spanier war. Vor sechsundzwanzig Jahren war er mal Spanier. Aber er ist dagesessen, hat einen Radi gefressen, also, ganz ein anständiger Mensch. Da kann man nichts sagen. Und da sind wir so ins Reden gekommen. Ja, sagt er, er ist jetzt jahrelang bei uns, er hat auch acht Jahre lang als Arbeitsloser gearbeitet. Aber, er sagt, mit der Rente in Deutschland, sagt er, schaut es mal schlecht aus. Er sagt, die Rente, die er in Deutschland kriegt, sagt er, mit dem Geld in Deutschland dann zu leben – das packt er nicht. Schafft er nicht! Er sagt, es bleibt ihm nichts anderes übrig, als daß er wieder nach Spanien zurückgeht. Aber er sagt natürlich eines, in den sechsundzwanzig Jahren in Deutschland hat er sich zumindest so viele Deutschkenntnisse angeeignet, sagt er, daß er sich jetzt in Spanien mühelos durchschlagen kann. Da hat er keine Probleme mehr, sagt er. Ich muß das sagen, für mich . . . Spanien, das ist halt . . . ich bin einfach gern atmosphärisch . . . jetzt mal unter uns, das brauchst du ja nicht weitersagen, was angenehm auffällt: viel weniger Ausländer wie da! Und wenn wir da runter kommen – in die Wohnanlage, wo mir drin sind –, der Jorge, das ist ein Originalspanier, wenn der uns sieht, dann grüßt er uns schon mit »Heil Hitler!« – das ist wie zu Hause. Das ist super. Und dann sind wir da unten, verstehst du, eine ganze Blosn, ein paar Österreicher, ein Schweizer ist auch dabei. Und dann saufen wir eine Sangria, einen ganzen Swimmingpool voll. Dann singen wir ein paar Lieder, verstehst du. Und manchmal schauen wir uns auch die Tagesschau an. Und wenn dann im Fernsehen der Wetterbericht kommt, und man sieht, daß ein Islandtief daherkommt – dann haben wir da drunten die Bombenstimmung. Also, hasta luego!

Rafael Schmitz der Pommfritz

Der Mensch – Biotop oder Flop?

Tutütaratawarawirari – hihihihi.

Ach ja, heute ist ein schöner Tag. Mein Name ist übrigens Schmitz. Also, ich heiße Schmitz Rafael – Rafael Schmitz. Und ich bin beruflich Fritz, also Pommfritz. Unser Geschlecht geht weit zurück, nicht wahr. Mein Vater war schon ein berühmter Potat, kommt selber aus – äh – Pommerland, aber Pommerland ist abgebrannt, und – er hat ja immer Bompardon gespielt, ach, war das schön, wenn der Vater immer rummpaparummpapa, hehe. Ein großartiger Bompardonspieler! Übrigens, die Urururgroßmutter mütterlicherseits von mir war die Madame Pompadour. Ja, und die war zusammen liiert mit dem König Ludwig von Frankreich, und zwar dem König eins, zwei, sechzehn, siebzehn – jetzt Moment, äh, dreiundzwanzig... nehm ich einen Ludwig weg, merk ich mir den Vierzehnten, dann komm ich – daß ich keinen Computer dahab! Moment – drei – Ludwig der Zweiundfünfzigste muß es gewesen sein. Und dann kam diese schreckliche Revolution daher. Fürchterlich. Nicht wahr, die Guillotine: shuuuuiiit. Dann wurden alle geköpft, enthauptet. Die Guillotine – der Vorläufer der Friteuse. Und dann – zschschschschsch – wurden wir demokratisiert und mayonnaisisiert, ketchupisiert und – ach ja, das war die Vergangenheit. Und jetzt?

Bühne frei für Moderator Rafael Schmitz! Auf dem Meißen des 3. Millenniums begrüßt er die Talkrunde »In aller Munde« zum Thema:

Der Mensch – Biotop oder Flop?

POMMFRITZ	*ehemalige Delikatesse der Potaten, nach Erfindung der Guillotine verburgerlicht*
FRITEUSE	*Nachfolgerin der Guillotine*
FLEISCHFLIEGE	*fleischhöriger Kunstflieger und begeisterter Anhänger gastronomischer Genüsse*
SCHNITZEL	*vgl. auch Beethoven und Mozart*
KETCHUP	*Ausdruck des Fortschritts und demokratischer Entwicklung, Gegenthese zu »Vive la différence«*
FETTWOLKE	*Friteusenfett, epochemachendes olfaktorisches Ambiente mit internationalem Flair*
MENSCH	*Imponderabilie und Zwischenwirt*
BURGER	*Bulette, Pflanzl, Frikadelle, Fleischlaberl, faschiertes Laiberl, vgl. auch Falscher Hase*
VIRUS	*scheuer und amorpher Beobachter menschlichen Treibens, betrachtet Antibiotika zunehmend als Scherzartikel*
KNORPEL	*Überraschungsgast und dentale Herausforderung*
SEHNE	*österr.-bayerisch: Flaxe; äußerst flexible Erscheinung; animiert den Gourmet zum ersehnten langanhaltenden Zungenspiel*
SALMONELLE	*ihre Heimat ist nicht ausschließlich der Kartoffelsalat; siehe auch Kantinenbewirtung*
WASTI	*(vulgo Straßenköter) Herberge für Biotope aller Art, beliebtes Ausflugsziel für den H-Bandwurm*

Ob Pommpeji Pommerland –
Stimmt – ist leider abgebrannt
Pommpadour Pommadepfoten
Jeder liebt die Einschaltquoten
Gästetalk: »In aller Munde«
Internationale Runde
Gute Laune, Hitz und Witz
Garantiert euch Rafael Schmitz!

RAFAEL SCHMITZ Hallo, liebe Silberfische, Russen, Schaben und Amöben und alle, die jetzt eingeblendet sind. Applaus für unseren ersten Gast. Er heißt:

WILLY SCHMEISS Schmeiss ssssrrrsss Willy Schmeiss.

RAFAEL SCHMITZ Willkommen Herr Scheiß!

WILLY SCHMEISS Ssssrrrr – Schmeiss, mit »m«!

RAFAEL SCHMITZ Schmeiss! Seit wann haben Sie das »m«?

WILLY SCHMEISS Schon immer. Keine billigen Witze, bitte!

RAFAEL SCHMITZ Also gut, Herr Sch. . .meiss! Sie kommen gerade frisch von einem dampfenden Sch. . .meißhaufen?

WILLY SCHMEISS Kot! Kothaufen, Herr Schmitz! Unser traditional meeting point!

RAFAEL SCHMITZ Und, Herr Sch. . .meiss? Wie stellt er sich Ihnen dar, der Mensch?

WILLY SCHMEISS Trügerisch, hinterhältig – eine einzige Imponderabilie!

RAFAEL SCHMITZ Wie sollen wir das verstehen?

WILLY SCHMEISS Kennen Sie die Metzgerei Bauch?

RAFAEL SCHMITZ Bauch?

WILLY SCHMEISS Jawohl! Bauch, Maxvorstadt!

RAFAEL SCHMITZ Der Neubau?

WILLY SCHMEISS Ja . . . leider!

RAFAEL SCHMITZ Wieso leider?

WILLY SCHMEISS Diese Glätte! Ssssrrrss

RAFAEL SCHMITZ Welche Glätte?

WILLY SCHMEISS Ssrrr Sie müssen wissen, unser größtes Problem ist die menschliche Fliesomanie. Herr Schmitz, ich bin Flieger! Aus Passion! Und gewohnt zu landen. Diese Fliesen sind so glatt, daß ein Fleischflieger, wenn er landet, Kopf und Kragen riskiert. Ssssrrr!

RAFAEL SCHMITZ Man rutscht durch?

WILLY SCHMEISS Genau! Sssssrrrrss!

RAFAEL SCHMITZ Das kann ich Ihnen nachfühlen Herr Sch. . .meiss. Ein Frittenkollege von mir wurde von einem Daumen zusammen mit einer gewissen Majo an eine Kachel gedrückt. Und – was sage ich Ihnen: Er rutschte ab, tiefer, immer tiefer – wie ein Lungenhering nach einer Bronchialattacke! Dabei sind wir Fritten gute Kleber, wenn's drauf ankommt! Aber zurück zur Metzgerei Bauch, Herr Schmeiss.

WILLY SCHMEISS Hören Sie, wozu der Mensch fähig ist, Herr Schmitz! Kein Respekt . . .

RAFAEL SCHMITZ . . . vor dem Insekt!

WILLY SCHMEISS Onkel Alfons fliegt mit Tante Frieda in die Fleischhauerei. Ssssrrrss Wunderbar, dieser Duft! Dieser Hautgout!

RAFAEL SCHMITZ Hier spricht der Connaisseur!

WILLY SCHMEISS Mit Summm und Frzzsssm fliegt der Onkel zum Leberkäse – dann: frssszzz – hinüber zum Kalbsbries – herrlich! Zu den Blutwürsten – rrrss. Ach, diese Lebensfreude, in der sich Onkel Alfons suhlte . . .

RAFAEL SCHMITZ Und die Tante?

WILLY SCHMEISS Tante Frieda? Sie hat sofort frohlockt:
»Ins Hackfleisch«
Das rohe, rosige Hackfleisch hat's ihr schon immer angetan:
Ins Hackfleisch will ich rein
da lege ich, da lege ich
die Fliegeneierlein – hinein!

RAFAEL SCHMITZ Applaus für die poetische Ader der Tante Frieda!

WILLY SCHMEISS Aber, mein Onkel . . .

RAFAEL SCHMITZ . . . Alfons!

WILLY SCHMEISS Genau! Er ist – ssssrrrfrrsss – ein Brummer mit Ambitionen, ein Flieger durch und durch . . .

RAFAEL SCHMITZ . . . Richthofen, Lindbergh oder so.

WILLY SCHMEISS Sie verstehen mich, Herr Schmitz, er wollte höher fliegen, weiter fliegen – hinauf zu einer wunderschönen Lende. ssssrrrfffrrssss

RAFAEL SCHMITZ Aha!

WILLY SCHMEISS Na ja, wer ist schon ohne Fehl und Tadel? Ssssrrr Dort, diese Filetspitzen sssrrr – da! Onkel Alfons . . .

RAFAEL SCHMITZ . . . im Fleischdelirium!

WILLY SCHMEISS So könnte man es nennen. Onkel Alfons erblickt es – sssrrrffr – das blaue Licht, das blaue magische Auge der Metzgerei . . .

RAFAEL SCHMITZ Ui ui – ui ui – ujujujujuj!

WILLY SCHMEISS Er startet strrrsss – fliegt los – ssrrrssr – dreht noch eine Runde durch das ganze Ladengeschäft, bbbrrrrrr – ein Looping – die Menschen staunen, gaffen, sind gespannt: Wohin will Onkel Alfons? Srrrr – eine Pirouette.

RAFAEL SCHMITZ Diese Flugkunst!

WILLY SCHMEISS Genau! Dann noch eine Runde – sssrrsss – und dann: Blitzschnell wie ein Torpedo direkt auf das Licht zu! Die Tante ruft noch . . .

RAFAEL SCHMITZ . . . Alfons!

WILLY SCHMEISS Richtig! Chrchrchrzzzz! Zu spät: Onkel Alfons verglüht!

RAFAEL SCHMITZ Eine Fliege wie ein Komet!

WILLY SCHMEISS In der Metzgerei atemberaubende Stille – nicht einmal mehr die Registrierkasse hat geklingelt. Dann tosender Applaus – die Menschen waren beeindruckt. Tante Frieda hätte vor Schreck beinahe vergessen, ihre Eier ins Hackfleisch zu legen.

EMERENZIA PANATSCHEK Ein Hund! Zu Hilfe, ein Köter! Ein ordinärer Straßenköter! Herr Schmitz, Sie Unfritt, als Kalbsschnitzerl bin ich doch gefährdet! Also, mir fehlen die Worte . . .

WASTI Wuff!

RAFAEL SCHMITZ Ja, wo is er denn?

EMERENZIA PANATSCHEK Typisch! Die ewig deutsche Frage an den Hund.

RAFAEL SCHMITZ Wieso deutsche Frage?

EMERENZIA PANATSCHEK Na ja, haben Sie vielleicht schon jemals einen Engländer einen Hund fragen hören: »Where is he?«

RAFAEL SCHMITZ Aber den Franzosen: »Où est?«

EMERENZIA PANATSCHEK Ah geh!

ATZE HACK Hähähä – entschuldigen Sie, wenn ich mich einmische. Haben Sie eben Kalbsschnitzel gesagt – hähähä –, also, wenn Sie ein Kalbsschnitzel sind, dann bin ich ein Falscher Hase, hähähä!

EMERENZIA PANATSCHEK Was mischen Sie sich da ein? Ein Fleischlaberl – pfui! Und voller Ketchup – ekelhaft!

ATZE HACK Jetzt hören Sie mal zu, Sie Schweinestück: Für Sie bin ich immer noch 'ne Bulette! Was heißt hier »Laberl« – ich bin eine Frikadelle.

EMERENZIA PANATSCHEK Herr Schmitz, ich verbitte mir solche Ausdrücke!

RAFAEL SCHMITZ Aber meine Herrschaften! Wir wollen doch . . .

ATZE HACK Man hat mich . . .

EMERENZIA PANATSCHEK Pfui, bleibm S' ma vom Leib mit Ihrem grausligen Ketchup!

KETCHUP Pfftpfftschlschlpfft.

ATZE HACK Ich bin ein Leckerbissen – eine Delikatesse!

KETCHUP Chchpfschchsch.

EMERENZIA PANATSCHEK Herr Schmitz! Schaun Sie, wie es mich anschmiert, dieses Ketchup! Pfui! Und dieses Pflanzl . . .

ATZE HACK Ruhe jetzt, Sie Panadehaufen! Ich bin solche Hochstapeleien nicht gewohnt. Meine Umgebung ist Porzellan – diese billige Papptellershow ist unter meiner Würde!

EMERENZIA PANATSCHEK Porzellan! Daß ich nicht lache! Haben Sie gehört, Herr Schmitz? Porzellan. Daß er das Wort überhaupt in den Mund nehmen darf, dieser Abfallcrétin, dieser piefkinesische!

RAFAEL SCHMITZ Also bitte, meine Herrschaften, beruhigen Sie sich, wir wollen doch miteinander . . .

EMERENZIA PANATSCHEK Sie Speiserest! Sie durch einen Fleischwolf gedrehtes Nichts!

ATZE HACK Ich bin gut-burger-lich! Akzeptiert in den besten Häusern! Königshäusern!

EMERENZIA PANATSCHEK Königshäuser – ich kriag an Anfall! Sie einziges Verdauungshindernis, Sie!

ATZE HACK Herr Schmitz, das ist Gästebeleidigung! Stopfen Sie ihm endlich das Maul, diesem fettangesaugten Schweineflaxkonglomerat!

EMERENZIA PANATSCHEK Er hat mich ein Schweineschnitzel genannt! Ich gehe!

RAFAEL SCHMITZ Beruhigen Sie sich, Emerenzia! Schuld ist einzig und allein die Friteuse.

EMERENZIA PANATSCHEK Die Friteuse?

RAFAEL SCHMITZ Ja, die Friteuse! Auch uns Pommes hat sie zu Fritz gemacht.

EMERENZIA PANATSCHEK Ein Schnitzerl – wissen Sie eigentlich, Herr Schmitz, was das einmal war? In geklärter Butter wurde man in der Pfanne gebacken, goldgelb, umschlungen von feinsten handgeriebenen Semmelbröserl, knusprig, rösch, wie eine Fee schwebte man über edelstem Meißen – und heute ist man gezwungen, sich mit Fleischlaberln und Fleischfliegen in drittklassigen Talkshows herumzutummeln!

ATZE HACK Mir kommen die Tränen, Sie Fossil! Ab in die Historie! Wir Buletten, we are the champions, wir sind number one in der Welt! Wir sind der Hit! Wir marschieren jetzt gen Osten! Sankt Petersburg haben wir schon eingenommen! Ulan-Bator, Mongolei, China: die ganze Welt wird burgerisiert . . .

KETCHUP Schlppschlppchlschlpchl

ATZE HACK Wir sind heute überall! Worldwide . . .

WASTI Wäbb!

ATZE HACK . . . established! Nennen Sie mir eine Stadt, wo wir nicht vertreten sind! Sie doch auch, Herr Schmitz!

RAFAEL SCHMITZ Jawohl! Sydney, Rio de Janeiro, New York, Toronto, Stockholm, Zürich, München . . .

EMERENZIA PANATSCHEK Wien leider auch!

RAMPHRAM PRABANGH Kalkutta!

RAFAEL SCHMITZ Richtig! Willkommen, Herr Prabangh!

EMERENZIA PANATSCHEK Um Gottes willen, das Fleischlaberl hat einen Bazillus eingeschleppt!

RAMPHRAM PRABANGH Nein, gnädige Frau! Ich bin Virus, bin nicht eingeschleppt!

RAFAEL SCHMITZ Wie sind Sie angereist, Herr Prabangh?

RAMPHRAM PRABANGH Bin Individualreisender! Ich habe feuchten Händedruck genommen in Kalkutta.

RAFAEL SCHMITZ Von einem EU-Mitglied?

RAMPHRAM PRABANGH Ja, feuchte Hand war von Europäer. Und bin ich dann gereist nach Alexandria . . .

RAFAEL SCHMITZ Hochinteressant!

RAMPHRAM PRABANGH . . . ja, waren dann sehr viele Kollegen, Pauschalreisende aus Asien, Afrika . . .

RAFAEL SCHMITZ Virulent!

RAMPHRAM PRABANGH Genau! Virulent! Sehr virulent! Mir persönlich zu virulent! Drum hab ich gedacht – weil ich wollte ja immer schon mal nach Mekka . . .

RAFAEL SCHMITZ . . . fliegen?

RAMPHRAM PRABANGH Nein, habe mir Wallfahrer genommen. Freundlicherweise hat mir Platz in Dickdarm geboten. Von Mekka bin dann in After von Kamel nach Libanon gereist und von dort individual in Schiffstoilette nach Hamburg.

RAFAEL SCHMITZ Und dort?

RAMPHRAM PRABANGH Hab ich mir Familie genommen!

RAFAEL SCHMITZ Mit Kind?

RAMPHRAM PRABANGH Nein, nicht mit Kind – mit Kind findet man selten. Mit Hund!

WASTI Wuff!

RAFAEL SCHMITZ Brav. Ja, wo is er denn?

RAMPHRAM PRABANGH He is here.

RAFAEL SCHMITZ Sie treffen meinen wunden Punkt, Herr Prabangh. Früher, lange vor der französischen Frittisation, als es noch Kinder gab – wie waren wir Pommes beliebt! Man konnte uns verschmieren, schleudern. Als Püree konnte man mit uns Landschaften gestalten – Versailles ... der Phantasie waren keine Grenzen gesetzt! Man war püroman.

RAMPHRAM PRABANGH Und als Fritz?

RAFAEL SCHMITZ Auch – sicher. Der Mensch ist porös wie ein Emmentaler! Ein Fritz findet überall zu ihm einen Zugang. Aber bitte – nun zurück zu Ihrer Reise, Herr Prabangh ...

RAMPHRAM PRABANGH Gut, also bin ich auf Hund gekommen – hier, Wasti – und habe ihm als großzügiger Wirt kennengelernt.

WASTI Wuff!

RAFAEL SCHMITZ Hatte er auch andere Gäste?

RAMPHRAM PRABANGH Ja. Habe Bekanntschaft gemacht mit Hundebandwurm, interessantes Gespräch geführt über Mensch ...

RAFAEL SCHMITZ Ja, der Mensch ...

RAMPHRAM PRABANGH Genau, weil Mensch immer mehr versucht, Keimfreiheit zu erzeugen.

RAFAEL SCHMITZ Und Sie fühlen sich verfolgt?

RAMPHRAM PRABANGH Genau! Mensch möchte jetzt mit terroristischen Akten verfolgen. Setzt immer mehr Antibiotika ein mit Hilfe von BASF ...

RAFAEL SCHMITZ ... Hoechst, Geigy ...

RAMPHRAM PRABANGH ... Sandoz und so weiter.

RAFAEL SCHMITZ Das verstößt eindeutig gegen internationales Recht!

RAMPHRAM PRABANGH Sehr richtig! Und deshalb Viren machen großen Kongreß hier in München – in Innenstadt – am Faschingsdienstag.

RAFAEL SCHMITZ Beim närrischen Treiben?

RAMPHRAM PRABANGH Jawohl! Und werden beweisen und so reagieren, daß Horrorwaffen von Chemie keine Bedrohung, sondern Scherzartikel für uns Viren sind. Und werden auch schon Termin für nächste Sommergrippe-Epidemie festlegen.

RAFAEL SCHMITZ Aha, interessant! Wird's wieder eine asiatische Variante sein?

RAMPHRAM PRABANGH Ich glaube, ja. Aber neue, unbekannte Variante von Typ II A7. Wir lassen nicht verarschen!

RAFAEL SCHMITZ Das ist top, Herr Prabangh, wir sind alle schon gespannt auf ihr Grippenspiel!

ELFRIEDE GRASSL Chüüüüüüüüüuhhhchüüü.

RAFAEL SCHMITZ Na endlich, wo bleiben Sie denn so lange? Darf ich vorstellen: Elfriede Grassl, Fettwolke!

EMERENZIA PANATSCHEK Jessas, Fett! Hört das denn nie auf! Fett! Aber bestimmt nicht von Butter?

ELFRIEDE GRASSL Nein, keineswegs – hmhmhm –, Rindsfett, ganz normales Rindsfett von einem Nierenschaschlik. Warum? Verwechselt man mich schon mit Butter?

RAFAEL SCHMITZ Nein, nein! Keine Angst, Madame!

EMERENZIA PANATSCHEK Nein, aber wirklich nicht!

ATZE HACK Nehmen Sie Platz, Wölkchen. Endlich bekommt diese Runde etwas Flair!

EMERENZIA PANATSCHEK Den passenden Hautgout, würd ich sagen!

RAFAEL SCHMITZ Was war's, Madame? Weshalb die Verspätung?

ELFRIEDE GRASSL Seufz! Lassen Sie mich noch ein wenig verbreiten, Herr Schmitz . . . danke für die Einladung . . . ich bin noch ganz durcheinander.

RAFAEL SCHMITZ Verbreiten Sie ruhig, Madame, verbreiten Sie.

ELFRIEDE GRASSL Was ist bloß in die Menschen gefahren? Was tragen die bloß für eine Garderobe? Glatt! Alles glatt!

WILLY SCHMEISS Meine Rede. Wo soll man da heute noch landen.

ELFRIEDE GRASSL Also, ich bin von der Zentralfriteuse aus mit einer Currywurst gestartet.

RAMPHRAM PRABANGH Ah, Curry! Curry makes the world go round!

ELFRIEDE GRASSL Aber wo sich festhalten? Überall Polyester!

WILLY SCHMEISS Kacheln!

RAFAEL SCHMITZ Fliesen!

ELFRIEDE GRASSL Gore-Tex und Polyäthylen, lauter abwaschbares Zeug! Wo bitte soll sich denn heutzutage eine Fettwolke noch einhaken können? Überall gleitet man ab oder wird sofort abgewaschen. Ach Gott! Ein Schafwollpullover oder gar einer aus Mohair, wo man sich verkriechen kann, hineinkuscheln kann . . .

RAMPHRAM PRABANGH Ein Kamelhaarmantel vielleicht?

ELFRIEDE GRASSL Sie haben recht, Herr Prabangh. Als Geruch, der wir sind, haben wir's heute schwerer denn je. Wenn die Dame mit dem Filzhut nicht gewesen wäre . . . Ich wüßte nicht, wie ich mich aufrechterhalten hätte können.

RAFAEL SCHMITZ Sie waren openairmäßig unterwegs?

ELFRIEDE GRASSL Sicher! Aber ich bin – weil die Dame ist in ein Kaffeehaus gegangen, und da habe ich mich etwas verbreiten können.

RAFAEL SCHMITZ Und wie war die Akzeptanz?

ELFRIEDE GRASSL Gut, ich habe mich mit dem Kaffee und den Torten gut vertragen.

RAMPHRAM PRABANGH Curry makes the world go round!

ELFRIEDE GRASSL Ich hab selbst gehört, wie ein Kopf neben dem Filzhut gesagt hat: »Hm – es riecht apart!«

EMERENZIA PANATSCHEK »Abartig« wird er gesagt haben!

ATZE HACK Up-art!

ELFRIEDE GRASSL Dann bin ich mit dem Filzhut ins Kaufhaus – Hertie, Parfümerieabteilung. Entsetzlich! Diese Verkäuferinnen! Wie aufgescheuchte Hühner sind sie auf den Filzhut los und mit den Parfüms: Pfft pfft pfft. Also, ich war fix und fertig am Ende, wenn nicht im letzten Moment ein Pelzkragerl mich gerettet hätte.

RAFAEL SCHMITZ Und? Konnten Sie entern?

ELFRIEDE GRASSL Ja, wie soll ich sagen . . . als Fettwolke ist man doch verpflichtet . . . Dauerhaftigkeit . . .

RAFAEL SCHMITZ Geruchstreue!

ELFRIEDE GRASSL Contenance! Genau! Und jetzt, stellen Sie sich vor, geht die Dame mit dem Pelzkragen mit mir auf die Straße hinaus!

RAFAEL SCHMITZ Fresh-air snappen?

ELFRIEDE GRASSL Frischluft, das wäre das kleinere Problem. Aber durch die Warmluftschleuse, und dann: Chchuuitt . . . werde ich aus dem Pelzkragen gesaugt, von der Air-condition, in ein Rohrsystem hineingewirbelt, gefiltert und dann mit aller Wucht von der Warmluftströmung durch die Gitter durchpüriert und auf die Straße geschleudert! Elfriede, hab ich mir gesagt, du warst so ein schöner Cumulus, und jetzt sind nur noch Flocken von dir übrig . . .

RAFAEL SCHMITZ Und haben Sie sich wieder sammeln können?

ELFRIEDE GRASSL Ich bin dann aus Verzweiflung in die nächste Kirche hinein, da war das Portal offen. Rumple ich doch mit so einem Weihrauchgeruch zusammen, der hätte mich beinahe endgültig überfahren.

RAFAEL SCHMITZ Ein Weihrauch?

ELFRIEDE GRASSL Ja, so ein . . . wie soll ich sagen . . . so ein schmieriger Kerl, ich weiß nicht, was der für Absichten gehabt hat. Wie der mich schon angeschaut hat!

ATZE HACK Der wollte Sie sicherlich anqualmen, oder?

ELFRIEDE GRASSL Obszön . . . also . . . irgendwie . . .

RAMPHRAM PRABANGH Curry makes the world go round!

RAFAEL SCHMITZ Toll! Großartig! Applaus für Elfriede Grassl! Das war wirklich interessant. Bleiben Sie gerne noch hier bei uns, und verbreiten Sie sich nach Belieben. Aber: Die Zeit rennt. Auch in unsrer Runde »In aller Munde«. Wir begrüßen Fräulein Cäcilie Flax und Fred Knorpel: Fräulein Flax, Sie arbeiten als Sehne zusammen mit Fred Knorpel?

EMERENZIA PANATSCHEK Ein Niveau – zum Grausen!

ATZE HACK Still! Hören Sie doch zu!

KETCHUP Chtpftchtpftchtpftchtcht

CÄCILIE FLAX Ja, und wir erzählen hier gerne unseren letzten Coup am Menschen.

RAFAEL SCHMITZ Wir sind ganz Ohr.

CÄCILIE FLAX Eben hat ein vorderer Schneidezahn noch versucht, uns zu entzweien, da bin ich ihm ausgelitten, bin an der Zunge . . .

RAFAEL SCHMITZ . . . ja eben, die Zunge – die hat doch sicher versucht, ein Wörtchen mitzureden?

CÄCILIE FLAX Ja, sie hat versucht, mich an den Gaumen zu drücken, aber es ist ihr nicht geglückt. Ich bin in die hintere Zahnfleischtasche reingekrochen, und da hat dann der Mensch versucht, sich mit Hilfe eines Speers einzumischen.

RAFAEL SCHMITZ Das kennen wir, that's the Mensch!

CÄCILIE FLAX Genau! Aber vergeblich: Dieser Mensch hat herumgefuhrwerkt in seinem Zahnfleisch, hat geblutet und – also fürchterlich!

RAFAEL SCHMITZ Aber ohne Erfolg?

CÄCILIE FLAX Natürlich, aber jetzt wurd's wirklich gefährlich: Mit roher Gewalt hat er den oberen Backenzahn zu Hilfe geholt. Der kommt heruntergesaust – natürlich erwischt er mich nicht! Ich, schnell auf die Seite – da kam die Plombe daher . . .

RAMPHRAM PRABANGH Sie schrecken vor nichts zurück!

CÄCILIE FLAX . . . um mich zu zermalmen, aber da hat sich dann heroisch Fred Knorpel dazwischengeworfen! Der große Backenzahn glitt aus und – kratack – der Zahn war entzwei!

RAFALE SCHMITZ UND GÄSTE Hahahaha!

RAFAEL SCHMITZ Wunderbar, Fred Knorpel! Eine dentale Katastrophe!

FRED KNORPEL Ja, Alfred Knorpel mein Name. Ja, es war eine wunderbare Zusammenarbeit mit Fräulein Flax.

RAFAEL SCHMITZ Und ihr habt vor, weiterhin Backenzähnen das Handwerk zu legen?

FRED KNORPEL Sicher, warum nicht?

RAFAEL SCHMITZ Und ihr habt keine Angst, vom Menschen geschluckt zu werden?

FRED KNORPEL Nein, wir werden ausgespuckt. Diesmal zusammen mit dem Backenzahn, haha!

RAFAEL SCHMITZ Ausgespien! Outspoken, also doch Outlaws!

FLAX UND KNORPEL Wenn man so will – aber uns macht das nichts aus.

RAFAEL SCHMITZ Noch eine letzte Frage, Fred: Wo warst du, bevor es zu deinem heldenhaften Einsatz kam?

FRED KNORPEL Ich war Bulettenknorpel.

CÄCILIE FLAX Und ich war Wiener-Schnitzel-Flaxe.

ATZE HACK Empörend! Ein Skandal! Ich kenne keine Knorpel!

EMERENZIA PANATSCHEK Unerhört, eine Flaxendenunziation ohnegleichen!

ATZE HACK Kommen Sie, Frau Emerenzia, dieses Frittenbudenniveau müssen wir uns nicht länger bieten lassen!

Täterätätäterätätäterätä

RAFAEL SCHMITZ Liebe Gäste, Applaus! Willkommen zum Höhepunkt unserer Show – wir haben weder Kosten noch Hygiene gescheut: Vorhang auf für die Salmonella Sisters! Jasmine . . .

JASMINE C'est moi!

RAFAEL SCHMITZ . . . Désirée . . .

DÉSIRÉE C'est moi!

RAFAEL SCHMITZ . . . und Jessica . . .

JESSICA C'est moi!

RAFAEL SCHMITZ Ihr seid gerade wieder auf Tournee?

JASMINE Ja, Deutsche-Bank-Kantine, Mitropa, Universal Catering und so weiter . . .

RAFAEL SCHMITZ Und was hören wir hier?

DÉSIRÉE Wir präsentieren unseren neuesten Tanz: *La Salmonella.*

RAFAEL SCHMITZ Toll, der Tanz aller Speisereste! Komm, Ketchup, gib ein Zeichen!

KETCHUP Pfltschpfltschpfltsch

SALMONELLA SISTERS

Ob in schicken Mikrowellen
oder auf den Dardanellen,
wir sind die flotten Salmonellen,
und uns ist niemals fad,
wir tanzen im Salat
oder nebenbei
auch mal auf 'nem Spiegelei!

Der Tanz in Zabaione,
ja, der ist nicht ohne.
Doch vor allem ist der Clou
der Cha-cha-cha Tiramisu!
Salmoellas ham 'nen Boom,
mal im Hähnchen, mal im Huhn,
gehn sie auf den Chickentrip,
macht die Lola einen Strip!

Nirgends ist Malaise,
wozu gibt's Mayonnaise?
Jedenfalls gibt's peu à peu
zum guten Schluß die Diarrhö!

WASTI Wwwauchrrrmmfrrr

EMERENZIA PANATSCHEK Vorsicht! Vorsicht! Der Wasti!

RAFAEL SCHMITZ Verdammt noch mal ... der Teller! Der Teller kippt!

WASTI Chchaupfchaupfschlmmm

RAFAEL SCHMITZ Als Pommfritz in Wastis Magen möchte ich jetzt nur noch sagen: Für ihn ist auch ein Speiserest – ein Fest.

Fazit:
»Ekzem Homo« – nicht zu fassen,
wir müssen es dabei belassen:
Alles bleibt ja doch im Lot,
denn ewig dampft der Hundekot.

MENSCH UND TIER

Wir Deutsche

Wir Deutsche, wir bremsen uns viel zu sehr. Bitte, geben Sie Ihrem Hund einmal ein Fußtritt. Da ham Sie gleich wieder diese Tierschützer am Hals, für die ist doch ein Silberfisch auch schon ein Haustier. Und jetzt stellen Sie sich vor, Sie hätten wie weiland diese Römer einen Sklaven, der nicht gehorcht, geben ihm einen Tritt, und dann ham Sie wieder diese Tierschützer am Hals. Obwohl des diese Türschützer einen Dreck angeht. Weil meines Erachtens ist doch ein Sklave immer noch ein Mensch.

Der Ordensträger

Arno Ameisgruber sitzt mit seinem Rassehund Harro von Riemerschmidt-Meiningen im Biergarten.

Da, schaugn S' her, des is ois. Karnevalsorden wider den tierischen Ernst. Hab ich bekommen, vorige Saison. Ich mein, freilich, im Alltag selbst bringt er wenig, aber es macht doch immer einiges her, wenn man einen aufzuweisen hat, an Orden. Von Rechts wegen hätt i ja scho lang an richtigen Orden verdient, weil, wenn der Schmitzberger schon oan kriagt hat, na müaßad i eigentlich scho a ganze Schubladn voll habn. Aber was da heutzutag alles an Orden kriagt, da fragt ma sich. Des san zum Teil Leut, die s' vor vierzig Jahrn no vergast hätten, als Schädlinge, heut kriagns an Orden, so schaugt's aus. Aber dieser Schmitzberger, der hat sich sein Orden ja förmlich dersessen. Um dem seine Verdienste sans dann letzten Endes nimmer drumrum kemma. Dreißig Dienstjahre, Sie verstehen. Ohne an Orden waar eahna der gar nimmer in Pension ganga. Übrigens, ich hab den Orden von dem Schmitzberger, den hab ich persönlich begutachtet, und ich sag Ihnen ganz ehrlich, Legierung und Qualität – miserabel. A Eiserns Kreuz, des war wenigstens no aus Eisen, aber heutzutag – Leichtmetall, schlecht verchromt, grad daß s' koan Plastik nehmen. Dazu kimmt, de Räume mit Zentralheizung, de machan de kaputt, und auch wenn's regnet, feuchte Witterung, man kann ihn praktisch kaum mehr anlegen. Der Schmitzberger hat den seinen natürlich glei optimal konserviert mit diesem Mumifizon oder so. Vorher hat er ihn noch fotografieren lassen. Wenn er 'n herzoagt, dann nur noch auf dem Foto. Der Schmitzberger packt 'n glei gar nimmer aus. In der Familie ham mir natürlich schon auch welche daheim. Nahkampfspange, Eisernes Kreuz, alles da, aber mit de Kriegsorden geht im Moment natürlich sehr wenig. Mir ham halt im Augenblick koan direkten Krieg quasi. Aber a harte Geschäftswelt hamma scho. Also so was wie eine Nahkampfspange für Gschäftsleut müaßad's eigentlich durchaus auch geben. Aber daß s' mi heuer aa scho wieder auslassen ham, des versteh i net, weil i waar ja ursprünglich scho vor zwei Jahr fällig gwesn – verdienstmäßig. Andererseits, an jedem kann man 'n aa net geben, des waar ja wie bei der Inflation. – Oamal bin i ja scho knapp an der Lebensrettungsmedaille vorbeiganga. Der Lebensmüde hupft nei, November, wohlgemerkt, denk i mir, holst ihn außi. Aber wia i mei Sakko auszogn hab, war keine Seele weit und breit, wo auf mei Brieftaschn hätt aufpaßn können. I hab über hundertvierzg Mark dabeighabt, gell. Bin i in d' Wirtschaft nei und hab am Wirt mei Sakko angeboten zum Aufpassen. Wie i nachert kemma bin, war er scho dasuffn aa. Nix mehr z' macha. Des is unheimlich rasant ganga. – O mei, a Viech müaßad ma sei. – Da, mein Hund, der Harro von Riemerschmidt-Meiningen – ja, brav, Harro, ja wo is er denn? –, ein Rassehund durch vier Generationen. Des kann i beweisen, i hab an Ahnenpaß dahoam. Unser Harro, der is heuer World-Champion wordn auf der internationalen Hundeschau. Mir samma scho Hundling, gell Harro? – Wenn i eahm net so gut gfüttert hätt, hätt er's nie erreicht. Er hat ja immer nur 's Beste kriagt, mir ham uns unsern Orden scho verdient, gell, Harro? Ja, brav! Ich mein, letztlich bin ich ja für den Orden von meim Hund zuständig. Ein World-Champion, da werd si der Schmitzberger mit seinem Bierdackl schwerdoa. Da, schaun S' her, den ham mir bekommen. *Er hängt sich Harros Orden um.*

5:45 Uhr

A: Und?

B: Unglaublich – ungeheuer …

A: Wer?

B: Der Kormoran …

A: Wieso?

B: Der Kormoran ist schamlos – ungeheuer …

A: Der Kormoran – Sie meinen das Geflügel?

B: Genau. Nützt alles aus. Da gibt man ihm den kleinen Finger – zwei Monate Schonzeit –, da nimmt er gleich die ganze Hand.

A: Ja, der Kormoran ist kein Reiher …

B: Genau. Hiermit wird dem Kormoran der Krieg erklärt. Ab 5:45 Uhr wird zurückgeschossen.

Der Ruhe-Erzwinger

»Ist da noch frei?« frage ich, hoffend, in der Gaststätte noch einen Platz zu ergattern.

»Freilich«, sagt der Mann am Tisch. »Setzen S' Eahna ruhig hin.«

Endlich, ich sitze. So, und jetzt die Speisenkarte. Da plötzlich – grrrummelgrr – ein tiefes Grollen unter dem Tisch – grrmmgrr – naff. Ich lasse erschrocken die Karte fallen.

»Der tut nichts«, sagt der Tischnachbar, »der ist heute nur etwas schlecht aufgelegt. Wenn Sie sich ruhig verhalten, dann macht er nichts. Bloß tun S' um Gottes willen nicht mit der Hand auf den Tisch schlagen – da erschrickt er. Er ist nämlich ein Rottweiler, und die Rottweiler sind halt einmal sehr sensibel.«

»Jaja«, sage ich. Trotz einer gewissen Beklemmung bestelle ich Würstel und ein Bier. Als ich mir prophylaktisch den Senfnapf hole, geht's los: Grrrummgrrmchnaahrrr. Ein bestialisches, animalisches Grollen. Unter mir sitzt einer, der frißt auch Menschen.

»Brav!« gebietet sein Herrchen. »Schön brav. Der Herr ist auch ein Gast – so wie du, hähä«, lacht der Dompteur. »Aber beherzigen Sie, was ich Ihnen sage: Keine Bewegung – möglichst.«

Leider kommt das Bestellte, die Würstel. Die Bedienung stellt sie etwas unsanft auf den Tisch. Grrmrrchchmrrwoouu. Jetzt kriege ich Angst. Unter dem Tisch rumort es. Hoffentlich beißt er nicht zu.

»Sie können schon essen«, sagt mein Vis-à-vis, »aber bitte achten Sie auf Ihr Besteck, das Klicken mag er nicht. So was mögen Rottweiler generell nicht so gern.«

»Okay«, sage ich. Ich schwitze. Vorsichtig, wie wenn man operiert, schneide ich die Wurst und dosiere den Druck aufs Messer, damit nicht plötzlich ein Aufprall aufs Porzellan passiert.

Das Sauerkraut läßt sich geräuschlos mit der Gabel lupfen.

»Er ist eine Seele von einem Hund«, sagt sein Besitzer. »Er haßt die Nervosität beim Menschen.«

Ich trinke, aber dann muß ich das Glas abstellen, leider zu hart, obwohl der Bierdeckel dämpft. Grurrgrrrwuff. Ich schnaufe durch und halte den Atem an. Ich hätte gerne meinen Fuß bewegt, aber jetzt bin ich steif wie ein Zaunpfahl. Ich bewege mich nicht mehr.

Der Bestienbesitzer zündet sich gemütlich eine Zigarre an. »Und? Schmeckt's?« fragt er.

Ich nicke vorsichtig, um kein Geräusch zu machen. Ich müßte jetzt auf die Toilette, aber ich trau mich nicht, mich zu erheben.

Ich frage: »Sie, ich müßte einmal – Sie verstehen, aber – der Hund?«

»Ja, Sie haben recht«, sagt der Mann, »ich rauche noch meine Zigarre zu Ende, und dann gehen wir sowieso. So lang können S' doch noch durchhalten?«

Ich nicke eifrig.

»Hat's nicht geschmeckt?« fragt die Bedienung.

»Doch – aber zuviel«, sage ich gepreßt, »und ich möchte gern zahlen.«

»Sechzehn Mark zwanzig macht's.«

»Achtzehn«, sage ich.

»Und zwei Mark zurück.« Peng – die zwei Mark rollen auf den Tisch. Wuffrgrrmichrrhrrwaff. Unter dem Tisch ein Inferno – fürchterlich, das Raubtier ist zum äußersten gereizt.

»Pfui!« brüllt sein Meister. »Zurück – pfui!«

Die Bedienung ist auch zu Tode erschrocken, von unten tönt's: *Uwauwau!*

»Hätten S' halt zur Bedienung ›Es stimmt schon‹ gesagt, dann wäre das nicht passiert.«

Inzwischen bin ich aber soweit, mein linker Fuß ist weitgehend verheilt, und in vier Tagen kann ich wieder ohne Krücken gehen.

Der Hundebesitzer

Karlheinz Halter, Hundebesitzer, sitzt mit seinem Schäferhund auf der Parkbank eines Kinderspielplatzes.

Halter gibt dem Hund ein Stück Wurst. Jajajaja, wo is er denn? Ja, brav is er. – Am Mittag kriegt er allweil a Stück Wurscht, auch amal a Stückl Preßsack, also mehr was Leichteres, weil er hat ja schon ausgiebig gefrühstückt. Also, da legt er großen Wert drauf, da is er heikel. Zum Frühstück mag er sei Leber, leicht angedünstet. Oder wissen S', was er auch mag? A Marmeladenbrot mit Konfitüre. Net, und dann hat er auch schon a gute Laune. – Gell, da samma gut gelaunt? – Er hat eine Seele wie pures Gold. I sag's Ihnen auch gleich, wie's is, er is mir auch lieber wie praktisch a jeder Mensch. Weil er so an Charakter hat. Er besitzt eine solche Menschenkenntnis, also, a Mensch, den er ablehnt, an dem is was faul, da können Sie sich hundertprozentig drauf verlaßn. Er ist a Vollschäfer, reinrassig, er ist ein echter Urenkel vom Onkel vom Hund vom Adolf Hitler, aus direkter Linie. Mir samma grad beim Gassigehn, gell, hier hat er seinen Auslauf, und er hat seine Büsche, obwohl er an und für sich de Kinder net so mag. Wissen S', die Kinder können sich einfach net so einstellen auf so ein Tier. Die ham da kein Verhältnis. Die langen immer wieder hin, obwohl er dann schnappt, net. Vor vierzehn Tag, auch hier, an dem Kinderspielplatz, er macht grad sein Geschäft, kommt so a Kind daher, direkt auf ihn zu. Er is so furchtbar derschrocken, aber dann is er fuchsteufelswild wordn. Das Kind liegt heut noch im Spital. Aber die Eltern von dem Kind ham dann auch selber zugeben, daß das Verschulden eindeutig auf seiten von dem Kind lag. I sag immer zu de Kinder: Finger weg, ein Schäfer ist kein Spielzeug! Er is ja auch sagenhaft treu. Er weicht einem nicht von der Seite. Er is immer bei mir, auch nachts kommt er immer zu mir ins Schlafzimmer. Und er hat einen untrüglichen Instinkt. Wen er net mag, der kann glei wegbleibn, da verlaß ich mich nur auf ihn. Genau wie er nur auf mich hört. Er leistet einen onbedängten Gehorsam. Also, wenn ich jetz zum Beispiel sag: »Faß!«, schaugn S', wie er aufmerkt, also ich mein, ich sag jetzt net »Faß«. Nicht »Faß!« – Gell, also nicht »Faß«, aber ich könnte »Faß« sagen. Und wenn ich »Faß« sag und auf Sie zeig, dann packt er Sie. Und net zu schlecht. I hab's scho a paarmal erlebt, was er dann macht. – Natürlich nur, wenn ich »Faß« sag, aber i sag ja net »Faß«, Sie brauchen da gar keine Angst haben, i sag jetz net »Faß«. Ja, brav is er, gell, ja, mir lassen uns von de Menschen net drausbringen . . .

Hindemith

Ah, hallo, grüß dich . . . Du, ich wollt dich bloß amal fragen – pfui, ja, gehst du weg da, he, gehst du weg, ja läßt du des?! – Nein, net du Herbert, Entschuldigung. Du, ich wollt dich bloß fragen, weil wir fahren doch in Urlaub nach Spanien – pfui, ja gehst du weg da, he, was hast denn da an der Vitrine zu tun, gehst du weg, nicht da kratzen, gell . . . Herbert, Entschuldigung, ja, also paß auf: Wir fahren doch nach Spanien runter in Urlaub in drei Wochen, jetzt wollten wir dich fragen, ob du nicht unseren Hindemith – Hindemith gehst du weg, haut doch die Spreißel raus . . . Herbert, du, paß auf, ich wollt dich nur mal fragen, wir fahren doch nach Spanien runter, drei Wochen in Urlaub, jetzt wollt ich dich fragen, ob du – pfui, ja, gehst du weg, ja, Hindemith, hörst du net –, ob du, Herbert, ob du, Entschuldigung, ja, ob du unseren Hindemith nicht drei Wochen – pfui, jaja, was machst du, jetzt is er schon wieder am Perser, ja Hindemith, gehst du weg da vom Perser, na . . . Herbert, Entschuldigung, du kennst doch den Hindemith, der is ja immer so lieb, drei Wochen nimmst du ihn uns vielleicht in Pension – he, Hindemith, pfui, ja Herrschaft, pfui, ja gehst du weg da, Herrschaft . . . Entschuldigung, Herbert, jetzt muß ich – ja pfui, ja alles verschissen, ja Herrschaft . . . Herbert, ich ruf dich wieder zurück, gell. Was? Du hast kei Zeit?

Das Terrarium

Otto und Martha Zapf, Sohn Heinz-Rüdiger sowie der Besuch Heimo und Ilse Friesecke stehen um ein Terrarium herum.

OTTO Proteidae hoaßns auf Lateinisch. Also, die ganze Gruppe der Olme. Da unser is ja a Grottenolm.

MARTHA Aber auch mit Kiemen- und Lungenatmung gleichzeitig ...

OTTO De Olme san praktisch Dauerlarven ...

MARTHA Im Gegensatz zum Axolotl ...

OTTO Da Schädel is so mehr knorpelig, un' de Gliedmaßen san zurückgebildet, also stark zurückgebildet ...

MARTHA Im Unterschied zum Axolotl ...

HEIMO Ja, aber wo ist denn das Tierchen?

OTTO Da drin.

MARTHA Siebenhundertzehn Mark hat er kost, also fast a Farbfernseher.

OTTO Ja, da kimmt dann aber noch Zoll und Mehrwertsteuer drauf, er is ja importiert aus Südamerika ...

MARTHA Des Terrarium ham mir aber noch ghabt von dene Axolotl, diese Querzahnmolche, die uns dann eiganga san.

HEIMO Ja, aber wo ist denn das Tierchen? Man sieht ja gar nichts.

OTTO Aber da drin is er.

ILSE Wo? Ich seh nix.

MARTHA Da drin.

HEIMO Ich würde ihn gerne mal sehn.

MARTHA Ja, er is sehr scheu. Er is noch scheuer wie die Axolotl, die mir ghabt ham.

OTTO *klopft an das Glas* Man erkennt ihn von Haus aus schwer, der is wie a Chamäleon. Ma muß a Auge ham.

ILSE Tut mir leid, ich seh überhaupt nichts.

OTTO Aber drin is er.

MARTHA Des merkt ma scho daran, weil am Morgen immer etwas von der Nahrung fehlt.

OTTO Er kriegt immer an Schilddrüsenextrakt mit Thyroxin, das mag er, eine Olm-Spezialnahrung quasi.

MARTHA Ja, aber mir ham s' noch von unsere Axolotl, also von unsere Querzahnmolche, übrigghabt, die uns dann eiganga sind.

HEIMO Ach ja, die sind euch ja eingegangen.

OTTO Weil, die ham aa a Thyroxin kriegt, aber wenn 's Terrarium zu trocken werd, na wandeln sich die Kiemenlarven um in a lungenatmende Landform, so was Ähnliches wie an Furchenmolch oder so . . .

MARTHA Und de Landform vertragt as Thyroxin net, und des ham mir net gwußt. Im Wasser hams noch so fröhliche Balzspiele gmacht, vor der Paarung halt, richtig süß . . .

OTTO Aber mit Nachwuchs is nix mehr wordn, weil s' vorher eiganga san.

HEIMO Ja, aber ich würde ihn gerne mal sehn.

OTTO I dad 'n euch scho rausnehma, aber des derf ma net, des is schädlich, weil der Grottenolm braucht die Feuchtigkeit, sei Lebenselixier is des quasi . . .

MARTHA Weil im Gegensatz zum Axolotl san des Dauerlarven, de wo Kiemen- und Lungenatmung ham.

ILSE Ah so. Schad.

OTTO Drum vertragn die auch des Thyroxin. Ja, Herrschaft, heut is er aber arg scheu. Da unter dem Stoa sitzt er sonst aa manchmal immer gern.

ILSE Ganz schön warm is es hier bei euch.

OTTO Mei, er is a Mittelamerikaner, der braucht's fast subtropisch.

MARTHA Des war dann wieder der Vorteil vom Axolotl, weil der is Zimmertemperatur gwohnt. Jetz müaßma halt immer ziemlich heizn.

OTTO Und dabei die entsprechende Luftfeuchtigkeit, weil da schlagt des Thyroxin besser an.

HEIMO Soso, interessant, aber wo ist denn jetzt dieser Olm? Ich würde ihn gerne mal sehn . . .

OTTO *kriecht unter das Terrarium* Von unten sieht man 'n manchmal.

HEIMO *kriecht auch unter das Terrarium* Wo is er denn?

OTTO Ja, i woaß aa net. Irgendwie is er grad weg. Er muß sich irgendwo verschloffn habn.

ILSE Also, ich halte das nicht mehr aus, diese Hitze is ja mörderisch, wie in 'ner Sauna.

HEIMO Zieh deine Jacke aus, Schnuckimaus.

MARTHA Ja, i dad sagn, mir trinkn derweil an Kaffee und schaugn nachher wieder. Vielleicht ham mir dann mehr Glück.

OTTO Mir sehn ihn manchmal auch tagelang net.

HEIMO Und dann noch die vielen Leut . . .

OTTO Ja, genau, des stimmt, er is sehr scheu.

MARTHA Also, i dad sagn, gehma nüber an'n Kaffeetisch. Heinz-Rüdiger, für dich hab ich an Kakao . . .

Alle fünf setzen sich in Richtung Kaffeetisch in Bewegung. Heimo rutscht auf einmal aus.

HEIMO Autsch! Sakrament . . .

OTTO Ja, was is 'n los?

ILSE *stützt Heimo* Is was passiert?

HEIMO Weiß auch nicht, ich bin ausgrutscht.

MARTHA Ja, um Gotts willn, so a Sauerei, ja, Heimo, was hast 'n da gmacht?! Otto, schau mal . . .

OTTO Ja, was is des . . .

ILSE Iiih!

HEIMO Ja, so was. *Wischt an seinem Schuh.* So eine Sauerei . . .

MARTHA Des war der Olm.

OTTO Ja, aber wie kimmt denn der da raus?

MARTHA Pfui Deifi, der ganze Teppichbodn total versaut.

ILSE Heimomäuschen, is dir was passiert?

HEIMO Neenee, Schnuckimaus, laß mal. Ich brauch was zum Abwischen.

OTTO Des versteh i net. Der war immer da drin. Wie der da rauskimmt, is mir ein Rätsel.

MARTHA Da, hast a Stückl Zeitung zum Abputzn . . .

OTTO Aber hoffentlich net die heutige!

MARTHA Siebenhundertzehn Mark im Eimer, ohne Teppichreinigung . . .

ILSE Marthaschätzchen, denk dir nichts, wir sind haftpflichtversichert.

OTTO Ah so, seids versichert, ja, des könnt man scho in Anspruch nehma.

HEIMO Schade, tut mir leid, ich hätte ihn wirklich gerne gesehn.

MARTHA Ja, schad, jetz könnma 'n euch nimmer zeign.

OTTO Aber, wißts was, i hab a Foto da von eahm.

ILSE 'tschuldigt, aber kann ich 'n Augenblick lüftn?

OTTO Ja, mach nur auf . . .

MARTHA Jetz is ja wieder Wurscht . . .

OTTO *zeigt Foto* Da, schaugts her, so schaut er normalerweis aus. A bißl größer, da auf'm Foto war er no jünger.

HEIMO Ah ja, interessant. Sehr nett.

ILSE Zeig mal, Heimomäuschen. – Süß . . .

MARTHA Ja, gell, net? Der Grottenolm is a Verwandter vom Axolotl, vor allem in der Musterung . . . *Schrubbt dabei den Teppichboden.*

Der Aar

Gerhard Polt, Klasse 4b

Der Aar oder auch Adler ist ein Vogel. In der Geschichte ist es schon häufig passiert, daß man das Geflügel zum Symbol erkoren hat. Die alten Ägypter und die Römer, aber auch andere Völker, wie die Deutschen, haben dem Feind, bevor sie sich auf ihn gestürzt haben, ihm den Vogel vor die Nase gehalten, damit er erschrickt.

Viele Völker aber haben statt einem Adler auch einen Löwen verwendet – damit der Adler in die Flucht geschlagen wird. Der Adler ist bei uns schon lange ausgestorben, das macht ihn als Symbol um so wertvoller. Die Deutsche Mark ist ohne Adler undenkbar, aber wenn jetzt der Euro kommt, dann ist er endgültig verschwunden. Die Amerikaner haben auch einen Adler auf dem Dollar, aber sie nennen ihn Igl, obwohl das ein Säugetier ist. Die Schweizer hingegen verwenden auf ihren großen Geldscheinen Insekten, vornehmlich Ameisen. Die Ameisen haben sich sehr bewährt, weil sie sehr fleißig sind und sehr gesellschaftlich, im Gegensatz zum Adler, welcher sehr einsam ist und asozial. Warum man von allen Vögeln den Adler bevorzugt, ist ein Geheimnis, weil man hätte auch anderes Gefieder verwenden können. Zum Beispiel die Gans, ein Nutzvogel – aus dem man Federn gewinnt für das Plumeau und einen Braten. Der Adler ist nicht eßbar, und im Volksmund heißt das Hendl auch Gummiadler. Die Tradition mit dem Adler als Symbol ist alt und auch im Dritten Reich, aber auch die Bundesrepublik haben die Tradition fortgesetzt. Die Post hat aber auf die Taube in Form einer Brieftaube verzichtet. Aber die Kirche verwendet die Taube als heiligen Geist, weil der Adler ungeeignet ist. Genauso wie der Geier, der auch sehr groß ist, aber als Symbol nur ungern benutzt wird.

Mein Vater benutzt den Adler auch oft, um einen Scherz zu machen, auf Latein. Aquila, der Adler – Raquila, der Radler.

Wo ist Vogi?

Wo ist Koko, hm, woo ist der Koko, hm, ja, hm, hhhh, woo ist der Koko, hm, wo ist denn der Koko, woo ist der Koko – Kooko – hm, tztztztz, wo ist Vogi, hm, wo ist Vogi, hm, wo ist denn Vogi, wo ist Vogi, hm – Voogi, jaaa, Koko – hm, wo ist Koko – Koko – wo ist der Koko, hm, Vogi, hm, Vogili, hm, jajajaja – Voogi – schöner Koko, hm, feiner Koko, jajaja, ist der Koko, ist der Koko – Vogi – jajaja, woo ist Koko, hm, wo is er, wo ist der Koko – *Koko pfeift zweimal* – da ist der Vogi, jajaja, Koko.

IM KREISLAUF DES JAHRES

Rückblickserwartung

Wenn jetzt die Kerzen brennen, dann geht's mir so, daß ich dann ganz besinnlich werde.

Das ganze letzte Jahr war für mich ein Jahr ohne Führerschein, weil man ihn mir gezwickt hat. Ich will Sie über die näheren Umstände gar nicht belästigen, weil die gehen schon im Grunde auf Jahre davor zurück. Jedenfalls war ich gezwungen, heuer, also dieses Jahr, vollkommen ohne Führerschein zu fahren. Nur wer die Bedeutung eines Führerscheins erfaßt hat, weiß, was ein Leben heute ohne Führerschein noch wert ist.

Ich habe aber auch meinen Stolz und habe gesagt: »Ich laufe dem Führerschein nicht hinterher, wenn sie ihn mir nicht geben.«

Beruflich bin ich halt äußerst mit dem Führerschein verbunden, weil ich bin von Beruf ein gelernter Bootsverleiher, ich habe ja Bootsverleih studiert, bin aber durch die permanenten Sparmaßnahmen von Staats wegen und durch den Druck der ausländischen Konkurrenz selbst zu enormen Sparmaßnahmen gezwungen. Ich habe in einer Sofortmaßnahme gleich einmal alle Boote, das heißt, ich habe ja nur eines gehabt, aber das habe ich aufgelöst und damit meinen Verdienst auf ein Minimum heruntergeschraubt. Ich lebe jetzt zirka zehn bis elf Prozent unter dem Existenzminimum und bin auch steuerlich dadurch enorm entlastet, und der Staat tut sich schon sehr schwer, mich auszutricksen.

Ich bin ein Mensch, der, ich weiß nicht, wie es Ihnen geht, aber ich blicke gern zurück. Es gibt Menschen, die schauen immer nach vorn oder manche auch hinunter, ich für meinen Teil schaue zurück, das heißt, ich blicke zurück, weil lange schaue ich mir das nicht mehr an, was da zurückliegt.

Wenn ich zurückblicke zum Beispiel, dann muß man sagen, die letzten Jahre waren äußerst erfolgreich, nicht zuletzt für den Borkenkäfer. Allerdings, was dem Borkenkäfer die Zukunft bringen wird, wage ich kaum auszusprechen, weil wenn einmal kein Wald mehr da ist, dann wird's happig für ihn, und er mag halt gern einmal das Holz.

Sonst, wenn ich zurückblicke, denke ich immer noch gerne an meinen Lottogewinn zurück. Vor drei Jahren, da hab ich vierzehn Mark dreißig gewonnen, aber das Geld ist heute auch schon wieder verbraucht, und, ehrlich gesagt, so viel Geld war's ja auch wieder nicht. Jedenfalls konnte ich mir meine Reise nach Thailand, die ich gerne angestrebt hätte, mittels Lottogewinn nicht finanzieren. Dann habe ich gedacht, daß ich mir mit einer Organspende die Reise finanziere, mit Hergabe meiner Niere, aber da hat man keine Chance, weil die Ausländer mit ihren Innereien den Markt überschwemmen. Da können wir mit unseren deutschen Körperteilen nicht mehr mithalten, preislich.

Eine Idee von mir war noch, ob ich nicht einen Witz kaufen soll, einen Secondhand-Gag auf der Witzbörse in London, und dann bin ich gleich zur Bank wegen einer Zwischenfinanzierung von dem Witz, damit ich ihn dann mit Gewinn ans Fernsehen weiterverkaufen kann. Ich war dann auch in den Kreditabteilungen und habe ihnen den Witz vorgelegt, damit sie mir Geld drauf geben. Alle in der Bank haben dumm gelacht und haben den Witz in allen Abteilungen verteilt und geprüft, wieviel der Witz wert ist, aber Geld habens mir dann doch keins gegeben. Schade, so kommt der Witz halt nicht ins Fernsehen. Aber beim Fernsehen habens schon so viele alte Sachen, da brauchens nichts Neues, die wollen halt auf ihren alten Sachen nicht sitzenbleiben.

Die letzten Jahre waren auch sehr ertragreich für die Hausbesitzer, aber wenn sich die Wohnungssituation weiterhin so positiv fortsetzt, wissen Sie, dann bin ich schon so frei und sage: Bitte, da soll dann wohnen, wer will. Ich wohne dann nicht mehr. Ich habe in meinem Leben schon früher öfters gewohnt, ich weiß, wie's geht.

Ja, und jetzt sitze ich da und muß persönlich mit ansehen, wie die Zeit versickert und vergeht, aber wenn ich ehrlich bin, ich habe mir von der Zeit auch nie was anderes erwartet, als daß sie vergeht. Sonst wird ja überall Zeit eingespart und sogar gewonnen.

Ich kann Ihnen sagen, ich gehe sehr großzügig damit um, und das provoziert die Zeitsparer, aber ich haue ja nur meine eigene Zeit zum Fenster hinaus, und die Leute fragen sich, woher ich sie mir nehme. Das verrate ich aber nicht.

Gestern habe ich mir ein Butterbrot geschmiert und habe dazu drei Stunden gebraucht. In dieser Zeit hätte man auch auf die Kanarischen Inseln fliegen oder eine ganze Vorabendserie im Fernsehen anschauen können. Ich habe mich aber fürs Butterbrotstreichen entschieden. Sicher kann man auch ein Butterbrot in drei Minuten streichen, aber das kann ein jeder, und ein dreiminütiges Butterbrot unterscheidet sich kaum von einem dreistündigen, nur im Zeitaufwand liegt der enorme Unterschied. Vielen Leuten, denen ich das dann erzähle, kommt das merkwürdig vor, ja, sie sind ratlos. Aber genau das ist es ja, was mich so begeistert: diese enorme Ratlosigkeit.

Eddi Finger oder Advent

VORSPIEL

In seinem Bett liegt Eddi Finger, und die Ruhe der Nacht ist der Pfad, den der Traum geht, um Eddi einen Besuch abzustatten. Begleitet ist der Traum von jemand, den Eddi kennen sollte. Bisweilen wird die Stille von einem kreischenden Auto unterbrochen, oder das Summen eines Lifts oder das Rauschen von Toilettenwasser zeigt an, daß sich das Leben von einer Nacht nicht fesseln läßt.

EDDI *im Schlaf* Mein Gott, der Traum, bist du schon wieder da?

TRAUM Hihihihi, jajaja freilich, Eddi. Als Traum deines Lebens habe ich die Pflicht, quasi dir den Weg zu erläutern, denn du hast doch kaum mehr Zeit, Eddi, oder, ist es nicht so?

EDDI Ach du liebe Zeit, nein, ich habe sie lieb, die Zeit, aber immer läuft sie mir weg.

TRAUM Dafür bin ich doch da, damit du das, was sie dir im Geschäftsleben nehmen, erhältst. Du brauchst eben Zeit, Eddi. Und da habe ich dir jemanden mitgebracht, der jetzt sehr viel Zeit hat für dich.

VATER Mein Lebenswerk – das Werk meines Lebens, meine Kraft, mein Ziel, mein Mein – ist zerschmolzen. Der Leichtsinn, die Liederlichkeit eines Sohnes ist wie der Föhn, der alles zernagt, was an Bedeutung, an Phantasie eines Irdischen, an Gestaltungskraft und Anständigkeit zu verwirklichen war. – Finger & Finger.

EDDI Vater, Vater ... *Leiser* Papa, Papa, schon – die Geschäftswelt, ich hab ja alles probiert, aber die Konjunktur, der Markt, die Sättigung – Papa, wirklich ...

VATER Und Lorenz & Lorenz, die Konkurrenz?

EDDI *jammert* ... schläft nicht.

TRAUM Gleich geh ich, Eddi, und nehme deinen Papa wieder mit. Hab ich dir ein bissel Angst gemacht, gell? Aber dein Papa ist halt noch ein alter Homo faber, der läßt nicht so schnell locker, auch wenn er wieder Zeit hat. Servus, Eddi, und viel Spaß in der Geschäftswelt.

EDDI Danke. Servus. Auf Wiedersehen.

NACHSPIEL

Martha Dinglinger sitzt im Wohnzimmer und rastet.

MARTHA Ich hab's mir alleweil gedacht, man kann es nur durchhalten, wenn einer hat, was die Geschäftswelt braucht. Aber er hätte halt kein Geschäftsmann werden sollen in dieser Welt. Er ist einfach zu gut, und das ausgerechnet an Weihnachten. Jaja, jetzt sind mir übern Berg, jetzt geht's bergab, heißt's. Ob ich mir nicht vielleicht doch – *steht auf und holt einen Sack aus der Tasche* – ein paar Sachen, ich mein, was waar des jetzt für ein Unterschied, net, wenn ich Sachen putz und statt einem Geld gleich mitnehm, oder die Sachen statt einem Geld mitnehm und dann daheim putz. *Sie packt kleine Accessoires, die überall herumstehen, in den Sack.*

Es klingelt. Martha Dinglinger öffnet. Ein unscheinbarer grauer Mensch kommt herein und zeigt einen Ausweis.

So, sind S' schon da? Er ist noch drin, ich glaub, er schlaft noch. Aber er wird sicher bald kommen.

GERICHTSVOLLZIEHER Ja, dann werd ich mich mal umschauen. Täbris? *Fühlt den Teppich.*

MARTHA *feierlich* Ja, das ist noch ein Familienstück von der Familie.

GERICHTSVOLLZIEHER *rollt den Teppich zusammen* Den auf alle Fälle, damit er nicht mehr davonläuft!

MARTHA Haben S' schon gefrühstückt?

GERICHTSVOLLZIEHER Ja, da haben Sie recht, nein.

Martha ab in die Küche. Man hört Klimpern. Gerichtsvollzieher blickt sich um und heftet beiläufig einen Kuckuck an den Tisch, sieht dann verwundert einen schönen geschnitzten Christus an und appliziert einen Kuckuck, der das Antlitz des Herrn verdeckt.

GERICHTSVOLLZIEHER Mcin Gott, ja wohin wird das noch führen, wenn das so weitergeht?!

MARTHA *aus der Küche* Sie sind aber wirklich schon früh da.

GERICHTSVOLLZIEHER Ja, und das bei dem Personalmangel. Wir sind auf solche Krisen gar nicht vorbereitet, und vor dem Weihnachtsfrieden müssen wir noch vierzig Haushaltungen vollstrecken.

MARTHA *kommt in den Wohnraum mit einem Tablett und bringt ein Frühstück* Müssen S' doch hungrig sein, wann S' immer so viel vollstrecken.

Gerichtsvollzieher langt kräftig zu, und es schmeckt ihm sichtlich. Martha betrachtet ihn mit Anteilnahme und freundlich.

GERICHTSVOLLZIEHER *mit halbvollem Mund* Von Rechts wegen dürfte ich das gar nicht zu mir nehmen, sondern müßte . . .

MARTHA Geh, Sie werden doch net den Kaffee . . .

GERICHTSVOLLZIEHER Nein, nein, den Kaffee selber nicht, aber die Tasse, wo der Kaffee drinnen ist.

MARTHA Dann kann er aber nicht mehr frühstücken, weil dann schon vollstreckt ist. Vielleicht tun Sie dann das Wapperl erst hinauf, wenn Sie die anderen Sachen erledigt haben, weil er hängt so an seinem Frühstück.

GERICHTSVOLLZIEHER Es geht alles nach Plan, da kann ich leider irgendeine Ausnahme nicht machen, da der Gang des Vollzugs, also der Vollzugsgang, per se vorgeschrieben ist.

MARTHA Gibt's da eine Vollzugsordnung?

GERICHTSVOLLZIEHER Freilich, Gott sei Dank sogar mehrere. Das ist ja das Interessante an meinem Beruf. Was glauben Sie denn, da steht eine lange Ausbildung dahinter, und das soziale Engagement und viel Psychologie, Fingerspitzengefühl, Kunstgeschmack, ja, ich weiß gar nicht, wo ich aufhören soll.

MARTHA Ja, Sie kennen die Welt, gell?

GERICHTSVOLLZIEHER Ich weiß zumindest, wie sie endet. Hier – *deutet auf seinen Kuckuck* – ist die Quittung auf Illusionen und Flausen, die in einer sauberen Geschäftswelt nichts zu suchen haben.

MARTHA Er war zu gut.

GERICHTSVOLLZIEHER Da haben wir es, zu gut, sprich: Güte, das ist natürlich immer wieder dasselbe. Da kann gepredigt werden, was man will. Schärfe des Auges, gesunde Rücksichtslosigkeit, Nase für die Konjunktur, Skepsis, Fähigkeit zum Antreiben, Belauern, aber all diese Tugenden werden einfach in den Gully geschüttet. Ich frage Sie, wie soll sich denn eine ordentliche Geschäftswelt entwickeln, wenn kontinuierlich solche Ideen herumspuken und offiziell davon geredet wird? Sicherlich, es gibt eine angeborene Güte, mit der könnte man fertig werden, man sagt ja: ein guter Mensch – fast ein Depp. Aber wo kommen wir hin, wenn man die großen Gesetze der Welt einfach ignoriert?

MARTHA Ein bissel ist die Mutter schuldig. Der Vater, der war nicht so, der war noch einer vom alten Schlag. Seinetwegen hat sich doch der Wimmer erschossen. Sie wissen schon, der alte Wimmer, von Wimmer & Wimmer.

GERICHTSVOLLZIEHER *strahlt* Jaja, genau, ich erinnere mich sehr gut, der alte Herr Wimmer, da habe ich noch persönlich vollstreckt. Seine werte Frau Gemahlin hat es ja dann auch nicht mehr lange dermacht.

MARTHA Der Kummer, gell.

GERICHTSVOLLZIEHER Stimmt, ganz sicher, der Kummer.

MARTHA Der alte Herr Finger hat ja quasi ein Imperium aufgebaut. Aber der Eddi – nein, nein, nein. Ich kann mich noch genau erinnern, der alte Herr Finger wollte immer haben, daß der Sohn frühzeitig lernt, wie man eine Bilanz liest. Aber die Mutter hat ihm immer alles durchgehen lassen und hat erlaubt, daß er Eisenbahn spielt, aber die Mutter war halt auch viel zu gut. Der alte Herr hat immer gesagt: »Habe ich das hier mit gesundem Menschenverstand oder mit deiner Nächstenliebe aufgebaut?« Sie hat dann immer geweint.

GERICHTSVOLLZIEHER Nächstenliebe, ja, ja, das ist die Wurzel für unsere Arbeit.

Es klingelt.

Na endlich, das werden sie sein.

Martha öffnet, zwei Packer treten ein.

Also dann, packen wir's an.

Die Packer gehen wortlos an das Mobiliar und beginnen, ein Stück nach dem andern abzutransportieren.

Im Nebenraum läutet das Telefon. Eddi Finger springt aus dem Bett und nimmt den Hörer ab.

EDDI Ah so, ja, ja, verstehe – dann sagen Sie, daß es mit meiner Geduld zu Ende ist, wie – das ist doch mir gleich – und wenn er den Offenbarungseid schwört – schließlich geht's um ein Geschäft – wir leben doch heute – jaja, genau – mit Verzugszinsen, und wenn er ein Leben lang daran denkt – dem hetz ich die ganze Rechtsabteilung an den Hals – *sanfter* – gut, gut, also so machen wir's – und wie geht's Ihnen? Jaja, man will seine Ruhe haben – ja, auch Ihnen frohe und gesegnete Feiertage – schön – Wiedersehen – Wiederschaun – und kommen Sie gut hinüber. *Er hängt ein. Steht rum und monologisiert.* Das Leben ist ein Grabenkrieg, aber es bietet auch allerhand. Sicher, man wird gedemütigt, aber das Ganze ist nun mal kein Honigschlecken. *Geht zum Adventskalender, öffnet ein Fensterl, entnimmt ein Marzipan und schiebt es sich genußvoll in den Mund, liest laut den Sinnspruch:* »In baldiger Erwartung aufs Christkindlein tun wir gut und machen 's Herzlein rein.«

MARTHA *klopft* Herr Finger, Herr Finger, da sind welche Herren da und und vollstrecken, wenn S' bitte einmal kommen möchten.

Eddi Finger geht in Schlafanzug und pompösem Morgenmantel in den Wohnraum. Die Packer grüßen.

GERICHTSVOLLZIEHER Guten Morgen, Herr Finger. Entschuldigen Sie, Herr Finger, aber kraft diesen Bescheids . . .

EDDI Jaja, ich habe einen Fehler gemacht.

GERICHTSVOLLZIEHER Ja, ein Ausrutscher im Geschäftsleben, und schon geht's dahin. Aber so ist halt das Leben.

EDDI Ich habe immer aufgepaßt, aber die Methoden der Konkurrenz werden, sagen wir, immer verfeinerter, eine falsche Investition und schon . . .

GERICHTSVOLLZIEHER . . . sind wir da, gell? Aber verdunkeln tun Sie nichts, Herr Finger, aber wozu auch, jetzt wo Matthäi . . .

EDDI Dann bin ich also sozusagen . . .

GERICHTSVOLLZIEHER Genau, wenn Sie aber so nett sein würden und alles an Wertgegenständen, Schmuck, na ja, Sie wissen schon . . .

EDDI Selbstverständlich, Sie müssen nur entschuldigen, aber ich bin ein bißchen durcheinander, weil das Ganze hat doch Folgen.

GERICHTSVOLLZIEHER Natürlich! Nicht nur geschäftlicher Art, sondern auch gesellschaftlich, nicht wahr!

EDDI Wir wollten über Neujahr nach die Karpaten fahren zum Skifahren, wir sind immer in den Osten gefahren und haben dann da die Sau rausgelassen. Im Sommer haben wir in Ungarn, die ganze Clique, sechs Leute, vier Porsche und zwei BMW, jaja, wir waren ein paar tausend Kubik, jaja, da haben wir ganz schön die Puppen tanzen lassen.

GERICHTSVOLLZIEHER Ungarn kenn ich nur vom Krieg, aber da haben wir auch gelebt wie die Fürsten. Wir haben, wie man so schön sagt, immer organisiert.

Die Packer nehmen ein großes Stück und tragen es hinaus.

Haben Sie vielleicht schon dran gedacht auszuwandern? Vielleicht Südafrika oder sonst wohin?

EDDI Ja, irgend etwas muß ich mir schon einfallen lassen. Ich hab einen Bub, der hätte studieren müssen und dann einmal das Geschäft übernehmen müssen. Diplom-Volkswirt vielleicht, den Doktor machen oder so was, hab ich mir halt gedacht, irgendwie.

GERICHTSVOLLZIEHER Bildung ist halt ein Fundament. Ich hab eine Tochter, die macht jetzt auch das Abitur, weil ohne Abitur, hab ich zu ihr gsagt, hat ja alles keinen Sinn mehr. Weil die Zeiten ändern sich, und dann hat sie wenigstens Abitur. Das akzeptiert sogar der Amerikaner oder auch der Russe.

EDDI Ja, genau. Wir haben ja fast alles, hab ich gedacht. Eine moderne Einbauküche, Teppiche, Antiquitäten, jetzt hab ich gedacht, auf das Abitur kommt es auch nicht mehr drauf an.

Eleonore Finger, aufwendig gekleidet im Leopardenmantel, erscheint mit Sohn Freddi, der ebenfalls modern und superlässig erscheint.

ELEONORE Was ist denn hier los?

EDDI Jetzt sind wir soweit.

ELEONORE Du bist eine Flasche. Ich hab's immer gewußt. Wo ist mein Schmuck?

FREDDI Papa, krieg ich ein Geld oder einen Scheck?

ELEONORE Laß dir von deinem Vater ja keinen Scheck aufdrehen, er ist pleite!

FREDDI Von meinem Papa nehm ich schon einen Scheck, gell, Papa?

EDDI Ja, laß dir nur Zeit, du kriegst schon was. Du hast immer noch was gekriegt zum Gabentisch.

ELEONORE Ich hab's kommen sehen. Du und ein Geschäftsmann! Aber nie und nimmer. Auch der Zeitpunkt ist natürlich wieder gut gewählt. Jetzt, wo es auf Weihnachten zugeht.

GERICHTSVOLLZIEHER Ja, gnädige Frau, wenn ich mir erlauben darf, aber es scheint im Wesen der Katastrophe zu liegen, sich an keinerlei Termine zu halten.

ELEONORE Aber in der Weihnachtszeit, das ist ein starkes Stück, wo sonst nur von einem Boom geredet wird, ausgerechnet da macht der Pleite.

FREDDI Papa, kannst jetzt mei Ausbildung nimmer zahlen, Papa?

ELEONORE Daß er sich untersteht, du wirst ein Akademiker.

GERICHTSVOLLZIEHER Das Abitur und ein Studium sind ein Fundament, wenn ich amal so sagen möcht, ohne so etwas hat man heute kaum mehr Chancen. Das, was man da investiert, das lohnt sich.

EDDI Freilich, da brauchen mir gar net diskutieren, net, des ist doch klar, ein Studium, sowieso.

ELEONORE Das lasse ich bei Gericht bestätigen, und was ich monatlich krieg, darüber reden wir noch, und jetzt will ich meinen Schmuck, laß dir ja nicht einfallen, so zu tun, als könnte er dir gepfändet werden.

FREDDI Papa, gib mir halt an kloana Scheck wenigstens, i muaß doch Weihnachtspräsente beschaffen.

EDDI Jetzt wart halt, Bub.

ELEONORE Mein Gott, wenn ich an frühere Weihnachten denke, voriges Jahr waren wir in Las Palmas, in einem guten Hotel, da haben wir schick gegessen, alles wirklich fein arrangiert, war auch nicht dieser Pauschalcharakter, und es hat wirklich einen Pfiff gehabt, das Ganze.

GERICHTSVOLLZIEHER Da unten soll es wirklich sehr schön sein, eine feine Paella zu Weihnachten am blauen Meer, das wär schon was, aber bei uns, o mein Gott, ich komm ja auch kaum mehr weg, weil Weihnachten ist halt immer so ein Familienfest.

ELEONORE Wie ich hier die Lage so sehe, wird's heuer auch so was wie ein Familienfest, aber ohne mich.

GERICHTSVOLLZIEHER Ich eß meistens nur ein paar Würstl, gell, und dann geh ich ins Bett, weil am andern Tag gibt's doch die Gans, und das ist immer sehr anstrengend. Aber sonst machen wir alles wegen der Tochter, aber wenn die das Abitur hat, dann lassen wir es bleiben. Aber solange sie noch in die Schule geht, braucht sie halt ein Heim, und da gehört Weihnachten dazu irgendwie.

FREDDI Papa, kriag ich hernach an Scheck dann wenigstens?

ELEONORE Jetzt laß ihn halt in Ruhe. Siehst du nicht, daß er pleite ist?

MARTHA Mein Gott, ich find halt, Weihnachten, mein Gott, des is halt, irgendwie, mir essen immer einen Fischsalat, und mein Mann trinkt gern ein Bier. Mir machen dann immer das Fernsehen an, aber grad um die Weihnachtszeit ist das Programm nicht besonders. Weihnachten und Allerheiligen rentiert sich's kaum, daß man reinschaut.

GERICHTSVOLLZIEHER Weihnachten ist mehr was für Geschäftsleute, aber die sind halt müde dann am Abend und wollen ihre Ruh. Besser wär's wirklich, man flöge weg, Bahamas oder so.

ELEONORE Wo ist jetzt eigentlich mein Schmuck?

EDDI Der Schmuck, ja, äh, der . . .

ELEONORE Mein Schmuck, ich habe es fast geahnt, ich hätt's mir denken können, mein Schmuck – schon bevor wir geheiratet haben, habe ich deinen Charakter gekannt, ja, ich hab's gewußt, daß du einmal in ein Schlamassel reinrasselst. Ja, früher, als das Geschäft noch florierte, da warst du ganz der feine Max – geht pleite und verpfändet meinen Schmuck!

EDDI Aber schau, das kann einem jeden passieren – ich bau halt wieder was auf.

ELEONORE Was ich alles erduldet habe – deinem Herrn Vater war ich ja nicht gut genug, ich habe ja kein Geschäft mit in die Ehe gebracht, ich sollte ja nur daheim sitzen, nicht mitarbeiten, damit man nicht meint, ihr hättet's nötig, aber jetzt, das sage ich dir, ich gehe, und der – *deutet auf Freddi* –, der macht das Abitur.

EDDI Aber schau, Schatzi, reg dich doch nicht so auf – rein menschlich ist doch immer alles in Butter gewesen, oder? Ich hab doch immer einmal was springen lassen, das kann mir keiner nachsagen. Ich hab auch daheim immer gsagt, das wäre ein Schmarrn, wenn sie was gegen dich hätten, weil ich hab immer gsagt, daß menschlich, hab ich gsagt, bei uns einfach alles läuft.

FREDDI Papa, laßts eich jetzt wirklich scheiden?

EDDI Du geh – das geht dich gar nichts an, misch dich net rein.

FREDDI Aber die Mama sagt, daß du de Freindinnen, die wo du hast, daß du dene immer ein Geld gibst, und zwar nicht z' wenig, und mir gabadst koan Scheck.

EDDI Deine Mutter redet immer so Sachen, und außerdem geht dich das gar nichts an.

Es klopft. Martha Dinglinger öffnet, ein Briefträger kommt.

POSTLER Guten Morgen!

ALLE Grüß Gott! Guten Morgen!

POSTLER Herrn Finger, auch ein Einschreiben ist dabei – hoffentlich nichts Schlechts. *Staunend* Äh, ziehen Sie aus, jetzt vor Weihnachten?

EDDI Nein, eigentlich nicht, es ist bloß eine Umdisponierung, eine moderne Gesellschaft ist halt mobil.

POSTLER Ja, genau.

EDDI Weihnachten nimmt ja auf uns auch keine Rücksicht.

POSTLER Ja genau.

EDDI Es ist heute eh alles im Umbruch, wo keiner mehr an nichts glaubt.

POSTLER Genau.

EDDI Ein jeder fordert, aber leistn wollns nix.

POSTLER Genau wie Sie sagen – arbeiten wollns nimmer, und jetzt machens alle ein Abitur, weil s' nix mehr tun wollen.

EDDI Genau. Also dann, frohes Fest!

POSTLER Ja, dann auch Ihnen dasselbe, und kommen S' gut hinüber.

EDDI Sie auch.

GERICHTSVOLLZIEHER Frohes Fest also dann.

PACKER Frohes Fest.

ELEONORE Frohes Fest.

Während Eddi dem Kuvert einen Zahlungsbefehl entnimmt.

POSTLER Frohes Fest! *Geht ab.*

ALLE *etwas gestaffelt* Frohes Fest!

EDDI Das ist wirklich gemein.

GERICHTSVOLLZIEHER Aha, ein neuer Schritt bahnt sich an?

EDDI Man hat seine Ruhe nicht mehr, es macht einem wirklich keine Freude mehr manchmal.

GERICHTSVOLLZIEHER Sie hätten Beamter werden sollen, wegen der Sicherheit. Ich glaube ganz einfach, daß es egal ist, welchen Beruf man hat, man muß ihn jedenfalls absichern. Ein Kusaa von mir, dem sein Sohn möchte Humorist werden, aber mein Kusaa hat gesagt, er erlaubt's nur, wenn er damit wenigstens auch in die mittlere Beamtenlaufbahn kommen kann. Mein Kusaa sagt, daß wenn einer A 13 ist, dann kommt er schon über die Runden, Witze machen kann er dann immer noch, und wenn keiner mehr darüber lacht, könnens ihn allerhöchstens versetzen. Irgendwo gibt's immer welche, die wo einen Witz gern hören wolln.

EDDI Genau. Sie haben schon recht, ganz genau ...

GERICHTSVOLLZIEHER Wenn er Beamter ist – hat der Kusaa gesagt, braucht er mit Zweiundsechzig keinen Witz mehr zu machen, und er kann sich zurückziehen. Fehler kann er überhaupts keine großen machen, weil das, worüber die Leute lachen, praktisch feststeht. Es gibt da Erfahrungswerte.

FREDDI Papa, was ist denn, krieg ich jetzt dann einen Scheck?

GERICHTSVOLLZIEHER Geben S' ihm halt einen, auch wenn er nicht gedeckt ist, weil Sie als Vater brauchen sich da nicht fürchten, in Mißkredit kommt höchstens die Bank.

ELEONORE Sie haben recht, was kann denn das Kind dafür, wenn der Vater pleite ist. Soll die Bank ruhig haften – die, wenn sie einen Funken Anstand haben, geben dem Kind das Geld ...

Willi und Ada kommen herein, indem sie sich an den Packern vorbeischmiegen.

ADA Hallo, hallo, was ist denn bei euch los, man meint, der jüngste Tag ist angebrochen! Na, trefft ihr die Vorbereitungen zum Fest? Habt ihr schon alle eure Präsentchen versteckt? Hihihi ...

EDDI Servus, Ada, servus, Willy!

MARTHA Die Nikoläuse sind aber auch nimmer das, was sie früher waren, mit einem Krampus, der wo für Ordnung gesorgt hat. Früher, da haben die Krampusse Ochsenfiesel gehabt, und wenn man erwischt worden ist, dann hat's gestaubt. Bei uns daheim war jetzt auch ein Nikolaus da, aber die erzeugen ja gar keinen Respekt mehr. Als er da war – sicher war's einer vom Studentenwerk –, hat er gesagt, wir sollten während der Zeremonie den Fernseher ausmachen. Wir haben dann gesagt, daß, wenn er schon so wenig Angst einflößt, quasi daß des Kind lieber zum Fernseher hinschaut als zu ihm, dann wär's sowieso schad ums Geld.

FREDDI Servus beinand. *Geht ab.*

EDDI Aber die alten Bräuch sind halt kaum zum Umbringen.

GERICHTSVOLLZIEHER Jaja, früher da war etwas los, wenn ich daran denk, als Kind, man hat einen Respekt gehabt. Das waren eben alles noch Erziehungs . . . oder jedenfalls, man ist auch etwas geworden, und ich glaub, daß wenn einer einmal – *demonstriert Schläge* –, dann würde er schon die Löffel spitzen. Was eine anständige Kindheit ist, wissen die gar nicht mehr.

EDDI Ja, genau – wenn ich da nur an Weihnachten denk.

GERICHTSVOLLZIEHER Apropos – *Bestandsaufnahme* – den Adventskranz können wir dalassen, damit S' ein Lichtlein anbrennen können.

Während die Packer wieder ein Stück raustragen, gehen der Gerichtsvollzieher und Eddi ins Schlafzimmer. Ein Herr vom E-Werk erscheint und trifft Martha Dinglinger, die aus der Küche kommt.

E-WERKSMENSCH 'tschuldigen S', bei Finger?

MARTHA Der Chef is, glaub ich, da, der kommt gleich. Warum?

E-WERKSMENSCH Ich hab einen Bescheid, ich soll zudrehen.

MARTHA Is schon recht, danke, ich richt's dann aus, gell?

E-WERKSMENSCH Gut, dann also, Wiederschaun, und ein frohes Fest!

MARTHA Ihnen auch, gell! *Geht ab in die Küche.*

EDDI *kommt ins Wohnzimmer; zum Gerichtsvollzieher* Wir waren doch der Motor von dem Ganzen, und von uns hat alles gelernt, net wahr?

GERICHTSVOLLZIEHER Genau.

Die Packer räumen das Schlafzimmer aus.

EDDI Mein Gott, und dann das Personal heute, das ist zum Verzweifeln, net, und bei die Türken und so was, des muß man alles anmelden, des is . . . drum mögn mir nimma investiern net.

GERICHTSVOLLZIEHER Ja eben.

EDDI Die tragende Schicht, net, die wo, praktisch irgendwie, äh . . . kriegt nix wie Schwierigkeiten. Mir haben doch irgendwie des ermöglicht, auch für die Kultur. Mir haben ein Theaterabonnemaa ghabt, aba ich bin fast nie reingangen, weil ich ja keine Zeit hab, aber mit dem Abonnemaa hab ich alles mitfinanziert. Wenn mir irgendwo auswärts beim Essen waren, haben mir doch nicht immer aufgepaßt – ein bekannter Spezi von mir, der wo ein Lokal hat, der klagt auch, er sagt, es dauert wirklich lang, sagt er, bis einer kommt heute, sich gemütlich hinsetzt, einen Sekt der oberen Klasse trinkt und dabei ein Geld nicht anschaut. Das Verdienen macht gar keinen Spaß mehr, weil s' as einem doch wieder nehmen. Und jetzt, Sie haben's doch gesehen, meine Frau springt auch ab, obwohl ich mich niemals hab lumpen lassen. Wie s' des ghabt hat mit derer Zyste, net, hab ich gsagt, ich zahl ihr auch den Professor Moser, hab ich gsagt, und wenn ich's mit der Geschäftsentnahme finanzier.

GERICHTSVOLLZIEHER Ach ja, der Moser! Links der Isar.

EDDI Genau. Der is narrisch gut, ich mein, der Lanzinger is auch gut, aber mehr bei Allergie, und ich hab alles zahlt. Tagessatz und so, alles in Butter. Ich glaub, sie is im Grunde nur deshalb beleidigt, weil sie mitgekriegt hat, daß ich meiner guten Bekannten – Sie verstehn – eine Lebensversicherung gschenkt hab zu ihrem Geburtstag, und einen Abort hab ich ihr auch einmal zahlt. Aber meine Frau braucht sich nicht zu beklagen, weil an einer finanziellen Nestwärme hab ich's niemals fehlen lassen.

MARTHA *kommt aus der Küche* Herr Finger, also, ich glaub, daß fast alles, was wegkommt, sauber is. Soll ich den Teppich noch klopfen?

GERICHTSVOLLZIEHER Nein, das ist uns gleich, das braucht's nicht, weil bis zur Versteigerung ist er wieder staubig.

EDDI Ja, wenn's halt nur noch einmal sein könnt, daß ich noch einmal was aufbau, dann kauf ich mir wieder einen Perser, das ist schon was Schönes und eigentlich preiswert, wenn man denkt, daß da hinten eine Familie mit die Kinder ein paar Monate dran arbeitet, ich möcht's nicht machen. Wie mir in Algerien waren, im Hotel, da haben mir von der Terrasse immer ins Armenviertel reinschaun können. Ja, mir hatten die Wahl, Blick aufs Meer oder ins Armenviertel. Mir haben ein Doppelzimmer ghabt und haben halt immer abgewechselt, da haben mir dann auch gsehn, wie so ein Teppich praktisch gmacht werd, und des Ganze ist auch noch irgendwie rustikal. In Hongkong, da habens auch ein Armenviertel, aber von der Lage net so schön. Es weht auch zu stark der Gestank her, da müßte halt was gmacht werden. Mei, andere Länder, andere Gerüche, gell?

GERICHTSVOLLZIEHER Ja, da haben Sie recht. Der Deutsche ist halt doch kein Ausländer.

EDDI Genau.

Das Licht geht aus, graues Halbdunkel vom Tageslicht.

GERICHTSVOLLZIEHER Naa, also – ja Herrschaft . . .

Man hört die Packer stolpern.

EDDI Ach, du lieber Gott, ist es schon wieder soweit?!

GERICHTSVOLLZIEHER Ja, wie soll denn bei der Finsternis ein Amtsvollzug pünktlich erledigt werden? Haben Sie keine Lichtrechnung mehr bezahlt?

EDDI Eigentlich schon lange nicht mehr. Die vom E-Werk reagieren prompt.

GERICHTSVOLLZIEHER Ein Licht, wir brauchen ein Licht!

MARTHA Ja. Ich hab's schon – Zündhölzer! *Zündet Adventskerze an.*

Kleine Pause.

Es is einem ganz traurig, wenn ma sieht, wie traurig des eigentlich is.

GERICHTSVOLLZIEHER Bei dem Licht merkt man kaum, daß es hier fast leer ist.

MARTHA *weint* O mei, wenn ich daran denk, was noch werden soll.

EDDI Passieren kann Ihnen nix, weil mir sind ja schließlich im zwanzigsten Jahrhundert, net.

GERICHTSVOLLZIEHER Gute Frau – Sie brauchen Ihnen nichts zu denken, es hat Jahrhunderte gedauert, bis mir schließlich so weit gekommen sind bis heute, verstehn S'?

Von draußen anschwellender Gesang von Sternsingern

Wir singen Euch die alte Mär,
Die zu begreifen ist gar nicht schwer.
Im Finstern draußt scheint hell und klar ein Stern,
Die Hoffnung, die Hoffnung, die brauchen wir sehr.
Der Heiland im Kripperl, den haben wir gern,
Der Heiland ist der Sohn, den d' Maria gebar.

EDDI Muß i denen was geben?

MARTHA Vielleicht jedem ein Zehnerl.

GERICHTSVOLLZIEHER Vielleicht einen Scheck? Aber mir gilt der Besuch ja nicht, weil ich ja dienstlich da bin.

MARTHA Geh, aber Sie ham doch auch ghört, wie schön feierlich daß die gsungen haben!

GERICHTSVOLLZIEHER Ich hab's vernommen, aber mehr als Begleitumstand.

EDDI *gibt einen Scheck* Aber net einlösen, der is bloß zum Anschaun, gell?

Sternsinger gehen singend ab

Inzwischen ist alles leer geräumt.

GERICHTSVOLLZIEHER Ja, ich glaube, meine Leute, wir sind auch soweit. – Herr Finger, des war quasi sehr, Sie verstehn – irgendwie, mein Gott, aber trotzdem schöne Tage noch, und kommen Sie gut hinüber.

EDDI Danke, sehr freundlich, Sie auch, es war wirklich – Sie verstehn.

GERICHTSVOLLZIEHER Danke, alles Gute auch weiterhin!

Packer nehmen noch Reste mit und den Teppich.

STIMME *von draußen* Ja, bitte, wenn Sie dem Herrn Finger Bescheid geben würden, die Heizung wird jetzt abgeschaltet.

MARTHA Herr Finger, es wird zugedreht, die Heizung . . . Ich glaub, ich muß jetzt auch – wissen S', mein Mann kommt heim, und dann krieg ich Angst, wenn ich . . .

EDDI Schon gut, Frau Dinglinger, und wenn wir uns nimmer sehn, kommen S' gut nüber und guten Rutsch.

MARTHA Ja, Ihnen auch.

In der Stille: »O du fröhliche . . .«

Die Packer erscheinen noch mal und wollen ihr Trinkgeld abholen. Eddi kramt in seinem Morgenmantel, findet kein Geld, aber auch keine Streichhölzer. Er bittet die Packer um Feuer. Ein Packer reicht ihm ein Einwegfeuerzeug. Eddi zündet die Kerzen des Adventskranzes an. Die Sternsinger singen immer noch: ». . . o du seligehe, gnadenbringende Weihnachtszeit . . .«

Abfent

Ein idyllischer verschneiter Bauernhof in Oberbayern, Spätnachmittagsstimmung, es wird bald dunkel, im Bauernhof sind die Lichter an, in der Stube blaues Fernsehlichtflimmern. Die sakral-gedämpfte Reporterin steht dem besoffenen Gschwendtnerbauern im Hof gegenüber.

GSCHWENDTNER Abfent, Abfent
ein Lichtlein prennt,
Abfent,
hein Lichtlein preennt . . .
Gschwendtner gönnt sich wieder einen Schluck Bier, rülpst, torkelt.

REPORTERIN Ja, das war sehr schön, und nun schreitet der Herr des Hofes, Herr Gschwendtner, auf uns zu, und nun gleich die Frage: Äh . . . Herr, ah . . .

GSCHWENDTNER Ja?

REPORTERIN Herr Gschwendtner, Advent scheint ja auch im Oberbayerischen . . .

GSCHWENDTNER Ja.

REPORTERIN . . . eine alte, uralte Tradition zu sein.

GSCHWENDTNER Ja, des is wahr, Abfent, net, des is quasi aso, ein Abvent, net, ohne einen Abfent, des waar praktisch so gut wia überhaupts kein Abfent. Und drum, mir können's auch kaum mehr derwarten.

REPORTERIN Das ist hochinteressant, was Herr Gschwendtner uns hier erzählt . . . Und was ist nun das Typische an dieser typisch bayrischen, uralt-christlichen, äh, Tradition?

GSCHWENDTNER Ja mei, es is doch aso, net, sagen mir amal, mir können's halt kaum mehr derwarten, weil bis mir allweil Abfent feiern, net, mir ham also, ah Ding, as Fruahjahr, net, is dazwischen, nacha hamma an Fruahsommer, net, a geht's in Sommer nei . . .

REPORTERIN Herr Gschwendtner, äh . . .

GSCHWENDTNER Wia? *Rülpst.*

REPORTERIN Nein, nein . . .

GSCHWENDTNER Was is?

REPORTERIN Nichts.

GSCHWENDTNER Is was?

REPORTERIN Nein, ah . . .

GSCHWENDTNER Wos wolln S' denn nachert? Oiso, ah, an Summa hamma scho ghabt, net, nachert kimmt da Spaatsumma, des geht ja quasi bis in'n Herbst, net, und nachert is allwei no a Zeitlang hin, gell, bis daß ma sagn kunnt, daß's asoweit is, und wenn ma nachert an Abfent ham, ah, nachert sagt ma si, ja, jetzad, net, jetzad geht's quasi, also jetzt samma soweit, daß's bald is, und mir können's ja kaum mehr derwarten, net, weil mir scho ganz unruhig und nervös san – bis's soweit is.

REPORTERIN Ja, das ist verständlich, äh . . . Sie haben hier in alter Tradition . . . gibt es wahrscheinlich irgendwelche spezifischen Backwaren an Advent. Gebäck? Oder gibt es was Besonderes, was Sie in diesen festlichen Tagen zu sich nehmen?

GSCHWENDTNER Ja mei, gell, mir trinken an Abfent, also, da essen mir – an Schweinsbratn gibt's, net, und an Knödel, wie an und für sich sonst auch, mir trinken ein Bier, ah, i trink allweil praktisch, ich hab also, mir ham also des in dem Sinn jetz nicht . . . aber Abfent, sagen mir mal, is doch, ah – die Zeit der Erwartung. *Trinkt.*

REPORTERIN Schön. Sehr schön. Advent heißt: Erwarten. Und worauf richtet sich eigentlich die Erwartung, Herr Gschwendtner?

GSCHWENDTNER Ja mei, des is aso, net, wenn's so weitergeht, nacha samma bald im Fasching drin, net, und dann, des is ja doch eine Zeit, wo man sich darauf besinnt, net, weil's ja nachert doch ernst wird. Und des is, man muß sich schon Gedanken machen, ich mein, warum man auch, sagen mir mal, vom Herzen des kimmt, und mir also doch des auch ernst nehmen.

REPORTERIN Ja, wir wollen diese Andacht nicht zerstören, und nun singt uns Herr Gschwendtner noch eines dieser herrlichen inbrünstigen Adventslieder.

Die Reporterin gibt Gschwendtner einen Fünfzigmarkschein.

GSCHWENDTNER *verstaut das Geld und singt dabei* Abfeend, Abfeend, hein Lichtlein preennt . . . Sie, des duat ma leid, i muaß jetz nei, d' Sportschau fangt o . . . Abfend, hein Liecht-lein . . . *Er stolpert und fällt hin.* Sacklzementzefixhallelujahimmiarschundzwirnvareck!!!

REPORTERIN Wir bedanken uns, und damit geben wir zurück ins Studio.

Der Rauschgoldengel

Der Kraftfahrer Hofinger war Kraftfahrer von Beruf. Ansonsten hatte er viel Freude am Durst. Diese Freude hielt er gewissenhaft mit Bier und Schnaps aufrecht.

So begab es sich, daß Hofinger an einem herrlichen Heiligen Abend nachmittag, voller Schnee und Kälte, der Wirtschaft »Zum Atzinger« zustrebte, um sich dort auf die Feierlichkeiten des Tages gebührend einzustimmen.

Zum Entree genehmigte er sich in kleinem Kreise – es waren noch der Emigrant Kovacs und der Trambahner Gerstl dabei – sieben Weißbier und flankierend dazu diverse Obstler.

Als dann der Lärm draußen auf der Straße langsam einschlief, begann Hofingers Weihnachtsstimmung zu knospen, und dementsprechend genoß er den Weihnachtsbock, ein Getränk, welches extra für die hohen Festtage hergestellt wird. Aus der Musiktruhe erscholl Country-music, und gleichzeitig aus einem anderen Geräuschspender, also sozusagen synchron, informierte einen der Heimatsender präzise über den gesamten Weihnachtsverkehr im Freistaat.

Diese Beschaulichkeit stimulierte den Hofinger bewegt zum ersten inbrünstigen »Stih-hi-le Nacht, ha-li-ge Nacht . . .«. Der Emigrant stimmte sogleich mit ein und verbreitete Seliges. Hofinger unterbrach verblüfft: »Ja, was bist 'n nachert du für oana? Bist etz du a Asylant oda a Dissident oda a Flichtling, oda gar a Mafioso? Ha, ha?!« Hofinger war beeindruckt. »Singt der ›Stille Nacht‹!«

Kovacs beantwortete diese Fragen nicht, jedenfalls nicht an diesem Weihnachtsabend im Atzinger. Er hielt sich lieber an den Bock und feierte. Gerstl hingegen trank eine vulgäre Halbe nach der anderen, freilich ab und zu durch einen Nikolaschka unterbrochen gegen »des siaße Zeig, des wo oam an Weihnachtn oiwei an Mogn vapappt«.

Da der Atzinger keine Wärmestube mit »open end« war, speziell an Festtagen wie diesen, erfolgte um sieben Uhr die unerbittliche Räumung. In der ernüchternd kalten Winterluft animierte Gerstl: »Gehts weida, i hab scho no a paar Tragl am Balkon. Na wartma hoid bei mir aafs Christkindl!«

Gerührt willigten die beiden anderen ein. Auf »O du fröh-liche-he . . .« folgte bald »Wir lagen vor Madagaskar« und »Marina, Marina«. Die Stimmung konnte nicht besser sein.

Beim Hofinger tat das vierundzwanzigste Bier, noch dazu eisgekühlt, seine Wirkung. Abrupt riß es ihn von der Liedertafel in Richtung Toilette. Ob er selbst noch merkte, daß es bereits zu spät war, ist nicht überliefert.

Nachdem das Duett das gesamte verfügbare Liedgut verbraucht hatte, bemerkte Kovacs: »Wo isss Hofinger? Heim sssu Familie, oder was?«

»Ja Herrschaft, wo is er denn?!« fragte auch Gerstl – und fand die Bescherung in seiner Diele.

Was jetzt geschah, muß jeden echten Christenmenschen, der von der allgemeinen Verrohung der Zeit noch nicht ganz versaut ist, bewegen.

Der Trambahner und der Emigrant schleppten den hundert Kilo schweren Kameraden ächzend und stöhnend drei Treppenaufgänge hinunter. Beim Umgreifen entglitt er ihnen hin und wieder, dann donnerte sein Kopf schwer über die steinernen Stufen. Es ging durch die kalte Nacht, vorbei an Tannenbäumen im Lichterglanz und dann, zwei Straßenzüge weiter, durch den Hinterhof nochmals zwei Stockwerke hinauf. Dort legten sie ihn vorsichtig, um den Weihnachtsfrieden nicht zu stören, vor seine Wohnungstüre und schoben ihm fürsorglich den Fußabstreifer unter das zerschundene Haupt. Kovacs, der Mann aus der Fremde, steckte ihm noch eine ungeöffnete Flasche dunklen Bocks der Marke Hopf zwischen die Finger. Dann verließen sie ihn mit der Gewißheit, die ihrige Christenpflicht voll erfüllt zu haben.

In Hofingers Wohnung war der Heilige Abend bereits zelebriert worden. Die Mama mit den drei Kleinen und die Oma, Hofingers leibliche Mutter, hatten die Abwesenheit des Vaters zwar beklagt, aber hingenommen, weil man ja in etwa eh wußte, wie es ausgeht, wenn der Bappa »no amoi schnell a wengerl zum Atzinger neischaut«.

»Pst«, flüsterte die Oma und drehte den Fernseher leise, »i hab draußt was ghört!« Hurtig spurteten die Kinder zur Wohnungstür, öffneten und – »Der Bappa is's . . .« riefen sie. »Der Bappa is's! Er liegt im Treppenhaus! Er is hoamkemma . . . der Bappa!«

Ein Anflug von Frohheit entfaltete sich auf dem Gesicht der Oma, die überhörte, wie es dem Munde der verhärmten Frau Hofinger entfuhr: »Total daschpiem und daschißn. De bsuffane Drecksau, de bsuffane!«

Kindermodenschau

Veranstaltungsraum eines Hotels. Dr. Tschiep spielt auf der Hammondorgel Weihnachtslieder. Gut gekleidete Kinder sitzen neben ihren noch besser gekleideten Muttis. Im Nebenraum stehen Uschi Blaß und ein St. Nikolaus vom Künstlerschnelldienst.

FRAU BLASS Ja, aber Sie hätten doch daher genausogut mit der Trambahn herfahrn können, und an Bus gibts aa no, da brauchen Sie doch koa Taxi nehman. Des war net vereinbart . . .

NIKOLAUS Ja, schon, aber Frau Blaß, des waar unheimlich knapp wordn. I war ja bis jetz no auf am Seniorennachmittag, de oidn Leit, wissen S', des ziagt si oiwei.

FRAU BLASS Redn S' net, der Achtafuffzger fahrt alle zehn Minutn, da hättn S' . . .

NIKOLAUS Ja, aber . . .

FRAU BLASS Des is mir gleich, as Taxi zahl i net, des war mit Ihrer Agentur net vereinbart. Also, jetz passen S' auf: Hier ham Sie die Kundenerwähnungswünsche von de Prominentenkinder, die namentlich erwähnt werdn solln, lesen S' es gschwind durch, daß S' koan Fehler neibringen. Also, Sie kemman nach am fünften Kind, des is der Boris im Discofieber, des is der da, gell, Boris, und dann nehman Sie gleich des sechste Kind mit über die Rampe . . .

NIKOLAUS Ich hab da stehn: Natascha als Gänseliesl . . .

FRAU BLASS Ja genau, mit der Natascha kommen Sie, und dann is Bescherung. Also, zerscht die Prominentenkinder, und vor allem de von der wichtigen Kundschaft, de sitzn alle an Tisch eins bis drei, de restlichen Packerln verteiln S' dann nach Gusto, soweit no oa da san . . .

NIKOLAUS *hat Kundenerwähnungswünsche durchgelesen* Ja, Sie, da steht: »Stinkfaul und pariert daheim überhaupt net«, des is doch a bißl hart für so a Kind, soll i des wirklich aso sagn?

FRAU BLASS Sie tragn vor, was auf'm Zettl steht, verstandn? Mischen S' Eahna da net ei. Des is ois mit der Kundschaft aso abgesprochen. Und vergessen S' net: »Von draußt vom Walde komm ich her, da braucht ma was Gscheits zum Oziagn, mir machen Kindermode . . .«

NIKOLAUS Jaja, ich woaß scho, auch an Kleiderwunschzettel ansprechen. Kimmt ois, Frau Blaß. Wia hoaßn glei de Stiefeln wieda?

FRAU BLASS Juwenta.

NIKOLAUS Ah ja, und der Vernon-Pelzumhang. Puh, hoaß is's da herin. *Legt Umhang ab.*

FRAU BLASS Aber ja net zu früh! Mit der Natascha als Gänseliesl kommen Sie.

NIKOLAUS Is gebongt, Chefin. *Ein Kind im Pelzmantel weint.*

FRAU BLASS Ja, Nicole, mein Kleines, wer wird denn da weinen, jetzt, wo dein schöner großer Auftritt kommt?! Andere Kinder wären froh, wenn sie so einen schönen Mantel vorführen dürften. Nicole-Schätzchen, das wird schon ... Frau Sieber?! Frau Sieber, Sie schikken die Kinder auf Stichwort über die Rampe. Des muß klappen, gell. Jaja, mein Schätzchen, is ja schon gut, is ja halb so schlimm. Schau, Nicole, die Mütze darfst du hinterher behalten. So, ich muß jetzt, Frau Sieber. Achtung ... *Geht auf die Bühne.*

NIKOLAUS Geh weiter Kindl, denk dir doch nix. Da, hast an Lebkuchn.

Im Saal.

FRAU BLASS *tritt lächelnd auf; Hammondorgeltusch, Applaus* So, liebe Kinder, liebe Eltern, jetz is es wieder soweit, das Fest der Freude rückt näher, und wie jedes Jahr um diese fröhliche Zeit der Erwartung haben wir von Uschis Kinderbasar uns wieder was ausgedacht, was euch, liebe Kinder, vielleicht Freude macht zum Anziehn, Überziehn, zum Umhängen oder zum Kuscheln, und natürlich für euch, liebe Eltern, ein paar zünftige Anregungen für den Wunschzettel oder den Gabentisch eurer Bambinis. – Ich hab davor noch in den Wald gespitzt und den St. Nikolaus getroffen, und der hat eurer Uschi fest versprochen, daß er nachher bei unserm kleinen modischen Adventsnachmittag vorbeischaut. Er hat gesagt, er hätt ein paar Überraschungen für unsere Basarkinder. Da sind wir ja alle gespannt, was der St. Nikolaus da für uns, oder besser, für euch, liebe Kinder, bereit hat. *Applaus.* So, und jetzt, auf los geht's los! Herr Dr. Tschiep, bitte Musik! *Musikeinsatz, Applaus.* Und als erstes sehen wir nun unsere Nicole mit dem Modell »Eisbär« von Clochard mit der dazu passenden Exklusivmütze »Uppsala« in rustikaler Baumwolle. – Ja, wo bleibt sie denn, unsre Nicole? *Dezent* Frau Sieber! – Ja, wo ist denn unsere Nicole? *Geht ab, kommt mit verrotzter Nicole wieder und schleift sie über den Laufsteg.* Ja, haha, unsere Nicole ist heut ein wenig verschnupft, sie hat halt unsern Mantel,

Modell Eisbär, zu spät angezogen, gell, Nicole? Ja brav, haha, ja, einen kleinen Applaus hat sie doch verdient, unsere Nicole. Danke, Frau Sieber ... *Nicole ab.* Unser kleines Eisbärle von Clochard kostet komplett mit Rustikalmütze vierhundertachtunddreißig Mark exklusiv bei Uschis Basar. So, als nächstes, ah, da ist er ja schon, unser Dimitri, ganz professionell macht er das, wie ein echter Dressman. *Applaus.* Dimitri als kleiner Lord, mit farblich abgestimmter Pausebrottasche für den kleinen Hunger zwischendurch. Statt dem Tweedjackett kann man auch mal nur den original Norwegerpulli Modell Sven, komplettieren, das sieht dann oft besonders süß aus, hier, unser Dimitri ... *Dimitri zieht das Jackett aus, man sieht den Norwegerpulli, Applaus.* Der kleine Lord, ein besonders lässiges Modell exklusiv für Uschis Basar von der Firma Clochard. *Dimitri ab.* Ja, und jetzt einen Sonderapplaus, süß sehn sie aus, sind sie nicht herzig, wie ein kleines Brautpaar, der Uli und die Ingeborg im aktuellen Winterfreizeitdreß Pinguin eins und zwei, lieferbar in den aktuellen Modefarben Rouge, Gelb, Azur, Beige, Champagner und Flaschengrün, hei, da macht das Schlittschuhlaufen Spaß. Pinguin zwei mit modischem Cape, Pinguin eins mit dem zünftigen Südwester, und für den kleinen Wunschzettel, da, Uli, zeig mal schön, die Allwetterstiefel von Caligula. Ja, schön macht er das, der Uli. Sonderapplaus, ein Sonderapplaus für den Uli. *Applaus.* Vielen Dank auch, liebe Ingeborg. *Applaus.* Für die schicke Nachmittags-Schokoladenparty oder für 'ne tolle Kinderfete jetzt was ganz Verrücktes: unser Boris im Disco-Fieber! Frau Sieber! *Lichtwechsel, Discomusik.* Ja, das geht in die Beine. Toll, dieser Boris. Diese Safranlederhose, da fahren die kleinen Girls reihenweise drauf ab. Einen Sonderapplaus für den Boris. Discohose, Kappe, Jacke und Perlenkette, Stepschuhe und Disco-Jojo exklusiv bei Uschis Kinderbasar, Kreation Uschi Blaß, sechshundertvierundzwanzig Mark. Ja, toll, dieser Boris! *Boris ab, Applaus.* Obacht. Oh, là, là, jaa, jetzt, liebe Kinder, hab ich, glaub ich, ein Glöckchen gehört, da bin ich aber gespannt, wer jetzt da hereinschneit. Ja, das ist unsere Natascha als Gänseliesl, und, jaa, ich hab's doch gewußt, da ist er, der heilige St. Nikolaus, Applaus für den St. Nikolaus! *Applaus. Nikolaus geht mit Natascha auf und ab.* Ja, St. Nikolaus, wo kommst du denn her? *Schubst Gänseliesl von der Rampe.*

NIKOLAUS Von draußt vom Walde komm ich her, ääh ...

FRAU BLASS *leise* ... Schuhe ...

NIKOLAUS I woaß scho ... ah, ich kann euch sagen, es weihnachtet sehr. Ich komme gerade von der Juwenta-Schuhfabrik, von denen habe ich auch meine schönen Juwenta-Allwetterschuhe, ohne die der St. Nikolaus schon längst einen Schnupfen hätte, und ich habe hier auch was Feines mitgebracht, für alle braven Basarkinder. Ihr wart doch immer brav, oder?

KINDER Jaa!!

FRAU BLASS Bei Uschis Basar sind nur brave Kinder, Herr Nikolaus.

NIKOLAUS Ah ja, natürlich. Habt ihr euch auch alle was Feines zu Weihnachten gewünscht?

KINDER Jaa!!

NIKOLAUS Was Feines zum Anziehn?!

KINDER Jaaa!!!

NIKOLAUS Ja, das freut den Nikolaus. Ja, dann wollen wird doch mal in mein goldenes Buch schauen, was da so alles drinsteht. – Ist die kleine Carmen Hasenböck, ist die da? *Ein zaghaftes Ja.* Oh, oh, oh, ja was muß ich denn da lesen? Sie ist faul, macht keine Hausaufgaben und widerspricht ständig ihrer Mutter. *Kindergelächter.* In der Schule kommt sie auch nur ...

FRAU HASENBÖCK Also, das ist doch wohl der Gipfel an Unverschämtheit. So eine Frechheit ...

FRAU BLASS Aber Frau Konsul, das war doch ...

FRAU HASENBÖCK Carmen! Olaf! Kommt, wir gehen!

FRAU BLASS Frau Konsul, darf ich das Mißverständnis auf ...

FRAU HASENBÖCK So eine Geschmacklosigkeit ist mir in meinem Leben noch nie untergekommen ... *Zieht ihre beiden Kinder an.*

FRAU BLASS Aber, Frau Konsul, den Nikolauszettel hat mir doch Ihr Mann persönlich ...

FRAU HASENBÖCK Mein Mann, dieses Rindvieh, was weiß denn der – wo unsre Carmen so ein Sensibelchen ist. Carmen, Olaf, los, wir gehn!

FRAU BLASS *zum Nikolaus.* Sie Vollidiot, das wird ein gerichtliches Nachspiel haben!

NIKOLAUS Ja, aber ...

FRAU BLASS Sie Rindvieh, diese Frau kann mich fertigmachen mit ihren Connections. Sie entschuldigen sich sofort auf der Stelle! Bei Frau Konsul und beim Kind. Sonst zeig ich Sie an wegen Geschäftsschädigung, Sie Depp! *Geht in Richtung Frau Hasenböck, die bereits aufgestanden ist.*

NIKOLAUS Ah, gnä' Frau, ah, Kind, ah, du, der Nikolaus, der hat was übersehn, so was passiert auch amal am Nikolaus, ah, gnä' Frau, bittschön entschuldigen S' ...

FRAU HASENBÖCK Ja, aber, Sie sehn doch selbst, das Kind ist doch so sensibel.

NIKOLAUS Ja, äh, nein, bittschön, äh, wie soll ich, äh ... *Frau Hasenböck setzt sich wieder.*

FRAU BLASS *ruft dem Nikolaus zu* Musik, Ihr Lied – und Bescherung!

NIKOLAUS Ja, aber die anderen Zettel ...

FRAU BLASS Ihr Lied, los, machen Sie endlich. Liebe Kinder, ihr müßt wissen, der Niklaus hat auch ein Lied dabei ...

NIKOLAUS Ja, also, ihr habt's gehört, liebe Kinder, ah, also, der Nikolaus hat euch da ein Lied mitgebracht, für alle Basarkinder, des is zum Mitsingen, paßts schön auf, ich sing's euch derweil amal vor, und die, die's dann schon können, die dürfen gleich mitsingen, und dann singen mir alle des Lied mitanander, gell ...

FRAU BLASS Und der Sankt Nikolaus verteilt dabei die Gaben! Gell, Herr Nikolaus?!

NIKOLAUS Ja genau, dann schaun mir nach, was in dem Sack da drin is. Also, jetz tuts alle schön mitsingen. *Singt:*

Am Himmel blinkt ein heller Stern,
Der frohe Tag ist nicht mehr fern,
Das Weihnachtsfest wird wunderbar
Mit Kindermoden aus Uschis Basar.

So, und jetzt singen mir alle schön mit ...

Nikolausi

SOHN Nikolausi . . .

VATER Hehehe, der Kleine, hehe, nein, das ist nicht Nikolausi, das ist Osterhasi, hehehe, hehe.

SOHN Nikolausi . . .

VATER Hehehe, nein, das ist nicht Nikolausi, weißt du, jetzt ist ja Frühling. Es ist ja jetzt nicht mehr Winter, hehehehe.

SOHN Nikolausi . . .

VATER He, nein, he, das ist Osterhasi, weißt du, Osterhasi mit den Ohrli, hehehe, der bringt Gaggi für das Bubele, hehehehe, jaja.

SOHN Nikolausi . . .

VATER He, nein, also, nein, nein, weißt du, das handelt sich hier nicht um, äh, um, um Nikolausi, das ist Osterhasi, net, das ist ein Osterhasi, kein Nikolausi, gell?

SOHN Nikolausi . . .

VATER Ja, also, nein, jetz hör doch mal zu, net, wenn ich's dir scho sag, das ist, es handelt sich hier nicht um ein Nikolausi, sondern um ein Osterhasi, net. Jetzt sieh das doch mal endlich ein.

SOHN Nikolausi . . .

VATER Ja, also, ja, Rotzbub frecher, ja, wie soll ich's dir denn noch erklären, also so was nein, gleich schmier ich dir eine, net.

SOHN Nikolausi . . .

VATER Ja Herrschaftseitenmalefiz, jetzt widerspricht er ständig, net. Jetzt, jetzt hör doch amal zu, wenn ich schon sag, äh, äh, Nik. . . äh, O. . . äh, äh, das ist Osterhasi, net . . .

SOHN Nikolausi . . .

VATER Naa, das ist kein Nikolausi, net, jetzt, also, wenn einer mal sich in einen Gedanken förmlich hineinverrennt, dann ist er ja wie vernagelt, net.

SOHN Nikolausi . . .

VATER *schreit* Ja, also, so, ja also, du Rotzbub, net, das ist ein Osterhasi, das ist kein Nikolausi, Osterhasi, verstanden, Osterhasi . . .

SOHN Nikolausi . . .

Sankt Nikolaus

Straße in einer Trabantenstadt – Häuserflucht. Ein Auto kommt zügig angefahren, Vollbremsung. Ein zweites Auto muß ebenfalls scharf bremsen. Allmähliche Staubildung. Ein gestürzter Nikolaus sammelt auf der Straße seine Utensilien zusammen.

FAHRER DES I. WAGENS *zum Fenster raus* Herrgottsakrament, du Klätzn, kost du net aufpaßn?! Geh weida, schleich di mit dein Graffe, du Huastnguatl, du windigs!

FRAU *aus dem I. Wagen raus, kaum zu sehen* Aso laaft ma ja aa net auf da Straßn umanand, des is ja verkehrswidrig!

Der Nikolaus gibt sich sichtlich Mühe, seine Sachen schnell und unbürokratisch von der Fahrbahn zu transportieren.

FAHRER DES I. WAGENS Kaaf dir doch an Blindenhund, bläda Siedla, wennst net alloa üba d' Straß kimmst!

FRAU *aus dem Wagen* Mir samma doch net im Fasching. So ein Kaschperl!

Es beginnt ein Hupkonzert. Der Nikolaus hat seine Utensilien notdürftig zusammengerauft, der Verkehr fließt wieder.

FAHRER DES I. WAGENS *im Vorbeifahren* Arschloch! *Schließt sein Fenster.*

Man hört einige überfahrene Walnüsse knacken. Der Nikolaus hat sich gefangen, vergleicht auf einem Zettel eine Adresse, sieht an dem Hochhaus empor, vor dem er steht, und ist offenbar am Ziel. Er geht zum Hauseingang, sucht, läutet, wartet. Es knackt, pfeift, dann aus dem Summer eine Stimme.

STIMME (*off*) Hallo – hallo, wer is da?

NIKOLAUS Sankt Nikolaus steht vor der Tür.

STIMME (*off*) Ah, Sie sind's, Moment.

Er surrt, der Nikolaus rüttelt an der Tür, nichts geht. Der Nikolaus läutet noch mal.

STIMME (*off*) Hallo, hallo, wer is da?

NIKOLAUS Es ist abgesperrt.

STIMME (*off*) Naa. Sie müssen fest drücken.

Es surrt, der Nikolaus drückt fest, fliegt fast rein ins Haus, drückt den Liftknopf; während er wartet, repariert er vollends sein Kostüm. Die Lifttür geht auf, zwei Rocker kommen aus dem Lift.

ROCKER 1 Ui, a Nikolaus, hahahaa!

ROCKER 2 A Nikolaus, haahaahaa . . .

ROCKER 1 Duast scho wieder kloane Kinder vaschrecka, ha? Geh weida, eh, was hast 'n in dein Sack drin? Ha?!

NIKOLAUS *zieht seinen Gabensack an sich* Lassen Sie mich in Ruhe!

ROCKER 1 Ui, da ander! Laß mi neischaugn, Spezi!

Rocker 1 pöbelt den Nikolaus an, Rocker 2 haut ihm die Bischofsmütze vom Kopf, Rocker 1 haut dem Nikolaus vor die Brust, der Nikolaus verliert seinen Bischofsstab und rettet sich mit einem Sprung gerade noch in den Lift. Tür zu.

Wohnzimmer der Familie Klinger. Die Tür ist offen. Adolf Klinger und Sohn Robert sitzen vor dem Fernseher (Programm: Werbespot). Hannelore Klinger kommt von der Toilette (Rauschen).

ADOLF Herrgott, muaß der ausgerechnet jetzt kemman. Auf wann hast 'n denn bstellt?

HANNELORE Mei, de ham heit vui zum Doa, heit und moign.

ADOLF Kann der net früher kemman, der Krippe, weil früher sans allwei früher kemman. *Schenkt Bier nach.*

HANNELORE Vielleicht is er in an Stau neikemman, oder er hat's net gfunden. *Setzt sich, ißt weiter.*

ADOLF Wenn er besser in der Schui gwesn waar – *zeigt auf Robert* – na hätt ma heuer gar koan Nikolaus nimmer braucht.

HANNELORE Ja mei, jetzt is er scho da.

Man hört von draußen Nikolaus schüchtern kratzen und sich räuspern.

Genga S' nur rei, 's is offen. So, Roberti, jetz is er da.

FERNSEHER Zur Fortsetzung des Programms schalten wir um nach Bremen. – *Sendezeichen.*

NIKOLAUS *Halboff im Flur* Ja, bin ich hier richtig? Ich such den Robert Klinger.

HANNELORE Ja, kemma S' doch rein, legn S' ab.

Der Nikolaus betritt das Zimmer. Irritierter Seitenblick auf den laufenden Fernseher (im Fernsehen gerade Ansage: Vier Fäuste für ein Halleluja o.ä.)

NIKOLAUS Guten Abend.

HANNELORE 'n Abend.

ADOLF Roberti, geh weida . . . *Bedeutet ihm aufzustehn.*

Robert stellt sich vor den Nikolaus.

HANNELORE Nimm dein Kaugummi raus.

Robert folgt.

NIKOLAUS Vom drauß' im Walde komm ich her, ich kann euch sagen, es weihnachtet sehr. Du bist also der Robert Klinger?

ROBERT Ja, warum?

NIKOLAUS Groß bist du schon. Bist du auch immer schön brav gewesen?

ROBERT Ja, warum?

HANNELORE Geh weida, Roberti, sag schön dein Gedicht auf!

ROBERT *sehr trocken* Komm doch, lieber Sankt Nikolaus, komm mit deinem Sack in unser Haus. Pfeffernüsse, Mandelkern, mögen alle Kinder gern.

Adolf hat inzwischen den Fernseher lauter gestellt.

FERNSEHER Komm raus, Miller! Ich weiß genau, daß du hier bist, zeig dich, Coyote! *Musik, Schüsse, Pferdegetrappel.*

Alle, auch der Nikolaus, sehen jetzt fern. – Eine wilde Schießerei, ein Todesschrei, neuer Musikeinsatz.

Hey, Chandler, Tom hat noch 'ne Prise Dynamit im Sack, jetzt räuchern wir sie aus!

Adolf zündet sich eine Zigarette an. Hannelore nimmt sich eine Handvoll Chips; der Nikolaus sieht verstohlen auf seine Uhr.

NIKOLAUS Ja, ich würde ja noch gerne bleiben, es ist sehr gemütlich hier. *TV: Detonation, neuer Musikeinsatz.* Aber es warten noch andere Kinder auf den Nikolaus.

ADOLF *abwesend* Ja, also, Wiederschaun, nett, daß Sie dawarn.

HANNELORE Wiederschaun, dann, bis zum nächsten Mal. Sie finden allein raus, gell?

Der Nikolaus schaut schüchtern in der Runde herum, bleibt aber an seinem Platz stehen.

ADOLF Ja, ist noch was?

NIKOLAUS Ja ... *Deutet auf Robert.*

ADOLF Ja, was is denn?

NIKOLAUS *verschämt* Ja, das Finanzielle ...

HANNELORE Ah ja, stimmt. Des hätt mir jetzt fast vergeßn. Geh weida, Roberti, hol gschwind am Bappa sein Geldbeutl.

Robert unwillig ab. TV: Prärierittmusik, Pferdegetrappel, Peitschenknallen.

ROBERT (*off*) Wo is er denn?

ADOLF *zu Hannelore* Geh weida, geh du mal.

Hannelore ab, Adolf macht den Fernseher etwas leiser.

Mögen S' an Schluck Bier?

NIKOLAUS Im Moment nicht, danke.

Adolf macht den Fernseher noch etwas leiser, man hört von unten Ge-

johle und Motorlärm. Adolf schließt das vorher schräggestellte Fenster, schaut einen Moment hinaus.

ADOLF Herrgott, de spinnerten Deifen. *Setzt sich wieder.*

Der Nikolaus geht ans Fenster, sieht hinaus, man sieht unten eine Rokkerclique, die mit dem Bischofsstab des Nikolauses ein Bischofsmützenstechturnier fahren.

NIKOLAUS ’nen Schnaps, wenn Sie vielleicht hätten . . .

ADOLF Mögen S’ an Hubertus oder an Lufthansa?

NIKOLAUS Egal, irgendwas.

HANNELORE So, da hätten mir’s. Was macht des jetzt heuer?

NIKOLAUS Zweiundsechzig Mark fünfzig.

HANNELORE Zweiundsechzig Mark fünfzig?!

NIKOLAUS Mit Anfahrt.

HANNELORE Ja, so, ja, i hab gmoant, da is auch a Krampus dabei?

NIKOLAUS Vom Krampus kommt man immer mehr ab. Aus pädagogischen Gründen . . .

HANNELORE Ah so, ja dann. *Zahlt, erhält Quittung.* Also dann, Wiederschaugn.

ADOLF *abwesend* Wiederschaun, Herr, äh . . .

NIKOLAUS Ja, behüt euch Gott. Also, Robert, hast du gehört? Immer schön brav sein. *Gibt Robert eine Weihnachtstüte aus seinem Sack.*

ROBERT Dankschön.

Detonation im Fernseher. Text: »Dem haben wir’s sauber gegeben. Der ist erledigt« – Musikeinsatz. Der Nikolaus ist verschwunden.

ADOLF Wieviel hat jetz der Scherz kost?

HANNELORE Zweiundsechzig Mark fünfzig. Mit Anfahrt vom Künstlerdienst.

ADOLF Zweiundsechzig Mark fünfzig, des is ja a Unverschämtheit, dafür kann i ja scho a Doktor kemma laßn.

HANNELORE Ja mei, ois werd teirer.

ADOLF Aber ’s nächste Mal nehman mir oan vom Pfarramt. De san billiger. Und echter.

HANNELORE Ja, heuer ham mir ja koan andern mehr kriagt. De vom Pfarramt warn ja scho alle ausgebucht.

Robert geht ans Fenster.

ADOLF Ja mei, na bstellst halt scho glei jetzad oan für nächsts Jahr.

Robert sieht zum Fenster raus, man hört johlende Rocker, die den Nikolaus jagen . . . Robert grinst.

Meine erste Revolution

(für meinen Sohn Martin)

Es dauert manchmal doch geraume Zeit, bis man erkennt, daß der Nikolaus kein Heiliger, sondern ein Mensch, und der Krampus (Knecht Ruprecht, Schmutzli) ein Arschloch ist – aber ganz bestimmt kein Dämon! Die Angst vor jenen Herrn ist ein Stück guter alter Tradition und auch die Wirkung dieser Angst, die Generationen von Bettnässern erzeugte.

Ich war klein, und die Macht der Nikolaustradition ungebrochen. Die Krampusse klirrten mit Ketten. Sie waren in Felle gehüllt. In ihren rußigen Gesichtern spiegelte sich das tierische Vergnügen, mit dem Ochsenfiesel sauber zuhauen zu können. Hämisch fragten die Erwachsenen: »Und? War er schon da, der Nikolaus? Bist du auch immer brav gewesen? Weil sonst kummst nei in'n Sack!«

Ich hätte es nicht geglaubt, daß man wirklich in einen Sack hineinkommt wegen Unbravheit, aber der Ismeier Manfred, mein Kindkollege, hatte es eigenhändig berichtet.

Auf dem Land wußten wir noch nichts von devoten Kaufhausnikoläusen und von der pädagogischen Einbahnstraße, die der Krampus als Erziehungsparameter darstellt.

Es war der sechste Dezember neunzehnhundertneunundvierzig gegen neunzehn Uhr, als sich ein Stiergehörnter auch meiner bemächtigte – obwohl ich die donnernde Frage des heiligen Nikolaus: »Bist du auch immer brav gewesen?«, eindeutig und wahrheitsgemäß mit »ja« beantwortet hatte – und mich in seinen Sack stopfte.

Ketten klickten, klackten und rasselten, Schweine grunzten und Ratten pfiffen, als ich im Sack an einem Haken im Saustall aufgehängt wurde. Ich schrie eine Ewigkeit in dieser finsteren Hölle des Onkel Hieronymus Bosch. Und manchmal wache ich heute noch auf in der Nacht, schwitzend, sehe den Krampus auf mich zukommen . . . und ich weiß, ich habe eine Kindheit gehabt, die kann mir keiner mehr nehmen!

Umständehalber verließ ich das Land und kam in die Großstadt zur Zeit, als wiederum die Existenzfrage: »Bist du auch immer brav gewesen?« im Raum stand.

Ein zirka achtjähriger Robespierre forderte mich, den Neuling vom Land, auf:

»Und? Gehst mit, am Nikolo an Bart anzünden?«

Mir wurde schwindlig. »Einem Nikolaus den Bart anzünden«? Was heißt da »einem«? Es gibt doch nur *den* Nikolaus. Den heiligen St. Nikolaus! Und *ihm* den Bart anzünden? – Ein ungeheures Vorhaben! Vor kurzem noch vom Krampus gejagt, frisch einem noch feuchten Bett entwichen, überrollte mich die Frage des Großstadtrevolutionärs aufs neue. Sie wirkte jetzt eine Spur gleichgültiger.

»Oiso, was is? Gehst jetza mit oder net?«

»Sowieso!« hörte ich mich antworten. Mein Herz war in der Unterhose angelangt.

Kurz darauf standen wir schon vor unserer »Bastille«, der Türken-/ Ecke Schellingstraße. Hundert bis zweihundert Kinder, bis an die Zähne mit Latten, Stöcken, Zwisteln und Steinen bewaffnet, harrten vor dem Portal des Studentenschnelldienstes der Nikoläuse.

Schon kam einer heraus. Aus allen Kehlen erscholl ein Pfuiii, ein Pfeifkonzert, kreischendes Hohngelächter. Ein Gewitter von Wurfgeschossen entlud sich in Richtung Nikolaus, welcher unwürdig behende auf einem Fahrrad das Weite suchte.

Ein neuer Schnelldienstheiliger wurde auf die Straße gespuckt, um Tradition zu verbreiten.

»Da is scho wieder oana!« jauchzten die jungen Revoluzzer im Kampfesrausch. »Den machma fertig!« schrien sie.

Mein Genosse und Animator reichte mir feierlich sein Sturmfeuerzeug. »Jetzt zündma eam an Bart o! Mia gebm da Rückendeckung!«

Fest entschlossen, meine jahrelange Demütigung mit einem Bartbrand zu rächen, laufe ich mit weichen Knien über die Straße, das Sturmfeuerzeug wie eine Fackel erhoben haltend. Schlachtengesänge wie »Nikolo, scheiß ins Klo!« tragen mich vor das entsetzte Gesicht des heiligen Mannes. Wieder verdunkelte sich der Himmel vor lauter Zaunlatten und Haken, Pfeilen . . . Wasserbomben . . . Eiern – es herrscht Krieg. Der Nikolaus duckt sich, macht zwei, drei schnelle Schritte und verschwindet in der Sicherheit des nahen Gemüseladens . . . Wumm! Ktschschk! Duiiiing! Das Schaufenster birst, ein Volltreffer! Johlen! Der Nikolaus liegt auf dem Boden, umgeben von Glas. Ein Splitter hat sein Gesicht verletzt. Rotes Blut tropft auf seinen weißen Bart. Er reißt ihn sich vom Kinn und drückt ihn auf die Wunde. Ich sehe ein junges Gesicht voller Panik.

Jetzt rollt, nach überwundener Schrecksekunde, der Gemüsehändler mit seiner enormen Wampe auf den Nikolaus zu und bespeit ihn mit einem Potpourri von Unflätigkeiten, worin er dem Wort »Drecksau« eindeutig den Vorzug gibt. Der Nikolaus entwindet sich dem Griff des Fetten und flieht aus dem Laden. Zum Glück trifft ihn sein eigener, wie ein Speer nachgeschleuderter Krummstab nicht mehr.

Das Kinderheer auf der anderen Straßenseite aber hat sich blitzschnell aufgelöst. Und ich, ich stehe da, den blutleeren Daumen auf dem Sturmfeuerzeug.

Dann geh ich heim als Sieger. Sieger einer Revolution, deren Errungenschaften unumkehrbar sind!

PS: Sachzwänge nötigen mich seit Jahren am 6. Dezember in ein eindrucksvolles, stilechtes Nikolausgewand. Ich versuche ein fairer, aufgeschlossener, geschenkbereiter, psychologisch hieb- und stichfester Heiliger zu sein. Nur wenn ich frage: »Bist du auch immer brav gewesen?«, beschleicht mich so ein Gefühl . . .

Trotzdem. Schwamm drüber! Im nächsten Jahr bin ich schon wieder voll ausgebucht.

Das Geständnis

Ja, ich möchte mich von Ihnen verabschieden, weil wir werden uns ja über Weihnachten nicht mehr sehen, ich hab selbst gedacht, daß ich Weihnachten selber außerhalb feiern kann, aber so bin ich halt dann drin, ich hab's gedacht, weil ich eigentlich geständig war, ich habe ja alles durchaus, also, angegeben, und es stimmt ja auch, ich mein, ich steh dazu – ich, war für mich kein Anlass es nicht zugegeben, ich habe über dreiundzwanzig Jahre ohne Gewerbeschein und auch ohne Attest vom Gesundheitsamt am Finanzamt vorbei, also illegal, die Funktion des Nikolaus ausgeübt. Ich habe unter Vorspiegelung falscher Tatsachen einen heiligen Mann gemimt, habe Schwarzarbeit begünstigt, weil ich einen Krampus beschäftigt habe, der selbst nicht amal in Besitz eines Psychotests gewesen ist und somit als Infantenterrorist bezeichnet wurde, ich habe ihn dazu stimuliert, zur Vorteilsannahme, aber, wie gesagt, ich hab das ja alles zu Protokoll gegeben, und das wär's vielleicht nicht gewesen, aber der Casus knacksus war eindeutig, weil man mich beschuldigt hat, daß ich Kinderarbeit begünstigt habe, weil ich meine Kinder dazu ermuntert habe, als Kaspar, Melchior, Balthasar, ohne Genehmigung der katholischen Kirche Menschen, wildfremde Menschen zu sentimentalisieren und sich Vorteile zu verschaffen, und sie sind ja auch von der Polizei in flagranti erwischt worden, wie sie sterngesungen haben, die Beute ist auch von der Polizei sichergestellt worden: acht Mandarinen, ein halbes Pfund Nüsse und Bargeld in Höhe von siebzehn Mark achtzig, und ich, ich habe auch gesagt, auch das steht im Protokoll, ich bin jederzeit bereit, den Schaden wieder gutzumachen und, wenn ich wieder heraußen bin, eine Spende zu machen, ich spendiere ein halbes Pfund Spekulatius ans Finanzamt.

Der Einsame

1. TEIL

Erwin und Käthe Böhm sitzen bei einem Beratungsgespräch im Wohnzimmer Frau Scharp gegenüber, die berät.

SCHARP Da, hier ist der Vincent Häberle, sechzehn Jahre alt. Er hat beide Eltern verloren. Das hat dann dem armen Jungen also dermaßen einen Schock verpaßt, daß sich seine Entwicklung ganz stark verlangsamt hat.

ERWIN Was, an Deppn?

SCHARP Nein, er ist durchaus zurechnungsfähig. Der Arme ist halt ganz allein und a bisserle durcheinander seit dem schrecklichen Verkehrsunfall – beide Eltern, überlegen S' sich des amal.

KÄTHE Naa, sechzehn Jahr, der is ja praktisch a Jugendlicher.

SCHARP Ja, aber grade so ein junger Mensch braucht doch . . .

KÄTHE Naa, na ham mir da so an Jugendlichen umanandsitzn, da wüßtma ja gar net, was mir mit dem anfangen solln. Scho was Gesetzteres.

ERWIN Aber scho einsam, weil ma will ja helfn.

SCHARP *blättert* Hier nehmen S' doch da diese Frau Güldemet, zweiundvierzig Jahre, Reinigungskraft. Mutterseelenallein. Die ganze Familie ist ausgewiesen worden.

KÄTHE Na, koa Ausländerin. Ausländer scho vo Haus aus net, des ham mir ja glei gsagt. De soll doch hoamfahrn.

ERWIN Außerdem ham ja de gar koa Weihnachtn. De ham ja nur an Ramadan. Da lodn de mi ja aa net ei.

KÄTHE Wenn mir schon an Einsamen nehmen, muß er wenigstens gscheit Deutsch können.

ERWIN 's gibt doch gnua Deutsche, de wo einsam san. I war ja selber einsam. Des war, wo sie in der Urologischen war. Da war i einsam, des war a Weihnachtn, kann ich Ihnen sagen.

KÄTHE Drum macha mir ja des Ganze überhaupts, verstehn Sie?

SCHARP Oder hier, das hier wäre Herr Ottmar Dietz, Kraftfahrzeugschlosser. Hat einmal einen Fehler gemacht und ist dabei auf die schiefe Bahn geraten. Hat aber schon längst . . .

KÄTHE Naa, koan Zuchtheisler. Dieser Personenkreis kommt doch für uns nicht in Frage. Mir macha des eh nur, weil ich war in der Urologischen vor zwoa Jahr, und mein Mann war damals furchtbar einsam, und mir is aa schlecht ganga, aber so a Personenkreis is doch indiskutabel. So oan dadn Sie doch aa net nehma oder? Stimmt doch.

ERWIN Was ham S' 'n noch da?

SCHARP Vielleicht mehr aus dem Seniorenkreis?

ERWIN Naa, koan Dadderer.

SCHARP Nein, nein, hier, Herr Clemens Friedel, Oberstleutnant a. D., das ist ein sehr rüstiger älterer Herr. Geistig frisch, also, der Mann ist vollkommen da, aber, allerdings, wie gesagt, keine einzigen Angehörigen mehr, alles im Osten gelassen.

ERWIN Ja, des klingt doch recht anständig, den könntma doch nehmen zum ersten Advent.

SCHARP Wir betreuen Herrn Friedel schon seit Jahren. Da hat's noch nie Schwierigkeiten gegeben. Herr Friedel ist sehr gesellig.

KÄTHE Moment – kann ich des Foto noch amal sehng?

SCHARP Bitte, gnä' Frau. *Reicht ihr ein Foto.*

KÄTHE Ja, aber Sie, der raucht ja, der hat ja a Pfeife im Mund.

SCHARP Ja, Herr Friedel schmaucht gerne ab und zu vielleicht mal ein Pfeifchen . . .

KÄTHE Naa, so a Pfeifenrauch, der nistet sich ja dermaßen fest, des is ja . . .

ERWIN Sie mog's net. Wissen S' – die Gardinen . . .

SCHARP Ja, aber man kann doch ab und zu mal ein Pfeifchen . . .

KÄTHE Naa, fangen mir gar net an, mir ham doch gsagt, a Nichtraucher. – Hamma net gsagt, a Nichtraucher?

ERWIN Doch, mir ham gsagt, a Nichtraucher. Ich rauch ja scho seit fünf Jahr nimmer. Sie wern doch noch an Nichtraucher ham?!

KÄTHE Ham S' koan Nichtraucher?

SCHARP Nichtraucher . . .

KÄTHE Es werd doch noch an Deutschn gebm, der wo net raucht, aber – sagn mir mal – einsam is.

ERWIN Halt einer, der für uns in Frage kommt.

KÄTHE Irgendein Deutscher oder an Beamtn oder so, der wo halt aber aa einsam ist, aber scho was Anständigs.

SCHARP Nehmen Sie den Herrn Kusiek.

ERWIN Wie hoaßt der?

SCHARP Herr Kusiek ist Deutscher. Regierungshauptsekretär bei der Bundespost. Da ham S' was Solides.

ERWIN Und der wär noch frei?

SCHARP Meines Wissens, ja. Soll ich Herrn Kusiek für Sie vormerken?

ERWIN Ja, wenn er einsam is, derf er kemma.

SCHARP Also nehmen Sie Herrn Kusiek . . .

KÄTHE Guat, nehmen mir 'n Herr Kusiek. Aber, Sie, wenn ich amal fragn darf: Wieso is 'n der einsam? Hat der irgendwelche Mackn?

SCHARP Herr Kusiek ist Junggeselle.

KÄTHE Also ja – aber des is dann schon irgendwie . . .

SCHARP Nein, nein, das geht hundert Prozent in Ordnung. Wir sind ja selber halb staatlich, und unsere Adventspatenschaftsaktion »Macht auf die Tür« ist ja auch mit den Landeskirchen koordiniert. Sie kriegen dann einen Vertrag von uns zugeschickt. Die Aufwendungen für den Einsamen, die Ihnen entstehen, können Sie auch steuerlich geltend machen. – So, dann hättn mir, glaub ich, alles. Herr Böhm, Frau Böhm, ich gratuliere zu so viel menschlicher Wärme und Großzügigkeit. Den Rest schick ich Ihnen dann zu. Also dann, Wiederschaun!

ERWIN Ja, Wiedersehn.

KÄTHE Wiederschaun, äh, hallo, Frau Scharp, äh, an Moment noch aber, ah, Sie, äh, spätestens um halb elf muß er fei gangen sein, gell? Zweiundzwanzig Uhr dreißig is Zapfenstreich, spätestens!

ERWIN Is ja dann aa lang gnua. Weil irgendwia möcht ma ja aa mal sei Ruah ham, oder?

SCHARP Jaja, das machen wir dann alles schriftlich. Herr Kusiek kommt frühestens bei Anbruch der Dämmerung, verläßt spätestens zweiundzwanzig Uhr dreißig die Adventspatenschaft.

KÄTHE Genau, und dazwischen machen wir's ihm schön. Also, Wiederschaun!

SCHARP Wiedersehn!

ERWIN Wiedersehn!

2. TEIL

Im Fernseher läuft Werbung. Es klingelt.

ERWIN Mach auf, des is er.

KÄTHE Kimm halt aa mit, deanma 'n gemeinsam empfangen.

ERWIN Also guat – wie hat der ghoaßn?

KÄTHE Woaß aa net. Schaug halt im Vertrag nach.

Es klingelt wieder.

ERWIN Jetzt mach halt auf.

KÄTHE Mach an Fernseher aus, wenn der Bsuach kimmt. Wia schaugt 'n des aus?!

Käthe öffnet die Eingangstür. Herr Kusiek steht in der Tür.

KÄTHE Ja, guatn Abend.

KUSIEK Bin ich hier richtig bei Böhm? Ich komme wegen dieser Adventspatenschaft.

KÄTHE Ja, kemman S' eina.

ERWIN Wie war jetzt gleich der Name?

KUSIEK Kusiek, Wulf Kusiek.

ERWIN Wulf Kusiek, ja, des stimmt. Steht aa do drin, Sie san's.

KUSIEK Ja, ich bin's.

KÄTHE Kommen S' doch rein, legen S' ab, dann machma's uns gleich gemütlich. – Erwin, leg amal die Platte auf.

Erwin legt Platte auf. Kusiek legt ab.

ERWIN A bisserl a Atmosphäre.

KÄTHE Schön, gell?!

KUSIEK Schön.

3. TEIL

KÄTHE So, ja, Herr Kusiek, was is 'n? Schmeckt Ihnen der Stollen net? Mögen S' vielleicht a Plätzerl?

KUSIEK Nein danke.

ERWIN De san fei guat.

KUSIEK *knabbert an einem Plätzchen* Selbst gebacken?

ERWIN Naa, sie backt scho lang nimmer.

KÄTHE Die san vom Prima 2000 – mit Zimt. Sie kenna ruhig mehr ham. Mir lagern de kartonweise.

ERWIN Ab einem Karton hat ma's zum Sonderpreis. I find, de schmeckn fast besser wia selberbackn. – Vielleicht an Schluck Kaffee?

KUSIEK *winkt ab* Danke, nein, die Galle ...

ERWIN Ah so ...

KÄTHE Was?

KUSIEK Galle.

KÄTHE Ah ja, Galle. Dann vielleicht an Tee?

KUSIEK Nein danke, Tee erst recht nicht, das Herz ...

ERWIN Ah so, es Herz. Is scho schwierig, gell?

KÄTHE Dann vielleicht an Schluck Wein, Herr Kusiek? Mir kanntn 'n ja jetz scho aufmachn?

KUSIEK Bedaure, bin Diabetiker.

KÄTHE Ja, des is a Spätlese, des waar doch was ...

KÄTHE Vom Prima 2000 ham mir 'n rausdaucht. Da kauft man recht günstig ein ...

KUSIEK Ach ...

4. TEIL

Käthe zündet eine Kerze an.

KÄTHE So, Herr Kusiek, jetzt würd ich sagn, machma's uns a bisserl feierlich. Des is ja der Sinn der Sache. – Dreh d' Plattn um, Erwin.

ERWIN Mei, mir ham's halt gmacht, weil i woaß wia des is, wenn ma einsam is.

KUSIEK Ach ja.

ERWIN Weil des war vor zwoa Jahr an Weihnachtn. Da war mei Frau in der Urologischen. Da war ich vielleicht einsam!

KÄTHE Ja, i scho aa. I war ja allein im Zimmer. De andern ham ja alle hoam dürfn über Weihnachtn.

ERWIN I hab aa bloß drei Weißwürscht geßn. De hob i halt grad dahoam ghabt.

KÄTHE Bei uns ham so Kapuzinermönche so Lebkuchen verteilt.

ERWIN Ja, in der Urologischen hams Lebkuchen verteilt an Weihnachten.

KÄTHE Naa, net nur in der Urologischen. Die ham aa in der Chirurgischen und bei de HNO-Patientn, de ham aa an Lebkuachn kriagt. *Sie wird immer gerührter.*

KUSIEK Ach so.

ERWIN Also, glaubm S' mir's, ich weiß was a Einsamkeit is. A Vollkornbrot hab i zu de Weißwürscht eßn müßn, weil net amal a Brezn dawar.
Käthe fängt laut zu weinen an.

5. TEIL

KÄTHE So, Herr Kusiek, jetzt hol ich uns an Punsch.

ERWIN Is's scho so weit? Ja, Herr Kusiek, so is des.

Kusiek holt ein Päckchen Zigaretten aus der Tasche. Zündet eine an. Käthe kommt mit Punsch wieder.

KÄTHE So, jetzad. He, Sie, seit wann rauchen Sie? Mir ham im Vertrag, daß Sie Nichtraucher sind.

KUSIEK Oh, Verzeihung. *Macht die Zigarette wieder aus.*

KÄTHE Na ja, i hab halt gmeint . . .

ERWIN I hab aa vor fünf Jahr aufghört. Es is wegn die Gardinen, und 's is eh gsünder.

KÄTHE Aber einmal im Jahr dürfn S' doch auch amal a bisserl sündign, Herr Kusiek. Jetzt trinkn mir a Glasl Punsch, gell?

ERWIN Muaß aa mal sein. Is ja schließlich Advent. Prost, Herr Kusiek.

KÄTHE Auf Ihr Wohl. Na, schmeckt er?

KUSIEK Doch, sehr.

KÄTHE Des is a fertiger. Vom Prima 2000. I find, der is fast besser wia wenn ma 'n selber macht.

6. TEIL

KÄTHE Schauts euch doch amal diesen Lichterglanz an. Was so a Kerze an Geborgenheit ausstrahlt.

ERWIN Ja, da kimmt des Elektrisch net mit. Gell, Herr Kusiek?

KUSIEK Ja.

KÄTHE Und dann san Sie praktisch ständig einsam?

KUSIEK Ja, leider.

ERWIN Ja, des dauert lang, bis ma sich daran gewohnt. Aber, ma gwohnt sich an alles. Der Mensch ist ein Gewohnheitstier. Stimmt's, Herr Kusiek?

KUSIEK Tja . . .

KÄTHE Aber wenn er mal nimmer lebt, i glaab, i koch mir dann nix. Weil wenn ma aloa is, für was soll i dann kochn?

ERWIN Kochn Sie für Eahna dahoam, Herr Kusiek?

KUSIEK Kaum.

KÄTHE Gell, des rentiert si net?

7. TEIL

KÄTHE Ah, Herr Kusiek, daß mir's net vergeßn: Sie müssen noch unterschreibn, daß Sie da bei uns warn.

ERWIN Wissen S', 's is nur wegam Finanzamt, weil nur dann kann ma des steuerlich absetzn, daß Sie dawarn.

KÄTHE Mach amal a Licht, sonst sieht er ja nix, der Herr Kusiek.

KUSIEK Der Kuli schreibt nicht.

ERWIN Da, schreibm S' mit dem.

KÄTHE Was is, mögn mir jetz vielleicht a bisserl was Herzhaftes? Ich mach uns a Salamibrot oder so.

KUSIEK Nein, leider, der Magen.

ERWIN Ah so, der Magn. Aber mir bringst a Salamibrot, und na bringst ma glei a Bier. I konn des siaße Zeig nimmer sehn.

KÄTHE Aber vielleicht mag der Herr Kusiek noch an Punsch?

KUSIEK Nein, danke.

ERWIN *zu Kusiek* Oan, zwoa Schluck von dem Punsch, na kriag i allweil Sodbrennen.

KUSIEK Ich auch.

ERWIN Gell, Sie auch?

8. TEIL

Erwin und Käthe kauen am Salamibrot. Kusiek ist gerade nicht da.

KÄTHE Was moanst 'n, was der verdient?

ERWIN Mei, ah, vielleicht is er A zwölf oder . . .

Kusiek kommt gerade zur Tür herein.

KÄTHE *kaut noch* Mögn S' net doch noch vielleicht so a Salamibrot, Herr Kusiek? Des is wirklich ganz was Leckeres.

KUSIEK Nein danke, im Moment . . .

KÄTHE Diese Salami Mailänder Art is es beste an Wurscht, was der Prima 2000 zum Bieten hat. Grad so in geselliger Runde schmeckt's überhaupt am bestn.

ERWIN Was kimmt jetz?

KÄTHE Mögn S' lieber an Krimi im Zweiten oder »Wer bin ich?«, des Ratespiel?

ERWIN Is ja Wurscht. Schaun mir halt amal nei. *Er startet den Fernseher per Fernbedienung. Zu Kusiek* Is scho a Segen, so a Fernbedienung.

KÄTHE Im Dritten kammad so a oider Spielfilm.
KUSIEK »Mord im Orient Express«.
ERWIN Gell, Sie schaun aa ab und zu?
KUSIEK Na ja . . .
ERWIN Mir schaun eigentlich ganz seltn.
Alle drei gaffen.
KÄTHE Aber wenn mir Bsuch ham, na schaltn mir meistens glei wieder aus.
ERWIN Was kimmt 'n im Zwoatn? *Erwin schaltet um.*

9. TEIL

ERWIN Was kimmt 'n im Österreicher? *Er schaltet per Fernbedienung um.*
KÄTHE Ja, Herr Kusiek, ich will Sie nicht drängen, aber jetz kemman dann gleich die Tagesthemen. Mir ham doch zweiundzwanzig Uhr dreißig verabredet – meines Wissens. Des soll also durchaus kein Rausschmiß sein, aber so allmählich . . .
ERWIN Wissen S', mir wolln halt aa amal a bisserl unter uns sein. Grad in der stadn Zeit braucht ma a bisserl a Besinnung. Aber es war doch durchaus nett, oder?

Der Weihnachtsneger

Also, mir ham uns heuer, ham mir uns an Neger kommen lassen an Weihnachten. Des war im Zusammenhang mit dieser Aktion »Brot für die Welt«. Ja, also, ich mein, mir ham schon drauf gschaut, gell, daß was Seriöses reinkommt, net. Er is uns ja eigentlich direkt vermittelt worn von der Landesboden-Kreditanstalt, weil da ist er doch Assistent. Er hat alles kriegt, net, also, mir ham ihm an Spekulatius, ham mir ihm angeboten, an Zopf, an Stollen, was vom Gebäck, also, er war ganz begeistert. Und er is ja auch aus a sehr guten Familie, er kommt aus Tschurangrati, sei Vater is irgendwie König oder so was Ähnliches von Beruf, net. Und, ich mein, mir warn nicht unzufrieden mit ihm, gell, er hat geßn, er hat gschaut, net, er hat die Augen ganz weit und die Ohrwaschel gspitzt, weil des is er ja net gwöhnt, a so a Weihnachtsfest. Aber daß dieser junge Mensch, also aso, sagn mir amal, transpiriert, net, also, daß er so schwitzt, da hat der Bappa, hat gsagt, also, des is ja, des geht ja net, also an Weihnachten, und da Bappa hat auch gsagt, mir nehmen 's nächste Mal kein Neger mehr, gell. Und der Bubi steht ja scho lang auf am Indianer, also, 's nächste Mal nehmma mir uns an Indianer.

Satisfaction

Weihnachten im Hahnhof. Jeden Tisch zierte ein Tannengesteck aus Plastik. Der Wein schmeckte wie sonst. Etliche Tische waren freigehalten für Betriebsangehörige, die mit dem Chef besinnlich einen Abend verbringen mußten, dienstlich, versteht sich. Wir selber gehörten zwar keinem Betrieb an, aber wir waren Stammgäste und hatten uns eigentlich täglich, den gesamten Advent hindurch, aus abendländischer Tradition dem Roten 1a gewidmet.

Mein Nachbar, ein gewisser Abendroth, bemerkte, er vertrage diesen Wein sehr gut, und dies sei wunderbar, denn er habe eine Allergie, deren Ursache er noch herausfinden wolle.

Unsere Unterhaltung wurde plötzlich abrupt unterbrochen. Es strömte nämlich eine ganze Schwadron Corpsstudenten ins Weinlokal und belegte den langen reservierten Tisch vor uns. Sicher, sie lärmten ein bißchen, und sie sahen mit ihren Säbeln auch ein wenig befremdlich aus, aber ansonsten schienen sie harmlos, und ihren Reden zufolge waren sie gekommen, um sich auf die Weihnachtsfeier in ihrem Stammhaus vorzubereiten.

Die Augen meines Nachbarn Abendroth waren grün, und – ich täusche mich nicht – nach jedem weiteren Schoppen wurden sie grüner. Er starrte unentwegt auf die Corpsstudenten, die sich selbst, uns und das ganze Lokal beständig mit Lachsalven eindeckten und dazu auch noch stakkatoartig mit den Handflächen auf den Tisch droschen.

»Nicht mehr lange«, stöhnte mein Nachbar, »und dann singen die auch noch!« Seine Augen funkelten nun in solch einer Grünheit, wie man sie nur von Gespenstern aus der Geisterbahn kennt.

Er schüttete noch einen Schoppen 1a hinunter, stand dann auf und sprach halblaut: »Meine Allergie, da ist sie wieder!« Er deutete auf einen Corpsstudenten vor uns und knirschte: »Diesen da, den nehm ich!« Er beugte sich über den Mann mit Säbel und entleerte seinen gesamten Mageninhalt in das Genick des Corporierten. Vom Mittagessen bis zum Zeitpunkt des Entleerens war ich selbst Zeuge einer Leberspätzlesuppe, eines Rumpsteaks mit Röstkartoffeln und Salat, sodann Quark mit Zwiebeln, drei Senfbroten, Weihnachtsgebäck, zwei Marzipanlebkuchen sowie neun Schoppen 1a.

Der Corpsstudent erstarrte, die Lachsalven erstarben, und die Weihnachtsstimmung gefror. Abendroth eilte nun, nach der Tat, zielstrebig zur Toilette, um seine Allergie noch zur Gänze auszukurieren.

Der Student wand sich mühsam und von Ekel geschüttelt aus seinem besudelten Wichs, folgte dann dem Täter und trommelte wütend mit den Fäusten gegen die Klotür: »Satisfaktion, du Schwein, du elendes! Ich verlange Satisfaktion!«

Abendroth würgte nur ein dankbares »Uääh – ruhgh – uääh!« hervor, denn er hatte die Ursache seiner Allergie gefunden.

Single Bell

Im achten Stock im Block D wohnt Herr Matschl.

Sein Zwei-Zimmer-Apartment hat siebenundvierzig m², ist also doch relativ geräumig. Außerdem verfügt es noch über eine Loggia, welche im Winter den Kühlschrank ersetzt.

Der Wohnraum läßt es jedenfalls zu, daß auch dieses Jahr wieder ein Christbaum die Weihnachtlichkeit unterstreicht.

Herr Matschl ist geschieden, seit sieben Jahren, und das Single-Dasein findet er inzwischen, ja, sagen wir, ganz o.k.

Kinderlos und auch sonst mit ziemlich wenig Kontakten ausgestattet, verbringt er die Zeit, die nach der Arbeit anfällt, innerhalb seiner siebenundvierzig m².

Noch verheiratet, war immer er es gewesen, der den Christbaum ausgesucht und in der damaligen, immerhin Achtundsechzig-m²-Wohnung aufgestellt und geschmückt hatte. Aus irgendeinem Grund ist das Volumen des Baumes seit dieser Zeit immer dasselbe geblieben. Obwohl Matschl nun allein ist, hat der Christbaum exakt die Maße wie ehedem. Den Kampf um den Schmuck hat er damals bei der Haushaltsauflösung eindeutig für sich entscheiden können.

Jetzt erleben wir Herrn Matschl, wie er dabei ist, den Baum zu schmücken, und wie er dazu ein Weihnachtslied, nämlich »O Tannenbaum«, summt. Gleich wird er den Videorecorder einschalten, und wir werden im Fernsehen sehen, wie er den Christbaum schmückt und im gelb gestreiften Hemd »Stille Nacht« summt.

Routiniert und entschlossen schmückt Herr Matschl in grauer Wolljacke seinen Baum, hie und da beiläufig in den Video schauend, wie Matschl sich, unverdrossen Christbaum schmückend, im Vorjahr ebenfalls als Christbaumschmücker betätigt hat.

Nun schaltet Herr Matschl die Kamera ein und nimmt auf, also dokumentiert, was er sich nächstes Jahr, dann, wenn er seinen Christbaum schmückt, anschauen wird: nämlich, wie er dabei ist, den Christbaum zu schmücken und betrachtet, wie er damals, also heute, den Christbaum geschmückt hat. Aber das wird er sich – also, wie er jetzt den Christbaum schmückt – nächstes Jahr anschauen.

Nun jedoch schmückt er seinen Baum und schaut sich an, wie er ihn letztes Jahr geschmückt hat. Im Moment vernimmt er christbaumschmückend, wie er »Stille Nacht« gesummt hat, und wie er jetzt »O

Tannenbaum« summt, das wird er sich ansehen, wenn er nächstes Jahr den Christbaum schmücken wird.

Da klingelt's. Herr Matschl geht an die Tür und öffnet. Weihnachten steht vor der Tür in Gestalt von Herrn Ott, einem Single aus dem elften Stock. Er hat seine Kamera dabei und ist bereit aufzunehmen, wie Herr Matschl die Kamera einschaltet, wenn er dann aufnimmt, wie er den Christbaum schmückt.

Herr Ott sagt: »Frohes Fest!« Herr Matschl ist gerührt: »Mein Gott, Herr Ott! Sie schickt wirklich der Himmel!«

»Keine Ursache!« sagt Herr Ott. »Ich versteh schon, ist doch klar!«

Schöne Bescherung

Wie man weiß, ist der Höhepunkt des Heiligen Abends die Bescherung. Der Zeitpunkt, wann sie stattfindet, kann variieren. Sie kann stattfinden vor der Weihnachtsansprache des bayerischen Ministerpräsidenten oder auch nachher, das wäre dann vor der Rede des Bundeskanzlers und der des Bundespräsidenten. Manche Menschen bescheren erst, nachdem sie alle Reden zu sich genommen haben und der wahre Weihnachtsfrieden dann echt eingekehrt ist. Für ein Kind ist besagter Zeitpunkt weichenstellend, und gar schicksalhaft kann sich die Dramaturgie eines Heiligen Abends auf das individuelle Glück eines solchen auswirken.

Ich wohnte im dritten Stock, und unter mir im zweiten – genau unter mir – wohnte mein Kindkollege Herbert K.

Unwiderruflich war es Heiliger Abend geworden. Durch die Zimmerdecke des Altbaus drangen die Entzückensschreie meines Spezis. Es wurde beschert.

»Ja, hört das denn gar nicht mehr auf!« dachte ich gequält und vergaß fast, daß ich selber ja die Bescherung noch vor mir hatte. Mich überfiel eine abgesicherte Ahnung, daß dieses Fest so ablaufen würde wie jedes Jahr, und ich fing an zu schwitzen. Kaum waren die Freudenschreie unten versickert, ging's bei mir oben los. Nur, fürchte ich, nicht so lang.

Der Baum brennt. Ich selbst, im Taumel der Beschorenheit, zähle noch mal die Leistungen des Christkinds nach – da klingelt's auch schon an der Türe. Ich zucke zusammen, atme durch und öffne. Unvermeidlich wie eine Naturkatastrophe steht er vor mir, der Herbert K., mit strengem, prüfendem Blick, einen Notizblock und einen Bleistift in der Hand.

»Und?« fragt er. »Wie schaut's aus heuer?«

»Äh ... sehr gut!« antworte ich windelweich. »Doch ... ziemlich gut!«

»Na ja, dann schaun mir amal!« sagt er und betritt wie ein Gerichtsvollzieher unser Weihnachtszimmer. Ich reihe alle Präsente auf, lüfte auf Wunsch manche Verpackung, um eine realistische Preisvorstellung zu ermöglichen.

Herbert K. notiert.

»Da hab ich noch eine Weiche für die Eisenbahn!« sage ich mit enger Stimme.

»Die hab ich schon!« kommt die trockene Antwort. »Ist das alles?«

»Na ja, ist doch nicht schlecht, oder?« höre ich mich, verzweifelt Zustimmung heischend, sagen. Doch Herbert K. rechnet bereits, flink wie in der Schule.

»Einundsechzigmarkfünfzig! Viel mehr wie voriges Jahr ist es auch nicht!« konstatiert er.

Ich weiß, daß er recht hat. Besondere ökonomische Kausalitäten meiner Familie haben sich heuer folgenschwer fürs Christkind ausgewirkt.

»So, jetzt gehma nunta!« fordert Herbert. Stumm folge ich in den zweiten Stock. Schweren Herzens betrete ich den festlichen Raum. Die Präsente sind pyramidenartig aufgetürmt. Wortlos drückt mir mein Freund das bereits vorbereitete Notizblatt in die Hand.

»Du kannst alles nachkontrollieren! Zweihundertzehnmark gradaus!«

»Nein, nein, ich glaub's schon«, winke ich ab. Da erhellt ein Hoffnungsstrahl meine Gedanken.

»Du, ich hab's fast vergessen! Ich krieg noch fünfzig Mark von einem Onkel, wenn er kommt!«

Unerbittlich werde ich abgeschmettert. »Was nicht unterm Baum liegt, wird nicht berechnet.«

Da hatte ich die Bescherung. Im Radio beendete der Ministerpräsident gerade seine Ansprache und wünschte allen – auch den Kindern – fröhliche Weihnachten. Bis zum nächsten Jahr.

Die letzte Attacke

Daß der Vater nun endlich aus der Kriegsgefangenschaft gekommen war, um mit mir Weihnachten zu feiern, rechnete ich ihm hoch an. Er selber hatte im Bund mit dem Christkind seine eigene Kindheit auch gleich mitgebracht.

In Zigarrenschachteln lagen unzählige Zinnsoldaten. Bataillone aus aller Herren Länder. Mein Vater wollte, nach seinen persönlichen Kriegserlebnissen, sicher endlich auch einmal Dampf ablassen, und er beschloß, kaum daß der Baum brannte, die Schlacht von Verdun neu zu inszenieren. Wenn man eigene, wenn auch bloß Zinnsoldaten hatte, könnte die Schlacht ja anders ausgehen, ohne Dolchstoß nämlich, und dann konnte man sehr schnell sehen, wie die Deutschen die Übermacht gewannen.

»Fremdenlegionäre wollen die bayerischen Grenadiere massakrieren!« sagte mein Vater. Er war in seinem Element.

»Siehst du, jetzt setzen wir die Reiter in den Graben!« Einige Speiseteller und der Korb mit dem Weihnachtsgebäck mußten weichen, damit die feigen Briten sich verstecken konnten.

»Nein, Belgier sind's!« korrigierte sich mein Vater. »Das sind die Belgier, denen geht jetzt gleich die Luft aus, weil wir ihnen mit der dicken Berta eine vor den Latz knallen!«

Die dicke Berta war ein Geschütz aus Blei, und mein Vater sagte, daß man damit unheimlich weit schießen konnte und daß es denen, die es erwischte, dann den Arsch aufriß.

Ich selber war etwa sechs Jahre alt und wohl etwas überfordert. Die Feigheit der Belgier hat mich nicht zu faszinieren vermocht. Ich glaube auch nicht, daß mich die Kesselschlacht zu Charkow, die schon viel moderner war, mehr begeistert hätte.

»Jetz kommt die große Attacke«, jubelte mein Vater, »mit den Tanks und den Ulanen!«

Während er die Choreographie der gesamten Schlacht neu bewertete, nahm ich einen Zinnsoldaten, einen Reiter, aus einer Schachtel heraus und wußte nichts damit anzufangen. Ich löste meine Verlegenheit dadurch, daß ich den Kopf desselben längere Zeit geduldig in die Kerzenflamme hielt, und – siehe da – er schmolz. Bald darauf auch der Rumpf, ja sogar das ganze Pferd ergab, wenn man nur geduldig wartete, einen schönen heißen Klumpen.

Ruhig und überlegt hielt ich nun einen Reiter nach dem anderen in die Kerze. Als die Schachtel leer war, hatte ich einen wunderschönen großen Klumpen Blei in der Hand.

Aus dem Schlachtengetümmel erschien mein Vater und rief: »So, und jetzt lassen wir die Ulanen aufmarschieren, die geben ihnen den Rest! Wo sind denn die Ulanen?!«

Ich wußte zwar nicht, daß es sich bei den eingeschmolzenen Kriegern um Ulanen gehandelt hatte, aber ich streckte meinem Vater die wunderschöne Bleikugel entgegen. Er war zu perplex, als daß er diesen Akt mit Gewaltandrohung oder mit Gewalt selber hätte beantworten können. Mein Vater war schlicht sprachlos.

Wegen der fehlenden Ulanen haben dann wahrscheinlich wieder diese Franzosen die Schlacht von Verdun gewonnen.

Die Weihnachtsgratifikation

Eine Rentnerin moniert.

He, Sie, hallo, hallo, wo bleibt denn meine Weihnachtsgratifikation? He, ja, Herrschaft, hallo, es geht um meine Weihnachtsgratifikation. Ja Herrschaft, ist da niemand da? Meine, meine Weihnachtsgratifikation zu Weihnachten. Ja, Sie, wo bl. . . Sie, hallo, meine Weihnachtsgratifikation. Ich, ich erhalte eine Weihnachtsgratifikation von vierzehn Mark achtzig, wo, ich meine, wo ist denn die?

Sylvesterfeuerwerk

Die Betonbrüstung eines Balkons, man hört dahinter Familie Bäumel.

GUDRUN Mit was fangma 'n o, mit de Bluestars?

KARL Naa, de Skyflowers nehmma . . . Maurice, Feuerzeug!

GUDRUN San des de mit de langa Stecka?

KARL Naa, doch, ja schick dich!

GUDRUN Maurice, da!

Familie Bäumel brennt das Feuerwerk ab. Gudrun packt aus, Sohn Maurice steckt die Raketen in Flaschen, Karl zündet. Niemand schaut den fliegenden Raketen nach, ein einstudierter Ablauf, der keine Ablenkung zuläßt.

KARL Jetz de Orange-power-squirrel . . .

GUDRUN Da san fei bloß zwoa da.

KARL Ja, her damit. Maurice, los, weiter . . .

GUDRUN Jetz de Sunchryslers oder de Voyagers?

KARL Is Wurscht, her damit.

GUDRUN Jetz san nur no Bluestars da.

KARL Und der Kanonenschlag fürn Schluß. Ja, Maurice, was is denn . . .

Das Feuerwerk wird diszipliniert abgebrannt.

GUDRUN Da, des is da letzte.

KARL Ah so . . . *Zündet Kanonenschlag an.* Okay, dann ham mir's wieder für heuer.

Alle drei gehn ins Wohnzimmer. Der Kanonenschlag detoniert.

Vorsicht, Neujahr!

Liebe Spekulanten, Ministranten und Quotanten!

Wiederum, oder besser, abermals, oder lassen Sie mich sagen, aufs neue steht uns, um es altmodisch zu sagen, das event before. Vor unseren Augen verblaßt, verbleicht, verjährt sich ein Jahr, als ob es schon immer so gewesen wäre. Da stellt sich einem doch unweigerlich die Frage: Ja, wo ist es denn geblieben?

In aller Bescheidenheit – ich weiß es! Und ich werde es Ihnen auch sagen: beim Steuerberater, im Leitzordner!

Das heurige Weihnachten war wieder ein voller Erfolg. Die Tante Wally hat Fingerhandschuhe und ein paar Mietwohnungen in Leipzig geschenkt gekriegt, der Onkel Rudi eine Flasche Wein und eine Seenplatte in Mecklenburg. Meine Frau wollte schon immer gern den Stechlin haben, der war aber leider bereits vergriffen, dafür hat sie dann halt den Oderbruch bekommen und ein Parfüm wie jedes Jahr.

Nur dem Vati ist es immer schwer, was zu schenken. Er mag nichts im Osten – na ja, dann kriegt er halt im nächsten Jahr ein Männerhouse in Florida.

Gleich werden jetzt Scharen von Politikern uns ihre Wortdressuren vorführen wie »Kontinuität darf nicht außen vor bleiben« oder »An die Zukunft glauben heißt Vertrauen schaffen« und »Ja zur Solidarität mit der Herausforderung!«. Da kann ich zustimmen. Ein Politiker ist immer eine Herausforderung, vor allem, wenn er mit einem solidarisch ist. Daß aber mein persönlicher Kanzler als mein Repräsentant extra wegen mir, nur um mich zu repräsentieren, auf eigene Kosten nach China gefahren ist, und das noch in diesem Jahr, wo er doch im nächsten soviel zu tun haben wird, erfüllt mich mit Dankbarkeit. Sehr bewegt hat mich auch, daß mein Ministerpräsident, um meine Geschäfte in Südafrika zu promoten, wegen meiner, also mir, sich dort hat blicken lassen. Das nenn ich Solidarität! Derweil hätt's das gar nicht gebraucht in meinem Fall, weil ich ja Tretboote verleihe und Südafrikaner nur spärlich zu mir kommen.

Dieses Jahr war vor allem ein Jahr der Kontinuität wie bei meinem Bekannten, einem Konservativen, einem echten Traditionalisten, der sagt, er hat schon vor Jahren keinen Kredit mehr von der Bank bekommen, so auch dieses Jahr, und auch im nächsten Jahr wird sich daran nichts ändern, da ist er – Euro hin, Ecu her – zuversichtlich.

Aber was ist schon ein Jahr? Gerade noch war der Nikolaus da mit seinem Gabensack, da steht schon wieder der Gerichtsvollzieher vor der Tür. Wenn uns die Veterinäre versichern, daß ein Menschenjahr gleich sieben Hundejahre ist, vermute ich, daß es unter den Hunden auch welche gibt wie mein Spezi, der hat's gerade noch in diesem Jahr geschafft, auf Anraten seines Steuerberaters, rechtzeitig in die CSU einzutreten, weil er eine Verlustzuweisung braucht, und charakterlich kann er's dann auch absetzen.

Wenn jetzt dann gleich die unzähligen Moderatoren in den Programmen vor Enthusiasmus in die Höhe hupfen wegen Sylvester, und wenn's dann kracht, nehme ich meinen Laptop und errechne, für wieviel Geld mein Nachbar hinaufschießt. Jedesmal, wenn einer »aaaah« schreit, weiß ich, was es kostet. Anschließend beteilige auch ich mich am Feuerwerk. Punkt zwölf Uhr öffne ich umsichtig eine Streichholzschachtel, entnehme besonnen ein Zündholz; mit dem linken Zeigefinger spanne ich es auf die Reibfläche, dann schnalze ich es mit dem Mittelfinger der rechten Hand in die Luft, wobei es sich inflammiert. Diesen Vorgang wiederhole ich zwei- bis dreimal, weil er beeindruckend preiswert ist und die Symbolik trotzdem erhalten bleibt. – So schnell verglüht ein Jahr!

Was aber wird uns das neue bringen? Das Drei-Liter-Auto? Vielleicht lauert aber auch schon ein Attentäter mit einem Zwei-Liter-Auto auf uns! Mit einem Hundert-Liter-Tank!

Ja, wann, frag ich Sie, komm ich denn dann noch zum Einkaufen in meinen Tankshop? Ich muß doch auch leben! Ich kann mich nicht wie so sogenannte Kunstmaler hinstellen, ein Bild herzeigen und auch noch Geld dafür verlangen, oder wie diese Kleinkunsttheater, die eine Subvention wollen, bloß daß man zu ihnen hineingeht. Ganz zu schweigen von diesen Musikern, die sich in Konzertsälen einnisten wollen auf unsere Kosten, wo doch ein jeder weiß, daß Musik in den Radio gehört und umsonst ist. Da sagen die, wegen live – wo ich doch selber live bin; weil ich besitze eine Schüssel, und wer eine Schüssel auf dem Dach hat, braucht keinen Riß mehr im Hirn. Ich kenne die Welt, und wer sie kennt, der weiß, daß sie zu uns kommen will – da brauchen wir doch nicht zu ihr hin! Ich selber habe den festen Vorsatz, ich werde mir auch im neuen Jahr kein Bild kaufen, und in ein Theater bringen mich keine zehn Pferde hinein. Warum auch, die ganze Welt will doch so sein wie wir – das sieht ihr ähnlich. Und wir waren uns früher viel ähnlicher als heute, und auf daß wir uns im nächsten Jahr noch ähnlicher werden, darauf trinke ich.

Vorsicht, Neujahr!

Die Büttenrede

Erwin Wurster sitzt im Schlafanzug in seinem Schlafzimmer. Neben ihm ein Spiegel und seine Frau mit Lockenwicklern unter einer Trockenhaube.

Ja, also, Sie müssen sich vorstellen, davor, also vor mir, waren der Tünnes und der Scheel dran, die Garde hat einmal paradiert, und dann komm ich. Natürlich mit Narrenkappe und 'nem Ornat, das müssen Sie sich jetzt alles dazudenken, ich habe jetzt nur das Narrenzepter dabei, mit dem ich dann beim Stimmungslied die Rittergilde dirigier. Also, ich fange mal an. Es geht los mit meinem klassischen Begrüßungsvierzeiler ... Den mach ich jetzt seit sieben Jahren, also der kommt immer bombig an. Also: Liebe Närrinnen und Narren ... da ist der erste Tusch – den wart ich ab, dann geht's weiter folgendermaßen:

Wir lassen's heut besonders krachen,
Wir bringen heute was zum Lachen,
Für alle, die da unten hocken.
Wenn's kracht, dann bleibt kein Auge trocken.

Da is dann der nächste Tusch und der Applaus. I wink dann ab und sag: Nicht nötig, meine Damen, und dann lachens noch mal und klatschen noch mehr. So, wenn der Applaus vorbei is, na mach ich weiter, und da kommt die eigentliche Rede. Da sag ich folgendes: Verkehrte Ladies und umgekehrte Geleemänner – da lachens dann wieder ... *Hier liest er ab* Ich kann's noch net ganz auswendig, jetzt warten S': Sitz ich im Lokal, da tuns dann einen Hummer ins heiße Wasser. Dann frage ich den Hummer: Seit wann bist du denn ein Roter? – Da wieherns dann, die Leute. – Dann sagt der Hummer: Nein, ich bin kein Dummer, obwohl's den Roten jetzt auch langsam heiß wird. An der Stelle kommt a Tusch: dadaa, dadaa, dadaa. Und die Leute applaudiern. – Im Lokal mir gegenüber sitzt mein Opa, und hustet ständig. Sag ich: Opa, was hustest denn? Sagt der Opa: Des kommt vom schwarzen Pfeffer. Sag ich: Aber, Opa, der Pfeffer is doch weiß. – Dann lachen die Leute, des wart ich ab, dann sag ich: Sagt der Opa zu mir: Ja, der Pfeffer is weiß, aber ich weiß des doch gar net. Tusch: dadaa, dadaa, dadaa, und da lachens dann wieder. – Dann, dann hab ich eine Weltreise gemacht, mein Opa war inzwischen gestorben – da lachens vielleicht a bisserl – dann ist mir am ersten Tag die Frau abhanden gekommen. Sagt mein Kabinennachbar: Seien Sie doch froh, wenn die Alte weg ist. Sage ich: Na ja, wer weiß. – Da lachens wahrscheinlich brüllend. – Am nächsten Tag is die Alte von meinem Kabinennachbar ebenfalls weg. Sagt er: Soviel Glück auf einmal, da is was faul dran. – Da brüllens dann vor Lachen. Den hab ich schon mal gebracht, der is wahnsinnig angekommen, 's geht aber noch weiter, passen S' auf: Am dritten Tag kommt ein Walfisch und spuckt die beiden Alten wieder an Deck. Sinniert mein Nachbar: Ja, des würde ich jetz gerne wissen. Hat der arme Fisch nun wegen deiner oder meiner Alten gekotzt? – Da gibt's wieder Gelächter, obwohl, was meinen Sie, des »gekotzt« is vielleicht a bisserl hart, aber wenn ich »gespuckt« sag, na ja, ich weiß nich – »gespuckt« is vielleicht aa net schlecht, aber des »gekotzt« kommt vielleicht besser an. Na, ah ja, ich hab's, da mach ich »ausspucken«. Sagt er also: Hat der arme Fisch jetzt deine oder meine Alte ausgespuckt? – Da lachens auch, doch, des müßt auch gehn. – Sag ich zu meinem Schiffsnachbarn: Jedenfalls, der Fisch hat Geschmack, des merkt ma. – Da brüllens dann vor Lachen, Sie werden sehn, also, da muß ich länger warten, da kommt dann auch noch a Tusch rein, dann geht's weiter. – War ich im Gefängnis, frag ich meinen Zellennachbarn: Ja, was haben Sie gemacht? Sagt er: Ja, ich hab eine Sau geschlachtet. Frage ich: Wieso sitzen Sie dann hier? Sagt mein Zellennachbar: Ja, die Sau war zufällig meine Alte. Hahahahaha, der is gut, der is ganz gut, der is glänzend, also, des wird auch wieder a so a Höhepunkt. Da lachen dann die Leute wahnsinnig. Jetz muß ich also 'n bißchen länger warten, bis die ausgelacht haben, da kommt übrigens auch wieder ein Tusch rein. – Dann sag ich: Ich selber bin ja auch ein Sträfling, wissen Sie, ich hab einen Safe ausgeräumt, und Sie werden sich jetzt fragen, wieso sitzt der Mann? Ja, ich kann's Ihnen verraten, ich hab die Alarmanlage zuerst ausgeräumt, weil's heißt doch immer: »Safe di first«. – Das gibt wieder einen Lacher. Dann sag ich: Ja, und jetzt bin ich natürlich in Sicherheit. Da lachens natürlich wieder. – Aber wenn unser Staat so weitermacht, dann ham se vielleicht schon bald kein Geld mehr für das Wasser und Brot da herinnen. – Das is einer von meinen Spitzengags, des is, also, ha, ich muß auch immer lachen. – Dann war ich bei der Bundeswehr. Mir sitzen grade beim Essen, fragt der Kompaniechef: Meine Herren, hat einer von Ihnen Bohnen gegessen? Sagen wir alle: Nein, nein, nein, warum? Ja, dann hat sich doch eben grade ein Schuß von meinem Maschinengewehr gelöst. – Des is auch einer von den todsicheren Ankommern. Wissen S', und, äh, es geht noch weiter, warten S' – ja, sagt mein

Freund Heinz: Jetz is wieder Pilzsaison, was is? Gehst mit in den Wald? Sag ich zu meinem Freund Heinz: Pilzsaison is bei mir das ganze Jahr. Ich brauch nur meine Socken ausziehn, da hab ich Fußpilz, soviel ich will. Den sogenannten Champignon Pedalis. – Da brüllens dann wieder. Wissen S', den Champignon Pedalis muß ma richtig setzen, weil sonst hörns des gar nicht. Die Leute toben dermaßen, des muß ma abwarten. Aber ich hab da schon ein Gefühl dafür, wissen S'? – Dann bin ich zum Pfarrer gekommen. Sagt der Pfarrer zu mir: Ja, Sie, Ihr Sohn ist vielleicht dumm, der hat noch nicht einmal gewußt, daß Jesus tot ist. Sag ich zum Pfarrer: Ja, Sie sind gut, Herr Pfarrer, ich habe noch nicht einmal gewußt, daß er krank war. – Wissen Sie, des mit dem Pfarrer is schon heikel. Ich laß auch die ganzen Schwulenwitze weg, obwohl die besonders ankommen. Aber der Prälat Munzinger sitzt da unten, und dann, ich bin ja auch, ich mein, ich sitz dann mit ihm wieder an einem Tisch bei der Wahl zur Narrengilde, na ja, das geht so dahin, wissen S', ich mach, ich trage nicht alles vor, wo komm ich da hin, wenn ich ihm jetzt schon alles verrate? – Am Schluß kommt halt dann das Lied, net, das Stimmungslied. Des is dann der Höhepunkt, also, da marschiert dann die Rittergilde auf, und dann geht's los: Ein Vorspiel, ranpfdadadada, ranftdada, da sing ich:

> Wenn draußen der Kamin auch stinkt,
> das Narrenvolk trotz allem singt ...

Jetzt singt die Rittergilde mit, passen S' auf ...

> Alaaf, hellau, alaaf, hellau,
> der Schnaps schmeckt uns auch ohne Frau.

Des dirigier ich dann immer mit. Jetz kommt die zweite Strophe:

> Das Narrenschiff geht niemals unter,
> wir bleiben heiter, froh und munter.

Jetz wieder mit der Rittergilde eben: Alaaf, hellau ... Eine kleine Abwechslung ham mir da drin: Der Schnaps schmeckt jetzt auch meiner Frau. – Ja, da lachens dann wieder. Dann fordert man die Leute alle zum Schunkeln auf, obwohl, des kommt ... der eigentliche Schunkelteil kommt erst in der Mitte, aber da, da könnens sich schon mal einschunkeln, wissen S'? Dann kommt die dritte Strophe, und die geht dann aso:

Und is die Alte endlich voll,
dann wird der Abend doch noch toll.

Gell, der Text is guat, der Rüdiger Wolf hat mir dabei geholfen. Der hat der Sache noch den letzten Schliff gegeben. – Ja, und jetzt kommt dann praktisch die Aufforderung zum Schunkeln. Da ruf ich dann: Und jetzt alle, machma alle mit, und hoch geht's. – Und dann springens alle auf, und die Rittergilde schunkelt vor, ich dirigier das Ganze, gell, und dann geht's: Humpf humpf, bubiba, dumpf, rumpf, trallala. Des kimmt dann dreimal: Humpf, humpf, bubiba, dumpf, rumpf, trallala. – Ja, und wenn mir des ham, dann kommt noch mal die Rittergilde mit dem Refrain:

Alaaf, hellau, alaaf, hellau,
der Schnaps schmeckt uns auch ohne Frau.

Des kann ma dann variiern. Singt ma: Der Schnaps schmeckt manchmal auch der Frau, oder dann singt ma: Alaaf, hellau, der Schnaps schmeckt meiner Alten auch, oder, und so, des kann mehr dann beliebig, des is dann je nachdem von der Stimmung abhängig. Aber Sie wern sehn, des wird ein bombiger Abend, also, so was kommt immer an.

Im Schatten des närrischen Zepters

Ein schäbiger Nebenraum eines Ballsaales. Nebenan ein Faschingsball auf Hochtouren. Stimmungssumpfmusik. Max Heubl, Faschingsprinz in vollem Ornat, sitzt angeschlagen auf einem Barhocker, Anneliese Roth, Prinzessin, kümmert sich um ihn. Herr Donisl, Veranstalter, betritt das Séparée.

HERR DONISL Herr Heubl, mir waarn soweit, es kann losgehn.

HERR HEUBL Ach, laßts ma doch mei Ruah.

FRAU ROTH Mir kommen gleich, Herr Donisl – ham Se sich übergeben müssen, Herr Heubl?

HERR HEUBL Ah, es is grauenhaft.

FRAU ROTH Sie müssen aufpaßn, wenn's Ihnen schlecht is. Des schöne Gwand . . . *Putzt Heubel.*

HERR HEUBL Ach, laßts mir doch mei Ruah. Wo is mein Magenpulver? *Roth reicht ihm ein Glas.* Wo san mir denn grad eigentlich?

FRAU ROTH Des is – *liest nach* –, der Ball heißt: »Wir schlumpfen in Hypinesien«. Des san so Bankangestellte.

HERR HEUBL Was für eine Ansprache soll ich halten? *Rülpst.* Irgend eine Rede?

FRAU ROTH Nur Eahna Standardwitz, oa Stimmungslied und a paar Grußworte. Da, des is die Liste von dene, de wo Sie grüßen müssen. Lassen S' aber bittschön koan aus. Net, daß's wieder Beschwerden gibt.

HERR HEUBL I bin doch net dene eahna Trottel! *Greift nach der Liste.* Her damit. Herrschaftseitn, is mir schlecht . . .

FRAU ROTH Drei Tag no, na ham mir's überstanden. Mir ham aber heut fei no drei Auftritte, und oana wo da Bürgermeister mitwirkt.

HERR HEUBL Wer, wia, welcher?

FRAU ROTH I woaß net, wia der hoaßt, der dritter Bürgermoaster is's.

HERR HEUBL Ah so. Der soll halt dahoam bleibm. Der ganze Fasching is doch eine Farce.

Ein Gardewammerl schaut herein.

WAMMERL Herr Heubl, mir müaßn, im Saal rasens. Und sonst schaff ma aa de andern Auftritte nimmer. Und heut wolltma doch alle a bißl eher hoam . . .

HERR HEUBL Jaja, i kimm glei. Nehmts daweil Formation ein. I muaß no meine Unterlagen studiern. *Liest Grußbotschaften.* Was, und de soll i alle grüßn? Von wem?

FRAU ROTH Geh, reden S' doch net, Sie sollen grüßen.

HERR HEUBL Ja, aber von wem?

FRAU ROTH Geh, von niemand. Der Vorstand von der Bank selber hat uns doch den Auftrag gebn, mir solln den Vorstand von der Bank grüßen.

HERR HEUBL Aber des san ja so vui, was des kost . . .

FRAU ROTH Des werd pauschal abgerechnet.

HERR DONISL *erscheint wieder* Also, Herr Heubl, was is denn jetz? Ham S' denn den Tusch net ghört? Jetz treten S' doch endlich auf! Mir laufn ja d' Leut davon.

HERR HEUBL I kimm glei, Herr Donisl, ich studier nur noch meine Unterlagen.

FRAU ROTH Er muß noch de Grüße sortiern.

HERR DONISL Guat, daß S' es sagen, fast hätt ich's vergeßn: Ich hab noch a paar Grußbotschaften.

FRAU ROTH De san fei nicht in der Pauschale drin.

HERR DONISL Ja, i woaß, de wern extra berechnet. Aber jetz schicken S' Eahna, weil in ara Viertelstund kimmt scho unser Stargast, da brauchma de Bühne . . .

HERR HEUBL Also, Fräulein Roth, packma's, gehma naus. *Steht auf, fällt hin.* Herrgott, is mir schlecht.

FRAU ROTH Mir ham heut scho den fuchzehnten Auftritt, und jedsmal Sekt. *Hebt ihn auf und putzt ihn.*

HERR DONISL *sieht auf die Uhr* Es is jetz 23 Uhr 47. Um 23 Uhr 49 san Sie auf der Bühne, sonst mach ich Sie regreßpflichtig. Immer dasselbe mit dene Faschingsprinzen.

HERR HEUBL *hat sich inzwischen gefangen* Auf geht's!

FRAU ROTH Halt, vergessen S' net Eahna Zepter, Herr Heubl.

HERR HEUBL Meine Brille? Wo is meine Brille?

HERR DONISL Was, ein Prinz mit Brille?

FRAU ROTH De hat er nur zum Lesn. D' Leut lachen immer, weil s' moana, des is a Witz . . .

HERR HEUBL Meine Brille . . .

Frau Roth, Herr Donisl und Herr Heubl suchen die Brille, das Gardewamerl erscheint wieder.

WAMMERL Herr Heubl, was is denn, mir stehnga scho lang in Formation. Ham S' den Tusch net ghört?

FRAU ROTH Glei, es geht no net. Sofort!

HERR HEUBL Meine Brille!

HERR DONISL Gehngan halt Sie schon derweil naus, Hoheit, und sagn S' halt irgendwas, i schick eahm dann nach. Schnell, gehnga S', mein Gott . . .

FRAU ROTH Naa, i geh net alloa naus. Mir san a Prinzenpaar, mir gehn nur zu zwoat naus.

HERR DONISL Ich mach Sie regreßpflichtig. Da, scho wieder ein Tusch!

HERR HEUBL Meine Brille, ich kann sonst net grüßn . . .

HERR DONISL Na grüßen S' halt pauschal, des is mir Wurscht, aber jetz schaugn S', daß nauskemman.

FRAU ROTH Herr Heubl, i glaub aa, mir müaßn jetz . . .

HERR HEUBL Der Fasching is doch eine Farce. *Geht los. Herr Donisl drängt das Paar auf die Bühne, Herr Heubl dreht sich noch mal um.* Ah, wo san mir?

HERR DONISL Hypinesien!

FRAU ROTH Hypinesien!

HERR HEUBL Ah so. *Geht auf die Bühne, neuer Tusch.*

Das Prinzenpaar betritt die Bühne. Sie grüßen und singen das Stimmungslied.

HEUBL UND ROTH Heut haun wir auf die Pauke, bis die Pauke kracht,
Wir wollen einen heben, die ganze lange Nacht,
Wir hauen auf die Pauke, bis ein jeder lacht,
Wenn die Alte auch vor Ärger in die Hose macht,
Wir hauen auf die Pauke die ganze lange Nacht.

Herrn Heubl ist es mittlerweile so schlecht, daß er in die Bühnenecke kotzt. Die Prinzessin singt mit dünner Stimme allein weiter.

FRAU ROTH Erst ein Schnaps, dann ein Bier,
Noch ein Schnaps, noch ein Bier,
Ein paar Jägermeister mal so zwischenrein,
Noch ein Schnaps noch ein Bier,
Zwei mal zwei sind schon vier.
Hörn wir auf und trinken ein Glas Wein.
Ei, der Wein, der schmeckt fein,
Schenk mir noch ein Glasl ein,
Wenn die Flasche leer ist, schmeiß die Flasche weg.
Mach 'ne neue auf, und trinken einen drauf,

Nur nach Hause gehen hat noch keinen Zweck.
Denn . . .
Heut haun wir auf die Pauke, bis die Pauke kracht,
Wir wollen einen heben die ganze lange Nacht . . .

Tonis Tristesse

GIUSEPPE Was is los mit dir heute, Toni? Du sagst kein Wort, bist du müde?

TONI Weißt du, sag ich dir, hab ich erlebt Weltkrieg zweimal schon, Revolution fünfmal, Autounfall fünfzigmal, weiß nicht, vielleicht hundertfünfzigmal, aber manchmal im Leben ist stinklangweilig.

ESOTERIK, PHILOSOPHIE UND RELIGION

Öha – Aha

Aha, so ist es also, haha, jaja, oder, besser gesagt: Öha. Nicht wahr, weil wenn ich, weil, es is ja doch, im Grunde is es ja gar nicht so erstaunlich. Zum Beispiel, ich gehe auf der Straße und dann überrumple ich ein Kind, also, ich stolpere über ein Kind, das Kind fällt hin, und dann sag ich ja auch nicht »Aha«, sondern dann sag ich: »Öha!« Weil es is ja ganz logisch. Weil das Kind, sozusagen, ah, das was passiert is, darüber wundere ich mich, im »Öha« liegt also doch mehr das Erstaunen, die Verwunderung darüber, was jetzt passiert ist, während, wenn ich sage: »Aha, ah, so ist das«, dann meine ich ja doch wahrscheinlich mehr sozusagen eine Art von »Heureka«, eine tiefe Erkenntnis, die hereinblitzt. Nicht, das »Öha« ist mehr ein körperliches Erstaunen, also ein schwerfällig... Ich sage: »Öha«, und dann ist es schon passiert, nicht, wobei der Weg, bis ich's erkannt habe, also der Weg, die Distanz vom »Öha« zum »Aha« kann beträchtlich sein, verstehen Sie? Es kann also doch seine Zeit andauern, bis man wirklich von einem tiefen, bedauerlichen oder von einem bedauernswerten »Öha« zu »Aha« kommt. »Öha« – »Ahaa«, ja, das sind natürlich schon zwei Paar Stiefel, ich meine, es gibt sicherlich Leute, die sagen dann und wann: »Aha, ah, so ist das!« Ja, aber wenn sie sagen: »Ahaa, so ist das!«, hätten sie besser doch gesagt: »Öha. Da schau her«, oder vielmehr: »Da schau einer an, öhaha«. Verstehen Sie, wenn einer sagt: »Aha«, dann heißt das, jetzt weiß er das auch, während jemand, der sagt: »Öha«, nicht wahr, der gibt damit kund, daß er vorher überhaupt keine Ahnung gehabt hat, und das entspricht wahrscheinlich viel mehr der Wahrhaftigkeit.

Präkonditionen

A: Diese – diese – quasi entmathematisierte – oder?

B: Doch!

A: . . . ist per se völlig aus der Luft . . .

B: Die Präkonditionen – äh . . .

A: Was hat denn – oder besser: Wer steht denn hinter dieser Inszenierung?

B: Primär sind es die Präkonditionen . . .

A: Was für eine ad absurdum geführte sogenannte Transparenz! Wo doch jeder sieht, daß hier eine Gleichung – sagen wir . . .

B: Ja sicher, die Präkonditionen waren nicht – äh . . .

A: . . . ein Proporzzwang, der – und ich halte ja diesen Dr. Übelbier für den Marionettenzieher.

B: Die Voraussetzungen waren auch substantiell . . .

A: Eine Schmiere im wahrsten Sinne. Die aber verkauft wird!

B: Gleich muß ich lachen . . .

A: Eine Serie von Eigentoren, die . . .

B: Da muß ich wirklich lachen!

A: Wieso?

B: Der Dr. Übelbier! Ha, ha!

A: Aber die Akzeptanz vieler, die das Ganze observiert haben, wird . . .

B: Ein Wahnsinn!

A: Was?

B: Der Übelbier, hi, hi!

A: . . . durch das Gesamtbild . . .

B: Ein saublöder Hund!

A: . . . die ganze Struktur! Wo ist da bitte die Struktur? Die Präliminarien . . .

B: Ein wirkliches Arschloch!

A: . . . irgendeine Perspektive? Oder auch nur ein einziger Aspekt?!

B: Ein Kriecher!

A: Schon der Eingangsmodus – der eigentlich verabredet war!

B: Ein ganz mieser Schleimer!

A: Bitte?

B: Genau!

A: Schön – also ich muß jetzt gehen. Aber ich würde sagen, halten wir diesen Punkt fest!

B: Welchen Punkt? Na ja, wie Sie meinen!

A: Den Dr. Übelbier!

B: Auch! Also dann bis morgen!

Realität

Manchmal fragt man sich wirklich – ist das ein Theater im Theater? Oder ist das Ganze ein Theater? Wo hört das Theater auf, welcher Akt? Also, das ist doch absurd. Seien Sie mir nicht böse: absurd! Wenn so ein Sesselfurzer – einem erklärt, was Realität ist, der selber – grotesk! – Aber ... das ist Realität. Das ist, wie wenn Sie meinen, der Billetzwicker im Theater sei der Protagonist. Das ist ja Wahnsinn. Ein Wahnsinn. Ich red jetzt nicht von Kampfhunden, nein, das Thema, das lassen wir aus, das ist mir zu aktuell. Sie werden doch meiner Meinung sein. Wenn so ein Rudel Hunde einen Menschen zerfleischt, also ich geh da nicht hin. Ich bin doch nicht blöd und lang das Viech an. Sagen wir mal, vielleicht wenn ich zwanzig Meter weg bin und einen Fluchtweg hab, dann kann's sein, daß ich mal »pfui« sag. Aber jetzt sag ich Ihnen was. Selbst wenn Sie »pfui« sagen, selbst wenn Sie »pfui« gesagt hätten, nützt Ihnen das nichts. Unterlassene Hilfeleistung, das liest sich wunderbar. Auf dem Papier ... liest sich das wunderbar. Und man will ein Exempel statuieren, man will – einen Schuldigen. In meinem Fall war's ein Nichtschwimmer. Bitte? Ja, ich weiß nicht, halt ein Nichtschwimmer, aus Überzeugung oder aus Leidenschaft. Ein Nichtschwimmer, der offensichtlich zu einem Badesee hingeht. Da sehen Sie schon einmal die Denkungsart. Ich mein ... entschuldigen Sie ... ein Nichtschwimmer, der soll von mir aus Auto fahren. Der kann auch in ein Kaufhaus reingehen. Und kann sich eine Unterhose kaufen. Bitte, keine Badehose. – Oder der soll in den Biergarten gehen. Da kann er sich innerlich ... da kann er baden. An einen Badesee ... Bitte? – Na ja, sicher, also, nach Aussagen der Frau – man muß immer voraussetzen, daß die Frau zuverlässig ist – hat er angeblich – wenn sie sich nicht verzählt hat – achtmal um Hilfe geschrien. Nein, nein, er hat um Hilfe geschrien. – Ich mein, ich zähl ja da nicht mit. Ich bin nicht der Mensch, der, bloß weil der mal Hilfe schreit, mir überlege, schreit er noch einmal oder dreimal. Ich bin nicht so. Ich bin mehr ein Typ ... mein Gott, wenn wieder so ein Auto ein Fehlalarm hat und tütütütütüt macht, da geh ich halt in ein Haus hinein, bis ich's nicht mehr höre. Oder warte halt, bis die Batterie leer ist. Wissen Sie, ich möchte persönlich ... ich sag auch nichts Schlechtes über diesen Nichtschwimmer – nein, ich möchte über den Mann nicht urteilen und seine und so weiter. Aber ich denke mir immer, wenn ein Nichtschwimmer ersauft, ist das irgendwie konsequent. Bitte? – Tragisch ist es, wenn ein Schwimmer ersauft. Wer soll denn sonst ersaufen, wenn nicht ein Nichtschwimmer? Und ich meine ... wissen Sie, diese Leute sind meines Erachtens heute nicht mehr ... die haben auch keine Visionen mehr. Ich muß doch die Folgen meines Handelns und meiner Defekte, die muß ich doch kennen. Ich muß doch wissen wollen, was kommt auf mich zu. Das ist doch interessant, aber die Leute ignorieren das. Verdrängen es. Ich mein, wenn ich heute spazierengeh, durch den Park, und falle hin, dann weiß ich doch vorher, wer daran schuld ist. Und von wem ich dann mein Geld kriege. Weil wenn ich das nicht weiß, dann brauch ich ja gar nicht hinzufallen. Und drum stellens immer diese Tafeln auf, wo draufsteht: Übernehme keine Haftung. Wenn einer da ersauft. Aber die Gemeinden sind in der Zwickmühle. Wenn ich als Gemeinde fahrlässig einen See zulasse – da muß ich auch damit rechnen, daß mal ein Nichtschwimmer reingeht. Und dann muß ich zahlen. Das ist es. Und mir dann Vorwürfe machen, ich hätte diesen Mann retten können! Entschuldigung, vielleicht hätt ich ihn retten können, vielleicht hätte ich ... Moment, es kann ja sein. Aber zwanzig andere auch, ich war ja nicht alleine da. Da waren mindestens noch zwanzig Personen da. Jetzt überlegen Sie sich: Bis Sie sich mit zwanzig Leuten sich abgesprochen haben – wer unter diesen Leuten ist überhaupt willens oder in der Stimmung, daß er da ... das ist nur der eine Teil der Sache. Dann gibt's noch andere Überlegungen. Ich hab einen Geldbeutel da, zum Beispiel. Bei mir. Bitte, nicht wegen den hundertdreißig Mark, aber ich hab einen Euroscheck drin, ich habe einen Führerschein drin. – Ich kenne niemand von den Anwesenden und druck dem meinen Geldbeutel in die Hand – jetzt hüpf ich hinein. Und dann mach ich das, komm wieder heraus – ist mein Geldbeutel weg. Ja, seien S' mir nicht bös – und ... überall heute Seen mit Nichtschwimmern. Das ist doch der Skandal. Und nachher kommt dieser Mensch da, der Richter, und sagt, und sagt er, es wäre widerlich, wenn man zuschaut, wie jemand ertrinkt. Ja, da sag ich: »Moment, Euer Ehren. Einspruch, Euer Ehren«, sag ich. »Ich hab vielleicht gesehen, daß er abgesoffen ist, aber wie – das interessiert doch mich überhaupt nicht.« Jeder Psychologe würde mir doch recht geben, ich brauche doch auch meine Zeit, bis ich begreife, daß, wenn der ersauft, daß das live ist. Daß das eins zu eins ist. Ich hab ja schon oft Leute gesehen ersaufen. – Und jetzt, im nachhinein, hab ich erfahren, das war Realität. Bedauerlich. Das ist bedauerlich. Aber jetzt sage ich Ihnen was zum

Schluß. Mit dem können Sie ... ich sag's Ihnen: Es gibt in diesem Lande viele Leute, die Hilfe bräuchten – gerade in diesem Land gibt's einen Haufen Leute, die bräuchten Hilfe. Aber die, die wirklich Hilfe brauchen, die schreien nicht, die sind still – auf deutsch gesagt, die halten 's Maul. Warum? Weil sie eh wissen, daß ihnen keiner hilft ...

Darüber reden

A: Und, waren Sie beim Herrn Tektonidis?

B: Ja . . .

A: Und? Haben Sie mit ihm das Gespräch geführt?

B: Ja . . .

A: Und? Was sagte er?

B: Nichts.

A: Ja aber, Sie haben mit ihm geredet . . .

B: Ja freilich.

A: Ja, und was sagt er denn dann?

B: Ja, er sagt – daß er sich dazu überhaupt nicht äußern will . . .

A: Und Sie haben aber . . .

B: Ja, ich habe länger mit ihm gesprochen.

A: Aha – und er – äh . . .

B: Hat nichts dazu gesagt . . .

A: Nichts?

B: Nein, nichts. Weil er sagt – er will nichts – irgendwie . . .

A: Aha. Und haben Sie ihm gesagt – daß Sie eventuell noch mal mit ihm reden?

B: Ja . . .

A: Und?

B: Er hat gesagt: *»No comment.«*

A: Aha – ja, und wäre er nochmals zu einem Gespräch mit Ihnen bereit?

B: Ja, er sagte, jederzeit.

A: Und wenn er dann wieder nichts sagt?

B: Ja, ich fürchte – dann müssen wir wieder mit ihm reden.

I sag nix

Vollständiger Wortlaut der zehnminütigen Live-Übertragung anläßlich der Verleihung des Deutschen Kleinkunstpreises 1981 an Gerhard Polt. Er betritt mit einer Fünfminuteneiersanduhr das ZDF-Studio, stellt die Uhr auf den Tisch.

Ja, ah, was wollt ich jetz sagn – ah ja, schwierig, weil, man kann in fünf Minuten aso vui falsch machn, gell, also unheimlich viele Fehler machn. – Ja, also, fangma an . . . *Dreht Eieruhr um.* Da, Sie sehn, die ersten fünf Minutn laufn schon. Schaun S' amal auf d' Uhr, ob's auch fünf Minutn san, bei Ihnen – i find, des san genau fünf Minutn. – Sie, also, i hab mir's genau überlegt, also: I sag nix. Ehrlich, i sag nix. Naa, also nicht gar nichts, sondern nix, und zwar konsequent. Fünf Minutn lang – sag i nix. Wenn's bei Ihnen im Fernsehen daheim nur drei Minutn san, wo i nix gsagt hab, dann fehlen bei Ihnen praktisch zwei Minutn, wo i aa nix gsagt hab, ich mein, inhaltlich. Also, inhaltlich nix gsagt hab. Es gibt ja Sachn, de wo inhaltlich drei Minutn dauern, aber zeitlich mindestens fünf Minutn brauchn, aber die Zeit ham mir ja nicht. De ham mir net. – Mir ham hier vorläufig fünf Minutn . . . Wieviel ham mir 'n scho weg? *Sieht nach.* Jetz ham mir no drei, und dann no mal fünfe . . . wenn ich's dann nachher no mal umdreh. Ja, Sie, wenn ich des daheim mach, is des natürlich wesentlich preiswerter, weil im Fernsehn kosten ja so fünf Minutn allerhand, um nicht zu sagen, viel . . . Ja, also, kommen wir zum Wesentlichen, gell, also, wie gesagt, aus mir ist nichts herauszubringen. I sag nix, weil ich hab ja schließlich a Familie. Sie ham da leicht lachen, Sie ham's ja leicht, Sie san Publikum. Sie lachen vielleicht einmal – vielleicht –, und ich, ich muß es dann ausbadn. Mit mir nicht! I sag net so, und i sag net so, dann kann keiner behauptn, ich hätt so oder so gsagt.

Des is doch absolut ausgewogn, oder, finden Sie net? I find, des is ausgewogn. I moan, natürlich, ich könnt jetz zum Beispiel sagn . . . Naa, i sag's lieber net. Sonst kunnt i's am End gar mit ara Rechtsabteilung zu tun kriegt haben können, und i selber hab ja koa Rechtsabteilung – höchstens vielleicht an Rechtsanwalt oder Advokat, aber des kost dann aa scho wieder, und die vielen Instanzn, die kannt i mir gar net leistn, während so a Rechtsabteilung, für die vom ZDF is des a Klacks, was zum Beispiel dieser Löwen. . . Naa, i sag nix. Sie sehn ja, ich hab meine

Gründe, weil, ehrlich gsagt, Sie, Sie dadn hier an meiner Stelle aa nix sagn, und des sag ich hier jetz in aller Öffentlichkeit, weil, des muß doch amal gsagt werdn. Oder? – *Sieht nach der Uhr.* So, jetz ham mir's bald, na drehma's um. Da, schaun S' hin, wie die Zeit vergeht. Des sieht ma direkt ... Natürlich, ich könnte, bitte, ich könnte auch gewisse Sachen, de wo ich net sag, singen. – Aber i sing s' aa net. Also i net, ich nicht. Ich sing jetz amal prophylaktisch gar nix, also keinen Ton. *Die Uhr ist abgelaufen.* So, jetza schaun S' amal auf d' Uhr, bei mir san fünf Minutn rum. Bei Eahna aa? – Eigentlich schnell ganga, oder? *Dreht die Eieruhr um.* Jetz san die nächstn fünfe dran ... Wenn ma so was wie an Inhalt genügend leidenschaftlich vertritt, vergeht die Zeit ja wie im Flug. *Lange lastende Schweigepause.* Wissen S', was geh dad? Ich könnt ja zitiern. Also, andere hier zitiern. Da waar i aus'm Schneider, weil ich hätt's dann nicht gsagt, sondern nur vorgetragen. Also, gsagt ham's dann die andern. Ich wär dann sozusagen nur der Anlaß für so a Rechtsabteilung, mei, de müaßn aa lebn – aber ich wär jedenfalls nicht das Objekt, wenn ich zitier. – Mei, schlecht is dann halt nur, wenn's hinterher heißt, ich hätt besser nicht zitieren solln ... Also, des Zitiern, des hat der Deifi gsehng, und dann heißt's: Falsch zitiert oder am falschen Ort zitiert ... Und dann sagens, der, den wo ma zitiert hat, der wär gar koa Satiriker gwesn, sondern a Avantgardist oder Minister oder so was, gell? Also, i zitier aa lieber nix. – Aber dann hab ich mir wieder gedacht, es waar scho was, wenn ich ... oder? Ah – soll ich? Soll ich zitiern? I moan, reizn dad's mi, obwohl – ah naa – andererseits, ich kann Sie ja nochmals darauf hinweisn, und zwar in aller Öffentlichkeit: Ich zitiere bloß, ich sag selber nix, gell, also, ich sag ein Zitat. Obwohl ich dann derjenige bin, der wo zitiert, des is mir schon klar. Des Zitat muß ja nicht meine Meinung sein. Und trotzdem ... ja, ah, andererseits, nein, mei, ah, die Zeit läuft uns davon, und ich hab immer noch nix gsagt, aber das hab ich Ihnen ja von Anfang an gsagt ... Ja ... *Gibt sich einen Ruck.* Ja, also, ah: Wer nicht wagt, gewinnt nicht. Des waar jetz auch schon ein Zitat gewesn, aber des wollt ich eigentlich gar net zitiern, aber Sie, jetz zitier ich's einfach – auch wenn's manchem unbequem sein mag. Ich zitier jetz, also, passen S' auf: »Wer andern eine Grube gräbt, fällt selbst hinein.« So. Zitatende. So, jetz wern mir amal schaun, was des Zitat für Konsequenzen habn wird. Ich hab jedenfalls nur zitiert. – Guten Abend. – Schaun S' noch amal auf d' Uhr ...

Die Zeit

Zeit ist Zeit.
Ist Einheit für Gemütlichkeit.
Wäre Gemütlichkeit
dreitausendsechshundert
Sekunden in Zeit,
für wieviel Gemütlichkeit
bliebe dann Zeit?

Zeit plus Zeit ist mehr Zeit.
Brot plus Zeit ist Brotzeit.
Zeit mal Zeit ist Mahlzeit.

Der Maikäfer dreht
um den Tisch eine Runde,
Du weißt nicht das Jahr,
Du kennst nicht die Stunde.

Die Kastanie im Biergarten blüht,
freue Dich,
Du bist auf erdbebensicherem Gebiet.

Das ist die Wurzel aus Zeit.
Das ist per Saldo – Gemütlichkeit.

Gemütlichkeit

Gemütlichkeit, das ist die Relation Zeit, Bier und Geld. Zeit, wenn man bedenkt, wie es früher zeitaufwendig war, zeitintensiv, direkt zeitfressend, bis eine Gemütlichkeit in unserem Sinne überhaupt erst hergestellt werden konnte. Früher, da mußte man oft ganze Nachmittage, Abende, ja oft über Mitternacht hinaus in Wirtshäusern verbringen, bis sich eine Gemütlichkeit in unserem Sinne langsam, zäh, sirupartig zu ihrem Zenit hin entwickeln konnte. Heutzutage geht das Gott sei Dank viel schneller, eine Gemütlichkeit herzustellen, weil wir verfügen über die Ad-hoc-Gemütlichkeit oder, wie sie auch jetzt genannt wird, über die Instant-Grübigkeit. Und vom Geld her, es ist noch nicht lange her, da konnte man in einem Wirtshaus ein Bier, sagen wir, für eine Mark fünfzig erhalten. Heute allerdings, in einem original Altmünchner Bistro, zahlt man approximativ sechs DM für ein Bier, also, man sieht, heute ist es circa viermal so gemütlich wie früher. Warum das so zeitfressend war früher, so zeitaufwendig? Ich glaube, man beherrschte das früher noch gar nicht. Ein Bier einfach so bestellen, zahlen, trinken und dann gehen. Ich vermute, der Zeitverlust entstand früher beim Trinken selbst. Der Trinkvorgang früher, die Prozedur des Trinkens als solches, war ein mehr retardierter Prozeß. Ich versuche ein Beispiel: Früher, allerdings sehr früher, man befand sich unter einem herrlichen Kastanienbaum bei circa siebenundzwanzig, achtundzwanzig Grad Außentemperatur in einem wunderherrlichen Biergarten auf erdbebensicherem Gebiet. Man schnauft durch. Herrlich! Man war in Sicherheit. Diese Ruhe, diese Natur, man seufzt, leise fächelt der Wind durch die Kastanienblätter. Der Hypophysenlappen im Hinterkopf bewegt sich nur noch langsam, sporadisch, wie ein Segel in der Flaute. Eine äußerst angenehme Blutleere im Kopf macht sich breit und verschafft einem eine inwendige Tranquilität. Man blickt anhaltend in die Ferne, aber man erkennt nichts. Irgendwann dann, oder auch ein bißchen später, propellert gemächlichst ein Maikäfer vorüber. Summ, summ, summ, summ. Der Maikäfer grüßt, man grüßt zurück, weil man kennt ihn ja persönlich. Wohin des Wegs, Kamerad? Eijeijei. Wieder ins Pommernland? Ach, das ist ein Moment, da denkt man dann an etwas Schönes. An etwas Erhabenes im Leben, vielleicht an die Schlacht von Verdun. Die Schlacht von Verdun aber macht Durst. Oha, ein Erkenntnisprozeß bahnt sich an. Bedächtig greift man zum Krug und führt denselbigen moderat, aber zielsicher zum Kopf. Niemals mit dem Kopf zum Krug – und plötzlich hält man inne. Es könnte jetzt vielleicht noch irgendein Gedanke daherkommen. Nein, das ist unwahrscheinlich. Das ist die Gemütlichkeit.

Ich reise im Kopf

Herr Polt, Sie sind ein erfolgreicher Kabarettist und trotzdem gescheitert. Eigentlich wollten Sie sich nämlich im Fremdenverkehr verwirklichen – als Bootsverleiher.

Bootsverleiher hat immer noch eine Zukunft. Ich habe neulich zu meinem 17jährigen Sohn gesagt: Vielleicht schaffst du es ja. Als Kind hat mich diese Haltung fasziniert, wie ein Bootsverleiher so ruhig dasitzt, wettergebräunt, der Wind pfeift durch den Baum, er schaut auf den See hinaus, einfach so. Diese Souveränität, die Behäbigkeit in seinen Bewegungen, die eine innere Ruhe ausstrahlt – das hat was Überzeugendes.

Der Tourist kommt zu Ihnen, und Sie sitzen nur so da.

Ja, und mit höchstens drei Booten, mehr wäre gefährlich. Denn Langsamkeit ist für mich wichtig, sie hat ihren eigenen Wert. Deshalb kommt auch kein Imbiß dazu, keine Zentralfriteuse. Die Zentralfriteuse wäre der Tod des Bootsverleihs!

So leicht ist nicht jeder zufrieden. »Zeit«-Herausgeber Theo Sommer zum Beispiel flog bis Neuseeland und stürzte sich dort an einem Gummiseil in die Tiefe, um »ein gewisses Gefühl der Freiheit« zu empfinden.

Da kann ich nur staunen. Für mich ist das vollkommen absurd. Ich erlebe doch jeden Tag genug Abenteuer, wenn ich über die Straße gehe, ich bin doch froh, wenn ich nicht überfahren werde. Mir geht's wie Karl Valentin: Es freut mich, wenn es mir gelungen ist, den heutigen Tag zu überleben. Das ist mir Kitzel genug.

Wegfahren – das reizt Sie nicht?

Ich bin öfter in Schweden oder Italien. Aber wenn ich jetzt in die Mongolei fahre und sehe dort Steppen und Jurten und Hügel, das kenne ich schon aus dem Film »Urga« und aus Zeitschriften. Daß es da schön ist, das glaube ich ja. Aber ich käme mir völlig desolat unter den Mongolen vor, wenn ich nicht fragen kann: »Schmeckt's?« Oder ihnen erklären könnte, was ein Apfelstrudel ist. Ohne das alles wäre ich nur mutterseelenallein in dieser Mongolei.

Der moderne Mongole versteht Englisch.

Nein, nein. Ich will mit dem Mongolen nicht Englisch sprechen. Wenn ich nur vierhundert Wörter Mongolisch einigermaßen variieren kann, dann schafft das ein ganz anderes Entree. Ich will doch wissen: »Sie sind Mongole. Wie lange machen Sie das schon? Machen Sie das beruflich? Wie läuft's, wie geht's, was gibt's zum Essen?«

Eine Kuhfladensuppe, und Sie sind herzlich eingeladen.

Dann schau ich nach, ob ich das richtig verstanden habe, und dann geh ich hin – dann esse ich auch Kuhfladensuppe. Ich gehöre nicht zu den Leuten, die sagen: Wenn die keinen Knödel ham, paß ich.

Aber weil Sie nicht Mongolisch, Grönländisch oder Serbokroatisch können, bleiben Sie daheim.

Heim kommt von Hemad, hochdeutsch: Hemd, hat Herbert Achternbusch mal gesagt.

Und das ist Ihnen sehr nah, deshalb wollen Sie nicht weg.

Ha, jetzt wird's interessant: Heim – isländisch: heimadör – ist eigentlich ein altgermanisches Wort und heißt Welt.

Also nichts wie raus mit Ihnen!

Ich habe kein Heimweh nach dem Weg-von-hier. Mich drückt es nicht in die Karibik, nach Bangkok, ich muß nicht den Grand Canyon sehen oder Wolkenkratzer, ich brauch das nicht. Ich fahre lieber nach Agatharied oder geh ins Wirtshaus da drüben. Ich gehe dahin, wo ich Freunde habe, eine Gaudi, Menschen, die ich kenne. Ich fahre doch nicht einfach weg, um zehn Grad mehr Wärme zu haben.

Herr Polt, gibt es nicht einen einzigen Ort auf dieser Welt, den Sie einmal besuchen möchten?

Ich habe nie das Gefühl, ich hätte etwas verpaßt. Ich bin ausgereist. Ich hatte mal einen Schulkameraden, der war Ukrainer, dem habe ich gesagt, er solle mal raus aus München, zu mir nach Schliersee kommen. Und dann hat er gesagt: Warum? Das Gras hier ist genauso wie euer Gras. Er müsse das nicht haben, die Strapazen so einer Fahrt auf sich zu nehmen. Ich habe verstanden, was er sagen wollte. Hinsetzen mit dem Arsch und ein Bier trinken, das kann man hier wie da.

Und deshalb besuchen Sie nicht Ihren Schwager in Caracas, der Sie seit dreißig Jahren einlädt?

Meine Frau war schon ein paarmal drüben. Ich könnte das nicht. Wenn mich der Flieger so zack absetzt und wirft mich raus: Wo bin ich da? Ich weiß es nicht. Ich fürchte, ich bin wie der Indianer, der gesagt hat: Er brauche Zeit am neuen Ort, denn seine Seele müsse erst nachkommen.

Erstaunlich, ein Bayer als Apache.

Ich gehöre zu dieser Rasse. Vierzehn Tage Venezuela, undenkbar! Ich bin da und schon wieder zurück – dann war ich doch nie dort. Ich müßte mindestens drei Monate im Land sein. Ich muß die Gerüche mitkriegen, die Menschen, muß verstehen können, was so eine Ansammlung von fünfzehn Millionen Leuten in einer Stadt ausmacht – wie leben die? Wenn da einer weint, will ich wissen, warum. Ich möchte ihn fragen: Wieviel verdienst du? Hast du Kinder? Was macht die Oma? Wieviel Quadratmeter bewohnt ihr? Verstehn Sie, ich muß das wissen! Einfach nur so durch Fassaden laufen und nicht zu wissen, was passiert da drin – das wäre für mich belastend.

Sie wollen reisen wie zu Zeiten Goethes.

Das klingt mir zu hochtrabend, aber es stimmt schon: Ich würde gern bremsen. Mir gefällt nicht, wie alles schneller wird. Ich mußte mal, das war noch zu Andropows Zeiten, nach Moskau, um für einen Film Freibier auf dem Roten Platz auszuschenken. Ich bin mit dem Zug hingefahren, sechsundfünfzig Stunden hat das gedauert ...

... eine Strapaze ...

... aber es war toll. Die Grenzen, wie der Zug auf die russische Spur gesetzt wurde, die Gespräche im Abteil. Wäre ich wie die anderen hingejettet, wäre ich um diese Zeit bestohlen worden. Ich will die Geräusche, die Gerüche, die Gesichter, ich will alles in mich aufnehmen. Ich bin mehr als eine Kamera. Ich glaube sowieso, daß das Fotografieren eine gefährliche Sache ist. Es löscht die Erinnerung aus.

Wie bitte?

Wenn ich jemanden nach seinem Urlaub in Thailand frage, wie war's? – dann sagt der: Schön. Und zeigt Bilder, die aus Prospekten sein könnten. Aber ich habe noch nie etwas erzählt bekommen, was mich interessiert hätte. Da ist das Hotel, war der Service gut, der Strand nah – es wird nur überprüft, ob stimmt, was das Reisebüro versprochen hat. Dann gab's noch den Ausflug ins Inland, und da war's recht heiß. Das war's.

Und Ihr schönstes Ferienerlebnis?

Für mich ist ein scheinbar banales Ereignis ein Höhepunkt. Sie kennen doch diese Schnurvorhänge aus Plastik in den Eingängen der Cafés in Italien. Genau vor so etwas spielten vier Kinder. Der Ober kam mit seinen zwei Tabletts heraus und ist mit einem Riesenschritt über diese Kinder drüber, immer schön vorsichtig, eine zirzensische Glanzleistung, denn der Mann hatte viel zu tun. Der hat nicht ein Mal gesagt: Weg! Das war faszinierend, über eine Stunde habe ich das beobachtet.

... und ihn bestimmt darauf angesprochen.

Er hat mir erzählt, daß es für ihn als Kind das schlimmste war, aus dem Spielen herausgerissen zu werden, wenn es geheißen hat: »Hör jetzt auf! Wir müssen Tante Antonella besuchen!« Dafür hat es sich gelohnt, da hinzufahren. Und wenn ich so etwas weitererzählen kann, dann habe ich etwas Wichtiges mitgebracht.

Das klingt ja ganz nett. Aber aus Ihrem Film »Man spricht deutsh« wissen wir, wie es in Italien wirklich zugeht: Man ist von Automardern und Taschendieben umstellt, von sinistren Schnauzbärten.

Es ist ein großer Irrtum zu glauben, man könnte für vierzehn Tage in die totale Freiheit fliehen. Die Leute können doch ihre Haut nicht abstreifen, in eine Traumwelt reisen. Die nehmen ihre Mentalität, ihre Ängste mit. Ich hab Leute erlebt, die kamen viel eher als geplant aus dem Urlaub zurück, und die Begründung war: Uns sind die Nahrungsmittel ausgegangen.

Die Angst vor dem Fremden ist der Erfolg einer ganzen Branche. »Mein Touristenghetto«, schreibt die Göttinger Pädagogin Gisela Wegener-Spöhring, »präsentiert mir das Grandiose, das Irritierende der fremden südlichen Welt portioniert, verkleinert und überschaubar.«

Nicht ums Verrecken würde ich in so eine Clubanlage gehen. Mir hat mal jemand gesagt: »Da gibt es keinen Raum für Phantasie mehr – es ist schon alles da.« Sollte wohl heißen: Es ist alles perfekt. Solche Orte haben etwas Erschreckendes. Super, was da alles geboten wird: mushroom-searching, fresh-air-snapping oder oritschinell weißwursting . . .

Sie selber fahren schon lange nach Terracina, einem Seebad zwischen Rom und Neapel.

Seit genau dreißig Jahren. Ich habe dort Freunde, italienische Familien, einen Kunstmaler, einen Friseur, mit denen lebe ich da in einem ganz alltäglichen Rhythmus. Und ich mag es, in einer anderen Sprache zu reden: Je mehr ich kann, desto mehr öffnet sich mir die Welt. Ich könnte ja jetzt, klackklack, dort unten anrufen, und schon habe ich jemanden dran. Der könnte mir erzählen, was er gerade tut, doch die Tomatensauce kann er mich nicht riechen lassen. Warum schaue ich denn nicht fern, sondern gehe ins Theater oder in den Zirkus? Das eine gibt mir nur eine sterile Information, das andere ist ein Erlebnis, ein Abenteuer.

Ein besonderes Abenteuer, wie man aus Ihrem Film »Man spricht deutsh« weiß: Im Meer treibt Scheiße und verstopft den Schnorchel, einen faulenden Schweinskopf spült es an den Strand . . .

. . . ist doch nur Biomüll. Ich lieg sowieso nicht am Strand in der Sonne. Nein, ich bin eher klassischer Bildungsbürger, ein Museumsgänger. Mich faszinieren Herculaneum und Pompeji, da war ich schon x-mal, und ich verbringe dort ganze Tage. Ich reise da im Kopf zurück und habe die merkwürdige Vorstellung, daß diese Gesellschaft vor zweitausend Jahren ganz nah an uns ist, viel näher als das Mittelalter. Ich glaube, daß es mit denen ohne Probleme möglich wäre, über die CSU zu reden.

Kaum jemand gibt soviel Geld für den Urlaub aus wie die Deutschen, sie sind die Weltmeister im Reisen.

Vielleicht haben sie die besten Reisebüros.

Der Philosoph Peter Sloterdijk erklärt das komplizierter. Er hält die Deutschen für »ein fanatisch weltflüchtiges Volk«, es geht ihm um »eine Umpolung der Weltflucht in den Tourismus, das heißt, die Suche nach dem besseren Leben am anderen Ort, aber auf derselben Ebene« . . .

. . . Hä. Das klingt gescheit, gell? . . .

. . . »eine Art Exodus in der Horizontalen«.

Recht lustig, der Philosoph. Aber die Deutschen sind immerhin über achtzig Millionen, ich kann nichts über sie sagen. Schon die Bayern sind mir eine Nummer zu groß. Ich bin einfach froh über diesen Reisetrieb. Er ist eine einzige Wohltat. Nie ist es doch so schön wie im Hochsommer, da ist München leer, du kriegst überall einen Parkplatz und einen freien Stuhl im Biergarten. Du wirst ja gar nicht mehr gefragt: Warst du im Urlaub? Sondern alle fragen dich: Wo warst du, wie war es? Ein Nachbarskind, das mit den Eltern in den Bergen war, hat darauf kürzlich geantwortet: »Kurvig.«

Heimat mein, was kann besser sein?

Schmarrn. Ich hab halt meine eigene Vorstellung von Glück und Zufriedenheit. Mich interessieren am allermeisten Leute. Jetzt, bei diesem Winterwetter, draußen auf dem Eis sein und beim Eisstockschießen – eine gesellige Sache. Da steht eine Mannschaft gegen eine andere, und man muß alles tun, seinen Gegner zu schmähen und mit Verbalinjurien zu überschütten.

Ständig muß man sich neue Flüche einfallen lassen.

Und das ist schön, ein Heidenspaß: Du dafeide Brunzkachel, du Hämorrhoidnbritschn, du ogsoachte Schoaßwiesen, ihr ghörts doch mit ara Scheißbürstn wegghaut. Und man hat einen Schnaps dabei und weiß, nachher geht es in die Wirtschaft – das ist für mich die schönste Aussicht.

Die Wahrscheinlichkeit der Wahrheit

A: Und?

B: Ja, danke – freilich . . .

A: Haben Sie den Film *Schindlers Liste* gesehen?

B: Ja . . .

A: Und?

B: Na ja, grausam . . .

A: Jetzt will ich Ihnen etwas sagen . . .

B: Ja?

A: Alles erstunken und erlogen!

B: Wieso?

A: Ich war selber dabei – in Ludwigsburg. Wir haben die Junkers . . .

B: Den Flieger?

A: Ja, genau – gearbeitet. Natürlich mußten sie arbeiten – das mußten wir alle . . .

B: Das kann ich mir vorstellen . . .

A: Aber klar, die kamen von überall her. Juden – Polacken, alles mögliche.

B: Zum Arbeiten?

A: Klar, was sonst?! Mir waren schließlich im Krieg.

B: Und was hat das mit dem Schindler zu tun?

A: Ja eben. Glauben Sie, wir hätten diese Leute erschossen? Nie – weil wir haben sie ja zum Arbeiten gebraucht. Es war schon genug schwer, wenn einer – sagen wir mal – ausgefallen ist, einen Ersatz zu kriegen . . .

B: Hm – äh?!

A: Verstehen Sie – die brauchten wir zur Produktion, und wen man braucht, den erschießt man doch nicht . . .

B: Hm – äh – hm?!

A: Da sehen Sie den Unterschied zwischen Film und Realität.

B: . . . ?!

Die Hölle

Man kann sich ja an die eigene Nase fassen, wenn man so blöd ist wie ich, aber wenn man mit einer Firma wie der Firma Ismeier über zwanzig Jahre in Geschäftskontakt steht, dann kommt man doch nicht auf die Idee, daß es sich bei dieser Firma um lauter Verbrecher handelt. Lauter Mafiosi. Ich habe bei dieser Firma Ismeier alle fünf Jahre einen Pkw gekauft und habe ihn immer bar bezahlt. Ja, komm ich da auf die Idee, daß bei dieser Firma lauter Halunken, lauter Al Capones sind? Es war doch nicht meine Idee, bei dieser Firma Ismeier einen Leasingvertrag zu unterschreiben, das war doch nicht meine Idee, und ich Rindvieh unterschreibe diesen Leasingvertrag. Seither kann ich dieser Firma monatlich DM 420,30 in den Hintern stopfen. Natürlich bin ich noch hingegangen, persönlich, und hab gesagt, Winfried – ich Idiot war noch per du mit dem Sauhund –, mit diesem Leasingvertrag, sag ich, da haben wir doch einen Fehler gemacht. Wissen Sie, was der Kerl mir sagt, sagt der glatt, was heißt da wir? Da bleibt einem doch die Luft weg. Aber dann hab ich geantwortet, aha, jetzt weiß ich, woher der Wind pfeift, wenn Sie so daherreden. Aber dann nehm ich einen Anwalt, den besten Advokaten weit und breit, und führe einen Prozeß, daß die Funken spritzen, und ich habe gleich einen Prozeß geführt, und den habe ich auch gewonnen – moralisch –, und dann sag ich zu dem Richter, Herr Richter, das darf doch wohl nicht sein, daß ein Mensch, der sich immer bemüht hat, mit Anstand durch dieses Leben zu gehen, seine Steuern zahlt, nicht einmal einen Strafzettel gekriegt hat oder fast nie, daß man den dann mit einem Leasingvertrag die Gurgel abschneidet. Da sagt der Richter – doch, das geht. Ja Herrgott, das ist doch ein Sumpf, ein Morast, wo wir uns heute befinden, unter den Menschen ist keine Ehrlichkeit, keine Aufrichtigkeit, die Menschen haben keine Religion, das heißt, eine Religion, wenn sie sie hätten, dann wüßten sie doch, daß sie hinuntermüssen in die ewige Finsternis, wenn sie Leasingverträge machen, dann wüßten sie, daß da unten einer auf sie wartet mit Hörnern auf dem Kopf und daß sie in einen Suppentopf hineinmüßten, wie ein Pomme frite würden sie geröstet. Die Därme würde man ihnen rausreißen, die Zehennägel mit der Zange, und einen Dreizack kriegten sie in den Arsch, aber glauben Sie, daß diese Kreaturen noch einen Glauben haben? Ich nicht. Die, wenn die Hölle hören, dann meinen sie, es handelt sich um einen Verkehrsstau. Die zahlen auch sicher keine Kirchensteuer, da lob ich mir diese Islami, gegen die kann man wirklich sagen, was man will, man kann viel gegen die sagen, aber die haben wenigstens noch einen Glauben. Die wissen wenigstens noch, was eine Hölle ist. So ein Islami, der stibitzt was, der läßt etwas mitgehen, runter muß er, in die Verdammnis. Trinkt er einen Alkohol, das weiß er, das darf er nicht, zack, runter muß er in den Höllenschlund, und da muß er an einer Bar sitzen und einen Jägermeister nach dem anderen trinken, in Ewigkeit, Amen, weil die wissen noch, was Höllenqualen sind. Bei uns aber, die wissen gar nichts mehr, nichts, wie es da unten zugeht. Mein eigener Sohn, der weiß ja nicht einmal mehr, daß der Teufel Hörner hat, daß er nach Schwefel stinkt, das weiß er nicht, daß der Teufel einen Pferdefuß hat, das weiß er nicht. Wenn ich zu meinem Sohn sage, so, du Kerl, jetzt kommt der Sparifankerl (Deifi) und holt dich, dann meint der, es handelt sich um ein japanisches Computerspiel. Ja, was lernen denn die jungen Leute heute in Religion? Diese modernen Pfarrer. Ich kann sie nicht mehr sehen, mit ihrem ständigen *Friede, Friede, Ökumene, Friede,* ich kann s' nicht mehr hören, statt diesem Wort zum Sonntag sollns doch einmal einen Höllenreport bringen, eine Reality-Show, damit man sieht, wie's da unten wirklich zugeht. Dann würden ihnen die Leasingverträge schon zum Arsch rauspfeifen. Warum schaun sich denn die jungen Leute diese Horrorvideos an, ja, warum denn? Weil die Predigten in der Kirche heute so lahmarschig sind, daß nichts mehr los ist. Aber jetzt hol ich das Neue Testament, weil da steht alles drin, dieser Johannes, das war ein kluger Kopf, der hat s' geschrieben, diese Apokalypse, da kann man's nachlesen, Wort für Wort. Einst wird kommen der Erzengel, mit flammendem Schwert wird er kommen, zu vertilgen das Ungeziefer, hinweg mit dem Gesindel, hinweg mit Antichrist und diesen Autohändlern. Und das werde ich jetzt fotokopieren, und dann schicke ich es als Fax an die Firma Ismeier.

Religionsaustausch – Fußgängerzone, 11.32 Uhr

A: Man muß Sinde bekenne und sagst: Ja, ich hab's falsch gemacht und Gebote gesundigt, weil sonst ist Paradies kein Möglichkeit.

B: Warum aber fahrt dann der Papst überallhin? Jetzt war er scho wieder wo . . .

A: Du mußt erkenne jetzt die Möglichkeit zum Umkehr – weil – wie lange soll wir warten?

B: Schmarrn! Der Papst! Und wo war denn die Kirche, egal welche – auch die Mohammedaner und Buddhisten – oder?

A: Gott bestraft nicht so, nur weil bestrafe will – er will nicht, aber der Mensch kann gehorche oder nicht, da steht geschriebe . . .

B: Geschrieben – ha! Die ham viel geschrieben, und dann – mir wissen im Grund wenig, verstehst? Eigentlich nichts, weil – wenn wir was wüßten, bräuchten wir keinen Papst.

A: Du hast Auge – kannst schaue und nicht nur – aber kannst höre, wenn du die Wahrheit willst, dann komm – und Gott gibt dir die Hand.

B: Und jetzt? Albanien – oder die Kriege? Der Mensch ist ein Tier – das müssen wir lernen, aber – irgendwann ist Schluß. Außerdem such ich Tennisschuhe und brauch jetzt keinen Gott.

VON DEN LETZTEN DINGEN

Ein Zetteli – A Message

A: Und?
B: Ja, gehen Sie mit zur Trauerfeier – im Brunnhof?
A: Ja, da ißt man sehr gut. Aber warum Trauer?
B: Na ja, der Ignaz Scherr . . .
A: Der Kurzwarenhändler?
B: Genau. Er hat der Maria einen Zettel geschrieben.
A: Der Maria?
B: Ja. »Bitte, liebe Maria, erschrick nicht, aber ich hänge im Kammerl.«
A: Und?
B: Ja, da hing er . . .
A: Und die Maria?
B: Ja, die Maria hat dann den Zettel umgedreht und draufgeschrieben: »Heute wegen Tod geschlossen.«

Vergelt's Gott

Nach den Stunden des großen Schmerzes über den plötzlichen Heimgang unserer lieben Schwester Marianne Ritzinger und inmitten aller verbleibenden Traurigkeit drängt es uns nun zu danken. Danken möchten wir zunächst dem gütigen Gott, der sie uns so lange geschenkt, ihr einen friedvollen Tod gewährt und uns die Gewißheit des Wiedersehens im ewigen Leben gegeben hat. Danken möchten wir den Ärzten, den Schwestern und den Seelsorgern des Krankenhauses der Barmherzigen Brüder, die sich auf so liebevolle Weise unserer Schwester angenommen haben. Unser ganz besonderer Dank gilt H. H. Kardinal Friedrich Wetter, der den Gedächtnisgottesdienst gefeiert und uns in seiner Predigt Worte des Glaubens geschenkt hat, die nun tröstend mit uns gehen. Kardinal Paul Augustin Mayer, der eigens aus Rom herbeigeeilt ist, dem H. H. Apost. Nuntius Erzbischof Lajos Kada, dem trotz größter Arbeitslast zu uns gekommenen Vorsitzenden der deutschen Bischofskonferenz, Bischof Karl Lehmann, und allen anderen anwesenden Bischöfen gilt unser herzliches Vergelt's Gott für dieses Zeichen brüderlicher Gemeinschaft und für die Gabe ihres Gebetes. Mit großer Herzlichkeit möchten wir auch dem H. H. Diözesanbischof Manfred Müller danken, der uns seine Kathedrale als würdigen Rahmen der Eucharistiefeier zur Verfügung gestellt hat; Herr Generalvikar Dr. Gegenfurtner ist uns mit beispielloser Hilfsbereitschaft bei allen auftauchenden Problemen zur Seite gestanden, ihm und seinen Mitarbeitern gilt unser inniges Vergelt's Gott. Nicht minder danken wir Erzbischof Albert Bovone und den übrigen Vertretern der Kongregation für die Glaubenslehre, die die weite Reise nach Regensburg auf sich genommen haben, um der teueren Toten das letzte Geleit und uns die Gewißheit ihrer brüderlichen Teilnahme zu geben. Herrn Pfarrer Pelg von Ziegetsdorf – St. Josef, der den Sterberosenkranz und das Begräbnis in so würdiger Weise feierte, ein aufrichtiges Vergelt's Gott. Das Bestattungsinstitut Friede hat sich vorbildlich unseres Trauerfalls angenommen; auch ihm gebührt daher unser herzlicher Dank. Sehr dankbar sind wir, daß der Gesang der Domspatzen, den die Verstorbene so sehr geliebt hat, dem Gottesdienst in aller Trauer Festlichkeit gab und uns etwas von dem himmlischen Singen der endgültig Erlösten ahnen ließ. In diesem Zusammenhang gilt ein tief empfundenes Dankeswort den ehrwürdigen Schwestern des Internats der Regensburger Domspatzen, deren unerschöpfliche Dienstbereitschaft wir einmal mehr erfahren durften. Auch dem Dreigesang der Integrierten Gemeinde möchten wir für seinen ergreifenden Beitrag beim Seelenrosenkranz ein herzliches Vergelt's Gott sagen. Nicht zuletzt haben uns die vielen Gläubigen aus nah und fern, unsere priesterlichen Freunde, die Verwandten und Bekannten, die in so großer Zahl und mit so spürbarer innerer Ergriffenheit sowohl zum Sterberosenkranz wie zu Eucharistiefeier und Begräbnis gekommen sind, durch ihr von innen her kommendes Mitsein großen Trost geschenkt, für den wir aus ganzer Seele danken. Und wir danken nicht zuletzt unserer teueren Verstorbenen, daß sie diese wunderbare Beisetzung mit ihrem Hingang erst ermöglicht hat.

Pyrodorm 2000

GERHARD Herr Sulzberger, wo is 'n der Herr Wiemer?

SULZBERGER Keine Ahnung.

GERHARD Holn S' 'n amal, schaun S', wo er is ... – Herr Muff, wie schaut's jetz aus mit Neuabonnenten?

MUFF An Großauftrag von der Fa. Tempora hab ich an Land ziehen können.

GERHARD Tempora? Was wolln S' mit Tempora? Die verursachen nur Kosten, und dann zahlens net. Ich hab doch a Rundschreiben rauslassen, a schwarze Liste mit Firmen, mit denen wir nimmer arbeiten ... Wo is 'n jetz der Herr Sulzberger wieder hin?

MUFF Den ham doch Sie grad weggeschickt.

GERHARD Ah ja, richtig. Gehn S' amal und schaun S', daß S' 'n finden ...

Muff geht, Wiemer kommt.

GERHARD Ja, Herr Wiemer, wo bleiben S' denn die ganze Zeit? Mit Ihnen muß ich ein Extrawörtchen reden.

WIEMER Ja warum?

GERHARD Was sind Sie von Beruf?

WIEMER Germanist.

GERHARD Mich interessiert nicht, was Sie hobbymäßig gmacht ham, Sie ham doch zuletzt als Zeitungsdrücker gearbeitet.

WIEMER Akquisiteur ...

GERHARD Ja, Drücker halt, sag i doch. Und leider muß ich sagn, merkt man das. Sie verkaufen doch jetzt keine Kasblattln mehr, sondern ein seriöses Produkt. Das setzt a Taktgefühl voraus. Pyrodorm 2000, des is a Weltfirma ... Ich hab da eine Beschwerde vorliegen von am Seniorenheim, da schreibt der Leiter, ein gewisser Herr Hackl, daß er zwar gerne den Provisionen beziehungsweise Zielprämien entgegensieht, aber wenn noch mal solche Leute wie Sie auftauchen, muß er von unserer Firma Abstand nehmen, weil ansonsten der ganze Heimfrieden in Frage gestellt wird. Was ham S' denn da gmacht, Herr Wiemer?

WIEMER Ja, ganz normal ...

GERHARD Drum kriegen wir solche Briefe.

SULZBERGER An Wiemer kann i nirgends finden.

GERHARD Da is er doch, Sie Schlaftablette. Also, Wiemer, raus mit der Sprache, was ham S' dene Leut verzählt?

WIEMER Ja, nix, normal halt.

GERHARD Dieser Personenkreis is doch sehr sensibel auf dem Gebiet, da fallt ma doch net mit der Tür ins Haus. Da fragt ma doch net: Guten Tag, wann haben Sie vor zu sterben, sondern: Haben Sie schon die letzten Dinge geregelt, und können Sie der Zukunft gefaßt ins Auge sehn? Mir wollen doch Kunden gewinnen und keine Leute verprellen . . .

WIEMER Des war aber ein Heim für mental Gestörte . . .

GERHARD Aber der Heimleiter is doch net schwachsinnig . . . Im Prinzip ham S' ja a gute Standortwahl getroffen, es is immer gut, auch an den Randzonen zu schürfen, mir brauchen immer neue Marktsegmente.

MUFF Der Sulzberger is unauffindbar . . .

GERHARD Und, wer is da?

SULZBERGER Schlaftablettn . . .

GERHARD Also, Herrschaften, san mir vollzählig. Fang mir an: Bleiben mir gleich amal bei am Problem, wie's der Herr Wiemer verursacht hat: Wie erschließe ich einen neuen Personenkreis für Pyrodorm 2000?

SULZBERGER Krankenhäuser . . .

GERHARD Des macht a jeder. Weitere Vorschläge.

MUFF Altersheime . . .

GERHARD Macht auch ein jeder. Also, recht originell seid ihr nicht. Und, Herr Wiemer, ham Sie a Idee?

WIEMER Könnt ich nächsten Dienstag vielleicht freikriegen?

GERHARD Wegen was? Is des Ihre Idee?

WIEMER Am Dienstag wird a Tante von mir beerdigt.

GERHARD Was wird die? Beerdigt? Hab ich da richtig gehört?

WIEMER Ja, beerdigt.

GERHARD Herr Wiemer, das wär's gewesen! Damit ham Sie sich Ihr Todesurteil gesprochen . . .

WIEMER Aber doch nur einen Tag.

GERHARD Raus! Wenn Sie's net amal schaffen, an Trauerfall im engsten Familienkreis zugunsten der eigenen Firma . . . Raus, ich will Eahna gar nimmer sehn.

WIEMER Aber . . .

GERHARD Verabschieden Sie sich von Ihren Kollegen.

Wiemer verabschiedet sich von Muff und Sulzberger.

Na ja, Germanist. *Zu Muff* Warn Sie auch a Gerhardmanist?

MUFF Nein.

GERHARD Gott sei Dank. Was ham nachert Sie studiert?

MUFF Pädagogik.

GERHARD Na ja, des könnma eher brauchen. San Sie immer noch da, Herr Wiemer? Naus.

WIEMER Aber ich ...

GERHARD Naus! Zu blöd, a Kündigung entgegenzunehmen ... So, Herrschaften, jetz mach mir noch in brief an Crashkurs. Zielgruppen sind beispielsweise Chefärzte ...

SULZBERGER Die ham doch an Datenschutz ...

GERHARD Ja und? – Sodann Leiter von Seniorenheimen, Pflegeheimen ...

SULZBERGER Die ham doch auch an Datenschutz ...

GERHARD Ja und? Ich hätt Sie für intelligenter ghalten, Herr Sulzberger. – Also, Pflegeheime, vor allem Kooperation mit führenden Trauerinstituten, sodann Sterbebüros von Krankenhäusern, oder ma hört sich um, wo amal a schlechter Arzt is, wo sich die Ding ... Fälle häufen, net.

MUFF Ärztliches Versagen.

GERHARD Versehen, nicht Versagen.

WIEMER I komm net naus, da is abgsperrt.

GERHARD Na ja, dann bleiben S' da, als schlechtes Beispiel, damit die andern sehn, wie ma's nicht macht. Sie ham zum Beispiel am Vierundachtzigjährigen an Sterbeschutzbrief verkauft. Der Mann hat genau eine Prämie gezahlt und an Löffel weggelegt, und mir müssen ihn entsorgen. – Lachen S' net so blöd. Mir sind doch nicht die öffentliche Hand. Pyrodorm 2000 ist eine private Brennerei, ah, Verbrennungsorganisation, praktisch ein marktwirtschaftlich orientiertes Krematorium, das heißt der Opa muß sich rentieren, der muß bar zahlen. Der Sterbeschutzbrief is was für junge Leute, die lange Prämien zahlen können. Wiemer, ah naa, Sie net ... Herr Sulzberger, überzeugen S' doch amal den Herr Muff von den Vorzügen unseres Sterbeschutzbriefs ...

SULZBERGER Der Sterbeschutzbrief der Pyrodorm 2000 ist ein Servicepaket: Sie können europaweit sterben, von Stockholm bis Palermo, und kommen innerhalb von achtundvierzig Stunden als Urne an, voll beschriftet, mit Papieren und allem ...

GERHARD Echtheitszertifikat für die Asche, grüner Punkt für sortenreine Verbrennung mit Wirbelschichtfeuerung bei konstant achthundertvierzig Grad Celsius, sodann Sondertarif für Frühgeburtentsorgung . . . Was ham mir noch . . .?

MUFF Die theologische Rundumbetreuung für Angehörige jeglicher Konfession.

GERHARD Und, was dazu? Herr Sulzberger?

SULZBERGER Pyrodorm verbrennt nach Euronorm.

GERHARD Genau, sehr gut. Und alles in der Pauschale inbegriffen. Da haun die Öffentlich-kommunalen immer noch an TÜV drauf und d' Feuerpolizei, vierzehn Mark pro Nase . . . Was noch?

SULZBERGER Sterbebuidl . . .

GERHARD Des hoaßt net Buidl, sondern Portrait, des geht extra, des macht normalerweise des Trauerinstitut, wir liefern nur die technische Lösung für den Trauerfall, net. Was gibt's beim Euro-Sterbe-Schutzbrief noch dazu? Eine . . .? – A Flasche Slivovitz, also das Preis-Leistungs-Verhältnis der Privatpersonenentsorgung is bei uns einmalig. Des Preisniveau können wir aber nur halten, Herrschaften, jetzt reißts euch amal am Riemen, bei einer Mindestauslastung unserer Verbrennungskapazitäten von 5800 Einheiten pro Monat. Des is as Minimum. Unser Ofen in Mašlice in Tschechien schafft spielend auch das Dreifache. Mir könnten jeden Monat a ganze Kleinstadt einäschern. Des is a UMGERHARDüstetes Braunkohle-Wärmekraftwerk mit neuestem Stand der Technik. Auch wieder a Argument: Wer sich bei uns verbrennen läßt, tut aktiv was für den Umweltschutz. – Ja, sonst noch Vorschläge, meine Herrn? Wie könnte man den Stammkundenkreis für Pyrodorm erweitern?

MUFF Der Wiemer hat a super Idee ghabt . . .

GERHARD Was? Sie ham a Idee ghabt? Des is interessant.

MUFF Er hat gmoant, ma könnt doch die ganzen Fernostreisen . . .

SULZBERGER Bangkok und so . . .

MUFF . . . daß ma da die Passagierlisten von den letzten Jahren checkt, wer ois in Thailand war, Philippinen, Kenia und so weiter, könnt ma nachfragen . . .

GERHARD Großartig, Herr Wiemer, wegen der Inkubationszeit, also, wer infiziert is. Da machma eine neue Kundenoffensive, a Telefonaktion: Hallo, wie geht's? – und na bietma unsern Service an. Herr Wiemer, gratuliere, es sind immer wieder die stillen Wasser, die eine Idee ham. Da schaun S' her, Herr Wiemer, für Ihren außergewöhnlichen Spürsinn. *Überreicht Pokal.* Des is fei keine Urne, des is a

Pokal. Der hat halt an Background, der Herr Wiemer, mei, halt a Germanist. Und, Herr Sulzberger und Herr Muff, was Sie betrifft, möcht ich Ihnen empfehlen, daß Sie sich nach was umschauen, Sie sind gekündigt.

Dominikanische Republik

A: Und? Wie schaut's aus?
B: Na ja, ich komme grade von einer Beerdigung!
A: Aha!
B: Ja, der Bruder des Vaters von meiner Frau . . .
A: Onkel!
B: Ja, Onkel!
A: Und sonst?
B: Wie sonst?
A: Wie geht's sonst? Ich meine – selber?
B: Na ja, unsere Tochter . . .
A: Die Jessica?
B: . . . hatte einen schweren Autounfall.
A: Mit dem Auto?
B: Ja sicher . . .
A: Es ist immer dasselbe! Wir fahren jetzt übrigens wieder in die Dominikanische Republik!
B: So? Ja, und der, der ihr reingefahren ist – äh . . .
A: Da kann man jetzt noch baden!
B: Ja, das glaub ich – jedenfalls, der andere Fahrer . . .
A: Der Kontrahent?
B: Genau! Der . . .
A: Übermorgen geht's los!
B: Viel Spaß!
A: Und Grüße auch an Ihre Mutter.
B: Die ist gestorben . . .
A: Ach! Jetzt?
B: Vor einem Monat. Haben Sie die Karte nicht . . .?
A: Ja, schade, da war ich nicht da – weil, ich bin viel weg – weil ich schon wieder unterwegs bin.
B: Ja, das kann ich mir denken!
A: Wenn ich zurück bin, dann . . .
B: . . . melden Sie sich.
A: Genau! Entscheidend ist, wir bleiben in Kontakt!
B: Sowieso! Übrigens, haben Sie's gehört, der Leipner hat sich erschossen!
A: Sehen Sie! Der Dr. Leipner!

B: Ja, der!

A: Der war doch auch schon mal in der Dominikanischen Republik!

B: Die ganze Familie ist vollkommen . . .

A: Jetzt weiß ich nicht – war's vor zwei oder war's voriges Jahr?

B: Hm?

A: Jedenfalls ist das noch lange kein Grund, sich zu erschießen, stimmt's?!

Der Suizid

AMERSMEIER Grüß Gott, Frau Tiloo. Wie geht's?

TILOO Ja, guten Tag, Frau Amersmeier. Haben Sie's schon ghört?

AMERSMEIER Gestern hat sich der Herr von Siednitz, hat er sich neingschossen mit em Kleinkalibergwehr, hat er sich selber neingschossn, und grad gschpritzt hat's, und alles war voller Blut.

TILOO Ach du liebe Güte. Nein . . . Herr von Siednitz?

AMERSMEIER Jaja, ma sagt, er muaß, irgendan Grund wird er schon ghabt habn, daß er's gmacht hat, net? Und dann ist er ja auch entdeckt wordn, net. Aber i find, das isch scho lang her, daß sich bei uns einer umbracht hat.

TILOO Aber bedenken Sie, das Ehepaar Opitz erst voriges Jahr.

AMERSMEIER Ja, na ja, was heißt das? Die haben sich ja eigschläfert mit diese Tabletten.

TILOO Ja aber, aber, das war doch fürchterlich, das war doch grauenhaft.

AMERSMEIER Ja, also, ich kann, also, sagn wir mal, das war halt in dem Sinn, so richtig umbracht habn se sich net, net, also wenn Sie mich fragn, also des war kein gscheiter Suizid.

Nachrufredakteur

Nachrufredakteur Heinz-Klaus Füchslein:

Da hab ich jetzt wieder eine Anfrage, Giscard Mützel, Maler, kennen S' den? – Den sollten S' aber kennen, der is auf dem besten Weg, Karriere zu machen. Ich mein, gut, es gibt Leute, denen is er noch unbekannt, aber an van Gogh ham zu Lebzeiten aa viele net kennt. Ich soll jetz da an Nachruf machen für diesen Mützel, sei Galerist, der Herr Schönbeck, hat mir 'n in Auftrag gegeben, weil er, der Mützel, liegt seit vorign Mittwoch auf der Intensivstation im Sterbekammerl, des kann dann sehr schnell gehn, und dann muß a Nachruf dasein, verstehn Sie, weil der Schönbeck hat 'n grad ausgstellt, des wär ungeheuer umsatzfördernd, wenns 'n jetz . . . Sie verstehn. Dieser Giscard Mützel hat das Zeug zur Legende, erst vierunddreißig Jahre alt, oder jung, wie ma in so am Fall sagt, Vollalkoholiker, eine kurze intensive Schaffensperiode, und sst, Löffel weg. Er hat sich in kürzester Zeit einen Namen gemacht, obwohl ihn eigentlich koana so richtig kennt hat, aber grad des macht dann vollends die Aura, des Geheimnis. In so am Fall is so a Nachruf schreiben ein Kinderspiel, da kann ma was ausschmücken und hat an Stoff, während, manchmal is es scho arg mager, was ma da so an Lebensbilanz aufmotzen soll.

Dazu gekommen bin ich ja – ich bin beim BR Rundfunk-Redakteur, darf ich vorausschicken – wie die zwoa Päpste so kurz hintereinander gstorbn sind. Da sinds alle auf'm Schlauch gstandn, des war vielleicht peinlich. Drum hat ma mich beim Sender jetzt fest dafür abgestellt, den jeweiligen Papstnachruf und den vom bayerischen Landesvater auf'm laufenden zu halten. Ich tu da ständig aktualisieren, aber mir bleibt durchaus noch genügend Zeit, und so bin ich auf die Idee kommen, a breiteres Nachrufarchiv aufzubauen. A guter Nachruf is so was wie die Posthumkosmetik einer Biographie.

Ich leg mir's für mich immer erst mal zurecht, indem ich die Lebensgesamtleistung benote. A Einser, des is dann »unersetzlich«, bei am Zweier sagt ma, »er lebt im Geist weiter«, a Dreier: »hat eine Lücke hinterlassen«, bei am Vierer sagt ma was von »unbequem« oder so, Fünfer und Sechser gibt ma normal eigentlich net, also nur bei Terroristen oder Monster, halt große Verbrecher, die auch bekannt sind. Meistens gibt ma halt an Zweier oder an Dreier für ein abgeschlossenes Leben, bis auf die Politiker, da muß ma immer a bißl mogeln.

Der Umfang des Nachrufs richtet sich natürlich nach der Bedeutung des Verstorbenen, manchmal natürlich auch nach der Bezahlung und a kleins bißl auch nach de Daten, die man zur Verfügung hat. Wobei des mit de Daten heutzutage überhaupt kein Problem mehr is, ich mein, technisch gesehn, wenn's allerdings nix zu berichten gibt, is des was anderes. Ich bin an die entsprechenden Datenbanken angeschlossen, sämtliche Intensivstationen, Militärhospitäler, Großkliniken und so, also, wenn's irgend an Prominenten derbröselt, dann weiß ich des meistens noch vor den Angehörigen, in manchen Fällen sogar vor ihm selber. Und des is entscheidend, denn wenn's den Prominenten zammhaut, muß der Nachruf scho dasein. Des ganze Nachrufbusiness ist eine Art Warentermingschäft, ganz knallhart, wer zuerst nachruft, der kassiert. Verzeihung, wenn ich des so sag, aber durch München sausen auch die Johanniter und de Malteser, und wer 'n Patienten derwischt, der kassiert.

Jeden Morgen schau ich also in mei Fax, zu meim Drucker und meim Terminal, wo ein potientelles Nachrufobjekt in Aussicht is. Dann hol ich mir die abrufbaren Daten und schau, was die hergeben. Der Arbeitsaufwand richtet sich natürlich je nachdem nach der Frage, wer stirbt wann als was. Der Zeitpunkt des Abgangs kann also ganz entscheidend sein. Die Aktualität einer Person im öffentlichen Leben is nämlich Schwankungen unterworfen. Des kann mir passieren, da is einer im Speicher, also scheinbar prominent, und dann kannst an Nachruf anbieten wie Sauerbier. Die ganze Arbeit umsonst. Ich bin jetzt dazu übergegangen, meine Daten streng auf Aktualität zu durchforsten. A Beispiel: Neulich hab ich jetz an Zimmermann aus'm Hauptspeicher rausgschmißn, wenn der vor zwei Jahr gstorbn wär, na wär's a halbe Seite und 150 Sekunden Beitrag noch vorm Abendkommentar in de Tagesthemen gworden. Jetz hab ich aus der ganzen Datenmenge an Vierzeiler, praktisch eine Kompaktwürdigung, gmacht und hab ihn in der Ablage. Da san bloß Vierzeiler von Personen archiviert, die das Schicksal ereilen könnte, jederzeit abrufbereit, wenn's soweit is, naus auf allen Kanälen, da macht's dann die Menge, so was wird dann meistens unter Vermischtes gedruckt oder im unteren Teil im Feuilleton.

Der Honecker is praktisch schon historisch. Also, solche Leute sind mir im Grunde am liebsten. Hinterbänkler, zum Beispiel, ob der noch eine Legislaturperiode länger im Parlament sitzt oder nicht, spielt keine Rolle, da schreibt ma dann halt entweder, daß er an Verdienstorden noch hätt kriegen sollen oder halt daß er 'n halt kriegt hat. Im Augenblick hab ich a bißl zu kämpfen mit dieser DDR-Problematik, da sterben viele, von denen hier keiner was weiß, und trotzdem sans prominent. Kennen Sie zum Beispiel an Kammersänger Reiner Süß? Sehn S' as, des is dene ihr Harald Juhnke, hier kennt 'n kein Schwein. Solche Nachrufe sind oft delikate Missionen, ma hat keine Daten, is auf Vermutungen angwiesen, meist greif ich dann zur Standardversion, die authentisch den Wirkungsbereich erfaßt. Bei am Schauspieler redt ma dann von am Thespis-Karren, am Musiker hat der Herr die Geige aus der Hand genommen. Da muß ma aber scho wieder aufpassen, weil wenn des a berühmter Cellist war, scho is ma neidappt. Ma kann praktisch nur ein, zwei Daten aufpolieren, und den Rest macht dann die Verklärung. Neulich ist mir was ganz Furchtbares passiert: Da war auf einem Empfang lang und breit allgemein die Rede vom Tod von am promimenten Hühnerbrater, da hat's ständig geheißn, der Mann is gestorben. Hab ich noch in der Nacht einen brandaktuellen Top-Nachruf übern Fernschreiber nauslaßn, am Morgen hat sich rausgstellt, der lebt noch, des »gestorben« war nur geschäftlich gemeint. Furchtbar peinlich, sag ich Ihnen, aber es hat mich auf eine Idee gebracht, und diese Idee is der Trend jetzt überhaupt: Ideennachrufe. Wenn einer a schlechtes Gewissen hat – a Nachruf, und die Idee is vom Tisch. Zum Beispiel eine Kommune will irgendein Kulturprodukt sterben lassen – Ideennachruf, und die Sache is aus der Welt. Hofgarten, eine Totgeburt, oder Gesamtschule in Bayern, Nachruf, weg. Und jetz häufen sich bei mir auch die Aufträge aus der Wirtschaft. Wenn ma einen Konkurrenten ausschalten will, a Nachruf über sein Produkt, geschickt lanciert, und er is weg vom Fenster. Die Naturschützer ham jetz die Idee der Autobahn für tot erklärt, an und für sich kein schlechter Schachzug, aber die Autolobby hat jetz an Gegennachruf rausgepowert, und bei dieser Art Nachrufe is es wie bei dene ganzn Gutachten: Wer zahlt, schafft an.

Zur Zeit arbeit ich grad an am Nachruf von der Flughafen GmbH übers Erdinger Moos. So ungefähr, daß liebenswerte und schützenswerte seltene Tiere oder Pflanzen dort leider nicht mehr vorhanden sind, sonst wär's vielleicht schützenswert gwesn, as Erdinger Moos. Von der bayerischen Staatsregierung hab ich an Auftrag, an Nachruf aufs Isental, wie schön 's da die letzten dreitausend Jahr war, ich geb am Isental die Note zwei plus, a Einser wär zu schmerzlich, aber dann weiß ma wenigstens, daß des, was kaputtgmacht wird, auch was wert war. Wie gsagt, es funktioniert auch umgekehrt, Projekte, wo genügend Geld ausgebn wordn is, also verdient wordn is – Nachruf, und des werd nie mehr was. Schaun Sie, Wackersdorf, Riesenhuber, Kalkar, und jetzt fragt er wega seim Raumfahrprogramm bei mir an, aber ich bin inzwischen dermaßen überlastet – an Nachruf auf'm Streibl sei Ehrlichkeit hab ich abglehnt, des war einfach problematisch, weil a bißl a Wahrheitssubstanz muß scho vorhanden sein, ich kann doch nicht Sachen bedauern, die praktisch nie existiert ham.

Was is mit Ihnen? Ich hab an neuen Service, an Nachruf als Weihnachtsüberraschung oder Geburtstagsgschenk von der Frau Gemahlin, ich brauch nur a paar Daten, ich mach Ihnen im Nachruf eine prachtvolle Persönlichkeit. Des Geld is vielleicht amal nix mehr wert, der Nachruf bleibt Ihnen. Ihr Herr Gemahl is allerdings noch am Leben? In so einem Fall arbeite ich dann prinzipiell nur bei Ad-hoc-Liquidation, auf deutsch gsagt, nur gega Vorauskasse . . .

Alis Beerdigung

A: Und, wie war die Beerdigung?

B: Schön – eigentlich – ruhig . . .

A: Und – waren Leute da?

B: Nein, also – schon – äh – wenige – vereinzelt welche.

A: Na ja, er hat schon seit Jahren nicht mehr viele Kontakte gepflegt.

B: An ihm lag's nicht – er ist mehr vereinsamt.

A: Wieso?

B: Weil der Ali – ich mein, er hatte selber nie etwas gegen Leute, die kein Geld verdienen.

A: Früher hatte er ja auch keins . . .

B: Stimmt, ganz früher – aber der zunehmende finanzielle Abstand zu seinem Freundeskreis hat ihn förmlich isoliert.

A: Er war aber immer spendabel – großzügig.

B: Schon, aber man kann seine Freunde nicht immer einladen und ständig in seinem Pool planschen lassen.

A: Ja, sicher – das stimmt. Ich bin auch schon öfter von ihm eingeladen worden – aber auf die Dauer ist mir seine Großzügigkeit auf den Zacken gegangen.

B: Eben, man kann sich bei einem Menschen, der derartig Geld scheffelt, nicht revanchieren.

A: Ich habe ihm einmal einen Wein mitgebracht, aber – wie der den Wein gemustert hat – so . . .

B: . . . mißtrauisch.

A: Genau. Ein guter Wein – wirklich. Ich wollt mich nicht lumpen lassen, weil er mir zehntausend Mark geliehen hat. Aber wie der den Wein angeschaut hat – da hab ich ein schlechtes Gewissen bekommen.

B: So war er – und er war aber auch sehr sensibel, bevor er unsereins als – sagen wir – Parasiten betrachtet, hat er dann lieber den Kontakt mit uns gemieden.

A: Ich war auch froh – dies ständige Sponserei, die nervt.

B: Und durch das Geld ist er auch in andere Kreise rein . . .

A: Multimill. . . oder Milliardäre.

B: Genau. Und die Beerdigung war aber . . .

A: Feuerbestattung – keine Reden. Und es war keiner da – ich halt und ein ehemaliger Chauffeur von ihm.

B: Und die Millionäre . . .

A: Nein, keiner. Die sind irgendwo halt in der Welt – oder auf einer Yacht. Am Friedhof sind die selten.

Katastrophen

FRAU AMRISWIL Diese Hausrat, die ist ja gegen Diebstahl und gegen Brand, also, wenn's innen brennt, aber ihm is ja das ganze Haus abgebrannt.

HERR BREZELMANN Ach ja?

FRAU AMRISWIL Wissen Sie, und dann hat er noch beide Beine verloren, und nicht versichert, also, schauderhaft ...

HERR BREZELMANN Ah geh ...

FRAU AMRISWIL Jaja. Albert, mein Bruder Albert, Sie wissen, der mit den Herzgeschichten, er ist jetzt leider auch schon tot. Herzversagen, Exitus. Also, Albert hatte ihn gewarnt.

HERR BREZELMANN Soso ...

FRAU AMRISWIL Er hatte schon vorher diese Gefäßverengung, und jetzt ohne Beine, keine Rente, das ewige Sitzen, ständige Kreislaufbeschwerden, und dieses chronische Bronchialleiden ...

HERR BREZELMANN Jaja ...

FRAU AMRISWIL Meine Mutter hatte dieselbe Bronchitis, jahrelang. Ständige Beschwerden. Aber umgekommen ist sie ja, wie Sie wissen, bei diesem scheußlichen Autounfall ...

HERR BREZELMANN Ah ja, genau ...

FRAU AMRISWIL Der Beifahrer ist heute noch querschnittgelähmt. Übrigens sind seine Rentenansprüche ebenfalls abgeschlagen worden.

HERR BREZELMANN Naa ...

FRAU AMRISWIL Der Mann sitzt mittellos da, mutterseelenalleine, mit fünf Kindern.

HERR BREZELMANN Geh, fünf?

FRAU AMRISWIL Seine Frau ist ihm nämlich auch noch durchgegangen, hat alles an Wertgegenständen mitgehen lassen.

HERR BREZELMANN Ah ja?

FRAU AMRISWIL Sie is nach Amerika, aber dort hat sie ihren Gehirntumor gekriegt. Was man so hört, liegt sie jetzt seit zwei Monaten ohne Bewußtsein, wenn sie überhaupt noch lebt ...

HERR BREZELMANN Ja, so ...

FRAU AMRISWIL Übrigens, der Gustaf ist zum zweitenmal beim Staatsexamen durchgefallen. Aus. Der Arme kann nicht wiederholen. Der ist jetz praktisch erledigt. Gerade jetzt, wo er diesen riesigen

Kredit aufgenommen hat. Ein richtiger Pechvogel. Aber seit er sich das Auge ausgestochen hat, ist er sowieso nur noch ein halber Mensch.

HERR BREZELMANN Jaja . . .

FRAU AMRISWIL *schnuppert* Sie, das riecht hier . . . Um Himmels willen, mein Schmorbraten!

HERR BREZELMANN Was?! Ja um Gottes willen! Das ist ja fürchterlich, ja entsetzlich! Schnell, schnell, laufen Sie, des is ja eine Katastrophe! A Schmorbraten, des is ja die Tragödie.

Eine Bekehrung

Ein idyllisches verschlafenes Dorf. Ein Mormone sucht ein Haus, wo er missionieren kann.

MORMONE Ah, Hapflinger, let's try it here. *Klingelt.* Ah, it's really hard to get people convinced.

HAPFLINGER *öffnet* Ja, grüaß Gott, was, waswas, was is los?

MORMONE Ah, Sie sin Mister Hapflinger? Guten Morgen, Mister Hapflinger, es geht um Ihre Existenz.

HAPFLINGER Ja, ah, ah, wia, was?

MORMONE Ja, ich möchte nur sagen, ah, daß die letzten Tage sind angebrochen, Mister Hapflinger, und deshalb bitte ich Sie, daß Sie hier links unterschreiben. *Hält Formular hin.*

HAPFLINGER Ja, ah, ah ja, äh, was, ah wowawowawos wia? Welche?

MORMONE Ja, es ist also folgendermaßen: Sie können unterscheiden zwischen Himmel, ah, Hölle oder Fegfeuer, Mister Hapflinger, ich würde Ihnen auf alle Fälle Himmel rekommandieren. Sie können jetzt den Hölleprospekt sehr günstig von uns bekommen. Hier sehen Sie alles gut illustriert, hier ist Luzifer, Satan, und, ah, some other devils, and Sie werden gezwickt und, ah, wie sagt man, gestoßen und Sie werden schmachten bei Hitze und bekommen nix zu essen und, und auch nix mehr zu trinken, und drum werden Sie in die ewige Verdammnis hineinkommen, und das können Sie hier, wenn Sie hier unterschreiben bitte wollten.

HAPFLINGER Ja, aber i, i bin doch bereits, ah, religiös, net wahr …

MORMONE Ja, ah, das wird sehr oft behauptet, Mister, ah, Hapflinger, aber trotzdem, ah, Herr Hapflinger, Sie können unterschreiben oder nicht, das, äh, wenn Sie nicht unterschreiben, das geht auf Ihr Konto.

HAPFLINGER Ah ja, ah ja, äh, also, wo, wo soll ich denn da …

MORMONE Hier, ah, gleich bitte links unten …

HAPFLINGER Also nachert … *Unterschreibt mühsam.*

MORMONE Danke schön, Mister Hapflinger, für Ihre Bestellung. Sie können Nachnahme oder auch in Vierteljahresraten bezahlen. Den ersten Band unserer Enzyklopädie erhalten Sie Anfang nächsten Monat. Ich wünsche Ihnen einen schönen Tag noch …

Beileidsmänner

Rüdiger Wolf, Emanuel Wiemer und Klaus Ungnadner im Büro der Bavaria-Assekuranz GmbH, Abteilung Trauerhilfe. Wolf präsentiert eine Spesenabrechnung, Wiemer steht am Spind und zieht sich um: hellen Cordanzug aus, schwarzen Traueranzug und Krawatte an.

WOLF Da, des is de Übernachtung in der Pension Anni in Villingen, wo mir den Herrn Gattinger beerdigt ham.

UNGNADNER Gleich zwei Eier im Glas und a Orangensaft – scho a bißl üppig! Und des da, diese siebmadreißg Telefoneinheiten, de können S' selber zahln.

WOLF Naa, des war alles a Dienstgespräch ...

UNGNADNER So, mit wem ham S' da telefoniert?

WOLF Des war a Gespräch mit der Versicherungszentrale, weil der Herr Wiemer hat aa nimmer gwußt, wie der gheißn hat, den mir da in Bad Hersfeld ham beerdigen müßn.

WIEMER Müller hat er gheißn.

WOLF Ja schon, aber an dem Tag san zwei Müller beerdigt worn, an Vornamen ham mir braucht.

UNGNADNER Na ja, Schwamm drüber. Der IC-Zuschlag geht in Ordnung, sonst hätten S' des Mühldorf nimmer gschafft.

WOLF Und da, die Euroflor-Rechnung, der Friedhof in Marktredwitz, der war so unheimlich außerhalb, des war dermaßen schwierig mit ara Kranzbestellung, also die Kondolenz-Accessoires hab i über Euroflor abwickeln müßn.

UNGNADNER Na ja, okay, was ham mir sonst noch an Sonderauslagen?

WOLF Da, der Herr Wiemer und der Herr Rösner ham a Taxi braucht, sonst hättens es nie mehr gschafft.

UNGNADNER Ja, apropos schaffen, Herr Wolf, mir ham da eh a Reklamation von unserer Versicherungsfiliale in Rinteln, weil bei der Beerdigung vom Herrn Horstmann ist überhaupt kein Beileidsmann erschienen, obwohl von der Zentrale ausdrücklich angeordnet. Dieser Horstmann hat ja an Umsatz in Rinteln in de letzten sieben Jahre immerhin verdreifacht. Wie kann denn so was passiern?

WOLF Aber, Herr Ungnadner, da ham mir doch in Bruchsal den Herrn Ding, wie hat er gheißn, ah, Herr Wiemer, wie hat der gheißn, der die Kaskofiliale in Bruchsal so dynamisch aufbaut hat?

WIEMER Eppinger?

WOLF Ja, genau, Eppinger, den ham mir da beerdigt. Wie hätt mir denn des schaffn solln? Der Rösner war ja grad in Urlaub . . .

UNGNADNER Ja, Herr Wiemer, da hättn Sie ja schon vorausfahrn können, oder?

WOLF Nanaa, unmöglich, des war a Anordnung von der Zentrale, zwei Beileidsmänner mindestens.

WIEMER Der hat uns doch den ganzen Lebensversicherungsstand wieder saniert.

WOLF Um a Haar waar der Dr. Buschmann persönlich hingfahrn.

UNGNADNER Na ja, in Zukunft lassen S' sich da was einfalln. Also, gehn ma de Route für de nächste Woche durch: Als erstes fahrn Sie jetz nach Murnau. Ein gewisser Dr. Koch – sagen S' halt irgendwas von dynamischer Aufbaupersönlichkeit und so, mehr das Übliche halt, dreißig Prozent mehr Umsatz, gell, in Murnau hoaßt des was. Ein Kranz, zwei Trauergebinde, des reicht. De Beerdigung is um zehn Uhr dreißig. Nachert müssen S' aber sofort über Eilzug, Direktanschluß Stuttgart-Sindelfingen, umsteign, Böblingen an vierzehn Uhr einundvierzig, des is a ganz a wichtige Beerdigung. Da ham S' de Grabredn, dean S' as noch mit a paar persönliche Details garnieren, der Mann heißt Riegele und war in der Bankenbetreuung.

WOLF San beide Redn vom Dr. Buschmann?

UNGNADNER Ja freilich, von wem denn sonst? Sie übernachten in Böblingen in der Pension Stauffenritter, is alles scho vorbestellt. Dann übermorgen ham mir neben am Herrn Schlaffer – da brauchma nur einen Beileidsmann in Köln-Rösrath –, ham mir noch an aktuellen Sterbefall grad reinkriegt in Erftstadt, des is auch mehr so a Routinesache, a einfacher Außendienstler. I dad sagn, da kann der Herr Wiemer amal allein hinfahrn, gell, aber vergeßn S' fei ja net, drauf hinzuweisn, daß der letzte Gang von der Bavaria-Assekuranz begleitet wird, Kranz und so weiter, des Übliche halt, normaler Trauerschmuck . . .

WOLF Ja, aber sagn S' amal, Herr Ungnadner, wenn ich da in Köln-Rösrath bin, na schaff ich ja unmöglich de Feuerbestattung vom Dr. Klinger in Hannover, des is doch a ganz a wichtige Angelegenheit.

UNGNADNER Ja, san Sie wahnsinnig? Beim Dr. Klinger seiner Beerdigung, da ham doch Sie nix zum Suchn, Sie müßn glei weiter nauf zum neuen Friedhof in Möhl.

WOLF Ja, aber . . .

UNGNADNER Der Dr. Klinger is, vielmehr war, doch im Vorstand. Und Vorstandsmitglieder wern doch grundsätzlich nur vom Vorstand persönlich beerdigt, da ham doch Sie nix zum Suacha. – Da ham S' Ihre Unterlagen, gute Fahrt, und bringen S' nix durchanander. Wiederschaugn.

Wiemer nimmt noch eine Packung Trauerbinden aus dem Spind.

Die letzte Ölung

Ein Krankenzimmer, in einem Bett liegt ein alter Mann am Tropf, im anderen Bett die Oma Röhrl, daneben stehen Ottmar und Siglinde Lemp, geborene Röhrl, und Sohn Manfred. Ein Pfarrer spitzt zur Tür herein.

OTTMAR Glei, Hochwürden. Glei hamma's. I sag S' Eahna, wenn's soweit ist.

SIGLINDE So, Oma, brauchst keine Angst nicht zu haben, gell? Weil der Doktor sagt auch, des kann jetzt sehr schnell gehn, hat er gsagt, und wege da Forsythien brauchst du gar nichts zu befürchten, Manfred, laß die Finger davon, des is kein Spielzeug.

Manfred spielt am Tropf von dem alten Mann herum, hört auf.

OMA Aah, ääh, i woit no . . .

SIGLINDE Jaja, is scho recht Oma, gel, die Forsythien ham mir jetzt umgetopft, gell, ja, umgetopft ham mir se, ja, umgetopft, und wega dem Perserteppich ham jetz mir gsagt, mein Gott, da gehn jetz halt mir derweil a bißl drüber, gell, mir ham gmeint, vorsorglich, gell.

OMA Aah, uääh, i woit noo . . .

SIGLINDE Ja, ja, Oma, is schon recht, Oma . . .

Ottmar gibt ein unverständliches Zeichen.

SIGLINDE *leise* Wie?

OTTMAR *flüstert* Schlafzimmer.

SIGLINDE Ah ja, Oma, und wega dem Schlafzimmer, hat der Onkel Albert gsagt, er tät sich schon fürs Schlafzimmer interessiern, hat er gsagt, rein vom Stil her, weißt . . .

OMA Aah, ääh, i woit no . . .

SIGLINDE Ja, und auch überhaupts, es geht alles in Ordnung, des sagt auch der Notar, es geht alles in Ordnung, alles so, wie du unterschrieben hast, Oma. Ja, und mit de Möbel auch, gell, ja, Oma . . .

OMA Aah, aah . . .

SIGLINDE Des Sparbuch und die Pfandbriefe, des is ja auch alles sicher hinterlegt, und die Forsythien ham mir auch umgetopft, umgetopft, und mir gießen auch schön fleißig, Oma . . .

Der Pfarrer spitzt wieder herein.

OTTMAR Moment, Hochwürden, glei ham mir's. Sie sehn ja. – Ja, Manfred, hörst du schlecht? Weg da, laß des!

SIGLINDE Und auch wegen der Wohnung, Oma, ham mir gsagt, des is ja gar kein Problem, wegen der Wohnung, ich mein, wenn du zurückkommen solltest – des ist überhaupt kein Problem, da brauchst du dir gar keine Gedanken zu machen, gell.

OMA Aah, i woit no sagn . . .

SIGLINDE Ja, Oma, is schon recht, Oma, ich mein, medizinisch und auch notariell bist du in den besten Händen, Oma, gell, schau, und jetzt ham mir dir auch den Herrn Kaplan kommen lassen, für deinen inneren Frieden . . . *Gibt Ottmar ein Zeichen.*

OTTMAR *geht zur Tür und holt den Pfarrer* Jetz geht's dahin. Wenn S' jetzt bittschön Ihr Amt versehen wollten, Hochwürden.

OMA I wollt no, i wollt no sagn, daß . . .

SIGLINDE Ja, Oma, mir wissen's schon. Also, Wiedersehn derweil . . .

OTTMAR Servus, Oma, bis bald. *Zu Manfred* Sag schön Wiedersehn.

SIGLINDE Geh zu, du Stoffel . . .

OTTMAR Ja, was is, hörst du schlecht?!

PFARRER Ich darf doch um Ruhe bitten.

OTTMAR Ja, mir san schon ganga.

SIGLINDE Servus, Oma, und denk dir nix.

OTTMAR Also, laß dir's gutgehn, Oma.

Ottmar, Siglinde und Manfred ab.

OMA *noch einmal bei Kräften* De Saubagage, de miserablige. Aber de erben nix! *Wieder schwach und sanft* Ois kriagt d' Kirch, Hochwürden, i hab ois da Kirche vermacht . . .

PFARRER *packt sein Ölzeug aus* In nomine Domini . . . *Er segnet und ölt.*

Erdbestattung

Ostfriedhof. Krematorium. Ein Beamter steht im Eingang. Ein Trauerpaar geht auf den Beamten zu.

SIE Sie, entschuldigen S', die Beerdigung Meisinger Raimund, um vierzehn Uhr dreißig, samma da richtig da hier?

BEAMTER Ja, Moment, wer? *Sieht auf Liste nach.*

SIE Meisinger Raimund, Referend a. D. Um vierzehn Uhr dreißig waar die Feuerbeerdigung, hat's gheißn.

BEAMTER Ja, da sans scho richtig im Prinzip, aber es kann a Zeit dauern, weil da is anscheinend a Prominenter dran. I sag's Eahna dann, wenn's soweit ist. *Gähnt.*

ER Wie spät ham mir's denn?

SIE Woaß net.

ER *sieht auf die Uhr* Scho fünf nach halb. *Pause.*

SIE *sieht sich um* Ja, sag mal, san mir die einzigen?

ER Ja mei, anscheinend. Der Gustl hat net komma kenna, weil heut is ja Werktag.

SIE Aber de Tante Gerlinde hätt ruhig komma kenna, sie hat ja schließlich scho de zwoa Buidln kriagt vom Bappa.

ER Wahrscheinlich is s' dagegen, daß er verbrennt werd.

SIE Mei, wer ko si heutzutag no a Grab leisten . . .

ER Aber von der Firma hättns scho oan vorbeischickn können, er war ja schließlich vieradreißg Jahr dabei, und er hat nie auf d' Uhr gschaut.

SIE Oder wenigstens a Danksagung in irgendeiner Form.

ER Und der Rüdiger Wolf is aa net da.

SIE O mei, der Rüdiger Wolf . . . *Pause.*

ER *sieht auf die Uhr; zum Beamten* Sie, wie lang dauert 'n des noch?

BEAMTER Da drin halt oana scho de dritte Rede. Des werd a Prominenter sei.

SIE Mei, Volker, ob mir des no schaffn?

ER Ja, es wird knapp. Weil, a Stund, hat's gheißn, muaß ma eher da sein, a Stund mindestens.

SIE Mit'm Umziehn werd's dann wahrscheinlich nix mehr.

Ein Trauergast geht auf die beiden zu.

TRAUERGAST Entschuldigung, ist hier der Trauerfall Dr. Zimmermann?

SIE Naa, mir san Meisinger, vierzehn Uhr dreißig, aber es dauert noch, weil da is a Prominenter drin.

ER Warum, san Sie aa vierzehn Uhr dreißig?

TRAUERGAST Nein, nein, vierzehn Uhr vierzig, Dr. Zimmermann.

SIE Mei, um Gotts willn, des werd si ois verschiebm.

TRAUERGAST *zum Beamten* Sagen Sie, wie lange dauert das denn noch?

BEAMTER Schwer abzusehn. Da is jetz a Prominenter drin, und danach kimmt Meisinger.

TRAUERGAST Soso, vielen Dank. *Geht.*

ER Mein Gott, des werd knapp. *Zum Beamten* Sie, können S' mir bittschön net wenigstens sagen, wie lang es ungefähr noch dauert?

BEAMTER Ja, jetz is des Requiem, nachert redt no oana, und na kimmt no a Posaunensolo. *Geht wieder.*

ER Dankschön. – Hast du as Sonnenöl einpackt?

SIE Ja freilich. Und an Mückenspray.

ER Du, jetz werd's aber allmählich wirklich knapp.

SIE Guat, daß beim Bappa koana redt.

Akner, ein zu kurz gekommener junger Mensch, erscheint mit einem großen Kranz und blickt sich suchend um. Er entdeckt den Beamten, der gerade wieder erscheint.

AKNER Für Meisinger, von der Firma Stoiber.

Der Beamte nimmt den Kranz und verschwindet; Akner geht.

ER Des war oana von der Firma.

SIE Hams doch seiner gedacht. Des is a Zweihundert-Mark-Kranz.

ER Ja, er war ja immerhin vieradreißg Jahre dabei, und er hat nie auf d' Uhr gschaut.

Der Beamte erscheint wieder.

SIE Sie, 'tschuldigen S', was steht denn auf dem Kranz?

BEAMTER Irgendwas mit Dank für vierunddreißig Jahre, de wo er dabeiwar . . .

SIE Dankschön. Ah, Sie, Herr, war des Trompetensolo jetz scho?

BEAMTER Nanaa, der redt no. Des muaß a Prominenter sei, des hört ja gar nimmer auf.

ER Wissen S', mir müaßn heut no nach Mallorca fliegn, mir ham so a Reise gebucht. Eine Stunde vor Abflug müßma spätestens dasein.

SIE Und mir ham ja mit dem Ableben vom Bappa ja gar net gerechnet ghabt. Des is auf oamal so schnell ganga. De zwoa Wochen, ham mir uns denkt, san auf alle Fälle no drin.

BEAMTER Wie's halt allweil is. *Geht.*

ER Ja, des stimmt. *Geht zum Eingang und lauscht.*

SIE Spuins scho?

ER Naa, es werd no gredt.

SIE Also, des Umziehn, des könnma jetz total vergeßn. Da könnma grad froh sein, wenn mir's no schaffn.

ER Ja, auf uns wart der Flieger net.

Man hört von innen ein Posaunensolo.

Vierzehn Uhr dreiundvierzig. Is aa höchste Zeit worn.

SIE Sie, Herr, wie lange kann den so a Solo no dauern?

BEAMTER Des is a Corelli, der dauert im Schnitt drei Minutn.

ER Mein Gott, des werd knapp.

BEAMTER Wann geht denn Eahna Flieger?

ER Um viere . . .

SIE Sechzehn Uhr drei.

BEAMTER Ham Sie a Musik bstellt?

SIE Naa, Gott seid Dank net.

ER Is aa koana da, der wo redt.

BEAMTER Ja, dann dürften S' des scho no schaffn. An guten Flug wünsch ich jedenfalls.

Ein Schwall mit poppigen jungen Menschen strömt aus dem Krematorium.

ER Ja, danke.

SIE Na ziehnma uns halt erst in Mallorca um.

ER Ja, genau, mir ham ja ois dabei . . .

Seebestattung

Leo Wasberger und Gerda Bemmerl in einem Bestattungsunternehmen. Im Hintergrund präpariert Frau Menzel einen Kranz.

HERR WASBERGER Grüß Gott, gnä' Frau.

FRAU BEMMERL Ja, grüß Sie Gott. Sie, also, vorige Woche is mein Bruder Fritz, is bei am tragischen Unfall, wissen S', beim Surfen, also mit dera Surferei, meine Schwägerin is also nervlich vollständig, man kann sie praktisch überhaupts net ansprechen, wissen S', und deswegen hab ich mir gedacht, weil einer muß's ja machen . . .

HERR WASBERGER Des is sehr vernünftig, gnä' Frau, da ham Sie vollkommen recht, einer muß's ja machen . . .

FRAU BEMMERL Ja eben, sehen Sie, des hab ich dann auch gsagt, ich hab gsagt, vollkommen unvernünftig, was muß der alte Depp auch ausgerechnet bei am Gwitter umnandsurfen, und des war dann auch promt die Quittung . . .

HERR WASBERGER Es passiert ja auch ständig was.

FRAU BEMMERL Ja, also, des nur nebenbei, also, ich hab dann jedenfalls gsagt, zu meiner Schwägerin, Gerti, hab ich gsagt, denk dir amal nix, laß des mich jetzt machen, weil mit ihr is ja nix anzufangen im Moment, und ich hab ja schon unsern Vati beerdigt, des war damals allerdings a bisserl einfacher, weil des war des Trauerinstitut, des Trauerinstitut war damals ans Altersheim angegliedert, Quietas ham die gheißn, des war ursprünglich so a Zaunfabrik, Zäune und so, Quietas . . .

HERR WASBERGER Ah ja, Quietas, Kreittmayrstraße . . .

FRAU BEMMERL Ja, genau, Kreittmayrstraße, genau, Sie, die ham des fei sehr ordentlich gmacht, aber der Fritz war ja in keinerlei Sterbeversicherung, gell, er war ja erst fünfunddreißig, zwoa Autos hams ghabt, an Opel und a Kombi, aber an die naheliegenden Dinge denkens ja net, jetz muaß ma natürlich schaun, wie man sich da finanziell zurechtfindet, weil es war ja auch kein Betriebsunfall, also des kann ma beim besten Willen net, ja sonst wär's natürlich a klarer Versicherungsfall worn . . .

HERR WASBERGER Ja, äh, wie Versicherungsfall . . . äh, gnä' Frau, äh, besteht irgenda Familiengrab oder so was?

FRAU BEMMERL Ach, hörn S' auf, gar nix hams, ghabt hättens eins, des hams auflassen. Zwei Autos hams ghabt, aber jetz müssens sich fei schwer einschränken . . .

HERR WASBERGER Jaja, so a Todesfall zieht doch immerhin allerhand nach sich.

FRAU BEMMERL Ja, wem sagn Sie des, ich muß ja auch noch die Autos verkaufen, den Opel und den Kombi, weil sie is ja überhaupts nicht mehr belastbar, weil bisher hat des ja alles der Fritz gmacht für sie.

HERR WASBERGER Ja, schön, gnä' Frau . . .

FRAU BEMMERL Sie hat a Nervenkostüm wie Spinnweben.

HERR WASBERGER Ja, schön, gnä' Frau . . .

FRAU BEMMERL Gar net dran zu denken, wenn der früher gstorben wär, der is ja Rallye gfahrn und solchene Sachen, des hat die sich fei alles bieten lassen . . .

HERR WASBERGER Ja, schön, gnä' Frau, beim Surfen, sagen Sie, is es passiert?

FRAU BEMMERL Ja, des war a Sommergwitter, d' Leit ham noch an Kuchen geßn, die ham 'n noch gsehn, wia er gsurft ist, und auf einmal ein Schepperer, also furchtbar . . .

HERR WASBERGER Ja, furchtbar, äh, also, äh, ist der Leichnam Ihres verstorbenen Herrn Bruders geborgen?

FRAU BEMMERL Jaja, schon, des hat ein Vermögen gekostet, de ham hinglangt, mein lieber Schwan . . .

HERR WASBERGER Ich weiß, so was ist nich ganz billig, aber alle diese Kosten sind im Grunde standardisiert, gnä' Frau. Aber um der Sache näherzukommen, gnä' Frau: Ham Sie sich schon irgendein bestimmtes Arrangement vorgestellt?

FRAU BEMMERL Ja, ganz a normale Beerdigung halt.

HERR WASBERGER Aha, Beerdigung, schön, ja, also, da haben mir hier also die Kategorie eins bis vier, wobei natürlich jede Kategorie ihre eigenen Dekors und eigene Sets hat. Sie können allerdings ohne weiteres untereinander kombinieren. Sie können so also zum Beispiel in der preiswerteren Kategorie römisch drei beerdigen und des Zypressenset aus der Kategorie eins dazubuchen, wenn Sie hier einmal die Preisliste kurz einsehen wollen . . . *Frau Bemmerl liest.* Dann erhebt sich noch die Frage – mit Musik, ohne Musik, Livemusik oder Musik vom Tonband, ein ganzer Musikzug oder nur Harmonium oder Hammondorgel oder so was . . .

FRAU BEMMERL *gibt Prospekt zurück* Naa, Sie, da brauchen mir gar nimmer weiterreden, des siehg i scho, des is ja Wahnsinn, des is ja, des is, des is ja dann praktisch alles, was Sie dann anzubieten haben? Diese Preise, wenn i des meiner Schwägerin sag, na brichts ma glei wieder zamm. Schaun Sie, die zwei Autos stehngan rum und kosten, und wissen S', mei Bruder war ja schließlich a koa, koa, äh, der war ja koa, koa Berufsfußballer oder Zahnarzt, verstehn Sie ... und ich kann des ja auch nicht, denn, was sagt denn da mein Mann?

HERR WASBERGER Ja, gnä' Frau, Sie haben von einer Beerdigung, das heißt zu deutsch Erdbestattung, gesprochen, und ich geh davon aus, daß Sie wissen, was des is, des san alles seriös kalkulierte Preise, gnä' Frau.

FRAU BEMMERL Ja, schon möglich, aber was machn mir denn dann?

HERR WASBERGER Mei, mir ham Erde, Feuer, Wasser ...

FRAU BEMMERL Ah so ...

HERR WASBERGER Darf ich amal fragen, was war denn Ihr verstorbener Bruder beruflich?

HERR WASBERGER Mei, ganz normal, der war, glaub ich, Sachbearbeiter bei der Landesboden-Kreditanstalt.

HERR WASBERGER Ja, dann kommt ja praktisch nur die Seebestattung in Frage. Da, wenn Sie hier amal sehen wollten, des is im Prospekt hier.

FRAU BEMMERL *liest* Seebestattung, ja, aha und was dad des jetz dann kosten?

HERR WASBERGER Voraussetzung wäre natürlich eine Feuerbestattung, außer wenn innerhalb zweimal vierundzwanzig Stunden kein Hafen erreichbar wäre, aber das war ja nicht der Fall.

FRAU BEMMERL Nanaa, des net, aber, aber, dann waar ja die Feuerbestattung des allerbilligste? – Wenn ma 'n eh verbrennen muaß ...

HERR WASBERGER Auf den ersten Blick scho, gnä' Frau, aber jetz rechnen S' amal mit: Mit der einmaligen Seebestattungsapauschale von tausendneunzehn Mark fuchzig sind für Ihre Frau Schwägerin ein für allemal sämtliche Nachfolgekosten erledigt. Da schaun S' her, a einfaches Urnengrab kost heut schon nahe an die tausend Mark, dann Blumenschmuck, Grabgebühren, Grabpflege und so weiter, dann auch das Traueressen, ich mein, wenn Sie nicht persönlich an der Zeremonie teilnehmen wollen, weil für vier Personen wär des bei Seebestattung pauschal zwotausendsechshundert Mark.

FRAU BEMMERL Naa, des sowieso net, auf des kanndma verzichten.

HERR WASBERGER Ja, er is ja dann auch in guten Händen ...

FRAU BEMMERL Ja, soweit is des mit dera Seebestattung also schon ganz einleuchtend, aber wieso kost des dann gleich über tausend Mark?

HERR WASBERGER Ja, gnä' Frau, da is also einmal achtasiebzg Mark fuchzig die Urne, dann einaneunzg Mark die Überurne, des is ein Spezialmörtel, der sich dann im Salzwasser zersetzt. Auf die Weise kommt dann Verbindung mit dem Meer zustande, und wenn sich amal die Urne selber zersetzt hat, na hat Ihr Herr Bruder dadurch praktisch direkten Kontakt zur See.

FRAU BEMMERL Ja, aber, jetzt san mir erst bei hundertneunasechzg Mark fuchzig ...

HERR WASBERGER Jaaaa, achthundertfünfzig Mark die Bestattungskosten selber, ab Wedel, des is da bei Hamburg, wahlweise die Ostsee oder die Nordsee. Ham Sie irgendeine Präferenz?

FRAU BEMMERL Wie meinen Sie des?

HERR WASBERGER Soll Ihr verstorbener Herr Bruder in der Ostsee oder in der Nordsee beigesetzt werden? Wo wolln S' 'n lieber haben? Preislich esselbe ...

FRAU BEMMERL Ja, in dem Fall, wenn's esselbe kost, nehmen mir lieber d' Nordsee, oder? Ostn, i woaß net ...

HERR WASBERGER Unser Vertragspartner muß in beiden Fällen ein hochseetüchtiges Schiff samt Besatzung ausschicken, bis sechs Windstärken wird beigesetzt, fünf Seemeilen außerhalb der Küstenzone im sogenannten schmutzigen Gewässer – *zeigt an einer Seekarte* –, wo keine Fischerei und dergleichen betrieben wird.

FRAU BEMMERL Ah so, ja. *Rechnet leise für sich* Achthundertfuchzg Mark, hundertneunasechzg fuchzig, tausendneunzehn fuchzig, ja, des stimmt dann genau, und des wär dann alles an Kosten ...?

HERR WASBERGER Ja, halt, halt, halt, da hätt ich jetz beinah vergessen – fünfundzwanzig Mark kommen noch dazu.

FRAU BEMMERL Wieso, für was?

HERR WASBERGER Ja, des san net mir, des is die Bundespost, die Urne wird ja in am Spezialpaket überführt, verstehn Sie?

FRAU BEMMERL Ja mei, 's is halt doch immer a Haufen Geld.

HERR WASBERGER Aber es ist eine eindrucksvolle Zeremonie, ich darf's Ihnen amal auf Tonband vorführn, so was kriegt Ihre Frau Schwägerin dann auch, als Erinnerung, ich darf's Ihnen amal kurz vorführn. *Fährt Tonband ab.* Da is jetzt allerdings noch a Schifferklavier dabei, des dad dann noch amal extra kosten ... *Eine wehmütige*

Weise; man hört Meeresrauschen, eine Seebestattung: die Mannschaft saltutiert, der Kapitän spricht ein letztes Ahoi!, anschließend folgt ein letzter Seemannsgruß mit dem Nebelhorn.

FRAU BEMMERL *gerührt* Ja, Sie, sehr schön, äh, des Schifferklavier kost extra, ham Sie gsagt . . .?

HERR WASBERGER Ja, des kost extra.

FRAU BEMMERL Des Schifferklavier, des nehmen mir scho, des nehmen mir dann dazu, da laßma uns net lumpen. Des kann net d' Welt kosten.

HERR WASBERGER Ja, gell, des is schon sehr stilvoll. Ich darf also, mit anderen Worten, eine Seebestattung für Ihren verstorbenen Bruder vormerken?

FRAU BEMMERL Ja, einmal . . .

HERR WASBERGER Wie war gleich der Name Ihres verstorbenen Herrn Bruders?

FRAU BEMMERL Bemmerl, Fritz.

HERR WASBERGER Ja, Bemmerl, Fritz, schön.

FRAU BEMMERL Ah, Sie, äh, weil i scho grad da bin, ich hätt noch a Frage, äh . . .

HERR WASBERGER Bitte, gnä' Frau?

FRAU BEMMERL Äh, Sie brauchen net zufällig grad an Kombi?

ZUKUNFT

Future Realities

Personen: Herr Pospich, Kreateur und Folterknecht; Frau Balsam, Investorin; Geistlicher Rat Dr. Münz, Projektseelsorger und Inquisitor; Fräulein Pöschl, Sekretärin; Dr. Licht, Art Director; Herr oder Frau Humboldt.

Wir befinden uns in einem modernen Projektbüro. Man sieht das Modell einer Retortenstadt. Pospich telefoniert und ißt dabei die Verpackung eines Fast-Food-Menüs. Das Menü selbst entsorgt er in einem Müllsack bzw. Papierkorb neben seinem Schreibtisch. Fräulein Pöschl bewundert ihren Chef.

POSPICH Jaja, bitte, Dr. Münz! – Ach so, der Geistliche Rat ist nicht anwesend! Erteilt gerade eine Absolution. – Aha! – Ja dann! – Kann man nichts machen! Ich ruf später wieder an.

PÖSCHL *klopft an* Entschuldigen Sie, Herr Pospich, ein Anruf für Sie. *Legt einen Zettel auf den Schreibtisch.*

POSPICH Ja und?

PÖSCHL Der Herr Geistliche Rat hat Verspätung, weil er muß noch eine Absolution erteilen.

POSPICH *ißt immer noch an seiner Verpackung* Das weiß ich! Hat er gesagt, wem?

PÖSCHL Ja, dem Betreiber von dem Kernkraftding da in Garching. *Hinter ihr taucht Frau Balsam auf.*

BALSAM Sagen Sie, bin ich hier . . .

POSPICH *springt auf, kaut* Sie sind! Sie sind! Genau!

BALSAM Genau. Hallo!

POSPICH Frau Balsam, wenn ich nicht irre. *Schluckt den Rest der Verpakkung hastig.*

BALSAM Essen Sie ruhig fertig.

POSPICH Nein, nein, ich hab schon. Schön, Frau Balsam, daß Sie gleich persönlich kommen. Nun zu unserem Projekt. Die Nachfrage ist bereits enorm.

BALSAM Wirklich? Ich wollte eben deshalb – weil das klingt im Prospekt ja alles verheißungsvoll, und deshalb . . .

POSPICH Super, Frau Balsam. Ich sage Ihnen, ein Filetstück nach dem anderen. Ein reines Delikatessenpotpourri, das muß man sich . . .

BALSAM . . . weil, wenn ich schon investiere, dann möcht ich auch . . .

POSPICH An welche Summe dachten Sie in etwa, gnädige Frau?

BALSAM Na ja . . .

POSPICH Richtig, Frau Balsam. Schaun Sie sich das Ganze erst einmal an, aber glauben Sie mir, Idee, Konzept, Planung, Ausführung, das Ganze hat eine *dimension,* das ist solitär in Deutschland – in Europa!

BALSAM Also, dann lüften Sie schon Ihren Schleier. Halten Sie mich nicht hin. Es gibt schließlich noch andere Projekte.

POSPICH Nein, Frau Balsam, dieses ist einmalig auf der Welt. Das werden Sie sich nicht entgehen lassen. *Holt die Planungsunterlagen.* Übrigens, Sie können schon eine Planung lesen?

BALSAM Werden Sie nicht anzüglich!

POSPICH Nein, nein, so mein ich's nicht ... Das ist ja super! Also, hier, das ist quasi die topographische Vita. Außenbereich. Alles, wie gesagt, im Außenbereich. Ein Teil sogar direkt Naturschutzgebiet.

BALSAM *schwärmt* Wie schön!

POSPICH Grüne Wiese – mitten in der Prärie – Feld – Wald – Fuchs ...

BALSAM ... und Hase, gell? Haha!

POSPICH Ja, genau, hahaha, Hase, sehr gut. Haha. Hatte Ihr Mann vielleicht eine Jagd?

BALSAM Mein Mann hatte eine chemische Großreinigungskette.

POSPICH Ach deshalb. Haha. Zur Sache, Frau Balsam: Hier die Fotos. Schauen Sie. Ist das nicht ein Garten Eden? Und hier hinein kriegen wir, das ist gesichert, einen separaten Autobahnzubringer. Er mündet hier, Sie sehen es, in ein unterirdisches Parkland, wir nennen es Parking Parkland.

BALSAM Interessant.

POSPICH Ja, gigantisch. Hier sehen Sie es im Querschnitt – alles unter der Erde – und ... *Das Telefon läutet.* Moment amal, Frau Balsam. *Nimmt den Hörer ab.* Ja, genau, den Geistlichen Rat Dr. Münz, bitte. – Wie? Wo ist er? – Aha! Weiht noch eine Kläranlage ein. – Gut. – Danke. – Bitte. – Danke. – Bitte ... Also, wo waren wir stehengeblieben?

BALSAM Dieses Parkland ...

POSPICH Ja, das Parking Parkland. *Telefon piepst.* Entschuldigen Sie, Frau Balsam. Die sind lästig. Ich werde das gleich abstellen.

BALSAM Nicht so schlimm.

POSPICH *am Telefon* Ja, sicher, der Geistliche Rat hat mir zugesagt. – Ich weiß – er weiht noch eine Klärgrube ... Was? Welchen Autobahnabschnitt? – Ach so, den auch. Gut, aber dann kommt er. Ich warte auf alle Fälle. *Hängt ein.* Frau Balsam, also noch amal. Wir sind beim Parking Parkland. Das müssen Sie sich imaginieren, das alles ist unter der Erde, grottenartig. Das sind die Schleusen, die uns gleich direkt in die Shopping World . . .

BALSAM Wie? Muß man hier durch das ganze Kaufhaus durch? Und was ist mit dem Gepäck?

POSPICH Damit haben Sie hier nichts mehr zu tun, weil . . .

Pöschl kommt.

PÖSCHL Entschuldigen Sie, Herr Pospich. *Legt einen Zettel vor Pospich.*

POSPICH Was ist denn schon wieder?

PÖSCHL Eine Nachricht für Sie.

POSPICH Und?

PÖSCHL Der Geistliche Rat, Dr. Münz, verspätet sich. Er muß noch einen Autobahnabschnitt einweihen.

POSPICH Das weiß ich doch schon!

PÖSCHL Ja dann, also, Entschuldigung.

BALSAM Das ist ja dann wie bei den Autobahntankstellen, man muß, bevor man zahlt, erst einmal an dem ganzen Zeug vorbei.

POSPICH Sicher, nur in unserem Fall gleich an einem ganzen Kaufhaus. Man kann sich aber auch gleich in eine Gondel setzen und schwebt praktisch über die Shopping Meadow. *Frau Balsam schaut ratlos.* Ja, obwohl man noch unter der Erde ist, hat man das Gefühl, daß man sich in der freien Natur befindet. Und überall unaufdringlich liegen die Produkte. Hinter einem Busch meinetwegen die Dessous. In einer Birkenallee vielleicht die Sportartikel . . .

BALSAM *lacht* Das ist ja wie beim Ostereiersuchen!

Telefon läutet.

POSPICH *hebt ab* Muß das sein. Ich hab doch die Frau Balsam . . . Was? – Aha! – Der Geistliche Rat . . . segnet noch einen neuen Acht-Zylinder. Was? – Macht auch noch eine Probefahrt und kommt dann? – Aber wirklich, ich erwarte ihn dringend!

BALSAM Und die gekauften Sachen? Wo tut man die hin?

POSPICH Mit denen hat man gar nichts zu tun. Die werden direkt aufs Hotelzimmer geschickt. Es sind übrigens in der ersten Phase Zwei- bis Fünf-Sterne-Häuser geplant und dann noch mal zwei. Hier, hier und hier.

Pöschl kommt leise und legt wieder einen Zettel auf den Schreibtisch von Pospich.

PÖSCHL Entschuldigung.

POSPICH Was ist denn schon wieder?

PÖSCHL Eine Info.

POSPICH Und?

PÖSCHL Der Geistliche Rat. Er segnet noch einen Acht-Zylinder.

POSPICH Ja Herrschaft, das weiß ich doch schon! Stehn Sie auf der Leitung?

PÖSCHL Entschuldigung.

BALSAM Was ist denn das hier? Sieht ja aus wie ein See . . .

POSPICH Ist es auch, Frau Balsam. Ohne See wäre das Projekt auch etwas seenlos. Eine kleine Bootsfahrt zur Entspannung, und a bißl Restauration muß ja auch sein. Über uns, Frau Balsam, befindet sich jetzt übrigens das Utility Center. Post, Verwaltung, Energy. Diese Gebäude werden funktionsoptimiert zugeordnet, um ein Systemverständnis beim Besucher zu suggerieren. Verglaste Seitenflächen integrieren die Natur in die Gebäudestruktur . . .

BALSAM Imponierend!

POSPICH Eine reine ästhetische Symphonie, Frau Balsam, ensembleweise zum Potpourri visualisiert. Bitte, entschuldigen Sie. Ich muß schnell noch amal. *Greift zum Telefon.* Hier – *deutet* – kann man übrigens Kinder, sofern man welche hat, ablegen. Ein Children Overtake! Alles geschulte Leute, damit man wirklich ungestört . . . Bitte, verbinden Sie mich mit dem Office vom Geistlichen Rat. – Dr. Münz, ja. – Ja was? Die haben bereits . . . Wo ist er? Jetzt reicht's mir langsam! – Was heißt, er muß noch eine Ehe schließen? – Was heißt da wichtig! Zwischen wem? – Einer Holding und dem Freistaat? Ha – ich hab die ganze Zeit geglaubt, die sind schon . . . hahahaha. Rufen S' derweil noch einmal beim Vatikan an. Und einen Kaffee für die Frau Balsam. Frau Balsam, einen Kaffee?

BALSAM Nein, danke. Nicht um diese Tageszeit.

POSPICH Keinen Kaffee für die Frau Balsam. *Hängt auf.* Wissen Sie, ich warte nämlich schon wie auf Kohlen auf unseren Projektseelsorger, und der macht's spannend.

Frau Pöschl kommt, legt wieder einen Zettel vor Pospich.

PÖSCHL Entschuldigung, Herr Pospich.

POSPICH Und? Was ist jetzt schon wieder?

PÖSCHL Eine Nachricht, Herr Pospich.

POSPICH Und?

PÖSCHL Moment, Herr Pospich, ich hab's aufgeschrieben . . . Der Herr Dr. Münz. Er verspätet sich. Weil er muß erst noch eine Ehe schließen. Da steht's. Eine Frau Holding und der Freistaat . . .

POSPICH Raus! *Zu Frau Balsam* Ist das nicht unerträglich?

BALSAM Ich glaub's Ihnen. Was mich jetzt interessieren würde: Wie groß ist denn der Gesamtfinanzbedarf? Was kostet's?

POSPICH Sie meinen tutto?

BALSAM Ja, in etwa – tutto.

POSPICH Also, ich sag jetzt amal – aber ich sag das nur, damit eine generelle Profillinie sichtbar wird –, also ich spreche nicht von reinen Realkosten, das werden Sie verstehen, unser Preisdesign liegt bei zwei Komma fünf Milliarden.

BALSAM Uiuiuiuiui!

POSPICH Gut, Frau Balsam, aber wo hat's das schon einmal gegeben? Eine Stadt, eine ganze Stadt im Paket, erdacht, erbaut, heutig und doch traditionell mit allen Annehmlichkeiten – eine Stadt wie ein Hotel! Schauen Sie, Frau Balsam, kennen Sie Altötting?

BALSAM Nur vom Namen. Das ist ein ...

POSPICH Lourdes?

BALSAM Nein, nicht persönlich ...

POSPICH Tschenstochau, Fatima, Santiago di Compostela. Alles Wallfahrtsorte ...

BALSAM Genau, wollt ich doch sagen ...

POSPICH *enthusiasmiert* ... prosperierende alte Wallfahrtsorte! Irgendwann einmal kam das Wunder, dann kam die Kapelle, dann kam das Wirtshaus, dann die Herberge, dann der Devotionalienhandel – Pilger! Myriaden von Wallfahrten, nicht saisonabhängig – ein Ding nach dem anderen. Und wir, verstehen Sie jetzt, Frau Balsam, und wenn Sie gestatten, meine Wenigkeit hatte die Idee, wir bauen einen Wallfahrtsort heute, für die heutige Zeit, nach modernsten Gesichtspunkten – hier ist er! Wir bestimmen die gesamte Urbanität antizipatorisch, wir dirigieren und kanalisieren die Pilgerströme, und, Frau Balsam – wir überlassen das nicht der Zufälligkeit der Entwicklung irgendwelcher Jahrhunderte! Warum sollen moderne Wallfahrer von heute nicht Tennis spielen? Hier sind achtzehn Löcher. Frau Balsam, wir bauen kein Disneyland – das hier ist die Antwort unseres Jahrhunderts auf Fatima und Altötting! Schauen Sie! Hier kommt die Kapelle hin, und gleich da, daneben, wird die heilige Quelle gebohrt, gleich anschließend eine Pipeline zur eigenen Flaschenabfüllerei. Jetzt sagen Sie, Frau Balsam, sind da nicht Ertragsmöglichkeiten?

BALSAM Unfaßbar, enorm! Aber, wo ist das Wunder?

POSPICH Das Wunder! Ja, ein Wunder ist immer etwas Wunderbares, aber das Wunder kommt später. Zuerst brauchen wir amal eine Marienerscheinung.

BALSAM Marienerscheinung?

POSPICH Ja, eine Marienerscheinung. Notariell beglaubigt und kirchlicherseits hieb- und stichfest. Sie sehen doch, da, wo die Kapelle ist?

BALSAM Da bei dem Strommast?

POSPICH Genau. Da haben wir die Erscheinung!

BALSAM Moment mal, Moment, Herr Pospich, Sie wollen doch nicht sagen, Sie haben die Marienerscheinung noch nicht, bauen aber bereits einen Wallfahrtsort?

POSPICH Um Gottes willen, nein, Frau Balsam, natürlich haben wir die, die gesamte Erscheinung ist bereits fertig konzipiert, Ort, Zeit, Umfang, alles ist festgelegt, wir haben bereits ein Video anfertigen lassen. Die Firma in Hongkong, eine der ganz Großen im internationalen Devotionaliengeschäft, hat das alles schon vorfinanziert. Wir sind gerade dabei, einen geeigneten Erscheinungsträger zu benennen . . . und wir haben uns für ein Kind entschieden. Weil ein Kind . . .

Frau Pöschl kommt leise herein.

PÖSCHL Entschuldigen Sie, Herr Pospich, aber . . .

POSPICH Gehen Sie mir nicht auf die Nerven! Ich weiß, der Geistliche Rat Dr. Münz propellert wie ein Idiot durch die Gegend und verspätet sich.

PÖSCHL Nein, Herr Pospich, er ist da!

Münz tritt ein. Er macht einen abgehetzten, deprimierten Eindruck.

POSPICH Wie schön, Dr. Münz, endlich! *Stellt ihn Frau Balsam vor.* Unser Geistlicher Rat und Projektseelsorger, Dr. Münz – Frau Balsam, eine Investorin.

BALSAM Freut mich sehr.

POSPICH Sie sehen, Frau Balsam, die Dinge entwickeln sich.

BALSAM Wie erfreulich. – Sie, Herr Pospich, wenn ich recht verstehe, dann ist dies hier also ein kirchliches Projekt?

Münz macht eine abwehrende Handbewegung.

POSPICH Selbstverständlich, Frau Balsam . . . auch.

BALSAM Sagen Sie, Herr Pospich, könnt ich die Erscheinung vielleicht einmal ansehen?

POSPICH Ja, natürlich, hier ist die Kassette. Ein Buch mit der Beschreibung der Erscheinung ist ebenfalls in Arbeit.

BALSAM Danke. Wissen Sie, Herr Pospich, mein Mann hat immer gesagt, Hilde, investiere immer in kirchliche Objekte, da kannst du nichts falsch machen. Die Firma floriert schon seit zweitausend Jahren!

POSPICH Ja, hahaha, da ist was dran. Also, auf Wiedersehen, Frau Balsam, ich kontaktiere Sie dann.

BALSAM In Ordnung, auf Wiedersehen, die Herren.

POSPICH Herr Dr. Münz, endlich. Nehmen Sie Platz! Darf ich gleich fragen: Haben Sie das Kind?

MÜNZ Tut mir leid, mein Lieber.

POSPICH Wieso, aber Sie wollten doch heute?

MÜNZ Ja, wollt ich, wollt ich! Zuerst wollen wir doch einmal rekapitulieren, ja?

POSPICH Ja.

MÜNZ Sie erstellen einen Wallfahrtsort.

POSPICH Ja.

MÜNZ Wir erbringen die Software.

POSPICH Sicher – so steht's doch in den Verträgen.

MÜNZ Der Ort entsteht auf freiem Gelände?

POSPICH Wo sonst? Das ist es ja. Darum brauchen wir die Marienerscheinung. Sonst hätten wir doch nicht die geringste Chance auf eine Baugenehmigung. Sie wissen doch selber: Naturschutzbehörde, Wasserschutzamt, Energieversorgungsunternehmen, Verkehrsministerium, Flurbereinigung, Luftfahrtbehörde, regionaler Planungsverband, Schlösser- und Seenverwaltung . . .

MÜNZ Hören Sie nur wieder auf.

POSPICH Aber es ist doch so! Nur mit einer Marienerscheinung nehmen wir diesen Hürdenlauf. Das ist unsere einzige Chance, und so ist es auch mit Ihrer Firma besprochen. Dem Vatikan wird man ein solches Bauvorhaben nicht verweigern.

MÜNZ Ihr Vertrauen in Ehren. Sie haben ein Video erstellen lassen?

POSPICH Das ist Teil unserer Promotion. Hier – wolln Sie's sehen? Toll! *Gibt ihm das Videoband mit einem kitschigen Cover: Maria mit Kind über einem Strommast.* Die Kosten haben sich voll gelohnt.

MÜNZ Sind Sie wahnsinnig, Mann? Eine Erscheinung kann man doch nicht visualisieren!

POSPICH Warum denn nicht?

MÜNZ Eine Erscheinung ist ein Mysterium! Verstehen Sie das? Wissen Sie, was das ist?!

POSPICH Hm . . . ja, ein Rätsel halt.

MÜNZ Ja, ein Rätsel, Sie Naivling. Ich kann doch nicht dem Heiligen Offizium in Rom ein Video vorlegen und sagen: Schaut euch einmal die Marienerscheinung der Firma Pospich Future Realities an. Eine Marienerscheinung ist ein Geheimnis, Mensch! Ein heiliges Geheimnis!

POSPICH Aber das Video ist doch nur für Leute, die das Projekt schon kennen.

MÜNZ *schaut sich voller Abscheu das Cover an, hält es näher an die Augen* Ja, und was soll denn das? Das Jesuskind hat ja einen Tennisball in der Hand!

POSPICH Ja, aber es ist kein Label drauf. Wir haben extra auf ein Label verzichtet.

MÜNZ Sie müssen wahnsinnig sein!

POSPICH Regen Sie sich doch nicht so auf, Herr Dr. Münz. Sie sind überarbeitet. Das können wir doch alles in Ruhe besprechen. – Zurück zum Kind. Haben Sie's?

MÜNZ Nein. Die sind alle frech und medienversaut.

POSPICH Ach!

MÜNZ Ich habe alle unsere Waisenhäuser durchgekämmt. Heut war ich so nah dran wie nie.

POSPICH Na sehen Sie.

MÜNZ Was, glauben Sie, sagt dieser Rotzlöffel zu mir?

POSPICH Und?

MÜNZ Er will wissen, mit wieviel Prozent er am Erfolg beteiligt ist.

POSPICH Ja, dann beteiligen Sie ihn halt, um Gottes willen.

MÜNZ Und von welchem Prozentsatz bitte? Von meinem vielleicht? Außerdem brauchen wir ein unschuldiges Kind, Herr Pospich, wenn Sie verstehen. Nur ein unschuldiges Kind ist glaubwürdig. Denken Sie doch an des Kaisers neue Kleider. Dem Kind hat man geglaubt, weil es unschuldig war. Die Kinder, mit denen ich's bis jetzt zu tun hatte, kann ich doch vor keine Kongregation bringen. Ein Kind, das eine Erscheinung hat, muß klar und unbeirrbar sein und nicht fragen: »Was krieg ich für meine Erscheinung?«

POSPICH Ja Kruzitürken, es wird doch wohl noch irgendwo ein altmodisches Kind . . . also, wo noch an was glaubt . . .

MÜNZ Wie wär's mit einem aus Südamerika?

POSPICH Schmarrn. Das Kind muß deutsch sein. Denken Sie doch an die Investoren. Und überhaupt, Herr Dr. Münz, vielleicht sind Sie nur besonders unfähig. Ihr Konzern hat doch in seiner Geschichte schon höchst beachtliche Projekte mit Kindern erfolgreich durchgeführt. Denken Sie an die Kinderkreuzzüge.

MÜNZ Sie reden sich leicht. Damals haben wir ja auch ganz andere Einflußmöglichkeiten gehabt. Das waren noch Zeiten!

Die Szene verändert sich langsam.

Gregorianische Chöre setzen ein. Münz geht weg und fängt an, sich als Inquisitor umzuziehen.

Kommen Sie, Herr Pospich.

POSPICH Halt, wo gehen Sie denn hin?

MÜNZ Dahin, wo noch kein Fernsehen die kindliche Unschuld versaut hat! *Zerrt an Pospich.*

POSPICH Aber unser Projekt! Die Dividenden!

MÜNZ Dahin, wo es noch Mysterien gibt. Ins fünfzehnte, nein, besser, ins vierzehnte Jahrhundert.

Pospich wehrt sich gegen das Weggezogenwerden. Zieht sich aber auch allmählich als Folterknecht um, jammert noch.

POSPICH Aber unser Jahrhundert ist doch auch nicht schlecht!

Die Szene hat sich total verändert. Ein Käfig wird hereingefahren. Musik wie gehabt, lateinisches Gemurmel setzt ein.

INQUISITOR Laß das Kindlein zu mir kommen! Tortor officium exple – Folterknecht, walte deines Amtes.

Man hört Zischen und Brutzeln, Schreie. Es stinkt nach verbranntem Fleisch.

confidere aliquid vidisse
omnia quae vides sciamus
omnia quae scimus videas
dic quae vides
eaque nos aperimus
et oculis subicimus

Szene bricht abrupt ab. Gleißendes Licht, Popmusik. Wir sind in einer total gestylten Werbeagentur.

ART DIRECTOR Stopp! Halt! Bitte! *Er geht und holt sich aus dem Käfig ein Stück verschmortes Fleisch.* Paßt auf, diese Performance haben wir jetzt mitgeschnitten. Die ist im Kasten. Aber . . . ich drücke jetzt einmal bewußt meinen persönlichen Geschmack aus – mir ist das Ganze zu ungustiös, irgendwie . . .

POSPICH *zu Münz* Sicher ist es drastisch. Aber die Leute sind heute Bilder gewöhnt!

ART DIRECTOR D'accord – aber wenn wir ein Stück Fleisch so hinhalten und sagen, das ist ein Stück von einem Kind, dann kann natürlich unser Auftraggeber sagen: Leute, was ihr hier macht, ist Kunst – okay! Und unser Produkt? Das sind Tennisbälle! Und ich sehe verdammt nicht ein, daß eure Philosophie irgendwie in unser Konzept paßt – außer dem gelungenen Schock bleibt keine Assoziation mit dem Produkt!

MÜNZ Die Kinder selber sind doch gar nicht so zimperlich. Die Kinder, das weiß man, sind grausam – also haben sie auch ihren Spaß. Ich sage nur noch Grimms Märchen. Also . . .

POSPICH Also, mein Sohn darf sich jederzeit einmal einen Horrorfilm anschauen, ich finde, der verarbeitet das schon, nur wir scheißen hier so rum. *Pöschl und Balsam kommen mit einer Flasche Sekt und versuchen albernd, diese aufzumachen.*

ART DIRECTOR Warum versteht ihr das nicht? Das Kind im Kind? The child in the child? Ich möchte wissen, was man aus dem »Kind« herausholen kann. Da ist doch was drin. Childhood – Child – Song?! Das Kind im Kind!

Es fliegt ein Papierflieger auf die Bühne. Der Art Director ergreift ihn und liest die Botschaft.

Wichelwachel, schnorchgazong?

Es entsteht Ratlosigkeit. Ein Mann stürmt in den Raum – hält ein Autoteil in der Hand oder zerbrochenen Spielzeugtraktor, zerquetschtes Kinderdreirad o. ä.

MANN So, jetzt möcht ich's wissen. *Zum Art Director* Gehört Ihnen das Kind da draußen?

ART DIRECTOR Nnnein – nnnein . . .

MANN *zu allen auf der Bühne* Ich will wissen, ob Ihnen das Kind da draußen gehört!

ALLE Nein!

MANN Das eine sage ich Ihnen: Wenn das da draußen Ihr Kind ist, dann gnade Ihnen Gott.

Zoll hat Zukunft

Eine Zollstation. Udo Prims und Alfons Waschke fertigen ab. Ein Pkw fährt vor.

PRIMS Guten Tag. Haben Sie irgend etwas zu verzollen? Zigarette, Spirituosen, Elektroartikel oder ...

BRASCH Nicht, daß ich wüßte.

WASCHKE Is guat, fahrn S' weiter.

PRIMS Nein, halt, Moment, noch 'n Augenblick, was is 'n das hier bitte hier?

BRASCH Das is 'n Koffer mit schmutziger Wäsche.

WASCHKE Also guat.

PRIMS Bitte öffnen Sie doch mal.

BRASCH Gut, wenn Sie meinen.

WASCHKE Nanaa, is scho okay, fahrn S' zua.

PRIMS Nein, Moment, da neben dem Koffer, dieses Möbelstück ...

BRASCH Das ist ein alter Schemel.

PRIMS Ja eben. Antiquitäten sind ab einem bestimmten Wert zollpflichtig.

BRASCH Aber, das hier ist doch ...

WASCHKE Also guat, fahrn S' weiter.

BRASCH Wiedersehn.

WASCHKE Wiederschaun.

PRIMS Neinnein, halt, halt, nein, stopp hier, Moment, hiergeblieben. Das ist 'ne Antiquität. Das muß erst geprüft werden.

WASCHKE Des is doch koa Antiquität, des is a oids Glump.

PRIMS Wo haben Sie den Schemel her?

BRASCH Ein Geschenk aus der Verwandtschaft.

PRIMS Ah so, also ein altes Erbstück.

BRASCH Nein, ich brauch's halt zum was Abstellen.

WASCHKE Also, Herr Prims, wenn S' mi fragn, is's a oids Glump. Aber des wern mir jetz glei feststelln. Ham S' an Katalog da? *Zu Brasch* Dean S' 'n gschwind aus'm Wagn, des wernma glei ham. 's läßt sich ja leicht feststelln.

BRASCH *stöhnt* Herrschaft.

WASCHKE Ja, leider. Des is in manchen Fällen so a Ermessenssache. Aber des is ois genau geregelt.

PRIMS *blättert im Katalog* Das könnte 'n Jugendstil sein.
BRASCH Des is doch kein Jugendstil. Dean S' amal an Katalog her. Wernma glei ham. So, da ham mir 'n. Jugenstil – naa!
PRIMS Oder Biedermeier.
WASCHKE San S' stad, des ham mir glei. Beine – Biedermeier – naa, äh, vier Beine, Allgemeinzustand gut. *Schnauft* Do, vielleicht Empire.
BRASCH *lacht gequält* Empire, haha.
WASCHKE Da brauchan S' gar net lacha, i glab aa, daß's a alts Glump is, aber wenn der Herr Prims meint, daß's a Antiquität is, na muaß ma dera Sach nachgehn.
PRIMS Dieses Möbel hat 'nen Stil, das sieht man doch.
WASCHKE Ja mei, mit'n Katalog geht da gar nix. Rufen S' doch amal gschwind an König in Scharnitz an. *Zu Brasch* Des dauert jetz an Moment, aber des wernma glei ham.
BRASCH Das hör ich jetzt schon zum wiederholten Mal.
PRIMS *am Telefon* Herrn Hauptwachtmeister König, bitte!
WASCHKE Hättn S' halt a Expertise dabeighabt, na waar de Sache gleich ausgstandn.
BRASCH Für so 'n alten Hocker? Ich glaube mein Schwein pfeift! Wo sind wir denn?
PRIMS Ja, Herr König, hier haben wir eine Antiquität ungeklärter Herkunft.
WASCHKE Dean S' 'n her! *Nimmt Prims den Hörer weg.*
PRIMS He, Moment!
WASCHKE Scho recht. – Du Franz, mir ham da so an oidn – i dad sagn Schemel oder 'n Hocker oder so. Koa Wurm drin, naa, siehgt ma nix. Vier Fiaß, ja – mehr so gedrechselt und dann wieder grad und – naa, Jugendstil glab i net, naa – ham mir scho im Katalog . . . Ah was? Gotisch? Moment, i schaug amal. *Blättert wieder im Katalog.*
PRIMS Ja, gotisch!
BRASCH *lacht hysterisch* Gotisch, ha.
WASCHKE Ja, naa, koa Polster. Er hat – Barock glab i net, naa – koa Gold un' nix. Ja, braun. Im Grund a oider Hocker halt, wia bei mir dahoam in der Kuchl, woaßt scho – wo der Fernseher draufsteht. So was, aber scho oid. Naa, der Prims moant halt grod, weil's so unauffällig is, kannt's halt wertvoll sei.
PRIMS Vielleicht 'ne gemischte Stilrichtung?
WASCHKE Ja, der Prims meint, ma kann's net gscheit einordnen. *Zu Brasch* Für was wolln S' 'n?

BRASCH Das is 'n Hocker.

WASCHKE Na, und was wolln S' damit?

BRASCH Stell ich mir in die Küche. Vielleicht stell ich 'n Fernseher drauf oder irgendwas.

WASCHKE Er sagt, er wui aa an Fernseher draufstelln.

PRIMS Das ist doch 'ne Schutzbehauptung.

BRASCH Ach Sie, Sie, seien doch Sie still, Sie haben doch keine Ahnung.

WASCHKE Des Jahrhundert? – Mei, schwierig. Ja, gell, i hab's ma's glei denkt, am Telefon ist des schwierig. Woaßt wos? I schick dir 'n gschwind vorbei. Pfüati derweil. Servus, Franz. *Zu Brasch* So, ja – leider können wir jetzt hier da gar nichts mehr, da müssen Sie am Hauptzollamt Mittenwald/Scharnitz vorbeifahrn, weil da sitzt unser Experte für Antiquitäten.

BRASCH Scharnitz – wie komm ich denn da hin?

WASCHKE Mei, wenn ich Sie jetz rüberlaßn könnt, na waar's ganz einfach. Aber i derf ja net. Jetz müssen S' praktisch bei uns im Land über hinfahrn, da müssen S' um den ganzen Berg da rumfahrn, um des ganze Gebirgsmassiv, also, i schätz, in guat zwoa Stundn kenna S' es packn. Wenn der Verkehr einigermaßen . . . Hauptzollwachtmeister König heißt der Experte. Der stellt dann fest, ob's tatsächlich a Antiquität is oder sein könnte oder – verstehn Sie?

BRASCH *lacht hysterisch, kriegt einen Wutanfall und zertrümmert den Schemel* Wissen Sie was? Diese Antiquität können Sie behalten. So was ist mir in meinem ganzen Leben noch nicht vorgekommen, das ist Waaahnsinn. Ich habe doch hier meine Zeit nicht gestohlen. Wahnsinn. Wa. . . Wa. . . *Drischt auf die Reste ein.*

WASCHKE Was is 'n? Was ham S' denn?

PRIMS Was hat er denn?

WASCHKE Ich woaß net, was er hat. Jetzt draht er durch.

BRASCH Sie hörn von mir. *Droht und fährt wütend weg.*

WASCHKE Dean S' es auf d' Seitn.

PRIMS Ja, aber, des is doch . . .

WASCHKE Ah, dean S' es weg, des oide Glump.

PRIMS Schade um diese Antiquität.

WASCHKE Ah geh, Herr Prims – Antiquität! I sog Eahna was – sogar wenn's eine Antiquität gewesen wäre, waar's für mi trotzdem a oids Glump. Dean S' es weg.

Flughafen der Zukunft

Meine sehr verehrten Damen und Herren Exzellenzen, Majestät, liebe Piloten und Pilotinnen, hochverehrte Chefpiloten, Frau Minister Berghofer-Weichner!

Es freut mich, daß Sie heute angeflogen sind. Ich grüße aber auch angesehene Bürger und Bürgerinnen, die heute hier versammelt sind. Als Vertreter der bayerischen Staatsregierung entbinde – äh, entbiete ich Ihnen ein herzliches »take off«, was ja soviel heißt wie »Auf geht's«, und zwar hinauf. Lassen Sie mich aber noch meine Grüße zu Ende grüßen: Wir von der bayerischen Staatsregierung begrüßen die Stewards und aber auch die Stewardessen und die Crews von der Lunfthansa, der KLM, der SAS, der Malev, auch den Singapore Airlines ein herzliches »Grüß Gott, liebe Singapore Airlines«. Einen besonderen Gruß vom Herrn Stoiber hiermit auch an die Swissair, der Herr Stoiber entbietet Ihnen ein herzliches »Grüß Gott, liebe Swissair«, machen S' nur so weiter, und fliegen Sie recht viel, der Herr Stoiber düst ja auch viel herum, aber er propellert auch gern.

Ja, und Ihnen, liebe Ceylon Airlines, auch Ihnen – alles, alles, alles Gute, wir werden das Terminal drei vom Franz-Josef-Strauß-Flughafen Ochsensepp-Terminal nennen, was Sie dann auch immer schön anfliegen können.

Von unserem Flughafen bis zum nächsten Flughafen sind es ja jetzt nur noch fünf Minuten – mit dem Flugzeug natürlich; und wir von der bayerischen Staatsregierung begrüßen die ungeheure Mobilität und sehen, daß in der Luft unsere Zukunft liegt. Wir begrüßen die Luft als Träger des Fluggedankens und überreichen heute hiermit die Dezibel, die in Riem bisher so gut aufgehoben waren, mit großer Freude an die Bevölkerung von Erding, Freising, Moosburg-Halbergmoos. Meine Damen und Herren, liebe Flieger. Der Franz-Josef-Strauß-Flughafen bringt uns jetzt eine schöne Strecke weiter. Wir können jetzt am Rhein-Main-Flughafen schon in zwei Stunden vom Erdinger Flughafen aus mit dem Taxi sein, wenn man von Frankfurt aus nach München fliegen will. Wenn man aber von München direkt nach Frankfurt fliegen will, braucht man das nicht mehr zu tun. Der Fluggedanke allein hat immer schon die bayerische Staatsregierung beseelt. Nur wer ständig fliegt, sei es, daß er herfliegt oder wegfliegt, beweist die Sinnlosigkeit des Daheimbleibens.

Der Wert der Fluggesellschaften, einer fliegenden Gesellschaft also, wurde von der bayerischen Staatsregierung immer zum Ziel unserer Gesellschaft erwähnt. Die bayerische Staatsregierung nimmt ja für sich in Anspruch, immer schon ganze Gesellschaften überflogen zu haben. Das herrliche Gefühl, oben zu schweben und unten die Gesellschaften ganz klein zu sehen, wie sie wie Ameisen dahinkrabbeln, das Gefühl kann man nur haben, wenn man in Wolken ist – schwebt. Von unten aus ergibt sich dann für die Gesellschaft das Bild, daß die bayerische Staatsregierung sich wie Fliegen ausnimmt, und das Geräusch dieser Regierung ist wie das Gesumm und Brummen von diesen. Nach einer Statistik sind früher 1,3 Prozent der Menschen für drei Prozent eines Jahres weggeflogen, jetzt werden bald zwölf Prozent für ein Siebtel des Jahres wegfliegen, und in zwanzig Jahren werden siebzig Prozent der Bayern wegfliegen und nur noch zehn Prozent ihres Daseins in Bayern verbringen. Die hohen Mieten in diesem Lande, die ständige Ausweitung der Gewerbegebiete und eine Verstraußung – äh, Verstraßung machen es möglich; jetzt aber lassen Sie mich noch zum Wesentlichen kommen, liebe Fliegerinnen und Flieger, liebe Passagiere und Passagierinnen.

Die bayerische Staatsregierung hat keine Mühen und Kosten gescheut, um dieses Buffet an einem solchen Tag aufzustellen, ein Buffet für zwei Millionen Mark, das schlägt fast alles bisher Dagewesene. Schauen Sie sich doch einmal diese Hummerkrabbenschwänze an, die Gambas oder allein diese Tonnen von Waldorfsalat und Roastbeef, sehen Sie die Wachtelherzen an Basilikum, liebe Frau Berghofer-Weichner, bitte, erheben Sie mit mir das Glas auf unseren Flughafen! Die bayerische Staatsregierung wird jetzt dann für 188 Millionen Mark eine Botschaft in Berlin haben, da wird dann auch ein großes Buffet eröffnet, da fliegen mir dann alle hin und verkünden die Botschaft der bayerischen Staatsregierung. Prosit – Flug heil, heil, heil!

Futur (futuristisch)

Meine sehr verehrten Damen und Herren!

Natürlich wollen wir wissen, wie es weitergeht, aber, bezugnehmend auf Versuche, die Zukunft als solche oder die Zukunft generell zu interpretieren, lassen Sie mich bitte heute über die Zukunft, über die heutige Zukunft einiges ausführen. Bei den bisherigen Ausführungen habe ich ja mit Nachdruck versucht, Sie davor zu warnen, die Zukunft aus der Glaskugel zu entnehmen. Weder ist die Glaskugel dazu geeignet, eine Zukunft vorzubestimmen, die über individuelle Details (meinetwegen das Finden einer Brieftasche in einer öffentlichen Toilette) Auskunft gibt, noch sind Glaskugelinterpreten als seriös im Sinne des Berufsstandes der Seher und Visionäre oder gar Propheten zu nennen. Vorsicht vor Horoskopen – das Wallensteinsche Trauma hat etwas Literarisches, etwas Metaphysisches, was uns sicherlich anzusprechen vermag, aber ich warne vor Prophetinnen, die astrologischen Gesetzmäßigkeiten entsprechen wollen. Der Kaffeesatz ist als Möglichkeit, die Ungewißheit privaten Schicksals zu interpretieren, ziemlich ungeeignet, selbst wenn Sie den Dallmayr Prodomo nehmen. Die Destination eines Staates, einer Gesellschaft, einer Persönlichkeit, das Alpha und Omega eines Individuums werden Sie nicht aus einem Prodomo lesen.

Nun, woraus denn dann, ist Ihre berechtigte Frage, und ich gebe Ihnen zur Antwort: aus der Leber. Die Auguren Assyriens, Babylons, ganz Mesopotamiens erschlossen sich ihre Bilder der Zukunft aus der Leber – sei es Tier, sei es Mensch, die Leber ist das Zentrum, wo göttliche Fügungen eingegeben sind. Die Leber, nicht das Herz, ist der Schlüssel zur Weisheit. Deshalb ist es nur logisch, daß wir, die wir am Ende dieses Jahrtausends stehen, von der Leber frischweg Auskunft haben wollen: Wie schaut's aus? Ich habe hier die statistischen Leberwerte von Abgeordneten einer in Bayern ansässigen staatstragenden Partei zur Auswertung vorgenommen.

Also, was sehen wir da – aha, die Leber gibt verschiedene Zukunftsaussagen über verschiedene Konstellationen. Die Zukunft in Europa – aha, hier an der Leber sehe ich deutlich Spuren eines Symposiums: viele viele Edelzwicker, aber auch Pastises und so weiter – wir sind in Straßburg.

Ich sehe, es wird dunkel in Europa – pst, stören Sie nicht, es geht leidenschaftlich um eine Sache von großer europäischer Dimension. Die

Holländer sind gegen das Kalbsgulasch und wollen eine siebzehnprozentige Gulaschsteuer und eine neue DIN-Norm für Gulasche außerhalb des EG-Raumes – es bildet sich eine Kommission, wobei sich Belgien und Griechenland besonders dagegen sträuben, weil das Tsatsiki in Brüssel die Absolution erfahren hat, und nach der DIN-Norm muß ein griechischer Bauernsalat nach DIN-Norm, nach den Richtlinien der Ausführungsbestimmungen, die in Brüssel provisorisch gelten, wenn England kein Veto einlegt, darf der griechische Bauernsalat keine griechischen Tomaten enthalten, sondern holländische. Die DIN-Norm für die Rundung des Knödels wird sich auch im nächsten Jahrtausend nicht verändern, aber eine Kommission wird gebildet werden, die zwischen Fertigknödeln und elipsenförmigen Gebilden unterscheiden wird, und eine DIN-Norm wird dem Euro-Dumpling eine große Zukunft bescheren.

Sehen Sie? Was man aus dieser Leber alles herausbekommt!

Welche Zukunft von was wollen Sie wissen – aha, über unsere Sprache . . . Moment, befragen wir die Leber. Das ist interessant. Die Stadt Amberg wird umgetauft werden – warum? – Aha, ja weil die Präposition »am« nicht mehr gebraucht werden wird. Man wird nicht mehr am Ort auf den Abort gehen, sondern Vorort, also Amberg heißt Vorberg. Wenn Sie jemanden beleidigen wollen, dann müssen Sie »mi leckst vor Arsch« sagen.

Aha, da sehe ich was Interessantes. Ein Preiskatalog für menschliches Verhalten. Jeder Mensch wird das Grundrecht auf eine Weihnachtskarte pro Jahr haben.

Freundliches Nicken kostet in Bälde zwischen zwei fünfzig und zwei Mark, während Handschütteln und ein freundliches »Wie geht's?« nicht unter sechs Mark achtzig zu haben sein wird. Der Gruß »Grüß Gott« wird nicht mehr zu hören sein mangels linguistischer Substanz, aber der Preis für ein »n' Tach« bleibt konstant bei einer Mark zwanzig. Das Helfen beim Einsteigen in ein öffentliches Verkehrsmittel wird bei vier Mark liegen und das Aufstehen und Platzfreimachen bei circa vierzehn Mark – überhaupt, die Preise für Freundlichkeit und Profanmenschlichkeit werden eine steigende Tendenz haben. Na ja, da sieht man, was aus der Leber alles rauszuholen ist.

Was wollen Sie noch wissen?

Zukunft der Kommunikation? Haben wir gleich . . .

Jeder Bürger hat ein verbürgtes Senderecht, und jeder vierte Bürger hat eine eigene Radiostation. Wenn ein Bürger einen Bieröffner vermißt, kann er sofort über den Sender eine Suchaktion einleiten, im Fernsehen gibt's einen Kanal für Weinen mit Tränen, also, es werden ständig weinende Gesichter gefilmt, aber auch einen Kanal mit Lächeln und Ovationen, einen für Langweiler und Vitalfadiseure. Ein Sender zeigt nur noch Applaus.

Dann hier, schauen wir uns einmal diese Leber an – die Zukunft des Eigentums –, ja, hier sehe ich, warten Sie, ja, Menschen schauen zu, wie gerade Kinder in einem See ertrinken, und zwar, sie haben die Möglichkeit, live darüber im Fernsehen zu berichten, weil sie als Chronisten eine Erlebniszulage bekommen. Kameras am See können das Ertrinken sofort aufnehmen und spielen dies als Spontandokumentation ein, gut. Jetzt wieder zum Eigentum – Teppiche, Bilder, Schmuck, Uhren, alle Wertgegenstände werden nicht mehr real als Möbel oder Gebrauchsgegenstand benutzt, sondern werden als Videofilm vorführbar gemacht. Privatdokumentarismus: Zehn Weihnachten auf eine Stunde zusammengeschnitten als Weihnachtsgeschenk, und man schaut sich Weihnachten an, während man filmt, wie man sich an Weihnachten Weihnachten anschaut.

»Was, Sie wohnen in Grünwald und wollen wissen, wie's ausschaut in der Zukunft?«

Also, befragen wir die Leber . . . Uiuiui, ich sehe eine Mauer, Stacheldraht, Hundegebell, Wachtürme – das Betreten von Grünwald kostet zwanzig Mark pauschal, aber nur, wenn Sie einen Verwandten dort wohnen haben, der im Monat nicht unter . . . na ja, der Betrag geht nicht exakt aus der Leber hervor. Jedenfalls Grünwald ist gut geschützt, aber die Bogenhausener, wie ich sehe, wollen auch eine Mauer. Wissen S' was, bei dieser Zukunft, ich trink jetzt einen Schnaps, was dann aus meiner Leber wird – Schwamm drüber. Prost!

Schlußwort

Meine sehr verehrten Damen und Herren!

Man hätte es ja auch anders . . . äh, sicher mal hinstellen können und gesagt haben können, daß es in diesen Zusammenhang gepackt . . . ist, net? Wenn man das kooperativ amal von unten oder von oben . . . irgendwie . . . dann hätt ma auch sagn können, was heißt hier Gegenargument, i brauch ja gar kei Gegenargument, i bin ja selber dagegen, net? Da braucht doch net oaner daherkommen, daß er . . . oder? Mir ham ja schließlich die ganzen . . . ähähäh . . . rückbezüglichen Dinge noch gar net aufgearbeitet, oder? Da . . . des is doch mir Wurscht, i bin doch net der Visionär – der wo woaß, an welchem Scheißhaufen daß der ausrutscht! Oder? Da braucht er gar net daherkommen, der ander, oder? Mir san ja schließlich in einer Weise tangiert, net, wo man sagt, was heißt der Weg der hermeneutischen Fundal- . . . äh . . . Fundament- . . . ähähäh . . . -anthologie. Für mich is er trotzdem a Rindviech, oder? Jetzt will er noch hier mal was sagen, gell? Jetzt sag i, einmal ich amal was, gell! Wissen S', was ich Ihnen sage? Ich – sag überhaupt nichts mehr.

Register